연천선사박물관 학술총서3

중국 고인류 문화의 원류

王 幼 平(북경대학고고학과 교수) 지음
최 무 장(건국대 명예교수) 번역

백 산 자 료 원

도판 1. 니하만분지의 초기 홍적세 지층

도판 2. 마권구 유적

도판 3. 운현인 두개골 화석(Ⅱ호 표본)

도판 4. 북경원인 유적

도판 5. 1929년도 발견된 북경원인 두개골(모형)

도판 6. 낙남 용아동 유적

도판 7. 낙남분지 유만지점의 이석(離石) 황토

도판 8. 낙남분지 노천(야외)에서 채집된 주먹도끼

도판 9. 대동유적 원경

도판 10. 허가요 유적

도판 11. 허가요 유적 발견 인류화석

도판 12. 직지동 유적 동굴입구 층위단면

도판 13. 계공산 유적 아래문화층 거주면

도판 14. 산정동 유적

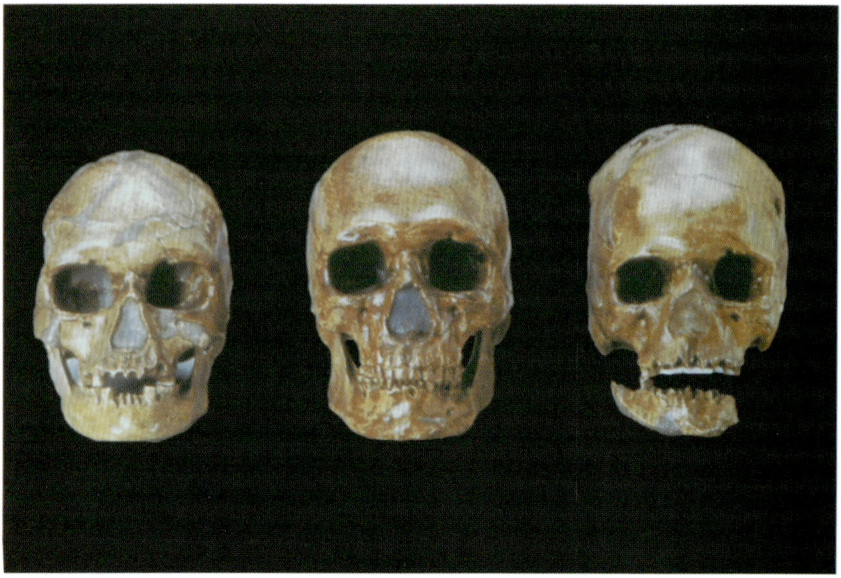

도판 15. 산정동 유적 발견 인류화석(모형)

도판 16. 수동구 유적(제2지점)

역자서문

이 책은 시대발전 순서를 초기 홍적세, 중기 홍적세, 후기 홍적세 초기에서 중기까지로 나누었으며, 후기홍적세후기를 몇 단계로 나누어 계통적으로 중국지역 원고고인류 및 구석기 문화의 발전을 소개하였다. 또한 초기 인류가 중국지역의 홍적세 환경에 적응하는 생각(준비)과 진화(발전) 특징을 소개하면서 그 원류를 추적하였다. 동시에 주위지역 및 구대륙 서쪽 고인류 문화와 비교하여 중국 원고 인류 및 그 문화 발전의 상대적 독립성의 특징을 제시하고, 더 나아가 청장고원의 융기 상황을 검토하면서, 홍적세 호나경 변천 및 석기석재의 특징 등이 중국 원고인류와 문화발전에 깊은 영향을 미친 점등을 살펴 보았다.

저자 왕 유 평

역자서문

역자는 우리자신을 이해 할려면 이웃에 대한 철저한 연구가 필요하다고 언제나 생각하고있다. 특히 중국지역에 대한 기초연구는 우리를 이해하는데 가장 중요한 자료가 된다. 우리는 이웃인 몽고, 시베리아와 일본에 대한 깊은 연구도 절실히 필요하다.

북경대학 고고학과 교수 왕유평의 저서를 번역 하는 목적은 이책이 중국자체의 구석기 문화 전체를 세계 구석기고고학 연구의 결과와 철저히 비교하면서 중국의 고인류기원과 그들의 문화자체를 깊이 분석하고 있는 점은 우리가 귀감을 삼어야 할 것이다.

번역자는 저자와 오랫동안의 학문적 교류와 그의 직지동 발굴 현장 방문등 그의 훌륭한 학문적 업적을 높이 평가하고 있다.

최 무 장

2008년 5월

머리말

인류가 자기의 래원문제에 관하여 관심을 가진 것은 대단히 오래 되었다. 일찍이 중국고대에 여왜(女媧)가 인간을 만들었다는 신화(神話), 있으며, 서구 측은 신(上帝)이 인간을 만들었다는 창시론(創始論)이 계속해서 유행되고 있다. 그러나 인류가 과학적 탐색으로 자기의 래원을 찾는 작업을 시작한 것은 불과 지금부터 약 150년이 지날 정도이다. 대략 19세기중기에 영국 과학자 찰수다윈의 〔종의 기원, Origines of Species, 1859〕과 찰스 라이엘의 〔지실학원론, The Principle of Geology, 1832〕등 두 권의 과학서적이 생물학과 지질학의 기초를 확립시키고, 선사고고학이 서구에서 제일 먼저 시작되면서 오래된 지층내의 고인류화석과 구석기시대유적이 발굴. 연구되기 시작하였다. 100여년동안 선사고고학자들의 어려운 탐색에 의하여 우리들의 옛 조상의 래원 및 그 문화발전의 신비한 면모가 벗겨지면서 인류기원과 구석기시대문화발전등에 대한 인식을 점점 뚜렷하게 인식시켜주고 있다.

중국경내의 고인류 및 구석기시대문화발전은 인류진화과정과 세계선사고고학연구 발전에 있어서 분리될 수 없는 조성부분이다. 20세기 20년대초에 주구점(周口店) 북경원인유적, 영하영무수동구(寧夏灵武水洞溝)등 유적의 발견과 발굴은 중국 원고인류 및 그 문화원류탐색작업의 서막을 열개하였다. 이러한 작업의 전개는 중국구석기시대 고고학의 시작을 설명함과 동시에 세계 선사고고학의 발전과도 관계를 가지고 있다. 80년 동안 몇 분 학자들의 피나는 노력, 그리고 최근 반세기동안의 발굴과 연구결과 중국경내에서 다량의 고인류화석과 여러 시기의 구석기시대문화유적을 발견하였다. 이로 인하여 우리들은 중국 원고인류 및 그 문화발전의 윤곽을 찾 을 수 있어서 중국원고역사의 제1장을 책으로 쓰게 되었다. 최근

20~30년 이래 중국선사고고학의 새로운 발견이 신속히 증가되고 연구작업이 더욱 발전됨에 부응하여 인접 과학과의 합작이 이루어 지면서 과거에 없었던 새로운 인식이 발전되었다. 1980년대 소현인(巢縣人)과 금우산인(金牛山人)화석의 발견과 연구에 의하여 중국경내의 원고인류의 진화발전은 결코 간단한 직선 진화가 아니고 더 복잡한 곡선의 노선(路線)이 있다는 사실이 밝혀졌다. 동일 시기의 것으로 중국남방(南方)의 넓은 지역에서 발견된 강자갈 석기는 중국구석기시대 문화발전의 다원성 특징을 나타내어 준다. 또한 1980년대부터 하북양원니하만분지(河北陽原泥河灣盆地), 중경무산(重慶巫山)등지에서도 계속하여 초기 홍적세 문화유물이 발견되고 있다. 1990년대이래 니하만과 무산등유적의 계속적작업외에 또한 안휘번창(安徽繁昌)유적등도 새로이 발견하게 되었다. 이러한 발견은 초기의 것으로 초기 인류가 중국경내에 화동한 시기를 더욱 이른 시기까지 소급하여 올라가게 하여주고 있다. 동시에 이로 인하여 고고학자 및 일반인들도 중국원고인류 및 문화래원에 대하여 깊은 관심을 갇도록 하고 있다

최근 수년 동안에 외국의 구석기시대 고고학연구, 고인류발견과 연구가 대단히 빠르게 진전되고 있다. 아프리카 일계열 초기 인과(인과 Hominidae)의 성원(成員) 또는 인류기원관계와 밀접한 화석이 발견되어 인류출현시기를 600만년정도까지 거슬러 올라가고 있다. 최근에 발견된 최초의 구석기(舊石器)는 250만년까지 올려보고 있다. 더욱 많은 사람들의 주목을 끌게하는 예는 아프리카와 서아시아등지에서 계속적으로 많은 시기의 네안데르탈인 또는 더욱 이른 시기의 현대인(Homo sapiens sapiens) 체질특징의 인류화석 표본이 발견되고 있다. 이와동시에 유전학자들이 인류기원문제 탐색에 참가하고, DNA 등연구를 통해서 현대인류의 기원이 아프리카라는 가설을 제시하고 있다.

중국경내의 풍부한 고인류화석과 구석기문화의 발견은 계속해서 국내외 학자들의 인류기원탐색과 구석기문화발전의 중요과제로서 관심을 집중시키고 있다. 근년래에 중국과 외국학자의 합작으로 연구가 지속적으로 이루어지고 있다. 여기에서 제시된 새로운 이론과 학술논쟁은 우리들이 중국경내의 원고인류와 문화 발전 등을 보는 견해에 대하여 심각한 영향을 주고 있다. 예를 들면 1990년대 후기에 학자들은 주구점(周口店)유적을

근거로 새로운 샘풀(Sample)을 채취하여 분석해서 북경원인이 주구점동굴내에서 불(用火)을 사용하지않았다고 제시하고 있다. 또한 학자들은 현대인류의 DNA 샘풀을 분석하여 현대중국인 역시 아프리카에서 기원되었으며 수만년전에 중국에 도착되었다고 인식하고 있다. 이러한 관점은 자연적으로 장래 더욱 많은 연구와 고고학적 검증이 필요하다. 그러나 구석기시대고고학과 고인류학의연구에 있어서 중국경내 원고인류 및 그 문화발전의 인식이 제시한 영향은 대단히 심각하고 다방면 적이다. 이 책에서 다루는 주제는 바로 상기한 내용을 근거로 전개하여 나아가겠다.

이미 제시된 자료에 의하면 중국경내의 최초의 고인류 출현 시기는 초기 홍적세에 해당된다. 확실한 직립인 두개골화석이 섬서남전공왕령(陝西藍田公王嶺)에서 발견되었다. 그 시기는 지금부터 110만년 또는 이른 초기 홍적세에 해당된다. 직립인 이빨(牙齒)화석등 영세하게 발견된 것은 더욱 이른 것으로서 직립인이 중국에 출현한 시기는 가장 이른 것은 초기 홍적세의 이른 시기에 해당된다. 인류화석의 발견외에 초기 홍적세에 속하는 구석기문화의 발견은 더욱 많다. 중기 홍적세에 진입한 이후에는 중국경내의 초기 인류활동은 더욱 활발하였다. 이 때에 남 북방(南北方) 여러 곳에서 고 인류활동의 흔적이 발견되고 있다. 이 단계에 이르러 풍부한 인류화석, 그리고 더욱 많은 구석기문화유적이 발견되고 있다.

중기 홍적세시기부터 후기 홍적세에 이르기까지 초기,중기로 나누어지며, 이 시기는 중국 경내 고인류와 구석기문화발전에 대단히 중요한 시기 이다. 이 단계는 고 인류화석 뿐만 아니라 구석기문화의 발전 등이 모두 비교적 뚜렷한 과도기적 특징을 가지고 있다. 화석인류는 비교적 이른 시기부터 뚜렷한 원시 특징의 초기 네안데르탈인성격이며, 비교적 늦은 단계를 지나 이미 현대화의 인류에 이르렀다. 구석기문화의 발견은 명확한 전후관계의 트징을 제시하여 주고 있다. 후기홍적세후기에 이르러 중국 구석기문화의 발전은 정상(高峰)에 이르렀다. 중국경내의 구석기문화 발전의 단계성 특징을 뚜렷하게 나타내어 주고 있다. 초기 홍적세부터 지속된 구석기문화 특징은 이 시기에 이르러 비교적 뚜렷한 변화가 발생하였다. 이로 인하여 일부 학자들은 구석기문화 특징의 구분은 중국 구석기 문화의 발전은 비교적 뚜렷한 초기와 후기로 나누며, 동시에 양분법

(兩分法)을 채택하자고 건의하고 있다.

중국 원고인류 및 그 문화의 원류문제를 탐색하는 데에는 중국 경내에서 이미 발견된 고인류와 구석기문화자료를 전면적이고 계통적으로 정리하여야 하며, 동시에 중국 주변지역과 세계 각지의 관계된 중요한 발견과 성과 등을 비교 연구하여야 한다. 상기한 여러 단계의 중국 경내의 고인류와 구석기문화의 발전은 구 대륙 범위 내에서 고찰된 것이며, 이것은 이미 중국 원고인류 및 그 문화 발전의 열쇠(關鍵)로 전면적으로 인식되어있다. 150년이래 중국대륙 서쪽의 여러 지역, 특히 아프리카, 서아시아 및 유럽각지에서 풍부한 고인류화석과 구석기문화유적이 발견되었다. 이로 인하여 구 대륙서쪽 및 중국주변지역의 고인류구석기문화자료의 비교도 이 책에서 다루고 있다.

종합하면 이 책에서는 시대발전단계를 초기 홍적세, 중기 홍적세, 후기 홍적세초기, 후기홍적세중기, 그리고 후기 홍적세말기등으로 나누어 중국 경내의 고인류화석과 구석기문화의 발견 등을 제시하겠다. 동시에 기타 지구에서 발견된 것도 간단히 비교하여 중국 원고 인류와 구석기문화의 발전 특징과 서열 등을 인식시켜 그 발전 맥락과 원류를 분명하도록 하겠다.

차 례

머리말

제 1 장 최초인류와 문화의 출현 ········ 19

1. 개 설 ········ 19
(1) 연대설정 ········ 19
(2) 상신세(上新世 pliocene)으로부터 초기 홍적세까지의 환경 ········ 21
2. 중국최초의 인류와 문화의 출현 ········ 24
(1) 인류화석의 근친 ········ 24
(2) 최초인류 및 그 문화의 분포 ········ 28
(3) 최초의 인류 ········ 43
(4) 최초의 석기제작 ········ 47
(5) 생활방식과 행위 특징 ········ 62
3, 아프리카 및 기타 지구의 초기인류와 문화 ········ 70
(1) 인과(人科 hominidae) 성원(成員)의 출현 ········ 70
(2) 최초의 구석기문화 ········ 78
(3) 서아시아와 동남아시아의 발견 ········ 85

제 2 장 중기 홍적세의 발전 ········ 91

1. 년대(年代)와 환경 ········ 91
(1) 연대설정 ········ 91
(2) 환경배경 ········ 93
2. 중국북방(中國北方) ········ 94
(1) 북방북부(北方北部) ········ 94

(2) 북방남부(北方南部) ········ 129
3. 중국 남방(南)方 ········ 163
(1) 서남지구 ········ 163
(2) 동남(東南) 지구 ········ 177
4. 구대륙 서쪽 ········ 212
(1) 아프리카 ········ 212
(2) 서아시아 ········ 218
(3) 유럽 ········ 221
5. 동남아시아와 동북아시아 ········ 228
(1) 동남아시아 ········ 228
(2) 동북아시아 ········ 229
6. 소결(小結) ········ 230
(1) 주거 특징 ········ 230
(2) 생활방식 ········ 233
(3) 주거유적과 사회 구조 ········ 234

제 3 장 영속성(承前啓后) ········ 243

1. 개설 ········ 243
(1) 년대의 윤곽 ········ 243
(2) 환경 배경 ········ 247
2. 중국 북방(北方) ········ 249
(1) 북방북부 ········ 249
(2) 북방남부 ········ 268
3. 중국 남방(南方) ········ 282
(1) 서남지역(西南區) ········ 282
(2) 동남지역(東南區) ········ 291
4. 구 대륙 서쪽 ········ 302
(1) 유럽 및 부근 지역 ········ 302
(2) 사하라사막이남(南)의 아프리카 ········ 312

5. 동남아시아와 동북아시아 ··· 315
6. 소결(小結) ··· 316
(1) 주거형태 ··· 316
(2) 생활 방식 ··· 319
(3) 매장 습속 및 기타 ··· 321

제 4 장 현대인(Homo sapiens sapiens) 및 그 문화발전 ··· 327

1. 개설 ··· 327
(1) 구석기시대후기의 년대한계(限界) ··· 327
(2) 환경배경 ··· 328
2. 중국 북방(北方) ··· 332
(1) 동부(北方) 초기의 동굴생활인들 ··· 332
(2) 동부 후기의 사냥 군 들 ··· 358
(3) 서부(西部)의 전문 사냥인들 ··· 368
3. 중국 남방(南方) ··· 409
(1) 운귀(云貴) 고원(高原) ··· 409
(2) 사천(四川) 분지 ··· 419
(3) 동남(東南) 지역 ··· 428
4. 구대륙 서쪽 ··· 448
(1) 유럽과 아시아서부 ··· 448
(2) 아프리카 ··· 454
5. 동남아시아와 동북아시아 ··· 456
(1) 동남아시아 ··· 456
(2) 동북아시아 ··· 459
6. 구석기시대후기문화의 시대특징 ··· 459
(1) 기술발전 ··· 460
(2) 생활방식의 변화 ··· 463
(3) 사회발전 ··· 465
(4) 정신세계의 변화 ··· 467

(5) 인구증가와 확산 467

제 5 장 중국원고인류문화의 원류 475

1. 원고인류의 진화 476
(1) 중국최초의 인류 476
(2) 중기 홍적세의 발견 478
(3) 과도계단의 인류 및 연결문제 481
(4) 중국 경내 현대인의 발전 485
2. 구석기문화의 발전 486
(1) 최초의 구석기문화 486
(2) 중기 홍적세의 발견 489
(3) 과도시기의 문화특징 493
(4) 후기홍적세 후기의 발전 498
(5) 소결(小結) 508
3. 청장고원융기 및 그 영향 511
(1) 청장고원의 융기 511
(2) 영향작용 513
4. 환경인수와 고인류문화의 발전 517
(1) 자연지리 인수의 작용 517
(2) 홍적세의 기후변화와 영향 519
(3) 석기 석재인수 및 영향 522
5. 결어 : 중국원고인류와 문화의 원류 526

참고문헌 535
영문요약 540
후　기 542

제1장 최초 인류와 문화의 출현

1. 개 설

(1) 년대 설정

우리가 생존하고 있는 지구는 대략 46 억년의 역사를 가지고 있다. 지구형성이래 여러 차례의 지각 변화가 있었으며, 그로 인하여 자연화경과 생물권에 많은 변화가 발생되었다. 새로운 환경에 적응 못하는 것은 사멸되거나, 또는 변화가 발생하거나, 새로운 환경에 적응되거나, 결과적으로 끝없이 새로운 종속(種屬)이 출현되었다. 지사학자(地史學者)들은 생물의 진화를 근거로 지구역사를 5개 "代" 로 나누고 있다 : 太古代, 元古代, 古生代, 中生代, 新生代 등이다. 각 "대" 는 또한 몇 개의 짧은 시기의 "紀" 로 나누고 있다. "紀"의 다음 단계는 세분하여 "世" 로 나누고 있다.

신생대(新生代)는 지사상(地史上)에 최근의 하나의 시대로서 지금부터 6500만년에 시작되어 지금 현재까지 지속되고 있다. 신생대는 두개의 "紀"를 포함하고 있다 : 제3기와 제4기이다. 제3기는 古新世(Paleocene), 始新世(Eocene). 漸新世(Oligocene). 中新世(Miocene)와 上新世(Pliocene)로 나누어지고 있다. 그 중 앞 3世는 초기 또는 古 제3기로 칭하고, 후자 2世는 후기 또는 신 제3기라고 칭한다. 第4紀(Quaternary)는 洪積世(Diluvial period)와 全新世(Holocene)로 나누어 지고 있다[1]. 표 1-1, 표 1-2 :

〈표 1-1〉 신생대분기표

년대(Ma B.P.)	분기
0- 1.8/2.5	제4기
1.8/2.5~5	상신세
5~22.5	중신세
22.5~38	점신세
38~54	시신세
54~65	고신세

〈표 1-2〉 제4기 분기표

년대(Ka B.P.)	분기
0~10	전신세
10~128	후기홍적세
128~780	중기홍적세
780~1800/2500	초기홍적세

* 설명 : 중국학자들은 제3기상신세와 제4기 홍적세의 한계를 250만년으로 보고, 외국학자들은 180만년으로 보고 있다.

신생대초기에 기후와 자연환경의 변화에 따라서 생물계에 큰 변화가 발생하였다. 被子植物이 이전의 裸子植物로 대치되었다. 피자식물은 식물진화발전에서 최고의 단계에 도달한 식물이다. 기어다니는(爬行) 동물은 대량 사멸되고, 哺乳類가 번성하여 신속히 다 방면으로 발전하여 종류(種類), 수량과 진화(演変)의 속도가 놀라울 정도의 수준에 이르렀다. 고로 신생대를 "포유동물시대(哺乳動物時代)"라고 칭한다. 영장류는 고신세(古新世)에 최초로 출현된다. 영장목은 인류자체와 인류가 동물에 가장 가까운 친속(親屬)으로 포함시키고 있다. 영장목의 출현은 인류시대가 도래되었음을 예시하여 주었다.

화석의 발견과 분자생물의 최신 연구결과에 의하면 인류와 그 화석 영장류로서 가장 가까운 것과 분리된 시간은 지금부터 600만년 정도로 보고 있는데 그 시기는 중신세말(中新世 末) 또는 상신세(上新世)초로 보고 있다. 이때부터 두 다리 직립인이 최초의 인과(人科) 성원으로 출현된다. 그리고 다시 200만~300만년이 지나 최초로 도구를 제작. 사용하는 성원이 출현된다. 지금부터 250만년 전후하여 80만년까지 즉 상신세말에서 초기 홍적세까지는 중국 초기 인류 및 그 문화 발전의 제1단계이다.

(2) 상신세(上新世)로부터 초기 홍적세까지의 환경

1. 지질 배경

고 제삼기말(老第三紀末), 지금부터 3.000만년전후에 지각이 또 한 차례 거대한 구조(構造)운동이 발생, 즉 히말리아 구조운동이다. 결과는 히말리아산, 알프스산등이 형성되고, 아프리카대륙, 인도반도와 유라시아대륙이 같이 연결되었다. 이것은 지사상(地史上) 최후 일차의 대 규모 조산(造山)운동으로 바다, 육지분포의 대개 범위와 자연환경이 현재와 접근되고 있다[2].

히말라야 구조운동 파급 및 전체 동아시아 육지, 중국 경내의 자연 환경의 기본 구조등은 상신세로부터 홍적세에 이르기 까지 최종 적으로 형성되었다. 지모(地貌)는 서쪽에서 동쪽방향으로 형성되고, 높은 곳에서 낮은 곳으로 3급 계제(3級階梯)의 지형(地形)이 이루어 졌다 : 제1급 계제는 청장고원(靑藏高原)으로 평균 해발 4000 m, 면적은 약 330만㎢ 로서 중국 영토 총 면적의 3분지 2를 차지하고 있다. 하란산(賀蘭山), 육반산(六盤山), 횡단산(橫斷山)계(系)의 동쪽을 따라서 하나의 거대한 단열선(斷裂線)이 있다. 이 선의 동쪽 지세(地勢)가 하강되어 제2급 계지에 이르렀다. 제2급 계지의 평균 해발 고도는 1000~2000 m 로서 신강(新疆), 내 몽고(內蒙古), 황토고원(黃土高原), 진령(秦嶺)과 운귀고원(云貴高原) 및 사천분지(四川盆地) 등을 포함하고 있다. 대흥안령(大興安嶺), 연산태행산(燕山太行山), 무산(巫山), 설봉산(雪峰山) 동쪽 가장자리의 거대한 구조선(構造線)은 제3급 계제에 이르렀다. 이 선의 동쪽은 평원(平原)과 구릉(丘陵)으로 해발 고도는 200~500 m 이다. 히말라야 산의 형성과 청장고원의 융기등은 중국내지(內地)의 기후와 환경등을 3가지 서로 다른 큰 구역 즉 청장고원과 인근의 고한구(高寒區), 서부는 간한구(干旱區) 그리고 동부는 계절풍이 성행한 구역 등으로 형성시켰다[3].

실제상으로 신생대(新生代)후기 때부터 전 지구성의 기후 변화는 시작되어 항상 한냉(寒冷)시기에 처 하게 되었다. 이러한 변화는 제4기(第4紀)에 이르면서 정점에 다 달았다. 제4기의 홍적세때에는 전 지구성의 기후가 냉(冷)하고, 더운(暖)시기의 극렬한 변화가 지속적으로 이루어져 제4기 빙하기를 형성하였다. 빙하기가 임박할 때 지구상의 높은 위도와 중간 위도(緯度)의 지역은 광활한 면적이 모두 얼음으로 덮였다. 거대한 빙하는 지구의 대기순환, 기후대의 이동, 해수면(海水面)의 변화, 생물의 이동 발생 등에 대단히 큰 영향을 주었다. 기후방면의 장기 관찰연구에 의하면, 빙하의 최 정성시기, 지금부터 18.000년 전후로 해서 전 지구의 강수(降水)는 현재보다 14% 낮아졌으며, 북반구(北半球)는 20%에 달하였으며, 열대의 복합대(輻合帶)는 남쪽으로 이동되고, 계절풍은 위축되고, 기후는 건조한냉되고, 사막(沙漠)은 확대되었다. 해 수면은 하강되고, 육교(Land bridge)는 크게 노출되고, 황토(黃土) 퇴적이 가속화 되었다. 북반구의 기후대(氣候帶)는 빙하 기간 중에 적도(赤道)방향으로 위축되고, 중국동부는 빙하 기간 중 강대한 한조(寒 潮)의 영향을 받아 기후가 대단히 춥고, 설선(雪線)이 하강되고, 빙하주변 및 동토(凍土)한계가 남으로 이동되었다. 추운기후 선호의 식물군이 대폭 남쪽으로 이동되고, 자연환경이 오늘날과는 큰 차이를 나타내었다[4].

전 홍적세 기간에 약간의 따뜻한 시기가 있었 는 데 이 때를 간빙기(間氷期)시기라고 부른다. 간빙기동안에 극지(極地)의 얼음이 녹고, 해면은 상승(上昇)되고, 기후대(氣候帶)는 적도(赤道)로부터 양극(兩極)방향으로 이동되었다. 그리고 현대와 같은 기후조건이 형성되었다. 빙하기, 간빙기, 또는 냉기와 온난기(溫暖期)의 교체출현은 홍적세 기후의 가장 돌출된 특징이다. 빙하기와 온난기의 순환은 대략 10만년 단위로 보고 있다. 빙하기동안에는 기후가 완전히 불변이었다. 그러나 그 중간에 빙하단계(氷階)와 간빙계(間氷階)시기가 있었다. 그 시기는 약 1만년의 파동(波動)주기(周期)로 보고 있다.

2. 상신세(上新世)부터 초기 홍적세까지의 환경

인류기원 관계와 밀접한 인원초과화석(人猿超過化石)의 발견과 연구에 근거하면, 진체 중신세(中新世)는 2.000만년 기간이며, 아프리카와 유라시아대륙은 삼림(森林)과 림지(林地)로서 대량의 네다리(四足) 달린 짐승들이 생활하면서 식물(植物) 위주로 사는 고등 영정류 즉 라마고원(臘瑪古猿 Ramapithecus), 녹풍고원(祿豊古猿 Lufengpithecus lufengensis) 등이 있었다. 이러한 정황설명은 당시에 지리상의 장에는 결코 없었다. 따라서 이러한 인류화석의 근친(近親)들이 아프리카와 유라시아대륙의 광대한 지역에서 자유스럽게 활동 할 수 있었다[5].

상신세(上新世)에 진입한 이후에 상기한 정항은 점차 변하기 시작하였다. 하나는 전 지구성 기후가 추운 기후로 변하고, 다른 하나는 청장고원(青藏高原)의 융기, 그 것은 점차 동아시아와 구 대륙 서쪽 사이에 있어서 한길(一道)의 천연적 지리 장애를 형성시켰다. 이로인하여 양쪽의 교통과 교류는 점차 어렵게 되었다. 이러한 새로운 정항은 진화 발전 초기 단계의 초기 인류 발전에 대단히 중요한 영향을 주었다.

홍적세초기에 기후 냉난(冷暖)의 변화폭은 상대적으로 비교적 적었다. 히말라야산과 청장고원의 융기폭도 이때는 제한적이 였다. 이때 중국 각지의 환경은 여전히 온난 습윤하여기 때문에 남,북방의 차이역시 비교적 적었다. 초기 홍적세 중국북방지구의 전형적 침적(沈積)은 오성황토(午城黃土) 이다. 오성황토의 색깔은 비교적 붉은 색이며, 홍색 매장토(埋藏土)를 포함하고 있으며, 그 층내에서 긴코삼지말(長鼻三趾馬), 삼문말(三門馬), 중국맥(中國貊)과 보씨 큰뿔사슴(步氏大角鹿) 등이 발견되었다. 설치류화석은 비교적 드물다. 동물화석의정항은 당시의 환경이 비교적 습윤한 것을 설명하여주고 있다. 이때 또한 비교적 많은 하호상침적(河湖相沈積)이 발생, 예로 니히만조(泥河灣組), 삼문조(三門組) 등은 모두 전형적인 하호상지층이다. 화북(華北)의 식물조합내에도 아열대 종류가 일정한 비율을 차지하고 있다. 남방 아열대 환경내에서 생활하던 상당수의 동물종류도 북방에서 확인되었다[6].

남방 초기 홍적세때에 장강(長江)내의 하류지역에서 우화대력석층(雨花台礫石層)이 광범위하게 분포되었다. 종홍색(棕紅色)계의 모래. 자갈층(沙礫層)은 하호상 침적이다. 우화태(雨花台)에 해당되는 지층(地層)은 상강유역(湘江流域)에서는 백사병조(白沙幷組)라고 부른다. 더욱 중요한 것은 동굴퇴적이다. 동굴에서는 대량의 척추 동물화석이 발견되는데 예를 들면, 광서유성(廣西柳城)의 거원동(巨猿洞), 호북건시고평(湖北建始高坪) 등이다. 동물군은 주로 아열대 환경에서 생존하였던 종류이다. 이것은 이 지역의 환경변화의 폭이 그리 크지 않았으며, 온난, 습윤한 아열대환경 이였다는 것을 설명하여 준다.

자연환경이 비교적 적당하여 각 지역사이의 차이가 크지 않아 동, 서방사이에 초기 인류의 이동 및 그 문화교류가 없었는데, 그것은 지리장벽을 넘어다 닐 수 없었기 때문 이다. 이것이 중국 초기 홍적세 인류 생활의 총체적 배경이다[7].

2. 중국 최초의 인류와 문화의 출현

(1) 인류화석의 근친(近親)

후기 중신세(中新世)때부터 상신세(上新世)에 이르기 까지 중국 남방의 대부번 지역은 기후가 온난한 열대, 아열대 환경이어서 초기 인류 및 초기 인류와 밀접한 관계가 있는 고등 영장류의 번식과 생활에 적합 하였다. 녹풍(祿豊) 고원 화석이 발견된 지층은 하호(河湖)-하호상 (河湖相)의 모래, 자갈, 모래질 점토, 점토와 갈매(褐煤) 침적(沈積) 이다. 이 층위는 석회암과 운모(雲母) 기반암을 덥고 있었는데 가장 두터운 곳이 9 m 이다. 1983년에 발굴된 D지점은 위에서 아래로 8층으로 나누어 졌다. 그 중 고원 화석이 출토된 층위는 3층으로 흑갈색의 갈탄층이다. 그 다음은 2~6층으로 수량이 일정하지않게 출토되었다. 각 층에서는 모두 기타의 척추동물화석이 발견되었다. D지점 출토의 동물화석은 110종에 달하며, 그 것들은 40과(科)로 나누어 졌다. 동물군의 분석에 의하면 녹풍고원(古猿)의 시기는 중기 홍적세 말기로 년대는 지금부터 800만~700만년에 해당된다. 지층과 동물군은 당시의 녹풍지역은 온난, 습윤의 아열대, 열대기후로서 고원(古猿)이 하호~소택 부근의 삼림-초지(草地)의 혼합환경에서 생활한 것을 나타내어 주고 있다[8].

비교적 적응 할 수 있는 환경 때문에 중국 경내 에 다종 인류화석이 근친(近親)으로 이루어져 생활하였다. 현제까지 중국에서 발견된 인원초과화석(人猿超科化石)은 운남개원소용담(云南開遠小龍潭)의 삼림고원(森林古猿), 강소사홍(江蘇泗洪)의 강준관치원(江准寬齒猿), 운남(云南) 녹풍 고원(古猿), 광서유성거원(廣西柳城巨猿) 등 이다. 이러한 화석은 화남의 열대, 아열대지역에 분포되었으며, 시대는 후기 중신세(中新世)로부터 홍적세 중기까지 지속되었다. 그 중에 개원 삼림고원과 사홍의 강준관치원은 소량의 이빨 화석으로 시대는 후기 중신세에 해당된다[9].

근년래 가장 중요한 발견은 중신세 후기에 속하는 녹풍고원(祿豊古猿 Lufengpithecus lufengensis)이다. 녹풍고원화석은 운남(云南) 녹풍의 석회패(石灰壩)에서 발견되었다. 1975년부터 중국과학원과 운남성박물관등이 여러 차례 발굴하여 대량의 고원(古猿) 및 기타 동물화석을 발견하였다. 석회패 화석 지점은 녹풍현성에서 북쪽으로 9㎞ 되는 석회패촌(村)으로 그 곳은 녹풍분지 북쪽 가장 자리의 묘산(廟山)언덕 위이다. 녹풍 고원 화석의 수량은 대단히 많다. 1980년대 말 발견된 것은 미리뼈(顱骨 로골) 5개, 아래턱(下顎骨 하악골) 10개, 머리뼈와 아래턱 잔편 47점, 상하 치열(齒列) 29조(組) 및 수 백매의 개체 이빨이 등이다. 그 외 견갑골(肩胛骨)과 쇄골(鎖骨)이 각 각 1조각, 손가락뼈(指骨 지골)가 2점 등이다. 동일지점에서 수량이 많은 동류화석이 발견되었으며, 특히 보존 상태가 좋은 두개골뼈는 세계각지에서 그러한 예가 많지 않다.

화석형태의 특징에 의하면 녹풍고원은 아프리카 남방고원과 비슷한 점이 있으며, 또한 현대의 검은 성성이(黑猩猩)와도 접근되는 부분이 있다. 녹풍고원 시대를 종합하여보면, 그 초기는 초기인과성원(人科成員)과 접근되며, 또한 현생 대원(大猿)과 본화되는 단계이다. 따라서 몇 몇 의 학자들은 이 화석은 아프리카 대원(大猿)과 인과(人科)의 공동 조상(祖上)으로 보고 있다[10]. 그러나 최근의 연구결과에 의하면 후기의 녹풍고원의 생존 시기는 초기 인과성원과 중첩되고, 화석의 형태 특징은 양자의 선후관게는 불가능하다고 설명하고 있다[11].

운남원모(云南元謀)에서도 인원초과(人猿超科)화석이 발견되었다. 원모의 고원화석(古猿化石)은 최초로 1986년 하반기에 발견되었다. 그 후 5년간 4차의 발굴이 실시되었다. 두개골 1구(具), 윗턱 8점, 아래턱 7점, 이빨 1000점 이상이 발견되었다. 원모고원의 분류와 계통위치는 여러 가지 학설이 제시되었다. 학자들은 일찍이 죽붕촌(竹棚村)에서 발견된 이빨을 능인죽붕종(能人竹棚種 Homo habilis zhupengensis)으로 정하고, 또한 어느 학자는 같은 지점에서 발견된 고원이빨을 인속동방종(人屬東方種) 또는 간칭으로 동방인(東方人)으로 명명하였다. 소하촌호첩양자(小下村蝴蝶梁子)에서 발견된 고원윗턱 역시 "호첩라마고원(蝴蝶臘瑪古猿)"과 "호첩인"(蝴蝶人)으로 명명되었다. 원모고원분류의 계통위치에 대해서는 여러 가지 의견이 제시되어 있지만 최근의 연구결과에 의하면, 호첩인은 녹풍고원과 동속(同屬) 또는 동종(同種)으로 보고 있다. 원모(元謀)와 녹풍사이의 거리는 멀지 않으며, 두 곳의 자연지리 환경역시 비교적 접근되고 있다. 고지자(古地磁) 및 화석포유동물군의 특징에 의하면, 원모고원의 생활시대는 녹풍고원보다 늦은 대략 지금부터 400만년 전후로 보고 있다. 동일시기의 인원초과(人猿超科)의 화석이 대단히 드물기 때문에 녹풍, 원모 및 운남기타 지점에서 발견된 것들은 인류기원연구에 있어서 대단히 중요한 자료가 되고 있다[12].

인류의 화석근친에 관해서는 당연히 거원(巨猿)의 발견에서부터 살펴보아야 한다. 1935년, 네덜란드 고생물학자 공니화는 홍콩 중국약국에서 일매의 영장류 어금니 화석을 구매하여 그것을 보씨거원(Gigantopithecus blacki)이라고 명명하였다. 그것을 우리들은 일반적으로 거원(巨猿)이라고 칭한다. 당시에 고인류학자 웨이돈레이(魏敦瑞, weidenreich, F, 1873~1948)는 거원은 인류 직계조상으로 인류기원 문제는 거인(巨人)으로부터 시작되어야 한다고 보았다. 거원과 초기인류의 관계를 이해하기위하여 거원화석의 산지를 찾으려고 1956년 배문중(裵文中)선생이 이끄는 조사단이 광서(廣西) 각지를 조사하였다. 최초로 대신의 흑동(大新的 黑洞)에서 거원의 이빨 및 공생의 포유동물화석이 발견되었다. 1957년 유성(柳城)의 거원동(巨猿洞)에서 대량의 거원화석을 찾았다. 그곳의 6년동안의 발굴결과 3개의 거원 아래턱과 1000 여매의 이빨화석 그리고 대량의 기타 포유동물화석을 발견하였다. 그 외 광서 파마(廣西巴馬), 무명(武鳴) 및 호북건시(湖北建始) 등에서도 그러한 것들이 발견되었다[13].

현재까지 거원화석은 중국에서는 모두 동굴퇴적에서 출토되었다. 그것들은 이빨외에 3점의 아래턱이며 완정된 골가(骨架) 또는 기타 부위의 골격은 없다. 이러한 상황은 거원은 혈거자(穴居者)가 아닐 가능성이 크다. 발견 자료가 가장 많은 유성거원동굴에는 거원과 공생한 성성이(猩猩), 미후(獼猴) 등 영장류동물들이 있었다. 파마(巴馬)에서도 장피화석(長臂化石)이 거원과 동시에 발견되었다. 이러한 상황은 거원은 삼림(森林) 환경에서 생활한 가능성을 보여준다. 공생한 포유동물군은 중국 거원의 생존시기는 대략 초기홍적세 초기부터 중기 홍적세까지 지속된 것으로 나타내어 주고 있다.

화석형태에 의하면 거원의 아래턱과 이빨등은 인류의 특징과도 접근되며, 또한 원류(猿類)의 특징과도 접근되고 있다. 어느 학자의 실측은 거원의 몸 크기가 2.7 m, 체중은 270 kg 으로 제시하고 있다. 이러한 수치는 정확하지 않지만 거원의 형체(形體)가 크다는 것을 암시하여 주고 있다. 그 외 초기 홍적세에서 중기 홍적세까지 중국에는 이미 초기 인류가 대단히 번성하였다. 그러나 거원은 인류의 직접 조상은 아니다[14]. 그러나 이 체형이 거대한 중국원고인류의 화석근친(近親)의 체질 특징 및 그 운명(運命)은 인류기원과 발전을 연구하는데 귀중한 참고 자료가 되고 있다.

(2) 최초 인류 및 그 문화의 분포

초기 인류가 중국내지에 최초로 출현한 시간을 정확히 확정하기는 현재로서는 어렵다. 그러나 이미 제시된 증거는 초기 홍적세 초기에 이미 초기 인류가 중국에서 생활하기 시작하였다. 지금까지 발표된 초기 인류화석 지점은 운남원모상나방(云南元謀上那蚌), 중경무산대묘용골파(重慶巫山大廟龍骨坡), 호북건시고평용골동(湖北建始高坪龍骨洞), 운현곡운하구(鄖縣曲遠河口)와 섬서남전공왕령(陝西藍田公王嶺) 등이다. 이 곳외에 또한 초기 인류의 문화유적이 발견된 곳은 산서예성서후도(山西芮城西侯度), 안휘번창인자동(安徽繁昌人字洞) 등이다. 특히 하북양원니하만분지(河北陽原泥河灣盆地)에서는 일계열(一系列)의 초기 홍적세의 고인류문화유적이 발견되어 초기 인류가 중국과 동아시아 지구에서 활동을 이해하는데 관계된 자세한 자료를 제공하고 있다.

1. 원모 상나방(元謀 上那蚌)

상기한 지점(地點)중에 운남원모의 상나방은 발견된 것이 비교적 이르며, 발굴과 연구가 비교적 많이 되어있다. 원모인은 1965년 여름에 발견되었다. 지질조사자들은 운남원모현성에서 동남방향으로 5 km 지점에 있는 상나방부근에서 조사시 2점의 인류의 위 앞이빨을 발견하였다. 이 발견은 학술계에 지대한 중시를 받았다. 따라서 중국과학원고척추동물과 고인류연구소, 운남성박물관과 중국지질과학원지질역학연구소등이 여러 차례 조사와 발굴을 실시하였다. 그 중 1973년 가을에서 겨울까지 원모인화석 출토지점 및 그 부근에 대 규모 발굴이 실시되었다. 그 이후의 작업중에는 새로운 인류화석 자료를 발견하지 못하고 다만 소량의 타제석기, 깨진 포유동물화석, 영세한 숯 등을 발견하였다[15].

원모인 화석지점은 원모분지의 동쪽 가장자리에 위치하고 있다. 이곳은 한 곳의 중갈색점토로 조성된 작은 흙 언덕, 하호상침적(河湖相沈積)이다. 원모분지내에 제4기 퇴적물의 전체 두께는 1000 m 이상 이다. 그 중의 원모조(元謀組)는 700 m 에 이르며, 위에서 아래로 모두 28층이다. 그것은 4단(段)으로 나누어진다. 그 중의 4단 두께는 약 122 m 로서 24~28층을 포함한 모래자갈과 점토층이다. 원모인 화석, 문화유물과 포유동물화석등은 제4단 25층 아래에서 발견되었다. 이 층 상부는 종갈색 점토, 하부는 갈색 사질점토로서 하류-호빈상침적물(河流-湖濱相沈積物)계통에 속하며 노출된 퇴적의 두께는 6 m 정도이다.

원모조 제4단에서 많은 포유동물화석이 발견되었다. 화석동물군의 조합 특징에 의하면, 제3기의 잔여 종으로 조수(爪獸), 니하만검치호(泥河灣劍齒虎), 최후뿔사슴(最後枝角鹿), 날씬한원시포(奸細原始狍), 축록(軸鹿) 등이며, 또한 초기 홍적세의 대표적인 상씨하이에나(桑氏, Hyéna)도 있으며, 동시에 남방계의 큰곰-검치상(大熊猫-劍齒象)동물군의 성원으로 중국하이에나. 검치상이 출현 하였다. 상기한 특징 설명은 이 동물군의 시기는 비교적 이른 것으로 당연히 홍적세 초기에 해당된다 ; 반영된 생태환경은 비교적 온난한 삼림-초원류형이다.

원모인의 화석 및 문화유물은 풍부하지않다. 그러나 동반된 포유동물군의 시대는 초기 홍적세에 속하며, 고지자(古地磁)측정으로 170만년정도, 이로 인하여 각 방면의 관심을 집중시키고 있다. 원모인에 대한 시기는 학술계에 2 종의 의견이 제시 되고 있다. 일부 학자들은 원모인의 지질시대가 초기 홍적세이며, 절대 년대가 170만년 정도이며 근거는 중국지질과학원 지질역학연구소와 중국과학원지질연구소등의 고지자년대측정이 근거된다는 것이다[16].

일부의 제4기 지질학자들은 원모인에 대한 시기에 다른 의견을 제시하고 있다. 그 들은 원모분지의 지층을 자세히 연구하여 원모조를 다시 구분하여 원모조대표는 초기 홍적세이며, 상나방조(上那蚌組)는 중기 홍적세로 나누고 있다. 인류화석과 석제품은 상나방조에서 출토되었다. 그 결과 그들은 상나방조의 시대는 지금부터 70만년을 넘어 설수 없으며, 인류화석은 당연히 60~50만년에 사이에 해당된다는 것이다[17]. 이러한 의견과 외국학자들의 의견은 상당히 접근되고 있다. 외국 학자들은 초기 인류가 동아시아에 도달한 것은 지금으로부터 100 만전후로 보고 있으며, 동아시아에 100만년 이전에 고 인류가 존재할 수 없다고 보고 있다.

2. 장강삼협(長江三峽) 및 인근지구

장강삼협부근 지역은 1920~1970년 까지 조사되었다. 호북건시(湖北建始) 경내의 초기 홍적세 동굴내에서 몇 점의 초기 인류 이빨 화석이 발견되었다. 처음 연구시 그 것들을 남방고원(南方古猿)으로 명명하였으며, 후에 연구 결과 초기 직립인에 속하는 것으로 인정되었다. 1980년대 중기에 부근의 건시의 중경무산(重慶巫山)경내에서 또한 새로운 인류화석자료가 발견되었는데 거기에 일점의 깨진 좌측 아래턱과 일매의 윗 이빨이 있었다. 동시에 2점의 인공이 가한 석제품이 있었다. 후에 많은 석제품이 또 발견되었다. 그 곳은 하나의 수직 동굴이며, 동시에 초기 홍적세에 속하는 대량의 동물화석이 발견되었다. 고지자 및 안기산법(氨基酸法 -NH2)의 측정결과는 190만년 정도이다[18].

3. 번창 인자동(繁昌 人字洞)

장강(長江)하류지역의 번창 인자동은 몇 년전에 새로이 발견된 한 곳의 초기 홍적세 유적이다. 인자동은 현재 동굴의 정상이 없어졌다. 그러나 퇴적상태에 의하면, 하나의 거대한 수직형 용동(溶洞)이다. 지금 남아있는 퇴적은 8층으로 나누어진다. 1~7층까지의 퇴적은 사질 점토, 덩어리 각력(塊狀角礫)등이며, 화석은 기본적으로 원 지층에 매장되었다. 퇴적의 속도가 비교적 빠르게 이루어 졌으며, 그 사이에 동굴정상과 동굴 벽이 붕괴되었다.

제8층 아래는 주로 점토, 고운 모래, 작은 강자갈등이다. 그것들의 마모정도가 잘되어 있는데 그것은 류수(流水)작용에 의한 산물(產物)이다. 석제품은 조로 3~5층에서 출토되었다[19].

이곳에서 발견된 동물화석은 대단히 풍부하여 그 중 포유동물이 67종이다. 동물군은 중국 남북방(南北方)의 과도기적인 특징을 가지고 있으며, 그 중에 24종은 전형적인 고북계(古北界)동물이며, 동양계의 동물은 23종이고, 나머지 20종은 공범위한 종이다. 동물군의 시대적 특징은 사멸종이 51종으로 전체의 4분지 3을 차지하였다 ; 현생종 또는 유사한 현생종은 7종으로 전체 수의 1% 정도이다. 그러나 큰곰(大熊猫), 삼문말(三門馬), 창고쥐(倉鼠), 큰쥐(巨鼠), 그리고 집쥐(家鼠)등은 제4기 전형적 속종으로 이미 홍적세 진입된 것을 나타내고 있지만 당연히 홍적세 초기에 해당된다. 원 연구자는 시기를 지금부터 240~200만년으로 보고 있다.

4. 운현곡원하구(陨縣曲遠河口)

진령(秦嶺)-준하(淮河)의 한줄기가 남쪽으로 펼쳐져서 초기 홍적세의 것이 발견된 곳은 한수(漢水) 중류의 호북(湖北) 운현곡원하구 이다. 운현의 매포(梅鋪) 및 운현의 백룡동(白龍洞) 그리고 인근의 하남(河南)경내의 상천(湘川)과 남소(南召)등지에서 1970-80년대에 영세한 초기 인류화석이 발견되었다. 1989와 1990년에 곡원하구에서 계속적으로 2구의 초기 인류의 두개골 화석이 발견되었다. 그리고 발굴이 실시되면서 많은 석제품과 포유동물화석이 발견되었다[20].

곡원하구 운현인(隕縣人) 유적은 한수(漢水)의 4급 계지(階地)에 있다. 이 계지는 기초계지로서 그 기초는 진단기(震旦紀, sinian period)의 변질암계통이다. 그 기초 위에 하류(河流) 토적물이 4층으로 쌓여 있다. 제1층은 갈색 점토층, 6 m 두께, 소량 석제품 ; 제2층 회황색 점토층, 2 m 두께, 인류화석, 석제품과 동물화석 ; 제3층은 회백색 고운모래, 5 m 두께, 석제품과 포유동물 ; 제4층 갈회색 모래자갈층, 6 m 두께, 강자갈 마모도가 비교적 잘된 석영암과 회암.

운형인 유적에서는 다량의 포유동물화석이 발견되었다. 그 중에는 소량의 제3기의 잔 여종으로 검치호(劍齒虎)가 있고, 제4기 초기의 전형종으로 상씨서구(桑氏鼠狗, Hyéna), 운남물사슴(水鹿), 아름다운 흑사슴(秀麗黑鹿) 등이 있다. 이것은 이 동물군의 시기가 이르다는 것을 설명하여 준다. 고 지자의 측정은 지금부터 87-83만년 정도이며, 전자자선공진방법 측정은 56.5만년이다. 그러나 운현인 동물군과 공왕령 남전인 동물군의 특장을 비교하면, 거기에는 화남의 큰곰(大熊猫)-검치상동물군의 전형적 성원으로 큰곰, 중국하이에나, 중국맥과 작은돼지(小猪) 등이 있다 ; 또한 화북동물군의 전형적 성원인 삼문말, 이씨멧돼지, 짧은뿔소(短角麗牛) 등이 있다. 이러한 정항은 두 곳의 시기와 자연환경이 비교적 접근되고 있음을 설명하여준다. 따라서 운현인 유적시대는 당연히 초기 홍적세에 속한다.

5. 남전 공왕령(藍田公王嶺)

진령 북측과 운현인 유적 의 거리는 그리 멀지 않다. 1960년대 중기에 유명한 남전원인 두개골 화석이 발견되었다. 최근의 년대학 연구결과에 따르면 공왕령의 발견물은 초기 홍적세에 속한다. 남전지구에는 홍색토(紅色土)가 널리 분포되어 파하(灞河)의 3.4급 계지(階地)를 조성하였다. 공왕령은 파하 좌안(左岸)의 4급 계지이다. 직립인 두개골과 동반된 동물화석은 30 m 두께의 홍색토의 저부에 있는 2조(條)의 고토양(古土壤) 사이에 매장되어 있었다. 그 외 약간 높은 지층 내에서 석제품이 발견되었다. 이 석제품과 부근의 전자와 근접된 층위에서 석제품이 채집되었는데 이것들도 역시 남전인의 문화유물로 보고 있다[21] (도 1-1).

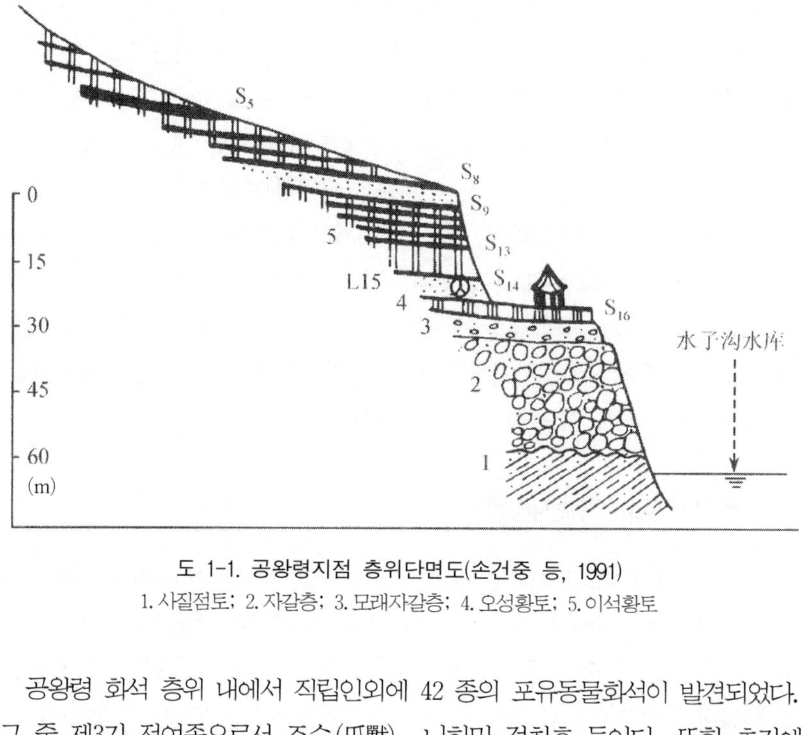

도 1-1. 공왕령지점 층위단면도(손건중 등, 1991)
1. 사질점토; 2. 자갈층; 3. 모래자갈층; 4. 오성황토; 5. 이석황토

공왕령 화석 층위 내에서 직립인외에 42 종의 포유동물화석이 발견되었다. 그 중 제3기 전여종으로서 조수(爪獸), 니하만 검치호 등이다. 또한 초기에서 중기 홍적세 초기의 동물로서 려소(麗牛), 정씨분서(鼢鼠), 토홍서(土紅鼠) 등이 있다. 현생종의 비율은 5분지 1 정도이다. 이러한 정항은 공왕령유적의 시대가 비교적 이르다는 것을 설명하여 준다. 이외에 공왕령의 동물군에는 뚜렷한 남방계 동물군의 특색이 있다. 여기에서 발견된 대웅묘(大熊猫), 검치상, 마래맥(馬來貘), 조수, 모관록(毛冠鹿), 물사슴, 진령소문령(秦嶺蘇門羚) 등은 모두 화남 홍적세 대웅묘-검치상동물군중의 성원이다. 이

러한 정황은 당시의 남전지역의 기후조건이 오늘의 진령(秦嶺)남쪽과 비교적 접근되는 온난 습윤의 아열대 삼림환경 이라는 것을 설명하여 준다.

남전 공왕령의 직립인 두개골과 이빨화석은 1964년 발견되었다. 그 전년에 남전세호진진가와(世湖鎭陳家窩)부근에서 1점의 직립인 아래턱이 발견되었다. 일반적인 학설은 남전인은 공왕령의 직립인 두개골과 진가와의 직립인 아래턱으로 구성되었다. 왜냐하면 두 곳의 거리가 대단히 접근되고, 모두 또한 홍색토내에서 발견되었다, 그래서 원 연구자들은 그 것들을 같이 놓고 연구와 복원을 하였다. 이것이 소위 남전원인의 내력(來歷)이다. 그러나 깊은 연구와 제4기 년대학 연구의 진전에 의해서 공왕령과 진가와 두 곳의 인류화석은 차이가 크다는 것을 확인 하였다. 진가와의 고지자년대는 지금부터 65만 년이다. 공왕령의 고지자 측정년대는 80만~75만 또는 98만 년이다. 그러나 최근의 공왕령의 고지자측정은 110만~115만 년 이다[22]. 그러나 결과적으로 고생물지층학과 고지자년대학 등은 공왕령직립인은 초기 홍적세에 속하고, 진가와의 것은 중기 홍적세로 보고 있다.

6. 예성서후도(芮城西侯度)

남전에서 서쪽으로 100 km 거리의 산서성예성현(山西城芮城縣) 서후도촌 부근에서 또 다른 한곳의 초기 홍적세 지점, 즉 서후도(西侯度)를 발견하였다. 서후도 지점은 황하(黃河)에서 3 km 지점에 있다. 이곳은 당지 사람들은 "사람의 부스럼"(人疙瘩 인흘탑) 이라고 부르는 작은 언덕으로 황하강 좌안(左岸)의 강수면에서 170 m 솟아 있는 고계지(階地)가 장기적 침식되어 이루어 졌다. 석제품등 문화유물과 동물화석은 1 m 두께의 교차 모래층내에 집중적으로 분포되어 있었다. 교차 모래층은 초기 홍적세에 해당된다. 모래층위에는 중기 홍적세의 홍색토(紅色土)가 덮혀 있었으며, 다시 그 위에는 후기 홍적세의 황토층이 놓여있다[23].

문화 유물과 공존된 포유동물화석은 하리(河狸), 검치상, 산서털코뿔소(산서털코뿔소), 고판치서(古板齒犀), 긴코삼지말(馬), 삼문말(三門馬), 두뿔사향노루등이다. 그 중에 사멸종은 47%로서 실지로는 사멸종이 100%에 해당된다. 이 지점에서 발견된 포유동물에 따르면, 그 지질시대는 초기 홍적세에 해당된다. 고지자 측정년대는 지금부터 180만년이다. 유감스러움 것은 이곳에서 발견된 문화유물은 부식이 너무 심해서 인공흔적이 비교적 모호하다. 따라서 이 석제품에 인공처리여부는 확실하지 않다[24].

7. 니하만유적군(泥河灣遺地群)

니하만은 하북성(河北省) 서북부 상간하반(桑干河畔)의 한 곳의 보통 시골 명칭이다. 그 부근의 지층 및 포유동물화석은 1920년대초부터 지질학자들의 관심을 끌어 "니하만조(泥河灣組)", "니하만조동물군"등의 명칭이 지질학상의 전문 명사가 되었다. 최근 20년래 이 곳에서 또 하나의 일계열 초기 인류문화유적이 발견되었다. 그 중에 발굴된 지점은 소장량(小長梁, 동곡타(東谷坨), 반산(半山), 비량(飛梁), 잠가만(岑家灣) 등이다. 최근에 발굴된 마권구(馬圈溝) 유적은 그 중에서 시기가 가장 이른 곳이다(도1-2)[25].

니하만 분지내에 상신세(上新世)이래 침적된 것은 1천 m 이상 이며, 제4기 홍적세통의 것은 600 m 이상 이다. 그 중 분지 동쪽 가장자리 니허만조 초기 홍적세의 하호상침적물속에는 풍부한 초기 인류의 문화유적이 있는데 대략 그것은 100만년 전후이다. 즉 인류는 니허만의 고대 하호(河湖) 주면에서 생활하기 시작하였다(도판 1)[26]. 그 일대 제4기 지층의 최신 연구에 의하면, 이미 발견된 각 지점중에서 마권구 유적의 연대가 가장 이른 시기에 해당된다. 마권구유적은 양원현 대전화 잔가만촌(陽原縣大田洼岑家灣村)에서 서남방향으로 약 1 km 지점에 있으며, 당지 민들은 마권구개천의 남쪽 끝 양측이라고 부르고 있다. 마권구는 지표가 물에 씻겨나간 니하만층 형성의 하나의 개천이다. 그 개천의 양벽은 가파른 수직이며, 니하만층이 뚜렷하게 제

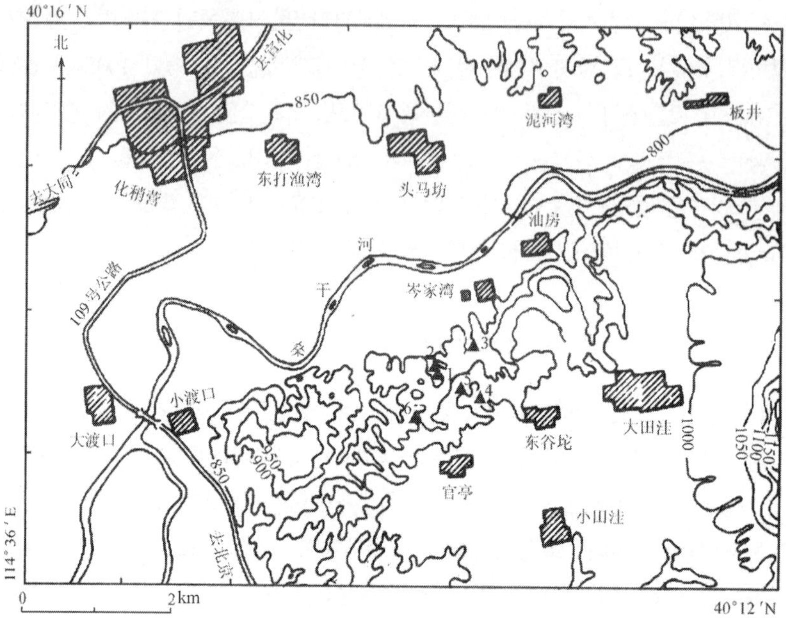

도 1-2. 니하만 분지 초기 홍적세구석기유적분포도(사비등, 1998)
1. 반산; 2. 마권구; 3. 영가만; 4. 동곡타; 5. 비량; 6. 소장량

시되고 있다. 단면은 최상의 황토층으로부터 저부의 주라계(侏羅系) 화산가력암층 까지 모두 17 층이다. 석제품과 동물화석등은 제9층에서 출토되었다. 이 층은 회록색사질점토이며, 수평 층으로 회흑색 점토가 질 남아 있었다(도 1-3)[27].

마권구유적은 최초로 1992년 봄에 확인되고, 그해와 그 다음 해에 지속 적으로 20 평방미터를 발굴하였다. 근년래 마권구에서 새로이 발굴이 실시되고, 동시에 1922년에 발견된 문화층아래에서 또 다른 2개의 문화층이 확인, 발굴되어 많은 석제품과 깨진 동물 골격화석등이 발견되었다. 마권구는 현재 끼지 니하만층내에서 발견된 석제품중 가장 아래층으로 것으로서 동일 단면의 반산지점(半山地點) 보다 23 m 아래에 있다. 따라서 마권구유적은 상기한

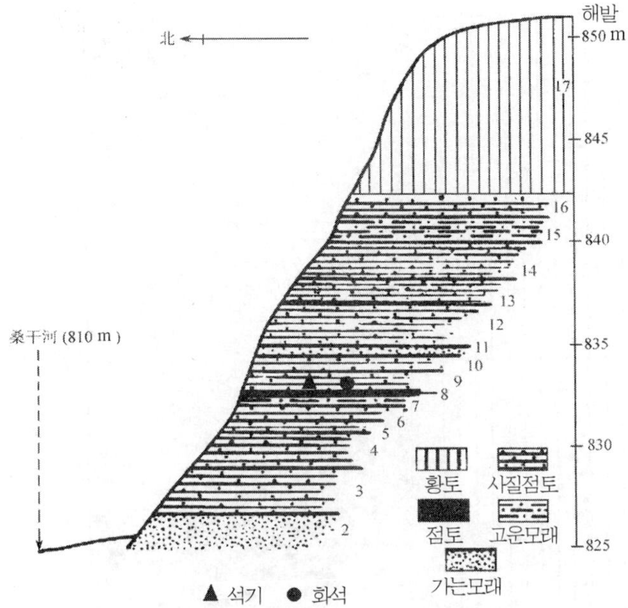

도 1-3. 마권구 유적 층위단면도(이군 등, 1998)

각 지점중에서 년대가 가장 이른시기로 초기 인류의 발자국이 니하만의 고호반(湖畔)에 도달 된 것을 설명하여 주고 있다(도판 2).

마권구유적과 동일 단면의 반산(半山) 유적은 1990년에 발견과 동시에 시굴되었다. 발굴면적은 2 평방미터이다. 다만 발견된 석제품과 동물화석의 수량이 대단히 많았다. 감정된 종류는 코끼리, 털코뿔소, 사슴류외에 말과 이리가 있었다. 반산의 문화유물은 하홍적통(下更新統)의 고운 모래, 모래자갈층내에 있었다. 출토 유물은 유수작용에 의해서 운반되었다. 운반된 거리가 멀지 않아 마모의 흔적이 가볍다. 다만 매장학(埋藏學) 각도에 의하면, 그곳은 원생퇴적층이 아니며, 진정한 유적은 그 부근의 다른 곳에서 찾아야 된다고 보고 있다(도 1-4)[28].

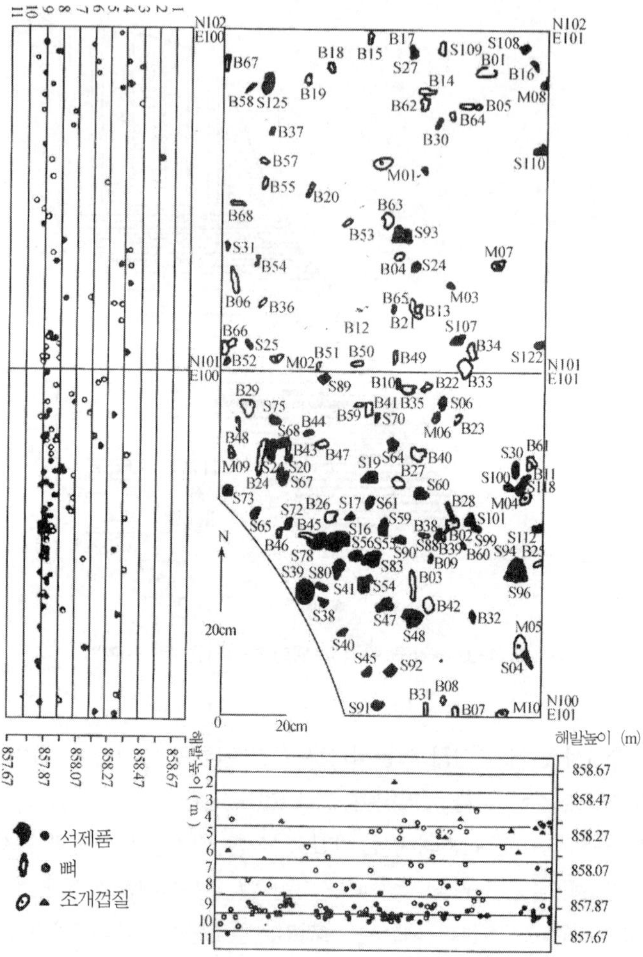

도 1-4. 반신지점문화유물 분포도(위기, 1994)

반산유적 층위와 같은, 그리고 년대가 접근되는 곳은 소장량(小長梁), 동곡타(東谷坨), 비량(飛梁) 유적 또는 지점의 발견이다. 동곡타유적은 하북 양원현 동곡타 서북 측의 허가파(許家坡)에 위치하는 한곳의 고대 호빈(湖

濱)의 노천 유적이다. 1981년 발견과 동시에 발굴을 실시. 45평방미터 범위내에서 석제품 1천 여 점이 발견되었다. 1990년 이래 여러 차례 발굴이 실시되었다. 유적의 총 면적은 40만 평방미터 이상이다. 문화층의 퇴적은 비교적 두터워 시굴의 깊이는 3.2 m 에 이르렀으며, 그 것은 직접 암반위에 있었다. 문화층은 상간허 수면위로 125 m 높이에 있으며, 대지 표면보다 45 m 높이에 있고, 그 중 하면은 33 m의 니하만조의 호상퇴적이고, 상면에는 12 m 의 황토퇴적이 있다[29].

이 지점의 포유동물화석은 적지 않은데 다만 심하게 파손 되었다. 그 중에 중국쥐(中華鼢鼠), 산문말, 털코뿔소, 이리, 고능치상(古菱齒象), 들소 등이다. 그 시대는 이른 시기로서 초기 홍적세 속한다. 고지자년대학의 연구결과 문화층 형성은 Jaramilo 사건전으로 지금부터 100만년 전후시기에 속한다.

소장량은 니하만분지내에서 최초로 빌견된 초기 홍적세 유적이다. 유적은 대전와향 관형촌(大田洼鄕 官亭村) 북쪽의 소장량(小長梁)에 위치하고 있다. 1978년 가을 우옥조(尤玉柱), 탕영준(湯英俊)과 이의(李毅) 선생등이 양원(陽原)에서 울현(蔚縣)일대의 제4기 조사시에 소장량 및 그 부근에서 석기포함층을 발견하였다[30]. 소장량부근의 지층은 비교적 뚜렷하게 노출되었으며, 최 상층에는 가벼운 종황색의 황토층으로 두께가 8-15 m, 시대는 후기 홍적세에 해당된다. 그 아래는 문화유물이 포함된 니하만층으로 전체 두께가 72 m 이며 14층으로 나누어 졌다. 석제품과 문화유물은 하부에 가까운 녹(銹)황색의 모래층에서 출토, 두께는 0.5-08 m 이다. 최하부는 전제3기의 변질암 및 화산암층 이다. 석제품과 공생의화석은 하이에나. 고능치상, 삼지말, 삼문말, 영양, 사슴, 강치서(腔齒犀) 등 이다. 보존상태가 대단히 나빠서 화석은 심하게 파손되었다.

2차의 소 규모 발굴은 동서 길이 100 m, 남북 너비 10 m의 범위를 집중적으로 처리 하였다. 발굴 및 조사에서 채집된 석제품은 전체 1 천 여 점에 달한다. 소장량의 발견은 국내외의 학술계에 많은 관심을 갖게 하였으며, 그 결과로 많은 학자들이 석기제적의 성격, 지층과 시대문제등을 뜨겁게 토론하였다. 니허만 분지의 구석기고고학과 제4기 지질학연구등의 진전에 따라서 새로운 인식이 접근되고 있다. 고지자연구의 결과에 근거하면 소장량의 문화층위는 가랍미(賈拉米)밑층위로 초기 홍적세에 속한다. 초기는 그 절대연대가 지금부터 100만년 또는 그 이상이 된다. 그러나 최근의 고지자연구는 지금부터 130만년 정도이다.

부근에 시대가 약간 늦은 잠가만(岑家灣)유적이 있다[31]. 이 지점은 동곡타(東谷坨)에서 북쪽으로 700 m 지점에 있다. 1986년과 1992년 두차례 발굴되었다. 잠가만의 문화층은 니허만층의 1층, 10~30 cm 두께의 고토양층, 갈홍색점질모래에 속한다. 그 위에는 3 m 두께의 가는 모래, 고운모래 및 점토층으로 조성된 니허만층이다. 잠가만의 문화층위는 비록 동곡타문화층보다 60 m 낮게 있지만 양자사이에는 하나의 단층이 있어서 실제적으로 잠가만의 층위는 동곡타보다 높다. 고지자년대측정의 결과가 이점을 증명하여 주고 있다. 잠가만 문화층 형성시기는 송산기(松山期)의 가랍미의 정극성기(正極性期)에 해당, 약 90만~97만년에 해당된다 : 동곡타문화층위는 가랍미 정극성기의 아래에 있다. 양자는 시대가 비록 차이가 있지만 크게는 하나의 지질시대에 해당되어 즉 초기 홍적세 후기에 속한다[32].

결론적으로 보면 니허만 분지의 동쪽가징자리에서 발견된 것중 마권구의 시대가 더욱 이르지만 그 정확한 년대는 장래에 기대하여야 한다. 잠가만유적의 년대가 그중에서 가장 늦은 것은 대체로 인정되고 있다. 소수 학자는 이 지점은 동일 유적의 서로 다른 부분으로 보고 있다.

8. 소결(小結)

중국은 이미 초기 홍적세 또는 더 이른 시기의 고 인류화석과 구석기지점을 발견하였으며, 분포의 지리적 범위는 비교적 넓어 북위 25° 로부터 북위 40° 에 이른다 ; 동경은 101° 로부터 동경 118° 해당된다. 지형적 특징을 보면 이 지점들은 주로 중국지형의 제2급계제(階梯)상에 분포되어 있으며, 대부분이 해발이 비교적 높은 분지의 강계곡지대(河谷地帶)에 있다. 다만 번창인자동(繁昌人字洞)유적만 해발이 비교적 낮은 장강하류(長江下游)지역에 있다(표 1-3)

〈표 1-3〉 중국초기 홍적세 인류화석과 구석기지점

지점명칭	지리좌표	퇴적유형	절대년대 (지금부터백만년) 또는 지질 년대	인류화석	문화유물	참고
원모	25°45′n 101°55′e	야외	1.70 또는 0.60	이빨	석제품	시기논쟁중
용골파	30°21′n 109°4′e	동굴	1.90	아래턱 이빨	석제품	인류화석 논재중
인자동	31°5′n 118°6′e	동굴	2.00~2.40		석제품	석제품 논쟁중
건시	30°38′n 110°4′n	동굴	초기경신세후기	이빨	석제품	
곡원하구	32°51′n 110°38′e	야외	초기경신세후기	두개골	석제품	
공왕령	34°11′n 109°29′e	야외	1.15	두개골	석제품	
니허만유적군	40°13′n 114°36′e	야외	초기홍적세		석제품, 인공이가한동물뼈	유적군, 시대연속시간길다
서후도	34°41′n 110°17′e	야외	1,80		석제품. 인공가한뼈	문화유물 논쟁중

설명: 니허만유적군의 지리좌표는 소장량지점으로 표기

각 지점의 발견에 의하면 인류화석 또는 문화유물은 노천유적에서 발견된 것이 많다. 문화유물의 보전 상태에 의하면 운현곡하구와 니허만분지의 여러 지점은 당시 인류의 거주 또는 활동장소였다. 기타 지점에서는 그러한 증거를 찾지 못하였다. 몇 곳의 동굴지점은 매장학(埋藏學)의 각도에서 보면 당시 인류의 거주 장소는 아니다. 이러한 정황은 중국 경내 초기 홍적세의 인류들은 주로 당시의 강변과 호수 가장자리에서 생활한 것은 설명하여 주고 있다. 이로 인하여 이곳에 많은 문화유물이 남아 있을 가능성을 보여주고 있다.

여러 지점의 문화층에서 나타난 침적(沈積)환경 특징과 특히 공생의 포유동물군의 생태 특징등은 초기 홍적세 인류생활을 이해하는데 훌륭한 자료를 제공하여 주고 있다. 장강(長江) 남쪽의 몇 지점은 모두 현대의 아열대의 삼림환경과 같거나 또는 더욱 온난습윤 하였다. 진령(秦嶺) 양측의 운현곡하구와 남전 공왕령의 화석동물군의 고도(高度)는 같고, 이것은 당시의 생태환경이 같다는 것을 설명하여주는데 그곳들은 온난습윤의 아열대 삼림환경에 속하여 있었다. 심지어 초기 홍적세 인류활동의 니허만지역은 당시 인류생활의 환경이 당지(當地)의 현대보다 우수한 환경 즉 습윤의 삼림초원이었음을 보여주고 있다[33].

년대학의 문제는 중국경내 초기 홍적세 인류 및 그 문화 연구의 최대 난제로 되어 있다. 방사성동위소(同位素) 측정표본의 결핍이다. 이미 가진 년대증거는 주로 고생물학과 제4기지층학연구 및 고지자년대 측정 이다. 이 방법의 특징은 모두 일정정도의 상대성을 가지고 있기 때문에 동일(同一)유적의 년대는 언제나 서로 차이가 있으며, 이로인하여 오래동안쟁론이 이어져 왔다. 그러나 중국 황토지층학연구의 진전, 고지자년대기술의 부단한 개선, 그리고 전통적 고생물과 지층학연구의 종합적운용으로 인하여 현재에는 긍정적으로 100만년 이전의 초기 홍적세에 초기 인류가 중국대륙의 남쪽에서 북쪽으로 많은 지역에서 생활한 것으로 보고 있다[34].

또 하나의 중국 선사학자(史前學者)들이 안고 있는 문제는 초기 홍적세 석제품등의 발견물의 인공처리에 대한 의견의 다양성과 심지어 모종 화석표본자체가 초기 인류의 유적에 존재여부도 문제를 제시하고 있다[35]. 이러한 문제 제시의 주요원인은 시기가 너무 오래되었으며, 초기 인류문화 및 그 문화가 최근에 출현하고, 수량이 극히 제한되었기 때문이다. 또한 문화특징이 후기의 발견물처럼 전형적인 것이 없어서 판별이 어렵기 때문이다. 이러한 문제 해결의 가장 좋은 방법은 더욱 많은 작업, 더 많은 보존이 완전한 원생유적(原生遺蹟)을 발견, 확실한 고 인류화석과 그 문화유적의 관계근거를 찾는 것이다. 확실한 것은 진령양쪽, 니허만분지에서 의심할 여지가 없는 초기 홍적세 고 인류와 그 문화유물을 확인하여 초기 인류가 중국 및 동아시아 지역에서 가장 이른 시기에 활동한 역사 자료를 제공받을 가능성을 가진 것이다.

(3) 최초의 인류

현재 최초의 인과성원(人科成員)은 남방고원(아프리카 古猿)으로 인정되고 있다. 남방고원이 아프리카에서 출현한 시기는 지금부터 400만년 정도로 보고 있다. 1970년대에 호북건시(湖北建始)의 초기 홍적세의 퇴적내에서 몇 매의 초기 인류 이빨화석이 발견되었다. 최초의 연구자들은 남방고원에 속한다고 보았다. 그러나 그 후의 연구에 의해서 초기 직립원인에 속하는 것으로 인정되었다. 그 외 운현인(鄖縣人)의 발견초기에 남방고원에 속한다고 주장되었으나 그 후의 연구결과 정정되었다. 현재 중국경내에는 아직 남방고원에 속하는 화석은 없다.

1980년 중기에 건시부근의 중경무산(重慶巫山)에서 인류화석지료가 발견되었는데 그것들은 일매의 깨진 좌측 아래턱, 일매의 앞이빨(門齒)이다. 고지자와 안기산법(氨基酸法)의 년대 측정결과는 지금부터 190만년 정도이다.

무산인(巫山人)화석의 아래턱은 중간이 보존되어 있으며, 전면의 P4 앞이 떨어져 나갔다. P4 가까운 중간에 치근(齒根)이 노출되어 있다 ; 뒷면은 M1의 아래쪽으로 M2의 치조(齒槽)전까지 보존되어 있다. 전체적 관찰은 아래턱은 비교적 수직이며, M1의 볼(頰), 혀측모두 원침(圓枕)이 보이지 않는다. 아래턱뼈볼은 M1의 뒤편으로 확장되었다. 아래턱의 고도(높이 高度)는 M1이 있는 곳을 초과 21 mm 이다. 유일하게 발견된 위 앞이빨(上門齒)는 막 자라는 과정의 것으로 부분적으로 치근이 남아있다. 아래턱과 이빨 특징에 근거하여 연구자들은 무산원인(巫山猿人 Homo erectus wushanensis)[36]으로 명명 하였다.

그러나 무산인 화석에 대한 심층있는 연구결과 여러 가지 의견의 제시되었다. 황만파(黃万波)선생은 1995년 영국 자연〈自然〉잡지상에 무산표본과 아프리카 발견의 능인(能人 Homo habilis)등의 특징이 더욱 접근된다고 발표하였다. 그리고 아시아의 직립인과는 거리가 멀고, 원래 인정된 직립인(直立人 Homo erectus)에 대한 의견에 반대를 나타내었다. 그러나 최근 그 아래턱에 대한 치밀한 연구 결과 무산표본과 동아프리카 초기 홍적세 인속(人屬), Dmanisi 직립인 및 원모녹풍(元謀祿豊)고원과 비교할 때 무산아래턱 크기(尺寸) 동아프리카 및 Dmanisi 보다 많이 작다. 그러나 원모녹풍고원과 대단히 접근되고 있다. 또한 앞어금니 치근은 분리되어 있으며, 앞어금니의 접촉면 위치와 뿌리자리(根座)비례등은 원류(猿類)의 특징을 기지고 있으며, 더욱 녹풍고원과 접근되고 있다. 양자사이의 조예관계(祖裔關係)는 장래 더욱 많은 표본의 증거가 필요하다[37].

무산에서 발견된 위 앞 이빨에 관하여 일부 학자들은 그 너비와 길이의 비례 모두가 직립인(直立人)변화의 범위를 넘어서 지인(智人 Homo sapiens)의 크기(尺寸)과 같다고 보고 있다. 구체적 형태의 세부사항(形態細節)은 직립인과 다르며, 지인과 같다. 그래서 그것 지체를 직립인의 것으로 결정하기는 어렵다. 이 이빨들의 발견부위를 결합하니, 후기에 발전된 지인의 이빨을 끼워 넣은 것으로 추정된다. 상기한 정황에 의하면, 무산용골파의 발견은 대단히 복잡하여 장래 더욱 많은 작업과 진일보한 토론이 필요하다. 현재로서는 그 것의 분류계통위치(地位)를 결정하기 어려워 중국 최초 인류의 대표로 보기는 시기 상조이다.

중국에서 발견된 최초의 인류화석중에 운남원모상나방(云南元謀上那蚌)의 자료는 지속적으로 많은 학자들의 주목을 받고 있다. 원모인화석은 오로지 2매의 위안쪽 앞이빨로 하나는 왼쪽, 다른 하나는 오른쪽으로 동일(同一) 성년 개체에 속한다. 이 2매의 앞 이빨은 상당히 거칠며, 입술면쪽이 비교적 평탄하고, 혀쪽은 모식(模式)이 비교적 복잡하며, 뚜렷한 원시적 특징을 가지고 있다. 이 삽형(Pell 형, 鏟形)의 앞 이빨은 또한 운모인과 중국경내의 기타 지점의 고인류 및 현대 몽고인종 특유의 특징을 설명하여주고 있다[38). 만약 원모인이 확실이 초기 홍적세에 속하면, 년대는 170만년 정도, 중국경내에서 발견된 최초 인류로 대표된다.

년대학의 진전은 공왕령 남전원인이 중국초기 인류 연구에 중요한 의의(意義)를 가지게 하고 있다. 1964년 발견된 공왕령 남전 원인 화석표본은 비교적 완정하며, 이마뼈와 대부분의 정수리뼈(頂骨), 부분적인 귀밑뼈(顳骨 섭골), 코뼈 및 위턱뼈, 오른쪽 위 2.3번째 어금니와 왼쪽 두 번째 어금니를 가지고 있다. 전체적인 정학은 두개골 형태가 북경원인과 같은 점이며, 또한 북경원인보다 더욱 원시적 특징을 가지고 있다[39).

공왕령 남전원인의 몇 가지 현저한 특징 : 먼저 두개골의 높이(高度)가 대단히 낮다, 북경원인보다 낮으며, 자바원인보다 낮고, 세계상에서 발견된 노정골 높이 중에서 가장 낮은 직립인의 화석 표본이다. 두 번째 특징은 뇌량이 적으며, 복원후의 두개골 용량은 780 cc 로서 아프리카에서 발견된 시기가 더욱 이른 직립인의 뇌량에 접근 또는 더욱 적다. 세 번째 특징은 두개골 벽 두께가 두터워 평균 12.4 mm 이다. 이는 북경원인의 평균치 보다 크다. 네 번째, 안광과 뒷머리뼈(圓枕)가 대단히 거칠다. 미척(眉脊)과 미간(眉間) 사이가 거칠고, 좌우양측미간척과 미간사이가 상호 연결되었으며, 미간부위는 앞으로 돌출, 원침(圓枕)의 외측단(外側段)은 북경원인 것보다 외부로 돌출, 그리고 안광뒤편 축소가 뚜렷하여, 북경원인, 자바표본 보다 축소정도가 크다. 다섯 번째, 이빨이 비교적 크다, 위의 제2.3 어금니의 너비는 북경원인의 것을 초과하고 있다. 두개골 형태 특징에 의하면, 공왕령 두개골은 여성의 가능성이 크며, 년령은 30세 정도이다. 그 외 또 하나의 특징은 공왕령 두개골의 이마. 코 봉합점과 이마와 위턱의 봉합점은 동일 수준위치로서 북경원인과 같다. 이 점은 후기의 몽고인종의 노정골상에서도 보인다.

악서(鄂西) 북쪽에서 예서(豫西) 남쪽일대는 초기 인류 활동의 중요한 지역이다. 1970년대 초기 홍적세 인류화석 발견보도, 예로 운현매포(鄖縣梅浦)와 운서현의 백용동(鄖西縣的白龍洞)에서 초기 인류의 이빨등이 발견되었다. 그러나 대표적인 곳은 곡원하구운현인(曲遠河口鄖縣人) 화석의 발견이다. 1989년과 1990년에 각각 나누어 발견된 2 구의 운현인 두개골은 이 지역의 초기 홍적세 인류의 정항을 나타내어 주고 있다. 이 2구의 인류화석 두개골 출토 이래 학술계의 비상한 관심을 집중시켰으며 그 분류계통의 위상(地位)는 많은 토론과 다양한 의견이 제시되고 있다[40].

운현인 두개골은 대부분이 보존, 다만 매장과정에서 무거운 하중의 영향을 받아 두개골의 변형이 대단히 심하다. 이 정항으로 인하여 그 분류계통위상에 많은 의견이 제시되고 있다. 전체적으로 운형인의 이마뼈(眉脊)는 거칠고 크며, 앞이마는 아래로 내려안고, 눈태뒤쪽(眶后)은 좁고, 뒷머리뼈의 둥근부위(枕骨圓枕)은 존재하며, 그 뒷머리(枕) 평면과 정수리(頂)의 평면은 과도적으로 뿔형태(角狀)이며, 노정골아래의 가장 넓은 위치는 대단히 낮다. 모든 형태는 직립인의 전형적인 특징을 가지고 있다. 이로 인하여 몇 학자들은 운현인을 직립인으로 귀착 시키고 있다. 그러나 일부 학자들은 다른 의견을 제시하고 있다. 이러한 특징은 두개골의 매장과정에서 압력에 의해서 나타난 현상으로 보고 있다. 또한 이 2구의 두개골은 직립인에서 보이는 화살형태의 뼈(矢狀脊)는 없으며, 귀밑뼈(顳骨鱗) 윗부위에 뚜렷한 돌출상(凸弧狀)이 있으며, 그 길이지수(長高指數)는 상당히 커서 현대인에 접근되어, 운현인을 이은 시기 지인(早期智人 early homo sapiens) (도판3)로 보고 있다[41].

운현인의 분류귀석이 여하간에 지층퇴적과정에서 발생된 변형작용을 제외시키면 운현인의 두개골은 시기가 다르지만 남전원인 특징에 접근 시키고 있다. 예로 뇌량이 비교적 크고, 남전인 두개골처럼 거칠지 않다. 이러한 현상은 학자들을 곤혹스럽게하며, 초기 인류진화의 과정이 대단히 복잡하여 우리가 상상할 수 없는 곡절(曲折) 과정을 격고있는 것을 설명하여주고 있다.

종합하면, 초기 인류가 중국경내에서 출현한 시기는 대단히 일러 초기 홍적세초기로부터 더 이른 시기에 중국경내에 사람들이 살기 시작한 것으로 보고 있다. 다만 유감스러운 것은 현재까지 초기 홍적세초기의 인류화석은 발견되지 않고, 다만, 무산용골파와 원모상나방등의 자료가 있을 뿐이다. 전자의 분류는 아직 긍정적 반응이 없으며, 후자의 연대문제는 여러 가지 의견이 제시되고 있다. 다만 의심할 여지가 없는 것은 남전공왈령의 직립인 드개골이다. 이 두개골의 보존상태는 비교적 완정하며, 대체적으로 지금부터 110만년 전에 남전지역에 생활한 초기 인류 면모를 갖추고 있다. 그 인근에 시기적으로 비교적 접근된 운현인(鄖縣人)의 발견은 새로운 단계의 자료를 제시하여 공백상태를 메구어 주고 있다. 결국 어느 시기에 초기 인류가 중국대륙을 걸어 다녔는가, 지금부터 100만년 전후하여 고인류체질의 차이는 여하하였는가 하는 문제등은 장래의 연구에 기대할 수 뿐이 없다.

(4) 최초 석기 제작

인류화석의 발견에 비하여 초기 홍적세 구석기문화의 자료는 상당히 풍부하다. 상기한 인류화석 공존의 석제품외에 많은 구석기 문화유적이 확인되었다. 이러한 지점 출토의 석제품 수량은 일정하지 않다. 또한 매장상황도 차이가 크다. 다만 이러한 발견으로 인하여 중국경내에 최초의 석기에 대하여 이해할 수 있는 자료를 제시하여 주고 있다.

1. 인류화석 지점 및 부근의 석제품

중국 최초의 구석기 문화 발견에 초기 인류화석 공존의 정항은 주의할 가치가 있다. 그 중에 가장 먼저 원모인 화석 지점네서 발견된 몇 점의 석제품을 제시 할 수 있다. 원모인 지점은 대규모 발굴이 실시되었지만 인류화석층에서 발견된 석제품은 겨우 3점이다. 이 3점은 모두 석영암

(Quartzite) 제 석편에 인공이 가하여 졌다. 모두 긁개 이다. 그중 2점은 돌조각(石塊)의 반성품(杯材)으로 제작 되었다. 다른 1점은 석편(石片)제 이다. 또한 3점의 석제품은 발굴전에 표토층 정리시 채집되었다. 그 중 1점은 석핵, 1점은 석편, 다른 1점은 첨두기 이다. 석제품의 수량이 대단히 빈약, 석기전체 설명은 대단히 어렵다. 그러나 원모인이 석영암 강자갈(礫石)을 석제로 사용한 것을 알 수 있으며, 직접 타법으로 석편을 때어낸 후 가공하여 긁개 또는 첨두기를 제작하였다. 이는 또한 석핵 또는 석편이 직접 가공 도구로 사용되었음을 나타내어 준다. 석기 유형은 긁개 위주이다. 크기는 그리 크지 않으며, 모두 가벼운 도구이다. 제2차 가공 방식은 2중(複向)가공 위주이다. 전체적으로 보면 원모인 지점 석제품의 인공흔적은 비교적 뚜렷하다(도1-5)[42].

무산용골파에서도 석제품의 발견이 보도 되었다. 1985-1988년 발굴과정에서 전후로 2점의 석제품이 발견되었다 : 1점은 안산분암(安山玢巖)제 석편에 가공된 돌출날 찍개(Chopper), 다른 1점은 사용 흔적이 있는 안산분암제의 강자갈 이다. 이는 타격시 사용된 돌망치(石錘)이다[43] (도1-6). 1907년 발굴에서 또한 새로운 석제품 발견, 보도 된 것은 7점이다. 석재는 석회암, 유형은 돌쟁기비(石鎬), 엷은도끼(Cleaver), 찍개와 석편등이다[44].

전술한 양자에 비교하여 남전공왕령발견의 석제품은 비교적 많다. 공왕령 지점은 1965-1966년 사이에 대규모 발굴 실시, 그러나 발견 유물은 결코 많지 않다[45]. 다만 원인 화석층위에서 20점의 석제품이 발견. 1975년 다시 6점이 확인, 석제품은 석핵, 석편 및 긁개이다. 석제는 주로 석영암, 석영과 고운사암(細砂巖)이다. 직접타법으로 석편제거, 또한 모루상 타격법(碰砧法)도 있다. 석편상의 제2가공은 거칠고, 벽개면방향처리가 반수 이상이다[46].

그 외 공왕령 부근의 홍색토층내에서 석제품이 발견되었다. 일반적으로 남전인의 석기제품으로 보고 있다. 여기 발견된 것은 2종 : 일종은 모두 9개 지점(地點)에서 12점 발견 ; 다른 1종은 지표 채집이다. 다만 그 위치 및 표

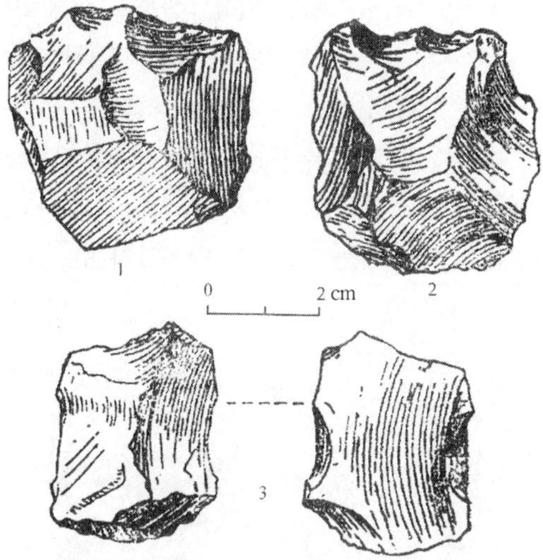

도 1-5. 원모인 지점의 긁개(문본형, 1978)

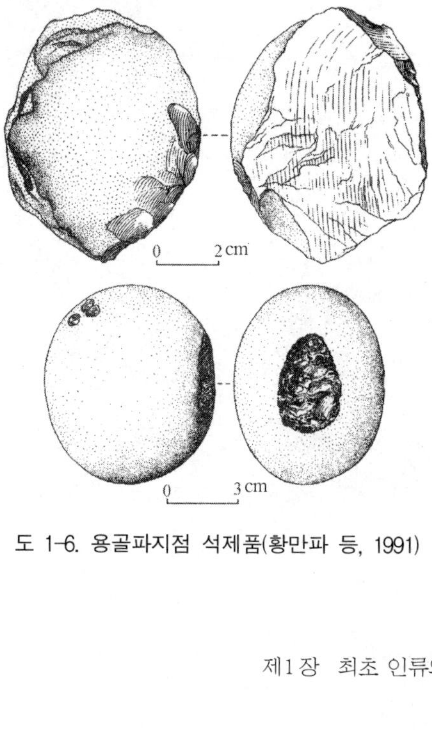

도 1-6. 용골파지점 석제품(황만파 등, 1991)

면에 붙은 이 물질들은 모두 홍색층위에서 나왔다. 전체 19지점에서 38점이 확인되었다. 이 양자사이의 공동 특징은 형체가 비교적 크며, 찍개위주, 원형돌(石球)와 대형첨두기등도 있다. 찍개는 대형도구로서 비교적 큰 강자갈로 가공되었다. 대첨두기는 일부학자는 주먹도끼(手斧 Handaxe)로 칭하고 있는데 그것은 석영암 강자갈이 교차(交叉)타격되어 제작되었다. 그 단면은 삼각형(長三角形)이며, 저부에는 자연면이 남아있다(도1-7).

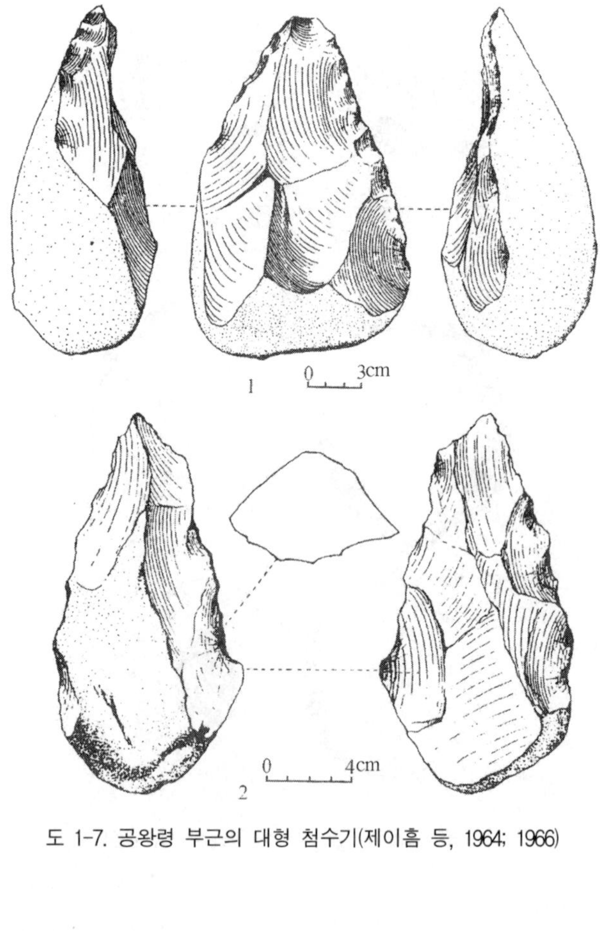

도 1-7. 공왕령 부근의 대형 첨수기(제이흠 등, 1964; 1966)

이상 몇 곳에서 발견된 석기의 공동 특징은 모두 초기 인류화석 지점에서 발견된 것이다. 석제품의 수량도 많지 않다. 일부 석제품은 인류화석층위에서 출토, 그러나 수직 또는 수평 거리가 있다. 즉 대부분 또는 소수가 인류화석과 일정한 거리가 있다. 이러한 상황은 석제품과 인류화석사이에 결코 일정한 관계가 없거나 또는 동일 시기의 제품으로 볼 가능성도 있다. 다만 동일지점에서 인류화석과 석제품이 동시 발견된 것은 초기 인류가 이곳에서 활동한 가능성을 시사하여 주고 있다. 광의 뜻으로 보면 후자가 대표 또는 전자 석기제작의 상황을 자연스럽게 수용할 수도 있다.

2. 운현인의 석기

상기한 여러 가지 발견, 운현인 지점은 2 구의 중요한 인류 두개골 뿐만아니라 발굴과정에서 석제품의 수량이 전자들보다 많이 그리고 수량이 많은 포유동물과 함께 출토되었다. 석제품과 동물화석은 인류화석층위에서 발견되었을 뿐만아니라 인류화석의 아래층과 위층에서도 발견되었다. 이러한 상황은 이 지점은 한 곳, 인류활동이 비교적 오랫동안 지속된 유적이라는 것을 설명하여준다.

여러 차례의 발굴을 통하여 곡원하구(曲遠河口)에서 291 점의 석제품이 출토되었다. 그 중 207점은 층위에서 84점은 지표에서 채집되었다. 비록 3개 층위에서 석기가 출토되었지만 대부분은 그 곳의 인류화석 층위 이다. 여러 층위의 석제품은 기술 특징상 구별이 보이지 않아서 하나의 큰 동일 단계로 소속 시킬 수 있다. 평면분포상 석제품은 집중적 상황을 보여 주었다. 석제품은 운현인이 선택, 부근의 강변에서 강자갈을 주어다가 제작, 대부분 석영류, 그 다음이 사암(砂巖)과 석회암(石灰巖)이다. 개별적으로 화성암(火成巖)도 있다. 강자갈은 개별적으로 크며, 가공된 석제품의 유형도 비교적 크다(도1-8)[47].

출토된 207 점의 석제품중에 절반정도는 부스러기이며, 그 다음은 석핵,

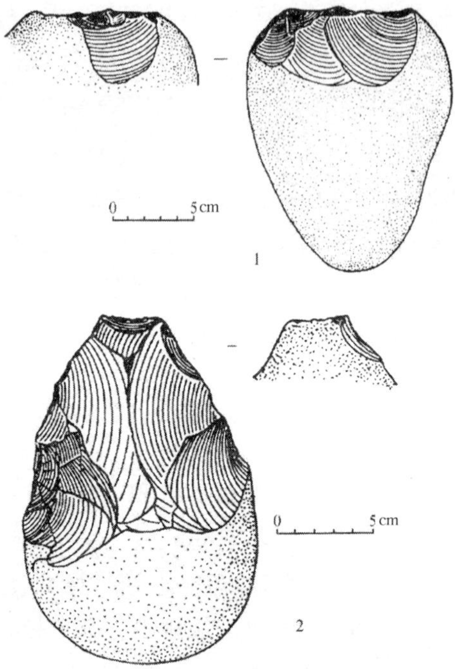

도 1-8. 운현인 지점의 찍개(Chopper)(이염현 등, 1998)

도구는 겨우 7점의 찍개, 2점의 긁개 및 2점의 돌마치등이다. 그 중 22점의 표본은 복원이 되며, 병합(倂合)의 비례는 10%를 초과한다. 대량의 석핵, 석편등 가공품의 부산물(副產品), 그리고 복원의 표본들은 석기제작(가공)이 당시 이곳에서 사람들이 생활한 중요한 장소라는 것을 설명하여 주고 있다. 가공된 찍개의 석재는 모두 강자갈(礫石), 긁개는 석편으로 가공되었다. 그러나 양자의 가공은 대단히 거칠고, 가공된 날(刃口) 및 전체 기형은 모두 불규칙하다. 이것은 결코 고정된 개념에 의해서 석기가 제작된 것이 아니라는 것은 설명하여 준다. 이곳 석기제작은 대단히 단순하다 : 강변채집 강자갈 석재, 석편제거, 때로 직접 사용, 때로 석편제거시킨 석핵과 찍개도 사용하였다.

채집된 가공이 비교적 정교한 대형 첨두기는 일부 학자들은 주먹도끼(手斧) 또는 양면기라고 칭한다. 이러한 유형의 석기가공은 출토된 찍개와 긁개보다 더욱 복잡하다. 유사한 대형 첨두기 또는 주먹도끼등이 부근에서 많이 발견되고 있다. 유감스러운 것은 현재까지 정식 발굴되지 않았기 때문에 지층의 석기와 동일 시기에 속하는 지의 여부는 알 수 없다[48].

3. 니하만분지(泥河灣盆地) 초기 홍적세 석기

1970년대 말 소장량(小長梁)의 발견이후부터 20년 동안 니하만분지의 동쪽 가장지리에서 연속적으로 많은 초기 홍적세의 구석기지점이 발견되었다. 상기한 바와 같이 이러한 지점중에 층위가 가장 낮은 마권구(馬圈溝) 유적의 시기가 가장 이르다. 그 다음은 소장량, 동곡타(東谷坨), 반산(半山), 비량(飛梁), 곽가지(霍家地), 마지구(麻地溝), 포도원(葡萄園) 등은 시대가 접근되거나 또는 같은 지점에 있다. 소장량, 동곡타등 유적의 년대는 지금부터 100만년 정도 또는 더 이른 시기 일수 도 있다. 가랍미극성(賈拉米極性) 사건 상당의 잠가만(岑家灣) 유적의 년대는 전자들보다 약간 늦다. 최근 몇 년동안의 연구결과는 마권구 유적시기는 지금부터 150만년 전후시기로 보고 있다[49].

니하만 초기 혼적세 구석기는 2종류이다 : 마권구 발견이 시기가 가장 이른 석기로 그 상황이 나타나 있다 ; 소장량, 동곡타 등에서 상당수 유적이 발견되었다. 이 시기의 석기는 복합적으로 이루어져 서로 다른 유적관계와 뚜렷한 분류가 요구되고 있다.

1992년 발견된 마권구유적은 전후 여러 차례 발굴되었다. 발견된 석제품은 수백점에 이른다. 마권구에서 제1차로 출토된 석제품은 150점이다. 석제품중에 석핵 5점, 석편 35점, 세로로 깨진편은 6점이다. 가로로 깨진 것은 19점, 부스러기 18점, 부러진 것 28점이다. 제1차 발굴자료내에서 뚜렷하게 제2가공된 석제품은 없다. 최근 발표된 자료중에 1점이 진정한 석기로 제시되고 있다. 뚜렷히게 제2가공된 석기가 없는 것이 마권구 석제품의 특징이다. 비록 발견된 유물이 비교적 소량이라는 것과 관계가 있지만 석기제적과 직접 관계가 있을 가능성이 더 크다[50].

마권구의 거주민(居民)의 석제는 완전히 유적부근의 기반암에서 깨진 편들이다. 석제의 3분지 2가 수석(燧石 flint), 그 다음이 사암(砂巖 sandstone), 응회암등이다. 석핵과 석편의 특징은 돌마치로 직적타격된 것들이다. 그러나 직접타법에서 떼어낸 석편상에 제2가공(第二步加工)은 실행되지 않았다. 이러한 상황은 이 곳의 거주자들의 석기생산과정이 비교적 단순하여 먼저 적합한 석재를 택한 후 석편을 제거하여 그것을 그대로 사용하였다(도1-9).

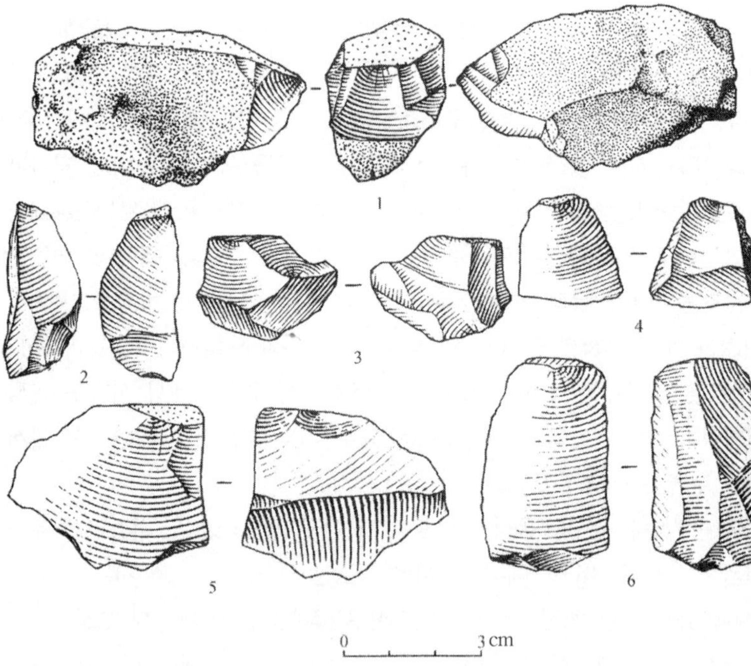

도 1-9. 마권구유적의 석제품(이군등, 1998)

후기에 이르러 마권구의 소장량(小長梁)과 동곡타(東谷坨) 등의 유적에서는 초기 인류의 니하만분지의 활동이 더욱 활발하여 남겨는 석재품은 더욱 많다. 그러나 이러한 유적에서 발견된 석기제적 상항은 마권구와 비교하여 크게 구별되지 않는다 : 예로 소장량. 비량(飛梁) 등지에서는 수량이 많은 석핵, 석편, 절단된 편등이 있는데 그것들이 제2 가공된 것은 드물다[51].

소장량유적은 1987년부터 전후하여 여러 차례 조사. 발굴되었다. 1978, 1990-1977, 1998년도의 발굴자료가 발표되었다. 1978년 발견된 석제품은 전체 804점 : 그 중 폐기품(wastes)과 절단편 등이 720점, 석핵 25점, 석편 47점, 가공된 것은 겨우 12 점이다. 1990-1997년의 여러 차례 발굴된 석제품은 1258점, 절대수가 폐기품, 부스러기와 석핵, 가공된 것은 12점이다. 1998년 발견 석제품은 901점 : 부스러기 611점, 폐기품 172점, 석핵 11점, 암석편 40점, 가공된 것은 7점이다. 이러한 상항은 소장량의 석기 조합중 가공된 것의 비례가 대단히 낮다(도1-10)[52].

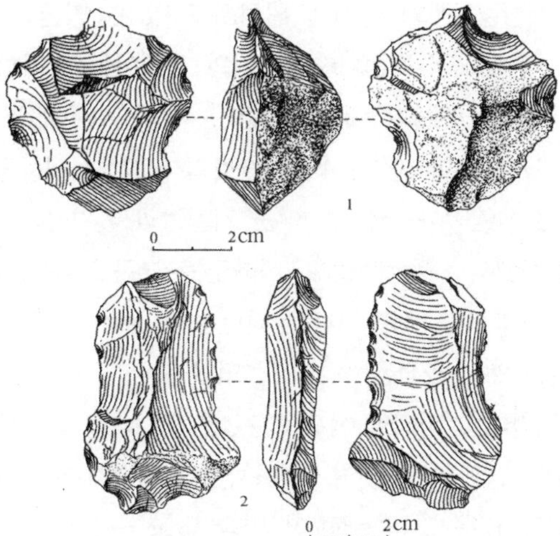

도 1-10. 소장량 유적의 석제품(진순등, 2002)
1. 석핵; 2. 긁개

소장량의 석재는 수석(燧石 flint) 위주이다. 유적부근 수석암층에서 채집한 것이다. 수석암층은 비교적 얇아 4-5 mm 두께 이다. 동시에 절리(節理)가 많고, 타격을 가하면 쉽게 파손되었다. 따라서 학자들은 석재의 특징이 쉽게 깨지고, 폐품의 비율이 많아 석제품의 형체(구색)을 갖춘 주요 원인으로 보고 있다. 석기제적의 특징은 돌마치로 직접 타격을 기해서 석편을 떼어내었으며, 모루상 타격법은 드물다. 제2가공은 주로 반성품(片狀坏材)에처리, 가공전에 모종 특종의 형제(型制) 나 성형(成形)을 하지 않은 즉 석편준비(概念型板)를 하지 않고 주어진 석편의 편리함을 이용하였다. 전통적 분류방법에 의해서 주된 것을 긁개(刮削器 side-scraper)에 귀납시키고 있다. 그러나 제2가공의 석기를 자세히 관찰하여보면 모두 사용흔적은 없다. 반대로 또한 가공되지않은 석편 역시 뚜렷하게 사용된 흔적도 었다. 소장량의 여러 차례 발굴에서 출토된 석제품의 관찰에 의해서 진순(陳淳)등의 연구자들은 소장량 초기 홍적세 사람들의 석기생산 방법(操作鏈)을 복원 하였다[53].

비량(飛梁)의 석제품과 소장량에서 발견된 것은 대단히 유사하다. 비량유적은 동곡타와 소장량유적의 중간에 위치하고 있다. 발굴 구덩이의 방위는 동곡타방향으로 약 200 m 지점이다. 비랴의 문화유물은 니하만층의 회록색 점토와 회황색의 고운 모래층내에 있었다. 문화층 두께는 약 50 cm 이다. 발굴면적은 17평방미터 이다. 비량 출토의 108점 석제품중 106점이 수석제, 나머지 2점은 석영이다. 석재는 부근 기반암과 일치하다. 그것은 부근의 산언덕과 강자갈층에서 채집 되었다. 마권도는 부근 강자갈과 천연암괴보다 낮다. 석제품은 석핵 8점, 석편 31점, 세로 석편 8점, 가로 석편 4점, 부스러기 27점, 절단편 28점, 2점은 2차 가공 되었다[54].

전체적으로 관찰하면, 비랴의 석제품은 소형위, 대형 석제품은 드물다. 그것들은 가공기술이 단일(單一)하며, 돌마치로 직접타격 제작 되었다. 석편의 타격면은 준비되지 않은 것(素台面)이 가장 많고, 천연 타격면은 두 번째, 파상흔(痕)과 능선(脊)은 많지 않다, 박편의 초급단계 석편은 비교적 드물고,

후기 단계의 것이 높은 비율을 차지, 석편중 정교하게 가공된 것은 드물다. 이러한 특징은 전자와 총체적으로 차이가 크지 않다. 그러나 비량 석제품의 현저한 특징은 일부분 표본이 병합(倂合)되며, 병합된 것은 18%에 이른다.

그러나 동곡타 등지는 전 양자와 크게 다르다. 동곡타 유적은 1981년과 1990년 이래 여러차례 발굴되었다. 이미 발표된 것은 1981년과 1997년도 발굴 자료이다. 1981년도 발견된 석제품은 1400점, 1997년도 것은 700점이다. 2차 발굴된 자료에 의하면 동곡타 석제품은 수석이 기본 석재. 또한 규질회암(硅質灰岩), 석영암, 단백석(蛋白石) 및 수정(水晶) 등이다. 이러한 석재는 유적부근의 오래된 층위(老地層) 내에 광범위하게 분포되었다[55].

1981년도 발견된 석제품중 석핵이 10% 정도차지. 크기는 차이가 있다 : 제일 큰 것 758그램, 적은 것은 11그램이다. 대부분 자연면이 남아 있다. 다타격면(多台面)은 반수, 2개 타격면은 삼분지 일 차지 ; 단순타격면(單台面)은 오분지 일 차지. 부분 석핵상에 비교적 규정된 소장석편(小長石片)의 흔적이 남아있다. 석편의 수량이 가장 많다. 석편이 석제품 전체 수량의 60% 차지. 타격먼은 자연, 준비 된 것, 가공 딘 것과 양극 타격 된 것등이다. 크기는 비교적 작으며, 평균 무게는 8.4그램이다. 석핵과 석편을 보면 이 곳의 석편제거는 직접타법 위주이며, 동시에 양극 타격법도 존재한다. 특별한 것은 제2차 가공 석제품의 수량이 전체의 30% 이상을 차지한다. 그 중 수량이 가장 많은 것이 긁개, 전체 85% 치지 ; 석편 가공은 정교, 수직날(直刃), 돌출날(凸刃), 홈날(凹刃), 2개 수직날, 2개 홈날, 수직홈날, 요철날(凹凸刃) 등이다. 크기는 길이가 2-4 cm 사이 이다(도1-11).

첨두기(尖狀器)도 비교적 많이 발견되어 전체 10% 이상 차지한다. 모두 석편의 반성품(毛坯)을 가공, 등면(背面) 가공된 것이 비교적 많다. 어느 것은 대단히 정교하다. 그 것들은 끝이 뾰족하고 몸체 긴 것(尖長身), 끝이 뾰족하고 몸체 넓은 것(鈍尖寬身), 끝이 무디고 몸체 넓은 것등의 유형이다. 또한 소량의 찍개가 있다(도1-12).

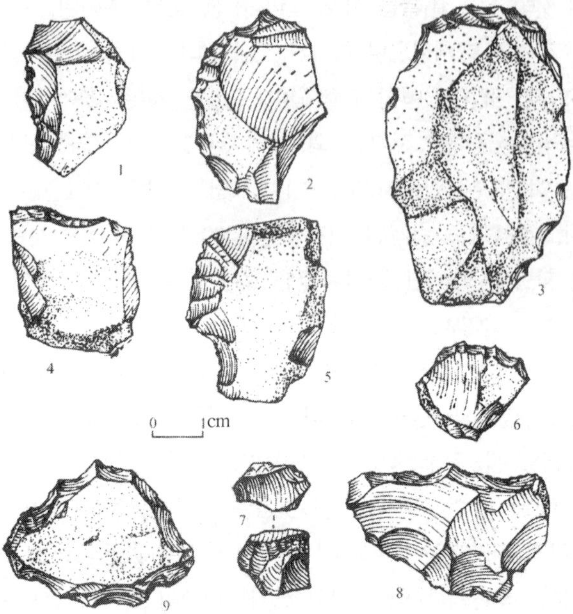

도 1-11. 동곡타 유적의 긁개(위기, 1985)

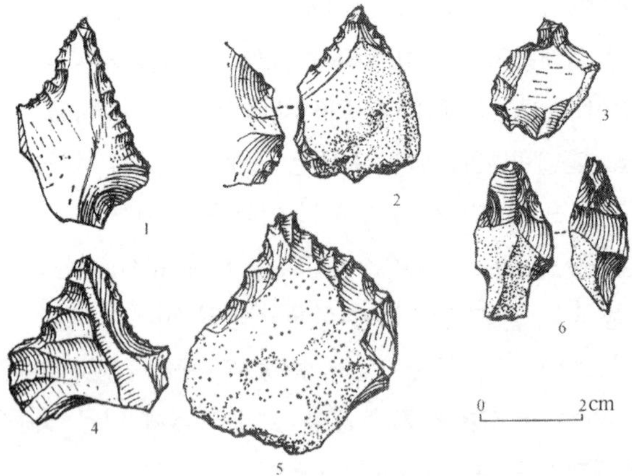

도 1-12. 동곡타유적의 첨두기(위기, 1985)

1997년 발견된 석재품중 석핵 108점, 석편 172점, 첨두기 13점, 톱니날 석기 11점, 조각기(burin) 13점, 밀개(端刮器) 16점, 긁개(边刮器) 9점, 홈긁개(凹缺刮器) 10점등이 포함[56]. 새로이 발견된 석제품의 석재, 제작 기술등은 80년대 발견된 것과 차이가 없다. 다만 당지의 풍부한 수석 위주이다. 석제품은 돌마치로 직접 제작되었다. 직접 타격 석핵중 단타격면(單台面), 2개 타격면과 다 타격면외에 10점은 "동곡타유형석핵(東谷坨定型石核)" 이다. 연구자들은 이 유형의 석핵은 후기의 쐐기형석핵(楔状石核)과 같은 일정한 유형의 것으로 보고 있다. 석편중에 후기단계의 것이 절대수를 차지하고 있다. 석제품의 크기는 대(大)는 드물고, 중.소 품이 절대수 차지. 석기의 정교함은 80 년의 것과 같다[57][58].

그 외 동곡타 T1 구덩이에서 남쪽으로 120 m 지점의 곽가지지점(霍家地地點)을 시굴하였다. 1997년도 시굴에서 60점 석제품 발견. 그 중 수석재 8점, 그 외는 규질각력암(硅質角礫岩), 규질암 및 석영암등이다. 석핵과 석편의 수량은 많지 않다. 전자는 특별한 것이 없다. 다만 석기의 수량이 많아 전체 석제품의 40% 차지. 석기종류역시 풍부, 절대수의 긁개외에 첨두기, 송곳(石錐), 조각기등이 있다. 그 외 20점 표본상에 가벼운 타격 흔적 있다[59].

전체적으로 관찰하면, 니하만분지 동쪽 가장자리에 늦은 시기의 마관구유적의 석기제작, 당지의 풍부한 수석을 석재로 이용. 기타 암성(岩性)의 재질에 따라 석재선탁, 석기제적. 석편제거와 제2가공은 돌마치로 직접 처리. 석핵은 단타격면엣 다타격면으로 발전, 준비되지않은 타격면(素台面)이 비교적 많고, 그 다음이 자연타격면(天然台面)이다. 능선(脊)과 타격 흔적은 드물다. 석편의 특징은 후기 단계에 와서 비교적 높게 나타났다. 이 특징은 몇가지 같은 석기 제작 기술을 구비 한 점을 나타내어 준다. 동시에 다양한 석기 유형이 포함되어 있다. 예로 동곡타유적의 적기제작 기술과 초기 마권구 및 같은 시기의 소당량석기와 비교하면 석편제거 기술이 현저히 발전, 제2가공 단계가 더욱 정교하다.

4. 서후도와 인자동의 발견(西侯度與 人字洞的 發見

초기 홍적세에 속하는 구석기문화 유적중 산서예성(山西芮城) 서후도와 안휘번창(安徽繁昌) 인자동의 석제품이 있다. 서후도 고지자 년대는 지금부터 180만년, 인자동 동물군은 200만년이 초과되고 있다. 만약 그것들이 인공성질(人工性質)의 것으로 완전히 긍정적으로 받아 들여지면 중국 최초의 구석기문화인식에 의심할 여지가 없다.

1960년초 서후도 발견, 그 문화유물은 주로 석제품, 그리고 인공흔적의 동물화석뼈도 가능성이 있다. 석제품은 발표된 것이 32점, 거기에는 석핵, 석편과 석기가 포함되어 있다. 석재는 주로 석영암, 소량의 맥석영과 화산암(火山岩)이다. 대부분 동글게 마년된 강자갈이다. 석제품상의 보유된 흔적의 관찰에 따르면 직접타격, 모루상타격법(碰砧)과 양극타격밥(砳擊)등 3가지 방법이 사용되었다. 석핵은 크기가 현저히 차이가 있으며, 큰 것은 무계가 8kg 이상 ; 작은 것은 몇 십 그램에 불과 하다. 석핵은 양극석핵(兩極石核)과 편도선형 석핵(漏斗形石核)등 2 동이다. 석편은 직접타격된 것, 양극타격된 것과 모루상타격 된 것으로 구분 된다. 석기 유형은 긁개, 찍개(砍斫器)와 대형 첨두기 등이다. 그중 긁개는 홈날(凹刃), 수직날(直刃)과 등근날(圓刃)등 으로 구분 된다 ; 찍개는 단면(單面), 양면(兩面) 및 사용 흔적의 대석편으로 구분하고 있다[60]. 이러한 문화유물은 하류상(河流相)의 모래 자갈층에서 발견되며, 그 표본들은 심하게 마모 되었다. 따라서 인공 흔적과 유수(流水) 작용에 의한 표분 분류는 어렵다. 이에 따라서 서후도 발견 유물에 대하여 계속 여러 가지 견해가 제시되고 있다[61].

몇 년전 번창 인자동에서 석제품과 인공이 가해진 뼈편이 새로이 발견되었다. 1998년 출토된 500여점의 비회암석질 표본의 정리시 59점의 인공이 가한 표본이 발견되었다. 동시에 많은 량의 인공이 가 해진 동물뼈도 발견되었다. 석제품의 석재중 철광석(鐵鑛石)이 높은 비율을 차지하는데 그 반수 이상이다. 그 다음은 규질니암, 규질회암, 편마암(片麻巖)과 석영 사암등이다. 석제품의 종류는 석핵, 석편, 긁개와 조각기 등이다. 석제품의 전체 상황을 보면, 타격법은 석편과 가공 방법, 석기의 반제품(坯材 배재), 사각형상(坦狀 이상) 및 석핵 위주이다. 편으로 된 반제품(片狀坯材)이 3 본지 1 정도이다. 석제품은 소형 위주이며, 대.중 의 것은 드물다[62]. 철광석으로 가공 된 석기의 석재는 이전에 발표된 바 없다. 석제품의 결핍상태에서 안정된 형태를 갖추었으며, 물론 유형 또는 기술등은 중국 경내의 이미 발표된 초기 홍적세의 석제품보다 더욱 거칠고 단순하다. 따라서 이 곳 지점의 석제품 및 동물 뼈상의 가공 흔적은 아직 많은 의견이 제시되고 있다[63].

5. 소결(小結)

인류화석의 보존과 유사한 상황, 초기 홍적세 초기 또는 더욱 이른 시기의 석제품은 모두 수량이 비교적 제한되었으며, 또한 인공성격(人工性質)에 대해서도 아직도 많은 의견이 제시되고 있다. 그러나 이러한 발견은 대단히 중요하며, 적어도 우리들은 이미 중국 대지상(大地上)에 이미 초기 인류가 석기 제작을 시작하였기 때문에 그 것들이 문화유물로 남았는 것을 알려 주고 있다.

많이 발견된 인류화석 유적 또는 지점(地點), 동시에 그곳에서 구석기시대 문화유물이 발견되고 있다. 총체적으로 말하면 이러한 발견 물들은 인류 생존 시대의 석기제작에 대한 대단히 실용적인 자료들을 제시하여 주고 있다. 그 중 운현인 지점에서 발견된 석제품이 가장 풍부하며, 동시에 초기와 후기의 운현인 층위내에서 모두 발견되고 있다. 이러한 석기 제작은 이 지역에서 연속된 시간이 상당히 길었다는 것을 제시하여 주고 있다. 운현인의 석기는 강자갈 위주이며, 직접 찍개등을 제작, 현재 중국 남쪽에서 발견된 것 중 가장 이른 시기의 것으로 대표되고 있다. 그러나 시기가 운현인 유적보다 이른 기타 남쪽의 구석기 자료는 모두 비교적 제한 적이며, 그 것들과 석기제작관계를 논하기는 대단히 어렵다.

니하만분지 초기 홍적세 유적군의 발견은 북쪽지구 최초의 구석기 발전을 더욱 정확히 나타내어 주고 있다. 니하만 지구에서 생활한 초기 인류는 주위의 기암편들을 채집, 돌 마치로 직접 석편을 제거, 사용 또는 제2가공하여 긁개등 소형 도구를 제작 하였다. 니하만분지 초기 홍적세의 구석기는 중국 북쪽 지역 구석기시대에 오래 동안 사용된 석편 석기 제작의 가장 이른 시기의 대표라고 볼 수 있다.

(5) 생활방식과 행위 특징

1. 거주 형식(栖居 形式)

초기 홍적세 인류화석과 구석기 문화지점의 분포에 따르면, 중국 경내에 있어서 초기 인류의 분포는 상당히 광활하다. 몇 곳 동굴 퇴적의 유물분포와 매장 특징에 따르면, 현재 아직은 생활 거주지 또는 기타 활동 장소를 긍정적으로 볼 수는 없다. 자료가 비교적 풍부한 몇 곳의 발견은 당시 사람들이 장변과 호수가장지리를 선택, 활동한 것을 나타내어 준다. 이러한 정항은 니하만분지의 초기 발견물속에서 분명하게 제시하여 주고 있다. 니하만분지는 이미 초기 홍적세 구석기문화유적이 가장 풍부한 지역이다. 더욱 근년래에 잠가만(岑家灣)과 비량등지 유적에 대한 체계적 발굴과 매장학연구에서 초기 인류활동에 대한 지세한 자료가 제공되고 있다[64][65].

잠가만은 1986년에 최초로 발굴되었다. 당시 발굴된 45평방미터 내에서 900점의 석제품이 출토되었다. 1992년 20평방미터의 재 발굴에서 500점의 석제품이 발견되었다. 동시에 두 번째 발굴에서 대단히 많은 동물뼈편이 발견되었다. 2차 발굴자료에 의하면, 잠가만 석제품은 석재선택, 석편제거 기술, 사용과 석기유형등이 모두 소장량, 동곡타유적의 것들과 거의 같다. 이 지점의 돌출된 특징은 석제품의 공간 분포가 평면 또는 수직으로 모두 집중적으로 분포되었다. 1986년과 1992년 등 2차 발굴에서 노출된 평면상의 석제품과 뼈편등은 집중적으로 분포, 길이.너비 5 m 정도내에 산포되어 있었다. 1992년도 발굴된 7개의 수평층 관찰, 대량의 석제품이 4.5.6 수평 층의 범위내에서 출토, 상면의 1.2.3 층과 7층에서는 극히 드물었다. 이러한 공간 분포의 특징은 초기 인류가 사용한 유적의 활동 범위와 시기(時期) 방면등에 대한 자료를 뚜렷하게 제시하여 주고 있다.

잠가만 유적의 다른 하나의 특징은 2차 발굴 출토 석제품, 그 중 수량이 비교적 많이 복원(併合)된다. 그 중 1986년에 발견된 900점 석제품, 그 중에서 100여점이 복원, 그 비율은 15% 차지, 마지막 까지 복원된 것은 21점의 석편들이다. 복원 석제품은 석핵과 석편, 석편과 부스러기, 절단된 조각편등이다. 그 중 가장 많은 1점의 석핵은 다른 8점의 석편과 복원된다(도1-13). 그 외 61 곳에서 많은 동물화석이 발견되었다. 다만 그것들이 심하게 분쇄되어 어느 것은 인공 타격 혹은 선이 그어진 것 등의 흔적이 있다.

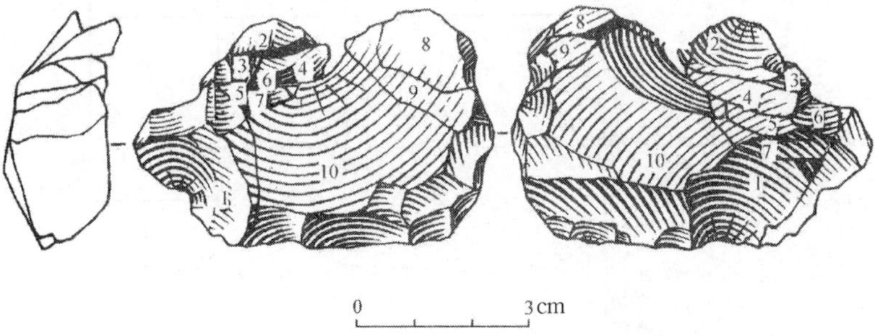

도 1-13. 잠가만 유적의 복원된 석제품(사비등, 1994)

잠가만유적과 거리가 가장 가까운 비량(飛梁)유적 역시 체계적으로 발굴, 종합적으로 연구되었다. 비량유적 발굴은 1990년 여름에 실시, 17평방미터 발굴, 출토 석제품은 108점, 동물 잔뼈는 1400여점이다. 석제품의 수량이 많지 않지만 19점이 복원된다. 북원비율은 잠가만을 초과 17.6%에 해당된다. 이곳 석제품은 수직과 수평분포 비율이 전술한 잠가만 유적보다 크다. 최대의 평면 거리는 3 m 정도, 수직거리는 13 cm이다. 연구자들은 복원 석제품의 수평과 수직 분포도를 선명하게 그려 제시하고 있다[66] (도1-14)

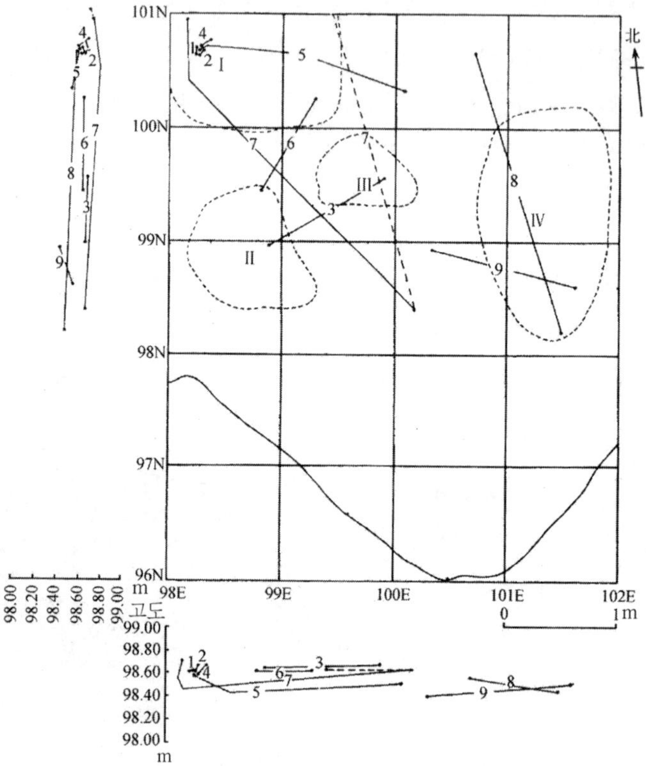

도 1-14. 비량 유적 복원된 석제품 분포도(사비등, 1998)

연구자들의 의견에 따르면, 비량유적 석제품과 동물뼈편등은 4곳으로 집중 분포되어 있었다. 동물뼈의 파괴방식과 절단 흔적의 특징을 결합하면 인류가 당시에 여기 몇 곳 구역내에서 있었다는 것을 판단시켜 준다 : 더욱 I 구(區)에서는 석기제적, 뼈에서 살을 발라내고, 골수를 꺼내먹는 활동을 하였다.

매장학과 석제품복원 연구등은 초기인류의 행동방식에 대한 중요자료를 제시하여 준다. 그것은 곧 초기 홍적세 후기 니하만 분지내의 인류생활 정경이다. 잠가만.비량유적등은 모두 초기 홍적세후기의 니하만 호수변(湖邊)에 위치 하고 있다. 당시기후는 비교적 덥고, 건조, 호수변일대는 식물 번식의 좋은 조건, 동시에 각 종의 동물들이 물을 먹으로 그곳에 왔다. 당시의 인류도 항상 그곳에서 활동, 그 곳에는 대량의 석제품과 동물뼈들을 남겨놓았다. 기반암이 노출된 부근의 산언덕에서 석제채집, 재작, 호수변은 동물들의 자연사망과 그들이 서로 싸워 죽이는 곳이 되었다. 이러한 죽은 동물은 초기인류의 가장 중요한 음식(食物)의 래원이 되었다. 잠가만유적 발굴구역내에 문화유물의 평면분포에 의하면 석제품과 동물뼈 분포는 하나의 작은 집단 활동의 범위내에서 밀집분포되어있다. 또한 추정되는 것은 산언덕에서의 채집석재, 석기제작, 예리한 석편과 긁개등은 동물가죽을 벗기고, 살을 발발내고, 비교적 큰 석핵 또는 절단편(斷片)은 뼈를 분쇄, 골수를 꺼내먹는데 사용되었다. 이러한 활동의 내용이 발굴구역내의 유물과 유적(遺跡)으로 남겨 놓았다[67]. 비량유적의 평면 분포 역시 대체적으로 같은 활동상항을 제시하여 주고 있다.

잠가만과 비량등 단기(短期)적으로 소규모 활동한 유적은 동곡타와는 다르다. 이미 발표된 동곡타유적 정항에 의하면 석기제작의 상항은 전 양자와 뚜렷한 차이가 있다. 동곡타 발견의 석제품은 수량이 대단히 많고, 석기 제작의 서로 다른 시기(단계)등을 보여 주고 있다. 주의할 가치가 있는 것은 석제품종 정교한 것의 비례가 대단히 높다. 어는 석제품은 가공이 대단히 정교하다. 동시에 많은 뼈편이 같이 존재하였다. 이 상항은 초기 인류 활동시간이 비교적 길고, 활동범위 역시 복잡하여 비교적 장시간 체류(거주)하였을 가능성을 시사하여 주고 있다. 그러나 두 번체 발표된 자료에는 유적의 평면배치와 매장내용이 자세히 언급되어 있지 않아 당시 인류가 이곳을 응용한 구체적 내용을 자세히 토론할 수가 없다[68].

초기 홍적세 니하만의 오래된 호변(古湖邊)은 초기 인류번식의 한곳 이다. 이곳은 최초의 마권구(馬圈溝)로부터 가랄미사건(賈垃米事件)과 같은 시기의 예가만까지 우리들에게 종적(從向)으로 초기 인류가 이곳에서 수 십만년 동안 생활한 자료를 제시하여 주고 있다. 그리고 동곡타, 소장량, 비량등 거의 동 시기의 유적 발견과 발굴을 통하여 평면상으로 당시 인류가 니하만분지에서 활동한 내용이 제시되고 있다. 여기에서 제시된 몇 곳 유적의 분석에 의해서 초기 인류활동 유형(類型) 뿐만 아니라 서로 다른 유적내의 생활 차이도 이해할 수 있다. 동곡타유적과 유사한 중심지역은 비교적 장기간 사람들이 체류되었다. 그러나 비량과 예가만은 임시 활동 장소로 나타나고 있다. 당시 사람들은 니하만호변을 중심으로 활동, 장기 거주흔적을 남겨놓았으며, 때로 각 종 임시 활동 장소의 흔적도 남겨 놓았다. 이러한 장기 거주 또는 중심지역과 임시 활동 지역사이의 분포정황으로 그들의 거주계통(栖居系統)을 구상할 수 있다.

니하만분지의 정황과 유사한 곳은 섬서남전(藍田)과 호북 운현(鄖縣) 역시 초기 홍적세 인류거주의 계통이 제시되고 있다. 공왕령 남전인은 물 가장자리 거주를 즐겼다. 그러나 그들은 호변이 아니고 당지의 파하(灞河)연안(沿岸)에 있었다. 여러 해의 작업을 통해서 공왕령부근에서도 여러 곳의 인류화석 출토 지점과 접근 된 곳에서 석제품이 발견되었다. 이러한 발견은 당시 인류활동의 중심지구로 설명될 수 있다. 유감스러운 것은 남번지구에서는 니하만분지와 같은 대 규모의 유적군은 발견되지 못 하였다. 그래서 자세한 설명이 어렵다. 한수중류(漢水中流)의 운현인 지점은 바로 곡원하(曲遠河)가 한강(漢江으로 들어가는 입구에 위치하고 있다. 그곳에서는 많은 석재품이 발견되어 운현인이 이곳에서 활동한 시간인 비교적 길었다는 것을 설명하여 주고 있다. 풍부하고 다양한 석제품과 대량의 동물화석발견은 그 곳의 한 곳의 중심지라는 것을 설명하여 주고 있다. 그러나 주위에서 그 유적과 관련된 다른 상항은 아직 발견되지 않았다.

2. 생활 방식(生活方式)

생활방식은 초기 인류사회를 이해하는 하나의 중요한 부분이다. 최근의 작업은 우리들에게 초기 홍적세 인류의 생활방식에 대한 자료를 제시하여 주고 있다. 생활방식의 증거는 다방면에서 반영되고 있다. 매장학연구, 동물고고학 과 석기분석등에 대한 모든 중요한 자료를 제공하여 주고 있다.

동물뼈의 분쇄방법 및 그 흔적등은 수렵과 식 생활 활동의 중요한 증거가 된다. 니하만의 유적내에서 거의 모두 이러한 증거들이 발견되었다. 시기가 가장 이른 마권구의 동물화석의 보존 상태는 매우 나쁘다. 1992년에 모두 143점이 출토, 그 종류를 감정할 수 있는 것이 매우 적다. 겨우 코끼리, 코뿔소와 사슴류가 확인되었다. 보존상태가 나쁜 표본이 80% 이상치지, 매장(암몰)되기 전에 장시간 노천에 노출되어 있었다. 그럼에도 불구하고, 일부의 사지뼈(肢骨)의 절단 된 것과 사람들이 뼈를 깨고 골수를 꺼내먹은 상황을 확인할 수 있다[69]. 근년래의 여러 차례 새로운 발굴은 모두 이 방변의 증거를 제시하여 주고 있다.

마권구보다 시기가 늦는 소장량, 동곡타와 비량등 유적에서 수량이 일정하지 않은 분쇄된 동물뼈가 발견되었다. 그 중 비량유적의 자료가 자세히 연구되었다. 비량의 동물화석도 비교적 분쇄가 심하다, 그것들은 포유동물의 이빨과 사지뼈등이다. 그것들의 수량은 1000점이 넘는다. 표본의 뼈표면과 내부가 비교적 잘 보존되고, 절단면은 깨끗하며, 풍화마노는 가벼운 편이다. 46점의 표본이 인공으로 분쇄, 또는 선이 그어지고 동물들의 이빨자국이 있다. 포유동물외에 소량의 물고기류화석도 발견되었다. 동물화석의 지층내의 분포가 밀집된 것은 석제품과 관계를 가지고 있다. 석제품이 밀집된 곳에 화석역시 풍부하다. 이것은 비량유적과 초기 인류 식육(食肉)활동과 관계가 있다. 기타 유적도 유사한 상황이다.

근년래에 발전된 현미경 관찰의 석기사용흔적 확인 작업, 초기인류 생활방식의 인식에 대한 새로운 방법이다. 니하만지구 초기 석기제작의 연구내에

학자들은 이 방면의 작업에 새로운 관심을 가지고 있다. 심진(沈辰) 등 연구원들은 소장량유적의 석제품을 현미경으로 분석한 결과, 170여점의 표본중 22점(25개 사용단위)이 여러 가지 유형으로 사용된 것을 확인하였다, 그 중에 절단된 것(切割)과 톱질(鋸) 흔적이 3분지1이 되며, 긁은 흔적(刮削)이 거의 절반차지, 또한 모루상의 타격(鑽), 각(刻)한 것, 그은 것(劃) 등의 흔적 등의 점유 비율은 대단히 낮다. 가공의 대상은 비록 4분지 1 정도는 분석이 어렵지만 긍정적으로 보이는 것은 과반수를 넘는 것으로 동물성지료이며, 약 20% 정도는 목질(木質材料)이다. 현미경 분석에 의하면 원 연구자들은 소장량석재는 주로 육류(肉類) 가고에 사용되었다. 이것은 소장량 사람들이 썩은 고기(食腐 Scavengin)를 먹었다는 것을 반영하여주며, 목재등 식물성 재료에 대한 가공은 뚜렷하지 않다[70].

현미경분석의 결과와 석기조합 및 유적의 종합적 정황은 일치하다. 소장량과 니하만분지 기타 초기 홍적세의 구석기는 모두 소형의 석편공구(片狀工具 Flake Tools) 위주이며, 여기에 대량의 미 가공으로 직접사용된 석편이 포함되고, 또한 거기에 가공된 긁개도 있다. 이러한 석 조합은 육류가공처리에 사용되었다. 전술한 유적의 평면분포상황은 이러한 활동의 존재를 직접 반영하여 준다. 초기 홍적세 니하만분지의 환경상태에 따르면 비교적 건조. 더운 초원환경이며, 따라서 육류식물(肉類食物) 자원을 의지하여 생활한 것이 니하만문지 초기 홍적세 사람들의 자연 선택이다.

그러나 지리적 위도(緯度 Latitude)는 비교적 낮은 남쪽(南方) 지역의 상항은 다르다. 전술한 바와같이 공왕령 남전인의 석기중 대형이 대단히 중요한 위치를 차지하고 있다. 한수(漢水) 중류의 운현인유적도 중형도구(重型道具 Pebble-Tools)가 석기중 중요한 위치를 차지 하였다. 도구와 인류 생활은 밀접한 관계가 있다. 남쪽과 북쪽의 차이는 일을 하는 데 있어서 서로 다른 환경에 있었기 때문이다 유감스러운 것은 운현인 유적등 남쪽(南方) 초기 홍적세의 석기에 대하여 아직 현미경 관찰이 없어서 그들 생활에 깊은 토론은 어렵다.

3. 행위 특징

불의 사용(用火)은 초기 인류 진화과정중 하나의 가장 중요한 표지적 사건이 되고 있다. 일찍이 학자들은 중국 초기 홍적세 인류의 불의 사용을 제시하였다. 중요한 발견은 2곳이다 : 한 곳은 원모상나방(元謀上那蚌), 다른 한 곳은 예성 서후도(芮城西侯度) 이다. 전자는 인류화석 출토 층위내에 많은 숯(炭屑)이 발견되었다. 이러한 숯들은 점토 또는 모래질 점토속에 섞여 있었다. 그것들은 대체로 3층으로 구분되며, 층위간 거리는 20-30 cm, 분포상태는 불균형하다. 가장 큰 숯은 직경이 15 mm, 작은 것은 1 mm 정도, 인류화석 및 문화유물출토 층위에서 발견, 사람들이 불의 사용 가능성을 제시하였다[71]. 그러나 일부학자등은 완전히 다른 의견을 제시하고 있다. 서후도의 발견은 색깔이 검은, 회록 또는 회색의 포유동물의 조골(助骨), 말의 이빨(馬牙), 사슴뿔(鹿角)등 이다. 연구자들은 이겻들이 불에 구워진 것으로 보고 있다. 이 두 곳은 모두 원생유적(原生遺蹟)이 아니다. 그래서 불사용 증거는 찾기가 어렵다. 따라서 현재 초기 홍적세인들의 불의 사용여부를 논하기는 아직 이르다.

그러나 불의 사용능력은 대단히 높은 위치에 있다. 소장량석기 연구결과에 따르 면 초기 홍적세인들의 지적능력은 대단히 제한 되었다. 소장량 석기의 제작은 현지 필요시 제작한 행위이다. 대량의 석편을 채집하여 그 종에 적당한 것만 사용, 미리 반성품(毛坯)을 만들지 않았으며, 의석적으로 정교하게 가공된 것은 거의 없다. 비록 소장량의 석기특징과 그 석재질이 낮은 것과 관계가 없는 것은 아니지만 주된 것은 당시 사람들의 지적수준에 의해서 결정된 것이다. 따라서 연구자들은 소지량 석기제작자의 지적수준이 현대의 12세 정도의 수준을 초과하지 못 하였을 것으로 보고 있다[72].

3. 아프리카 및 기타 지역의 초기 인류와 문화

(1) 인과(人科)성원의 출현

1. 인류기원의 탐색

19세기 중기 선사고고학이 확립된 이래, 선사고고와 고인류학자들은 끝임 없이 인류조상 및 그 문화유적을 탐색하였다. 초기의 작업은 주로 유럽에서 이루어 졌다. 19세기 하반기부터 20세기 초까지 전후로 크로마뇽인을 대표로 하는 후기 네안데르탈인(智人)과 네안데르탈인등이 인류진화 역사상에 위치를 차지 하였다. 19세기말 한 사람의 찰스다운 진화론을 믿는 홀랜드 의사가 동남아시아의 인도네시아 자바섬에서 자바직립원인을 찾아서 세상에 알렸다. 그러나 홀랜드 드브와의 작업과 그의 발견은 바로 인정을 받지 못 하였다. 1930년경 북경원인이 발견되면서 자바원인에 대한 학설이 인정 받게되고, 직립인(直立人 Homo erectus)의 인류화석상의 계통위치가 인정되었다[73].

후기의 지인(智人 Homo Sapiens), 네안데르탈인과 직립인의 상속(연계)관계가 유럽과 아시아에서 계속 발견되고, 특히 당시 연대로서 가장 오래된 직립인화석이 아시아에서 발견되어 기원(시작)된 것으로 믿었다. 이러한 국면(局面)은 20세기중엽까지 지속되었다. 1920년대 이후에 남방고원화석(Australopithecus)이 아프리카에서 발견되었다. 더욱 1960-70년 이 후에 남방고원화석 수량이 증가되고 연구가 심화되면서 학계에서는 인류최초의 조상을 아프리카에서 찾기 시작하였다. 그리고 초기 인류는 아프리카 기원설이 제시되고, 점차적으로 많은 화석과 증거물이 확보되면서 인정을 받게 되었다[74].

초기 인류기원이 아프리카라고 하는 가설이 전하여 진 것이 오래되었지만 1990년 초까지 아프리카에서는 수량이 많은 남방고원화석을 제외하고는 시대가 더욱 이른 인과성원화석(人科成員化石)의 발견은 빈약하였다. 남방고원과 이미 발견된 인원초과화석(人猿超科化石) 사이에 장기간의 시간이 있는데 이 사이를 메꾸는 존재물이 없다. 이 장시간은 지금부터 500만년에서 1.000만년 사이의 공백이다. 일부 학자는 이 단계의 공백을 "텅빈공간(어두운 동굴, 흑동 黑洞)" 이라고 칭한다.

흥분할 만한 일은 최근 10년 동안에 부단히 초기 인류의 기원발견과 이 방면의 연구에 새로운 진전이 있었다. 1994년, 미국학자 화이트(懷特) 등이 에티오피아 중아와서(中阿瓦什) 지역의 아라미스(阿拉米斯) 지점에서 상당량의 인과성원화석(人科成員化石)이 발견되고 그 년대를 지금부터 440만년이라고 발표하였다[75]. 그들은 이 화석을 남방고원시조종(南方古猿始祖種)이라고 명칭을 부여하였다. 그리고 얼마후 교정하여 지원시조종(地猿始祖種) 이라고 명명하였다. 2.000년 이후 그들은 동일지구에서 또한 년대가 더욱 이른, 그리고 체질특징이 더욱 원시적인 화석을 발견하였다. 이 화석의 년대는 지금부터 580~520만년으로 추정되었다. 전자는 아종(亞種)으로 구분되고, 지원시조종 가족의 조상아종으로 명명(命名)하였다. 지원시조종은 남방고원호반종(南方古猿湖畔種)과 거의 같은 시기이다. 호반종은 아프리카 케냐 북부의 드르카나호수부근의 카나파이(作納波依)와 아리아만(阿利亞灣) 두 지점이다. 화석년대는 지금부터 410 만년 전후이다[76].

2.000년대 진입하여, 케냐 중부의 도근산(圖根山) 구역에서 또 초기 인류가 새롭게 발견되었다. 프랑스학자 피크후트(皮克福德) 등은 유기누(紐基露) 지점에서 지금부터 600만년 전의 인류화석을 발견, 그것들은 아래턱진뼈, 구골(枸骨), 굉골(肱骨)과 이빨 등이다. 구골의 형태는 이 화석을 대표하는 개체(個體)가 이미 육지(땅)을 두 발로 걸어다녔다고 보고 있다. 다만 동시에 아직은 반연(攀緣 독립되지못한, 붙는 줄기)의 기능을 가지고 있다. 이빨과 턱의 특징은 아프리카 대원(大猿)과 인류가 공유(共有)한 원시특징을 가지고 있다. 이러한 특징은 발견자들로 하여금 화석은 인과계통(人科系統)에 속하여 원초인도근종(原初人圖根鍾) 으로 인정하게 하고 있다[77].

더욱 사람들을 놀라게하는 것은 아프리카 중부에서의 새로운 발견이다. 이곳은 원래 인류기원을 찾는 중심지역의 동아프리카와 남아프리카이외의 지역이다. 새로운 발견은 챠드(作得)북부의 현대 사막 지구이다. 화석은 보존상태가 비교적 좋은 두개골, 2점의 아래턱과 몇점의 이빨이다. 두개골 화석은 원(猿)과 인류가 혼합된 특징을 가졌다. 따라서 연구자들은 그것은 인(人)과 원(猿)이 분류되는 최초의 인과성원(人科成員)으로 보고 있다. 이 화석을 샤메일챠드종(乍海爾人 作得種)으로 명명하였다. 유감스러운 것은 머리뒷머리뼈(頭后骨)이 없으며, 지골(肢骨)도 발견되지 않았다. 그래서 이 화석이 신종으로 능히 직립(直立)하여 걸을수 있는 가의 여부는 확실하지 않다. 일부 학자들은 인과계통으로 귀납시킨 것에 대하여 의심을 하고 있으며, 오히려 초기의 대성성(大猩猩)으로 보는 것이 타당하다고 보고 있다[78].

최근 10년 동안에 상기한 일계열의 새로운 발견은 인류기원 진화과정의 빈공간(黑洞)을 채워주고 있다. 그러나 우리들은 반드시 이러한 신 발견의 계통분류위치(地位), 그리고 그것들의 인류기원연구의 의의, 또한 고인류 학자들 사이에 아직 일치된 공동인식(共認)에 대하여 깊이 살펴보아야 할 것이다. 초기인류기원연구는 아직도 많은 문제점들이 진일보한 연구를 기대하고 있다.

2. 남방 고원(南方古猿)의 발견

현재 남방고원은 초기인과성원으로 인정되고, 년대는 지금부처 400만년에서 100만년까지로 보고 있다. 이미 발견된 남방고원 화석은 아프리카의 남부와 동부에 분포되어 있었다. 수량이 많으며, 대표적 개체 수량이 수백기에 해당된다. 아프리카이외의 지역에서는 아직까지 확실한 남방고원화석이 발견되지 않았다[79].

남방고원화석의 최초의 발견은 1924년, 남아프리카의 탕은(湯恩)채석장에서 일구의 두개골화석이 발견되었다. 두개골 보존 부분은 얼굴뼈(面骨), 완정한 노정골뼈(顱內膜), 윗턱에 보존된 전체의 유치(乳齒)와 막나오는 첫 번째 어금니(第一桓牙齒)이다. 이것들은 한 사람의 어린아이로서 6세 정도로 보고 있다. 당시의 해부학 교수 다트(達特)가 이 두개골을 연구 하였다. 이 화석의 성년(成年)의 뇌량은 약 600 cc 정도 ; 그 두개골은 이미 척추상에서 평형유지로 앞으로 경사(傾斜)되지 않았다 ; 경악(硬齶 잇몸악)의 형상은 인(人)과 같고 원(猿)은 아니다 ; 이빨은 비록 크지만 견치(犬齒)는 치열(齒列) 수준을 초과하지 않았다. 이로 인하여 다트는 아 화석 두개골은 원(猿)의 형상도 갖추고, 인(人)의 형상도 갖추었으며, 원 같기도 하고 인(人)같기도 한 혼합체로 보고, 발견된 화석은 인적계통(人的系統)과 가장 가까운 일종의 사멸된 원(猿)으로부터 인종, 남방고원아프리카종(南方古猿非洲種)으로 명명되었다[80].

1936년 남아프리카 사단크방단(斯壇克方丹)에서 또 다른 남방고원 아프리카종이 발견되었다. 프롬(布魯姆)연구에 의해 손인(遜人)으로 명명되었다. 화석의 노정골비닥(顱底)에 의해서 두개골 이 척추뼈 바로위(上方)에 있는 것이 확인, 일단의 고골(一段股骨)의 끝이 완전히 인간의 것이다. 이로 인하여 남방고원은 이미 두발로 직립이 가능함이 인식, 인(人)의 계통에 속하는 것으로 인정되었다. 2년 후 부근의 그로무더라이(克羅姆德來)에서 또한 더 많은 남방고원의 화석이 발견, 그러나 더욱 거칠었으며, 프롬(布魯姆)은 그 화석을 인간을 닮은 거칠은 종(방인(旁人) 추상종으로 명명, 후에 이 연구는 남방고원추상종(南方古猿粗狀種)으로 귀납시켰다.

다년간의 남아프리카 작업은 많은 남방고원화석을 발견하였으며, 일련번호를 부여한 것이 수백개에 이른다. 이 시기의 분류 및 명명이 비교적 복잡하지만 현재 남방고원은 아프리카종(非洲種)과 거칠은 종(粗狀種) 2종으로 분류되고 있다. 남아프리카에 대한 것들은 합리적인 년대 측정 표본이 없다. 지층관계의 특징에 의해서 남아프리카종(南非種)이 거칠은 종(粗狀型)보다 이른 시기에 속하는 것으로 되어있다. 년대는 대략 350만년에서 150만년까지로 계산되고 있다.

20세기 후반엽에 초기인류기원 탐색작업은 점차 아프리카 동쪽으로 옮겨졌다. 장기적인 탐색에 의해서 1959년, Leakey 부부는 탄자니아의 올드바이(Oldway)계곡에서 일구의 거칠은 남방고원의 두개골을 발견, 그리고 하나의 작은 뒤다리뼈(小腿骨)도 발견하였다. 두개골은 크고 거칠며, 치열(齒床)상에는 비교적큰 어금니가 있어 당지 포씨동아프리카인(鮑氏東非人)으로 명명, 후에 거칠은 남방고원(粗狀型 南方古猿)으로 귀납시켰다. 그 년대는 180만년으로 계산되었다. 동시에 또한 석제품과 사멸동물뼈 화석도 발견되었다. 1960년 동아프리카인이 발견된 부근에서 또한 새로운 화석이 발견되었다. 이러한 새로운 화석은 1964년 "능력있는 사람"(能人 Homo habilis)로 명명 되었다. 뇌량의 계산과 이빨의 관찰등은 "능인"은 동아프리카인에 비하여 더욱 진보된 사람으로 설명되었으며, 그 뇌량은 보다 컸다. 그리고 두개골형상도 많이 진보되고, 이빨도 거칠은 동마프리카인보다 작았다. Leakey는 "능인"은 석기를 제작하였으며, 뼈도 분쇄시켜 모든 것을 할 수 있는 능력있는 사람으로 믿고 있다. 이 두종 유형의 인과성원(人科成員)은 동일한 광대지역에서 가장 이른 시기에 생활하였다.

1974년, 탄자니아의 차이투리(茱托里)에서 350만년~375만년전의 남방고원 화석을 발견하였다. 2년 후에 차이투리에서 다시 400만 년 전의 인과성원의 발자취(足跡)를 발견하였다. 화산재속에서 성인과 어린아이 의 짧고, 넓은 발자취발견, 그 외 삼지말(三趾馬), 영양, 코끼리, 긴목사슴(長頸鹿) 등의 동물발자취도 확인 되었다.

케냐의 초기 인과성원화석은 주로 투르카나호수지역에서 발견되었다. 리챠드 리키등은 1968년 이래 많은 인과화석을 발견하였다. 특별이 중요한 것은 12개체 남성의 거칠은 남방원인의 표본은 초기인과성원의 양성(兩性)에 대한 분리지식를 제공하여주고 있으며, 동시에 날씬한 형(奸細型)과 거칠은 형(粗狀型)의 남방원인에 대한 서로 다른 유형은 분명히 제시하여 주고 있다. 다만 양성의 차이는 없다. 1972년 발견된 "능인"의 1470호의 두개골은 지금부터

200 만년으로 산정되었다.

1969년 후기에 시작된 에티오피아의 아오모(奧莫)는 미국 버클리 캘리포니아대학 인류학교수 하오웰(豪厄爾)이 지금부터 300만년~100만년 사이의 인류화석발견, 그것은 300만년 전의 아프리카종 남방원인과 200만년의 거칠은 남방원인과는 거리가 있으며, 비교적 시기가 늦은 능인 또는 직립인이다.

에티오피아의 또 다른 하나의 중요한 발견은 아화의 하다(阿法的哈達) 지점이다. 1973년 지금부터 350만년 전의 인과의 무릅관절(膝關節) 화석 발견, 최초로 인류가 두 다리로 직립한 증거를 확인하였다. 1974년 같은 지점에서 또한 일구 40% 골격(骨格)이 보존된 여자뼈를 발견, D명한 "루시" 명칭을 부여. 1975년 계속해서 1개의 "옛무덤(古墓地)"발견, 13인의 개체 확인, 모종 돌발적인 사건으로 그곳에 매장되었다. 남,여 모두 있으며, 적어도 4명의 어린아이도 있다. 그들은 같이 살았으며, "최초의 가정(第一個家庭) 으로 명명되었다. 인류행위의 최초의 증거이다.

하다와 차투리 두 곳의 화석 표본은 대단히 유사하다. 그들은 완전히 직립보행 하였다. 다만 머리가 작고, 견치가 커서 동속일류(同屬一類)에 속한다. 그들은 비록 남방고원과 유사하지만 더욱 원시적인 면도 많다. 따라서 사람의 하나의 신종 즉 남방고원 아화종(阿法種)에 귀납되었다. 전체적으로 그들은 형상이 원인(猿人)과 인간의 중간에 속한다. 다만 원인의 형상에서 인(人)으로 변하는(向人) 단계이다. 따라서 요한슨(約翰遜) 등 고인류학자들은 남방원인 아화종은 남방원인 아프리카종과 능인 (能人)의 공동조상으로 보고 있다. 남방원인 아화종에서 계속 진화 아프리카종으로 발전, 다시 거칠은 종과 포씨종(鮑氏種) 으로 변화, 다른 한가지는 인방향(人方向) 으로 발전되었다.

3. 능인(능인 HOMO HABILIS)

능인(能人 homo habilis)는 아프리카에서 발견된 초기인류화석의 하나로서 최초의 인속성원(人屬成員, genus)이다. 일반적으로 능인 혹인 능인과 같은

(유사한) 화석유형은 직립인(直立人 homo erectus)의 조상이다. 능인과 남방고원의 분포 상황은 서로 다르다. 현재 동아프리카의 비교적 소규모 범위내에서 발견되고 있는 데 시기는 지금보터 200~150만년 전까지 이다[81].

능인화석의 최초의 발견이 탄자니아 올드바이 계곡에서 1964년 이루어져 능인이라고 명명되었다. 능인의 현저한 특징은 광대한 뇌(腦), 남성(雄性)의 뇌량은 700~800 cc 이며, 여성(雌性)은 500~600 cc 로서 남방고원보다 크다. 얼굴부위(面部)는 비교적 작게 앞으로 돌출, 뒷머리뼈는 현대인과 비교적 접근된다. 학지들은 1470호 의 노정골뼈(顱內膜)의 전체 형태와 구회(溝回, 도랑 또는 홈)와 인(人)적 성상(性狀)은 같다. 이미 언어 능력이 가능하다고 본다. 치열(齒列)과 후기의 인과성원(人科成員)과 비교, 그 후부(後部)이빨이 상당히 크다. 다만 남방고원에 베하여 작다. 그리고 계속 감소되는 경향이 있으며, 남방원인처럼 계속 확대되지 않았다.

능인과 남방원인의 공동 특징 : 양성(兩性)의 차이가 크다 ; 노정골뼈벽이 얇다 ; 미간(眉脊)의 발달은 중간정도 ; 이마뼈(頂肌)의 부착구역이 짧고 낮다 ; 면부(面部)가 크고, 앞으로 돌출 ; 강하게 씹을 수 있는 기능 갖추다, 앞으로 뚜렷하게 양측이 강하게 벌어진 공대뼈(顴骨)와 특별히 발달된 귀밑뼈(顳) 앞부분과 큰 뒷이빨(앞어금니와 어금니) 등등이 포함되어 있다.

1470호는 남성이다. 대단히 큰 얼굴(面部)와 거칠고 큰 앞으로 돌출된 광대뼈등은 뒷이빨이 큰 것을 나타내어 준다 ; 뇌량은 750 cc, 귀밑뼈 부착부위가 크고 시상척(矢狀脊)은 없다. 1813호는 여성, 면공(面孔)이 비록 작지만 강하게 씹을 수 있는 능력의 형상(形狀)이다.

올드바이계곡에서 10곳의 올드바이문화가 발견, 그중에 7곳에 능인화석이 공존(共存)되었다. 따라서 일반적으로 능인은 올드바이문화 및 동아프리카 기타 최초 구석기문화의 주인공이다.

4. 직립인(Homo erectus)

아프리카발견의 초기인류는 역시 직립인이다. 1974~1975년 리챠드리키는 케냐 투르카나호수 동쪽의 구파후리(庫波福勒)에서 3733호의 직립인화석발견, 여성이다. 년대는 지금부터 160만년~130 만년 추정. 뇌량은 900 cc, 미간뼈(眉脊)가 뚜렷하게 앞으로 돌출, 이마부위에 하나의 깊은 홈(深溝)으로 분리되고, 뒷머리는 둥굴고, 두텁고 거칠고 크다. 얼굴은 넓고, 이마와 비교하여 상대적으로 비교적 작다. 후부 이빨의 크기는 중간이며, 앞 이빨은 능인과 접근된다[82].

1984년 리키등은 투루카나호수의 나리오리타무(納里奧利托拇)에서 하나의 완정된 골격발견, 약 12세 정도의 남자소년, 신장 168 cm, 뇌량은 700~800 cc, 시기는 지금부터 160 만년이다.

보존 완정한 직립인 두개골은 3833호 인(人)이다. 이 화석도 역시 케냐에서 발견되었다. 아프리카 최조의 직립인 화석은 역시 동아프리카 이며 능인의 분포위치와 중복되어있다. 시대는 대체적으로 능인의 후기, 따라서 자연적으로 능인의 후예로 인정되었다. 그러나 일부학자들은 아프리카 직립인은 능인과 관계가 없다고 보고 있으며 그 래원(來源)이 능인과 동시대의 인속(人屬 Genus)로 볼 수 는 없다는 주장이다. 아프리카 초기 직립인의 분류계통위치(分類系統地位)에 관하여 아직 여러 가지 의견이 제시되고 있다[83]. 일부 학자는 그 화석은 전형적인 직립인의 체질특징과 다르기 때문에 당연히 별도의 "장인종(匠人種)" 으로 구분하여야 된다고 주장하고 있다.

아시아에서는 중국의 비교적 이른 시기의 직립인 화석 발견외에 동남아인도네시아 자바섬에서 19세기말 발견된 유명한 자바원인, 그 시기는 가장 이른 것이 180만년으로 되어있다. 근래에 서아시아 와 유럽의 경계지역의 거로지아(格魯吉亞)에서 180만년 정도의 직립인 화석이 발견되었다.

5. 소결(小結)

현재 이미 발견된 자료에 의하면, 최초의 인과성원(Hominidae)은 다만 아프리카에서만 발견되었다. 지금부터 300만년~200만년 사이에 남방고원의 몇 종류가 남아프리카로부터 동아프카에 이르는 여러 곳에 분포되었다. 근 10년래에 보도된 남방고원 호반종(湖畔種), 지원(地猿) 및 토착인(土根原初人)등은 인류출현의 시간에 따라 지금부터 700~600만년까지 수급하야 올라간다. 이 년대는 이미 분자생물학(分子生物學)방법으로 계산된 인류(人類)와 그와 접근된 영장류의 근친(近親)으로부터 분리된 시기이다. 그러나 발견된 자료가 제한적이라 아직 많은 문제가 미정리 상태이다.

최근 자료에 근거, 최초의 인속성원(Genus)은 능인의 가능성이 크다. 확실한 능인화석은 다만 아프리카에서 발견, 동시에 분포범위는 남방고원(古猿)에 비하여 제한 적이다. 능인과 동시대의 기타 인속(人屬 genus)의 미결정종(未定種)의 정항은 더 많은 발견과 깊은 검토가 필요하다.

약간 늦은 능인, 직립인등이 동아프리카에서 발견, 거의 동시기에 아시아의 몇 지역에서 직립인이 출현되었다. 직립인은 현재 아프리카외부에서 발견된 최초의 인류화석이다. 현재 서아시아와 동남아시아에서 모두 시기가 대단히 이른 직립인 화석이 발견되었다. 이러한 지역의 발견은 중국경내 초기인류의 래원(來源)과 발전문제등은 의심할 여지가 없는 대단히 중요한 줄기(線索)이다.

(2) 최초의 구석기 문화

아프리카동부 지구의 중요한 지질 특징은 하나의 긴 협곡으로 지표상에 남쪽에서 북쪽으로 일계열(一系列)의 협곡과 호수가 형성되었다. 수백년 동안 이 지역에는 여러차례의 화산이 폭팔되었다. 화선침적물은 키리움(鉀 Kalium), 아르고니움(气 Argonium)등이 년대측정의 표본이다. 따라서 동아프리카에서 발견된 초기 인류화석과 구석기문화유적이 많기 때문에 모두 절대년대의 수치를 얻을 수 있다. 근년에 동아프리카는 초기인류고고학연구의 중심점이 되었으며, 동시에 인류기원 연구에 가장 중요한 공헌지역이 되었다.

1. 최초의 문화유물

고인류학자들은 제작과 도구사용을 인속(인속 Genus)의 표준으로 보고 있다. 제작할 수 있고 그것을 사용하기 시작할 때부터 사회학적 의의로서 인류의 진정한 탄생으로 보고 있다. 이로 인하여 선사고고학이 탄생한 날부터 고고학자들은 쉬지 않고(중단없이) 인류최초의 문화유물은 탐색하였다. 오랫동안 아프리카는 자연적으로 그것들을 찾는 중심지역이 되었다. 일찌지 일부학자는 남아프리카 탕은(湯恩)과 남방고원화석과 공존한 동물화석자료를 근거로 "뼈(骨), 뿔(角), 이빨제도구(牙器)"등의 문화설을 제시하였다. 어느 학자는 마카번스카트(馬作燔斯蓋特)의 발견에 근거 남방고원이 "불(火)"을 사용하였다고 보았다. 그러나 매장학(埋葬學) 연구에서 뼈,뿔,이빨 문화는 결코 존재하지 않으며, 남방고원의 불(火)사용도 잘 못 판단으로 인정되었다. 근래에 자장 이른 시기의 문화유물의 반견은 결코 남아프니카가 아니고 적도(赤道)양측의 동아프리카 지역으로 인정되었다.

동아프리카 케냐 투르카나 호반지구에서 "KBS 작업(工業)" 이 발견되었다. 그것은 인류의 가장 이른 시기의 문화유적의 한 곳이다. 이곳은 동아프리카 대협곡에 위치, 좋은 지질조건하에서 초기인류유적이 보존되었다. KBS 작업은 여러 곳에서 발견, 그중 발굴된 지점은 옛 강변상의 주거(營地)유적이다. 모두 100여점 석제품발견, 그 중에는 석핵(Core), 석편(Flake), 찍개(Chopper) 및 제2가공된 석편도 있다. 동시에 분쇄된 동물골격도 발견되었다. 다른 한 곳은 도살장(屠宰地), 이곳에서는 동일 개체 의 하마(河馬)의 골격, 및 상당량의 석편상(片狀)위주의 석제품이 발견되었다. 화산재의 년대측정에 의하면 KBS 작업의 시대는 적어도 지금부터 180만년, 어느 학자는 260만년으로 추정되고 있다[84].

년대에 관해서는 쟁론이 없다. 최근, 가장 이른 시기의 구석기 문화는 에티오피아 Kada Coma 유적에서 발견되었다. 카리움(Kalium), 아르고니움(Argonium) 법과 지층학의 증거는 모두 이곳의 시기를 지금부터 260만년~250만년으로 제시되고 있다. 이곳에서 발견된 석제품은 주로 석핵, 석편, 찍개와 긁개등이다. 이 석제품의 기술특징과 탄자니아발견시대가 약간 늦은 올드바이의 석기제작과 거의 같다[85] (도1-15).

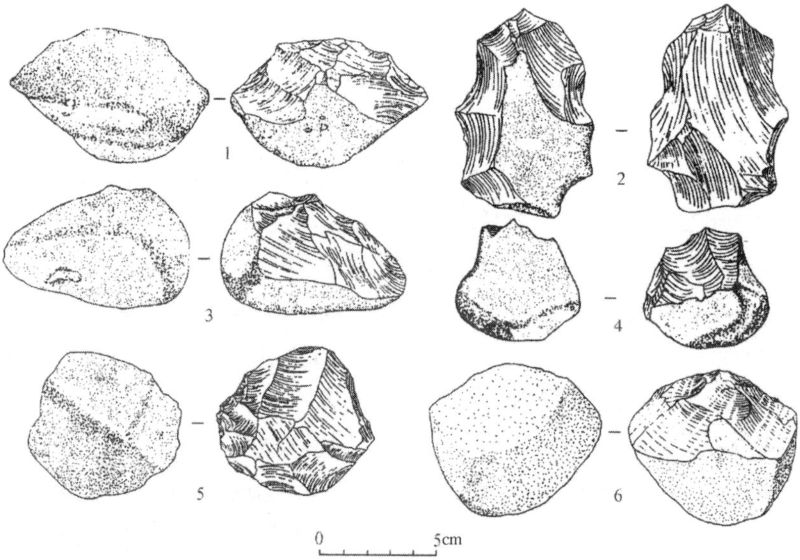

도 1-15. Gona 의 석제품(Semaw, 2000)

2. 올드바이 문화(Oldway culture)

아프리카 대협곡에서 하늘로부터 유일하게 얻은 지질조건, 이곳은 일찍이 지질학자와 고고학자의 관심을 받아왔다. 1900년초 일부학자가 이곳에서 지질과 선사고고학의 탐색과 연구를 실시하였다. 1930년경 루이스리키 집안에서 올드바이 계곡을 발굴, 올드바이문화라고 명명하였다. 수 십년 동안의 어려운 발굴과 연구를 통하여 많은 초기인류화석과 구석기 문화유적이 발견되었다. 그 결과 올드바이계곡은 초기인류고고학연구의 성지(聖地)되었다.

(1) 석기유형

올드바이계곡은 탄자니아 북부위치, 동아프리카 대협곡의 서쪽가장자리이다. 이곳은 후기 제3기(第三紀)에서부터 제4기(第四紀) 퇴적이 두텁게 이루어져 있으며, 풍부한 초기 인류 및 그 문화유적이 있다. 인류화석은 남방고원포씨종(鮑氏種, 거칠은 종 糟狀種), 능인(能人)과 직립인(直立人)이 있다. 구석기문화는 3종 유형으로 나누어진다 : 올드바이문화, 발전된 올드바이 및 초기 아쉴리안 문화등이다. 올드바이문화출현이 가장이르고, 그 다음이 발전된 올드바이문화와 아쉴리안 문화이다.

마리리키의 연구에 의하면 전형적인 올드바이문화의 석기조합중에는 찍개의 수량이 가장 많고, 그 다음이 긁개이다. 긁개는 중형(重型)과 가벼운 것(輕型) 2종이다. 그 외 다변형기(多變形器), 원형기(盤狀器), 돌마치(石球) 등의 수량이 많다. 발전된 올드바이 문화내에는 찍개의 비율이 현저히 축소, 보통 2%~30% 사이이다. 돌마치 비율 증가, 30%에 도달, 가벼운 긁개 비율이 뚜렷이 증가, 10%~50% 차지. 그 외 극소의 주먹도끼(手斧)가 있다. 올드바이 석기제작은 최초의 가장 원시적 석기 제작 작업이다. 그 특징은 사용이 가장 간단한 박편기술(剝片技術, 석편재거기술)이다. 즉 석편제거 이전에 석핵 상에 아무런 준비 없다. 석편제거 형상은 어떤 규칙이 없다[86]. Clark 그것을 석기기술형식(模式) Ⅰ로 설정하였다[87]. 올드바이지역 전형적 올드바이문화유형의 시기는 180만년~160만년 추정, 그 이후의 발전은 올드바이문화유형의 시기보다 조금 늦다. 그것은 초기 아쉴리안문화와 병행하여 장 기간 이루어 졌다. 후기 양자병행의 원인은 일부학자는 서로 다른 사람들의 문화산물로 보고 있다. 다만 일부학자들은 서로 다른 문화활동의 서로 다른 유형의 도구를 만드는 원인을 배제하지 말 것을 주장하고 있다.

초기아쉘리안문화는 올드바이지역에서 150만년전후에 출현되었다. 그 석기조합은 전양자와 현저한 차이를 나타내는 것은 주먹도끼(手斧)가 대량으로 출현, 아쉘리안 석기조합중 주먹도끼 비율은 50%에 도달. 주먹도끼(Handaxe)는 일종의 정형(定型)의 양면도구로서 그 가공기술은 순서(程序)와 일치, 필요한 가공은 개념형판(概念型板)에 의해서 조작완성된다. 이로인하여 주먹도끼 또는 아쉘리안 기술의 출현은 표지(標識)적 석기기술의 진보이다. Clark는 그것을 석기제작기술 모식 II(模式 2, Pattern 2)로 구분하였다. 모식 I에서부터 모식 II 까지의 발전은 초기인류자체 진화발전과정을 반영하여 준다. 올드바이유적에서는 모식 I 이 능인화석과 같이 공존, 능인은 올드바이문화의 주인공이라는 것이 비교적 확실한 사실이다. 아쉘리안 문화에 관해서는 일반적으로 직립인의 작품(產品)으로 인정되고 있다. 비록 올드바이에 완전히 긍정적으로 아쉘리안 문화와 공존된 직립원인은 없지만 동일시기 직립인은 이미 동아프리카 기타 지역에 출현하기 시작하였다.

(2) 최초 도구형태와 공능특징 및 그 의의

전형적 올드바이 석기는 인류최초제작과 사용된 석제도구이다. 이러한 기술 출현 동아프리카의 시기는 이미 250만년 전후로 거슬러 올라간다. 그때부처 시작하여 근 백만년의 시간속에서 아쉘리안석기가 출현하기 전까지 변화는 없다. 최초 석기형태와 공능에 관하여 1970~80년이후 Isaac 등 학자들이 많은 관심을 가졌다. 올드바이 석제품은 간단하게 4대 유형으로 나누어 지고 있다 : 석재, 돌마치, 석핵과 석편. 가공방법은 계속분류의 중요 근거로 결정, 예로 가장자리 가공(修理)의 석편, 여러 유형의 긁개로 계속 분리 ; 강자갈 또는 절단석에서 석편제거 시켜 찍개 제작, 돌마치와 주먹도끼는 다른 유형의 도구, 또는 석편만을 제거한 석핵 등이다. 종류의 분류는 비록 많지만 형태(形態)변이는 대단히 크다. 이것이 최초 석기제작의 특징이다[88].

올드바이 석기 제작의 특징은 당시 인류가 장악한 기술로 결정된다. 고고학연구에 근거하면 올드바이문화단계의 인류는 다만 행동하기 전에 생각하는 능력(전운산지력, 前運算智力)과 부분적으로 최초의 행동하는 생각(구체운산, 具體運算)의 능력만 갖추었다. 이로인하여 그들이 제작한 도구는 주로 석재의 성질 및 반성품(半成品) 형상의 영향을 받았다. 올드바이석기의 각 유형 사이에 결코 엄격한 제한(限界)은 없으며, 먼저(미리) 준비된(豫選設計) 유형도 없다. 더욱 주어진 재료의 형상에 의해서 제작되었다. 그러한 차이는 석기 석재의 영향을 받았다는 것이 뚜렷이 나타나 있다. 예를들어 아오모(奧莫) 분지의 초기 석기제작은 주로 소형 석영(石英)석재 사용, 이로 인하여 그곳은 주로 소형의 도구가 유행하였다. 올드바이 지역에서 주로 사용된 것은 대형의 용암(熔岩)제 석재이다. 당시 올드바이 석기제작은 대부분 대형도구이다.

올드바이 석기의 공능에 대하여 또한 근래 선사학자들의 중요연구 과제가 되었다. 석기사용의 실험연구, 특히 석제사용 흔적의 현미경관찰, 석기공능의 직접증거를 제시하여 주고 있다. 초기의 석기연구 가공된 석편과 석핵을 집중연구 보통석편에는 주의 하지 않았다. 근래의 가벼운 상처(微痕) 분석은 미 가공된 석편들이 많이 사용 흔적이 있는 것을 확인하였다. 원래 석핵은 다만 석편제거 흔적에만 관심이 있었다. 고비후라(庫比弗拉) 56점의 현미경 관찰에 의하면, 그중 9점이 표본에 뚜렷한 사용 흔적이 있으며, 그리고 그것들과 실험표본과 비교하여 본결과 3점은 나무를 긁거나(刮) 또는 톱질한 것과(鋸) 같이 사용하고, 4점은 고기(肉)을 자르는데 사용, 그 외 2점은 초목식물(草木植物)을 자르는데 사용하였다. 올드바이에서 석기사용에 대한 실험연구에 의하면 날이 예리한 석핵은 대형동물의 사지뼈를 해체할 때 사용, 동시에 미가공 석편도 사용하는 곳을 파악하였다. 실험작업에 의하면 석핵류도구는 뼈를 깨어 골수를 꺼내먹는데 사용, 또는 수직적으로 과일을 찍어내고 수렵시에 던지는 것으로도 사용 되었다[89].

초기인류가 석기제작과 사용의의는 결코 그들이 음식섭취로 생존할 려는 능력을 증가 시켰을 뿐만아니라 중요한 것은 석기제작과 도구사용 활동의 출현과 발전으로 인해서 인류자신체질과 심적능력을 가속 발전시켰다. 올드바이유형 석기의 제작과정에 대한 실험적관철과 통계분석에 의하면 당시 인류는 이미 비교적 고정적으로 오른손을 사용 석편제거, 이에 따르면 대뇌(大腦)의 여러부위의 기능 역시 분화(分化)된 것으로 추정되며, 모종형식의 언어교환도 가능한 것으로 보고 있다. 다른 한편, 도구사용, 초기 인류의 아래턱사용도 감소되었다. 도구사용 못하는 남방고원은 거칠은 아래턱사용, 강력하게 물거나 씹어서 음식을 먹었다. 그러나 초기 인속성원(人屬成員)은 도구사용으로 그들의 조상으로부터 물려받은 아래턱사용을 대신하게 되면서 뇌량이 증가되고, 진일보 자체 진화가 이루어 졌다.

(3) 초기인류의 생계와 행위특징

올드바이계곡에서의 발견은 최초인류의 석기를 제외하고 또한 많은 동물뼈편을 발견, 초기 인류의 활동유적 및 여러 유형의 유적을 확인하였다. 마리리키는 초기인류의 유적을 생활 한곳(營地), 도살장소(屠宰地), 쓰레기 버리는 곳(垃圾堆), 석기제작장소등으로 분류하였다. 초기연구 내용중 올드바이계곡의 FLK와 DK 등지점은 생활한 곳(營地)로 확인하였다. 근년에 실험고고학, 동물고고학, 매장학과 고환경등 여러 학문분야의 합작연구가 전개되면서 유적의 형성 및 초기 인류행위특징에 대한 새로운 사실이 깊이 있게 확인되고 있다. FLK지점의 매장학연구는 이 방면에 전전을 반영하여 주고 있다.

올드바이호반에 위치하고 있는 FLK지점에서 많은 석제품과 동물화석이 발견되면서 마리리키는 생화한 곳(營地)유적으로 분류하였다[90]. 근년래의 종합적연구는 이 지점의 동물뼈가 풍화부식이 심하며, 적어도 이 뼈들은 노출되어 5~10년이 경과된 것으로 확인되고 있다. 이 지점의 60.000여점의 뼈편중 대형포유동물은 주로 영양이며, 수십개 개체가 확인되었다. 골격의 부위에서 석기로 절단된 흔적이 확인, 이곳은 초기 인류가 동물을 해부, 고기를 먹은 것으로 추정되고 있다. 부분적인 동물뼈위에는 식육류들의 이빨흔적도 있으며, 인류가 이곳에 오기전후하여 이곳에서 동물들의 활동도 확인되었다. 대량의 소형동물의 골격존재, 인류 또는 대형 식육류의 활동과는 관계가 없다. 열대의 아프리카, 올드바이 옛 호반 삼림은 그늘이 필요한 인류와 각종동물들에게 시원한 곳과 생활에 적합한 장소가 되었다. 따라서 일부학자들은 이곳은 초기인류와 각종 동물이 공동생활한 장소로 추정하고, 단순한 인류의 생활장소만은 아니라고 보고 있다. 석제품은 이곳에서 인류가 미리준비, 저장하여 놓고, 습득한 동물뼈들은 이곳에 가져와서 먹은 것으로 보고 있다[91].

올드바이등 동아프리카 초기 인류유적의 새로운 연구가 제시한 것은 초기 인류가 확실하게 식육(食肉)활동을 한 점이다. 다만 현 단계로서 이러한 식육이 초기 인류스스로가 사냥성과에서 가져온 것인지의 여부는 확실하지 않다. 그러나 대형 식육류가 먹고남긴 것을 가져다 먹을 가능성은 있다. 따라서 학자들은 초기인류의 수렵능력의 계산에 비교적 큰 차이가 있다. 올드바이에서 초기 인류가 식육한 것은 확실하지만 자체초건의 한계 및 고등영장류와 비교하였을때 초기 인류는 아직은 채집생활에 의존하여 식물섭취가 가장 중요한 위치차지, 그러나 식물류의 유적(遺存)은 옛 지층내의 보존이 거의 불가능하다. 올드바이의 새로운 연구가 제시한 것은 초기인류활동과 행위특징은 실제적으로 우리들이 현재 인식한 것과 는 큰 차이을 보이고 있다. 다만 여러 가지 요인과 작용 그리고 그 영향을 깊이고려해서 초기인류의 생화레 대한 합리적 이해와 판단이 이루어져야 할 것이다.

(3) 서아시아와 동남아시아의 발견

아프리카이외에 초기홍적세 또는 더 이른 고 인류 및 그 문화유적의 발견지역은 중국을 제외하고 아프리카 인근의 서 아시아지역과 동남아시아 지역이다.

1. 서아시아

서아시아는 구대륙의 중심지역이다. 더욱 지중해 동안(東岸)의 Levant 지역, 이곳은 아시아, 아프리카와 유럽 3대 주(洲)를 연결하는 교통의 십자로(十字路)이다. 따라서 초기인류와 문화교류와 전파를 하는 가장 중요한 장소였다. 이곳 및 인근지구에 또한 초기인류고고학 집중 지역이 되어 장기적으로 여러 나라의 고고학들이 이곳에서 지속적인 발굴과 연구진행, 초기인류 및 그 문화 기원과 발전에 대단히 중요한 자료를 제공하여 주고 있다.

지중해의 긴 복도 같은 곳에 위치하고 있는 Ubeidiya 유적은 서아시아지역에서 가장 이른 시기의 구석기 유적의 한 곳이다. 그 곳은 3대주(三大洲)가 교차되는 곳에 위치하고 있어서, 이곳은 선사고고학자들이 초기인류가 아프리카에서 빠져나온 최초의 장소(第一站)로 보고 있다. Ubeidiya 는 이스라엘 경내의 요르단강계곡으로 한 곳의 고대호반(湖畔)유적이다. 1960년대에 발견, 장기간의 발굴과 연구가 진행되었다[92]. Ubidiya 의 퇴적층은 두텁고, 문화유물이 풍부하다. 이것은 초기 인류가 비교적 장기간의 활동한 산물(產物)이다. 그 포유동물의 시대특징에 근거, 고지자연구등에 의하면 그 시기는 지금부터 140만년~100만년이 된다. Dmanisi 구석기와 다른 것은 Ubeidiya의 석제품은 2 종기술(兩種技術)전통을 나타내 주고 있다. 시대가 가장 이른 층위(K/Ⅲ-12, Ⅱ-23, Ⅲ-20-22)의 문화 특징은 Dmanisi 와 일치하다. 석제품 종류는 석핵, 찍개, 돌마치 및 석편등 이다. 그러나 늦은 Ⅱ-25에서 Ⅲ-34층은 대단히 두터운 퇴적층에서 주먹도끼등 아쉴리안 전통의 특징이 현저하여 발전된 올드바이 또는 아쉴리안 문화로 보고 있다.

근래, 서아시아지역에서 또한 시대가 더욱 이른 초기인류와 구석기문화유적이 발견되었다. 새로 발견된 곳은 지중해 동북방향 유라시아대륙 경계선의 Dmanisi 유적이다. 이곳은 거누지아(格魯吉亞)수도 티비리스(第比利斯)부근의 초기인류와 문화유적이다. 1980년대 초기인류의 아래턱화석과 석제품이 발견되었다. 그것과 동반된 동물화석군의 성질 및 밑층의 화산용암의 kalium

에 대한 수치는 지금부터 180만년, 따라서 Dmanisi 발견은 지속적으로 학계의 많은 관심을 부여하고 있다[93]. 최근 이곳에서 또한 인류두개골화석 및 새로운 문화유물이 발견되었다. Dmanisi 와 가까운 아프리카는 그 인류화석과 문화유물의 시대가 아프리카 최초의 직립인과 접근되고 있다. 이곳에서 발견된 석제품의 수량은 많지 않다. 그것은 석핵-찍개 전통이다. 그것들은 석핵, 석편, 찍개등이 포함되었으며 가공된 석편은 긁개 유형이다.

2. 동남아시아의 발견

동남아시아의 양호한 자연조건은 인류화석과 현생근친(現生近親)의 번식과 생존에 적합하였다. 인류친연관계(人類親緣關係)와 연관된 4종(種)의 현생대원(大猿) 그 중에 생생이(猩猩)와 긴 어깨원(長臂猿)등이 여전히 이 지역에서 생존하고 있다. 이 지역에서 많은 고등영장류화석이 발견되었다. 따라서 이곳은 고인류학자의 관심과 인류기원과 관계를 탐색하는 중요한 지역이 되고 있다. 19세기말 홀랜드 젊은 군의사 Debois가 이곳에와서 인류의 조상을 찾았다. 그는 유명한 자바원인의 화석을 발견하였다. 정확이 1세기(100년)가 지났다. 현재 구 대륙 여러 곳에서, 더욱 아프리카에서 많은 초기인류화석과 문화의 자료가 발견되었다. 다만 동남아시아지역 초기인류와 관계된 발견은 초기인류기원과 진화발전연구에 있어서 가장 중요한 것 중의 하나이다.

자바원인의 화석내에 초기 홍적세 지층에서 출토 된 것이 있는데 최근의 절대년대측정은 지금부터 180만년으로 산출, 다만 유감스러운 것은 지금까지 초기인류화석과 공존된 문화유물은 찾지 못하였다. 일찍이 보도된 구석기시대초기의 석기는 예로 자바의 Bacitan, 마라시아의 Tampan등, 그러나 연구결과 그것들은 후기홍적세 이후의 것으로 알려졌다[94]. 현재까지 구석기시대 초기, 특히 초기홍적세 단계의 구석기문화유적은 대단히 제한되어 있다. 비교적 믿을 수 있는 초기 홍적세 석제품은 Pope 등이 태국북부의 Meatha 지점에서 발견한 것이다. 이곳에서 소량의 강자갈 석기가 발견되었다. 석기지점의 분포와 매장조건은 중국남쪽에 광범위하게 분포된 강자갈석기와 접근된다[95]. 석제품의 형체(形體)는 거칠고 크며, 가공이 간단하고, 대부분 단면가공등 중국남쪽의 석기와 대단히 유사하다. 고자기의 년대측정은 석기가 초기 홍적세 말기에 해당된다. 비록 자료가 빈약하지만 중국남쪽 구석기시대문화와 연계가 되어있는 것은 분명하다.

〈주〉

1) Williqms, M. A. J. 等, 劉東生等編譯, 1977. 第4紀環境. 北京 : 科學出版社
2) 中國科學院〈中國自然地理〉編輯委員會, 1984. 中國自然地理: 古地理, 北京:科學出版社.
3) 中國自然地理編寫組. 1985, 中國自然地理. 北京: 高等教育出版社
4) 夏正楷, 1997. 第4紀環境學. 北京: 北京大學出版社
5) Klein, R. G. 1989. The Human Career, Chicago, University of Chicago Press
6) 祁國琴. 1989, 中國北方第4紀哺乳動物兼論原始人類生活環境. 中國遠古人類. 北京:科學出版社
7) 王幼平, 1997. 更新世環境與中國南方舊石器文化發展, 北京: 北京大學出版社
8) 祁國琴. 1985. 祿豊高猿化石地點地層概述. 人類學學報, 4(1):55-69
9) 吳汝康等, 1989. 中國遠古人類的化石近親. 中國遠古人類, 北京:科學出版社
10) 吳汝康等. 1986. 祿豊西瓦古猿與臘瑪古猿的關係及其系統地位. 人類學學報, 5(1): 1-30
11) 吳新智. 1999. 20世紀的中國人類古生物學研究與展望. 人類學學報, 18(3): 165～175
12) 和志强. 1977. 元謀古猿. 昆明: 云南科技出版社
13) 裴文中. 1965. 柳城巨猿洞的發掘和廣西其他山洞的探査. 中國科學院古脊椎動物與古人類研究所甲種專刊(7)
14) 張銀運. 1989. 布氏巨猿. 中國遠古人類. 北京:科學出版社
15) 周國興等. 1094. 元謀人. 昆明:云南人民出版社
16) 錢方. 1985. 關於元謀人的地質時代問題-與柳東生等同志商權. 人類學學報, 4(4):324～332
17) 柳東生, 丁夢林. 1983. 關於元謀人化石地質時代的討論. 人類學學報, 2(1):40～48
18) 黃万波, 方其仁. 1991. 巫山猿人遺址. 北京:海洋出版社
19) 金昌柱等. 2000. 安徽繁昌早更新世人字洞古人類遺址及其哺乳動物群. 人類學學報. 19(3): 184～198
20) 李天元等. 2001. 鄖縣人. 武漢:湖北科學技術出版社
21) 孫建中等. 1991. 黃土高原第4紀. 北京:科學出版社
載爾儉. 1966. 陝西藍田公王嶺及其附近的舊石器. 古脊椎動物與古人類, 10(1):30～32
載爾儉等. 1964. 陝西藍田發現之舊石器. 古脊椎動物與古人類, 8(20:152～156
22) 安芷生等. 1990. 藍田人的磁性地層年齡. 人類學學報, 9(1):1～7
23) 賈蘭坡, 王建. 1978. 西侯度-山西更新世早期古文化遺址. 北京:文物出版社
24) 張森水. 1998. 關於西侯度問題. 人類學學報, 17(2):81～93
25) 河北省文物研究所. 1990. 馬圈溝舊石器時代早期遺址發掘報告. 河北省考古文集. 北京:東方出版社
26) 衛奇. 1997. 泥河灣盆地考古地質學框架. 演化的實證: 記念楊鍾鍵教授百年誕辰論文集.

北京：海洋出版社
27) 〔25〕와 동일
28) 衛奇. 1994. 泥河灣盆地半山早更新世舊石器遺址初探. 人類學學報. 13(3)
29) 衛奇等. 1985. 泥河灣層中新發現的一處舊石器地點. 人類學學報, 4(3)：223~232
30) 旭玉柱등. 1980. 泥河灣組舊石器的發現. 中國第4紀研究. (5)
31) 謝飛等. 1993. 岑家灣舊石器時代早期文化遺物及地點性質的研究. 人類學學 報, 12(3):224~234
32) 衛奇. 1991. 泥河灣盆地舊石器遺址地質序列. 參加第13屆國際第4紀大會會議論文集. 北京:北京科學技術出版社
33) 〔3〕과 동일, 96쪽
34) 黃慰文. 2000. 中國舊石器文化序列的地層學基礎, 人類學學報, 19(4)：269~283
35) 王幼平. 2000. 舊石器時代考古. 北京：文物出版社
36) 〔18〕과 동일
37) 吳新智. 2000. 巫山龍骨坡似人下頜屬猿類. 人類學學報, 19(4)：1~10
38) 〔15〕와 동일
39) 吳汝康. 1966. 陝西藍田發現的猿人頭骨化石. 古脊椎動物與古人類. 10(1)
40) 〔20〕과 동일
41) 張銀運. 1997. 智人與直立人竝存:中國的化石證據與年代證據. 演化的實證：紀念楊鍾鍵教授百年誕辰論文集. 北京:海洋出版社
42) 文本亨. 1978. 云南元謀盆地發現的舊石器. 古人類論文集. 126~135, 北京：科學出版社
43) 〔18〕과 동일
44) 侯亞梅等. 1999. 龍骨坡遺址1997年新發現的石製品. 龍骨坡史前文化誌, 1(1)：69~80
45) 吳新智等. 1966. 陝西藍田公王嶺猿人地點1965年發掘報告. 古脊椎動物與古人類, 10(1):23~29
46) 張森水. 1989. 中國北方舊石器時代早期文化. 中國遠古人類. 北京:科學出版社
47) 李炎賢等. 1998. 郧縣人遺址發現的石製品. 人類學學報, 17(2)：94~120
48) 〔20〕과 동일
49) 中美泥河灣考古隊. 1998. 飛梁遺址發掘報告. 河北省考古文集. 北京：東方出版社
50) 〔26〕과 동일
51) 〔25〕와 동일
52) 〔35〕와 동일
53) 陳淳等. 1999. 河北陽原小長梁遺址1998年發掘報告. 人類學學報. 18(3)
54) 陳淳等. 2002. 小長梁石器工業研究. 人類學學報, 21(1)：23~43
55) 〔49〕와 동일
56) 衛奇. 1985. 東谷坨舊石器初步觀察. 人類學學報, 4(4)：289~300
57) 侯亞梅等. 1999. 泥河灣盆地東谷坨遺址再發掘. 第4紀研究, (2)：139~147
58) 侯亞梅. 2003. "東谷坨石核"類型的命名與初步研究. 人類學學報, 22(4)：279~292
59) 憑興无等. 1998. 泥河灣盆地霍家地發現的舊石器. 人類學學報, 17 (4)：310~316
60) 〔23〕과 동일
61) 〔24〕와 동일
62) 張森水等. 2000. 繁昌人字洞舊石器遺址1998年發現的人工製品. 人類學學報, 19 (3)：169~183
63) 衛奇. 2000. 〈西候度〉石器之淺見. 人類學學報, 18(2)：85~95

64) 謝飛等. 1994. 岑家灣遺址1986年出土石制品的併合研究. 文物季刊, (3): 86~102
65) 〔49〕와 동일
66) 〔49〕와 동일
67) 〔31〕과 동일
68) 〔35〕와 동일
69) 〔25〕와 동일
70) 〔53〕과 동일
71) 賈蘭坡. 1978. 中國大陸的遠古居民. 天津: 天津人民出版社
72) 〔53〕과 동일
73) 吳汝康. 1989. 古人類學. 北京:文物出版社
74) Klein, R.G. 1989. The human career. Chicago: University of Chicago Press
75) White, T〉D〉 et al. 1994. Australopithithecus, a new species of early hominid from Aramis. Ethiopia. Nature 371: 306-312
76) Leakey, M.G., et al. 1998. New specimens and confirmation of an early age for Australopithecus ananmensis, Nature 363: 62-66
77) 劉武. 2004. 尋拔人類祖先的足跡. 大自然, (1): 5~10
78) 〔77〕과 동일
79) 〔74〕와 동일
80) 〔73〕과 동일
81) 〔74〕와 동일
82) 〔74〕와 동일
83) 劉武等. 2002. 非洲和中國直立人某些顱骨特徵的比較:中國與非洲人類頭骨特徵對比之一. 人類學學報, 21(4): 255~267
84) Wymer, J.J. 1982. The palaeolithic age. New York: ST. Martin's Press
85) Semaw S. 2000. The world's oldest stone artefacts from Gona. Ethiopia: Their implication for understanding stone technology and patterns of human evolution between 2.6~1.5 million years ago. Journal of Archeological science, 27: 1197~1214
86) Leakey, M.D. 1971. Oldwai Gorge: excavation in Beds 1 and 2, 1961~1963. Cambridge : Cambridge University Press
87) Clark, G. 1969. World prehistory: in New Perspective. Cambridge: Cambridge University Press
88) 〔74〕와 동일
89) 〔74〕와 동일
90) 〔86〕과 동일
91) 〔74〕와 동일
92) Bar-Yosef O, Coren-Inbar N. 1993. The lithic assemblages of Ueidiya: a lower palaeolithic site in the Jorden Valley. Jerusalem: The Hebrew University of Jerusalem
93) Bar-Yosef O. 1994. The lower palaeolithic of the Near East. Journal of world Prehistory, 8(3): 211~266
94) 王幼平. 1997. 中國與東南亞舊石器工業的比較. 考古學研究(3). 北京: 科學출판사
95) Pope, G.G., et al. 1986. Earlist raddiometrically dated artifacts from Southest Asia. Current anthropology 27: 275~279

제2장 중기 홍적세의 발전

1. 년대와 환경

(1) 년대 설정

지금부터 78만년에서 시작하여 12.8만년 까지가 홍적세 중기이다. 이 시기에 해당되는 고인류화석과 문화유물은 많이 발견되었으며, 분포범위도 남쪽에서 북쪽으로 대단히 많은 지역이다. 중국경내의 초기인류 및 그 문화의 발전은 대단히 번성된 시기이다.

대략 110만년에서부터 60만년까지 사이에 발생된 곤륜(昆侖)-황하(黃河) 구조운동(構造運動)은 청장고원(青藏高原)의 융기로 해발 3000 m 높이까지 동토대(氷凍圈)로 진입시켰다. 이 결과로 아시아 계절풍 환유(環流)의 거대한 변화를 야기 시켰으며 전 지구성 기후파동의 빈번한 전환에 영향을주어 10만년 단위로 냉기(冷期, 빙하기), 온대기(暖期)로 교체순환 시켰다. 중기 홍적세이후 건조기(旱化)의 가세로 황토고원(黃土高原) 형성은 그 것(냉, 온기변화)과 직접 관계되어 있다. 이러한 거대한 변화는 중국경내에서 생활하는 초기인류에게 대단한 영향을 주었다[1].

근래에 중국의 황토(黃土) 연구에 대단히 발전이 있다. 황토연구는 초기인류의 생존환경과 년대에 새로운 근거(확증)를 제시하여 주고 있다. 전통적 인식으로는 북쪽(北方) 지역의 중기 홍적세의 전형적 퇴적은 이석황토(離石黃土)로 되어 있다. 이석황토의 분포면적은 크며, 두께도 크고, 황토고원을 구성하는 주된 기초가 되었다. 이석황토는 직접 오성(午城) 황토위를 덮고, 때로는 여러 시기의 기타 암반층위를 덮고있으며, 정상부는 마란(馬蘭) 황토가 덮혀 있거나 직접 표토에 노출되었다. 낙천지구(洛川地區) 이석황토는 두께가 80 m 이다. 중간에 10여 층의 고토양(古土壤)의 조대(條帶)가 삽입, 황토와 고토양층사이의 분포정항을 형성하고 있다. 근래의 홍토지층에 대한 년대학(年代學) 연구에 의하면, 이석황토퇴적의 하한(下限, 끝연대)은 120만년 정도, 즉 L15와 S15의 경계지점; 상한(上限, 시작연대)는 S1의 정상이다. 현재 일반적으로 L8의 아래층 경계하부의 B/M 분계선(分界線)은 중기홍적세하한, 절대연대는 지금부터 78만년; 상한은 S1의 바닥경계로 지금부터 12.8만년〔2-4〕[2)3)4)] (도2-1) 아다.

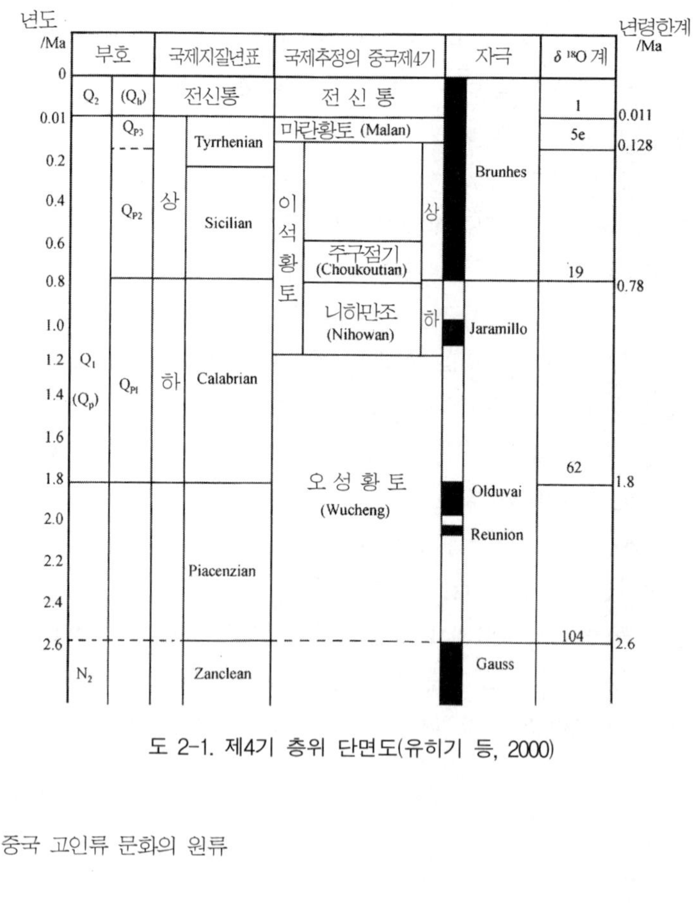

도 2-1. 제4기 층위 단면도(유히기 등, 2000)

(2) 환경배경

기후의 냉·온 변화에 따라서 히말리야산과 청장고원융기지역은 환경의 변화를 가져왔으며, 중기홍적세 이후에 이르러서는 중국 남쪽·북쪽 저연환경은 크게 구분되었다. 남쪽(南方)의 대부분지역은 위도(緯度), 지형(地形) 등 인수의 작요에 따라서 비교적 온난한 아열대 환경이 계속유지 되었다. 다만 북쪽(北方) 지구는 특히 북쪽의 북부(北部)는 주로 온대 환경 이었다.

중기 홍적세 북방지구 면적이 최대로 큰 퇴적은 이석황토이다. 일반적으로 이석황토는 상.하 두 부분으로 나누어져 있다. 상기한 고자기극성(極性)의 변화(轉變)은 중기홍적세의 한계(界限)가 되어 이석황토하부의 대부분은 L8의 중간으로부터 L15 바닥경계까지 내려간다. 이것은 초기 홍적세에 속한다. 더 자세한 내용은 본문의 범위를 넘어서서 취급하지 않겠다. 이석황토하부의 색깔은 비교적 붉은 색이며, 경질, 10여 층의 매장 토양 및 칼시움결핵(calcium 結核) 포함되어 있다. 상부의 색깔은 종활색(棕黃色), 5-6층 매장토 포함. 그 내에 정씨두더지(丁氏鼢鼠), 조씨두더지(趙氏鼢鼠)와 아씨두더지(阿氏鼢鼠) 및 사슴(腫骨鹿) 등의 화석이 있었다. 단면상의 꽃가루(孢粉)는 당시 기후가 건조한 환경이나 상당한 습도가 있었다는 것을 나타내어 주고 있다. 이때 호수는 감소되고, 황토퇴적외에 하류상(河流相) 또는 동굴퇴적은 전형적이다. 예로 중국 주구점(周口店) 제1지점의 동굴퇴적이다[5].

남쪽(南方)의 중기홍적세는 그 망문(網紋) 홍토(紅土 latelite) 이다. 분포는 양자강(揚子江 또는 長江) 중류, 하류, 남경(南京) 부근에 비교적 잘 노출되어 있다. 색깔은 종홍색(棕紅色) 비교적 많은 가루의 점토(粘土)가 섞여있다. 때로 콩알같은(豆粒狀)의 철망간결핵(ferrum mangkanum 結核) 도 있다. 상부는 종홍색 점토, 거기에 회백색 그물무늬가 있다. 중부는 그물무늬 점토층, 암성은 홍색점토, 쇄석(碎石) 및 고운모래(粉砂), 점토내에는 2 cm의 거칠은 그물문, 저부는 자갈층이다. 일반적으로 그물문 홍토는 간빙기(間

氷期)(혹은 온난기)의 습하고 더운 기후의 풍화, 세척된(淋濱)과 물로 퇴적된(淀積) 것으로 온난 습윤환경의 산물(產物)이다. 남방중기 홍적세 고 환경은 비록 기후의 냉.온 변화의 영향을 받았지만 대부분 지구의 자연환경의 온난.습윤 위주로 되어 있었다. 각 지구에서 발견된 동물화석은 큰곰-동방검치상(大熊猫-東方劍齒象) 동물군의 전형적 성원(成員)이다. 다 동물군은 아열대 환경하에서 생존하였다. 그 주체 부분은 홍적세 기간의 연속에서 이 지구 환경변화의 범위(幅度)가 그리 크지 않고 주로 온난.습윤의 아열대 삼림환경이 였음을 번영하여 주었다[6].

이때 환경이 초기 홍적세와 다른 점은 구역성 특징이 증가되었기 때문이다. 남.북 양대구역의 현저한 차이 외에 양대 구역 내의 여러 아 지역(亞區) 역시 이때 형성되었다. 북방 지구는 주로 위도(緯度)인수의 영향에 따라서 남북 양 지구에 아지역(亞區)이 형성되었다. 북부는 주로 온대 초원 환경이다 ; 남부의 환경은 남방지구와 비교적 접근되어 있고, 온대와 아 열대사이의 과도 유형이 되었다. 남방지구는 주로 지형(地形) 인수(因系)의 영향으로 동부의 평원, 구릉(丘陵)과 서부 해발이 비교적 높은 고원과 산지역(山區) 등이 분리되어 형성되었다. 이러한 정항(情況)은 중기 홍적세 인류와 구석기문화 분포와 발전에 영향을 주었다[7].

2. 중국북방(中國北方)

(1) 북방북부(北方北部)

북방지구의 북부는 주로 북경지구, 하북(河北), 삼서양성북부(山西兩省北部), 내 몽고의 동남부와 요녕(遼寧)의 중남부(中南部)가 포함되고 있다. 이곳에서 이미 발견된 중요 유적은 주구점북경원인(周口店北京猿人)유적, 요녕 대석교 금우산(大石橋金牛山), 본계 묘후산(本溪廟后山)과 내몽고 후와호트(呼和浩特) 동쪽교외의 대요사도구(大窯四道溝) 등 이다.

1. 유적의 분포

중기 홍적세 북방북부(北方北部)의 유적은 2종류 : 하나는 같은 지구 초기 홍적세의 노천(露天, 야외) 유적, 주로 니히만분지에서 발견 ; 다른 하나는 황토고원(黃土高原)의 북쪽가장자리의 야외 유적이다. 본 지구(本地區) 초기 홍적세의 야외유적과 비교하면, 이 단계 하나로 특색있는 동굴(洞穴, cave site) 유적 출현, 이것은 북방지구 북부의 중기 홍적세 기간의 초기 인류 활동 중심지가 되었다[8].

(1) 동굴 유적

주구점(周口店)

대표적인 발견은 북경 방산(房山)의 주구점 제1지점 동굴퇴적이다. 주구점은 화북(華北) 평원 서북 모서리(角)와 산지역(山區) 경계지구에 위치. 서북쪽은 북경서산(北京西山)에 의지되고, 동남방향은 화북평원(平原) 이다. 주구점 제1지점의 문화퇴적층에 의하면 초기 인류는 이 동굴 사용 및 그 부근의 활동이 지속적으로 장 기간 이루어 졌다. 잔류된 30 m 이상 두께의 문화퇴적층은 위로부터 아래로 13층으로 나누워 진다[9]. 유적의 절대년대는 이미 우라니움(鈾系), 열변경적(裂變徑迹), 고자기측정등 종합연구가 실시되었다. 우라니움측정은 북경원인유적 제1층~3층까지는 20만년~30만년 사이 이다. 제6~7층은 35만년~36만년이전, 제8~9층은 40만년 전, 제12층은 50만년 전이다. 고자기연구결과는 제13층은 늦어도 70만년이다. 여러 가지 측정 년대결과를 종합하면 초기인류 사용의 주구점 제1지점의 제1단계는 지금부터 50~40만년, 제2단계는 40~20만년, 제3단계는 30~20만년이다[10]. 근래 또한 새로운 년대측정은 그 결과가 대체적으로 상기한 년대의 범위이다[11] (도판4 ; 도2-2).

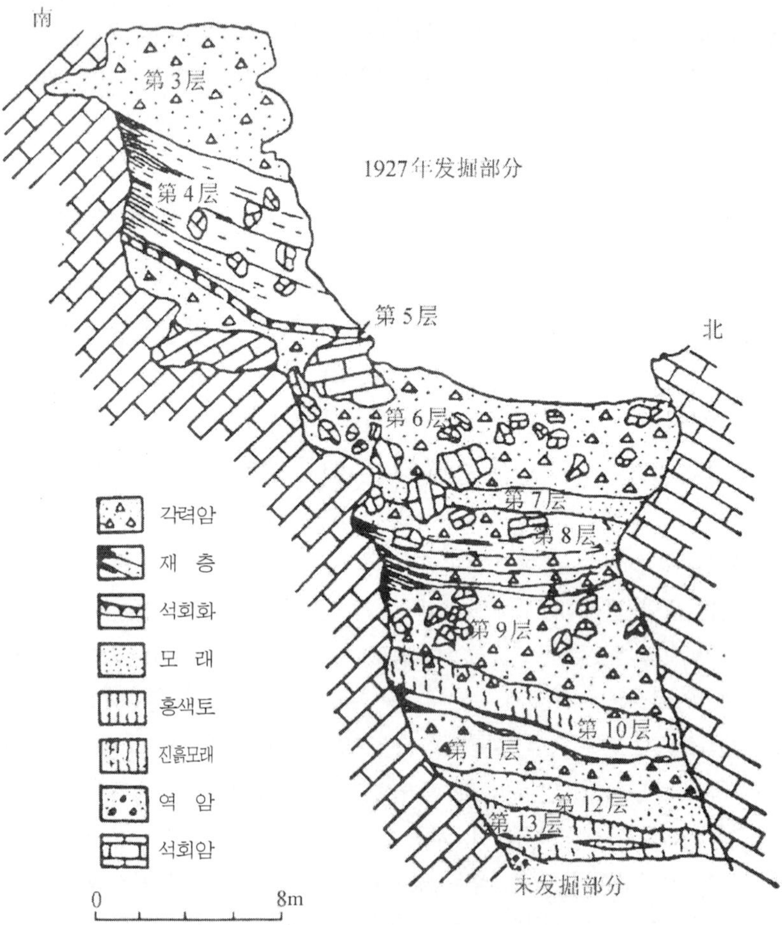

도 2-2. 북경원인유적 층위단면도(가한파 등, 1959)

제1지점의 동굴 퇴적 내 에는 많은 동물화석이 발견, 90여종의 포유동물화석이다. 그 중 검치호(劍齒虎), 삼문말(三門馬) 등은 상신세(上新世) 잔존 종 또는 홍적세초기의 동물이다 ; 큰뿔사슴(腫骨鹿), 중국하이에나(中國鼠狗), 동굴곰(洞熊) 등은 중기 홍적세 특유의 동물이다. 그 내에는 1/3 이상이 현생종 이다. 이 동물군은 지속적으로 화북지구 중기 홍적세 전형 동물군으로 인정되어 왔다. 상기한 대표적 3개의 서로 다른 발전단계의 퇴적중 발견된 동물화석은 결코 완전히 일치하지 않다. 제1층에서 3층까지 상부 퇴적층내에는 붉은 사슴(赤鹿), 최후하이에나등 화북 후기 홍적세의 흔한 동물종으로 그 시대가 중기 홍적세 후기 속함을 설명하여 주고 있다. 제1단계 하부 퇴적층으로 대표 되는 편각큰뿔사슴(偏角腫骨鹿)은 중기 홍적세 초기의 전형적 동물이다. 왜냐하면 그 하부 퇴적의 시대는 당현히 중기홍적세 초기에 속한다. 제2단계에 속하는 제2단계의 퇴적층중 가장 많은 동물종은 큰뿔사슴(腫骨鹿), 중국하이에나 이며, 이것들은 모두 화북 중기 홍적세 중기의 전형적 동물이다. 그 시기는 중기 홍적세 중기에 속한다. 동물화석은 시대 특징과 절대 년대 측정 결과와 대체적으로 일치하다[12].

풍부한 포유동물 화석은 유적의 시기(년대)를 설명할 뿐만아니라 또한 초기 인류 생존 환경 방면의 자료를 제공하여 준다. 예를 들어 건냉(乾冷)의 단계, 추운 곳을 좋아하는 동물로서 이리(狼獾), 동굴곰, 편각큰뿔사슴(偏角大角鹿), 털코뿔소, 안씨타조와 큰낙타(巨副駝) 등 동물화석이 비교적 많이 발견되었다. 습온(濕暖)단계, 더운기후(喜暖喜水)의 동물은 대나무쥐(竹鼠), 마카카(硬獼猴), 물소(水牛), 멧돼지(無頸鬃豪猪), 메르키하이에나(梅氏犀), 거씨하리(居氏河狸), 물개(水獺)동물 등이다. 꽃가루, 광물, 각력(角礫)등 연구를 종합하면 초기 인류가 주구점부근에 생존한 것은 수십만년이며, 기후와 자연환경은 냉. 난. 견습의 변화를 경과하였다. 이러한 변화는 당시 인류생활에 영향을 주어 주구점 석기제작에도 변화를 발생시키는 원인의 하나가 되었다.

금우산(金牛山)

주구점유적과 대체적으로 같은 지리위도(地理緯度)에 있으며, 퇴적상항 역시 금우산(金牛山)유적과 접근되고 있다. 금우산은 요녕(遼寧) 대석교시(大石橋 市) 서남방향으로 8 km 지점에 위치, 그 곳은 영안향서전둔촌(永安鄉西田屯村)서쪽으로 하나의 고립된 낮은 언덕(小山丘)이다. 이 산의 해발고도는 70 m. 1974년 문물(文物)조사시 소산(小山)의 동남쪽 언덕에서 발견된 A지점 동굴유적이다. 그 해부터 여러차례 발굴이 실시되었다. 그 중 가장 중요한 것은 1984년 가을에 발견된 금우산인화석(金牛山人化石)이다. 이 유적에서 인류활동 상항 및 석제품과 불사용(用火)유적이 발견되었다. A지점을 제외하고, 금우산유적은 B. C. D. E 와 F 등 지점으로 구분되고 있다. 그 중 C지점이 대단히 중요, 2개의 문화층이 포함. 그 아래층의 성격은 A지점의 인류화석층에 해당, 일반적으로 그 것들을 모두 금우산문화(金牛山文化)라고 칭한다. 기타 지점은 다만 동물화석만 발견되었다[13].

금우산 A지점의 동굴유적, 퇴적상항이 주구점 제1지점과 유사하다. 전체 퇴적을 상. 하 2조(上下兩組)로 나누어지며 제4층이 경계 층이다. 상조 지층은 종갈(棕褐), 종황색 점토질의 고운 모래와 동굴각역(角櫟)으로 조성, 출토된 동물화석은 붉은 사슴(赤鹿), 휘인뿔영양(摟角羚), 동굴곰 등이다. 퇴적물의 성격은 화북지구(華北地區) 마란황토(馬蘭黃土)와 비교된다. 동물화석역시 마란황토내에 흔한 종류이다. 우라니움 측정년대(鈾系法)는 16만년~20만년 이다. 하조 층위는 경질의 동굴각역(角礫), 종홍색(棕紅色) 사질점토, 고운모래와 큰 각력(角礫)으로 조성되었다. 출토된 화석은 사포씨발쥐(似布氏田鼠), 큰하리(大河狸), 여우, 변종이리, 붉은 곰, 너구리, 최후검치호, 메르키코뿔소, 이씨멧돼지(李氏野猪), 큰뿔사슴과 마카카원숭이등이다. 퇴적물의 성격은 주구점 북공원인의 동굴퇴적과 비교된다. 동물군은 역시 큰뿔사슴-북경 원인 동물군의 성원(成員)에 속한다. 우라니움 측정년대는 20만년~31만년이다. 인류화석 층위는 28만년전후, 대체적으로 후기의 북경원인과 동일 시기이다(도2-3).

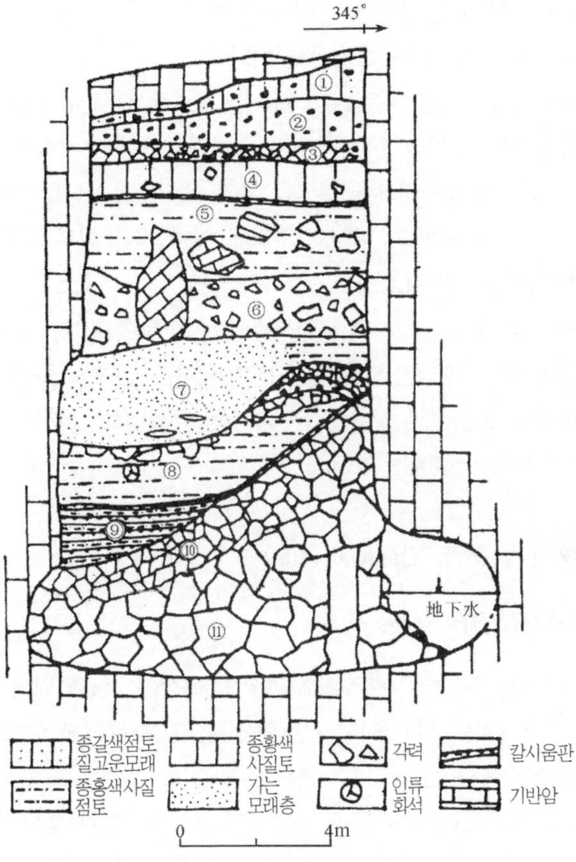

도 2-3. 금우산유적층위단면도(여준악, 1996)

묘후산(廟后山)

묘후산유적은 요녕 본계현 산성자향 산성자초(本溪縣山城子鄉山城子村) 동쪽에 있는 묘후산 남쪽 언덕에 위치하고 있는 하나의 동굴(洞穴) 유적이다. 유적 앞에는 탕하강(湯河)이 흐르며, 현재 탕하강의 하상에서 60 m 정도높이에 있으며, 탕하강은 3급계지(三級階地)에 해당된다. 1978년 발견, 같은 해 및 1979, 1980년 발굴 실시. 이 유적은 중국에서 지금까지 발견된 가장 동북(最東北)의 구석기시대 초기 유적이다[14].

동굴퇴적은 상.하 두 부분으로 나누어 진다. 상부시대는 후기 홍적세, 소량의 석제품 출토, 구석기시대 후기에 속한다. 그 중 석제품은 갈황색 사질 점토에서 출토, 이 층위의 동물화석은 우라니움 측정 년대가 10만년~20만년 사이 이다. 이 시기는 중기 홍적세 후기에 해당된다. 하부 퇴적층 출토 화석은 삼문말(三門馬), 메씨코뿔소(梅氏犀), 큰뿔사슴, 물소, 이씨멧돼지(李氏野猪), 중국하이에나, 변종이리, 양씨호랑이(楊氏虎), 마카카(碩獼猴) 등으로 주구점 동물군의 기본성원(成員)이다. 그 시기는 당연히 주구점동물군과 일치하다. 주구점 동물군과 같은 것은 명백한 동북(東北) 특색이며, 남방동물군의 전형종류(典型種類)는 없다.

(2) 야외유적(露天, Open air site)

나하만분지(泥河灣盆地)

니하만분지에서 근년래 본단계(本段階)의 유적이 발견되었다. 그러나 아직 자세한 보고가 없다. 다만 이미 보도된 마량(馬梁) 유적에 의하면 중기 홍적세에 니하만분지에서 초기 인류가 활동하였다[15].

마량유적은 니하만분지의 동쪽 가장자리에 위치, 초기 홍적세 유적군의 부근에 있다. 서쪽으로 동곡타(東谷坨) 유적 거리는 500 m 정도이다. 문화층의 최대 두께 0.6 m, 작은 강자갈 모래와 고운 모래층이다. 문화층위의 니하만층 두께는 11 m, 다시 그 위에 10 m 두께의 황토퇴적이 있다. 문화층아래의 홍갈색 고운 모래와 모래자갈층 역시 10 m 정도 두께, 이것은 소도구조(小渡口組)의 하부(下部)이다. 부근의 지층과 비교 그리고 고자기연구결과에 의하면 마량문화층 형성시기는 포용정극성(佈容正極性)의 초기로서 절대년대는 적어도 78만년 전이다. 발견된 동물화석은 고능치상(古菱齒象), 말(馬), 털코뿔소(坡毛犀) 등이다. 문화층의 연속성에 의하면, 이 유적의 면적은 대단히 크며, 그 직경은 적어도 500 m 정도이다. 발견된 석제품은 주로 흑색의 수석재(燧石材, Flint)를 가공, 당지(當地) 초기 홍적세 유적의 석기석재와 다르다.

니하만분지 서쪽 가장자리에 중기 홍적세의 구석기시대 유적 발견, 위치는 대동(大同) 서쪽교외의 청자요(青瓷窯)이다. 문화유물은 십리하(十里河) 좌안(左岸)의 2급계지 뒷면 가장자리의 회황색과 회록색의 고운 모래층에서 발견되었다[16]. 십리하 2급계지는 기반계지(基座階地)와 연계, 계지의 충적물(沖積物)에는 호반(湖畔) 침적층이 포함되어 있다. 이 계지 형성시에 니한만 옛호수(古湖)는 존재하고 있었다. 당시 사람들은 강안과 호반상에 생활하였다. 현재 이 지역에서 이미 삼가촌(三家村)과 와사구(瓦渣溝) 등 2개 지점이 확인되었다. 풍부한 석제품외에 포유동물화석도 발견되었다. 털코뿔소, 삼문말, 영양과 휘인뿔양(摟角羊) 등이다. 동물화석과 지층에 따르면, 청자와유적은 중기 홍적세에 해당, 중기홍적세 비교적 늦은 시기이다.

대요 사도구(大窯四道溝)

대요사도구유적은 내몽고 호화호특(呼和浩特) 동쪽 교외 대요촌(大窯村) 남쪽의 토기산(兎爾山) 서쪽언덕의 사도구(四道溝) 중간에 위치하고 있다. 지층의 매장상태에 따르면 한 곳의 계지(階地) 또는 언덕이 겹쳐 쌓여진 곳(坡積裙堆積)이다. 지층은 위에서 아래로 7층으로 나누어 졌다. 회갈색 고운 모래 표토층에서 석제품이 발견되었다. 그 밑의 회황색 모래층 두께는 3~9 m, 그 사이에 모래자갈층 또는 엷은 층이 개입되었으며, 석제품과 동물화석이 발견되었다. 제3층에도 석제품이 대량 확인되고, 그 상부는 회록색 고운 모래, 하부는 종황색 아 점토, 하부는 붉은 색 모래 자갈삽입, 대량 석제품 출토, 동시에 큰뿔사슴화석 발견, 두께 6 m. 그 밑에 유홍색(棕紅色) 점토, 자홍색(紫紅色) 편상(塊狀)의 점토와 유황색 고운 사질점토등, 유물없다[17].

사도구유적 여러 층위의 석제품은 시기적으로 초기와 후기의 차이가 있다. 그러나 제4층에서는 중기 홍적세에 흔한 큰뿔사슴화석발견, 그 외 층의 열광석년대(熱釋光年代)측정은 지금부터 30만년 정도이다. 이 층의 년대는 중기 홍적세후기 보다 늦지 않다.

(3) 소결(小結)

상기한 내용에 따르면, 중기 홍적세이후, 나하만분지는 여전히 초기 인류 활동의 중요 지역이다. 당지 초기의 발견된 것과 같이 니하만 중기 인류는 호반과 하반(河畔)에서 활동하였다. 야외유적의 분포범위가 확대되어 내몽고 경내(境內)의 양산발치(陽山脚)까지 도달하였다. 야외유적의 활동과 비교하면 분 지역 중기 홍적세 인류는 동굴생활을 선호하였다. 이와같은 현상은 주구점제1지점, 금우산과 묘후산등지에서 발견되었다. 동굴유적의 분포는 가장 멀리 동북지구(東北地區)의 요녕(遼寧)까지 이르렀다.

중기 홍적세 진입이후에 기후 환경의 변화가 초기 홍적세 때보다 극렬하였다. 10만년 주기(周期)의 냉(冷). 온난(暖)의 교체는 위도(緯度)의 북방북부(北方北部)지역에서 나타남이 더욱 뚜렷하다. 본구(本區)에 비록 전형적인 이석황토(離石黃土)가 없고, 비교 할 만한 야외유적의 단면이 없지만 보존상태가 양호하고, 퇴적이 연속된 동굴퇴적은 이외로 비교적 퇴적과정을 잘 나타내어 주고 있다. 이미 발견된 몇 곳의 유적에 의하면, 본구(本區) 중기 홍적세 기간 : 초기. 중기. 후기등 여러 단계에서 모두 초기 인류활동의 흔적을 보여주고 있다. 그러나 침적물(沈積物) 특징과 동물화석군의 조성등 고 환경이 제시된 내용에 따르면 인류활동은 역시 온난한 기후하에서 이루어 졌다.

2. 북경인과 금우산인(金牛山人)

중기 홍적세 북방지구의 북부는 초기 인류 활동의 중요한 지역의 하나이다. 인류화석발견의 상황에 의하면 이 지역에서 생활한 정항은 대단히 복잡하다. 최초 발견된 직립인 화석은 이 지역에서 시작되었다. 주구점 북경원인 유적의 발견은 직립인이 이 지역에서 활동한 시기가 오래 되었음을 설명하여 주고 있다. 중기 홍적세 중.후기에 이르러 이곳에 초기 지인(智人 Homo sapiens)이 또한 출현되었다.

(1) 북경인(北京人)

북경에서 남서방향으로 48 km 지점의 주구점용골산(周口店龍骨山)에 북경원인 유적이 있다. 1921년 발견. 1927년부터 발굴시작, 1929년 배문중(裵文中)에 의해서 야외(野外) 작업 주도, 그 해 발굴이 종료되기 직전에 북경원인 제1두개골 발견. 이 발견 소식은 세계를 진동 시켰다. 제1두개골 발견이후에 계속 몇 년 동안 발굴 진행, 지골(肢骨) 등 화석과 대량의 문화유물이 출토되었다. 발굴은 10년 동안 지속되었다. 중.일 전쟁 관계로 발굴은 중단. 이 전쟁에 의해서 이 진귀한 보물은 지금까지 행방불명이 되어, 세계의 수수께기로 남아 있다. 다행스러운 일은 당시 고인류학자들의 연구와 화석의 정밀한 복원 작업으로 인하여 북경원인의 자료가 남아있다. 1949년 이후, 북경인 유적은 다시 여러 차례 발굴 실시, 새로운 직립인(直立人) 화석이 발견되었다. 북경원인의 연구는 이 기초하에서 연구가 시작되었다[18] (도판 5).

수십년의 발굴을 통하여 주구점 제1지점에서 모두 40인(人) 개체의 직립인 화석자료가 확인되었다. 이 화석을 통하여 전형적인 직립인의 체질 특징이 확실하게 인식되었다. 북경원인화석은 비록 최초로 발견된 것은 아니지만 직립인의 화석으로 최초로 학계의 인정을 받았다. 북경원인화석 발견에 의해서 30년 동안 망각되었던 자바원인 화석이 다시 인정을 받게 되었다. 어느 학자가 말하기를 북경원인이 자바원인을 구하여 주었다고 주장하였다. 현재 주구점은 여전히 직립인 화석이 가장 풍부한 유적이다. 이 곳에서 발견된 인류화석은 직립인(直立人) 체질 특징의 전형적 표본으로 인정되고 있다.

인류화석의 관찰과 연구에 의하면, 중기 홍적세에 생활한 북경원인은 비록 초기 직립인에 비하여 수 십만년 또는 백만년까지 늦지만 그 두개골은 많은 원시 성격을 가지고 있다. 북경원인의 뇌량은 비록 공왕령 남전인 보다 증가

되었지만 아직은 비교적 작다. 아래 문화층레서 출토된 4개의 두개골은 평균 뇌량이 1075 cc 이다[19]. 두개골 높이(高度)는 남전인 보다 높지만 현대인에 비해서 대단히 낮다. 앞이마(典額)도 비교적 낮고, 두개골상(上)부위는 좁고 그 아래는 넓다. 가장 넓은 곳은 귀구멍 있는 위쪽이다. 두개골벽 역시 비교적 두텁다. 평균 두께 9.7 mm 로 현대인보다 약 2배가 된다. 눈자위 둥근뼈는 앞으로 돌출, 동시에 좌우로 상호 연결되어 일자(一字)형을 이루고 있다. 뒷머리뼈는 대단히 발달되어 원형(圓枕)이다. 전체 두개골은 대단히 두텁고, 무거우며, 몇가지(幾條)로 발달된 뼈(脊)는 조직이 건실하다. 남여 양성의 두개골 차이는 대단히 뚜렷하다. 남성은 여성보다 거칠은 점이 많고, 원시적 특징이 뚜렷하다. 북경원인의 뒷머리뼈(枕骨)의 큰 구멍(大孔)의 위치는 기본적으로 현대인의 범위에 있지만 현대인보다 평균위치는 뒤쪽으로 물러나 있다. 그 외 화석의 노정골(顱)내의 결구(結構)의 관찰에 의하면 북경원인의 뇌수(腦髓)는 작고 평탄하며, 앞이마뼈(前額葉)은 작은 파문(波紋)으로 간단하게 이루어졌으며 앞쪽으로 향하여 아래 로 굽어지면서 뾰족하게 이루어 져서 마치 흑성성이(黑猩猩)이 뇌수같다. 뇌막동맥(腦膜動脈)의 앞가지(前枝)는 작고, 뒷가지(后枝)는 커서 큰 원숭이(大猩猩) 같다.

화석의 특징에 의하면, 북경원인의 하지골(下肢骨)은 기본적으로 현대인의 형상을 갖추고 있다. 넓적다리(고골, 股骨)의 크기는 그 형상과 부착점(附着点)등은 현대인 의 다리와 같다. 인류특유의 넓적다리능선(股骨背)의 출현, 당연히 장기 직립 행보(行步)의 결과이다. 그러나 넓적다리상에 아직 원시성질이 남아있다. 예로 넓적다리뼈위 절반이상의 안쪽 가장자리가 현저하게 돌출(융기) 되었으며 다리뼈 앞쪽으로 굽은(彎曲)부위는 골간중간아래 주위에 제일 작은 곳이 있다. 넓적다리뼈(股骨体)전후 방향은 비교적 평탄하다. 이러한 특징은 모두 현생원류(現生猿類)와 비교적 접근되고 있다. 다리뼈와 종아리뼈(脛骨)의 원시 성격은 내부 결구 면에 나타나 있다. 예로 골수공(수강, 髓腔)는 가늘고, 작으며 관벽(管壁)은 대단히 두텁고, 해면골질(海綿

骨質)은 조직이 치밀하다. 골수공(수강, 髓腔) 직경은 골체(骨体)의 3분지 1의 최소 직경차지, 현인은 2분지 1을 차지. 정강이뼈(脛骨髓腔)은 더욱 작다. 북경원인의 상지(上肢), 예로 팔뚝뼈(굉골, 肱骨), 어깨뼈(鎖骨)과 월골(月骨) 등은 모두 현대인의 형상(形状)을 갖추고 있다. 팔뚝뼈(肱骨)의 원시성은 골수공(髓腔)이 비교적 작고 관벽(管壁)이 비교적 두터운 것을 나타내어 준다.

북경원인의 체질 특징의 전체 관찰에 의하면, 직립인 신체 각 부분의 진화(進化)속도는 일치하지 않다. 그 팔다리뼈(肢骨)는 현대인과 차이가 적고, 다만 두개골에 비교적 많은 원시성질을 가지고 있다. 이러한 두개골의 원시적이고 다만 팔다리뼈만 진보된 현상이다. 동남아시아의 자바직립인과 동아프리카의 탄자니아, 케냐등지의 직립인 표본도 같은 현상이다. 이러한 정황은 인류진화의 양감(鑲嵌)현상의 일종 표현이다. 고인류학자들은 이러한 양감현상을 해석하기를 "인류진화과정중 노동이 주도적 작용을 하였으며, 인류의 조상은 점차적으로 앞 팔(前肢)을 사용하여 굳건한 기관(器官)을 만들어 직립좌세가 확립되고, 두다리(兩腿)단독 부담 행동기관의 공능으로 화하면서 두손이 더욱 기능을 가지고 움직여서 팔다리(사지, 四肢)의 발전이 두개골 보다 비교적 빠르게 현대인의 상항에 이른 것" 으로 보고 있다[20].

주구점 제1지점 퇴적 상부와 하부의 시대 차이는 대단히 크다. 하부의 년대는 이른 것은 수십만년이 된다. 이로인하여 제1지점 정상퇴적의 5호 두개골은 기타 저부 퇴적에서 발견된 두개골에 비교하여 현저한 진조 특징을 나타내어 주고 있다. 그 뇌량은 1140 cc, 두개골 벽도 얇고, 이마뼈(眉脊)의 거칠은 정도도 약하고, 뒷머리둥근부위(枕骨圓沈)도 수축되었다. 이러한 특징은 북경원인의 체질형태 역시 시대의 발전에 따라서 점차적으로 발전되었다[21].

북경원인의 입술(吻部)은 앞으로 돌출되었다. 아래턱이 특별이 발달되고, 아래턱가지(下 頜枝)는 상당히 넓다. 이것은 모두 강력하게 씹는(咀嚼)활동과 관계가 있다. 따라서 이빨도 현대인보다 크며, 표면결구(表面結構)역시 비교적 복잡하다.

주의할 가치가 있는 것은 북경원인 윗이빨의 혀면(舌面)의 양측에 한줄의 돌출선(凸棱)이 있어서 전체 혀면은 중간에 홈(低凹)이 있으며, 그것은 삽형(鏟形, Pell 형)이다. 삽형의 앞이빨은 현 몽고인종중에 출현율이 가장 높고, 몽고인종의 뚜렷한 특징의 하나이다. 그 외 북경원인화석은 넓은 코(寬鼻), 낮고 편평한 얼굴(面孔)과 아래턱내면 앞 부분에 접근, 아래턱이 둥근 것이 특징이다. 이것은 또한 그들과 근(近), 현대(現代) 몽고인종과 관계가 있다.

풍부한 화석 자료를 통하여 진일보하게 중기 홍적세 직립인의 형체외모(形體外貌) 및 무리(群體) 특징등 다방면의 자료를 살펴볼 수 있다. 두개골 화석의 특징을 통하여 고인류학자들은 북경원인을 다시 복원하였다. 완정한 다리뼈(股骨)을 이용하여 남성북경원인의 신장 크기는 156~157 cm 로 추정된다. 22개 원인개체의 통계중에 14세(歲)이하에서 죽은 자는 15인(人), 전체 68% 차지 ; 15~35세와 40~50세 사망자는 각각 3인, 각 13.6% 차지 ; 50~60세 사망자는 1인, 4.6% 차지이다. 사망률의 정항은 당시 사람들이 생활이 대단히 어려워 수명이 단축되었다[22].

(2) 금우산인(金牛山人)

금우산인은 1984년 가을에 발견되었다. 금우산 화석은 1 개 개체의 두개골 및 두개골 뒷머리뼈등 모두 50여점, 2 평방미터 이내에 분포되어 있었다. 인류화석의 보존 상태가 비교적 양호하다. 동시에 대량의 포유동물화석, 석제품, 숯과 인공이 가해진 뼈 편 등 문화유물이 발견되었다[23].

금우산인의 두개골 보존상태 양호 다만 아래턱이 없다. 두개골은 상당히 뚜렷하게 원시적 특징을 가지고 있다 : 예로 두개골이 비교적 낮고 왜소하며, 이마뼈(眉脊)는 거칠고 크며, 안광의 뒷축은 현저해 좁다. 얼굴뼈(面骨)의 높이(高), 너비(寬)는 북경원인과 대단히 접근된다. 이빨은 현인보다 현저하게 크다. 그러나 전체적인 관찰은 북경원인보다 다른 점이 많다. 예로 노정골뼈(顱蓋)는 현저하게 높아지고, 노정골 너비 역시 위로 옮겨 갔으며, 노정골뼈의 두께는 현저하게 엷어 졌다. 뇌량 증가, 1390 cc에 이르며, 같은 시기의 북경원인 보다 200 cc 많다. 이것은 이미 현대인의 뇌량에 접근되고 있다. 앞 입술부위(吻部) 뒷부분의 축소 정도는 북경원인에 비하여 뚜렷하다. 상기한 내용외에 금산인의 두개골 화석 역시 상당부분이 현 몽고인종 특징과 접근된다. 예로 코봉합점(鼻縫)의 수준이 앞으로 향하였으며, 광대뼈(顴面)가 전방으로 튀어 나오고, 앞 이빨의 혀 면은 삽 형이다.

두개골외에 금우산인은 상당량의 뒷 머리뼈(后骨)가 보존되었으며, 척추뼈(脊椎骨), 조골(肋骨), 척골(尺骨), 관골(髖骨), 빈골(髕骨), 수골(手骨) 및 각골(脚骨) 등이 포함되어 있다. 이러한 화석은 모두 동일개체에 속하며, 지금까지 보존상태가 양호한 것은 구하기가 쉽지 않다. 동일 개체 여러 가지 부위의 뼈들을 동시 발견된 것은 인류체질 진화와 행위 특징 연구에 훌륭한 자료가 된다. 두개골과 뒷머리뼈의 전체 특징, 그리고 관골(髖骨)의 상태등은 한 사람의 성년 여성으로 보고 있다[24]. 그러나 학자들은 금우산인은 30세 전후의 남성으로 보고 있다[25].

금우산인의 성별(性別)에 비하여 더욱 주목을 끄는 것은 그 년대의 고로성(古老性)과 그 진모의 체질 특징의 불 균형 상태이다. 비록 금우산인이 원시적 특징이 뚜렷하지만 융기된 노정골, 현대인의 뇌량 접근, 약해지고 팔자(八字)을 거꾸로 한 이마뼈의 특징 등은 직립인과 대단히 구별된다. 이러한 구별은 고인류학자들로 하여금 금우산인에 대한 분류(分類)는 "진보된 직립인(進步的直立人)" 또는 초기 지인(早期智人 , early homo sapiens)로 보고 있다. 금우산인과 주구점의 지리위도(地理緯度)는 접근되며, 두 곳의 직선거리는 500 km 이상, 생존환경은 큰 차이가 없다. 지층과 화석동물군의 특징 및 우라니움 년대 측정 결과는 금우산인은 중기 홍적세 비교적 늦은 시기, 대체적으로 늦은 시기의 북경인의 시대에 해당된다. 그리고 금수산인의 체질 특징은 북경인 보다 차이가 크다. 아마 동일시대 양종의 부동유형(不同類型)

의 인류공존, 이러한 상황은 학자들에게 많은 문제점이 제시되고, 또한 많은 토론 자료를 제시하고 있다[26].

3. 석기제작

(1) 북경원인의 석기제작

주구점제1지점은 풍부한 직립인 화석 외에 많은 석제품이 발견되어 중기 홍적세 인류 석기 생산 활동과 기술 특징의 중요한 자료를 제시하여 주고 있다. 1930년 이래 북경원인 석기에 대한 연구는 많은 성과를 가져왔다. 특히 1970~80년대 전기에 북경원인 유적의 종합연구와 석기의 전문적 연구로 인하여 북경원인 석기제작의 전모를 파악할 수 있었다.

제1지점 34 m 두께의 퇴적층내에서 하부의 홍색토층(紅色土層)과 중간의 송사층(松砂層) 등은 드물게 석제품이 발견된 외레 기타 각 층에서는 수량이 많은 석제품이 출토, 전체 10만여 점이 된다. 석기 석재(石材)의 분석에 의하면 북경원인이 사용한 석재 종류는 40여종에 이른다. 그러나 그 중에서 맥석영(脈石英)이 가장 많아 88.8% 차지, 그 다음이 수정(水晶)과 사암(砂巖)으로 각 각 4.8%와 2.6% 차지. 수석(燧石, flint)는 제4 위로서 2.4% 차지. 기타 재료는 극 소 수 사용. 이러한 상황은 당시 인류가 석기 석재에 대한 인식이 비교적 낮고, 주구점 주 위에는 우수한 석재가 드물어, 북경원인은 여러 중류의 석재를 동굴로 가져가서 석기를 제작하였다. 용골산(龍骨山) 서북 지역의 화강암구(花崗巖區, granite)에서 풍화된 맥석영과 수정편을 채집, 이것들이 석재의 주요 래원이다. 기타 석재는 모두 강자갈(礫石)로 용골산 발치하의 주구점강변(周口河灘)에서 채집 되었다. 석재의 래원에 의하면 북경원인 석재채집 활동범위는 5 km 를 초과하지 않는다. 이 범위는 그 들 기타 활동의 주된 범위이다[27].

북경원인 석기 생산은 주로 석재선택, 석편제거(석편 떼어내기), 제2가공 등이 주된 과정이다. 여러 가지 석기 생산 과정은 완전히 일치하지 않다. 주구점 부근 맥석영의 질량(質量)이 비교적 낮으며(차하다), 절리(節理)는 발육되었다. 다만 그 수량이 많아서 쉽게 얻을수 있었으며, 이로 인하여 주된 석재가 되었다. 이러한 열등한 석재에 대하여 충돌타격기술(砸擊, 잡격)은 더욱 유효한 방법을 택하여야 만 되었다. 따라서 충돌타격기술(砸擊技術)은 북경원인의 주된 석편제거 방법이다. 충돌타격법으로 제거된 석편수량은 대단히 많다. 이 방법으로 제거된 석편은 모두 비교적 소형, 길고 엷은 석편이다. 광범위하게 사용된 충돌타격법, 대량의 석편과 석핵이 주구점 석기제작의 특색이다. 직접타법(錘擊法) 역시 광범위하게 사용, 북경원인이 주된 것으로 석영(石英), 수석(燧石)과 사암(砂巖), 그 중에 수석이 가장 많다. 석편 크기는 균일하다. 그러나 중.소형이 많다. 모루상 타격법(碰砧法)은 사암제 대석편 생산, 기타는 전 양자보다 보편적이 아니다(도2-4).

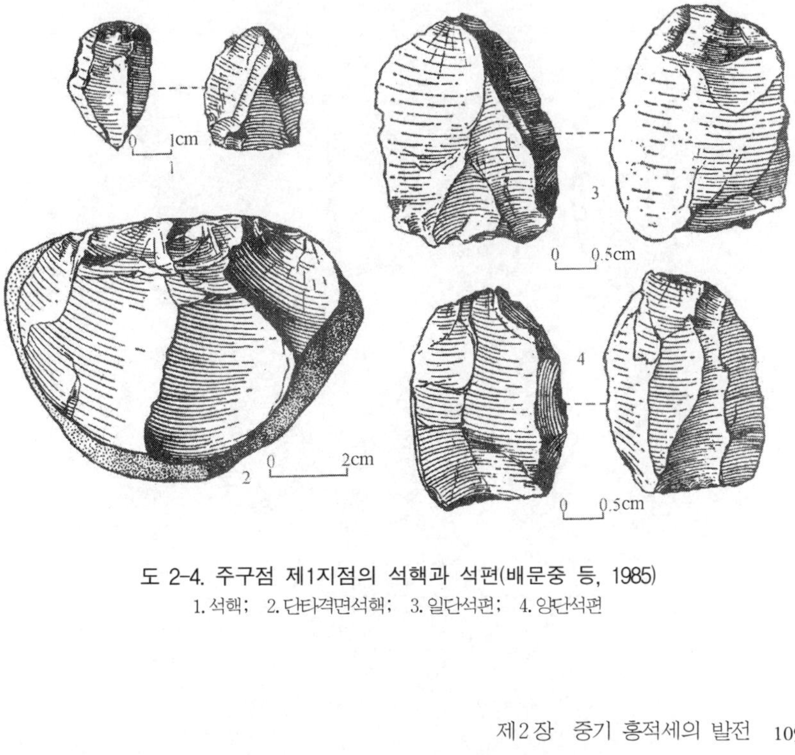

도 2-4. 주구점 제1지점의 석핵과 석편(배문중 등, 1985)
1. 석핵; 2. 단타격면석핵; 3. 일단석편; 4. 양단석편

북경원인 석기의 제2차가공(修理)은 직접 타법 위주(錘擊法爲主) 이다. 제2차 가공 방식은 등면(背面) 가공 위주, 벽개면(破裂面), 교차가공(錯向)과 양면가공(腹向)등은 비교적 드물다. 가공된 석기의 원 제품(毛坯)은 충돌된 석편, 모루상 석편, 부러진편(斷片), 작은 돌편(小 石塊), 석핵과 강자갈 등이다. 석핵, 강자갈과 모루상에서 제거된 석편등으로 대형 석기 제작, 기타는 소형 석기가 제작 되었다.

석기(石器)는 긁개(刮削器), 첨두기(尖狀器), 찍개(砍砸器, Chopper), 송곳(石錐, Awl), 조각기(彫刻器, Burin) 과 돌마치(石球 또는 사냥돌)등 6종류이다. 그 중 긁개는 주구점 유적에서 발견된 가장 많은 석기종류로서 석기 전체의 75% 차지. 기형은 비교적 작으며, 중량은 20 gram을 초과하지 않는다. 대부분 긁개는 석편위주로 융기날(凸刃), 홈날(凹刃)등 여러 형상의 날이다. 날의 수량과 가공부위는 여러 가지로 나누어 지는데 그것들은 수직날(直刃), 양날(兩刃), 2 중날(複刃)과 끝날(端刃, End-scraper)등 유형이다(도2-5).

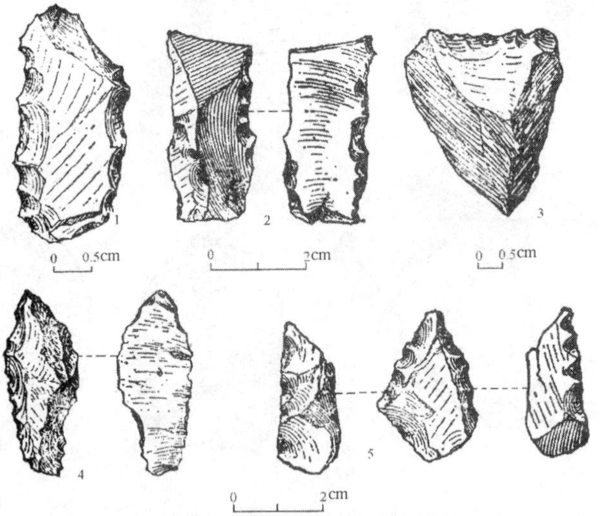

도 2-5. 주구점 제1지점석기(배문중 등, 1985)
1. 2. 3. 긁개; 4. 5. 첨두기

첨두기의 수량도 비교적 많다. 전체의 14% 차지. 대부분 첨두기는 소 석편으로 제작, 형체는 비교적 작아 그 길이(長度)는 3~6 cm 사이 이다. 첨두기의 날(尖刃)의 위치와 수량 구분 : 똑바른 날(正尖), 비스듬한 날(角尖)과 2중날(複尖) 등 3종이다. 그 중 똑바른 날(正尖)의 수량이 가장 많다. 그 외 제2차 가공 방법과 용도에 의하면 송곳(石錐)과 첨두기는 비슷 하다. 이러한 석기의 기형은 첨두기 보다 작으며 길이는 3 cm를 초과하지 않는다. 첨두기와 다른 점은 첨단(끝) 부위 가공이 굽은 어깨 부분으로 옮겨간 것이다. 어깨부위의 뾰족(尖端) 부위의 거리차이는 긴 날(長尖)과 짧은 날(短尖) 등 2종 유형으로 나누어 진다.

소형 석기중 조각기(Burin)는 기형이 비교적 작고, 수량도 제한, 대부분 부러진 석편(斷片)으로 제작, 그 것들은 통수형(笛嘴), 뿔형(角形)과 편평날(平刃) 조각기로 나누어 진다.

대형 석기중 찍개(砍砸器, Chopper)가 가장 중요하다. 석기 총수의 5.4% 차지. 대부분 사암(砂巖) 또는 기타 암석의 강자갈을 직접 가공하여 제작 되었다. 가공 방법은 간단하다. 단면(單面) 가공된 것의 수량이 비교적 많다. 다만 약간의 충돌 가공된 것도 있다. 또한 일부분 찍개상에 충돌시 석편이 제거된 흔적이 남아 있다. 기신(器體)상에 또한 산만한 흔적이 남아 있다. 날은 일날(一刃), 양날(兩刃), 다날(多刃), 단인(끝날), 뾰족날 등 여러 유형으로 구분 된다. 그 외 하나의 대형 석기로서 돌마치(石球, 또는 사냥돌)이 있다. 수량은 많지 않다. 기형 역시 전형적 아니다.

상기 내용이 북경원인 석기 제작의 전체 상황이다. 북경원인이 주구점제1지점에서 생활한 시간이 전후 20 만년 이상 이다. 이 긴 세월중에 석기 제작에도 상당한 변화가 있다. 초기 단계는 석기가 중.대형이 비교적 많고, 찍개는 주로 이 시기에 제작되어 석기 조합의 3분지 1이상 차지. 긁개의 기형 역시 모두 비교적 크다. 이 양종 도구외에 첨두기, 조각기등은 소형 도구로서 수량이 많지 않다. 석기 석재는 주로 석영과 사암이다. 가공 기술은 기본적으로 직접타법위주, 충돌법은 그 다음, 모루상 타격법 역시 비교적 많이 사용되었다.

중기단계에 이르러서 석기 제작은 초기와 현저한 차이가 있다. 석기 기형이 소(小), 중(中) 등 소형으로 변경. 석기 석재는 사암사용이 감소되고, 석영이 주요 석재, 수정(水晶) 등 양질의 석재 사용이 증가 되었다. 충돌법이 주요한 석편제거 방법, 직접타법은 제2순으로 물러났다. 모루상 사용법은 드물다. 석기 조합의 변화가 크다. 찍개의 비례가 뚜렷이 감소, 석기 총수의 7% 차지, 첨두기의 비례가 비교적 크게 증가, 조각기도 증가 다만 가장 중요한 것은 역시 긁개이다.

후기 단계의 석기제작은 전 두 시기보다 더욱 진보, 석재선택, 석기가공 기술 및 석기 유형 방면에 뚜렷한 변화가 있다. 질이 우수한 석영석재 사용 증가, 수정과 수석(燧石)의 사용 비례가 증가, 사암은 거의 사용하지 않았다. 석편제거 기술은 충돌법이 절대적으로 우세, 충돌법으로 제거된 석편중에는 얇고, 긴 표본이 많다. 이것은 충돌법이 대단히 발전된 것을 나타내어 준다. 직접 타격 기술 역시 발전되었다. 형제(形制)가 규정된 직접타격 기술과 타격면(台面)이 가공된 수량이 증가 되었다. 석기 조합중 가장 중요한 유형은 역시 긁개, 그 중 제2가공이 정교한 것이 증가, 단인 긁개(밀개, 單刃刮削器, End-scraper)가 이때에 출현되었다. 첨두기. 조각기의 수량역시 모두 증가, 가공역시 정교하다. 가공이 정교한 소형 송곳(石錐)도 이 시기에 출현. 이상 각류 모두 중. 소형 석기, 주로 석편(石片)상에 가공 되었다. 대형석기 수량감소, 찍개는 전체 석기중 2% 차지[28].

(2) 금우산과 묘후산(金牛山. 廟后山)

금우산과 묘후산등 유적은 비록 주구점 석제품의 수량에 이르지 못 하였지만 이 두 곳의 석기 제작 역시 각 각 특색이 있으며, 북방(北方) 지구 북부의 중기 홍적세 석기 문화내용을 제시하여 주고 있다.

금우산에서 발견된 석제품 수량은 많지 않다. 초기에 발표된 석제품은 겨우 10점, 그것들은 A지점과 C지점등에서 나누어 출토 되었다. 근년에 A지점에서 석기가 비교적 많이 발견 되었다. 이 석제품의 수량은 주구점과 비교가 않되지만 석재의 선택과 가공기술은 주구점과 유사하다. 석재는 맥석영(脈石英)위주, 또한 석영암과 변질암(變質岩)이 있다. 모두 부근에서 채집, 주로 풍화된 기반암편이다. 석기 제작은 직접타법위주, 다만 충돌법 역시 비교적 많이 사용. 석기 개체 차이가 크다. 개별적으로 큰 것은 길이가 91 mm, 다만 길이는 대부분이 40 mm 이하 이다.

석기 유형은 긁개, 첨두기와조각기 등이다. 긁개는 수직날(單直刃), 융기날(單凸刃), 홈날(單凹刃), 쌍날(双刃)과 끝날(端刃)등 여러 유형이다. 제2가공은 벽개면 방향으로 처리, 다만 등면(背面)을 향한 것도 있다. 제2가공은 비교적 거칠고 날은 정연하지 않으며, 날은 둔 한편 날 각은 대부분 70도 이상이다. 2점의 끝날형(端刃, end-scraper)은 비교적 가공이 정교, 날이 비교적 정교하다. 제2가공 흔적은 얇고 편평하다. 첨두기는 똑바른 날(正尖)과 경사날(角尖)등 두 종류, 모두 석편으로 제작 되었다. 제2가공은 거칠고, 형제(形制)가 불규칙, 첨단 부분이 둔하다. 조각기(Burin) 역시 잔편(殘片)으로 제작, 형제(形制)가 대단히 작고, 양면형 이다[29][30] (도 2-6).

묘후산 중기 홍적세 지층내에서 발견된 석제품은 64점. 그 중 대부분이 수평적으로 집중되어 분포 되어 있었다. 모두 동일 시기의 유물이다. 이 석기 석재의 래원은 주구점 및 금우산과는 다르다. 풍화로 파손된 맥석영편을 사용하지 않고, 유적앞의 강변상에서 채집된 강자갈을 사용 하였다. 석재 대부분이 회흑색석영사암(灰黑色石英砂巖), 그 다음이 안산암(安山巖), 소량의 맥석영 이다. 석편 제거 기술은 직접타법, 또한 충돌법에 의한 것도 있다. 석제품은 개별적으로 차이가 크다. 가장 큰 것은 181 mm, 가장 작은 것은 30 mm, 비교적 많은 석편상에 자연면이 남아 있다[31].

석기는 3유형 : 긁개, 찍개와 첨두기 이다. 긁개의 수량이 가장 많다.

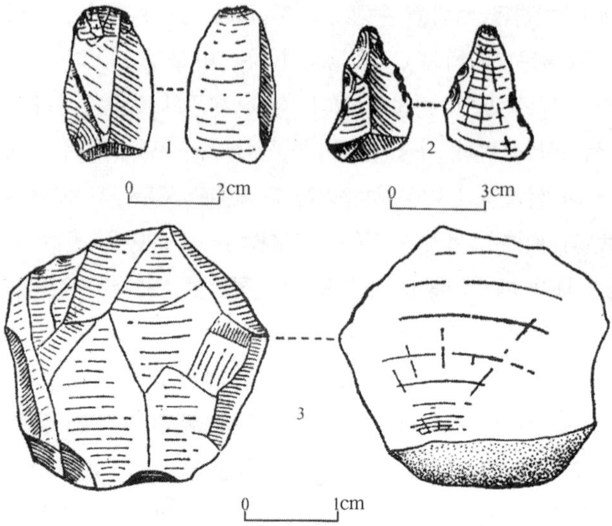

도 2-6. 금우산유적의 석제품(장삼수, 1989)

전체 수의 3분지 2차지. 날(刃)은 수직날(單直刃), 융기날(單凸刃), 홈날(單凹刃), 쌍홈날(双凹刃) 및 끝날(端刃)등 유형이다. 가공의 정교성은 일정하지 않다 ; 어느 것은 정교, 어느 것은 거칠다. 찍개는 4분지 1차지, 모두 거칠고 크다. 평균 무게 500 gramm 초과. 첨두기 1점, 석편제, 원단(遠端)의 왼쪽변을 제2가공하여 날을 세웠다. 경사날(角尖類) 유형 석기의 형체는 대부분 대형이다.

(3) 야외(Open air site)유적의 석기

본 지역 중기 홍적세 야외유적은 발견된 곳이 비교적 제한되어 있다. 니하만 분지에서는 다만 청자요(青瓷窯) 유적이 이미 발표되었다. 그 외 호화호트(呼和浩特) 동쪽 교외의 대요사도구(大窯四道溝)에서도 석기(石器) 상항만 보도되어 있다.

청자요 1970년대 2차 발굴 및 그 이후의 조사에 의해서 석제품 수량이 1.000점이 초과된다. 이 석제품을 통해서 중기 홍적세때에 인류가 니허만분지 야외 유적에서 생활한 흔적을 알 수 있다. 퇴적상항에 의하면 당시의 인류들은 강변 또는 호수변에서 생활하였다. 그 들은 유적 부근의 주라기 지층 및 당시 강변상에서 강자갈(礫石)을 채집 석기 석재로 삼았다. 석재는 석영암(Quartzite), 비교적 많은 석영(Quartz), 수석도 드물게 보인다. 600여점의 석기 관찰에 의하면, 석편의 수량이 가장 많다. 거의 60%에 가깝다. 석핵과 석기의 수량은 각 각 20% 정도이다[32)33)].

석재품은 주로 직접타격으로 제작, 충돌타격은 드물게 보인다. 석핵의 상항에 의하면 다타격면 석핵이 85%, 다만 대부분 자연면이 남아 있으며, 석핵의 이용은 결코 충분하지 않은 것으로 나타나 있다. 석핵의 대소 크기의 차이가 많으며, 형상 역시 불규칙하다. 석편의 형상 역시 불규칙하며, 준비된 타격면(打擊台面)이 85%를 차지, 자연타격면은 13%에 불과 하다. 충돌타격된 석편은 드물다. 준비된 석핵 또는 준비된 흔적은 드물다. 모두 간단히 석편은 떼여 낸 것들이다.

제2가공된 석기는 100여점, 대부분 제2가공 흔적이 불투명하며, 형체(型體)역시 크지 않다. 그 중 80% 이상이 긁개 이며, 10% 정도가 첨둑, 10% 정도가 찍개 이다. 긁개는 수직날(直刃), 돌출날(凸刃), 홈날(凹刃) 등으로 구분된다. 첨두기는 긴 것(長身)과 짧은 것(單身)으로 나누어 지며, 날도 예리한 것(銳尖)과 둔한 것(鈍尖)으로 구분된다. 찍개는 주로 편도선형 강자갈을 직접 타격하여 제작, 단면과 양면가공으로 나누어진다.

사도구(四道溝)유적은 일기산(逸幾山)발치에 위치. 황토퇴적 중간 또는 삽입된 언덕퇴적층(坡積) 또는 홍적(洪積)의 모래 자갈층에 삽입된 퇴적층이 특징이다. 그 것들은 전술한 동굴유적과는 다르다. 그리고 니허만 분지의 강변과 호수 퇴적층과도 다르다. 초기 인류가 이 일대에서 활동한 것은 이곳에 풍부한 수석 석재가 있어서 석재로 사용할 수 있었기 때문이다. 일반적으로 논하면 석재산지 석재품은 거주지의 상항과 구별된다. 발굴기록에 의하면, 중기 홍적세의 홍색(紅色)퇴적층내의 바닥에 많은 큰 편의 수석 편들이 퇴적되었으며 그 표면상에 인공 석재를 채취한 흔적이 남아있다. 동시에 석제품, 돌 부스러기와 석괴(石塊)등이 발견되었다. 이것은 확실한 석재(石材)산지(產地)의 특징이다. 사도구 중기 홍적세 석기와 청자요 및 전술한 몇 곳의 동굴유적과는 확실히 다르다. 가장 두드러진 특징은 이곳 석제품의 형체(型體, 기형)가 보편적으로 크다. 즉 석핵, 석편, 가공된 석기가 모두가 크다. 그러나 연구 보도된 석제품은 결코 전술한 돌부스러기, 석괴등 부산물이 포함되어 있지 않다. 석핵, 석편의 수량도 제한되어 있다[34]. 이와는 상반되게 석기수량과 비례는 확실히 대단히 많고, 어느 학자의 통계는 91.5%에 해당되고, 크기는 60 mm 초과되는 대형석기의 비례가 60% 이상을 차지하고 있다. 긁개가 86.6%, 찍개가 11.4%, 첨두기가 1.6%를 차지하고 있다. 석편, 제2가공된 것, 모두 직접타법으로 이루어 졌다. 이곳의 특징은 장삼수(張森水)선생의 견해로 "사도구문화유형(四道溝文化類型)" 이다[35]. 실제적으로 사도구석기 제작은 전술한 기타 지역과는 구별된다. 약간의 차별은 본지 석기 석재 산지와 가공지역의 특징과 관계가 있다. 동시에 차이점의 편차는 주로 채집된 가공 흔적의 석기이며, "돌 부스러기와 석괴(石渣與石塊)"는 석기생산의 부산물이 되어 관심이 없기 때문이다.

4. 거주와 불의 사용(居住與 用火)

중기 홍적세 북방 북부(北部) 인류거주 습관과 초기 홍적세 와 비교하면 비록 고대의 강변 또는 호수변의 노천(야외)거주가 지속되었지만 현저한 특징은 동굴유적이 증가되었다. 동시에 동굴유적내에 많은 문화층이 발견되어 당시 사람들이 장기 또는 중복되어 사용된 결과로 볼 수 있다. 그 외 하나의 현저한 특징은 불의 사용(用火)이다. 이 두가지 상항이 주구점과 금우산유적 등에서 제시되고 있다.

(1) 동굴유적의 점거

주구점(周口店)

주구점 제1지점 동굴유적의 연구는 북방북부(北方北部) 중기 홍적세 인류가 사용한 동굴유적의 자세한 자료이다. 원인동(猿人洞) 유적은 동-서 길이 140 m, 중간 가장 넓은 곳 29 m 이다. 동굴이 형성되기 시작 할 때는 하나의 폐쇄된 편두선형의 깊은 동굴이었다. 초기 홍적세말 또는 종기 홍적세초에 주구점 강변(周口河)의 측변이 부식(침식)되기 시작하여 동쪽면이 동굴입구로 형성되었다. 그러나 얼마 후 류수(流水)가 모래.자갈.진흙을 가져와 동굴바닥을 평탄하게 하였다. 제14층 이하 바닥의 자갈층 퇴적형성이후에 사람과 동물이 동굴에 들어와서 활동하기 시작 하였다[36] (도2-7).

제13층에서부터 지속적으로 사람들이 생활하였다. 제13층에서 8층까지 퇴적의 형성단계에 의하면 북경원인이 이 동굴을 사용한 예가 제1단계이다. 제13층은 진흙과 모래층(泥沙層)이며, 이것의 형성은 류수(流水)작용과 관계가 있다. 이때 환경은 아직 사람이 장기거주는 불가능 하다. 이층에서 다만 2점의 인공이 가한 석괴(石塊)가 발견되었다. 제12층은 붉은모래층(紅色砂層), 그것의 형성기간에는 사람이 거주할 수 없었으며, 이층에는 문화유물이 없다. 제11층은 화석을 포함한 각력암층(角礫岩層), 이 층에 하이에나의 똥이 끼여 있었다. 여기에 포함된 화석은 심하게 분쇄, 출토 석기도 드물다. 제10층 상부는 화석을 포함한 붉은 색 토층, 아래는 엷은 재층(薄灰層)이다. 비교적 많은 포유동물화석, 소량의 석기와 인류화석 있다. 제8-9층, 많은 화석을 포함한 각력암층이다. 여기에 엷은 재층이 삽입되었으며, 많은 석기와 원인화석 발견, 이 층이 아래 문화층(下文化層)이다.

초기 퇴적층내에서 영세한 문화유물 출토, 당시 사람은 다만 기회주의자들(임시 사용자들) 이었다. 층위내에는 하이에나 화석이 있는데 하이에나가 최초의 동굴거주자 이다. 제8.9층의 형성 기간에 인류화석 및 문화유물이 점차 증가 되었다. 그리고 인류가 비로소 장기적으로 머물기 시작하여 동굴의

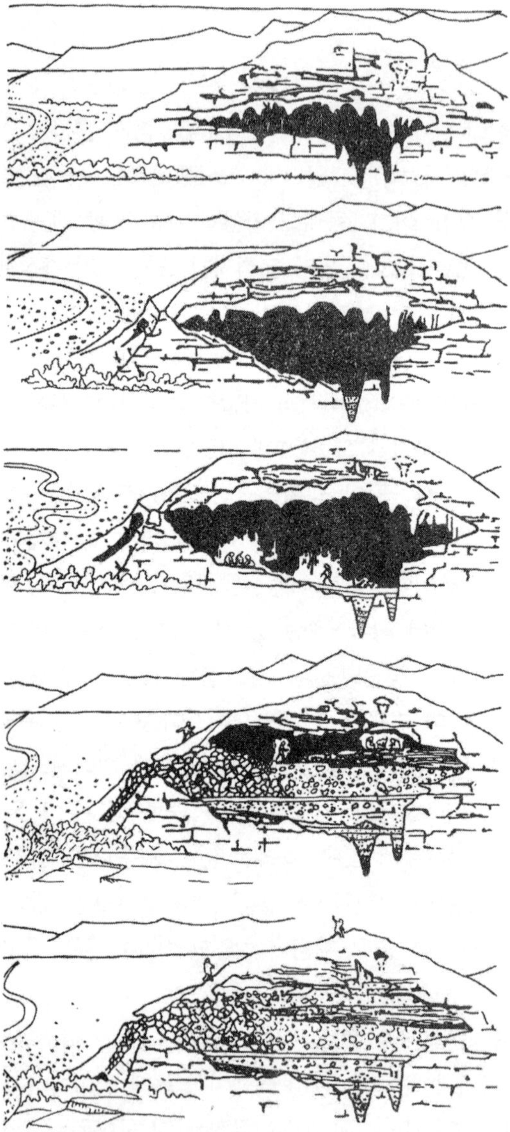

1. 동굴깊은매장단계
2. 동쪽방향으로 입구발전단계
3. 거주초기단계
4. 거주지서쪽이동단계
5. 거주지 매몰로 인한 사람들의 다른곳 이동단계

도 2-7. 북경원인유적동굴발전복원도(임미악 등, 1985)

거주 인이 되었다. 이 단계(제1단계)가 중기 홍적세 초기 이다. 시간은 대략 70만년~40만년 사이 이다. 동물화석, 식물화분 및 심해기 동위원소(深海氣同位素) 비교치의 변화곡선은 이 단계는 주로 온난 습윤 한 온대삼림환경(暖溫溫帶森林環境), 특히 제8~9층 아래층 형성시기, 하나의 기후가 최적기가 되어 주구점지역에는 끊임없이 직립인이 활동하면서 언제나 원인동(猿人洞)을 드나 들었다. 이 단계(제1단계)의 석기는 대형이 비교적 많으며, 찍개가 주로 이 시기에 만들어져서 석기 조합의 3분지1 이상을 차지하였다. 긁개의 형체(形體)도 비교적 크다. 이 2종의 석기외 에 첨두기, 조각기등 소형도구의 수량은 대단히 적다. 이 단계의 몇 기 직립인 두개골은 모두 전형적인 직립인의 특징을 보유하고 있다.

인류가 주구점 동굴을 이용한 제2단계는 중기 홍적세에 해당되며, 지금부터 40만년~20만년이 된다. 이 단계는 6-7층의 퇴적이다. 제7층의 회색 모래층, 교차층리(層理)의 특징을 보유, 유수작용(流水作用)에 의해서 형성되었다. 이 때 인류는 동굴내 활동이 어려워 석제품이나 인류화석이 드물다. 제6층 저부부터 시작해서 비교적 많은 문화유물과 인류화석이 발견되어 인류활동이 증가되었음을 볼 수 있다. 그 상부에는 비교적 큰 석편이 동굴천정에서 붕괴된 것으로 천정붕괴 작용이 증가 되었음을 나타내어 인류의 계속 거주가 불 가능 하였음을 보여 준다. 이미 가진 환경의 증거에 의하면 이 단계의 환경은 초기적인 것과 뚜렷이 다르다. 가장 현저한 특징은 초본(草本)식물 표본이 증가, 당시 주구점주위가 이미 초원환경으로 변화되었음을 보여주고 있다. 이 시기의 석기는 초기 것과는 뚜렷한 차이가 있다. 석기의 몸체가 작고, 중(中), 소(小)형 석기가 주류가 되었다. 석기 조합의 변화가 크다. 찍개의 비례가 뚜렷이 감소, 전체 석기의 7% 차지, 첨두기의 비례는 비교적 크게 증가, 조각기 역시 증가, 다만 주된 것은 역시 긁개이다. 석기의 변화는 환경의 변화와 직접 관계가 있다.

제1~5층 퇴적의 형성 시기는 인류가 이 동굴을 이용한 후기(만기) 단계이다. 이때는 중기 홍적세 후기, 지금부터 30~20만년 기간이다. 퇴적상황에 의하면 제6층상부의 동굴천정 붕괴형성이후로 동굴내의 환경은 비교적 안정되어 인류가 다시 동굴에 돌아와서 생활, 문화층이 대단히 두텁게 형성되었다. 고환경의 자료에 의하면, 이 단계는 기후가 비록 온난하지만 비교적 건조, 특히 제4층의 석기는 앞의 두 시기의 것보다 발전, 석기 조합중 가장 중요한 유형은 역시 긁개 이다. 첨두기, 조각기의 수량도 증가, 가공이 대단히 정교하다. 밀개(端刃刮削器)도 이 시기에 출현. 이상 각 유형의 중,소형 석기는 주로 석편상에 가공 되었다. 대형 석기 수량은 더욱 감소, 찍개는 전체 석기중 2% 차지. 후기 석기 역시 이 단계 환경에 적응 제작 되었다. 다만 석재(石材) 선택과 가공 기술은 향상 되었다. 이것은 인류자체의 발전과 밀접한 관계가 있다. 일부학자는 이 단계의 인류화석의 발전형태는 뚜렷하며, 뇌량이 증가, 초기 지인(Homo sapiens)에 접근되는 특징을 가졌다고 주장하고 있다.

상기한 정항에 의하면, 비록 북경원인이 주구점 지역에 활동시간이 길며, 동시에 용골동(龍骨洞)의 동굴퇴적내에 그들의 유물, 흔적이 남아 있지만 결코 동굴내에서 거주한 흔적은 없다. 근래 주구점유적의 매장학연구 역시 이 방면의 문제를 제기하고 있다[37]. 대량의 석제품, 인공이 가한 동물뼈와 불사용 흔적, 유적의 존재, 등은 직립인의 거주와 불사용과의 관계가 있다고 보고 있다[38]. 그러나 토양에 대한 현미경관찰(微形態學)은 동굴내에 명확한 불사용 증거가 없다고 보고되어 있다[39]. 이러한 새로운 정항 설명은 주구점 동굴내 활동의 자세한 내용은 아직은 수수꺼기로 남아 있어 선사학자들의 진일보한 연구가 기대 된다.

금우산(金牛山)

70년 전의 발굴자료에 의해서 고인류 거주상항을 복원하려는 주구점에 비하여 20~30년이 경과되어 발굴과 연구된 금우산 A지점은 북방(北方) 지역 중기 홍적세 인류가 동굴을 이용하여 거주한 실상은 상당히 명확하다. 상술한 바와같이 금우산 A지점은 퇴적층위가 비교적 두텁고, 여러시기의 유물이 있는 유적이다. 다만 그 중심은 중기 홍적세 에 속한다. 주구점동굴 상항과 유사하다. 고인류는 이 동굴안에서 일단의 시기를 경과 하였다. 1978년, 1984년과 1993~1994년의 발굴자료에 의하면 이 유적의 주요 문화층은 금우산인의 화석층위 이다. 이 층위퇴적은 비교적 두터우며, 전후로 형성된 시간이 상당히 길다. 그 중에서 발견된 재층(Ash) 층위는 상하의 여러 층위로 나누어져 있어 유적 형성시기가 초기와 후기로 구별됨을 나타내어 주고 있다. 인류화석의 출토 층위의 평면상에 대량의 동물골격이 분포되어 있었으며, 어느 골격은 밀집되고 겹쳐 쌓여 있었다. 동시에 2곳에서 재층이 확인, 그중 1곳은 3곳으로 직경이 5~60 cm 원형 재 퇴적층이 연결되어 있었다. 재층안에서 불에 탄 동물뼈, 숯부스러기 및 불에탄 흙이 있었다. 재층주위의 약 7 ㎡ 범위내에 대량의 동물관상뼈(管狀骨)가 확인되었다. 그 중에 상당량의 뼈편에 인공(人工)흔적이 있어 당시 사람들이 골수를 꺼내먹은 흔적을 확인할 수 있다[40] (도2-8)

비록 이러한 재 층 유적의 형성 시기는 다르지만 재 층 및 그 주위 문화유물의 산포는 대체적으로 일치 하다. 모두 재 층 중심, 그 주위에 대량의 인공이 가한 동물뼈가 분포되어 있었다. 유감스러운 일은 이곳의 석제품은 주구점처럼 풍부하지 않다. 1978년 발견. 연구된 것은 21점, 동시에 발견된 동물뼈편은 1만 여점이다. 1993~1994년 발굴된 석제품은 비록 많지만 수량은 200점, 동물뼈편은 역시 1만점 이상이다. 동시에 발견된 재층유적, 또한 비닥(底部)과 주위에서 특히 가열된 돌편(石塊, burnt pebble) 흔적이 있다[41].

이곳의 한계선(界限)선은 분명하다. 일정한 형상(形狀)의 재 층에 의하면 특히 저부 또는 주변에 가열된 돌편(石塊)의 퇴적은 분명히 인류가 불을 사용한(用火)의 흔적 이다. 주위의 대량의 동물뼈 부스러기는 인류가 소비한 사냥물이며, 골수를 꺼내먹고 버린 것들이다. 그러나 이곳 석제품의 전체수

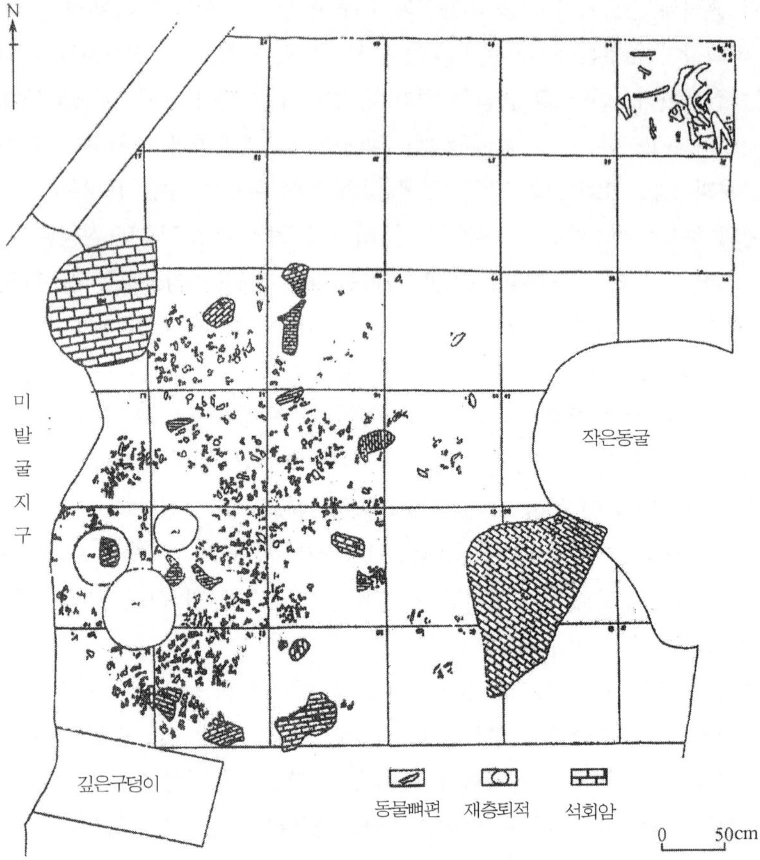

도 2-8. 금우산8층 제1 수평층 평면도(여준악, 2003)

는 대단히 소량, 이것은 가공 석기활동이 거의 없었다는 반영이다. 석제품은 다른 곳에서 가공후 가지고 들어 왔다. 왜냐하면 1978년 발견된 21 점 석제품중 분류된 도구는 거의 절반이다[42].

상기한 내용을 종합하면, 중기 홍적세 인류는 동굴을 휴식과 식사 장소로 선택, 장기 거주는 일정하지 않다. 이러한 층위내에서 영세한 유물 출토는 임시 또는 일시적으로 이용한 것을 나타내어 준다. 과거의 인식은 동굴유적은 당시 사람들의 활동중심이며, 직립인 또는 초기 지인(智人, Homo sapiens) 등이 동굴내에서 장기 거주한 것으로 인식되어 왔다. 근래 매장학(埋葬學) 등 종합연구결과에 의하면 중기 홍적세 고인류 활동 특징은 일반인들의 전통적 인식 보다 더욱 복잡한 것으로 제시되고 있다.

(2) 불의 사용(用火)

주구점 제1지점의 동굴 퇴적 내 에서 많은 자색 숯(紫荊木炭), 불에 탄 흙덩어리(土塊), 돌편(石塊), 뼈와 박나무씨(朴樹籽) 등이 발견되었으며, 또한 재층내에 상하로 여러 층위가 확인되었다. 사람들의 시선을 집중 시킨 것은 이러한 재층과 불에 탄 물건등이 보편적으로 전체 퇴적층내에 산포되지 않고 한 층(一堆), 한층 한정된 구역내에 쌓여 있었다. 제3층의 한편의 석회암(石灰巖) 상에 두 층의 재층이 쌓여 있었다. 이것과 불(火)과 관계된 유물, 유적과 석제품등 문화유물이 동시에 출토, 당시 모종 형식의 불사용이 설명되고 있다. 이것이 직립인이 불을 사용한 증거이다. 그러나 일부 학자들은 북경원인 불사용문제에 대하여 다른 의견을 제시하고 있다. 1980년대, 미국학자 L. Binford는 주구점유적 재층이 불사용 한 것에 대한 의문을 제시하였다. 근래에 또한 일부 학자가 제1지점 샘 플 분석을 근거로 동굴내 퇴적은 유수(流水)와 관계 있음을 제시 원지(原地) 불 사용 흔적은 아니라고 보고 있다[43].

비교 조건하에서 금우산유적의 불사용(用火) 흔적은 더욱 분명하다. 1978년 발굴시 불사용 문제를 주의하여 재 퇴적과 재층퇴적을 발견하고 동시에 재층유물의 탄소량(碳量)을 분석하였다. 1984년 A지점 발굴중 당시 인류의 생활면상에 분포된 재퇴적층은 인류의 불사용과 관계된 것이 확실하다는 내용이 확인 되었다. 1993~94년 발굴과정에서 재차 불사용 흔적 발견후 불사용(用火) 문제가 중시되면서 발굴자들은 발견된 근항을 전문가 들로 하여금 실험연구 하도록 하였다. 실험결과의 노출은 인공적으로 가열된 돌편(石塊),

또는 불위에 올려진 돌편의 사용(활용)은 인류활동시 고위적으로 사용한 것이 확인 되었다. 거주면상의 재 퇴적층 외에 A지점 및 C지점에서 숯 층(灰燼層)이 확인되었다. 재 퇴적층(灰堆)은 불사용 흔적의 원지매장(原地埋藏物)물이다 ; 숯 층(灰燼層)의 상황은 비교적 복잡하다. 어느 경우 유수(流水) 또는 기타 작용의 이동에 의해서 형성된다[44] (도2-9).

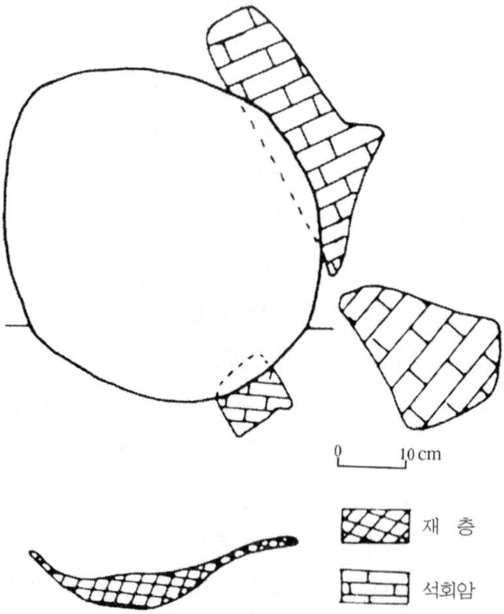

도 2-9. 금우산 5호 재층, 평, 단면도(고옥재, 1996)

전체적으로 보면, 이러한 발견의 설명 중에 중기 홍적세의 인류가 이미 불을 사용한 것이 설명된다. 그러나 간단히 불사용(用火)을 하였을 뿐만 아니라 일정하게 불을 통제(控制), 불의 관리의 능력도 갖추고 있었다. 불의 이용은 초기 인류문화 발전의 하나의 중요한 사건이다. 불의 사용은 인류가 음식을 익혀먹어 소화를 용이하게 해서 인류 체질 발전을 직접적으로 촉진 시켰다. 또한 불의 사용은 고인류가 비교적 한 냉(寒冷)한 지역에서 생존하는데 있어서 그들의 활동영역을 확대시켜 주었다.

5. 생계(生計)

야외유적과 비교하면 동굴유적은 동물 뼈 등과 고인류 생계활동과 관계된 증거를 비교적 잘 보존하고 있다. 중기 홍적세의 북방 북부지역에 풍부한 동굴유적으로 특히 주구점, 금우산 유적 등에서 당시 인류 생계활동의 자료들을 구 할 수 있었다. 근래에 점차적으로 학자들이 더욱 관심을 가지고 이 방면에 연구를 하고 있으며 많은 새로운 연구 성과의 자료를 얻을 수 있는데 그 중에서 주구점 북경원인 유적은 더욱 돌출되어 있다.

북경원인유적의 종합적 연구 성과에서 나타난 바에 의하면, 중기 홍적세의 주구점 부근의 환경은 현재와 차이가 그리 크지 않다. 용골산(龍骨山)의 북쪽과 서남쪽은 산으로 에워 쌓여져 있고, 동남방향은 넓은 평야, 주구강(周口河)은 용골산의 동쪽으로 흐르고 있다. 다만 당시의 강물은 지금보다 훨씬 많았다. 식물화분분석과 동물군의 생태 특징에 의하면 당시 산 지역에는 삼림(森林)이 무성하고, 평원에는 수초(水草)가 풍성한 초원(草原) 이 었다. 이러한 복잡 다양한 지리환경은 초기 인류 거주에 많은 편리한 조건을 제공, 따라서 수십만년동안 북경원인은 이곳을 언제나 드나들었으며, 때로 원인동굴(猿人洞)에서 장기간 체류하였다[45].

복잡 다양한 생태환경에 직면하면서 당시 인류의 생산 활동은 여러 가지 선택이 가능하였다. 일반적으로 직립인의 생계는 채집과 사냥이다. 채집의 대상은 주로 식물의 과실(果實)과 뿌리(根莖)이다. 북경원인 역시 마찬 가지였다. 주구점 동굴내에서 발견된 대량의 불에 탄 씨앗(朴樹籽, 박수자)은 일부학자들은 북경원인의 음식중 하나로 보고 있다. 유감스러운 일은 연소탄화(炭火)된 식물종자는 보존되었는데 기타 식물은 남아 있는 것이 없다. 이것은 북경원인이 식물자원을 채집한 것이 분명함을 제시하여 주고 있다.

북경원인 사냥 근거로서는 동굴내에서 대량의 동물 뼈가 발견되었다. 북경원인 유적에서 발견된 척추동물 화석 종류는 100여종 이다. 그 중 대형의 포유동물화석이 절반 이상을 차지 한다. 그러나 이러한 동물의 개체 수량과 층위의 분포는 상당히 큰 차이가 있다. 또한 모두 인류활동과 연관된 것도 결코 아니다. 그 중에 개체 수량이 가장 많고 층위 분포가 비교적 광범위 한 것은

중국하이에나(中國鼠狗)

큰 뿔 사슴(腫骨鹿)

갈 씨 꽃 사슴(葛氏班鹿)

삼문말(三門馬)

주구점 쌍뿔소(周口店雙角犀) 등이다.

하이에나는 일종의 무서운 육식 동물이다. 하이에나 뼈는 화석이 집중된 층위에는 드물 거나 또는 인류문화의 유물이 없는 곳에 있었다. 이러한 상항은 비록 수량이 많지 만 하이에나는 인류의 사냥대상이 아니라는 것을 설명하여 준다. 하이에나와 상항이 다른 것은 사슴류화석이 대량으로 층위내에서 출토, 그 중 대부분이 불에 탓 거나 인공이 흔적이 있다. 사슴류 사망 계절의 연구에 의하면 큰뿔 사슴과 꽃 사슴등은 사망 계절의 차이가 있다. 이것은 북경원인이 여름 끝이나 초 가을에 꽃 사슴을 사냥하고 초 겨울에는 큰뿔 사슴을 사냥한 것을 나타내어 준다, 여기에 따르면 당시 인류는 사슴류를 주된 사냥대상으로 삼고, 서로 다른 계절에 서로 다른 사슴류를 사냥한 것을 나타내어 준다[46].

중기 홍적세 인류가 동물자원을 이용한 상 항은 금우산 유적에서 뚜렷이 증거를 제시하고 있다. 비록 금우산유적에서 주 구점처럼 풍부한 석제품이 발견되지 못하였지만 동물 골격은 대단히 풍부하다. A 지점에서 1993~1994년 사이에 발견된 동물뼈편이 1만 여점이 된다. 상술한 바와같이 그러한 동물뼈들의 분쇄는 대부분 재퇴적층(灰燼) 부근에 있었으며, 그 절대 다수가 사슴

류의 뼈들, 그 뼈위에 인공 흔적 확인되고, 석제품으로 자른 흔적도 보이고 있다. 이러한 현상은 인류의 활동과 밀접한 관계가 있다. 주구점의 상항과 비교하면 금우산인은 사슴류를 사냥대상으로 삼았다.

그러나 중기 홍적세 인류 사냥 능력 인식 문제에 있어서는 근래 매장학 연구의 부단한 탐구로 개변할 가능성도 있다. 과거에는 석제품과 공존된 동물 뼈들은 왕왕 원시인들의 사냥 증거물로 제시 되었다. 그러나 근래 매장학과 동물고고학의 연구 결과에 의하면 특히 매장원인과 유물상처 흔적의 분석에 따라 년대가 오래 된 구석기시대 유적의 퇴적형성 원인에 대한 설명도 대단히 복잡하여 졌다. 다만 간단하게 그 해석을 사냥활동에 한하면 그것은 초기 인류 사냥 능력 원인의 하나만 평가된 것이다. 중기 홍적세 인류는 그들의 조상과 마찬가지로 육식류 동물을 먹고 남긴 것과 죽은 동물 등이 중요한 음식(食物) 래원으로 보았다.

상술한 바와 같이 중기 홍적세 생계의 또 하나의 활동은 식물(植物)자원을 이용한 것이 였다. 북방 북부의 이러한 유형의 활동은 일정한 분량(分量)이 확보 되었다. 이러한 유형의 식물류 실증 증거는 직접보존 되기가 대단히 어렵다. 다만 석기조합에 의하면, 석제품의 상처분석으로 인하여 그 관계 자료를 얻을 수 있다. 석기조합의 상항에 의하면 본 지구(本區) 각 유적에서 발견된 석기조합은 석편석기(石片石器) 위주이다. 그것은 긁개위주이며, 첨두기도 일정한 위치차지, 대형의 찍개의 비중은 제한 되어 있다. 소형의 날카로운 날을 이용한 석기조합은 동물의 살(肉, 고기살), 가죽(皮類) 등을 처리하는데 적합하다. 그러나 추정은 아직 더 많은 증거가 필요하며, 더욱 도구사용 흔적에 대한 분석 작업이 절실히 요구되고 있다.

6. 소결(小結)

이상은 북방지구 북부의 몇 곳 전형적 중기 홍적세 유적을 살펴보았다. 소수 학자의 견해는 이 지역 당시의 구석기 문화 특징을 다음과 같이 보고 있다.

(1) 유적의 유형, 이 지구는 동굴유적이 비교적 많다. 몇 가지 문화를 풍부하게 포함한 유적은 모두 동굴유형이다. 예로 주구점제1지점, 금우산 A와 C지점, 묘후산 등이다. 그것은 당지 지리위도(地理緯度)와 관계가 있으며, 중간위도(中緯度)는 겨울철이 추워서, 동굴은 인류의 추위를 피하는 장소가 되었다. 이유는 비교적 많은 동굴유적이 발견되었기 때문이다.

(2) 몇 곳 유적 모두 불사용(用火)흔적이 있다. 특히 북경원인유적에서는 두터운 재층 발견, 금우산은 원형의 재(灰) 퇴적 등의 모두 불의 사용은 이 지구 구석기시대 초기 문화의 하나의 중요한 특징이다. 이것 역시 본 지구 위도와 환경과 연관되어 있다.

(3) 분 지역의 석기는 뚜렷한 특색을 가지고 있다. 어느 학자는 화북지구(華北地區)의 소석기(小石器)전통으로 귀납시키고 있다. 석기형체(形體)는 보편적으로 작고, 긁개위주이며, 첨두기도 중요한 위치차지, 찍개는 상대적으로 소량이거나 없다. 이것이 이 지역의 석기 특징이다. 석기 제작 기술은 모두 직접타법위주, 그러나 충돌타격법도 중요한 위치차지, 더욱 맥석영(脈石英)위주의 석재이다.

상기한 바와같이 석기 특색은 대단 복잡하다. 당연히 자연환경. 경제유형 그리고 문화전통과 일정한 관계가 있다. 환경인수(因素)는 석재가 중요한 위치를 차지한다. 예로 석기 형체가 비교적 작은 것은 석재자체가 비교적 작은 것과 연계가 있다 ; 충돌타격법의 광활한 사용은 맥석영의 암질(巖質)과 관계가 있다. 환경인수는 직접적으로 원시인류 생산활동에 직접영향을 주며 또한 여러 경제 유형을 형성한다. 예로 식물자원이 풍부한 지역은 채집경제위주 이다 ; 그러나 동물자원의 이용이 용이 한곳은 수렵경제가 더 중요하다. 북방지구 북부는 홍적세 중기의 대부분 시간이 온대초원(草原) 환경이 었다. 이러한 환경에서 생존한 초기 인류는 대부분 동물육식(肉食)에 의존 하였다. 더욱 수렵 또는 육식동물이 먹고 남긴 것은 모두 날이 예리하고 뾰족한 소형 도구가 필요하다. 북방북부 중기 홍적세 석제 도구의 총체적 면모는 상기한 내용과 밀접한 관계가 있다.

(2) 북방남부(北方南部)

1. 유적의 분포

북방지구 남부(南部)의 남쪽 한계선은 진령(秦嶺) - 준하(淮河)선으로 산동(山東), 하남(河南)의 북부, 하북(河北)과 산서(山西)의 남부, 섬서(陝西)의 중부에서 감수(甘肅)의 동부지역 까지 포함된다. 이 지역에서 발견된 중기 홍적세에 속하는 지점은 비교적 많다. 다만 영세한 지표 채집이다. 그 중에서 몇 곳은 비교적 많은 작업을 실시, 그리고 재료가 풍부한 지점은 주로 진(晋), 섬(陝), 예(豫) 등 3성(省)의 경계지점 및 그 부근 지역이다. 이 지역은 야외 유적이 많고, 동굴유적은 드물다.

(1) 진. 섬. 예 경계 지역

이 지역은 북방남부의 핵심지구, 고고학 작업이 일찍이 시작되었다. 이 지역내에서 발견된 유적은 야외유적이 많고 소량의 동굴유적이 확인되었다.

가장 중요한 발견의 하나는 섬서남전(陝西藍田) 경내의 진가와자(陳家窩子)유적으로, 유명한 남전인(藍田人) 아래턱이 발견된 지점이다. 진가와자 지점의 노출된 단면은 30 m 두께, 위에서 아래로 9층으로 나누어 졌다[47]. 이 단면은 가장 아래층이 황색의 모래. 자갈층외에 기타 각층은 황토와 고토양(古土壤)이 교차 퇴적되었다. 그 중의 제5층은 홍갈색 세(3)줄이 밀집된 고토양, 여기에 칼시움결핵(calcium, 鈣質結核), 이것은 곧 이석황토(離石黃土)의 표지층의 홍삼조(紅三條)와 같다. 즉 새로히 구분된 황토(黃土)와 고토양계열의 S 5이다. 인류아래턱은 이 홍삼조(紅三條) 이래에서 출토, 즉 단면의 제6층이다. 이 층은 담홍색(淡紅色)의 고토양, 인류화석외에 표범, 호랑이, 코끼리, 갈씨꽃사슴, 큰뿔사슴, 이씨멧돼지(李氏野猪), 너구리(獾) 및 여러 종의 설치류 화석이 있다. 동물군성원(成員)은 중기 홍적세 특징 표명, 환경특징은 공왕령(公王嶺) 동물군과 차이가 크며, 온난한 아열대 종은 사라지고 대부분이 초원위주, 서늘한(溫凉) 한 기후의 종류이다. S 5의 절대년대 측정은 지금부터 50만년 전이다. 비록 진가와자의 인류화석과 석제품은 S5의 년대보다 이른 고지자 측정이 60만년으로 산출되고 있다[48] (도2-10).

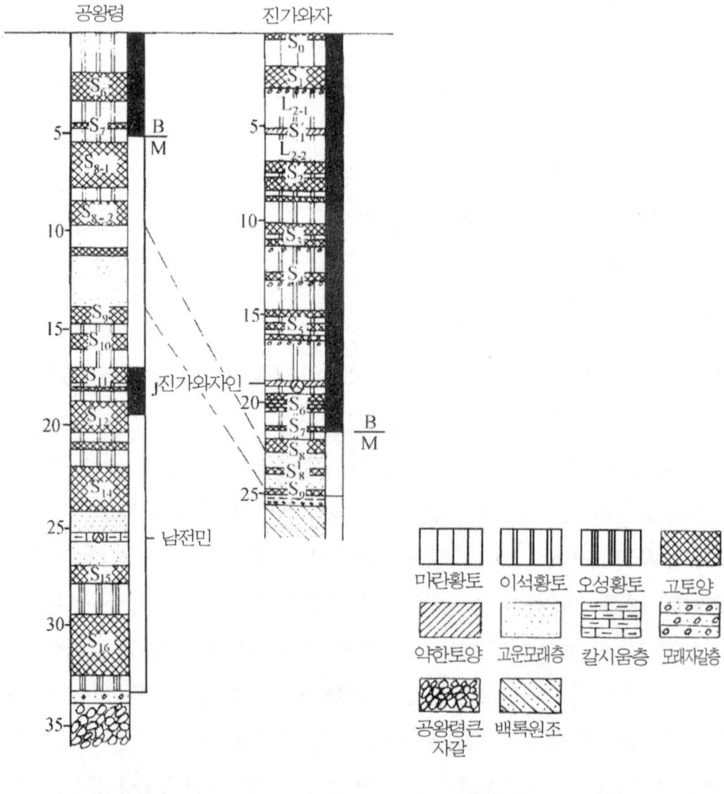

도 2-10. 공왕령과 진가와자지점 고자기층위 주상도(기둥현 도면)(손건증, 1990)

진가와자와 거리는 멀지 않은 암하유적(匼河遺址)군이 산서성(山西省) 예성(芮城) 암하부근에서 발견되었다. 그 곳은 중조산(中條山) 남쪽산 마루의 황하(黃河) 왼쪽 언덕(左岸)이다. 남북으로 연장산 10 km를 따라서 11곳의 구석기시대 지점(地點)이 확인 되었다. 1957년부터 발견되기 시작하여 여러 차례 발굴도 실시 되었다. 이미 발표된 자료는 암하(匼河) 6054, 독구남구(獨頭南溝) 6055 등 두 지점 위주로 1960년 발굴이 실시되었다[49].

암하지점단면은 가장 아래는 상신세(上新世 Pliocene)의 니회암(泥灰岩)층이다. 이 니회암위가 곧 석제품과 동물화석의 주황색(朱黃色) 역석층으로 1 m 두께. 그 위는 약 4 m 두께로 엷은 갈색이 교차된 모래층, 두께는 약 1 m 의 회황색 고운 모래층이다. 그 위에 다시 고토양과 투명한 자갈층이 고운 모래를 포함한 홍색으로서 21 m 두께. 최정상은 약 2 m 두께의 자갈. 회황색 고운 모래와 모래질 황토이다. 문화유물과 동물화석은 전형적 하류퇴적(河流相堆積) 내에 있다. 유물의 마모 정도에 의하면 먼 곳에서 운반되어 왔다.

암하유적군 시대의 판단에 대해서는 진가와자 황토퇴적의 편리함에 미치지 못하고 있다. 이곳에 비록 많은 포유동물화석, 여러 종의 코끼리류, 사씨(師氏) 검치코끼리, 동방감치코끼리와 나마(納瑪象) 코끼리 등이다 ; 또한 말, 물소, 들소, 멧돼지, 털코뿔소 등이 있다 ; 사슴 3종: 큰 뿔 사슴, 편각(扁角) 뿔 사슴, 꽃사슴 등이다. 그러나 이 동물군은 시대반영에 대하여 여러 가지 의견이 제시 되고 있다. 일종(一種)은 중기 홍적세 초기로 북경원인시대보다 이르고, 다른 일종은 북경원인과 같은 시기로 보고 있다[50]. 그러나 근래의 연구에 의하면 이 유적군은 여러 시기의 유적으로 분리되고 있다[51].

암하구석기 지점은 강(河床)을 건너서 하남삼문협(河南三門峽)과 마주 보고 있다. 1960년대에 몇 곳의 석기지점이 확인되었다. 대부분 석제품이 홍색토의 여러 층위에서 채집되었다. 그것들은 홍적세 중기에 해당된다. 이 곳 지점의 분포, 매장상황은 암하와 비슷하다. 그 중 비교적 중요한 곳은 수구(水溝)와 흥회구(興會溝) 등 2곳이다. 삼문협시(市) 동북 지역의 회흥진(會興

鎭)과 상촌(上村)사이에 두 줄의 물줄기가 황하(黃河)로 유입되어 다시 2곳으로 분리되는 지점이다. 석기매장은 지표하의 50 m 깊이의 점토와 고운 모래가 교차된 중간에서 확인, 그 위는 홍색토, 아래는 모래층과 강자갈층이다[52].

시기가 전자보다 늦은 곳에서 대협인(大荔人)이 발견되었다. 대협인 지점은 섬서 대협현 단가향 해방촌(陝西大荔縣段家鄕解放村) 부근의 감수구구(甛水溝口) 이다. 이 지점은 황토 언덕과 위하(渭河)계곡의 만나는 지대에 위치하고 있다. 낙하(洛河)는 그 부근 지구에 3급 계지를 형성하고 있다. 대협인 화석, 구석기 및 동물화석은 제3급 계지의 바닥의 모래 자갈층에 있었다. 낙하 3급 계지 퇴적 상부는 여러 줄의 고토양줄기의 황토와 황토상 암층(岩層)이 계제 되어 있었다. 아래는 회록, 회백색 사질 점토와 자갈층 이다. 유적이 위치한 지층단면은 13층으로 나누어 졌다 : 최상층은 회황색 고운 모래층, 두께 7.6 m ; 제2층은 담종홍색의 고토양층으로 3 m 두께 ; 제3층은 회황색의 고운 모래층, 7 m 두께 : 제4층은 엷은 종홍색의 고토양, 2 m 두께 ; 제5~10층은 회황색 고운 모래층, 갈색의 거칠은 모래층, 황록색 점토층, 회황색 사질 점토층, 회황색점토띠의 고운 모래와 엷은 자색의 거칠은 모래층이다. 제11층은 종갈, 회갈색모래.자갈층, 이것들은 마모가 둥글게 이루어지고, 동물화석, 석제품 및 대협인 두개골화석을 포함하고 있다. 그 아래층은 부정합면(不整合面), 그것들이 다시 회록색 사질점토층과 회백색 자갈 모래층으로 나누어 졌다[53][54] (2-11).

상기한 층위 상황은 대협인 화석 및 그 문화유물이 하류상(下流相)퇴적 아래에 매장된 것을 나타내어 주며, 그 위의 제5층에서 10층까지의 형성과정은 하류의 영향을 받은 것으로 나타났다. 제4층 이상은 2개의 고토양층으로 나누어 지며 S 1, S 2로 비교 가능하다. 여기에 근거하면 대렵인 생활시대는 S 2 보다 이른 시기에 형성된 것으로 볼 수 있다. 이 결과는 포유동물화석이 근거가 된다. 포유동물시각에서 보면 대렵인지점에서 발견된 11 종속은 큰뿔사슴, 보씨영양(普氏羚羊), 고능치상(古棱齒象), 말, 물소, 하리(河狸)등이다. 동물

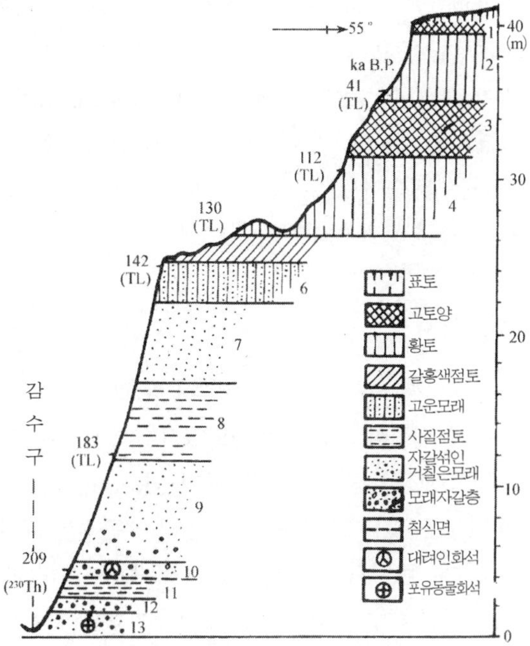

도 2-11. 대려인 지점층위단면도(손건중 등, 1990)

군의 전체 성질은 홍적세 중기에서 후기로 넘어가는 과도기 특징을 보여주고 있다. 즉 중기 홍적세 후기에 속한다[55]. 우라니움 년대측정 결과는 20만년 정도. 식물화분은 많지않다 : 다북쑥(호, 蒿), 국화(국, 菊), 질리풀(려, 藜) 등 초본식물; 소나무(松), 백양나무(柏), 운삼(云杉) 등 침엽수 등이다. 식물화석과 동물화석등은 당시 환경이 비교적 건냉한 기후를 반영한다.

이곳의 중기 홍적세 동굴유적, 발견된 수량과 퇴적의 규모는 북방지구 북부(北部)에 미치지 못 한다. 1950년대 발견된 남해곡 동굴(南海梏洞穴)은 산서성 환곡현성(垣曲縣城)에서 서남쪽에 있는 바다계곡 언덕상에 위치하고 있다. 동굴입구 높이는 동굴바닥에서 6 m, 부근에 황하(黃河)로 유입되는 하나의 작은 강(小河)있다. 이 유적은 발굴전에 심하게 파손되었으며, 북쪽에 부분적인 퇴적이 남아 있다. 문화 유물이 가장 많이 남아있는 지점의 관찰에 의하면 위에서 아래로 불에 탄 뼈들이 발견되었다. 포유동물은 털코뿔소, 사슴류와 멧돼지등으로 그 중에 1점은 주구점제1지점에서 발견된 마카카원숭이와 거의 같은 원숭이(獼猴)아래턱이다. 이곳의 시기는 북경원인과 비교적 접근되는 중기 홍적세 이다[56].

(2) 분하(汾河) 유역

진(晉), 섬(陝), 예(豫) 경계지역 의 북부에 위치하고 있는 분하유역에서도 이 시기에 인류가 활동한 지점이 발견되었다. 지점의 분포는 분하유역의 강 계곡 지대이다. 비교적 집중된 곳은 하류의 양분정촌(襄汾丁村)과 중류의 태원고교(太原古交)부근이다. 그 중에 정촌(丁村)부근에서 발견된 몇 지점은 전형적이다. 1950년대 정촌부근의 3급계지 퇴적내에서 발견과 동시에 후기 홍적세 초기의 구석기지점이 발굴되었다. 1970년대 이래 제4급계지 퇴적내에서 새로이 초기 구석기시대 지점이 발견되었는데, 그 위치는 백마서구(白馬西溝) 남쪽 단애의 79:01 지점, 해촌서구(解村西溝)의 79:02 지점, 남채촌장(南寨村場) 강단애 79:03 지점, 상장구(上庄溝) 79:04 지점 등이다[57].

시굴된 해촌 지점은 부하동쪽강안의 4급계지에 위치, 석제품은 55 m 두께의 중앙회백색, 거칠은 모래층 및 그 밑의 칼시움판층(鈣板層)에서 발견되었다. 정촌일대에서는 이석 홍토퇴적을 정확하게 살펴 볼 수 있다. 더욱 분하서쪽 강안(西岸)에 대단히 발육되었다. 이석황토내의 17층에 이르러서 고토양층이 있다. 고토양층은 위쪽은 느슨하고 아래 쪽은 조밀하다. 그 색깔은 대부분 종홍색 또는 자홍색이다 ; 바닥에는 대부분 칼시움핵층(鈣結核層)이 존재, 어느 곳은 대단히 발육 밀집배열 되어 층상(層狀) 또는 판상(板狀)을 이루고 있다. 중기 홍적세 후기에 이르러 분하(汾河)의 하절작용(下切作用)에 의해서 분하강계곡에 일찍이 형성된 이석황토가 절단되기 시작하여 해촌

서구등 몇 지점의 4급계지(4級階地)가 퇴적되었다. 따라서 이 지점의 시기는 당지의 이석황토보다 늦어 중기 홍적세 후기에 속한다(도2-12).

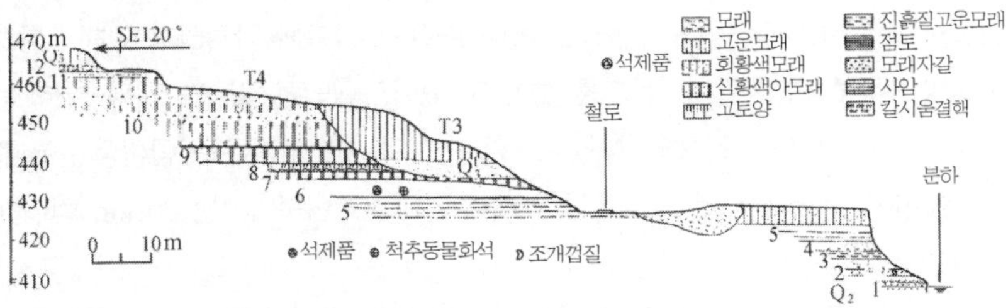

도 2-12. 해촌서구지점 층위 단면도(왕건 등, 1994)

고교(古交) 일대에서 발견된 구석기 시기는 비교적 초기이다. 1980년데 정식 발굴실시, 수백 점의 석제품이 발견되었다. 그러나 이 일대의 제4기 지층은 전자보다 발육되지 못 하였다. 황토가 일층 일층 겹쳐서 쌓여서 단면은 20 m 두께이다. 발굴된 후량(后梁)지점의 단면은 상하로 크게 2층으로 나누어 졌다 : 상층은 모래질 홍토, 20 m 두께, 유물 없다 ; 하층은 미홍색 아점토, 두께 4 m, 다시 3개 층위로 나누어 진다 : 상면은 고토양층, 석제품 소량, 두께 1.3 m. 중간, 풍부한 원생의 칼시움결핵(鈣結核), 두께 1.2 m. 석기(石器) 지점은 분하수면에서 100 m 높이에 있다. 해발 1100 m. 주위에는 기복이 낮은 산들이 있다[58].

고교(古交) 부근 황토 지층의 년대는 뚜렷하지 않다. 그러나 근년래 태원시(太原市) 교외에서 새로이 발견된 토당(土塘)등 지점은 비교적 뚜렷한 지층이 노출되고 있다. 태원분지의 이석황토 퇴적은 비교적 먼 산 지역에 발육되었다. 토당일대의 황토단면은 뚜렷하게 다층 고토양과 황토층 사이의 분포 상황을 보여주고 있다. 새로이 발견된 석제품은 단면상 가장 발육된 고토양층 즉 S 5에서 출토, 이 석제품의 주인공은 중기 홍적세의 따뜻한 기간에 이곳에서 생활한 장본인들 이다.

(3) 낙남 분지(洛南 盆地)

진(晋). 섬(陝). 예(豫) 3성(省)의 교차지점 남쪽의 낙남분지(洛南盆地)는 근래에 중기 홍적세 고고발견이 가장 많은 지역의 한 곳이다. 낙남분지는 진령산구(秦嶺山區)의 동쪽, 진령산 주봉(主峰)의 남측에 위치하고 있다. 황하 중류의 남낙하(南洛河)는 분지를 흐르고 있다. 남낙하 및 그 지류(支流)는 양측이 2~3 계지에 분포되어 있다. 신 발견의 석기지점은 낙남현성(洛南縣城) 주위에 분포되어 있다, 그 동서 길이 50 km, 남북너비는 30 km 범위에 있다(도2-13).

그 중 용아동(龍牙洞) 동굴유적 및 200 여 곳의 야외 지점(地點)이 있다[59]. 용아동 유적은 낙남현성에서 동북방향으로 3 km 지점의 동하촌(東河村) 북쪽

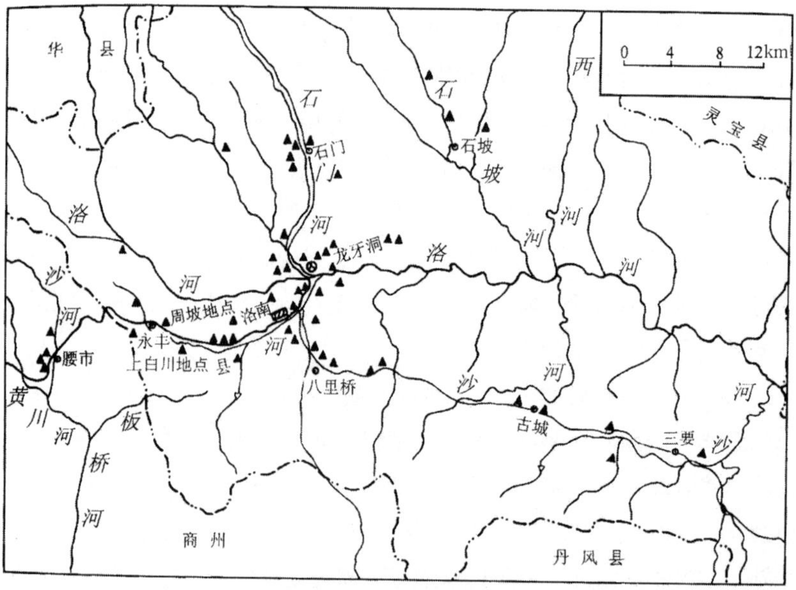

▲ 야외지점 ◎ 용아동유적

도 2-13. 낙남분지구석기지점분포도(왕수강 등, 2001)

의 화석낭후(化石浪后) 산 언덕 상에 위치하고 있다. 그곳은 캠부리안기(Cambrian, 寒武紀) 망욕조(輞峪組) 석회암상의 균 혈 형태의 동굴이다. 동굴내의 면적 20 ㎡, 그러나 석제품등 문화유물이 대단히 풍부하다. 동굴퇴적은 5층으로 구분, 위에서 아래로 1층, 느슨한 황갈색 모래아점토층, 그 안에 대량의 석회암 각력(角礫), 석영암 강자갈, 동물뼈편 및 대량의 석제품, 두께 0.5-1.6 m ; 2층. 홍갈색 사질점토, 석회암각력, 석영암강자갈, 동물화석, 만여 점의 석제품, 주된 문화층, 두께 1.8-2.6 m ; 3층, 담황색 사질층, 숯, 동물화석, 석제품출토, 두께 0.5 m ; 4층, 황색의 느슨한 모래-잔자갈, 강자갈 마모가 크다. 화석,석제품 출토, 두께 0.3 m ; 5층, 회갈색 풍화각력층, 화석.문화유물 없음, 기반암 바위위층(도판6 : 도2-14)

용아동의 동굴입구를 제외하고 기타 지역은 정식 발굴되었다. 동굴외부 퇴적은 2급 계지 후부(後部)의 언덕퇴적물, 위에서 아래로 8층으로 나누어진다. 그 중 최하층은 느슨한 모래.자갈층으로 화석과 석제품 출토, 동굴내의 4층에 해당된다 ; 최하 두 번째 층은 느슨한 황색 고운 모래질토, 소량의 동물화석과 석제품 포함, 동굴 2층 즉 주된 문화층에 해당된다. 동굴내부, 외부 퇴적의 발육과정에 의하면 동굴4층과 동굴외부 최하층 형성시 인류는 강변에서 활동, 석제품등 유물을 남겨놓았다. 이 시기는 인류활동 초기 단계이다. 동굴 3층과 동굴외부 아래 2층의 황색퇴적은 건냉기(乾冷氣)에 형성, 그러나 이때 인류는 계지와 동굴내에서 활동, 문화유물을 남겨 놓았다. 동굴 2층과 동굴외부 3층의 홍색아점토퇴적은 기후가 온습기(暖濕期)에 형성, 이때 인류는 용아동동굴 및 그 부근에서 활동한 최성기(最盛期), 대량의 유물을 남겨 놓았다.

낙남분지의 계지상(階地上)에 발육이 비교적 잘된 이석황토(離石黃土) 퇴적이 있다. 대량의 중기 홍적세 석기지점이 황토퇴적내에 매장되너 전형적인 것을 주파(周坡) 단면이 보여주고 있다. 주파단면은 부분적으로 135 m 가 노출되어 있다. 그것은 18층으로 나누어졌다. 최상 2층 전신세(全新世, 沖積世)

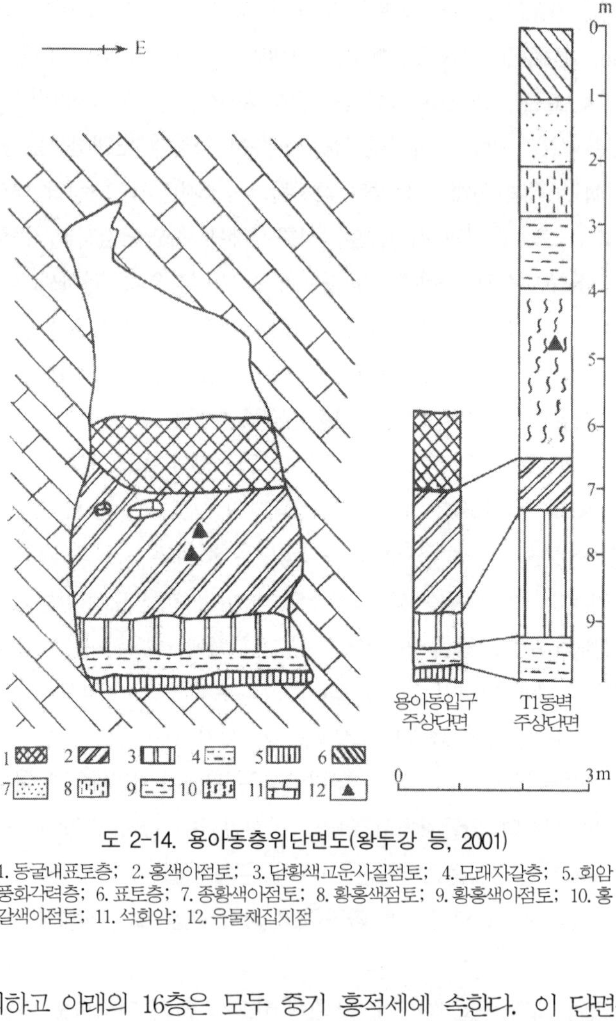

도 2-14. 용아동층위단면도(왕두강 등, 2001)

1. 동굴내표토층; 2. 홍색아점토; 3. 담황색고운사질점토; 4. 모래자갈층; 5. 회암풍화각력층; 6. 표토층; 7. 종황색아점토; 8. 황홍색점토; 9. 황홍색아점토; 10. 홍갈색아점토; 11. 석회암; 12. 유물채집지점

것을 제외하고 아래의 16층은 모두 중기 홍적세에 속한다. 이 단면상에서는 5개의 비교적 뚜렷한 옅은 황색 고운 모래층이 관찰되었는데 그것들은 기후가 건냉한 시기에 형성된 표지적(標誌的) 층위이다 : 그것들은 4층 아래, 7층 아래, 13층 아래 및 16층 아래층으로 나누어 졌다. 황토층과 상대적인 것은 5개의 고토양층으로 확인, 그 중 제3층은 S 1, 15층 상부에서 14층까지는 S 5

이다. 단면내의 석제품은 위에서 아래로 확인 되었다. 다만 상부의 7층 상. 하층이 가장 많았다. 이것은 인류활동의 가장 번성시기가 S2-L3 퇴적형성시기 사이라는 것을 설명하여 주고 있다(도판 7).

상기한 두 곳 유적은 각 각 열광석(熱釋法) 년대측정법으로 산출되었다. 측정 결과는 황토지층 서열을 설명 하여 주고 있다 : 주파(周坡) 단면은 2급 계지상의 석기지점의 시대가 중기 홍적세 중.후기에 속한 것을 대표하여 주고 있다. 용아동(龍牙洞)의 주된 문화퇴적이 동일시기에 형성되었다. 동굴내부와 동굴외부 더욱 이른 시기 것은 아직 절대년대 측정수치가 없다. 다만 S 5 시대에 근거하면 분지(盆地)내의 최초의 인류활동 시기는 적어도 지금부터 50만년 정도시기부터 시작되었다. 그 외 몇 학자들은 용아동 북측의 균열동굴내의 직립인 화석에 근거, 그리고 공생의 큰곰과 맥 짐승(貘)등의 화석에 의해서 초기 인류의 이 일대의 활동시기는 더욱 이른 것으로 판단되고 있다[60].

(4) 경천 대령상(涇川 大嶺上)

북방지구에서 이미 발견된 중기 홍적세 고 인류활동흔적은 서쪽으로 가장 먼 곳은 감숙(甘肅)의 동부까지 이르렀다. 그곳은 감숙동쪽의 경천현(涇川縣), 현성(縣城)의 동남방향으로 8 km 지점에 위치하고 있다. 이곳은 전형적인 황토고원 지역에 속한다. 북쪽으로 6 km 지점에 경하강(涇河)이 있다. 구석기는 홍색토층내의 고토양대(古土壤條帶)에서 발견되었다. 석기가 포함된 홍색토층내에 11줄의 고토양대가 있었다. 고토양은 황토퇴적과정중 기후가 온난 습윤한 표지(標誌)이다. 석기는 고토양의 제2와 제5조대(條帶)에서 출토되어, 고인류가 당시 기후환경에서 활동하기에 비교적 적당하였음을 나타내어 준다. 층위관계에 의하면 이미 발견된 석제품은 2 시기로 나누어졌다[61].

(5) 섭현 신교(涉縣新橋)

신교유적은 하북(河北)경내의 태행산(太行山) 동쪽언덕의 섭현신교촌(村) 부근에 위치, 근래에 정식 발굴된 한 곳의 중요한 유적이다. 신교의 문화유물은 이석황토 퇴적내에 매장, 중기 홍적세 인류가 황토 고원동쪽에서 활동한 기록을 제시하여 주고 있다[62].

신교유적의 지층은 뚜렷하다. 발굴단면상에서 고토양층과 황토층 사이를 분명히 보여주고 있다. 예로 발굴구역의 남벽단면의 최상의 두 층은 표토층과 엷은 갈색아점토로 나누어지며, 시기가 비교적 늦은 퇴적층이다 ; 제3층은 엷은 황색고운 사질아점토, 1.3-1.5 m 두께 ; 제4층은 엷은 종홍색 아점토, 고토양층, 소량의 석제품, 2 m 두께 ; 제5층은 엷은 홍색사질점토층, 1.1 m 두께 ; 제6층은 종홍색 사질점토, 고토양층, 석제품이 이 층의 중.상부에 분포, 1.5-2.1 m 두께 ; 제7층은 황색의 고운 사질점토, 1.5 m 두께 ; 제8.9층은 깊은 종홍색 아점토, 고토양층, 대량의 석제품, 발굴깊이 4.8 m, 아직 바닥 노출되지 않음(도2-15).

이 유적 아직 절대년대 측정결과 없으나 황토층위 서열 특징에 의하면 중기 홍적세 후기에 해당된다. 석제품의 매장특징 설명에 의하면 고인류의 활동과 고토양의 형성은 같은 시기로서, 기후가 온난한 단계이다.

(6) 임기지구(臨沂地區)

북방지구 남부 중기 홍적세 인류활동의 가장 동쪽 지점은 노남(魯南)주구까지 거슬러 내려 간다. 1980년대 초 기원현 토문진(沂源縣土門鎭)부근의 기자안산(騎子鞍山)의 균열 퇴적내에서 직립인 두개골편 및 이빨 화석이 발견되었다. 두개골과 이빨화석은 두 곳 서로 다른 곳에서 발견되었다 ; 그 외 다른 한곳지점에서는 동물화석만 발견되었다. 유감스러운 것은 3곳 모두 문화유물이 없다[63].

3곳 화석 지점은 50 m 범위 내에 있었으며, 균열퇴적의 성격도 거의 같다 :

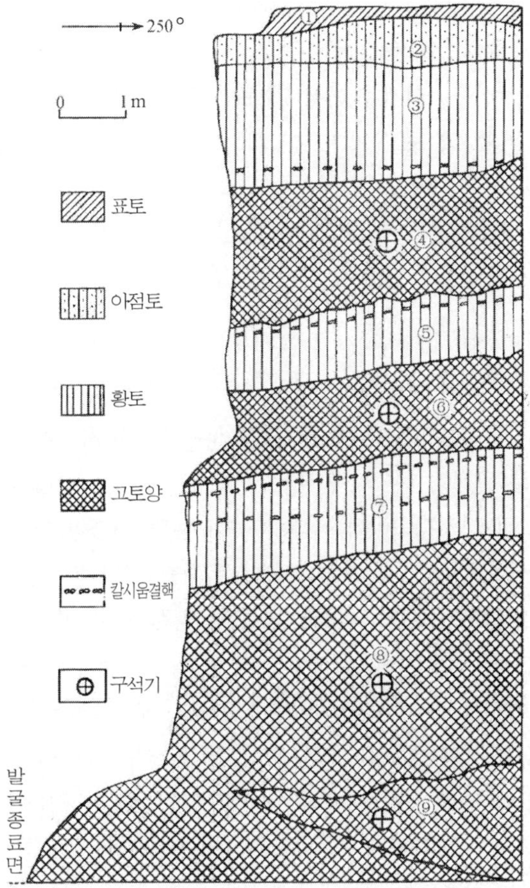

도 2-15. 신교유적층위단면도(매혜걸 등, 2001)

대체적으로 5층, 전체 두께 5 m 정도. 최상층은 느슨한 갈색 고운 사질점토 ; 제2층은 견고한 종홍색 점토층 ; 제3층은 견고한 홍갈색 고운 사질점토층 ; 제4층은 암석, 강자갈, 깨진 돌편과 칼시움판의 종홍색사질 점토층 ; 제5층은 잡색의 거칠은 모래층. 인류화석과 포유동물은 제3층에서 출토. 동물화석은 마카카원숭이. 대하리(大河狸), 하호 하이에나(鯿鼠狗), 삼문말. 메르키코뿔소, 이씨멧돼지, 큰 뿔 사슴 등이다. 동물군의 시대와 생태특징은 주구점제1지점과 크게 구별되지 않아서 양자의 시대와 생활 환경 이 비교적 접근되고 있음을 설명하여 주고 있다. 이 지점의 우라니움 년대 측정결과는 31만년 정도이다[64].

(7) 소결(소결)

본 지구에서 이미 발견된 중기 홍적세의 구석기유적은 대단히 풍부하다. 그 중에는 야외유적과 동굴유적포함, 전자는 황토 퇴적 내에 매장과 하류(河流)상(相) 퇴적등 2종의 서로 다른 상항이다. 본 지구는 황토고원의 중심지구이며, 대부분 유적이 황토지층 또는 이와 관계된 퇴적내에 매장되었다. 본 지구의 황토퇴적의 지층학특징은 특히 근래 황토 지층학연구의 발전에 의해서 뚜렷하게 서로 다른 유적의 상대 년대 위치를 비교 할 수 있다. S 5의 지점보다 이른 남전진가와자의 직립원인 화석 발견은 이 고인류가 본 지구 중기 홍적세 초기에 활동한 증거이다. S 5 형성기 간은 중기 홍적세의 대단히 따뜻한 시기(大暖期)이며, 이때 고인류는 본 지구에서 활동범위가 대단히 넓었다. 북쪽으로 태원시(太原市)에서 시작, 서쪽으로 감숙경천등지에 이르렀으며, 이 시기의 구석기 문화 유적등도 있다. S 2 형성기간은 본 지구 인류활동의 또 한 차례 정상기이다. 구역내 각지에서 이 시기의 고인류 문화유적이 보인다. 그 중에 더욱 낙남분지에서 발견된 것이 가장 풍부하다. 상기한 발견은 중기 홍적세 초기, 중기, 후기 등 여러 시기, 모두 고인류활동 지역이다.

황토연구의 발전은 또한 초기인류가 본 지구에서 활동한 환경 특징을 제공하여 주고 있다. 황토 퇴적 내에 구석기시대 문화유물은 주로 고토양 층에서 발견되었다. 이러한 정항은 중기 홍적세 고인류가 본 지구에서 활동한 시기는 고토양발육기에 있었으며, 기후가 온난한 시기이다.

2. 인류화석

북방지구 남부에서 발견된 중기 홍적세 인류화석의 유적 수량은 비록 북부의 주구점과 금우산등지와 같이 풍부하지 않지만 발견된 인류화석지점은 오히려 더욱 많다 : 남전진가와자, 기원기자안산, 낙담용아북동과 대려감수구등 지점으로 모두 직립인 또는 초기 지인(智人) 화석등이 발견되었다.

(1) 직립인(直立人)

진가와자의 직립인 아래턱은 1963년에 발견되었다. 이 아래턱과 그 1년 이후에 발견된 공왕령 두개골을 통칭하여 남전원인(藍田猿人)이라고 부른다. 근 년래 황토지층년대 연구의 부단한 발전에 의해서 발견된 양자(兩者)의 시대 차이는 상당히 크다. 전술한바와 같이 공왕령 두개골의 년대는 지금부터 110만년 정도, 더욱 초기 홍적세 후기인류로 대표된다. 그러나 진가와자의 아래턱의 시기는 지금부터 70-60만년 전이다. 시기는 중기 홍적세 초기이다. 따라서 근년래에 고인류학자들이 자주 양자에 대하여 토론하고 있다.

진가와자 아래턱은 대부분 보존되었으며, 또한 13개의 이빨을 보유하고 있다. 이빨의 마모도는 비교적 심하다. 이 개체 사망 년 령이 비교적 많다고 보고 있다[65]. 아래턱은 비교적 많은 구멍(颏孔)이 있으며, 뒷면 어금니는 전면의 어금니 보다 크다. 아래턱의 거찰은 지수(粗状指數)는 58.1, 여성 직립인의 특징이다. 또한 주의할 가치가 있는 것은 아래턱 좌우 양측의 세 번째 어금니는 아직 나오지 않았다. 이것은 세 번째 어금니의 결실현상의 최초 기록이다. 세 번째 어금니 결실의 현상은 현대 몽고인종과 오스트랄리아 인종중 결실 비율이 가장 높다. 따라서 일부 학자들은 이 특징은 진가와자 직립인과 황인종과 밀접한 관계가 있다고 보고 있다.

동물화석 특징과 우라니움 년대 측정의 결과에 의하면, 기원원인은 본 지역 중기 홍적세 비교적 늦은 시기를 대표한다. 기원화석은 비록 심하게 파손되었으나 다만 일부 두개골 편과 이빨은 대단히 중요한 자료를 제공하여 주고 있다. 예로 두개골 앞 흉점(匈点) 있는 곳의 두께 9 mm, 이것은 북경원인의 이곳의 두께 보다 두텁다. 기원 두개골 이마뼈(頂骨), 뒷머리뼈(枕骨)과 노정골(顳骨) 접촉 지점의 두께는 13 mm 이다. 이마뼈(眉脊) 외측의 두께 16.3 mm, 중간부위 12 mm, 내측단은 13 mm 이다. 이러한 상황은 북경원인과는 정반대 이다. 북경원인 외측단은 내측단보다 얇다. 그러나 중단(中側段)은 가장 두텁거나 또는 비교적 두터운 내측단과 접근되어 있다. 이빨 크기 측정은 북경원인과 큰 차이가 없다. 다만 치대(齒帶)가 대부분 결핍되었다. 두개골은 비교적 두텁고, 이빨도 비교적 큰 것이 직립인의 특징이다. 치대 결핍은 초기 지인(智人)과 모종 관계가 있다[66].

이상 두 곳 직립인 화석 외에 낙남분지 용아동 북쪽으로 수십 미터 거리에 다른 한 곳의 균열된 작은 동굴(小洞)이 있다. 1920년대 초기 인류 이빨화석이 발견되었다. 이 표본의 치관(齒冠)의 길이와 너비는 모두 북경원인 남성 치관과 접근되고 있다. 그러나 뼈속기름수(髓腔, 수공)와 치대의 정황은 자세치 못하다. 따라서 직립인에 속하는지 초기 지인 여부는 명확하지 않다. 동굴내의 동물화석과 인류화석 연구자의 보고는 중기 홍적세 초기 또는 더 이른 시기로 보고 있다[67].

(2) 초기 지인(초기지인, Early Homo sapiens)

많은 인류화석이 발견된 예와 같이 대협인(大荔人) 화석도 우연히 당지의 지질 연구원에 의해서 발견되었다. 그리고 이 화석의 발견은 곧 많은 학자들의 관심을 집중시켜, 전후 여러 차례 과학적 조사와 발굴이 진행되었다. 비록 더 많은 인류화석이 발견되지 않았지만 풍부한 석제품 및 포유동물화석의 발견은 대협인의 행위의 특징과 환경을 이해하는데 중요한 자료를 제공하여 주었다.

대협인 화석은 일구의 비교적 완정된 두개골 이며 30세 정도의 남성의 것이다. 전체적인 관찰에 따르면 두개골은 대단히 낮고, 이마 뼈는 거칠고 크며, 뚜렷한 화살형뼈(矢狀脊)이고, 두개골벽이 대단히 두텁다. 뒷머리뼈(鱗)와 뒷머리뼈면(枕面)과 이마면(頂面)사이의 접촉으로 직각을 이루고 있으며, 이러한 모든 것은 비교적 원시적 특징 즉 직립인(Homo erectus) 에 접근된다. 다만 다른 한 방면 대렵인의 이마 뼈(眉脊)가 "팔 자형(八字形)"으로 직립인과는 완전히 다르다. 두개골의 많은 특징과 실측수치, 예로 두개골 최대 길이, 최대너비, 노정골 높이, 두개골 최대 넓은 곳의 높이 등은 모두 직립인과 후기 지인의 사이 이다. 그 결과는 초기 지인에 비교적 접근된다. 뇌량은 1100 그람, 북경원인의 평균치 보다 크다. 이러한 특징은 대협인은 직립인으로부터 초기 지인으로 넘어오는 과도기 단계 인으로 초기 지인중 비교적 이른 시기의 유형에 속한다[68) 69)].

주의할 가치가 있는 것은 대렵인은 시상척(矢狀脊, 화살형이마뼈), 이마. 뒷머리사이뼈(頂枕間骨), 관자노리뼈(顴骨) 등이 앞으로 돌출로 인하여 얼굴 부분이 현저히 평탄화 되었으며, 코뼈(鼻梁)는 높지 않고, 코 뿌리(鼻根)에는 홈(凹)이 깊지 않은 것이 특징을 가졌다. 이러한 상항은 중국경내 기타 지역에서 발견된 고인류화석과 비교적 일치하다. 그러나 배형(梨形)의 구멍(孔)이 양측의 위쪽에 있는 뼈면(骨面)이 융기된 점은 현대인 및 북경원인과 다르다. 다만 그것은 유럽의 네안데르탈인(Neanderthalensis) 과 같다. 후자 내용은 모종의 인적 교류가 있었다는 사실을 반영하여 준다[70)].

3. 석기 제작(石器 工業)

본 지역 석제품의 발견은 수량도 많고, 분포지역도 넓으며 지역적 특징이 비교적 뚜렷 하다. 따라서 다음과 같이 지역 별로 구분하여 설명 하겠다 :

(1) 진(晋). 섬(陝). 예(豫) 경계지역

진. 섬. 예 교차(경계) 지역의 구석기 조사와 발굴은 일찍이 시작 되었으며 발견 유물역시 대단히 많다. 단계적으로 시기가 비교적 이른 곳의 석기는 진가와자와 암하(匼河)등지에서 발견되었다. 진가와자 발견의 석제품은 수량이 많지 않다. 1964년 발굴시 출토된 인류화석 아래턱 층위에서 3점의 석제품이 발견되었다. 동시에 부근에서 1점이 채집되었다. 1975년 재차 발굴시 6점 발견. 석제품의 석재는 석영(石英), 돌마치로 직접타격 석편제거 가공, 형태 간단, 거칠며, 몸체는 비교적 작아 가볍고 소형의 석기 유형에 속한다. 이러한 상황은 본 지구 이외 유적의 석기 제작 방식과 같지 않다. 다만 석기 수량이 빈약하여 석기제작 과정의 전모를 반영시키지 못한 것으로 보고 있다[71].

암하 발견의 석제품은 진가와자와는 다르다. 이 곳의 석재는 소수 맥 석영을 제외하고 주된 것은 석영암(石英岩)이며, 그래 원은 부근 강변의 강 자갈(礫石)이다. 석편제거 기술은 직접타법위주, 때로 모루상 타격법(碰砧法)도 있다. 1점의 거대한 석편 발견, 무게 5 kg 이상, 크기 30 cm, 연구자의 추정에 의하면 " 투격법(投擊法 큰돌위에 던지는 법)"의 제작품이다. 수량이 많은 석핵, 석편의 분석에 의하면 대부분 자연면(礫石面)을 타격면으로 직접타격 석편제거 ; 준비된 타격면(打擊台面)은 드물다. 이러한 상황은 석재 사용율이 비교적 낮다는 표현이다[72].

암하석기는 찍개, 긁개, 대첨두기(大尖狀器), 소첨두기, 돌마치등이다. 찍개와 긁개의 수량이 전체 수량의 3분지 1차지. 기타 3종은 전체 수량의 3분지 1이 못된다. 찍개와 돌마치는 주로 강자갈 또는 석핵가공에 사용, 형체가 거칠고 크다. 중간형 도구는 대첨두기로서 주로 비교적 두텁고 큰 석편이 가공되어 만들어 졌다. 이러한 대첨두기는 3개면과 3개 가장자리가 교차되어 하나의 삼각형 첨두기(三棱狀尖)가 되었다. 최초로 분하유역(汾河流域)의 정촌(丁村)유적에서 발견되어 삼능대첨두기(三棱大尖狀器)라고 부른다. 이곳에서 발견된 것은 또한 구역성 문화특징을 나타내고 있다. 암하발견의 긁개와 소형 첨두기는 몸체가 비교적 적으며, 소형 석편상에 가공 되었다. 후자의 특징은 북방지구 북부의 석기 제작방법과 비교적 같다.

황하대안(黃河對岸)의 삼문협(三門峽)지구에서도 유사한 것들이 발견되었다. 석재품은 강변에서 채집된 강자갈이 석재, 암성은 석영암, 화성암(火成岩) 위주, 또한 소량의 석영, 규질암과 각혈암(角頁岩) 등도 있다. 석제품상에 보존된 특징은 직접타법으로 석편을 제거, 다만 일부 대석편은 모루상타격법으로 떼어 내었다. 석기유형중에는 찍개의 수량이 가장 많다. 반수 이상의 강자갈 또는 석핵이 직접 가공되었다. 그 다음은 돌마치 이다. 긁개는 드문 편인데 몸체는 비교적 크다. 도한 대형 첨두기가 있는데 어느 것은 원형주먹도끼(原手斧. Proto-handaxe) 유형의 것도 발견되었다. 석기제작의 전체적 형태는 거칠고 크다. 대부분 석제품상에 자연면이 남아있다[73] (도2-16).

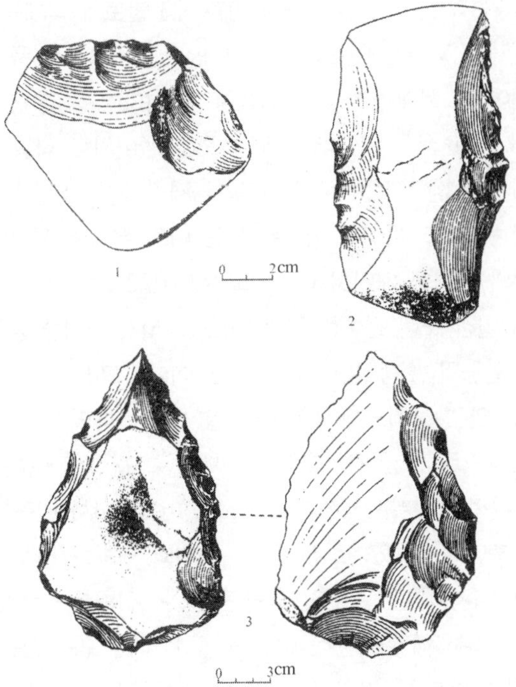

도 2-16. 삼문협지구의 구석기(황위문, 1964)
1. 찍개 2. 클리버 3. 대형첨투기

진남(晋南) 의 환곡(峘曲)경내에 비교적 많은 구석기가 발견되었다. 시기는 전자들 보다 약간 늦다. 보도된 석제품은 대부분 지표채집, 그 것들은 환곡경내의 수십 지점에 분포되어 있었다. 다수가 야외유적, 다만 남해산골(南海峪) 한곳은 동굴유적이다. 야외 지점 발견의 석제품은 강자갈 석기 위주이다. 석기는 강 자갈 제 찍개가 주류를 이루고 있다. 그것들은 비교적 긴 강자갈 끝(一端)을 가공 날을 만든 단인 찍개이다 ; 편도선형 강자갈의 한 측변을 가공 측변날 찍개도 있다. 제2가공된 석기 수량은 드물다. 다만 몇 점의 긁개가 있다. 또한 1 점의 화성암(火成岩)석편을 가공한 첨두기가 있다. 다만 형태는 북경원인 석기중의 흔한 첨두기 유형이다[74].

주의할 가치가 있는 것은 남해욕동(南海峪洞)출토의 석제품은 이 지역 야외유적에서 발견된 것과는 다르다는 것이다. 동굴내의 석제품은 주로 몸체가 작은 석편석기이다. 석재는 대부분 맥석영, 소량의 수석(燧石), 각혈암과 석영암등이 있다. 석편상의 특징에 의하면 주로 돌마치로 직접 떼여진 것들이다. 석기는 긁개와 첨두기 두 종류, 모두 몸체가 작은 소형도구이다. 대형의 찍개와 첨두기는 없다. 이러한 정항은 부근 야외 유적의 석기와 정반대이다. 북방지구 북부의 석기와 대단히 접근되고 있다(도2-17).

야외 지점의 발견 또한 전술한 곳과 다르다. 석기 조합중 중형(重型)도구는 없으며, 주로 일종의 소형석편 위주의 도구이다. 그러나 이러한 상항은 본 지역에 비교적 드물다. 최근에 발견된 유일한 곳은 대렵인(大獵人) 지점 1곳이다. 이 지점의 2차 발굴에서 출토된 석제품은 500 여점이다. 석제품은 모래자갈층에서 발견, 대부분 석제품이 심하게 마모되어서 먼곳으로부터 운반하여 온 것을 확인할 수 있다. 석재품의 석재와 크기는 강자갈과 접근된다. 대부분 석영암, 수석이며, 소수의 석영도 있다. 석편제거는 모두 직접타법, 간혹 충돌법도 있다. 제2가공은 등면위주 이다. 때로 양면 또는 벽개면 가공도 있다. 가공은 대단히 거칠다. 석기는 소형위주, 석기는 긁개위주, 그 다음이 첨두기 이다. 돌 송곳(石錐)과 조각기 등도 있다[75].

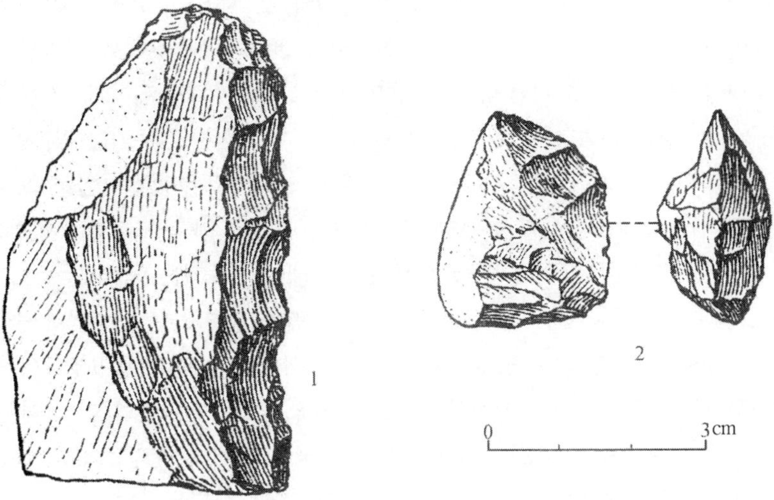

도 2-17. 남해욕 긁개(왕택의 등, 1959)

상기한 내용에 의하면 대렵인 석기는 부근에서 발견된 기타 중기 홍적세 야외지점의 찍개와 대형 첨두기위주의 석기와는 큰 차이가 있다. 이러한 차이의 원인은 여러 가지이다 : 하나는 대렵인 소 석기 위주는 그 생활이 건냉한 초원 또는 산림-초원 환경의 산물이고, 또한 구역성의 문화전통과는 관계가 뚜렷하지 않다 ; 다른 또 하나의 가능성은 예로 대렵인 두개골 상에는 기타 지역과 교류한 특징이 있다. 이러한 석기의 출현은 문화와 사람들간의 교류에 의할 수도 있다 ; 또한 석재 자체가 본래 소형 이었을 가능성도 소홀히 할 수 없다.

(2) 분하(汾河) 유역

진(晋), 섬(陝), 예(豫) 교계 구역의 북쪽, 분하강 강계곡 북쪽에 근 반세기이래 많은 구석기가 발견되고, 그 중 상당수가 중기 홍적세에 속한다. 이 구역내의 중기 홍적세의 석기에 의하면 전자와 큰 차이가 없다. 다만 석재 선택만 차이가 있다. 예를 들면 양분해촌서구(襄汾解村西溝)에서 발견된 20 여점의 석재품은 주로 각혈암, 다만 돌마치는 사암과 석회암제이다. 가장 주목을 끄는 것은 대형첨두기의 발견이다. 1점의 대형 삼능 첨두기는 각혈암강자갈이 직접가공되어 제작되었다. 강자갈의 한 곳의 평탄면 양측 변을 한 방향으로 가공하나의 삼능형 첨두기 제작, 다시 첨단의 양측을 저부로 향하여 가공, 전형적 대형 첨두기 제작. 다른 1점의 대형 첨두기는 등면사용, 자연면의 넓은 석편을 가공, 한면은 단면, 다른 1면은 양면가공, 하나의 삼능형 첨두기 제작. 또한 대석편 한 측변 가공 도끼형의 클리버(薄刃斧) 제작. 전형적인 돌마치도 발견. 석회암과 사암석재가 전체로 마모된 돌마치 이다. 찍개, 긁개와 첨두기 발견, 후자 몸체작아 중형 석기에 해당된다. 기타는 모두 대형도구 이다(도2-18).

정촌 기타 지점 역시 유사한 것들이 발견 되었다. 다만 어느 지점은 긁개 등 석편석기의 중.소형 수량이 비교적 많다[76].

분하중류(中流) 태원고교(太原古交)부근의 몇 지점, 석제품 석재 역시 분하하류지구와 유사, 주로 각혈암 강자갈제이다. 석기 몸체 거칠고 크며, 찍개위주, 동시에 많은 양의 긁개 동반. 또한 이곳에서도 1점의 대형 삼능형 첨두기가 발견되었다. 이러한 찍개등 대형 석기위주의 석기조합, 더욱 대형 첨두기 존재등은 본 지구와 분하하류등 북방지구 남부의 석기가 더욱 접근됨을 설명하여 준다. 다만 북부의 긁개등 소형 석기위주와는 크게 구별된다. 따라서 이곳은 북방남부 문화구역에 해당된다[77].

(3) 낙남분지(洛南盆地)

낙남분지는 중국북방의 과도지대(過渡地帶)에 위치하고 있다. 분지내에서 새로이 발견된 많은 구석기문화 유적은 중기 홍적세 인류활동과 중국 구석기문화 발전에 있어서 대단히 중요하다. 이곳 중기 홍적세 야외 지점 분포는

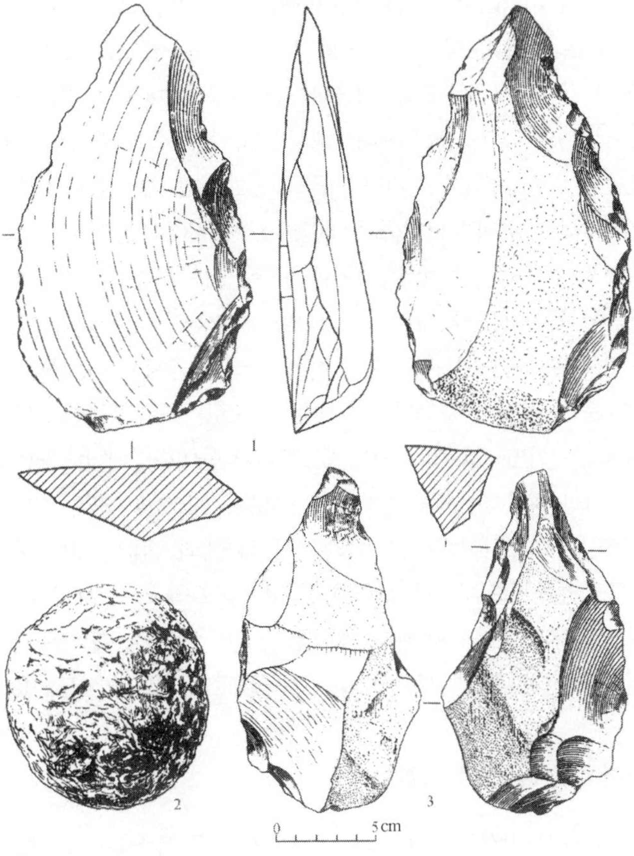

도 2-18. 해촌서구지점석기(왕건 등, 1994)
1. 대형첨두기 2. 돌마치 3. 삼능대형첨두기

동서길이 약 50 km, 남북너비 30 km 범위내에 있다. 수년동안의 조사에 의해서 발견된 석제품은 10.000점 이상이다. 석제품은 상당 수량이 토기제조용 흙 채취(窯場取土) 장소의 단면내에서 또는 도로 공사시 파해쳐진 단면내에서 채집되어 지층관계가 뚜렷하다. 그것들은 중기 홍적세의 이석(離石)황토

퇴적층이다. 각 지점에서 발견된 석제품의 수량은 일정하지 않지만 많을 경우 수백점, 소수는 수점이다. 다만 석기의 유형은 거의 일치하다. 석재품은 강변 채집의 강자갈 석재, 직접 가공된 강자갈 석기이다. 석기는 석핵, 석편과 각 종 석기이다. 그것들은 찍개, 대첨두기, 돌마치와 주먹도끼(手斧) 등이다. 주먹도끼 수량은 많지 않지만 가공의 정교함이 중국경내 및 동북아시아에서 발견된 같은 유형의 석제품중 대단히 드문 것이다(도판8).

분지내에서 계통적으로 발굴된 동굴유적은 낙남현성(縣城)에서 북쪽으로 3 km 지점의 용아동(龍牙洞)이다. 용아동 유적의 면적은 비록 크지 않지만 동굴내의 면적은 다만 20 평방미터 정도, 그러나 출토된 석제품은 77.000점이다. 석제품의 석재는 강가에서 채집한 것으로 주로 석영암, 석영등이다. 석제품은 석핵, 석편, 긁개, 첨두기 및 조각기 등이다. 외날.양날찍개 는 드물고, 돌마치와 대형첨두기등 대형석기는 없다. 이러한 상황은 야외유적에서 발견된 것과는 대조적이다[78]. 전술한 지층관계와 절대년대의 측정결과에 의하면, 동굴과 동굴외부에서 발견된 석기는 동일한 시기에 속한다. 그러나 양자의 석기조합은 크게 구별된다. 이러한 상황은 전술한 단곡분지(壇曲盆地) 에서도 출현되었다. 그 원인은 더 깊은 연구검토가 필요하다(도2-19).

(4) 경천 대령상(涇川 大嶺上)

경천대령상에서 발견된 석제품의 수량이 결코 많지 않다. 1976년 이 지점이 발견된 이래, 다만 40여점의 석제품이 발견되었다. 그러나 1석제품은 뚜렷하게 이석황토(離石黃土)의 상.하 서로 다른 고토양 층위내에서 확인되어 이 유물의 시대와 환경 및 상관관계에 있어서 대단히 좋은 자료를 제공하여 주고 있다. 대령상 아래층 제5층 고토양층위내에서 모두 23점의 석제품이 발견되었다. 석제품의 석재는 석영암, 석영 위주, 기타화산암과 수석(flint) 제가 각 각 1점씩이다. 발견된 석기는 찍개 5점, 대형첨두기 2점, 긁개 3점등이다. 상부의 제2 고토양 층에서는 석제품이 18점 출토, 그 중 찍개 2점,

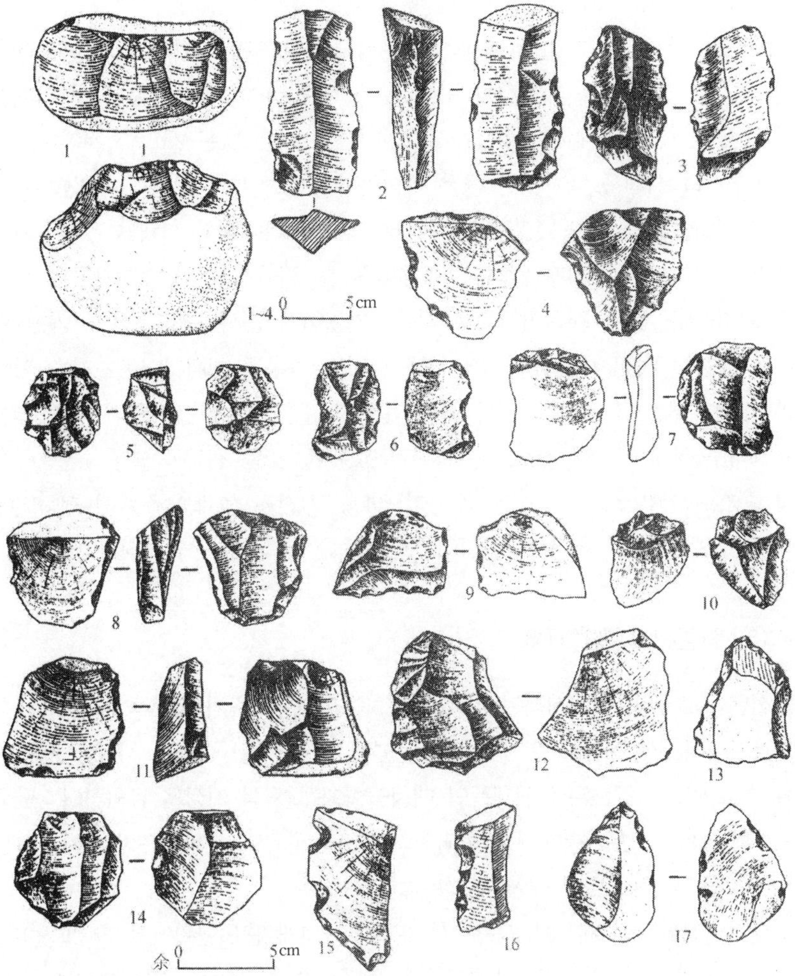

도 2-19. 용아동의 석기(왕두강 등, 2004)

1. 석핵; 2-4. · 6. 양변긁개; 5. 거북이등형석핵; 7. 반원형긁개; 8 · 14. 양변긁개;
9 · 10. 외날긁개; 11 · 12. 끝날긁개; 13 · 17. 첨투기; 15 · 16. 외날긁개

소형 첨두기 3점, 긁개 5점 등이다[79].

대령상 지점에서는 비록 화석이 출토되지 않았지만 부근 지역의 황토연구에 성과는 그 시대를 제시하여 주고 있다. 전형적 이석황토 층위 내에 매장된 것으로 제5층은 시대가 이른 시기이며, 제2층은 늦은 시기의 것이다. 초기. 후기의 석제품들은 많은 공통 특징을 가지고 있다. 석편제거 방법은 모두 직접타법위주 이며, 모두 교차 타격 법으로 다면체의 석핵을 만들었다 ; 석편의 크기는 일치하지 않다 ; 유형(type)도 불규칙 하다. 제2가공은 비교적 일치하다. 모두 직접타격으로 처리, 가공이 단순하며 조잡하다. 양면 가공의 비율이 비교적 높다. 그러나 두 시기의 차이는 현저하다. 초기는 찍개의 수량이 많다 ; 큰 첨두기도 있다 ; 석기 조합(구성)은 거칠며 대형이다. 후기에는 찍개 비율이 감소, 큰 첨두기 없으며, 소형 첨두기 출현 ; 긁개 수량 증가, 석기 조합은 중간. 소형이 많다. 발견된 석제품 수량이 제한되어 아직은 초기와 후기의 석기 조합의 진정한 차이의 구별은 어렵다.

(5) 섭현신교(涉縣新橋)

섭현신교 유적은 체계적인 발굴을 통하여 연구 자료가 비교적 자세히 제시되었다. 따라서 이 지역의 석기 제작 면모 및 발전된 훌륭한 자료를 제시하여 주고 있다. 신교유적 석제품의 매장상항과 대령상 지점은 유사하다. 모두 이석황토내의 고토양층에서 발견되었다. 다만 신교의 석제품은 많으며, 발견된 석제품의 층위 또한 대령상보다 많다.

신교 석제품은 3개 고토양층에서 분리되어 4개 층위단위에서 확인되었다. 출토 석제품은 900점, 그 외 유적주위 채집 품은 70여점이다. 석재는 주로 강자갈로 석영사암과 석영위주이다. 드물게 수석과 석영암도 사용되었다 ; 석편제거는 직접타법으로 처리, 모루상 타격법도 드물게 보였다 ; 석재의 이용 범위가 제한되어, 대부분 석핵상에 자연면이 남아 있으며, 단순 타격면(單台面)이 많으며, 제2가공된 타격면 표본은 없다 ; 석편의 형상은 불규칙하며, 대형.중형이 비교적 많다 ; 제2가공된 석기 비율은 낮다, 다만 전체 석제품의 1.5 % 차지 ; 석편상에 제2가공된 것은 3분지 2 차지, 대형 · 중형 위주 이다 ; 석기유형은 긁개, 찍개와 돌망치 등이다[80] (도2-20).

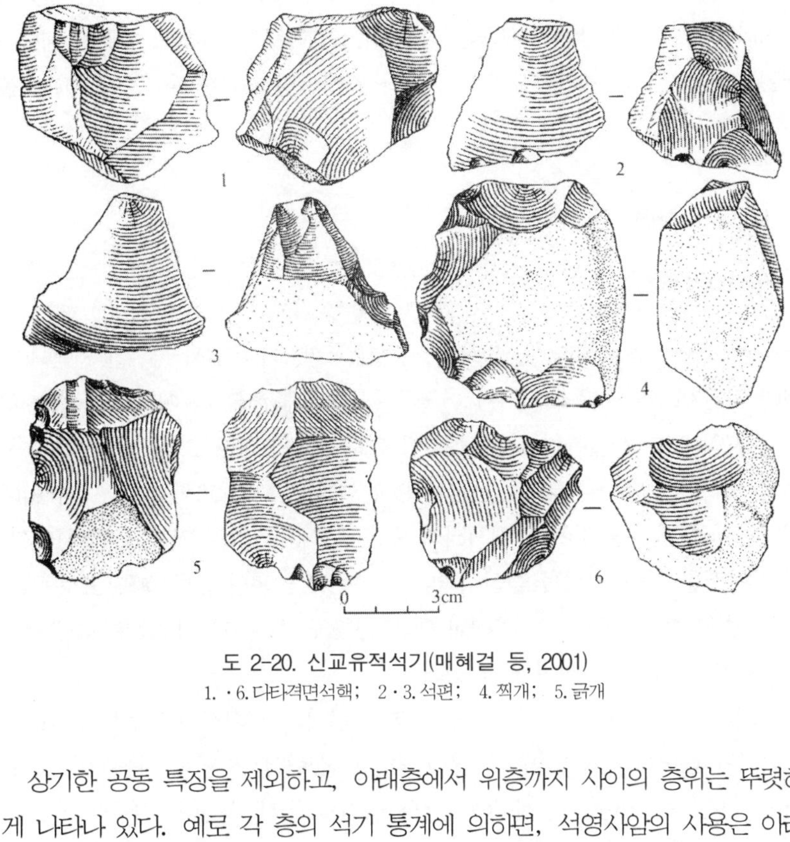

도 2-20. 신교유적석기(매혜걸 등, 2001)
1. · 6. 다타격면석핵; 2 · 3. 석편; 4. 찍개; 5. 긁개

상기한 공동 특징을 제외하고, 아래층에서 위층까지 사이의 층위는 뚜렷하게 나타나 있다. 예로 각 층의 석기 통계에 의하면, 석영사암의 사용은 아래층에서 위층으로 올라가면서 감소되고, 석영의 비율은 증가 취세 이다 ; 자연면을 가진 석편과 대형 석편의 비례도 점차 낮아지는 취세 이다. 이러한 취세 는 사람들이 석재선택 능력이 점차 증가된 점이 석기 기술의 발전과 일

정한 관계를 가지고 있다. 이러한 변화의 비율은 제한적 이지만 석기제작의 전체면모에는 큰 영향은 주지 못하였다.

종합하면, 석재의 선택으로부터 석편제거와 제2가공 기술은 석기 제작의 여러 가지 환경하에서 노출된 특징을 나타내어 주고 있다. 즉 신교 석기 제작과 남부(南部)야외 유적에서 흔히 제시된 석기제작법과는 구별이 없다. 그러나 신교에서 발견된 석제품중 아직 대형의 첨두기는 없다. 이러한 정향은 표본 발견의 수량과 관계가 있다. 다만 기타 원인의 영향을 받았다고는 볼 수 없다.

4. 주거(栖居)와 생활

(1) 환경특징

북방 지구의 남부(南部)는 하나의 자연지리 환경이 비교적 특수한 지역이다. 현대 자연지리의 구분에 의하면 이곳은 난 온대(暖溫帶)와 아열대(亞熱帶)의 과도 지역이다. 식물유형이 온대와 아 열대 산림지대로 교차되는 지역이다. 홍적세 기간에 냉기(冷氣)와 온난기(暖期) 기후변화의 교체 영향은 이 일대 자연환경의 변화를 뚜렷이 제시하여 주고 있다. 냉기의 기후는 건냉(乾凉)하여 두터운 황토 퇴적을 형성시켰다 ; 온난기는 온난 습윤(濕潤)으로 많은 고토양층을 형성 시켰다. 기후면화 의 영향은 동물화석과 식물포분(孢粉)분석 결과를 다양하게 제시하여 주고 있다.

현대의 식물유형에 의하면, 본 지역은 온대삼림 환경에 속한다. 그러나 홍적세의 온난기는 자연환경이 온난 습윤의 삼림(森林)환경 가능성이 크다. 더욱 고인류는 평탄한 강계곡에서 생활하기를 좋아 하였다. 예를들면 초기 홍적세 후기, 공왕령(公王嶺) 직립인(直立人) 시대이다. 이때 상당수의 전형적 남방 동물군의 무리와 공왕령 직립인이 동시에 생존하였다. 이것은 이 지역의 자연환경 조건과 남방 아열대 환경이 비교적 접근되었음을 설명하여 주고 있다. 그러나 후기 홍적세 정촌인(丁村人) 시기에는 온난습윤의 삼림환경을 좋아하는 코끼리유형(象類) 화석이 대량으로 분하하류(汾河下流) 일대에서 발견되었다. 이러한 정항은 초기 홍적세 후기부터 시작하여 후기 홍적세 초까지 지속되었다. 여기에는 전체 중기 홍적세가 포함된다. 이 기간에 비록 기후 변동이 있었지만, 전체적으로 보면, 기후는 온난단계에서 북방남부의 원시인류의 생존환경이 적응되고 그것은 인근의 난방지역과 비교적 접근 되었다. 이와는 반대로 북방지역은 일정하게 구별되었다[81].

상기한 자연지리환경과 중기 홍적세 기간의 기후변화는 이 지역의 고인류 주거 형태와 생활방식에 중요한 영향을 주었다.

(2) 주거형식

만약 북방지역 북부에 중기 홍적세 인류들이 대부분 동굴유적에서 생활한 정항에 비교하면, 분 지역은 대부분 야외에서 생활한 것이 특징이다. 물론 진협예(晋陜豫) 세 곳 교차지역, 또한 그 부근의 분하(汾河) 유역, 특히 낙남분지(洛南盆地)는 중기 홍적세 유적 또는 지점(地點)이 모두 무리를 이루어 강가(河流)에서 발견되었다. 이러한 상항은 초기 홍적세 이래 많은 고인류유적 발견상항과 일치하다. 그것은 주거형식에서 같은 형태로 나타나 있다.

주의할 가치가 있는 것은 지역성의 특징이다. 즉 야외유적과 동굴유적이 동시에 공존되고, 이러한 상항은 기타 지역에서서는 특별한 관심을 갖지 못하였다. 낙남분지의 발견예(도2-13)를 보면 수백개의 야외지점이 분지내의 여러 강가부근에서 분포되어 있었다. 최근에 발견된 가장 집중구역은 현성(縣城) 중심지역이다. 물론 조사편리를 위하여 도로(路線)을 선택, 또한 조사의 철저함을 위하여 선택하기도 하였다. 이러한 조사의 집중 분포지역에서 대표적인 곳은 용아동(龍牙洞) 유적이 한 예가 된다. 이 유적내의 주거 형태는 계통적으로 이루어 졌다. 이미 발표된 부분자료에 의하면 용아동유적에서 만 여점의 석제품, 동물화석, 불에 탄 뼈, 동물이 먹은 흔적의 뼈 및 인공이 가하여진 뼈 편 등이 있다. 또한 불에 탄 뼈, 불에 탄 돌과 재(灰盡) 등은 이미 초기 인류들이 동굴내에서 불(火)을 사용한 증거를 보여 부고 있다. 다만 상기한 발견 내용 중 용아동 동굴유적이 낙남분지 중기 홍적세 후기 인류의 계통적인 주거 시설을 갖추고 있었다고는 판단하기 어렵다.

일반적 인식에 따르면, 대량의 석제 품, 동물뼈편과 불사용 흔적의 유적은 동굴이 고인류의 거주지로 보고 있다. 당연히 용아동유적은 이러한 기능을 가지고 있다. 주의할 가치가 있는 것은 용아동 유적은 대단히 소형의 동굴로서, 동굴내 면적이 겨우 20 평방미터 이다. 다만 이와 같이 소형동굴이 하나의 낙남분지에서 활동한 고인류의 안정된 주거지로 부기는 어렵다. 다만 석제품의 정항은 주의 할 가치가 있다. 주된 문화층에 엄청난 량(量)의 석제품이 퇴적 되었다. 발견된 석제품의 수량은 77.000점 이상이다. 용아동 석제품의 유형은 석핵, 석편, 두동강이 난 것과 강자갈등이며, 제2가공된 것은 드물다. 특히 정교한 주먹도끼와 대형 첨두기등은 그 많은 석제품중 1점도 없다. 이러한 상항에 의하면, 용아동 유적은 석기제작 장소이다. Potts의 가설에 의하면, 이곳은 당시 인류의 석재(石材) 저장 창고이다. 그러나 발굴자 들은 이곳은 초기 인류의 활동 장소로 보고 있다[82] (도2-21).

진남원곡분지(晋南垣曲盆地)에서도 유사한 상항이 발견 되었다. 약 반세기 이전에 원곡분지조사에서 많은 야외 석기출토지점이 발견되었다. 동시에 원곡현성 서남해곡구(西南海曲溝)의 산언덕에서 남해욕(南海峪) 유적이 발견되었다. 이 유적 동굴입구는 산계곡 지면에서 약 6 m 높이에 있다. 이곳은 황하(黃河)로 유입되는 작은 천(小川)의 옆에 있다. 아까운 것은 이 유적은 발굴전에 이미 심하게 파손되었다. 다만 북쪽에 부분적 퇴적이 남아있다. 문화유물이 가장 풍부한 지점은 위에서 아래로 갈황색의 흙이 퇴적, 중간에는 회암석 잡석이 계재 되었다. 많은 석제품, 불에 탄 뼈가 발견되었다. 포유동물은 털코뿔소, 사슴류와 맷돼지등이며, 1점의 주구점 제1지점에서 발견된 원숭이(Macaca)와 접근된 아래턱이 발견되었다. 다만 원곡지역내의 중기 홍적세 지점의 년대는 아직 낙남분지처럼 확실하지 않다. 다만 동굴유적 또는 이석

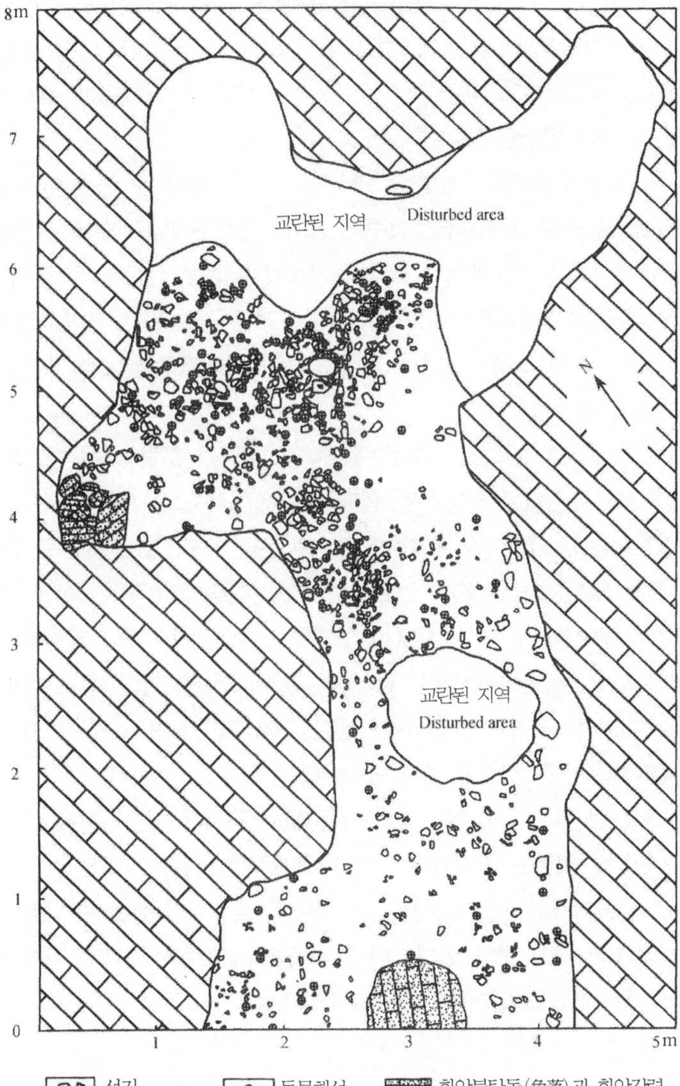

도 2-21. 용아동4층 상부 유적 및 유물분포도(왕두강 등, 2004)

황토의 석제품은 그 시기가 중기 홍적세에 속한다. 당시 사람들은 남해욕 동굴에서 거주, 석기제작과 불을 사용하였다. 그리고 그들은 야외에서 생활한 흔적을 더많이 남겨놓았다. 이러한 현상은 야외지점과 동굴유적이 주거계통으로 사용된 공통된 현상을 보여 주고 있다.

이상의 두 곳 분지(盆地)의 상황에 의하면, 당시 사람들은 주로 야외유적에서 더욱 많은 활동을 한 것을 보여주고 있다. 아까운 점은 상기한 지역의 노천유적 면적에 대한 체계적 발굴조사에 한계가 있었다는 점이다. 정식 발굴된 몇 곳에서도 당시 사람들이 거주한 야외 유적은 찾지 못 하였다. 그러나 이 지역에서 이 방면에 깊은 관심을 가져 신교유적(新橋遺址)발굴 과정에서 새로운 탐색을 하게 되었다.

신교유적에서는 비록 발견된 석제품 수량이 많지만 분포는 다만 4개 문화층에만 제한, 여러 층위에서 발견된 석제품은 제한적이다. 많은 것은 4 m 평방미터 정도, 적은 곳은 각 평방미터에 1점유물이 출토. 석제품은 능각(稜角)이 예리, 모두 마모된 흔적 없으며, 대소 혼합되었다. 다만 물에 의해서 옮겨진 흔적 없이 모두 원 위치에 매장되어 있었다. 층위내의 석제품중에 수점이 강자갈과 같이 놓여 있었다. 석제품은 석핵, 석편, 절단된 것(斷塊), 부스러기등이며, 석기제작은 직접타법으로 이루어 졌다. 연구자들은 신교유적은 임시성의 석기제작 장소로 보고 있다[83).]

유적에서 발견된 유물에 의하면, 당시 사람들은 강가에서 강자갈을 가져와서 석재로 삼았다. 가공된 석기의 존재에 의하면, 이 곳은 석기의 사용 장소이다. 석재, 석편제거와 제2가공된 것과 사용된 흔적의 석기들은 이곳에서 생활한 증거를 나타내어 주고 있다. 다만 이곳에 불의 사용흔적과 주거시설 흔적이 없어 당시 사람들의 거주여부는 불확실하다.

(3) 생활 방식

이 지역 환경 특징은 중기 홍적세 인류의 생활에 영향을 주었다. 안타까운 것은 매장 조건이 제한되어 있었다. 즉 대부분 야외유적에서 석제품만 발견되었다. 다만 현재의 자료에 의해서 석기제작의 특징과 주변 환경에 비교검토하여 이 지역 고인류의 생활을 이해할 수 있다.

상기한 중기 홍적세 지점 내에서 동물화석이 포함된 곳은 암하(匼河), 대려(大荔) 등 유적이다. 두 곳 모두 많은 포유동물화석이 포함되어 있었다. 이 곳들은 모두 강가의 퇴적지이며, 원생유적은 파괴되어 화석과 석기제작인들의 활동상황의 진정한 관계를 이해 하기는 어렵다. 다만 생활환경을 하는 곳은 낙남용아동(龍牙洞)과 환곡 남해욕(南海峪) 유적이다. 이 두 곳 동굴내에서는 북방동굴유적에서 볼 수 있는 인공이 가한 동물뼈, 불탄 뼈, 재등이 확인되어 인류들이 먹은 고기등을 알 수 있다. 이 설명은 두 곳 동굴의 유사함을 보여주고 있다. 그러나 북방남부의 동굴유적의 주거체계는 서로 다르다. 다만 전체 계통의 일부분에 지나지 않는다. 동굴유적의 흔적은 국부적인 의미를 반영하여 주고 있다.

생활환경 특성은 석제품 수량에 따라서 그 활동 범위가 추정된다. 전통적 연구는 석제품의 문화성격에 치중되고 있다. 이 지역의 석기제적은 화북(華北) 구석기 2대 계통중의 대형석기 계통에 속한다. 그것은 찍개와 대형 첨두기가 대표적 석기 제작으로 제시 되고 있다. 전술한 바와 같이 이 지역의 두수의 중기 홍적세 석기제작은 강자갈을 직접 때려서 찍개, 대형 첨두기와 망치돌등의 대형 석기를 제작하였다. 이러한 대형 석기는 문화사 연구의 각도에 따르면, 상술한 구역성 문화전통으로 해석 할 수 있다. 이러한 석기구성의 구체적 특징을 알 기위하여 석기 사용 흔적을 조사한 바에 의하면 이 석기구성은 중복되어 오래 동안 사용되었으며, 이 지구의 고인류집단과 밀접한 관계를 가지고 있다. 이 지역의 기후는 온난. 습윤 하다. 특히 평지의 강계곡지역은 나무들이 무성하고, 풀들이 많아 자라서 당시 사람들에게 충분한 식물성 자원을 제공하여 주고 있었다. 대형의 찍개와 대형첨두기는 환경에 적응 될 수 있는 나무짜르기와 굴착에 사용되었을 것이다[84].

소형의 날이 날카로운 도구도 있다. 다만 이것들은 특정 지역과 특정단계(段階)에서 사용되었다. 예로 남해욕 동굴유적에서는 소형의 도구가 석기의 주된 구성을 이루어, 연구자들은 주위 야외유적 석기와 다르다는 것이 확인되고, 더욱 주구점석기유형의 현상에 접근된다고 보고 있다. 이러한 상황은 이곳 동굴에서 발견 된 동물화석도 북방북부의 것과 거의 같다. 즉 가볍고 날카로운 소형도구가 동물을 처리하는데 유용하다는 증거를 보여주고 있다. 용아동 동굴유적의 발견 물도 이와 유사하다. 야외유적에서 발견된 곳 중 유일하게 대려인 석기만은 중소형(中小型) 위주 이다. 이것은 구역성 문화의 특징이다. 대려인 생활의 시대와 환경에 의하면 그것은 유사한 현상이다. 지역 지층의 비교와 연대 측정에 따르면, 대려인 생활은 L3의 형성단계 이다. 동물화석과 식물의 구성에 의하면 건량(乾凉)의 초원 환경이다. 소형석기 조합은 이러한 환경 적응에 필수 적이다. 다만 대려인과 이지역 대다수 석기가 서로 다른가 하는 문제은 장래 심층적 연구가 더 필요하다.

(4) 소결(小結)

북방(北方) 지역의 북부와 비교하면, 남부지역은 남방(南方)에 더욱 접근, 남방의 자연환경과 비교적 유사하다. 북방북부와는 서로 다른 구석기 문화특징을 가지고 있다 :

1) 북부지역과 다르다. 이 지역의 절대 대부분 석기와 인류화석 지점의 발견은 오래 된 강가 또는 부근의 고 토양층 또는 강자갈 층 내에 있다. 이러한 현상은 원시인들이 물가의 노천야영을 즐겨 선택한 것을 나타내어 주고 있다. 비록 동굴유적도 발견되었지만, 이 지역의 주거 계통은 결코 북방북부 지역과 같지 않다.

2) 불에 탄 뼈, 재층등은 빈약하며 층위나 퇴적이 충분하지 않다. 이것은 야외유적에서는 보전이 제한 적이기 때문이다. 또한 고려되는 것은 이 지역은 불(火)의 필요성이 북부지역보다 요구되는 것은 아니다.

3) 이 지역의 석제품의 문화특색은 북부지역과 다르다. 석재는 부근의 강가나 천(川)내의 강자갈에서 가져왔다. 암질은 석영암(石英岩)위주 이다. 석기제작 방법은 직접타법위주, 모루상 타격법도 비교적 중요 위치 차지, 충돌법은 드문 편이다. 석기조합은 찍개위주, 대형 첨두기와, 사냥돌 도 중요 위치 차지, 긁개, 첨두기는 드물다. 강자갈을 직접 타격하여 석기제작, 제2 가공 거칠다. 석기는 전체적으로 대단히 거친 대형 이다.

3. 중국 남방(南方)

(1) 서남지구(西南地區)

현재까지, 중국 서남지역에서 발견된 중기 홍적세 고인류 및 기타 유적은 비교적 제한 적이다. 발견된 몇 곳 유적 또는 지점의 중요 분포지는 귀주(貴州)지역이다. 그 외 진령(秦嶺) 남측의 한수곡지(漢水谷地)에서는 최근에 대량의 구석지점들이 발견되었다. 자연 지리적 구역에 의하면 한수곡지가 발견된 곳은 서남지역에 해당된다. 다만 이곳은 한수(漢水)강을 따라 위로 올라가면서 화남(華南)지구와 연결되었다. 문화면모는 후자와 더욱 일치하다. 하남지구의 발견과 동기를 살펴보겠다. 여기에서는 다만 운귀고원(云貴高原)지구에서 발견된 것만 취급하겠다.

1. 유적의 분포

(1) 관음동(觀音洞)

관음동 유적은 금서현사와구사정향정산촌(黔西縣沙窩區沙井鄉井山村)에 위치, 귀양(貴陽)시에서 서북방향으로 약 152 km 이다. 금서현 일대의 해발 높이는 1250-1500 m 사이, 산언덕은 기복이 심하고, 많은 습 지역(洼地)과 계곡 이 있다. 용암이 대단히 발육되었다. 관음동유적은 남북길이 700 m, 동서너비 500 m의 폐쇄된 늪지의 가장자리에 위치하고 있었다. 관음동은 한 곳은 깊고, 긴 수평동굴(水平洞)이다. 주된 동굴의 길이는 70 m 이다. 동굴형태는 비교적 좁고, 동굴 깊은 곳은 습기 차고 어둡다. 사람들이 생활하기에 적당한 장소는 아니다. 문화퇴적상황은 주된 동굴의 서쪽입구에 있었다. 서쪽동굴입구는 외부로 10 m 정도 형성, 이곳에 퇴적된 퇴적물은 동굴퇴적과 연결되었다. 퇴적은 3조(組) 9층(層)으로 나누어졌다[85] (도2-22).

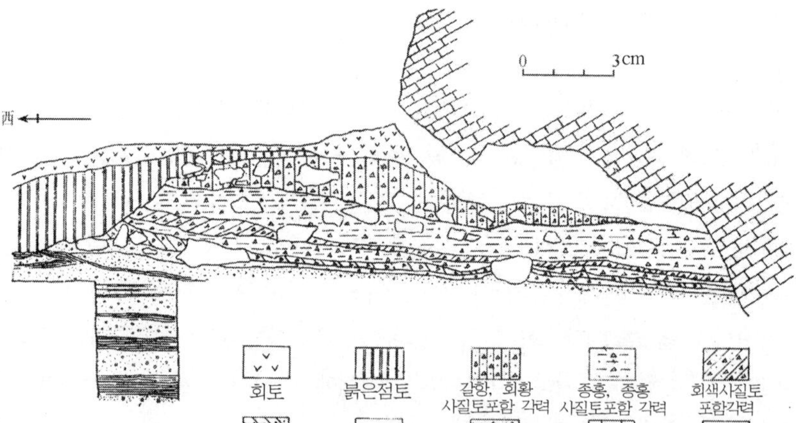

도 2-22. 관음동서쪽동굴입구퇴적단면도(이염현 등, 1996)

가장 이른 C조는 다만 9층 포함, 거칠은 모래-강자갈과 점토석인층. 이층은 4 m 이상두께, 다만 아직 동굴바닥까지 내려가지 않았다. 그리고 석제품과 동물화석도 없다. 이러한 상황은 동굴 형성 후 오래 동안 끊임없이 유수에 의해서 모래.자갈과 점토가 쌓여서 C조 퇴적물을 구성시켰다. 당시 아직은 동굴입구 부근에서도 인류가 활동하지 않았다. 이 단계의 인류는 동굴입구부근에서 사냥 또는 잡은 동물의 해체등을 실시하였다. 이 증거로 동물유해와 대량의 석제품이 동굴부근과 동굴내부에 남아 있다. 유수에 의한 식물들의 작용에 의해서 동굴입구 및 동굴내부의 강자갈 속에 석제품과 동물 뼈가 매장되어 B조의 퇴적물을 형성 시켰다. 전체 B조의 형성 과정 중 서쪽 동굴입구의 동굴천정이 부단하게 붕괴되었다. 이때 동굴입구는 거의 폐쇄되었다. 후에 강력한 침식작용에 의해서 서쪽 동굴입구의 B조가 절단 퇴적되었다. 그 후에 그 위에 홍토(紅土)가 퇴적 A조 제2층이 형성되었다. 홍토 퇴적기간중에 인류는 관음동부근에서 활동, 그들이 제작한 도구와 동물뼈가 잔류되었다.

해발이 비교적 높은 곳에 따라서 년(年)차적으로 온도가 내려가면서 호남(湖南), 강서(江西) 역시 그 곳 북쪽의 사천분지(四川盆地)가 하강되었다. 그외 암용지모(岩溶地貌)는 식물의 성장도에 따라서 차이가 있다. 이미 발견된 포유동물화석에 의하면, 주로 삼림(森林)속에서 생활한 동물종은 원숭이, 호랑이, 코끼리, 맥(貘)짐승과 우제류(偶蹄類)등 일부 산속의 동물들이다. 그 외 다른 무리는 신속에서 생활하는 대나무쥐, 큰곰등으로 발견된 표본은 많지 않다. 물을 좋아하고 소택지에서 생활하는 물소, 뿔난소등 수량은 많지 않다. 말의 표본은 드물다. 아마 이곳에 광활한 초원이 없기 때문으로 고려된다. 전체동물에 위하면, 관음동부근의 당시환경은 기본적으로 산지형이며, 현재보다 조밀한 삼림과 대나무(竹林)가 있었다. 산사이의 분지와 암석상의 늪지는 많은 소택(沼澤)과 호수지역이다.

관음동유적과 문화연구중의 어려움은 시대적인 결정이다. 포유동물에 위하면 관음동의 B조와 A조는 비록 이르고 늦은 시기가 구별 되지만 모두 중기 홍적세에 속한다. 그러나 우라니움년대측정은 관음동유적의 시대가 비교적 늦다. 동시에 그것은 비교적 오랫동안 지속 시간의 연장으로 중기 홍적세 후기에서 후기 홍적세중기 까지 나타내어 주고 있다[86].

(2) 암회동(岩灰洞)

암회동은 운귀고원북부(云貴高原北部)에 있는 한 곳의 중기 홍적세 동굴유적이다. 위치는 귀주동제성(貴州銅鋅城)에서 서북 방향으로 10 km 의 시산강(柴山崗)남쪽 언덕에 있다. 1970년대에 발굴, 출토품은 석제품, 동물화석 및 1점의 인류 이빨등이다. 암회동 동굴의 너비 2 m, 높이 3 m, 갈지자("之")형의 동굴이다. 동굴내에는 퇴적물로 가득차 있었다. 전체 퇴적은 7 층으로 나누어 지고, 그 중 제4층의 회백색, 회황색 모래자갈층에서만 석제품, 인류화석 및 비교적 많은 동물화석이 출토 되었다. 퇴적 특징에 의하면, 인류화석과 문화유물은 동굴외부에서 동굴내부로 물에 의해서 옮겨 졌다. 이것은 당시 사람들이 동굴입구부근에서 활동하면서 석제품과 동물뼈등을 남겨 놓았다. 문화유물은 드물며, 단지 1 개의 문화층이 확인되었다[87].

암회동에서 발견된 24종 동물화석내에는 영장류, 식육류, 제류(蹄類) 및 장비류(長鼻類)등 모두 화남(華南)지역에 흔한 큰곰-검치상(大熊猫-劍齒象) 동물군에 속한다. 우라니움 측정년대는 B.P 18만년 전후이다[88].

(3) 반현 대동(盤縣 大同)

대동유적은 운귀고원(云貴高原) 서쪽의 객사특봉총(喀斯特峰叢) 계곡지대에 있다. 그 위치는 귀주성(貴州省) 서남부의 반현(盤縣)경내의 십리평곡지(十里坪谷地) 서부 가장자리에 있는 하나의 거대한 석회암 동굴이다[89][90]. 동굴이 위치한 산의 해발은 1915 m, 동굴입구 퇴적표면은 산계곡에서 32 m 정도 높이에 있다. 대동의 동굴입구의 높이.너비는 10 m 이다. 동굴안쪽 깊이는 250 m, 총 면적은 약 1만 평방미터이다. 따라서 거대한 동굴로 이름이 대동(大洞)으로 부여 되었다(도판9 : 도2-23).

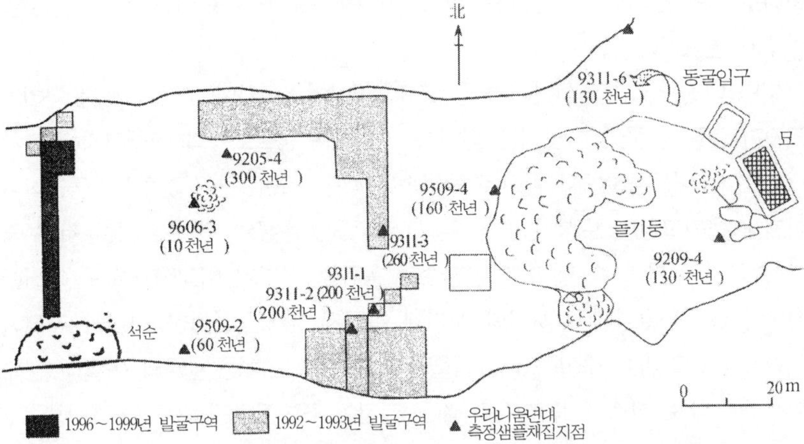

도 2-23. 대동동청동쪽단평면도(황위문, 2004)

동굴의 퇴적은 석회암반위에 종유석각력(鐘乳石角礫), 강자갈, 모래, 사질점토, 점토 및 종유석 칼시움판층(鈣板層)으로 조성되었다. 퇴적물 두께 20 m. 퇴적의 물질내용은 암상(巖床)의 수평과 수직 변화 등 복잡하게 이루어 졌다. 더욱 거의 100년 동안 지역 주민들이 흙을 파내서 대부분 퇴적 정상이 심하게 파손되었다. 1992-1993년 2차 발굴의 단면에 의하면 동굴내부 노출부분이 약 6 m 깊이 이며, 바닥은 노출되지 않았다. 퇴적은 위에서 아래로 4개의 불균등한 칼시움판층(Calcium 板)과 4층의 황색, 회황색의 사질점토 또는 점토층으로 조성되었다. 사질 점토와 점토 층 및 칼시움판층내에서 석제품과 동물화석이 발견되었다. 제1. 2. 3 칼시움층의 우라니움측정년대는 각각 13, 20과 26만년이다. 제4칼시움판층은 년대가 측정되지 않았다. 동굴내부 앞쪽 다른 일 곳의 시굴 구덩이의 석순(石筍)의 우라니움년대는 30만년이다. 이 수치에 근거하면 대동동굴의 퇴적은 중기 홍적세에 속한다. 1993년에 발굴된 동굴내부 출토의 동물이빨의 우라니움년대는 비교적 낮다. 몇 개의 수치는 6만2천, 1만9천, 1만7천과 4만3천 정도이다. 아직 하나로 연결된 두개의 단면은 없다. 따라서 두 곳의 층위관계는 진일보한 연구가 필요하다[91].

다만 대동동굴의 퇴적년대가 긍정적이 아니며, 초기와 후기의 시간 차이가 크지만 그렇게 중요한 문제는 아니다. 이 점은 동물화석의 연구결과에서 제시되었다. 대동동굴에서 발견된 동물종은 43종, 주로 큰곰-검치상동물군이며 여기에 운귀고원의 토착 동물도 있다. 그 중에 종류의 시기가 이른 것은 중기 홍적세 후기에 속 한다 ; 상당수의 종류는 시기가 비교적 늦다. 이러한 상황은 대동동물화석이 하나의 시기에 속하지 않고, 일정한 시간의 간격이 있었음을 나타내어 주고 있다. 동물군이 반영된 전체는 일종의 아열대 생태환경인데 때로 건조, 시원한(凉) 짧은 기간이 포함되어 있다[92].

(4) 소결(小結)

현재까지는 서남지구 중기 홍적세 유적의 수량은 제한되어 있다. 다만 시공(時空)의 분포는 비교적 뚜렷하다. 이미 제시된 년대에 의하면 몇 곳 유적의 시대가 비교적 늦어 중기 홍적게 말에 속한다. 그것들의 분포범위가 제한되어 모두 귀주서부의 석회암산지대에 분포가 국한 되어 있다. 이러한 상항은 중기홍적세 단계를 반영하며, 고인류가 운귀고원지역의 활동범위가 제한되고 시작시기도 상당히 늦은 것을 암시하여 준다. 그러나 문화퇴적 상항에 의하면 고인류가 관음동과 대동유적에서는 상당히 오래 동안 생활하였다. 두터운 문화퇴적, 풍부한 문화유물 및 인류화석의 발견은 초기인류 및 그 문화가 서남지역(西南地域)에서 발견된 중요한 자료를 제시하여 주고 있다.

2. 인류화석

이 유적 발견의 수량에 관계되어 이 지역에서 발견된 이 시기의 인류화석의 수량은 대단히 드물다. 다만 동재(銅梓)와 대동(大洞) 출토의 소량의 인류이빨 화석이 있다.

1970-80년 사이 몇 차례 조사에서 동재암회동(岩灰洞) 유적에서 수매의 인류화석 이빨이 발견되었다. 이 발견 유물중에서 1 매의 나이 많은 노인의 위 오른쪽 안쪽 앞이빨(門齒)는 대단히 주목을 받고 있다. 이 이빨 혀쪽(舌面) 상부가 움푹 파진 홈이 있으며 그 양측은 비교적 두텁다. 혀면은 삽(Pell)형 이다. 앞 이빨은 거칠고, 치관의 길이와 너비는 각 각 9.2와 8.3 mm 이며, 마모이전의 크기는 더욱 클 것으로 보였다. 치근(齒根)의 길이는 17.9 mm 이다. 현대인에 비하여 길며, 북경원인의 것보다 길다. 1매 10세 전후의 어린아이의 견치(上犬齒)는 치관기저부에 한 줄의 거칠은 치대(齒帶)가 있으며, 혀면의 가장자리는 비교적 두텁고 거칠고 동시에 혀면의 상부에 홈(洄成底)의 결절(結節, 마디)가 있다. 이러한 것은 북경원인의 이빨과 같다. 몇 매의 어금니의 정항이 같다. 이빨의 측정수치는 대체적으로 북경원인 이빨크기의 변형범위에 들어간다[93][94].

동재의 고 인류이빨에 관하여 일부학자는 이것들은 직립인(Homo erectus)에 속한다고 보고 있다. 이유는 이빨의 다수의 특징이 북경원인과 매우 접근되고 있기 때문이다. 그러나 일부의 학자들은 직립인과 초기 네안데르탈인의 특징도 가졌다고 보고 있다. 이것은 양감현상(鑲嵌現象)의 진화과정현상이며, 또는 인류진화 양단계의 과도단계로 보고 있다.

대동(大洞) 유적에서도 2매의 초기 인류의 이빨이 발견되었다. 1매는 안쪽(內側) 앞이빨, 치관부분이 보존, 혀측은 여전히 삽형이다. 비교적 큰 아래마디(結節)가 손톱상으로 돌출되었다. 다른 1매는 아래쪽 견치이다. 보존이 비교적 완정하다. 치관의 입술면 바닥에 치대가 있으며, 치관과 치근의교차 지점이 뚜렷이 축소되었다. 두 매 이빨의 크기는 북경원인 것보다 작다. 그러나 일부분은 북경원인 이빨의 특징과 같다. 또한 초기 네안데르탈인의 것과 접근된 면도 있다. 연구자들의 의견은 초기 네안데르탈인의 것으로 보고 있다[95].

3. 석기

서남지구에서 이미 발견된 중기홍적세의 유적 수량은 많지 않다. 다만 몇곳 유적의 자료에 의하면 비교적 선명한 구역성 특색을 엿 볼 수있다. 석기석재, 석편제거와 재2가공 기술등 석기조합 상황은 모두 이미 소개된 북방지구의 남북 두지역이 구별되고 있다[96].

석재는 이 지역의 래원(來源)에 관해서는 앞 두 지역 보다 복잡하다. 예를 들면 발견된 석제품수량이 가장 많은 관음동유적은 석재는 부근의 견고한 암괴(巖塊)와 결핵(結核)이며, 강자갈 사용은 드물다. 암성은 규질회암(硅質灰岩) 위주로 65% 차지, 그 다음이 맥암(脈巖), 규질암, 수석(燧石), 옥수(玉髓), 고운 사암등이다. 암회동유적의 석재품은 수량이 많지 않으며, 수석은 자산파(自山坡)의 부스러기 이고, 기타는 강가의 강자갈이다.

대동유적의 석재는 비교적 복잡하다. 거기에는 수석, 현무암, 석회암, 사암 심지어는 종유석도 사용되었다. 다만 앞의 3가지 유형은 많이 사용되어 각각 유형을 좌우 또는 비교적 많이 차지하고 있다 ; 후 양자는 사용된 것이 비교적 드물다. 수석과 석회암의 많은 짤린편(斷塊)과 석편형식이 출현되었다. 다만 현무암과 사암계(系)는 강자갈인데 수량은 많지 않다. 석재래원은 복잡하며 당시 사람들의 석재선택능력이 비교적 제한적임을 표시되고, 또한 당 지역 암석노출상태와 연관되어 있다. 종유석의 사용은 당시 사용 석재의 불충분함을 보여주고 있다. 근년래의 발견에 의하면, 대동 털코뿔소이빨에 타격을 가하여 도구를 제작한 현상이 있는데 이것은 적당한 석재의 부족과 관계되어 있다[97].

몇 유적의 석편제거기술은 비교적 접근되고 있다. 관음동유적의 석편제거 방법은 직접타격법이다. 대량의 직접타격된 석핵과 석편이 있다 ; 모루상 타격법은 드물며, 소량의 석편이 있을 뿐이다. 암회동과 대동에서는 직접타법으로 석편을 떼여내었다. 전체적으로 보면 관음동의 대부분 석핵과 석편형상은 불규칙하다. 다만 소수 석핵과 석편타격상에 제2가공 흔적이 있다. 대동의 석편은 대부분 자연타격면(素台面)을 가지고 있으며 타격면위에 능(陵脊)이 있는 것이 비교적 많다. 자연타격면의 비율은 높지 않다. 다만 일정수량의 제2가공 타격흔적이 발견되었다. 다수 석편 등면에 부분적으로 자연면이 있거나 또는 없는 것이 있다. 이러한 특징은 대동의 석편제거기술과 석핵의 이용율이 일정한 수준을 가지고 있는 것을 나타내어 주고 있다. 그러나 직접 타격기술의 제한성이 전체적으로 고찰 할 때 대동의 석핵의 범주 내에서 결코 높지 않으며 또한 긴 석편(blade)도 드물다.

관음동 가공 석기의 석재 소재(素材)는 대단히 복잡하다. 석편이 약 50% 차지, 토막편(斷片), 떨어져 나온편(wasted chips or flakes)은 33% 차지, 돌조각(石塊)와 토막편(斷塊)는 14%, 석핵은 겨우 20% 이다. 암회동은 1점의 석기가 석편으로 제작된 것 외에 기타 는 모두 돌조각을 사용하고 남은 것(wasted) 들이다. 이것은 대동유적 출토의 석기소재와 유사한 특징을 가졌으며, 토막(塊狀)을 많이 이용한 비례가 높다.

이 지역의 석기 제2가공의 특색, 특히 관음동유적에서는 한 곳의 가장자리 가공은 겨우 22%, 대부분 석기는 2개 이상의 가장자리를 제2가공 하였다. 한 방향(單向) 가공이 비교적 많다. 교차타격, 편향(錯向), 주위타격(轉向) 또는 대칭(對向)타격등 소수이다. 대부분 석기의 날 각은 75° 이상, 날이 비교적 둔하다. 또한 많은 날들이 겹쳐서 제2가공 되었다. 제2가공 흔적은 홈(凹)날이 많으며 대부분 평탄하지 않다. 변연의 돌출날(凸)은 수직날이 대부분이며, 홈날은 비교적 드물다. 대동석기의 날이 평탄한 표본은 드물다. 다수가 거칠은 톱날 형이다. 이러한 상황은 대동의 석기 제작기술이 비교적 단조로운 것을 나타내어 준다. 다만 다른 한면은 도구중 정교하게 제2가공된 것이 많다. 예로 정교한 모루, 홈날긁개와 밀개 등이다.

석기유형이 비교적 풍부함이 본 지역의 특징이다. 관음동의 석기는 긁개, 찍개, 밀개, 첨두기, 송곳, 조각기와 홈긁개등이다. 그 중 가장 많은 것이 긁개, 전체의 82% 차지. 그것들은 외날, 양날, 연결된 양날, 3날, 다날

등 5가지 유형이다. 찍개는 5.6%차지, 석편, 석핵, 석괴(石塊) 또는 절단된 것(斷塊)의 가공된 것은 3분지 1을 차지. 크기는 5~16 cm 사이. 단면 가공이 절대수 차지. 첨두기 63점, 4% 차지. 첨두기는 두터운 첨두기(厚尖), 얇은 첨두기와 편향(錯向)된 것등 3가지 유형이다. 크기는 2-11 cm 사이. 또한 송곳, 조각기와 홈긁개등이 있으나 수량은 많지 않다[98] (도 2-24).

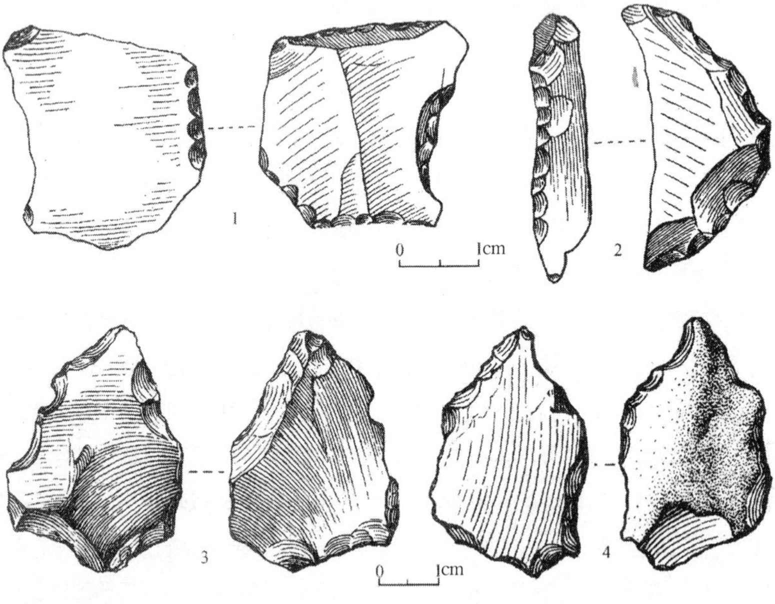

도 2-24. 관음동유적석기(이염현 등, 1986)
1·2. 긁개; 3·4. 첨두기

대동의 석기 조합은 비교적 특색이 있다. 501점의 석기중, 변두리 날(邊) 긁개, 184점, 석기조합은 37% 차지 ; 모루 129점, 26% 차지 ; 톱니석기와 밀개 47점 각 10% 미만 차지. 기타 유형으로 조각기, 등가공석편(琢背石片) 등이 드물게 보인다. 큰 석기로서 찍개 9점, 주먹도끼, 작은도끼(Cleaver)

등 각 1점이다. 화남(華南)의 강자갈석기와 비교하면 대동의 큰 석기 비율이 낮다. 두 곳은 동일 계통에 속하지 않는다. 이 지역과 화북(華北)에서 발견된 석기와 비교하면 비교적 유사한 점이 많다. 다만 약간의 차이는 있다. 긁개는 대동의 주된 도구, 다만 전체 석기중 차지한 비율은 기타 석편석기에 비하여 낮다 ; 반대로 모루(鉆具)의 비율은 기타 다른 석편석기 보다 높다[99]. 그 외 주의할 가치가 있는 것은 대동유적에서 르발르와 석편 및 원형(盤狀) 석핵이 발견되었다(도 2-25).

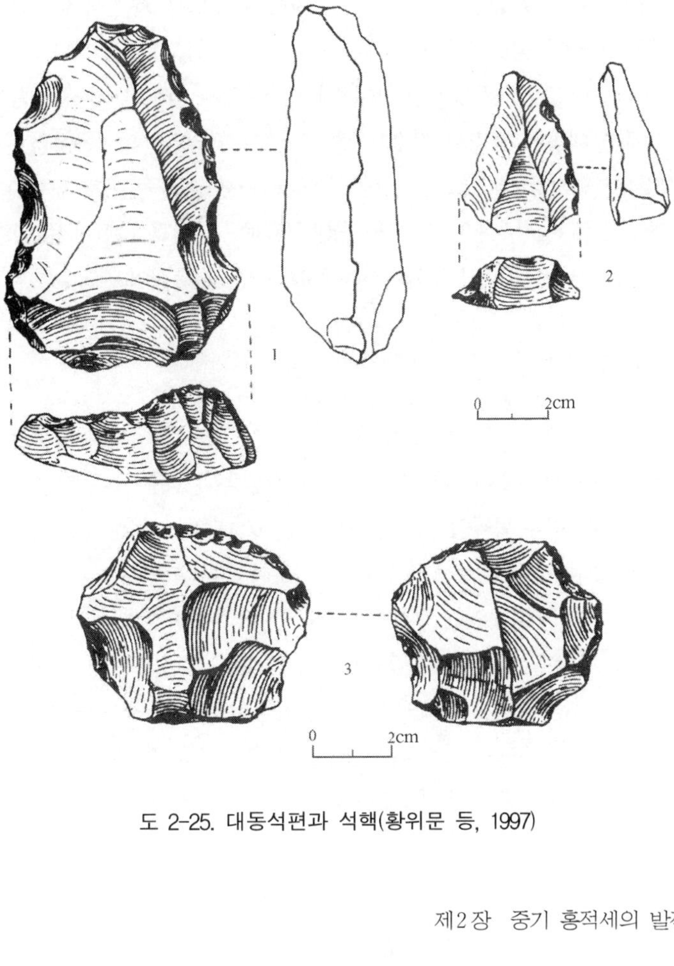

도 2-25. 대동석편과 석핵(황위문 등, 1997)

그 외 관음동과 대동등의 퇴적층이 두터운 것은 연속된 시간이 비교적 길었다. 다만 초기.후기의 서로 다른 문화면도가 큰 차이가 없다. 이러한 특징은 관음동유적이 더욱 뚜렷하다. 관음동의 문화 퇴적층은 모두 7층으로 제2층과 3층사이에 뚜렷한 침식면이 전체 퇴적층을 상하 2조로 나누었다. 다만 2조 사이의 문화차이는 뚜렷하지 않다. 석재는 2조 모두 규질회암위주, 맥암, 규질암은 그 다음, 수석, 옥수(玉髓), 세사암, 니암(泥岩)등은 소수를 차지. 후기에는 수석과 옥수가 줄어 들었다 ; 세사암과 니암이 증가되었다. 석편제거기술은 큰 변화 없이 직접타법위주, 때로 모루상 타격법도 보인다. 석기의 제2가공은 날각이 비교적 작은 방향으로 변화시키는 추세, 후기 석기 유형은 정교, 날이 평탄하게 교차타격 되었다. 석기유형은 긁개가 다수 차지, 다만 후기에 이르러서 찍개의 비율이 감소, 긁개와 첨두기 비율이 증가 되었다. 후기에는 대형의 석기가 감소, 소형이 증가 되었다. 석기유형과 수량의증가와 감소 및 제2가공의 변화는 생산 활동방면의 모종의 변화를 제시하여준다. 다만 전체적으로 초기, 후기 사이의 문화면모에는 본질적 차이가 없다. 이러한 정황이 중국남방(南方)지역 구석기시대 문화 발전의 특징이다[100].

4. 주거와 생활

이미 발견된 유적의 정황에 의하면, 서남지역 중기 홍적세 사람들은 동굴을 선택해서 사는 것을 좋아 하였다. 따라서 관음동과 대동에 두터운 퇴적층을 남겨놓았다. 관음동 동굴입구는 넓으며, 동굴 내에 일정한 공간이 있으며. 비교적 사람들이 거주하기 적당하여 중기 홍적세부터 그 후기까지 일정한 기간 동안 그 곳에 드나들었다. 서쪽 동굴입구 퇴적층내에는 석기가 풍부하다. 이것은 석기 자체를 부근에서 제작한 것으로 보인다. 동굴입구에 동물화석은 드물며, 있는 것은 심하게 분쇄되었다. 다만 동굴의 깊은 곳에는 화석이 많고, 석기는 드물다. 퇴적층의 가로방향 전환으로 동굴내의 퇴적층내의 화석과 석제품이 물의 흐름에 의해서 운반되었다. 이러한 상황은 사람들이 동굴입구 및 그 부근에서 생활하면서 석기제작, 사냥물 처리 등으로 그 흔적들이 부산물로 남아있다. 그것들은 또한 사람들이 먹고 남은 음식물 등의 뼈이다. 석기와 동물 뼈 등의 비중은 서로 다르다. 대부분의 석제품은 동굴입구에 남아있으며, 다수의 동물뼈들은 흐르는 물에 의해서 깊은 곳에 남아있다[101].

각 층의 석기 완성품은 모두 65% 이상, 석핵, 석편이 가공 완성된 것은 비교적 비율이 낮다. 대부분 석기가 다른 곳에서 가져온 것으로 추정된다. 이곳의 주된 기능은 결코 석기제작 장소가 아니다. 각 층에서 발견된 석기종합에 의하면 각 종 유형의 석기가 모두 갖추어져 있으며 각 층 사이의 비례는 대체적으로 일정하며, 전형적 거주 지역의 석기조합을 갖추고 있다.

석기 수량의 수직적 변화의 분석에 의하면, 각 층은 서로 다른 시기를 나타내어 사람들이 이 동굴부근에 생활한 것도 서로 다른 시기를 나타내어 준다. 이것은 서로 다른 층위 출토 석기수량이 설명하여 준다.

제5층은 사람들의 활동이 가장 활발한 시기, 약 10~15 cm 두께의 퇴적층 내에 매 평방미터 범위 내에서 석제품 30여점이 출토 되었다. 기타 층위의 석기분포 밀도는 대단히 낮다. 이것은 사람들의 활동시기가 비교적 적고, 거주기간이 짧은 것을 나타내어 준다.

운귀고원(云貴高原)의 환경내에서 중기 홍적세 사람들의 생활은 동물에 의지한 육식(肉食)위주이다. 그 생활특징은 석기조합의 간접적 특징이 나타내어 주고 있다. 발견된 몇 곳의 석기는 모두 긁개이며, 소형석기 위주이다. 이점은 북방지역과 일치하다. 석기조합의 유사성은 생활 환경에서 결정된다.

더욱 직접적 증거는 각 유적에서 대량의 동물화석이 발견된 점이다. 관음동유적의 예를보면, 동물화석이 발견된 것은 20여종, 물소와 검치상이 가장 많아 모두 100개 개체에 해당된다. 그 다음이 중국 코뿔소, 50개 이상의 개체가 발견되었다. 그 외의 종의 개체수는 비교적 드물다. 여러 화석 종류의 나이(년대)을 보면 중국 코뿔소는 새끼가 4분지 1 차지, 성숙한 것과 나이가 많은 것은 4분지 2차지. 소류의 개체는 새끼가 약 15% 차지, 나이 많은 것이 20%로 60%를 차지하였다. 검치상의 어린새끼는 비교적 많아 60% 차지, 나이 많은 것은 6%, 성년은 34% 이다. 이러한 수치에 의하면, 코끼리류(象類)이외의 기타 2종류는 각 각 나이의 비례는 모두 각 자연 무리의 여러 년령조의 비례에 해당된다. 따라서 그 것은 저연 상망이 아니다. 식육류의공격과 인류수렵과 연관되어 있다. 코끼류(상류)의 비례는 이러한 정황을 잘 설명하여 주고 있다. 육식류화석 발견이 드문 것은 인류활동 격과의 가능성이 크다[102].

5. 소결(小結)

서남지역에서 발견된 중기 홍적세의 인류와 문화 유물의 수량은 제한되어 있다. 년대학의 수치에 의하면 시기는 비교적 늦다. 대체적으로 중기 홍적세의 늦은 시기에 해당 된다. 그리고 몇 지점의 문화면모는 일치성을 가지고 있다 :

1) 몇 곳의 전형적 동굴퇴적, 퇴적의 특징은 당시 사람들이 동굴을 즐겨 사용하였다. 동굴은 거주지가 되었으며, 동굴입구는 활동장소 이다. 오래 동안 동일한 동굴을 이용, 그 곳에 많은 퇴적 층위를 남겨놓았다. 동굴거주는 자연환경과 관계가 있다. 하나는 이 지역에 석회암동굴이 많아서 편리한 것을 선택 할 수 있었다 ; 그 외 원인은 분 지역의 지세가 비교적 높아서 기온이 비교적 낮고, 비가 많이 내렸다. 따라서 많은 동굴유적이 있는 것은 본 지역의 특징이다.

2) 석기는 중. 소형 위주, 긁개가 석기 조합중 중요한 위치차지. 그 다음이 첨두기등 소형 도구이다. 기본적으로 대형, 첨두기, 찍개등은 그 비례가 제한 적이다. 석기는 다수가 정교하게 제2가공되었다. 석재의 래원은 부근의 규질암결핵(結核), 강자갈은 드물다. 석기제작 특징은 당지의 자연환경과 밀접한 관계가 있다. 몇 곳 유적은 모두 해발이 비교적 높은 운귀고원에 있으며, 그 부근에는 큰 산과 용암의 발육이 대단한 곳이다. 이러한 조건하에서

일반적으로 토양은 식물의 영향이 상대적으로 낮다. 다만 각 종류의 동물자원 이용은 용이하다. 대형의 벽감(劈砍), 굴착도구가 없이 소형 긁개 위주의 도구는 이러한 환경에 적응된 것이다.

(2) 동남(東南) 지역

이 지역은 진령-준하(秦嶺-准河) 일대의 남쪽 포함, 중국 지형의 제3단계 지형상의 남방(南方) 재역에 속한다. 이 지역(1區域)은 대단히 넓고, 아열대로부터 열대로 속하는 지대로서 기후는 온난 습윤, 최초 인류 및 그 문화발전의 중요한 지역의 한 곳이다. 더욱 근래 20년 동안 이 지역에서 대량의 중기 홍적세의 구석기 지점 및 몇 곳의 중요한 고인류화석 지점이 발견되었다. 이러한 발견은 한수유역(漢水流域), 장강 중.하류(長江中下流) 지역, 강남구릉(江南丘陵) 지대, 동시에 영남의 백색분지(嶺南 百色盆地)까지 지속되었다.

1. 유적의 분포

(1) 한수(漢水) 유역

한수유역은 이 지역의 최북부, 유적은 주로 섬서남부(陝西南部)의 한수계곡 지역과 악서(鄂西) 서북지역에 분포되었다. 진령남쪽의 한수계곡에 야외의 구석기 유적이 분포, 주로 한수 양안(兩岸)에 분포되었다. 중기 홍적세의 석제품과 동물화석이 3급계지(3級階地)의 퇴적에서 출토되었다.

한수계곡의 3급계지에 석제품이 있는 층위는 주로 회황, 황갈홍색 사질 아점토의 퇴적층이다. 비교적 전형적 단면은 면현(勉縣)의 적토령(赤土嶺)이다 : 최상면의 일층은 황회색 표토, 0.5 m 두께. 그 아래는 중기 홍적세의 담갈색 사질점토, 여기에 큰 편의 칼시움질의 결핵(結核)이 포함되고, 풍부한 구석기유물과 깨진 동물화석등, 4-5 m 두께. 이 층과 그 아래의 상신통(上

新統)은 부정합으로 접촉, 상신통은 황록색, 회록색, 회갈색 점토, 사질점토, 모래 등이며, 바닥은 보이지 않고, 두께는 대략 5 m 정도로 추정되었다[103].

문화유물이 가장 풍부한 남정 용강사 전와암(南鄭龍崗寺 磚瓦 庵)단면은 적토령(赤土嶺)과 같다. 홍갈색 사질점토의 아래는 하나의 자갈층이 있다[104]. 이곳은 전형적 강변의 2원 결구(二元結構)이다. 강자갈 층 아래는 화강암이 기반암으로 조성되었다. 석제품은 홍갈색 토층 및 강자갈위에서 출토되었다. 이 지점에서 발견된 동물화석은 많지 않다. 동물화석이 명확한 곳은 양현아가대패(洋縣倪家大壩)이다. 아가대패 계곡 단면은 회황색 사질점토 표토층아래에 두터운 칼시움 결핵이 포함되고 동시에 동물화석과 석제품도 발견되었다. 동물화석은 큰곰, 곰, 동방검치상, 중국털코뿔소, 돼지, 붉은 사슴, 영양, 물사슴(水鹿)과 물소 등이다.

악서(鄂西)북쪽지역 중기 홍적세의 발견 물은 2종의 서로 다른 지모(地貌)유형에 매장되어 있었다. 일종은 한수 분지와 같다. 그곳은 한수 또는 그 지류 양변 계지상의 노천에 분포되었다 ; 다름 일종은 산지역의 동굴지점이다. 전자는 단강구수고(丹江口水庫)주위의 3급계지에 있는 지점 및 방현의 두자와(房縣的 逸子洼)등이다. 두자와 지점은 현성(縣城)에서 동남방향으로 4 km 지점에 있는 한수지류 마란한(馬欄河)의 3급 계지에 있다. 이 지점의 높이는 현 강상(河床)에서 40 m, 단면의 최 상부 두께는 10~15 m의 자홍색, 황색 사질점토 이며 여기에 강자갈 석기가 포함되었다. 점토층 아래층의 두께는 5 m의 강자갈이 모래층에 삽입되었다. 그 아래는 초기 고생대(早古生代)의 변질암, 녹색편암등이 기반암을 이루고 있다[105].

이 지역의 동굴유적은 악서 서북 산 지역에 분포된 운현 용골동(鄖縣龍骨洞)등이다. 그 중 용골동과 백용동의 시기는 중기 홍적세 또는 더욱 이른 시기에 해당된다. 운현매포(梅鋪)의 용골동계(系)는 절리(節理)가 통제된 수평동굴, 중심부분은 길이가 40여 m, 동굴바닥에는 현 강물수면이 40 m 솟아 있다. 동굴너비는 0.4~4.5 m, 퇴적 상층에서 동굴지붕 까지 높이는 0.4~3 m

이다. 동굴내의 퇴적은 3층 : 상층은 비교적 강한 개판층(蓋板層), 두께 0.3 m 정도, 화석 없음 ; 중간층, 황색사질토, 동굴벽과 동굴바닥 접촉, 동굴입구 퇴적은 거칠은 알갱이로 소량 강자갈 포함, 동굴입구 근접지에 알갱이는 고운 편, 강자갈 없다, 퇴적 두께 0.5~2.5 m, 직립인 및 많은 동물화석 포함. 아래층, 경질의 황색 퇴적, 가장 두터운 곳 0.6 m, 화석 없음. 용골동의 퇴적내의 직립인외에 많은 포유동물화석 : 원숭이, 사자, 곰, 큰곰, 너구리, 쌍시하이에나, 고양이, 여우, 물개, 감치코끼리(嵌齒象), 검치(劍齒)코끼리, 말, 맥(貘), 코뿔소, 작은 돼지, 돼지, 사슴, 큰고라니, 소, 해리(河狸)와 멧돼지(箭猪) 등이다[106].

운서 백용동의 발굴결과는 아직 자세한 부고서가 없다. 이 동굴에서도 직립인의 이빨과 20 여종의 동물화석으로 그 중에 검치호, 중국하이에나, 큰곰과 검치상등이 발견되었다.

(2) 장강 중류(長江 中流)

장강중류에는 강한평원(江漢平原)과 동정호(洞庭湖)평원이 포함된다. 이 지역에서 발견된 중기 홍적세의 구석기지점은 주로 풍수(澧水)중. 하류 지역에 분포 되었다. 이미 발견된 지점은 100곳 이상이다. 주로 망문홍토(网文紅土) 퇴적내에 매장되었다. 그 중 시기가 가장 이른 지점은 율시(律市)의 호과산(虎瓜山)이다. 이 지점은 해발 80 m 정도의 4급 계지이다. 문화유물의 퇴적은 종홍색의 망문홍토내에 있으며, 망문이 거칠게 밀집되어 점상(点狀) 또는 선상(條帶狀)으로 분포, 비교적 많은 망간(mangum) 결정체을 포함하고 있다. 망문 토층밑에는 마모가 심한 자갈층이 있다.

시기가 약간 늦은 2.3 계지가 위에서 발견되었다. 정색 발굴된 지점은 석문(石門)의 대성묘(大聖廟)[107] 이다. 이 지점은 풍수(澧水)중류의 오른 쪽 제방에 위치, 6급 계지로 발달, 문화유물은 2급 계지에서 확인되었다. 지층 퇴적 : 표토층, 종황색아점토층, 가볍게 결정체이름, 소량의 알갱이 상의 철

망간 결정체와 망간 맥(脈), 퇴화된 망문층, 0.8 m 두께 ; 망문홍토층, 종홍색, 회백색 원형상의 망문, 석제품이 중.상부에서 출토, 6 m 두께 ; 강자갈층 1 m 정도 두께.

그 외 발굴된 2 급계지상의 지점은 풍현계공당(灃縣鷄公壋). 이 지점은 풍수 오른 쪽 제방에 위치. 부근의 전와장(磚瓦場)에서 대량의 석제품 출토, 동시에 훌륭한 단면이 형성되었다. 단면은 높이 7~8 m에서 확인 되었다. 상부의 종황색의 사질점토에는 망간맥이 포함되었다 ; 하부의 유홍색(揉紅色) 점토는 가는 선상의 망문 홍토, 석제품은 망문홍토의 하부에서 출토 되었다[108]. 야외 유적과 선명한 대조를 보이 는 동굴유형의 지점은 드물게 발견되었다. 자료가 비교적 풍부한 한 곳은 호북 대치현 장산향(湖北大治縣章山鄕)의 석용두(石龍頭)[109] 이다. 다만 발견 될 때 이미 심하게 파괴 되었다. 지층 퇴적은 3층 : 최상층은 얇은 종홍색 점토내에 석회암 부스러기가 섞여 있으며, 문화유물은 없다. 두께 0.5~1.5 m 사이 ; 2번 층은 황색, 종홍색 사질점토, 대량의 석회암편과 수석, 석영암편이 섞임, 석제품과 동물화석 출토, 두께는 0.3~1 m 사이 ; 최 하층은 종홍색 점토, 모래점토에 종유석 섞임, 동물화석 및 빈약한 석제품 있다. 두께는 0.3~1 m 사이. 제2층이 주된 문화층, 유물의 분포 정황에 의하면, 석제품이 대단히 밀집분포, 물에 운반된 것 아니고 이 곳에 잔재된 것. 그 외 발굴자들은 이 층의 암성(岩性)은 같은 동굴외부의 망문홍토와 비교가 된다고 보았다. 화석은 큰 멧돼지, 큰곰, 중국하이에나, 호랑이, 동방검치상, 중국털코뿔소, 멧돼지, 꽃사슴, 사슴, 소 등 10종류, 이 동물화석은 큰곰-검치상 동물군에 속한다. 우라니움년대측정은 20만년 전후로 중기 홍적세 후기에 속한다.

(3) 장강(長江) 하류지역

이 지역에서 유적이 가장 많은 곳은 환남(皖南)의 수양강(水陽江) 유역이다. 발견된 구석기지점은 수양가의 중.상류 및 그 지류의 양쪽 제방으로 길이 70 km, 너비 20 km 범위내에 있다. 발견된 유적은 16 곳이다. 각 지점사이의 거리는 가까운 곳은 100 m, 먼 곳은 10 km 범위, 연구자들은 이 저점을 수양강구석기 지점 이라고 부르고 있다[110].

이 지점들의 지층퇴적 상항은 거의 유사하다. 그 중 주요 지점의 지층단면은 의주진산(宜州陳山) 지점으로 1988, 1922 동안에 정식 발굴되었다. 안휘성(安徽省) 문물고고연구소와 남경(南京)대학 대지해양과학과(大地海洋科學系)에서 진산지점의 단면을 종합연구 하였다. 1988년 발굴된 지층 단면은 다음과 같다(도 2-26).

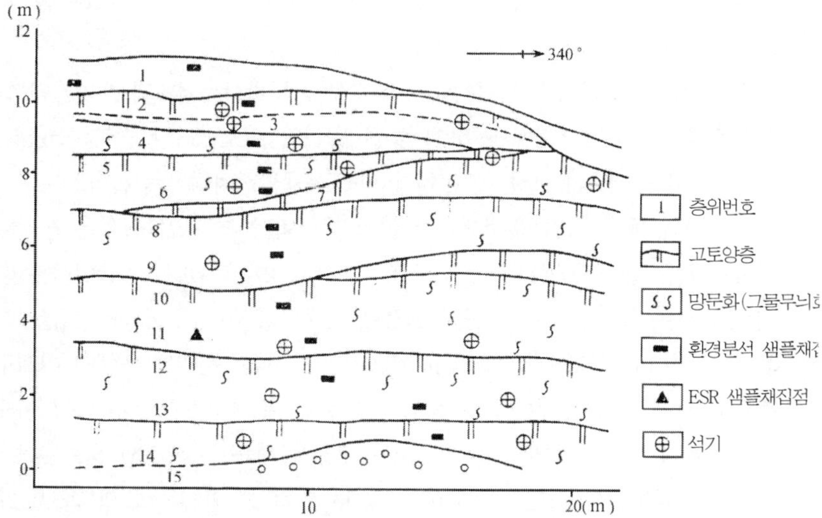

도 2-26. 진산지점층위단면도(방영삼 등, 1992)

단면 두께 11 m, 암질특징과 층 사이의 접축관계등을 15개 소층(小層), 9개 층조(層組)로 나누었다. 최상면의 제1층을 제외하고, 2층아래는 모두 상면이 홍색의 고운 사질 점토 고토양층과 하면(下面)의 유황 또는 종황색 고운 사질점토 모질층(母質層)으로 층이 조성되었다. 고토양과 모질층사이에는 변질된 과도기 현상이 있다. 제2-3 소층은 철칼시움 결핵 또는 교맥(骸貘)이 형성, 제4-6층은 약한 회백색 고운 망문(細網文)이 형성. 제6층 이상은 이 지역분포의 하촉황토(下蜀黃土)이다. 제6층과 7층 사이 에는 뚜렷한 침식으로 절단되었던 흔적이 노출. 제7층 아래는 망문(網文) 발육, 그 중에 고토양층의 망문이 거칠게 대부분 수직으로 분포되었다 ; 모질층은 비교적 조밀하며, 대부분 수평 또는 경기지게 분포되었다. 제7층이하는 전형적 망문 홍토이다. 제15층은 강자갈층, 그위에 망문이 발육되었다. 그 중 제11층의 전자공명법연대는 B.P 68만년이 산출되었다. 부근지역의 년대산출과 결부시켜 보면 진산지점의 구석기 토적의 절대 년대는 약 15만~90만년 사이이다[111) 112)].

이 지역 중기 홍적세 동굴퇴적은 비교적 풍부하다. 안휘와 화연용담동(和縣龍潭洞), 소현은산(巢縣銀山)과 늦게 발견된 강소남경탕산(江蘇南京湯山) 등이다. 이 동굴유적에서는 고인류화석, 포유동물화석등이 발견되었다.

화현 용담동은 중기 홍적세의 전형적 동굴퇴적이다. 이 유적은 장강북쪽 제방의 낮은 산들과 평원지대가 만나는 곳에서 발견되었다. 동굴발육은 한무계(寒武系, cambrian)의 백운암(白雲巖)층내에서 이루어 졌다. 발굴지역은 동서길이 9 m, 남북 너비 3~4 m, 깊이 5 m 이다. 층위는 위에서 아래로 5층으로 구분 : 최상면은 종홍, 종흑색 점토층, 두께 0.2-0.4 m ; 그 아래층은 하나의 0.1-0.3 두께의 황록색 고운 모래 ; 제4층은 황갈색 점질모래, 인류화석과 동물화석 출토, 두께 0.7-1.4 m ; 최하층의 황 회 색 점질모래와 사질점토, 두께 1.5 m[113)].

이 동굴에서는 인류화석외에 40여종의 포유동물화석 출토, 그 외 소량의 새류와 파충류도 발견되었다. 동물화석중에 북경 주구점제1지점과 같은 종으로 검티상, 큰뿔사슴, 갈씨꽃사슴, 중국하이에나, 거씨대하리, 붉은 곰, 뿔하이에나, 이씨멧돼지등이 빌견되었다 ; 또한 화남 큰곰-검치상동물군의 성원인 큰곰, 검치상, 중국맥, 거맥(巨貘)과 작은 돼지(小猪)가 발견되었다. 또한 이 지역 특종의 사불상록(四不象鹿)도 출토 되었다. 직립인과 화북의 전형적인 동물군으 성원(成員)은 시가가 중기 홍적세에 해당되며, 우라니움 년대 측정은 B.P 20만년 정도이다[114]. 또한 다른 연구자들의 제시는 인류화석의년대 B.P 30만년에 해당되며, 이 인류화석이 제4층 전체 기간이 대단히 길어 B.P 30-15만년에 해당될 것으로 보고 있다[115].

(4) 강남 구릉(丘陵) 지대

이 지역의 중기 홍적세 유적은 평원지역처럼 풍부하지 않다. 그리고 주로 동굴 퇴적이다. 1960년대 초기 1곳의 동굴발견, 강서성락평현성(江西省樂平縣城)에서 동북방향으로 약 30 km 지점의 용산암(湧山岩)이다. 용산암은 동굴입구가 비교적 넓고, 동굴 깊이도 비교적 긴 곳으로 용산강계곡에서 100~120 m 높이에 있다. 퇴적물은 동굴입구부근에만 있으며, 발견시 파괴가 심한 상태였다. 퇴적의표토층은 20-30 cm 두께의 종유석 층 ; 그 아래는 30-40 cm 두께의 회황색 각력(角礫)암층, 소량의 뼈편 잔존 ; 그 다음 아래층은 비교적 많은 동물화석과 수점의 석영석편 발견 ; 최 하층은 붉은 색 점토층, 얇은 층이 대단히 뚜렷하다. 화석 없으며 두께는 1.5 m 정도[116]. 이곳의 발견화석은 많지 않으며, 다만 개별적 이빨이 발견되었다. 동물 종은 큰 멧돼지, 검은쥐, 검치상, 코뿔소, 물소, 양, 사슴 등이다.

근래에 복건삼명새 교외 만사암의 영봉동(福建三明市郊万寺岩靈峰洞)에서 중기 홍적세의 구석기 유적과 포유동물이 발견되었다. 영봉동은 만사암의 서남 언덕에 위치, 동굴입구는 채석장으로 인하여 파괴, 잔존 부분에는 중기 홍적세의 퇴적이 잔존되어 있다. 조사과정에서 석제품과 포유동물화석이 발견되었다. 동물화석은 중국코뿔소, 거맥, 소, 족제비, 대나무쥐, 사서(社鼠), 박쥐 등이다. 문화층의 칼시움판은 우라니움년대 측정으로 B.P 18.5만년, 중기 홍적세 후기 단계에 속한다[117].

(5) 영남(嶺南) 지역

영남지역의 중기 홍적세 발견은 주로 백색분지(百色盆地)에 집중되었다. 1973년 구석기가 발견된 이래 수 백 곳의 지점이 확인되었다. 이러한 지점들은 동쪽의 전동(田東)에서시작되어 서쪽으로 백색(百色)까지 이다. 그 곳들은 우강(右江)계곡을 따라서 약 100 km 정도의 백색분지에 분포되었다. 전형적인 지층단면은 백색소매(小梅)와 전동파(田東坡), 고려파(高嶺坡) 등이다. 고령파 지점은 우강 오른쪽 제방의 4계지(階地)이다. 단면은 위에서 아래 : 제1층, 표토층, 회갈색 사질점토, 두께 0.1-0.25 m ; 제2층, 심갈색 점토, 상부(0.6~0.8 m), 색깔 비교적 옅다. 망문(網文)결구는 뚜렷하지 않다. 아래로 내려 가면서 색깔이 진하여 졌다. 붉은 색과 하얀색의 망문결구를 뚜렷하게 하였다. 칼시움결핵 발육, 두께 6 m ; 제3층, 수평층리를 조성한 사질점토, 두께 5 m ; 제4층, 날개상(羽狀)이 교차된 모래층, 두께 1.1 m ; 제5층, 강자갈층 두께 5-10 m ; 최하층, 황회색 니암(泥岩), 사암 등이 기반암이다. 석제품은 주로 지표에서 60-80 cm 지점의 제2층 상부에 분포[118]. 그 외 1 곳은 전형적 백색소매(小梅)로서 단면(도 2-27)은 다음과 같다.

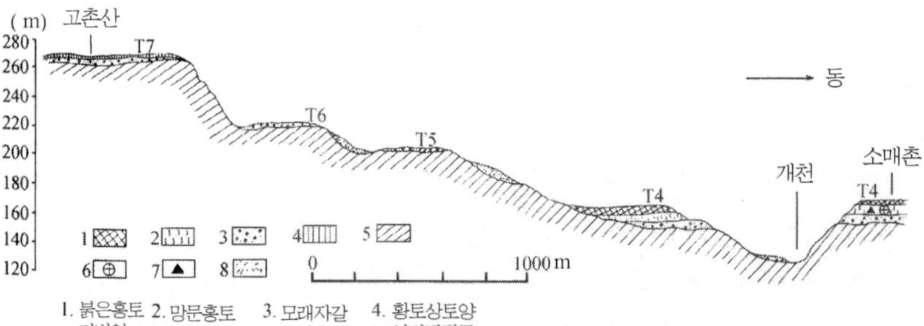

도 2-27. 소해지점부근 계지(階地) 단면도(원보인 등, 1999)

1993년 이래, 백색분지에서 발굴된 지점은 백색교외의 백곡(百谷), 백색 서쪽의 상송(上宋) 등으로 석제품 출토지점에서 운석(隕石)이 발견되었다. 운석의 동위원소측정년대는 70만년 정도로서 초기 중기 홍적세에 속한다[119].

동굴퇴적은 영남(嶺南) 지역에 많이 발육되었다. 예로 초기 홍적세에 속하는 광서 유성거원동(廣西柳城巨猿洞)과 중기 홍적세 초기의 광서 파마롱막산(廣西巴馬弄莫山) 등에서 많은 포유동물화석이 발견되었다. 다만 유감스러운 것은 인류화석이나 인류활동과 관계된 유물은 찾지 못 하였다.

(6) 소결(小結)

근 년래에 화남지역의 구석시대 고고학, 제4기 지질 및 관련 학문의 연구 과정중 중국 황토 연구 성과를 상호이용과 비교연구를 하고 있다. 더욱 장강하류지역은 깊은 관심을 가지고 있다. 환남선성진산(皖南宣城陣山) 구석기 지점의 연구는 화남지역 홍토(紅土) 단면과 낙천(洛川) 단면을 비교연구 할 수 있게 지시되고 있다[120]. 이것들의 연대의 윤곽을 근거로 화남지역 망문홍토층에서 발견된 석제품은 의심 할 여지없이 중기 홍적세에 속하며, 어느 경우 더 이른 시기도 될 수 있다. 여기에는 수양강(水陽江) 지역, 소호(巢湖) 지역등 장강하류에서 발견된 것들도 포함된다. 장강중류 동정호(洞庭湖) 지역의 망문홍토내에서 발견된 것들이 좋은 예로 제시되고 있다. 장강중류의 망문홍토의 퇴적형식 은 비록 하류지역의 것과 다르지만 서로 다른 높이 의 계지(階地)로 형성되었다. 다만 실질적으로는 하류의 동일 계지 또는 언덕의 완정(完整) 단면이 제시한 시대와 환경의 특징은 일치하다. 장강중류 높은 계지상의 망문홍토 색깔은 진하고, 망문이 거칠고, 크며, 낮은 계지상의 것들은 색깔이 약하며, 망문도 가늘고 작다(小) ; 하류지역의 동일한 단면상은 아래 부분은 색깔이 진하고, 망문도 거칠고, 크며. 상면의 색깔은 약하고, 망문도 가늘고 작다. 이러한 상항은 망문발육이 경과된 시기와 환경이 대체로 같다는 것을 반영하여 주고 있다. 서로 다른 것은 새로운 구조(構造) 운동이 두 곳에 대하여 영향을 서로 다르게 제시, 중류지구의 변화는 빈번하여 여러 단계의 계지 형성 ; 하류지역은 비교적 안정되어 하나의 완정한 단면을 형성 시켰다. 영남백색분지(嶺南百色盆地)의 지층 자료는 현재까지 비교적 영세하여 전 양자(두 곳) 과 상세한 비교가 어렵다. 다만 망문홍토의 존재에 근거하여 대체적으로 동일 시기로 보고 있다. 한수(漢水)상류의 홍토 계지는 비록 전형적 망문 표지층(標識層)은 없지만 비교 검토는 발견된 포유동물상으로 가능하다. 그것은 고생물지층의 원리(原理)비교 가능성으로 동일 계단(階段)으로 보고 있다[121].

아시아 동부 계절 풍(風)에 속하는 중국 남방은 지리위도가 낮고, 서북에는 산들이 둘러 싸 이 고, 동남쪽은 바다에 면해있어서 동아시아 아 열대, 열대계절풍지역에 속하고 있다. 남방은 중기 홍적세 동안에 비록 전 지구상의 기후변화의 영향을 받았지만 그 영향의 범위가 제한적으로 환경변화에는 독자적 특징을 가 질 수가 있었다. 각 지역에서 발견된 지층과 고생물학 특징에 의하면 중기 홍적세 기간에 남방 대부분 지역의 기후는 온난 습윤 위주, 주로 아열대, 열대 기후의 파동의 영향권에 북방 지역과 비교하면, 이 곳이 초기 인류거주에 적합지 이다, 더욱 추운 시기가 도래 할 때 북방지구는 냉기로 변질 되었지만 중국 남방은 북방 고인류의 피난지가 되었다. 이 특징은 장강하류지역에서 뚜렷하게 제시되고 있다. 전체 화남지역은 장강하류의 포유동물군의 변화가 가장 컸다. 화북 동물군과 화남동물군은 이 지역에 동세에 또는 교체기가 출현한 특징을 보여주고 있다. 예로 화현(和縣)동물군과 탕산(湯山)동물군등으로 전자는 2/3의 동물군의성원이 북방지역과 같다 ; 후자는 기본적으로 주구점동물군과 일치하다. 다만 개별적으로 남방종의 동물이 있었다. 주구점동물군의 남쪽이동은 북방지구의 사람들이 남하하지 않을 수 없었다. 이 특징은 북방황토층에 거의 볼 수 없거나 또는 기본적으로 유물의 정항이 노출되지 않았다.

2. 인류화석

화남 중기 홍적세 인류유적의 광범위한 분포는 당시 인류가 이 지역에서 넓고 빈번하게 활동한 점을 제시하여 주고 있다. 다만 남방 홍토(紅土)의 산성화 특징에 의하여 인류골격이 야외 유적에 보존 상태가 대단히 나쁘다. 상대적으로 수량이 많은 석기지점과 석제품이 발견되었다. 즉 이 지역의 인류화석 발견은 제한적으로, 주로 장강하류와 한수 상류지역의 동굴퇴적에서만 확인되었다. 한수 상류에서는 다만 소량의 이빨 발견, 예로 남소 향화산(南召香花山), 운현 매포(鄖縣梅鋪) 등이다. 장강하류지구에서 1980년대 발견된 인류화석 지점은 특히 중요하다. 이 지역에는 중기 홍적세 기간에 2 종의 인류화석이 존재하였다.

(1) 직립인(직립인, Homo erectus)

직립인 화석이 이 지역에 비교적 많이 발견되었다. 한수 상류에서 발견된 이빨화석은 모두 직립원인에 속한다. 자료가 뚜렷한 것은 장강하류에서 발견된 화현인(和縣人)과 탕산인(湯山人) 두개골이다.

화현인은 1980년과 1981년 동안에 완정된 두개골, 아래턱, 이마뼈, 정수리뼈(頂骨) 등과 9 매의 독립된 이빨이 발견되었다. 화현인 인골은 뇌정골뼈가 대부분, 다만 뇌정골의 밑부분이 상실되었다. 두개골은 비교적 크며, 두텁다. 미간뼈(眉脊)와 머리뒤뼈(枕脊)는 발달되었다. 두개골은 대부분 미 봉합, 나이는 20세 전후의 남자이다. 두개골, 아래턱과 이빨의 형태는 전형적 직립인의 특장이며 또한 자체의 특징도 가지고 있다 : 예로 미간뼈의 거칠은 정도와 두개골벽 두께는 비교적 이른 시기의 공왕령 남전인(藍田人)보다 이른 것은 아니며, 뇌량은 1025 cc 로서 남전인 것보다 크다. 미간 양측 끝은 북경원인과 같이 뒤로 돌려 졌으며, 안광은 좁고, 불투명하다. 뇌정골은 비교적 높다. 이러한 특징은 화현인의 시대가 비교적 늦은 것을 나타내어 준다. 화현인 뇌정골의 끝면은 자바원인과 접근된 쐐기형(楔形, 설형)이다. 그것은 북경원인의 타원형과는 다르다 ; 양측 뇌정골벽은 비교적 수직적이다. 비교적 높은 부위는 자바원인과 같이 안쪽으로 휘어졌다. 전체적으로 보면 화현인과 북경원인 두개골 형태의 유사성이 있으며 동시에 또한 일정한 구별을 가지고 있다. 이러한 정항은 중국지역내의 직립원인 진화과정중 지역 차이를 반영하려 주고 있다[122].

지층퇴적과 동물군의 특징에 따르면 화현인 시대는 주구점제1지점의 후기에 해당된다. 몇 샘플의 측정년대수치는 대체적으로 같은 상항을 나타내어 주고 있다. 열광석법의 년대는 B.P 195.000년이며, 우라니움 측정은 200.000년 정도이다.

1993년 남경동쪽 교외 탕산진(湯山鎭)의 하나의 동굴내에서 발견된 2구의 직립인 두개골 화석의 시대는 화현인 보다 이르고 북경인의 초기 또는 중기에 해당되고 있다[123]. 상기한 바와 같이 탕산지점에서 발견된 동물화석은 개별적 남방종외에 거의 주구점 북경원인의 동물군과 완전히 일치하다. 이 저점의 년대 측정 수치는 차이가 비교적 크다. 전자자동공진법 측정결과는 B.P 300.000년이다 : 열전리질 우라니움 측정결과는 B.P 500.000년이다[124].

2구 두개골 화석중 1구는 보존이 비교적 양호하며, 기본적으로 환정한 좌측 얼굴뼈(面骨), 약간의 우측 얼굴뼈, 이마뼈, 부분 정수리뼈 및 뒷머리뼈(枕骨)등 이다 : 그 외 1구는 정수리뼈(頂骨)가 대부분 남아있다. 이 2구의 화석의 전체적인 정항은 앞이마가 낮고, 뚜렷하게 뒤로 경사져 있다. 미간뼈는 거칠고, 좌우가 "一" 자형태로 연결되어 있다. 또한 뚜렷한 원형의 뒷머리뼈, 안광은 뒤편으로 축소되었다. 정수리뼈의 정면(頂面)은 거의 원형, 각원침(角圓枕)은 발육되었다. 뒤미리뼈의 상하는 인부(鱗部)가 비교적 편평하며, 뒷머리뼈의 원침(圓枕)은 비교적 발육되고, 넓게 융기되었다. 귀밑 뼈(顳鱗部)는 낮고, 왜소하며, 노정골은 비교적 두텁고, 정수리 결절(結節)부위 두께는 12 mm. 뇌용량은 1000 cc 정도이다.

상기한 정항은 비록 전체적으로 북경인 체질과 유사하지만 탕산표본은 자기의 특징을 가지고 있다. 예로 두개골의 너비가 상대적으로 길이보다 넓다 ; 콧날도 현저히 앞으로 돌출되었으며 높다 ; 얼굴상부의 편평도(扁平度)는 비교적 높의며, 세로 방향은 돌출도가 비교적 강하다 ; 얼굴면(面度)은 낮고 좁으나 상대적으로 넓다. 이러한 특징은 중국경내의 직립인 진화의 구역적인 차이와 관련되어 있다. 탕산표본은 중국경내 여러 시기 고인류화석의 공동특징을 가지고 있다 ; 코와 이마 봉합점과 이마와 아래볼(頷)의 봉합점은 연속적으로 수평방향으로 되어 있다 ; 광대뼈(顴骨)는 앞으로 돌출되었다 ; 위 얼굴뼈는 낮고 좁다 ; 안광은 각형(角形)에 가까우며 원형은 아니다 ; 안광 외부아래 가장자리는 둥근편이다 ; 노정골 앞부분은 화살촉형상이다. 그러나 탕산인 1호 두개골 코높이(鼻梁)은 높고 아래 볼 위로 언덕형태로 융기되었다. 이러한 현상은 중국경내 기타 화석 표본에 드물고 유럽인들에게 흔하다. 따라서 일부 학자는 후자는 중국경내 고인류진화 과정중 외래 인들과 교류한 산물이라고 보고 있다[125].

(2) 초기 네안데르탈인

소현인(巢縣人)을 또한 은산인(銀山人)이라고도 부른다[126)][127]. 이 화석은 안휘소현은산촌 부근의 동굴 또는 균혈 된 바위속의 퇴적층에서 발견된 고인류화석이다. 소현과 화현(和縣)은 서로 연접되어 있다. 두 곳 화석지점은 거리가 100리 가 되지 않는다. 발견된 시간 역시 1982-1983년도 발굴에서 이루어 졌다. 뒷머리 뼈가 각 1 점씩 나누어져 출토 되었다. 뒷머리 뼈는 인부(鱗部)의 중간이 잔류되었다. 뒷머리 뼈 둥근 부위는 중간이 융기, 양끝은 소실되었다. 둥근 뒷머리 뼈위의 중앙부위에 작은 홈(凹)이 있으며 둥근 머리 뼈상의 위홈(上溝)은 보이지 않는다. 이러한 특징은 유럽의 네안데르탈인에 보이며, 중국경내에서 발견된 기타 고인류화석상에는 보이지 않는다. 뒷머리 면(枕面)과 정수리 면(頂面)사이의 과도 지점에는 각도의 굽은 곳이 보이지 않는다. 그 형태는 원둔형(圓鈍形)이다. 뒷 머리 뼈 둥근부위 중심부의 두께는 7 mm 이다. 이것은 비교적 진보된 특징이다.

위턱과 뒤 머리뼈는 동일 한 젊은 여성 개체에 속할 가능성이 크다. 턱의 아래 부분에 보존된 몇 점의 이빨을 가지고 있다. 코 구멍의 너비는 척촌(尺寸)에 해당, 코는 비교적 넓은 편이다. 앞부분 이빨은 마모의 정도가 뒤 쪽의 것보다 심하다. 이러한 마모방식은 네안데르탈인에 접근된다. 다만 우라니움 년대 측정의 수치는 화현인에 해당된다. 이러한 상황은 인류진화의 양감성(鑲嵌性), 과도기, 개재성 또는 부분형성을 나타내어 준다[128].

3. 석기

(1) 한수(漢水) 유역

이 지역 중기 홍적세의 발견 물은 한수 분지(盆地)가 가장 풍부하다. 석기 지점이 많을 뿐만 아니라 석기 제작과정이 대단히 상세하다. 그 중 남정용강사(南鄭龍崗寺)에서 양산(梁山) 일대까지 사이가 가장 풍부하다[129]. 용강사 및 양산에서 발견된 석제품은 모두 3급계지 자갈층의 강자갈을 석재로 삼았다. 양수산정 및 그 부근으로 한수에서 약간 거리 났는 곳은 당시 하상(河床)의 수직과 상대적 거리가 상당히 크지만 이곳에서 발견된 석기는 3급계지의 강자갈을 석재로 삼고, 양산의 기반암을 석재로 삼지는 않았다. 석재의 암질은 석영위주, 그 다음이 화산암(火山岩), 석영암등이다. 여러 지점에서 선택한 각 종 암질은 그 비례가 구분된다. 다만 동일 지점 전후 여러 곳의 발견 물은 기본적으로 일치하다. 석재선택의 한 가지 공통점 특징은 석영석재 가공의 돌 마치(石球)가 있는 점이다[130].

석기의 가공 기술은 돌 마치로 직접타격 석편제거와 제2가공을 하였다. 소수의 석영석재상에 충격법(무거운 것으로 내려친)의 흔적이 있다. 또한 연구자들은 개별적 대석편상에 보유된 특징을 근거로 모루상타격법(碰砧技術)도 존재하고 있다. 석편발견의 숫자는 비교적 많은 것이 이 곳의 중요한 특징이다. 형체가 비교적 큰 것을 제외하고 소량의 작은 석편도 있다. 석핵의 수량이 비교적 많다. 다변형(多邊形)과 원형도 모두 발견되었다.

석기유형이 비교적 풍부하다. 찍개는 가장 중요한 유형, 도구 진체 수량에서 절반이상을 차지하고 있다. 모두 편원(扁圓)의 강자갈이 석재, 그 위에 일면 또는 양면을 가공, 끝날(端刃) 또는 변날(邊刃)의 찍개 이다.

돌마치 또는 사냥돌(石球) 또한 대단히 중요하다. 절대부분이 석영 강자갈로 만들어 졌다. 돌 마치 와 준 돌 마치(准石球)등 두 종류이다. 후자가 비교적 많다. 직경은 대부분 90 mm 정도, 소량이 비교적 크고 소량은 척촌(尺寸)에 불과 하다. 가공방법에 의하면, 원형이 비교적 차한 준 돌 마치는 직접타법으로 가공되었다. 원형이 뚜렷한 돌 마치는 일부 연구자들은 두개의 충돌법(對撞法)을 사용한 것으로 보고 있다. 그 표면에 충돌흔적이 거칠게 남아 있기 때문이다. 그러나 후자로서 설명된 흔적의 거친 점은 가공된 흔적 또는 사용된 결과 이다. 더욱 실제 정항에 대한 사용실험의 결과에 기대하여야 한다. 돌 마치가 주로 분포된 구역을 보면 그 흔적은 사용된 결과이다.

대형 첨두기는 발견된 수량이 많지 않지만 차지한 비율은 전 양자보다 적다. 다만 석기 조합중 하나의 중요한 유형이다. 이 도구는 강자갈 또는 두터운 석편의 양측을 일단(一端)으로 단면 가공 뾰족한 날(尖刃)을 세웠다. 양면 가공자는 주목도끼 유형 이다.주먹도끼 수량은 많지 않다. 전자와 구별되는 것은 다만 양면 가공 사용한 것이다. 발표된 몇 유형은 비교적 많은 자연면과 비교적 큰 손잡이가 있어서 원주먹도끼류(原手斧類, proto-handaxe)로 보아야 한다(도2-28).

중형과 가벼운 형의 긁개가 모두 발견, 동시에 수량도 비교적 많으며, 또한 중요한 도구 이다. 긁개는 전체 석기 중 10%~20% 차지.

동일시기에 속하는 석기 지점 및 문화유물이 단강구(丹江口)밑의 한수 중류지역 에서도 발견되었다. 정식발표된 양양산만(襄陽山灣)의 자료가 있다[131]. 그 중 한점은 전형적 주먹도끼로서 납작하고 긴 강자갈 일단의 양면 가공, 하나의 납작하고 첨예한 끝을 만들었다 ; 그 외 일단에는 자연면이 남

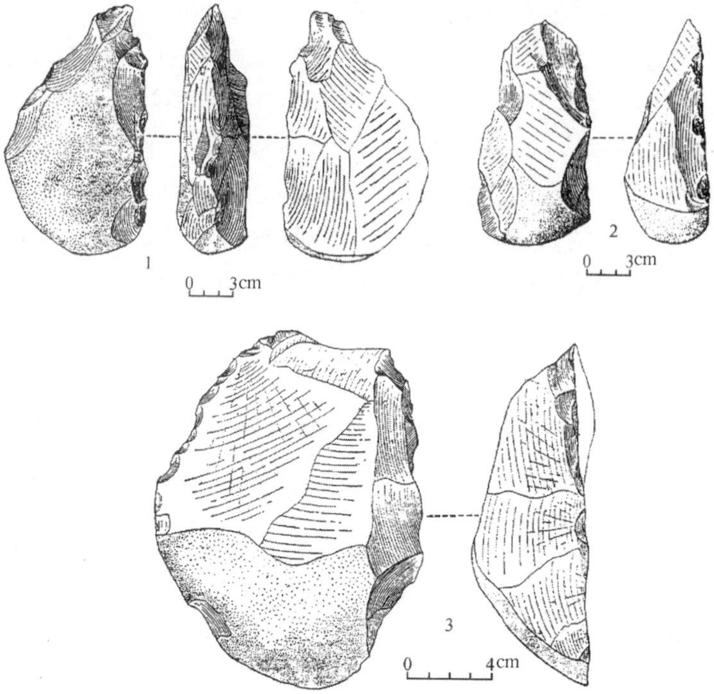

도 2-28. 용강사석기(황위문 등, 1987)
1. 주먹도끼; 2. 피크(pick); 3. 클리버

아 있다. 유사한 표본이 경산의 장탄(京山的長灘)과 종상(鍾祥)의 황토 언덕 등 지점에서 수점이 채집되었다. 그것들은 유형이 같을 뿐만 아니라 석재의 암질도 완전히 일치, 납작하고 긴 흑색 석영암 강자갈로 만들어 졌다. 산만(山灣)에서 발견된 그 외 2점의 대형 첨두기의 형상과 제작 방법은 장강(長江)중류의 같은 유형 제품과 기본적으로 같다. 그것들은 긴 강자갈 석재로 중간이 절단되었으며, 절단면이 타격면의 일단(一端) 단면으로 이루어진 첨형의 날이 제작되었다. 또한 강자갈의 납작한 면을 타격면으로 삼아 직접 가공한 것도 있다.

전체적으로 한수 중류 각 야외유적의 석기 석재는 여러 가지 색깔의 석영암 강자갈이다. 가공 기술은 돌 마치로 직접 타격하는 것이 기본 방법이다. 석제품의 형체는 크다. 예를 들면 장탄 발견의 대형 석핵은 직경이 30 cm 정도이다. 석기 유형은 찍개, 대형첨두기, 주먹도기, 긁개 등이다. 그 중 대형 첨두기의 수량이 가장 많다. 원 주먹도끼 가공도 비교적 전형적으로, 모두 돌출된 특징을 가지고 있다.

현재까지 한수 유역 중기 홍적세 동굴유적의 석제품은 발견된 것이 극히 제한 적이다. 운현 동북의 매포 용골동에서 1점의 인공이 가한 석핵 1점이 확인 되었다. 운서현성(鄖西縣城) 동쪽 신무령(神霧嶺) 동쪽 언덕에 위치한 백용동(白龍洞)에서 석제품이 발견되었다. 초보적으로 발표된 자료에 의하면 100여점의 석제품이 출토, 대표적 석기는 소형 찍개와 원형 긁개 등이다[132]. 이러한 상황은 야외유적과는 다르다.

(2) 장강 중류지역

장강 중류지역에서 최근에 발견된 구석기 지점 중에 가장 집중된 지역은 동정호(洞庭湖) 서북쪽의 풍수(澧水) 중. 하류 및 그 지류의 재방(沿岸) 등이다. 최근에 많은 석기 출토 지점 및 대량의 문화유물이 확인 되었다. 이러한 지점중 시대가 가장 이른 곳은 호남율시(湖南律市)의 호과산(虎瓜山)이다. 이 저점은 율시 교외의 풍수(澧水) 오른 쪽 제방, 석제품은 4급 계지의 망문 홍토 퇴적내에서 발견되었다. 지형과 퇴적암질의 특징에 의하면 호과산 구석기는 중기 홍적세의 비교적 이른 시기에 해당된다. 석기석재는 석영사암제 강자갈이다. 석기 유형은 석핵, 석편, 찍개, 긁개와 돌마치 등이다. 석기는 거칠고 가공은 단순하다[133].

시기가 호과산보다 늦은 곳으로는 풍현(澧縣)의 계공당(鷄公塘)이다. 계공당 석기의 석재는 모두 강자갈제이며. 암질은 석영사암 위주, 또한 사암, 석영 및 수석도 있다. 석기 유형은 석핵, 석편, 찍개, 대형 첨두기, 돌 마치와 긁개 등이다. 그 중에 긴 강자갈을 가공하여 만든 대형 첨두기는 특징적이다. 또한 시대가 근접된 석문대성묘(石門大聖廟) 유적도 있다. 석기 유형은 전 두 곳 유적과 같다. 석기 석재는 강변의 강자갈이며. 암질은 사암과 수석등이다. 석기는 석핵, 석편, 찍개, 대형 첨두기, 주먹도끼와 유사한 석기, 긁개 등이다. 석편의 수량이 비교적 많고, 형체가 비교적 크다. 찍개의 수량이 많다. 그 중 주먹도끼 같은 첨두기는 형체가 뚜렷하며, 긴 강자갈을 양면에서 가공하여 계공당등지의 삼능(三棱) 대형 첨두기와 같다. 긁개의 수량이 비교적 많다. 모두 소형 석편을 직접 가공, 암질은 수석이 많다[134].

상기한 몇 곳의 정식 발굴된 유적외에 조사시 채집된 석제품은 대단히 많다. 이 석제품들은 비록 여러 지점, 높이가 서로 다름 계지상에서 발견되었지만 매장은 모두 망문홍토(網紋紅土) 퇴적에 있었다. 석기 유형은 상기한 유적들의 출토품과 근접된다. 석재는 강변의 강자갈, 그 암질은 부근 강자갈의 면화된 것 들이다. 강자갈 석기는 석영암, 석영사암 및 사암위주, 소량의 소형석편은 수석 또는 석영등이다. 석편제거는 모두 직접타법으로 처리, 다른 방법은 보이지 않는다. 대부분 석기는 강자갈을 직접 타격하여 석기 제작, 특징은 제2가공 석기 수량은 소량이다. 제2가공도 직접타법으로 처리되었으며, 그 것들은 일면가공 위주이다.

석기조합은 독특한 특징이 있다. 석기형체는 크고 거칠며, 최대경은 20 cm 또는 더욱 큰 것도 있다. 석기유형은 찍개위주, 그것은 2종으로 나누어진다 ; 수량이 많은 것은 단인 찍개(외날찍개). 양날 찍개는 수량이 제한되었다. 여러 유형의 대형 첨두기는 이 지역 특징의 도구이다. 전체 석기 조합의 비례는 찍개의 수량과 일치하다. 주로 긴 강자갈을 석재로 선택 한 끝의 양측면을 타격하여 삼각형의 첨두기를 제작. 첨부의 형상 및 가장자리의 가공은 서로 다른 방법으로 처리 되었다. 주먹도끼 수량은 많지 않다. 그 가공 방법도 차이가 있다. 다수의 표본이 원 주먹도끼에 속한다. 다만 소량의 표본이 전체가 가공되어 손잡이도 보이지 않고, 자연면도 남아있지 않다. 돌

마치도 발견되었지만 소량이며, 석기 조합에서 차지하는 비율은 제한 적이다. 돌 마치는 2종으로 분류된다 : 1종은 원형 돌 마치 ; 다른 1종은 준 돌 마치 이다. 석재는 사암, 또는 석영암이다(도2-29).

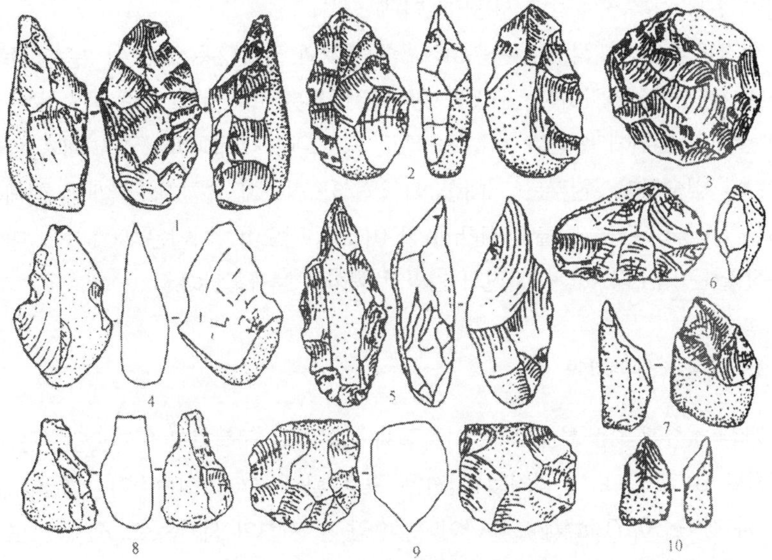

도 2-29. 호남풍수유역석기(원가영, 1998)

소형 도구로서 긁개의 채집은 거의 보도 되지 않았지만 발굴 출토품은 일정한 비율을 차지하고 있다. 예로 석문의 대성묘(大聖廟)에서 출토된 긁개 비율은 찍개보다 낮지 않다. 제작된 석재의 암질은 주로 수석(flint) 이며, 기타 지점은 석영이 많다. 석재의 래원은 강변의 강자갈이다.

상기한 야외 유적의 발견외에 장강 중류지역에서는 1970년대에 호북대치(湖北大治)의 석용두(石龍頭) 동굴유적에서 동물화석과 석제품이 같이 발견되었다. 이 동굴은 발굴전에 심하게 파괴 되었지만 이곳에서 한 곳의 고인류 활동장소를 확인하였다. 발견된 석제품은 풍부하지 않지만 80여점이 출토 되었다. 석재는 석영암위주, 소량의 석영, 사암등의 강자갈 이다 ; 부분적으로 수석이 부근의 암석층에서 채집 사용되었다. 석핵의 수량이 많으며, 대부분 자연타격면을 가지고 있다. 소량의 준비된 타격면도 있다 ; 길이와 너비는 4~7 cm의 중간형 석편이 많다. 석핵과 석편의 특징으로는 대부분 직접타격 되었으며, 간혹 충돌법도 사용되었다[135].

석기유형은 상대적으로 단순하다. 즉 찍개와 긁개 2종이다. 이 2종의 수량도 대체적으로 일치하다. 긁개는 중형이 대부분, 몇 점의 석편제 찍개는 중형 긁개의 범위에 속한다. 찍개는 주로 강자갈로 제작되었다. 단면과 양날의 수량이 비슷하다. 일부분 거대한 석핵도 이 범주에 속한다. 긁개의 형체는 비교적 작다. 단순 돌출날(單凸刃)이 비교적 많으며, 다날은 그 다음, 단순 수직 날은 극소량 이다. 석편의 가공과 형상은 불규칙하다.

(3) 장강 하류지역

장강 하류지역은 최근에 중기 홍적세 고인류와 구석기의 발견으로 중요한 발전을 하고 있다. 구석기의 발견은 주로 환남(皖南) 의주수양강(宜州水陽江)과 강북소호(江北巢湖) 부근이다. 수양 강 지역의 석기는 그 석재가 모두 부근 강변에서 채집된 강자갈이다. 석재는 석영사암위주, 그 다음이 사암, 그리고 소량의 석영이 포함되어 있다. 석편제거와 제2가공은 모두 직접타법으로 처리 되었다. 석기는 두텁고, 거칠며 석기유형은 상대적으로 단순하다. 석기는 대부분 찍개, 납작한 강자갈의 일면 가공으로 수직 날과 돌출된 날이 제작되었다. 대형 첨두기도 일정양이 있으며, 가공 방법이 특수, 납작한 강자갈의 양측 변을 대칭적으로 교차 타격, 혀 형의 첨 날을 제작. 돌 마치 역시 비교적 전형적이다. 그것들은 정교하게 가공되었다. 석기의 표면에 석편 흔적이 대부분 남아 있다 ; 가공이 차한 준 돌 마치도 있다. 긁개는 많지 않다. 그 형체는 거칠고 크다[136].

장강 북쪽제방에 있는 소호망성강(巢湖望城崗)부근에서 몇 곳의 유적지가 확인 되었다. 채집된 석제품도 수량이 비교적 많다. 이 곳 석제품의 유형은 수양강 지역과 같다. 석제품이 크고 거칠다. 석재는 부근의 강변에서 채집한 강자갈제. 암질은 석영사암위주, 부분적으로 석영암, 소량의 사암과 수석 등이다. 석기는 돌 마치로 직접 타격제작. 석기는 석핵, 석편, 찍개, 대형 첨두기, 돌 마치와 긁개 등이다[137].

최근 동릉(銅陵) 부근 및 강소구용(江蘇句容), 절강안길(浙江安吉)과 장흥(長興) 등지에서도 새로운 유적이 확인되었다. 돌릉 석기 석재는 석영사암위주, 소량의 석영암과 규질암이 있다. 석기는 석핵, 석편, 찍개, 대형 첨두기와 돌 마치 등이다. 석기유형과 가공 방식은 상기 두 곳과 같다[138]. 강소, 절강에서 발견된 상황도 대체적으로 같다. 다만 새로 발견된 석기 유형중 이 지역 대표적인 것도 있다(도2-30).

전체적으로 장강하류 중기 홍적세의 강자갈 석기는 지역성의 특징을 갖추

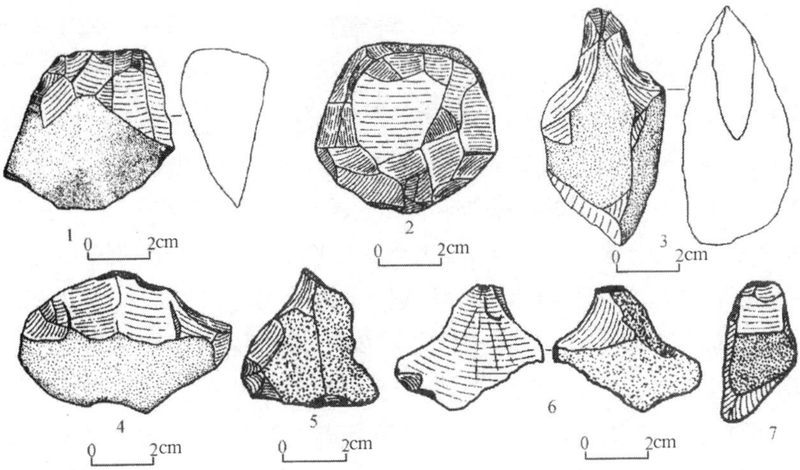

도 2-30. 구용방우산지점 석기(방영삼 등, 2002)

고 있다. 석기는 거칠고 크며, 가벼운 유형(輕型)은 드물다. 석기는 강자갈로 석핵 가공, 석편가공등으로 제한되어 있다. 찍개는 주된 석기로 다날, 단인날 유형 등이 이 지역에서 발견되었다. 돌 마치는 양이 많지 않다. 다만 강북(江北) 지점에서는 석기조합의 4분지 1을 차지하였다. 첨두기는 상대적으로 발전되지 못하였으며, 진정한 첨두기유형은 많지 않다. 형형 첨두기는 이 지역의 대표적 석기이다. 긁개는 이 지역에서 수량이 제한적이며, 크고 거칠다[139].

(4) 강남 구릉(丘陵 地區)

강남 구릉 지역에서 최근에 비교적 많은 야외 유적의 구석기 지점이 발견되었다. 보고 된 지점들의 시기는 비교적 늦은 시기이다. 중기 홍적세에 속하는 뚜렷한 유적은 2 곳에서 발견된 동굴유적이다. 한 곳은 1960년대 발견된 강서 악평 용산암(江西樂平涌山岩)이며, 다른 한 곳은 최근에 발견된 복건 삼명 만사암 영봉동(福建三明万寺岩靈蜂洞)이다. 전자는 소량의 석영 석편이 발견되고, 후자는 비교적 많은 석제품과 동물화석이 발견되었다. 그것들은 중기 홍적세의 특징을 나타내어 주고 있다.

삼명영봉동(三明靈蜂洞)은 하나의 거대한 석회암 동굴이다. 후기의 건축활동 등으로 파괴가 심하여 홍적세 퇴적은 영세하게 보존되었다. 2000년 제3층 잔존의 중기 홍적세 퇴적층의 발굴로 70여점의 석제품을 확인하였다. 석제품의 석재는 부근 강가에서 채집한 강자갈, 절대부분이 석영사암 또는 사암 그리고 영세한 규질암과 석영이다. 20여점의 석편 중 절대부분이 직접 타격으로 제작, 그 중 2점은 예리한 능을 가진 충돌된 석편이다. 예리한 능을 가진 충돌 법(충돌타법)은 서남(西南)지역의 후기 홍적세에 유행되었다. 후기 홍적세 말기에 이 기술은 바다 연안의 대만(臺灣) 섬에서도 발견되었다. 그 기술의 출현은 중기 홍적세 말기의 복건(福建)지역에 출현된 것으로 학자들의 많은 관심을 가지게 되었다. 영봉동의 석핵은 다만 하나의 타격면과 2개의 타격 면 등의 2가지 유형이다. 절대부분이 자연 타격면을 가졌다. 유형은 일치하지 않다. 다수 석편 흔적을 가진 석핵은 드물다. 이것은 석핵 이용 율이 낮다는 현상이다[140].

영봉동에서 발견된 석기 수량은 영세하고 유형도 단순하다 : 찍개, 긁개와 돌 마치 등이다. 또한 1 점의 조각기 기법의 표본이 1 점 있다. 전체적으로 영봉동 석기 제작 기술과 남방지역 야외 유적에서 발견된 것과 구별이 어렵다. 다만 석기 조합 중 전자에서 출토된 대형 첨두기는 없다. 찍개의 점유율은 야외유적보다 높지 않다. 다만 긁개는 야외 유적보다 많다. 이러한 상황은 장강 하류 대치석용도(大治石龍頭) 동굴 유적의 정항과 비슷 하다(도2-31).

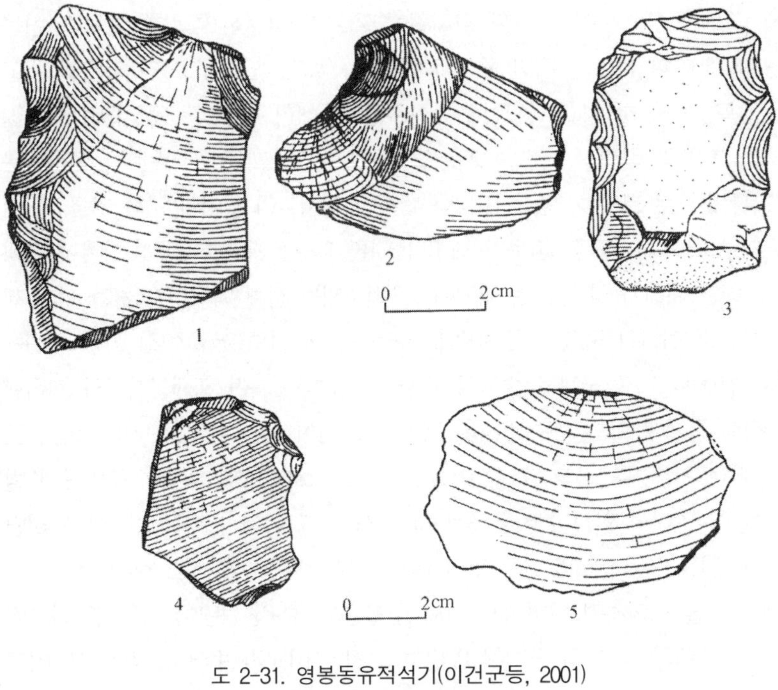

도 2-31. 영봉동유적석기(이건군등, 2001)
1~3. 긁개; 4·5. 석편

(5) 영남(嶺南) 지역

영남지역의 중기 홍적세 및 더 이른 시기의 구석기는 광서(廣西)의 백색분지(百色盆地)에 집중 되었다. 분지내의 초기의 석기는 전형적 강자갈 석기이다. 몇 곳의 발굴결과에 의하면 석기 석재는 강가의 강자갈, 절대다수의 석재는 사암위주이다. 기타는 수석, 거칠 은 사암, 각혈암, 혈암 등인데 수량은 극히 제한되었다. 대형 석기는 강자갈에 직접 가공, 가공방법은 마치로 처리 되었다. 가공 방향은 일면위주, 다만 일정 수량이 양면 가공 되었다. 소량의 긁개는 석편으로 가공 되었다. 석기의 제2가공은 정교하게 가장자리가 처리되었다.

석기 유형은 신주(新州)의 발견 예로 보면, 긁개 비례가 높아 전체 54% 차지. 그 중 대부분이 납작한 강자갈을 가공한 측날식(側刃式), 그 날변은 호형(弧形)이다 ; 외날(端刃)도 일정한 수량 차지, 납작하고 긴 강자갈의 일단을 일면 가공 혀 형(舌形)으로 제작하였다. 대형 첨두기 수량이 비교적 많다. 이 지역의 비례가 14% 차지, 그 중에 주먹도끼도 포함된다. 그것들은 2가지 유형으로 분류 : 1종은 비교적 납작한 강자갈의 일단의 양측 가공, 단면가공으로 하나의 삼각형 첨두기 제작 ; 다른 1종은 가공부위와 방식이 전자와 동일, 다만 처리가 혀 형으로 되었다. 주먹도끼는 전체 백색분지 초기 석기 제작 과정 중 하나의 중요한 유형이다. 주먹도끼가 신주(新州)에서 발견된 예는 극히 영세하다, 그 구체적 숫자의 계산도 어렵다. 다만 백색분지에서 채집된 1600점의 통계에 의하면 주먹도끼 수량은 100점이 넘는다[141]. 만약 100점으로 계산하면 주먹도끼는 석기 조합 비율로 6% 에 해당된다. 백색의 주먹도끼 발견 수량이 많아서 일정한 비율을 차지 하지만 그 유형과 제작 기술에 의하면 그 주된 것들은 원 주먹도끼(proto-handaxe)에 속한다[142] (도2-32).

제작 기술에 의하면 대형 첨두기와 구별된다. 다만 양면이 가공되었다. 외형(外形) 윤곽은 후자와 구별이 없으며 그것은 비교적 두터운 첨두기와 비교적 납작한 혀 형의 것들과 구별되며 동시에 가공되지 않은 손잡이(柄部)가

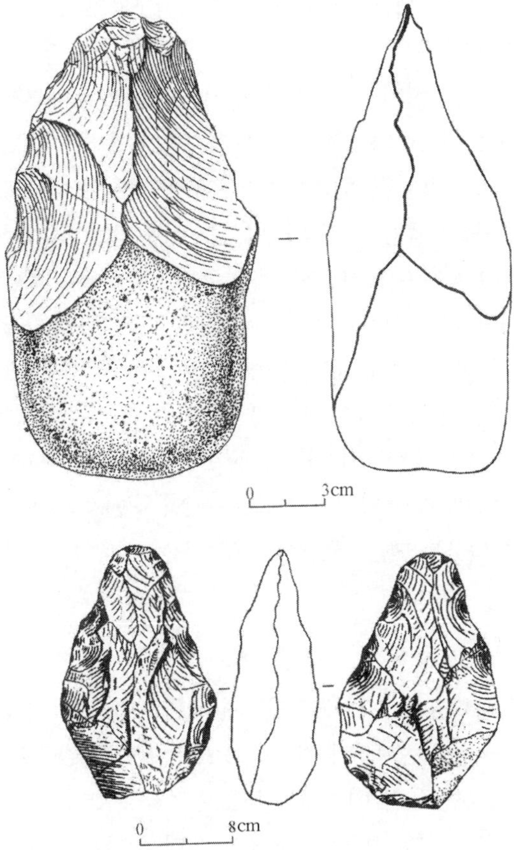

도 2-32. 양옥지점주먹도끼(광서박물관, 2003)

남아 있다. 신주에서 발견된 것은 상기한 중형의 도구 외에 가벼운 도구도 발견되었다. 거기에는 긁개와 소형 첨두기가 포함되어 있다. 긁개의 비율은 신주가 비교적 높아 28%에 해당, 대부분 석편으로 제작되고, 또한 석핵도 있다. 그 중 부분적으로 비교적 큰 것은 중형에 속한다. 2점의 보도 된 첨두기는 검형(鉆具類)에 속한다.

백색 분지 높은 계지에서 채집한 석제품은 비교적 많으며 특색이 있다. 전체 석기 조합중 찍개가 차지하는 비율이 많 아 서 석기 총수 중 절반이상을 차지한다. 단인 또는 변인 유형의 찍개, 변인(邊刃)은 대부분 호형(弧形)이다. 대형 첨두기는 찍개 다음의 유형을 차지, 그 유형은 과도기 상태, 따라서 연구자들은 첨두기와 첨 두 형 찍개(尖形砍斫器)로 나누고 있다. 백색의 가장 특색 있는 석기 유형은 주먹도끼이다. 비록 전체 석기 중 차지하는 비율이 전 양자보다 적지만 발견된 총수와 차지하는 비율은 화남지역에서 가장 높다. 주먹도끼와 대형 첨두기의 구별은 일면 또는 양면 가공에 있다. 호형날의 찍개로부터 과도기로 혀형과 삼능 대형 첨두기와 주먹도끼로 이어졌다. 변연(날)의 변화는 연속과 고정된 상태, 상당수 표본이 양자의 중간에 놓여 있어 분류가 어렵다. 날의 제2가공은 정교하며, 석기는주로 부드러운 원형 곡선 유형으로 이 지역 초기 석기 제작과 기타 화남지역과의 구별되는 특징의 하나이다. 이와 상반되는 것으로 이 곳에서는 원형(球形)의 석기가 없다.

(6) 소결(小結)

화남은 북쪽에서 남쪽까지 여러 지역에 비록 지층 토적의 상항은 서로 다르지만 중기 홍적세는 초기부터 후기까지 모두 전형적 강자갈 석기제작이다. 석기의 원 석재는 모두 강 변가에서 채집된 강자갈이다. 암질과 석재의 대. 소 형 모두 유적부근에서 채집된 것이다. 석재는 석영암, 사암들 거칠은 암질, 모두 대형 석기를 제작 하였다. 석기제작의 주된 변화는 제2가공 기술의 발전에 있다. 석기는 강자갈에 직접타격 따라서 석편 사용은 드물다. 석편제거와 제2가공은 돌 마치로 직접가공 처리, 제2가공은 대단히 단순하게 처리되었다. 석기 조합의 전체 면모는 크고 거칠며 여러 유형의 강자갈 석기 위주로 되어 있다. 찍개는 각 지점(유적)에서 모두 중요한 위치를 차지하고 있으며, 차지하는 석기 전체 수량도 절반 또는 그 이상 이다 ; 각 유형의 첨두기는 대형 첨두기와 주먹도끼가 포함되어 있다. 비록 그것들이 각 유적에서 차지하는 비율이 다르지만 석기 조합중 중요한 위치를 차지하고 있다 ; 또한 원형석기(球狀器)의 발견 비율도 높다. 다만 그것들의 수량은 유적에 따라 현저하 차이가 있다 ; 긁개는 각 유적에서 모두 출토, 다만 중형의 유형이 많다 ; 소형 긁개와 기타 소형 도구는 시대가 비교적 늦은 지점(유적)에서 많이 발견 되었다.

화남의 구석기는 다른 특징의 하나로 공간(空間) 방면에 노출되어 있다. 여러 지역의 석기가 연계 또는 구별되어 있다.

가장 북단의 한수(漢水)상류지역에서는 찍개 외에 원형 돌(石球)가 중요한 도구의 한 종이다. 원형 돌은 전체 석기 조합 중 돌출된 위치 차지, 그것은 이 지역 초기 석기 중 중요한 특징의 하나이다. 앞의 두 유형과 비교하면, 첨 두(尖頭) 날의 도구는 대형 첨두기와 주먹도끼가 포함된다. 다만 이 지역 출토 비율은 대단히 낮다. 그 외 특색으로 긁개유형은 수량이 비교적 많다. 석기의 제작 기술방면은 석편으로 가공된 석기 비율이 높다.

장강(長江) 중. 하류 지역은 한수 지역과 비교하면 석기조합 비율의 현저한 차이가 있는데 원 형돌 수량이 비례적으로 감소되고 첨 날(尖刃)형의 도구가 증가 되었다. 장강중류지역은 대형 첨두기를 납작하고 긴 강자갈을 가공 첨예하게 제작 ; 하류지역은 혀 형 첨두기가 많다. 하류지역 몇 지점에서도 원 형 돌의 비율이 높다 ; 석편을 가공한 석기는 드물다. 중류지역 각 지점(유적)에서 발견된 원 형 돌 수량은 많지 않다 ; 다만 사용된 석편 석재 비율은 높다. 이것은 한수상류 지역과 비교된다.

남령(南嶺) 이 남의 초기 석기 유형은 중형의 강자갈 석기 위주이다. 이 지역은 중국경내에서 발견된 중기 홍적세 지점이 가장 많은 곳이다. 이 지점들은 대부분 평탄한 강계곡지대에 군집되어 있으며, 모두 야외에 분포되어 있다. 1920~30년대 대량의 조사와 발굴에서 초기 인류가 거주한 예 들을 보여주고 있다.

4. 거주와 생활

(1) 거주 형식(形式)

화남의 구석기시대 연구가 비교적 늦게 시작되었지만 현재까지 이 지역은 중국경내 중기 홍적세 구석기유적이 가장 많은 곳이다. 이 저점들은 대부분 평탄한 강 계곡지대에 야외 유적으로 분포 되었다. 약 20~30년 동안 대대적인 조사와 발굴 이 실시되어 초기 인류가 이 저역에 거주한 특징의 자료를 얻게 되었다.

한수(漢水) 계곡 지역은 중기 홍적세 인류 활동의 한 곳으로 중요한 지역이다. 그 중에 한수 분지(盆地)는 대표적인 장소이다. 한중남정(漢中南鄭)의 용강사(龍崗寺)에서 양산(梁山) 일대 까지 사이가 유적이 가장 풍부하다. 용강사에서 서북방향으로 양산에 이르는 일대의 지역에 석기가 분포되었으며, 이 석기들은 산언덕 기반암위에 노출되거나 계곡의 깊은 곳(凹)에 집중되어 있었다. 그것들이 분포된 해발 높이는 600~100 m 사이이다. 석제품이 지표에 노출된 것은 이곳이 홍적세 이래 상승운동에 따른 것으로 보이며, 기반암 표면에 침적물(沈積物) 형성 흔적은 없다[143) 144)]. 큰 면적 지역에는 모두 석제품이 노출되어 당시 사람들이 이곳에서 활발히 활동한 흔적이 보인다. 유물분포의 상항이 일치하지 않은 것은 사람들이 여러 지역에서 활동한 것을 암시하여 준다. 또한 여러 지역에서 채집된 석기 유형의 비례가 다양하여 상기한 내용과 일치성을 나타내어 준다. 예로 중양산(中梁山)에서 토지령(土地嶺)의 산 계곡에 석제품이 밀집되었으며, 이 일대 원형 돌(石球)의 비례는 대단히 높다. 대체적으로 찍개의 수량과 같다. 용강사의 계지(階地) 퇴적내에서 원형돌의 비율은 찍개보다 낮다. 이러한 상항은 석기 채집의 우연성과도 관계가 있지만 비교적 큰 차이의 비례는 우연성과는 관계가 없는 것으로 보고 있다. 다만 상기 2곳의 인류활동과의 관계로 보고 있다. 두 곳 환경의 조건이 서로 다르다. 동강사는 옛 강변에 위치, 지세가 평탄하며, 부근에 수원(水源)이 있다. 석기 제작의 석재 채집이 용한 곳이다 ; 중양산에서 토지

령에 이르는 일대는 해발 800~900 m의 산중턱으로 지세가 비교적 평탄하지만 수원과 석재 채집으로 부터는 멀리 떨어져 있다. 두 곳의 비교는 전자는 비록 거주와 석기제작이 편리하다 ; 후자는 원형 돌 사용의 활동과 관계가 있는 장소이다. 한수 분지내의 기타 지점과 관계된 발견물의 보고는 거의 없다. 다만 그것들의 분포지형과 매장 조건은 용강사 지점과 대체적으로 동일한 정항이라는 것을 암시하여 주고 있다.

장강 중류지역에서 최근에 발견된 중기 홍적세 이전의 야외유적 또는 지점은 풍수(澧水)의 중. 하류에 집중적으로 분포되어 있다. 이 지역은 무릉산맥(武陵山脈)과 동정호(洞庭湖) 평원과 경계 지점에 위치, 경내(境內)의 서쪽은 높고, 동쪽은 낮으며, 서쪽의 구릉지역으로부터 언덕 지역과 평원지역으로 넘어가는 과도 지역이다. 지형은 상대적으로 평탄하다. 풍수(澧水) 및 그 지류는 그 사이에 분포되었다. 이미 발견된 지점은 모두 강유역의 양쪽제방 2급 계지 이상의 망문홍토(網紋紅土)의 퇴적층내에 있다. 유적 지점의 분포는 밀집되었으며, 동시에 상대적으로 집중된 형상을 이루고 있다. 최근의 조사에 의하면, 이미 발견된 지점은 100여 곳이 된다. 석기지점은 석문(石門), 풍현(澧縣), 임풍(臨澧)과 율시(律市) 등 현(縣), 시(市)에 분포 되었다[145].

발굴이 실시된 몇 곳의 지점과 조사 자료에 의하면 여러 지점의 석제품 수량 및 유형등이 뚜렷한 차이가 있다. 예로 석문 대성묘(大聖廟) 및 부근의 2곳 지점의 발굴 면적은 400평방미터, 29점의 석제품이 발견되었다. 그 중 1지점에서는 유물이 없으며 다른 1지점에서 단 순이 2점 출토, 대성묘에서는 27점이 출토 되었다[146]. 대성묘지점에서 석제품 분포는 집중된 형상을 보였으며, 석제품과 함께 비교적 많은 강자갈도 출토 되었다. 강자갈 직경은 20 cm 정도, 석제품과 같이 풍수하상(澧水河床) 방향으로 경사된 언덕상에 있었다. 석제품은 크고 작은 것들이 혼합, 강물흐름에 휩쓸리지 않았다. 원시인들의 짧은 기간 활동 장소이다. 그러나 풍현의 계공당(鷄公塘)에서는 석제품 분포가 상대적으로 밀집, 많은 양의 대형 첨두기가 출토 되었다.

계공당은 풍현성(城)에서 남쪽으로 3 km 지점의 풍수 오른쪽 제방이다. 문화유물은 2급 계지의 망문홍토내에서 매장되어 있었다. 이미 발굴된 200평방미터 범위 내에서 석제품은 비교적 영세하게 분포 되었다. 다만 한 곳의 16평방미터 내에서 수직으로 15~20 cm 범위 내에서 150여점의 석제품이 발견되었다. 계공당유적은 사람들의 점유 시간이 비교적 긴 주거 유적이다.

장강하류 지역의 선주(宣州) 수양강(水陽江) 유역에서 비교적 많이 발견되었다. 수양강은 장강 남쪽의 하나의 지류이다. 최근에 발견된 10여 곳의 지점은 집중적으로 수양강 중.상류 및 그 지류의 양쪽 제방, 령국(寧國)에서 선주사이의 길이 70 km, 너비 20 km 범위내에 분포되었다. 각 지점사이는 10 km 거리, 가까운 곳은 수백 미터 지점사이에도 있다. 이러한 지점들은 강 제방위에 분포되었다[147]. 이미 발견된 16곳 지점 중 4분지 3의 지점에서는 석제품이 각 각 10여점 정도 출토 되었다. 다만 선주 진산전와창(陳山磚瓦廠) 한 지점에서는 1000점 이상이 발견되었다. 선주 황도(黃渡)와 령국 촉계(蜀溪) 2곳의 석제품은 200점 이상이다. 이러한 상항은 비록 각 지점 석제품의 원시(原始) 매장 수량과 직접 관계가 있지만 최종의 원인은 당시 사람들의 생활이 여러 곳에서 이루어 졌기 때문 임을 보여 주고 있다. 진산 지점의 석기 수량도 다양하고, 석기 유형도 많아서 인류활동의 복잡성, 장기간 체류, 거주 환경 등을 나타내어 주고 있다. 기타 영세한 발견은 인류활동의 임시 활동 장소로 고려되고 있다. 장기 또는 임시 활동 지점은 언제나 강 제방에서 확인 되었다.

1997년 령국 모죽산(毛竹山)에서 발견된 원형 돌 돌림(石圈)의 형성은 인류활동과 밀접한 관계가 있으며, 중기 홍적세 사람들의 활동 특징을 나타내어 주고 있다. 원형 돌 돌림의 평면 상태는 동서 길이의 반원형, 길이 10 m, 너비 6 m 이다. 돌 돌림 사이의 동서 방향으로 5 m, 남북 방향으로 4 m는 공백 상태이다[148]. 돌 돌림은 강자갈과 석제품으로 구성되었다(도2-33).

강자갈은 단층으로 평탄하게 놓였으며, 소수가 2층으로 쌓였다. 강자갈의

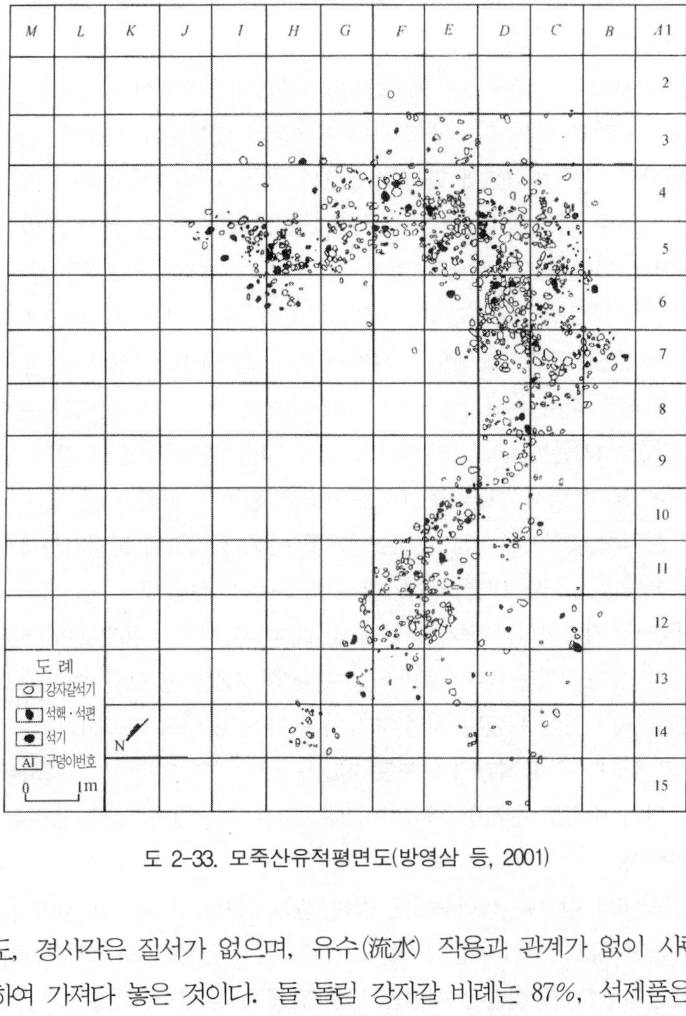

도 2-33. 모죽산유적평면도(방영삼 등, 2001)

경사도, 경사각은 질서가 없으며, 유수(流水) 작용과 관계가 없이 사람들이 운반하여 가져다 놓은 것이다. 돌 돌림 강자갈 비례는 87%, 석제품은 13%이다. 석제품과 강자갈은 평탄하게 분포되었다. 고고학 기록에 의하면 이러한 돌 돌림은 인류 거주와 관계된 것으로 알려져 있다. 다만 불 사용 흔적은 없다. 돌 돌림의 강자갈과 석제품은 사람들이 고의적으로 운반, 지 지점은 인류 석재 저장고로 보고 있다. 또한 모죽산 돌 돌림 상항은 화남 지역 중기 홍적세 인류활동의 특징과 주거 방식 등의 문제와 연결하여 볼 수 있는 중요한 의의를 가지고 있다.

백산 분지에서는 20~30년 동안에 10지점에서 석제품이 수 천점 발견되었다. 비교적 강한 침식 작용에 의해서 석제품이 대부분이 지표에 노출되거나 또는 침식된 개천 바닥에서 확인 되었으며, 침식이 비교적 심한 강자갈 층도 노출된 상태로 확인되었다. 길이가 90 km의 오른 쪽 강 양쪽 제방의 높은 계지위에 석제품은 지속적으로 연결되어 있었다. 다만 그것들은 상대적으로 일부 지점에만 집중 분포되었다. 백색 분지 외에 그 상류의 영락(永樂)분지와 하류의 평과(平果)분지에도 유사하게 발견되었다[149]. 백색분지 높은 계지상에서 발견된 강자갈 석기는 영남(嶺南)지역 초기 구석기 문화의 대표가 된다. 이러한 석기들은 백색 및 부근의 크고 작은 분지(盆地)의 강가 제방 계지 상 분포되어 당시 사람들이 이 분지에서 활동한 상황을 엿 볼 수 있다. 동시에 상기한 몇 곳도 마찬가지로 석제품 분포가 작지에 불일치하게 밀집되어 인류활동의 집중도 비율을 확인할 수 있다(도2-34).

상기한 몇 지역에서는 중기 홍적세 및 더 이른 시기의 유적들의 분포가 각각 특징을 가지고 있는 것이 확인 되었다. 유적(저점) 은 모두 옛 강가 부근에 분포되었으며, 또한 독립된 자연지리 범위 내에 하나의 독자적인 유적 등을 구성하고 있다. 유적 집단내의 분포 거리도 일치하지 않으며 각 지점에서 발견된 유물의 수량도 현저한 차이가 있다. 많은 곳은 1만 여점, 소수는 수점에 불과하다.

각 지점에서 발견된 석제품에도 공능(功能)방면에서 현저한 차이가 있다. 유물 수량이 많고, 석기 유형이 많은 지점은 원시 인류의 거주 지점이다[150] ; 모종 유형의 석기가 집중된 지점은 모종 전문 생산 활동 지점이다 ; 수량이 많은 지점은 거의 유물이 영세하게 출토 되고 있다. 이러한 지점은 인류의 임시성의 장소이다. 여러 활동 상항 지점이 산 지역 또는 구릉사이의 분지, 또는 평원상의 상대적 독립된 지역에서 당시 인류의 거주 계통이 보인다.

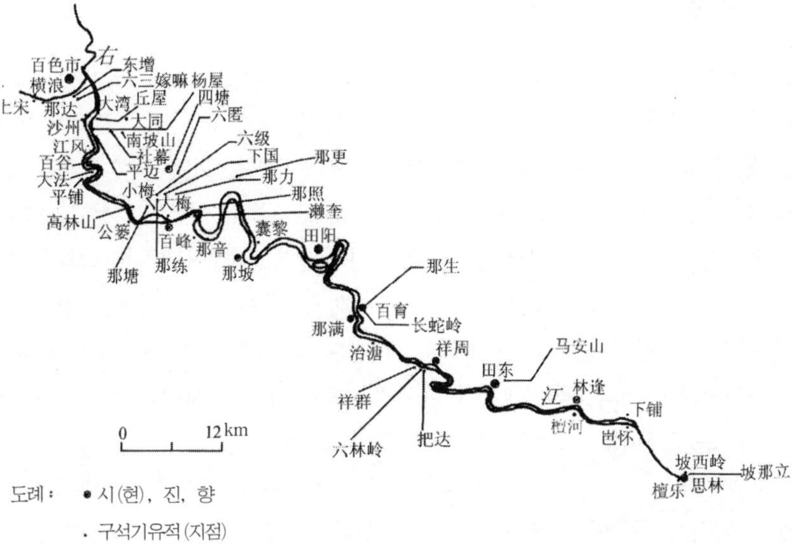

도 2-34. 백색분지 주요 구석기지점 분포도

최근에 이 지역에서 몇 가지 중요한 인류화석이 발견되었다. 여기에는 안휘(安徽) 화현(和縣)의 직립인. 소현(巢縣)의 초기 네안데르탈인 및 남경 탕산인(南京湯山人)이다. 이러한 인류화석은 모두 동굴 퇴적에서 발견, 동시에 풍부한 동물화석이 공존되어 년대 학 및 당시 인류의 생존 환경 회복에 많은 자료를 제시하여 주고 있다. 다만 이러한 동굴 퇴적중 비교적 명확한 문화유물이 발견되지 않았다. 이러한 상황은 몇 곳 동굴 지점은 인류의 원래거주(原生居住)가 아니다. 대량의 석제품은 모두 야외의 계지 상에서 발견되었다. 소호(巢湖)의 구석기 지점들은 소현인(巢縣人)과의 2 km 지점의 거리에서 같은 높이의 계지 상에서 발견되었다. 이러한 상황은 당시 인류의 거주와 활동의 특징과 관계가 있다. 특히 이 지역 중기 홍적세 주요 활동이 야외에서 이루어 졌으며. 동굴 사용은 극히 드물다 이곳의 2곳 동굴유적은 모두 시기가 비교적 늦은 중기 홍적세 후기에 속한다.

(2) 생활

화남지역은 열대. 아열대 식물이 무성한 삼림구역으로 크고 거 칠은 강자갈 석기가 유행 되었다. 이러한 석기조합은 대형 찍개, 첨두기 위주이며 소형도구는 드물거나 기본적으로 없다. 각종 유형의 찍개는 무엇을 벽개(劈砍)하는 중형 작업에 사용되고 대형의 첨두기는 땅을 파는데(挖掘) 사용 되었다. 상기한 활동은 삼림지역에서 필 수 적이다. 열대, 아열대 삼림지역의 생태환경인식에 근거하여 현 원시 민족의 연구에 근거하다면 이 지역 생활의 원시인류가 충족할 식물의 래원(來源)을 이해할 수 있다. 이 환경에서 생활하는 원시인들은 거의 채집 생활이 생계의 수단이다[151]. 화남의 석기 조합을 형태적으로 분석하면 이러한 경제 유형에 적합하다.

화남지역의 초기 인류들은 강 계곡 분지 또는 강가의 평탄지역에서 거주하였다. 이러한 지역의 지형은 광활, 평탄하며, 식물이 무성하여 나무를 벌목하고, 식물 뿌리를 캐내어야 해서 찍개, 대형 첨두기의 중형도구가 필요하다. 평원 또는 비교적 넓은 분지에서는 일반적으로 석기 석재로 필요한 기반암이 노출되지 않고, 강물이 옮겨 온 강자갈이 석재의 래원이다. 이러한 환경 하에서 생계 활동의 필요와 석기 석재의 조건은 화남지역에서 강자갈 석기 유형의 구체적인 원인이 되었다. 비록 홍적세의 기후 특징이 석기 유형에 중요한 영향을 주지만 화남지역 구석기 문화 발전의 특징 역시 자연 지리 조건의 제한을 받았다.

상기한 차이의 원인에 대하여 연구자들의 경향은 지역성의 문화 전통이라고 해석하고 있다[152][153]. 또한 일부 연구자들은 이러한 존재에 차별을 두고 있다. 즉 화남저역의 강자갈 석기전통은 독특한 지역성의 문화라는 것이다[154]. 화남 지역 초기 석기유형에 대한 여러 가지 의견은 깊이 검토할 필요가 있다. 이유는 면적이 크고, 시대의 과도기가 서서히 그리고 오래 동안 지나간 석기 유형이 제시 되고 있어 각 지역 각 시기에 대한 적응성, 그리고 다양한 자연 환경 형성의 원인 등에 근거를 두고 있다. 구체적으로 각 지의 석기조합의 특징을 분석하면 모두 각 지역의 자연 환경과 관계가 있다. 화남 최 북부에 위치한 한수(漢水) 상류는 아열대 기후의 북쪽 경계선으로 이 지역의 구석기 지점은 주로 해발이 비교적 높은 산간의 분지 내에 위치하고 있다. 현대 식물의 시각에서 보면 홍적세 대부분 시기내에 이곳은 삼림(森林)위주였다. 그 석기조합은 화남 강자갈 석기의 기본인 찍개 외에 원형 돌(石球)이 대단히 발달되었으며 원형 돌의 기능이 석기 시대 초기에 견고한 과일과 풀들을 가공 하는데 사용된 것으로 보고 있다[155]. 한중(漢中)에서 발견된 것 중 원형돌이 가장 많은 양산(梁山) 유적에 의하면, 이곳은 해발 800 m 이상의 산 계곡, 수자원과 식물 산지와는 거리가 멀며, 삼림이 무성한 곳이다. 원형 돌은 삼림 속에서 견고한 과일류와 식물을 얻는데 필요한 도구이다. 원형 돌 석기의 특색은 한수 상류의 석기 조합 중 당지 환경에 필수적인 도구이다. 이와는 반대로 화남 최 남쪽 끝의 백색분지의 초기 석기 유형은 원형 돌은 보이지 않고, 대량으로 첨 날을 갖춘 도구 즉 대형 첨두기와 원-주먹도끼 등이다. 대형 첨두기와 원 주먹도끼는 여러 가지 기능을 가지고 있다. 다만 백색에는 대형 첨두기, 주먹도끼 그리고 많은 혀 날(舌刃)을 가진 첨두기 날(尖刃)이 있다. 이 유형의 도구는 흙 속의 식물의 뿌리를 캐내는 도구이다. 열대와 아열대의 경계지역의 백색지역은 화남의 북부지역보다 식물, 식물뿌리가 풍부하였음을 나타내어 준다. 따라서 백색 석기 유형은 이러한 환경과 관계가 있다. 장강 중류지역은 첨날 도구가 있으며 이 특색은 백색 석기의 석기 조합과 같다. 이것은 단지 환경 특색의 산물이다[156].

4. 구대륙 서쪽

(1) 아프리카

중기 홍적세 아프리카 대륙은 초기 인류활동의 중요한 지역이다. 이곳에 인류화석과 구석기시대 유물이 남아 있었다.

1. 인류화석의 발견과 분류

최근까지 아프리카에서 발견된 중기 홍적세 인류화석발견은 여러 곳에서 확인 되었다. 이 화석들은 시기가 다양하다. 대부분 아쉘리안 석기와 공존하고 있었다. 이 화석들의 특징은 지역별로 뚜렷하다. 상당수의 화석들은 직립인의 체질 특징을 가지고 있다 ; 그 외 것들은 비록 시가가 전자와 접근되지만 체질 특징은 전형적인 직립인들과 현저히 다르다. 전자에 대하여 학자들은 일반적으로 직립원인으로 분류하고 있다 ; 후자는 로데시아인, 하이델바이오인 또는 초기 네안데르탈인등으로 분류하고 있다.

(1) 직립인

아프리카의 직립인 또는 직립인과 가장 접근된 인류화석이 올드바이 계곡 II층 상부에서 발견되어 OH9의 번호를 인류화석에 부여하였다. 지층의 시기는 중기 홍적세 초기 또는 더 이른 시기에 해당된다[157]. 화석은 노정 골 아래 뼈와 코뼈 부분, 미간 뼈는 거칠고 크며, 앞이마는 낮고, 노정 골 아래 부분은 넓다. 다만 노정 골 뼈는 비교적 융기 되었다. 뇌량은 1067 cc 이며 화석과 함께 아쉘리안 석기와 동물화석등이 발견되었다. 올드바이 상부의 IV층에 관골(髖骨)과 고골(股骨)이 발견되었으며, 동시에 아쉘리안 석기가 발견되어 전자와 같은 인류로 보고 있다.

그 외 북 아프리카 알(阿爾)과 리아(利亞)의 Temifine 에서도 고인류 화석 발견, 이것들은 정수리뼈 1매, 3개의 아래턱과 몇 점의 이 빨 등이다. 이 화석은 모리탄(毛里担) 직립인으로 명명 되었다. 공생의 동물화석에 의하여 그 시대는 중기 홍적세로 보고 있다.

(2) 기타 발견

아프리카에서 발견된 중기홍적세 인류화석중 많은 것들이 전형적 직립인과 구별된다. 예로 로데시아인, Elandsfontein 및 버드인(博多人) 등등[158].

상기한 화석 중 로데시아인의 발견이 1921년 찬비아프로 긍산 카프위(贊比亞布羅肯山作布維)부근의 한 곳의 동굴에서 발견 Broken Hill인 또는 Kabwe Man(카부위 인)으로 부르고 있다. 납 채굴 광(鉛礦)에서 인류화석이 우연히 발견되었다. 그것들은 노정 골, 위턱 및 일부 지골(肢骨)등이다. 동시에 동물화석과 아쉴리안 석기가 발견 되었다. 다만 화석과 문화유물의 층위 관계가 뚜렷하지 않다. 인류화석은 중기 홍적세에 속한다.

직립인의 특징은 거칠고 큰 미간, 더욱 중앙부위의 앞이마는 낮고, 비교적 넓은 노정 골 아래부위 및 뒷머리부위 발달, 기타 이빨, 앞 이빨, 견치 등은 남성 직립인보다 크고 뒷 부위 이빨 등은 비슷 하다. 직립인과 다른 것은 노정 골 뼈가 높고, 이마위에 미간 뼈가 확대되고, 뇌 량이 1280 cc 이다. 뒷머리 부위(枕部)가 비교적 개량되고, 그 상부는 넓고, 그 끝 부분은 축소 되었다 ; 노정 골 뼈는 넓고, 그 바닥 뼈와 접근되었다 ; 노정 골 뼈는 비교적 얇다. 위 턱의 돌출 비율은 남아프리카 원인보다 작다. 그 경골(脛骨)의 크기에 따르면 키는 1. 73 m 이다.

Broken Hill인과 접근된 인류화석이 1976년과 1983년에 발견된 Bodo 인이다. 발견 장소는 에티오피아 의 Awash 유역의 Bodo 지역이다. 화석은 두개골의 얼굴 부분이다. 전체 적인 고찰에 의하면 두개골은 Broken Hill 인과 접근된다. 다만 얼굴이 거칠고 크며, 더욱 중앙 부가 크다. 뒷머리 부분은 상실되었다. 뇌정 골 좌측 권부(顴部)는 할퀸 흔적이 있다. 그것은 살아 있을 때 또는 죽은 후에 석편(石片)으로 상처가 났다. 인류화석과 함께 아쉴리안 석기와 동물화석이 발견되었다. 시기는 중기 홍적세에 속한다.

그 외 유사한 발견이 남아프리카의 Elandsfontein에서 이루어 졌다. 1953년 Elandsfontein의 한 농장의 늪지에서 뇌정골 뼈와 아래턱 뼈편이 발견되었다. 뇌정 골 뼈는 직립인과 접근, 최대 너비는 뇌정 골 아래부위와 같다. 미간 뼈는 거칠고 크다. 그것은 뒤편으로 경사된 앞이마 편이다. 다만 뇌정 골 벽이 더욱 수직적이며, 앞이마가 더욱 넓고, 뒷머리부위가 더욱 원형, 뇌량은 1250cc 이다. 부근 층위에서 아쉴리안 석기 발견, 대단히 풍부한 동물화석, 시기는 중기 홍적세, 절대 년대는 20~50만년 사이 이다.

2. 석기 분포 및 특징

초기 홍적세에 비하여 아프리카 대륙 중기 홍적세의 구석기 문화 분포는 대단히 광범위 하다. 그러나 문화 면모는 거의 일치, 아쉴리안 문화이다.

(1) 동 아프리카

아쉴리안 문화가 동 아프리카 지역에 출현한 시기는 이르다. 초기 홍적세부터 출현하기 시작 하였다. 올드바이 계곡은 아쉴리안 문호유적의 보존이 잘 되어 있으며, 지층 관계가 뚜렷하다. 그리고 문화유물도 풍부하다. 올드바이 2층 중간에서 4층 이상의 마시이극 층(馬賽克層)까지 모두 아쉴리안 문화가 발견되었다. 그 시기는 대체적으로 B.P. 140만년~50만년 까지 이다. 그 중 초기 층위 내에서 아쉴리안의 대표적인 것이 발견되었다. 올드바이 유적 발견의 초기 아쉘리안 문호는 주먹도끼 기술 특징을 뚜렷이 제시하여 주고 있다. 그 표면은 거칠고, 날은 굽어 졌으며, 모두 강하게 직접타격으로 제작되었다. 석기조합은 뚜렷한 특색이 있다. 주먹도끼는 53.8%, 찍개

15.4%, 다면 석핵은 5.5%, 둥근 석핵 8,8%, 원형 돌(石球)은 9.9%, 긁개는 6.6% 등을 차지[159].

캐냐 수도 내로와시(內羅華西) 서남방향으로 64 km 지점의 Olorgesailie 유적은 약 70만년에서 60만년 사이로 동아프리카 아쉘리안 문화의 중기를 대표하고 있다. 이유적은 옛 호반에 위치, 세밀한 발굴을 통하여 12개의 문화층이 발견되었다. 발견된 문화 유물은 대량의 주먹도끼, 클리버(薄刃斧, Cleaver), 원형 돌 및 소형 도구 등이다. 주먹도끼의 기술 특징은 뚜렷하다. 날 가공이 정교하며, 기형은 규정되었으며, 연질의 마치로 제작 되었다. 여러 층위의 유물 분포는 각자 특징을 가지고 있으며, 그 중 3 층에서 많은 원형 돌 출토, 다만 다른 층위에서는 주먹도끼와 각 종 긁개가 출토 되었다. 주먹도끼 분포는 집중적이며, 떨어져 나온 석편이 흩어진 것도 있다. 이 상항은 여러 가지 활동 유형을 반영하여준다[160].

탄지니아 수도 다레스사라무에서 서쪽으로 20 km 지점에 위치한 Isimilia 유적은 그 년대가 약 20~10만년 전후하여 동아프리카 아쉘리안 문화의 후기를 대표한다. 이 유적역시 옛 호반에 위치, 많은 문화 층위를 가지고 있다. 출토 유물은 정교한 주먹도끼, 크릴버, 긁개, 원형 석기, 석포(石刨, 깍을 포, Notch 홈석기)와 원형 돌 등이다. 석제품은 유적의 여러 층위에서 여러 형태로 분포 되었다. 주먹도끼와 클리버의 비례는 언제나 변화가 크다. 이것은 여러 가지 활동 유형을 반영시켜 주고 있다. 이 유적은 중기와 후기의 교체기에 있다. 따라서 여러 층위의 변화가 과도기적인 현상을 뚜렷이 제시하여 주고 있다. 예로 타원형의 주먹도끼가 감소되고, 장타원형과 창끝처럼 예리한 것들이 증가되며, 클리버에는 변화가 없다. 상기한 전형적 아쉘리안 석기의 인소(因素)는 대형 첨두기, 석포(Notch 홈석기), 돌 송곳등 아프리카 중기 석기의 상고안(Sangoan) 문화의 전형적 석기 역시 소량이 출토 되었다[161].

동아프리카의 아쉘리안 문화의 분포는 대단히 광범위 하다. 그것은 남부의 탄자니아의 캐냐로부터 북쪽으로 에치오피아, 소말리아 및 수단, 애급까지 아쉴리안 문화가 발견되고 있다. 그러나 흥미로운 사건은 수단-애급지역에 비록 전형적 아쉴리안 유적에서 많은 주먹도끼가 출토되지만 클리버는 보이지 않는다. 예로 수단 수도 거사무(喀士穆) 부근의 고아푸안지아(考阿布安加) 유적에서 1.000여점의 주먹도끼가 발견되었지만 클리버는 겨우 1 점이다. 누비아(努比亞) 지구의 아쉴리안 문화는 3기(期)로 분류되며, 각 시기의 주먹도끼유형과 비례가 서로 다르다. 중기에 출현되는 전형적 르발르와 기술은 아프리카의 르발르와 기슬이 아니며 석편제의 클리버가 전혀 보이지 않는다. 애급의 나일강 유역에서도 역시 주먹도끼와 르발르와 기술이 보이지만 클리버는 없다.

(2) 남아프리카와 서아프리카

남부 아프리카의 선사 고고학 연구 역사는 대단히 길다. 대개 19세기 밀에서 20세기 초기에 시작 되었으며 발견 유적도 대단히 많다. 최초의 아슐리안 문화는 초기 홍적세까지 거슬러 올라간다. 예로 Vaal 강 계곡 높은 계지의 강자갈 층위에서 초기의 아쉴리안 문화가 발견되었다. 유감스러운 일든 동아프리카의 화산재(火山灰)의 절대 년대 표본이 부족, 년대 학 적으로 그 기초가 빈약하다. 다만 많은 유물이 이 지역 아쉴리안 문화를 반영하여 주고 있다.

추기 아쉴리안 유적의 수량이 영세하다. 문화 유물은 주먹도끼, 클리버, 찍개와 긁개등이다. 주먹도끼는 직접타법으로 제작되었다. 중기, 후기의 유적이 많이 확인되었다. 예로 1919년 몽타구(蒙塔古) 동굴이 발굴되었다. 동굴내의 3개 아쉴리안 문화층에서 대량의 주먹도끼, 예로 긴 심장형, 미가식(米可式)과 창끝 형 등과 클리버가 출토 되었다.

마카번(馬佧藩)의 동굴유적의 아쉴리안 층위에서 불(火) 사용 흔적이 확인되었다.

동아프리카와 남아프리카 지역의 아쉴리안 문화 발전을 비교하면, 중기홍적세의 아프리카 서부지역은 비교적 드물다. 서남 아프리카 고온다우(高溫多

雨)의 열대 삼림환경은 아쉴리안 후기 까지 사람들이 거의 생활할 수 없었다. 다만 서아프리카의 니일리아(尼日利亞)와 마리연(馬里沿) 서하라 사막의 변두리 지대에 비교적 많이 발견되었다. 여기에서는 전형적 아쉴리안 주먹도끼외에 적기 않은 클리버도 발견되었다[162].

(3) 북 아프리카

중기 홍적세의 북 아프리카는 아쉴리안 문화 발전의 또 다른 한 곳이다. 이곳에서는 아쉴리안 문화 발전의 완전한 순서를 확인할 수 있으며 주위 지역과의 문화연계도 확인 될 수 있다.

모록코의 카시프란카 지역의 시디.아드라만(西迪.阿德垃曼)의 발견은 아쉴리안 문화 발전의 전체 과정이 발견되었다. 이 지역에는 절대 년대의 수치는 없다. 다만 해수면(海平面)의 상승 서열을 비교할 수 있다. 초기에는 거칠은 주먹도끼와 클리버, 원형 돌과 석편석기가 있다. 중기에는 주먹도끼 유형이 많아지고, 클리버도 비교적 커지며, 석편석기의 수량이 더욱 많 아 진다. 이때 아프리카의 르발르와 기술과 전형적 르발르와가 병존 되었다. 후기에는 창끝 형 석기와 타원형의 정교한 주먹도끼, 클리버 수량이 많지 않으며 석편제의 점두기. 많은 긁개가 출토. 이 시기에 전형적 르발르와 기술이 확산되었다. 최 후기 에 이르러 아쉴리안 주먹도끼가 무스테리안 식으로 변하여 작고, 심장형 또는 삼각형 주먹도끼가 발전되고, 대량의 석편석기. 그리고 르발르와 및 원형 석핵이 공존 되었다.

투니치의 시티신(突尼期的 西迪辛), 알제이아의 투니푼(突尼芬) 및 북 아프리카의 많은 곳에서 중기 홍적세 단계가 발견되고, 또한 아쉴리안 문화의 발전과정이 확인 되었다[163].

(4) 소결(小結)

주어진 자료에 의하면 아쉴리안 문화가 동아프리카에서 최초로 출현. 또한 동시에 직립인이 현재 동아프리카 적도(赤道)부근의 열대건조 지역에서 출현 주위 지역으로 확산 되었다. 서아프리카의 열대우기 지역을 제외하고 중기 홍적세의 아프리카 각 지역에는 아쉘리안 문화가 성행된 지역이다.

아쉘리안 문화 각 지역의 발전은 대체적으로 같은 과정을 거쳤다 : 초기의 아쉘리안 주먹도끼는 직접타법 제작, 유형 거칠고 불균형 하다 ; 중. 후기는 부드러운 마치사용, 주먹도끼가 정교하고, 유형이 일정하다.

여러 지역의 아쉘리안 문화 발전은 뚜렷한 차이가 있다. 전체적으로 보면 아프리카 대륙의 동부 및 서부지역 아쉘리안 면모는 거의 일치하다. 사하라 사막을 건너 북부 아프리카 북부 저역은 전자와 비교하여 뚜렷히 구분된다. 예로 석기 조합 중 클리버는 없으며, 비교적 많은 곳에서 전형적 르발르와 기술 채택, 모두 아프리카 전형적 아쉘리안과 구별되며, 오히려 가까운 유럽의 동일 시기 문화와 접근되고 있다.

(2) 서 아시아

여기에 인용되는 서아시아는 청장고원(青藏高原)을 지적하는 서아시아의 광대한 지역으로 서아시아, 남아시아 및 중 앙 아시아가 포함된다. 중기 홍적세 기간에 이 지역에서는 초기 인류의 중요한 활동 장소이다. 현재 까지 이 단계에 속하는 인류화석의 발견은 아프리카와 유럽대륙과는 같지 않지만 구석기시대 유적이 많이 발견되었다. 구석기 문화의 주된 분포 지는 지중해 동안(東岸) 및 그 인근 지역으로 인파스(印巴次) 대륙의 남단이다.

1. 지중해 동안의 아쉘리안 문화

중기홍적세의 지중해 동안은 전통적으로 칭하는 서아시아 지역의 주요 부분이다. 이곳레 이쉘리안 문화가 유행되었다. 후기에 우비디아(烏比迪亞)에서 시작하여 서아시아는 아쉘리안시기로 진압되었다. 아쉘리안 석기가 서아시아에 광범위하게 분포되었다. 최초의 아쉴리안은 우비디아 상층에서 시작, 시기는 지금부터 초기 홍적세후기에 해당되는 100만년까지 거슬러 올라 간다. 후기의 아쉴리안-야브로디안(Acheulo-Yabrdian) 문화는 B. P. 40만년~27만년 까지 올라 간다. 연속된 시간은 수십만년에서 100만년까지 이다. 현재까지 서아시아의 많은 지역에서 아쉴리안 석기가 확인되었다[164].

초기 아쉴리안은 이스라엘의 해안(海岸) 평원, 시리아와 레바논등의 강가제방에서 모두 발견되었다. 이것은 당시 사람들이 강 계곡 및 평원지대에서 생활한 것을 설명하여 준다. 초기 아쉴리안 석기가 서아시아에 유행할 때 주먹도끼는 보이지 않았다. 예로 타번지(Tabun G.)에서 발견된 것은 타야시안/타번니안(Tayacian/Tabunian) 이다. 다만 전형적인 초기 아쉴리안 석기의 특징이 제시 되었다. 즉 가공이 거칠고, 떨어져 나간 큰 석편 흔적이 있으며 날은 S자 형태로 굴곡진 대형 주먹도끼와 수량이 많은 석핵-찍개가 동시에 존재하였다.

후기 아쉴리안 석기의 주요 특징은 주먹도끼 가공기술의 발달, 연약한 마치사용으로 주먹도끼의 유형이 규정되어 초기의 것과 뚜렷하게 구별되었다. 최근에 Gesher Benot Ya′agov 유적에서 발견된 석기는 뚜렷하게 아프리카 석기 유형의 특징을 가지고 있다. 아프리카 아쉴리안의 석기 제작은 언제나 현무암 석재로 양면기와 클리버를 제작하였다. 클리버가 뚜렷한 곳은 아프리카의 Kumbewa의 기술로서 큰 석편으로 제작 되었다. 그러나 그 상층에서 발견된 주먹도끼는 수석(flint)으로 제작되어 기타 서아시아 후기 아쉴리안 석기 유형과 완전 일치하고 있다. 이러한 상황은 연구자들로 하여금 Gesher Benot Ya′agv 유적은 초기의 아프리카 특징을 가진 아쉴리안 석기로 보고 있으며, 그것은 아프리카에 늦게 이주한 사람들의 작품으로 보고 있다. 새로운 이 주 자들은 당지의 환경과 석재에 익숙하지 못한 것으로 보고 있다[165].

서아시아 아쉴리안-야무로디안 또는 Mugharan 전통으로 칭하고 있다[166]. 열광석범 년대 측정 수치는 그 시기는 40만년~27만년 사이로 제시되었다. 리번트(黎凡特) 중 북 부 에서 터어키 동쪽 또는 가오지수(高加索) 일대에도 발견되고 있다. 유형학적 구분에 의하여 여러 가지 그룹으로 제시되고 있다. 그중에 아쉘리안 그룹은 주먹도끼의 비율이 높다. 르발르와 기술 역시 비교적 많이 출현되었다. 주시되는 점은 상당수의 후기의 석기 유형도 확인되고 있다[167].

2. 인파스(印巴次)대륙의 석기 유형

인파스 대륙에서도 중기 홍적세의 석기가 출토, 그 중에는 전형적인 아쉘리안 석기도 있다. 아쉘리안 석기의 이 지역 분포는 중남부에 집중, 그것은 북쪽에서 남쪽으로 내려가면서 증가의 추세가 보였다. 전형적 아쉘리안 문화는 마드라스부근에서 발견되어 마드라스 문화로 부르고 있다. 석기는 타원형, 편도선형과 심장형 주먹도끼, 유형이 규정적이며 수량도 많다. 또한 전형적인 클리버는 대형석편으로 제작되었다. 이러한 특징은 아프리카 중남부의 아쉘리안 문화 전통과 접근되고 있다[168].

인파스 대륙의 특징 중의 하나는 차 대륙(次大陸) 북부에서는 주먹도끼가 점차 감소되는 현상이 나타났다. 예로 전형적인 Soan(소안) 문화는 인파스 차 대륙 서북부 부근지역의 소안 강 제방의 계지 내에서 발견되었다. 그 석기의 석재는 석영, 각 종 유형의 찍개가 석기조합의 주체 부분. 비록 주먹도끼가 발견되었지만 수량이 제한적이고, 전형적이 아니다. 따라서 학자들은 아쉘리안 문화와 구별하여 차 대륙 북단의 일조(一條)의 주먹도끼와 아프리카 주먹도끼와 한계를 정하여 Mousterian(무스테리안 선)으로 이름을 정하였다. 이 두곳은 주먹도끼문화와 강자갈석기(찍개) 문화구역으로 나누고 있다. 주먹도끼문화는 서쪽 방향, 서아시아, 아프리카와 유럽이 연결된 한 곳으로 구 대륙의 주먹도끼문화구역이다 ; 찍개(강자갈석기) 문화는 동쪽방향으로 히말리아 산, 청장고원의 동쪽 동아시아 지역의 강자갈석기와 석기 분포권이 연결된 곳으로 전자와 서로 다른 문화구역이다[169] (도2-35).

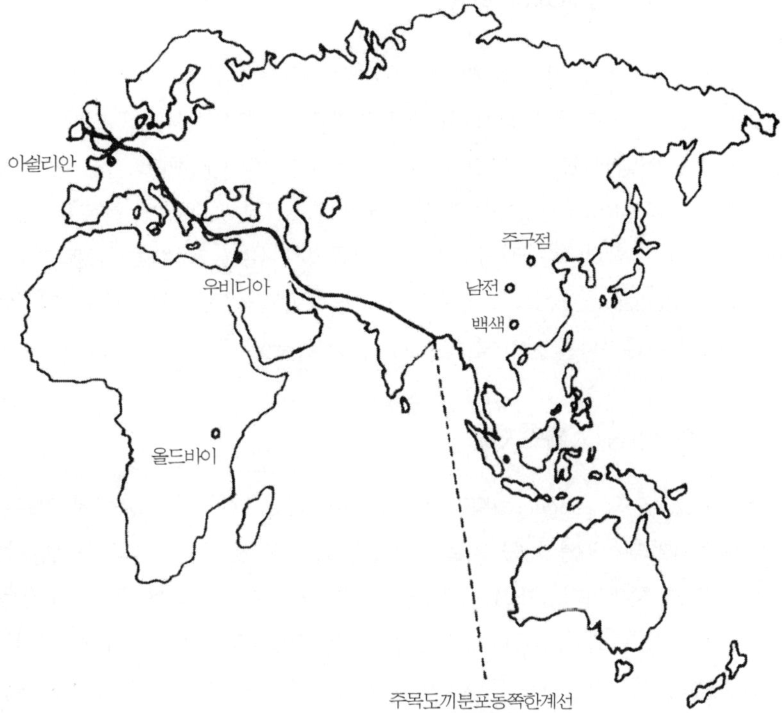

도 2-35. 아쉴리안석기 분포도(klein, 1989)

(3) 유럽

중기 홍적세의 유럽은 초기 인류활동의 중요한 지역이다. 구석기 고고학이 시작된 지역이다. 유럽의 구석기 고고학은 계통적이며 상세하다. 이미 발견된 고인류화석과 구석기 문화가 대단히 풍부하며, 연구도 깊이 있게 이루어졌다.

1. 유럽 중기 홍적세의 인류

유럽에서 발견된 중기 홍적세의 인류화석은 비교적 풍부하다. 다만 이러한 화석의 분류와 그 계통에 대해서는 여러 가지 견해가 제시되고 있다. 지난 세기 초에 하이델베르인(Heidelbergensis) 인류화석의 아래턱이 발견 된 이후 멀지 않아 하이델바이 인 이라고 명명 되었다. 그러나 최근에 일부학자들은 유럽 홍적세 인류화석은 직립 인으로 분류되지 않고 따로 하이델바이 인(Homo heidelbergensis)라고 부르고 있다. 1997년 발표된 스페인 북부의 Atapuerca의 인류화석을 선인(先人, Homo antecessor)[170]으로 부르고 있다.

(1) 인속선인종(人屬先人種)

상기한 스페인의 Atapuerca지역에서 1976년 이래 많은 중기 홍적세 인류화석이 발견되었다. 20년 동안 발굴, 32개체 화석 발견, 그 중 대부분 년대는 B.P. 30만년 전후이다. 1994~1996년 사이에 이 지역의 다른 한 곳의 동굴유적에서 대량의 화석, 6인 개체의 화석이 발견되었다. 이 새로운 화석은 B.P. 78만년으로 추정하고 있다. 화석의 체질 특징은 현대인의 특징도 있으며 고인의 특징도 가지고 있다. 즉 원시성과 발달된 현상이 병존되어 있다, 또한 이미 알고 있는 인 속 성원의 특징이 모두 일치하지 않다. 예로 표본의 눈자위 아래 뼈(眶下骨)의 뒤 쪽으로 홈(凹)형의 송곳이의 홈(犬齒窩)을 이루고 있으며, 눈자위 판 또는 견치조 뼈(犬齒槽脊)은 궁륭형(弓形) 또는 수평형 이다. 이러한 현상은 모두 비교적 진보된 특징이다. 다른 면은 표본의 위 턱 둥근 부위(圓枕)은 거칠고 크며, 돌출되었다. 아래턱 견치와 앞 어금니의 치대(齒帶)가 발육, 아래턱 첫 번째 어금니의 치관은 심하게 비 대칭적이다. 동시에 치관 뿌리 및 앞 어금니는 두 뿌리형의 특징을 가지고 있다. 이것은 장인(匠人) 또는 직립인의 원시적 특징을 보여주고 있다.

이 화석들의 년대는 기타 유럽의 고인류화석보다 시기가 이르며 그 형태의 원시성과 진보성도 하나의 뚜렷한 개입의 특징을 가지고 있다. 스페인의 고

인류학자들은 그 화석을 인속 선인종(人屬先驅種)으로 명명, 동시에 이 선인종은 하이델바이인 보다 이른 하이델바인의 조상[171]으로 보고 있다.

(2) 하이델바이인

하이델바이인은 독일 하이델바이시의 Mauer 채석장에서 발견된 하나의 사람 아래턱이다. 그 특징은 크고, 거칠며, 턱의 가지(升枝)가 대단히 넓고, 이빨 중 뒷면의 이빨이 작다. 이러한 원시성에 의해서 하이델바이 직립인으로 명명 되었다. 최근의 연구 결과에 의해서 인속(人屬) 하이델바이인으로 명명 되었다. 그것은 인속 하이델바이 종(種) 또는 하이델바이인의 화석은 프랑스의 Arago, 희랍의 Petralona 것등에 속한다.

Arago(Tautavel)인 화석은 프랑스 서남부 Tautavel 부근의 동굴퇴적에서 발견, 후기 아쉘리안 석기와 공존되어 있었다. 동물화석과 년대 측정 차이가 크다. 전체적으로 중기 홍적세에 속하며, 절대 년대는 B.P. 40만년으로 추정되고 있다. 이 지점은 1964년 이래 발굴되어 많은 인류화석 발견, 한 점은 거의 완정한 뇌정 골이다. 그 특징은 미간 뼈(眉脊)가 크고 거칠며, 앞 이마가 낮고, 정수리 뼈도 낮고, 얼굴은 넓으며, 뇌 량은 1160 cc 이다. 연구자 Henry de Lumley 부부는 Arago 인은 아프리카와 아시아 직립인과는 다른 것으로 Tautavel 인으로 명명 하였다. 확실한 것은 직립인과 접근된 특징을 가졌으며 그 특징은 Broken Hill 인과 접근되고 있다.

희랍 동북부 Petralona의 한 동굴에서 1960년 한 목동이 우연하게 한 구의 고인류 뇌 정골 표본이 발견되었다. 그 특징은 Arago의 것과 같다. 비교적 넓은 얼굴 부위, 거칠은 뇌 정골 편으로 뇌 량은 1230 cc 이다. 뇌 정골 양측이 비 대층 적 이다 : 한 쪽은 수직적이며, 다른 쪽은 외향(外向)적으로 경사되었다. 미간 중심부위는 대단히 두텁다, 양측은 뚜렷이 얇아 “팔자 형(八字形)”을 이루었으며, 중간의 가벼운 홈으로 분리되었다. 시상 뼈(矢狀脊)는 대단히 짧게 뇌 정골 뼈 위 에 있다. 뒷 머리 뼈는 비교적 넓다. 아래

부분은 두텁고 둥글다. 거칠 은 미간과 뒷머리 뼈는 직립 인에 접근, 다만 융기된 정수리 뼈, 얼굴부위 및 미간은 활(弓)형으로 비교적 후기의 네안데르탈인과 접근되고 있다. 이 동굴의 발굴에 의해서 여러 층의 불(火)사용 흔적이 확인되고, 아쉴리안 석기와 동물화석등이 출토 되었다. 유감스러운 것은 상기한 뇌 정골 뼈가 층위를 벗어나서 그 년대는 지금까지 쟁론으로 남아 있다. 동굴퇴적의 정향에 의하면 중기 홍적세초기 해당, B.P. 50만년 전후 시기가 된다[172].

유럽의 2곳에서 1930년대에 발견된 고인류화석 표본은 하이델바이젤인레 속하는 데 한 곳은 영국의 Swanscombe 유적, 다른 한 곳은 독일의 Steinheim 이다. 전자는 이마 뼈와 뒷 머리 뼈이며, 이것들은 잉그란 동남부 테오사 강의 Upper-middle(상-중) 강자갈층에서 발견되었다. 거기에는 중기 아쉴리안 석기와 동물화석이 공존 되었다. 시기는 중기 홍적세 후기로서 B.P. 40~25 만년 사이 이다. 인류화석의 특징은 뇌 정굴 뼈가 낮고 넓으며, 뒷 머리 뼈는 둥글고 융기 되었다. 노 정골의 높이는 현인 것보다 낮고, 뇌 량은 1325cc 이다. 다만 노정 골 벽두께는 직립 인에 가깝고, 뒷 머리부위는 넓고, 노정 골 아래 부위는 해면골질(海綿骨質)이 발달되었다. 노 정골 위 부위(頂肌附)는 원시적인 특징을 가지고 있다.

Steinheim 두개골 표본은 독일 Steinheim의 채석장에서 발견되었다. 표본은 완정한 두개골과 얼굴뼈이다. 다만 노정 골 비닥편이 상실되고 심하게 변하였다. 이곳에서도 동물화석 발견, 다만 석기는 없다. 시기는 중기 홍적세 후기로 B.P. 25만년 정도이다. 그 특징은 뒷 머리부위가 원형으로 융기되고, 얼굴부위는 비교적 작으며, 중심부는 돌출되고, 미간과 양측 눈 윤곽은 일치하다. 그 끝은 얇고 뚜렷하게 "팔(八)" 자형이다. 앞이마는 낮고, 위 볼 부위는 대단히 크다. 다만 견치의 자리가 보인다. 뇌량은 1100~1200 cc 사이로 보고 있다.

2. 유럽의 아쉘리안 문화

아쉘리안 문화는 주먹도끼 문화이다. 주먹도끼는 강자갈, 석핵(石核) 또는 큰 석편으로 제작되었다. 제작 방법은 직접 돌 마치 사용 또는 연질 마치로 양면을 타격하여 제작되었다. 그 형상은 배 형(梨形), 심장형과 삼각 형 등이다. 일반적으로 한 끝(一端)은 가볍고 얇은 첨단이며 다른 한 끝은 비교적 넓고 두텁다. 주먹도끼의 기능은 만능 도구로 칭하고 있다. 그것을 손에 쥐고 땅을 파고 뿌리를 캘 수 있으며, 목재(木材)도 가공하고, 들 짐승을 도살하는데도 사용되었다；또한 그 것들을 던져서 쇠창처럼 사냥에도 사용되었다；또한 석핵(Core) 또는 모루(石砧)용으로도 사용되고, 석제품을 가공하는데도 사용되었다. 주먹도끼는 최초로 출현된 정형(定型) 도구이다. 이것은 인류가 먼저 가공 대상의 형상을 계획 한 후에 일정한 순서에 따라서 완성시킨 것이다. 주먹도끼는 구대륙의 일정한 지역에서 적어도 100만년 이상의 오랜 기간 동안 존재 하였으며 이로 인하여 특정한 문화전통을 체현(體現)시켰다.

비록 유럽에서 최초로 발견되어 주어진 아쉘리안문화의 지역 명칭이지만 그 출현시기는 아프리카 보다 늦고, 서아시아보다도 늦는다. 이미 발견된 자료에 의하면, 유럽의 아쉘리안 문화는 중기 홍적세 때에 유행되었다. 시기가 비교적 이른 아쉘리안 문화는 그 가공기술이 비교적 간단하고 거칠다. 그 대표적 발견은 프랑스 북부 아베빌리안 부근의 Somme 강 높은 계지의 강자갈층에서 아베빌리안 석기가 발견되었다. 아베빌리안 석재는 수석(flint, silex) 결핵(結核)으로 돌 마치로 직접 가공되었다. 주먹도끼의 날은 곡선이며, 저부는 가공되지 않고, 형태는 거칠고 무게는 일정하지 않다. 클리버의 형태는 비교적 원시적 이다. 비록 석편으로 제작되었지만 초기의 발굴에서는 석편제로서 주의하지 않고 주먹도끼로서 채집되어 전체적인 면도가 정 확이 반영되지 않았다. 동물화석의 생태 특징에 의하면 아베빌리안 석기 제작인은 온난한 기후 하에서 생활하였다. 동물군의 특징은 민델 빙하기의 하나의 간빙기 단계이다[173].

아베빌리안과 유사한 석기의 발견은 많지 않다. 유럽 아슐리안 문화의 많은 발견은 시기가 비교적 늦고, 석기 가공기술이 높은 후기의 아슐리안 석기이다. 예로 영국 Swanscombe 인의 화석이 출토된 지점에서 대량의 미코키안식 주먹도끼 및 석편 석기가 발견되었다. 프랑스의 아슐리안 지점, 아슐리안 문화유물이 황토층 아래의 홍색 모래층에서 출토되었다. 석제품은 900여점으로 대부분 석편제이며, 70점은 석핵, 돌 마치 20점, 석기 70점, 그 중 15점은 주먹도끼이다. 주먹도끼는 창끝 형으로 가공이 대단히 정교하며, 또한 납작하고 둥근 타원형도 있다. 또한 아슐리안 지점에서 수백 미터 거리의 카거니(作格尼) 지점에서도 같은 지층 내에서 발견된 주먹도끼 수량은 수 백점이다. 주먹도끼는 대부분 납작한 타원형이며 석편석기의 수량은 많지 않다[174].

시기가 늦은 리스 빙하기말에 프랑스 아슐리안 후기 문화 중 미코기안식 주먹도끼, 르발르와 기술이 확인되었다. 석편석기는 대단히 많다. 주먹도끼 외에 무스테리안 문화와는 뚜렷이 구별되지 않았다.

공간적 분포에 의하면 프랑스와 영국 외에 비리시(比利時), 독일, 스페인, 이태리, 희랍등지에서도 모두 아슐리안문화가 확인되었다. 그러나 전체적으로 보면 유럽의 서남부에 아슐리안 문화가 대단히 발달되고, 동북부는 드물다. 그 중에 스페인의 발견은 대단히 특수하다. 스페인은 지부랄탈 해협을 건너서 북아프리카와 마주보고 있다. 예로 Ambrona와 Torralba 유적에서는 대량의 주먹도끼, 클리버(Cleavers) 및 석편석기가 발견되었다. 동시에 수십두의 큰 코끼리뼈가 발견되었으며, 그 뼈 위에 석편흔적이 있어 이미 늪지에서 코끼리 사냥 흔적을 확인할 수 있었다. 주위 할 가치가 있는 것은 이곳의 주먹도끼와 클리버의 제작 기술은 아프리카와 밀접한 관계가 있다. 이러한 상황은 빙하기에 바다수면이 낮아져서 양쪽지역의 문화와 사람들의 교류가 쉽게 이루어 진 것을 알 수 있다[175].

3. 유럽의 비 주먹도끼 문화

중기홍적세의 유럽은 아쉴리안 문화의 발전 외에도 비 주먹도끼 문화가 존재한 것을 확인할 수 있었다. 자료의 증가에 의하면 비 주먹도끼문화의 수량이 증가할 뿐만 아니라 그 출현의 시기도 더욱 이른 것으로 확인되었다. 발견된 자료가 대단히 풍부하지 않지만 예로 프랑스 Le Vallonnet 등 유적에서는 주먹도끼 등 아쉴리안 석제품의 전형적 석기가 보이지 않고, 주로 석핵, 석편과 찍개 등 올드바이 문화에서 흔한 석제품이 확인되었다. 이러한 발견 물은 시기가 중기 홍적세 보다 이르고— 분포지역 역시 유럽 지역의 서남부에 접근되고 있다. 시기, 문화와 지리위치에 의하면 모두 올드바이와 모종 연계 관계가 있다[176].

중기 홍적세에 진입이후에 아쉴리안 문화가 성행하면서 올드바이와 연계된 비 주먹도끼 문화가 계속 존재하였으며, 다만 분포된 지역의 변화는 주로 유럽의 동북부 지역이다. 그 중 가장 전형적인 한 곳이 불 가리아 수도 부다페스트에서 서쪽으로 50 km 지점의 Vertesszollos 이다. 이 유적은 민델 빙하기의 간빙기에 해당 된다. 문화 유물은 황토 퇴적층에서 발견되었다. 발견된 3.000여점의 석제품중 주먹도끼는 보이지 않는다. 석기의 유형도 작고, 특히 석영과 수석제품의 크기는 평균 2.5 cm, 가장 작은 것은 1.2 cm, 가장 큰 것은 6.2 cm 이다. 석기 유형은 단면 찍개와 양면 찍개, 긁개, 첨두기, 홈 날 석기, 톱니석기와 모루 등이다. 긁개의 가공이 대단히 정교하다. 석기 석재는 모두 강자갈이다. 동시에 불(火) 사용 흔적, 동물 뼈와 인류화석이 발견되었다[177].

그 외 중요한 것은 비 주먹도끼 문화가 영국의 클락토니안에서 발견되었다. 클락톤 유적은 연국 란아이사거스 해안, 서 유럽 비 주먹도끼 문화의 전형적인 예 이다. 그 시기는 민델-리스 간빙기에 해당된다. 이 유적의 석기 석재는 수석 결핵(結核)과 석영암 강자갈 등이다. 가장 특징적인 것은 모루상 타격편이다. 이 석편들은 타격면이 크고 넓다. 석편 각(角)도 크며, 석편

배면에도 뚜렷한 타격점과 동심원이 있다. 석기로는 단면과 양면 찍개, 결핵과 강자갈로 제작 되었다. 석편석기 유형이 많다. 기기에는 긁개, 밀개, 톱니석기. 홈 긁개와 낚시 상 석기(鉤狀器) 등이다. 이 유적에서는 목제(木製)의 창머리가 발견되어, 최초의 목기(木器)가 확인되었다[178].

5. 동남아시아와 동북아

(1) 동남아

최근에 동남아시아 지역의 구석기시대 초기 고고학의 새로운 진전은 년대학 방면에 새로운 점을 제시하여 주고 있다. 한 방면으로 년대 학 증거의 초기, 중기 홍적세 구석기 시대 유물이 발견되었다 ; 다른 한 방면으로는 원래에 초기로 귀정되었던 것 들이 교정되었다. 이러한 초기의 년대는 대부분 지표에서 채집된 것들로서 예로 자바의 Pacitan, 말레지아의 Tampan 등이다. 그것들은 동남아시아 구석기시대 초기의 것을 대표하는 것으로 취급되어 왔었다. 최근의 작업에 의해서 이러한 강자갈 석기 년대는 후기로서 후기 홍적세 후기에 속하는 것으로 확인되었다[179].

진정으로 구석기시대 초기의 석제품은 동남아시아지역은 대단히 제한 적이다. 의심 할 여지없는 것은 추기 구석기 유적은 태국 북부의 Mae Tha 지점이다. 절대 년대 측정의 결과 초기 홍적세 말 또는 중기 홍적세 초기에 해당된다. 이곳의 발견된 것들은 지점의 분포로부터 매장 조건에 이르기 까지 화남(華南) 지역의 야외 지점들과 같다. 석제품의 유형도 대단히 접근된다. 모두 전형적인 강자갈 석기이다. 석제품의 유형은 거칠고 크며, 가공이 간단히 처리되었다. 대부분 단면 가공 제품이다[180]. 유감스러운 일은 발견된 석제품의 수량이 제한적이 되어 중국남쪽에서 발견된 것들과 자세한 비교가 불가능하다. 동남아 대륙 지역에서 발견된 초기 유물은 월남 산질역의 동굴에서 발견된 것으로서 직립인 또는 초기 네안데르탈인의 이빨 화석과 소량의 석제품이 발견되었다. 석제품은 석영 강자갈로 만들어 졌다[181].

이 단계 구대륙 서쪽과 동남아 지구의 구석기 문화를 비교하면 반 세기 전 Movious가 제정한 두개 문화권의 한계가 금일에 이르러 뚜렷이 제시되고 있다. 동남아와 중국과 같은 구대륙 서쪽의 초기 구석기 문화를 비교하면 뚜렷이 서로 다른 문화의 면모가 나타난다. 이곳은 구대륙 서쪽에 광범위하게 분포된 주먹도끼가 없다. 그러나 찍개 등 대형 강자갈 석기는 대단히 유행되었다. 당시에 발견된 자료의 제한성에도 불구하고 모비우스 교수가 개괄한 찍개석제품은 본 지역 구석기문화의 완전한 면모를 반영하지는 못하였다. 광활한 중국대륙과 동남아의 여러 지역에는 여러 유형의 초기 문화가 존재하였다. 약 100만년 경부터 초기 인류가 이 지역에서 활동하였으며, 13만년 경에 이르러 구석기시대 초기는 끝났다. 이러한 100만년 동안의 세월 속에서 구석기문화에도 발전과 변화가 있었다. 최근에 와서 중국 남방 동쪽의 강 계곡 평원지역에 전형적 강자갈 석기가 유행되고, 서쪽의 산 지역에는 소형의 석편석기가 발전된 것들이 확인되었다. 전자는 야외유적과 지점, 후자는 동굴 퇴적층이다.

동남아지구의 발견이 제한적이지만 같은 면모의 분포와 매장조건의 두 유형의 유적과 지점이 있다. 석기 유형도 대체적으로 같다. 시대의 변화가 석기문화의 영향에도 그 지역에 반영되었다. 시기가 이른 것들은 야외유적 유형이며, 동굴유적은 각 지역에서 보편적으로 늦은 시기이다. 석기유형의 변화에 의하면 대형의 강자갈 석기는 이른 시기이다. 석편석기 또는 가공이 정교한 강자갈 석기는 비교적 늦은 시기이다[182].

(2) 동북아시아

중기 홍적세 인류활동의 흔적이 중국경내에서 발견된 것 외에 조선반도에도 보인다. 조선반도 중기 홍적세의 구석기유적은 중국내륙에서 발견된 것과 마찬가지로 동굴과 야외유적 두 종류이다. 전자는 조선 평양 상원군의 흑우리 동굴 유적이다 ; 후자는 1970년 후기에 한국 서울에서 북쪽으로 약 60 km 지점의 전곡리(全谷里) 야외 유적이다[183].

흑우리동굴 유적에서는 동물화석과 석제품이 발견되었다. 동물화석의 비교에 따르면, 그 시기는 중국 주구점제1지점의 초기에 해당되며 중기홍적세 초기로 보고 있다. 석기의 수량은 많지 않다. 석재는 유적부근에서 채집된 규질 회암 과 맥석영이다. 석편제거 방법은 충격법과 직접타법이 병용(倂用)되었다. 가공처리 간단하며 제2가공은 드물다. 석제품은 석핵, 양면기, 첨두기, 긁개와 돌 마치 등이다.

전곡리 부근의 야외유적에서 발견된 유물은 풍부하며, 유적확인 이후에 지속적 발굴이 이루어 지고 있다. 전곡리는 북위 38선 부근이다. 그 지리위치가 북쪽에 가깝고, 석기면모와 유적분포는 오히려 화남남부와 남방(南方)동부의 야외 유적과 같다. 이곳에서 발견된 구석기유적은 옛 강 유역을 따라서 분포되었으며, 문화유물은 계지 퇴적층 내에 있다. 전곡리 초기 작업은 5개 지점에서 실시되고, 지표에서 석제품이 600여점 채집되었다. 그 중에 작은 도끼 형(錛形器)이 8점, 원형 돌(石球) 30점, 긁개 106점등이다. 지표 채집된 것과는 대조가 뚜렷하다. 몇 지점 발굴에서 출토된 것은 석편, 석재 및 돌 마치 등 비 전형적인 것들이다.

6. 소결(小結)

(1) 주거 특징

중기 홍적세 인류의 주거지는 2가지 서로 다른 유형이 있다. 하나는 평원의 강 계곡 지대의 야외 주거지, 다른 하나는 석회암지구나 구릉지대의 동굴 유적과 바위 밑 그늘 유적이다. 전자는 초기 홍적세 이래 지속되고, 후자는 비교적 많은데 주로 위도가 높은 북방의 온대지대 또는 해발이 비교적 높은 석회암 산 지역이다.

북방남부와 화남지역에서 발견된 것에 의하면, 야외유적은 대부분 같은 문화면의 구석기 지점으로 무리를 이루어 강 유역 또는 호수지역의 자연 지리 환경에 분포되었다. 고대의 강 유역, 호수부근 또는 물이 솟아 나오는 곳은 초기 인류가 활동한 곳이다. 이러한 지역은 풍부한 수자원과 동식물 자원이 있으며, 동시에 지형이 평탄하고, 식물이 번성하여 사람들이 나무 그늘에서 쉬거나 은폐 할 수 있는 곳이다, 따라서 황화 중류, 한수(漢水) 상류, 장강 중하류에서 영남(嶺南) 백색분지까지 의 강 계곡 지대 모두 대량의 인류유적이 분포되었다.

동남아시아와 구대륙 서쪽 야외 유적의 분포 역시 유사한 상황이다. 동남아시아, 남아시아와 서아시아 지역에는 모두 많은 야외유적이 옛 강유역과 호수주위에 분포되었다. 아프리카에서는 옛 호수주위에서 많이 발견되었다. 예로 아오라크살리아 등지에서 는 대량의 주먹도끼가 옛 호수주위에서 발견되었다. 유럽 중기 홍적세 사람들은 옛 강변에 거주, 프랑스와 영국등지 에서는 해변에서도 중기 홍적세 인들이 활동한 유적이 있다. 예로 잉그란 동남해안의 Clackton 유적, 프랑스 지중해 연안의 Nice 부근의 아쉴리안 주거지 등이다. 간빙기 동안에 심지어는 빙하기 호수주변도 당시 사람들이 생활한 흔적이 보인다[184].

상기한 상황 설명은 구대륙 양쪽에 중기홍적세 인들의 거주 습관이 거의 일치하다. 이러한 야외 유적군의 내부에는 여러 유형의 유적과 지점의 위치, 그리고 석제품 유형도 다르다. 이러한 설명은 무리를 이룬 유적 또는 지점의 공능이 서로 다르다는 것을 설명하여준다. 그 중 석제품이 밀집되고, 석기 유형도 다양하다. 문화층 퇴적 두께의 지점은 사람들의 거주지이지만 석제품의 성격이 단일 지점은 임시 활동지점을 암시하고, 채집 흔적 등 임시 처리된 석기등도 남아있다. 이러한 여러 가지 공능은 분포된 일정구역내의 유적과 지점 등이 지리적으로 단원내(單元內)에 초기 인류가 거주한 계통적 예들이다. 이러한 계통은 1 개 또는 약간의 거주기의 중심부근에서 활동지점이 방사선과 같이 이루어져 있다. 이 일정한 시기 내에 지리적 단원(單元)은 모 집단의 인류가 생존한 지역이다. 그들은 이 범위 내에서 사냥하고 이동하였다[185].

화북(華北) 북부와 서남지역의 발견은 동굴유형의 유적사용의 시간이 불평등하다. 장기 거주 지점에는 대량의 유적과 유물이 남아있다. 임시 사용된 곳은 유물이 드물다. 중기 홍적세의 동굴유적은 유럽, 서아시아 및 아프리카 각지에서 모두 발견되었다. 이것은 이 단계 인류가 선택한 동굴과 바위그늘 거주 혹은 각종 활동 종사가 보편적 현상이다. 시기가 오래되면 오래 될 수록 중기홍적세 동굴과 바위 그늘 밑이 침식 박락되어 남겨진 것들이 많이 손상되었다. 전체적으로 중기 홍적세의 동굴유적은 기본적으로 단순하여 이 유적 내에서 주거 계통의 상항이해는 어렵다.

거주지역의 확대는 구대륙 양쪽지구에 공통적 특징이 있다. 중국 중기홍적세의 인류는 주로 위도가 높은 지역으로 확장, 동북지역 요녕(遼寧)의 중심부에 이르고, 내몽고의 음산(陰山) 발치까지 이르렀다. 유럽온대 지대에도 위도가 높은 지역으로 확대되었다. 중기 홍적세 유역 분포의 지역성에 따르면 아프리카의 고인류는 서쪽 아프리카의 열대우림(雨林) 지역으로 확대 및 사막부근의 먼 곳까지 발전되고, 중기 홍적세 후기 단계에 이르러 이 지구에서도 고인류유적이 발견되었다. 분포지역의 확대는 중기 홍적세 인류의 적응능력이 진일보 향상되고, 동시에 고인류의 인구가 증가되면서 지속적으로 새로운 삶의 터전이 탐색되었다.

(2) 생활방식

중기 홍적세 구석기 문화는 서로 다른 지역에서 서로다른 석기 유형이 존재하고 있다. 이러한 문화의 특징은 일정한 생활활동과 관계가 있다. 열대.아열대 식물이 무성한 삼림지역에는 거칠은 강자갈 석기가 유행되었다. 이러한 석기조합은 대형의 찍개, 첨두기 위주이며 소형석기는 드물거나 기본적으로 보이지 않는다. 각종 유형의 찍개는 주로 큰 나무를 절단 하는데 사용되고, 대형의 첨두기는 주로 땅을 굴착 하는데 사용되었다. 이러한 활동은 삼림지역 생활에 필수적이다. 열대.아열대 생태환경의 인식과 현원시민족의 연구에 의하면 이 지역에서 생활한 원시인들은 식물류 음식대원에 집중하였다. 이러한 환경의 원시인들은 채집활동이 주된 생계 수단이었다. 유감스러운 일은 초기 인류가 식물류를 음식으로 삼았던 근거의 보존이 대단히 어렸다. 다만 개별지점 예로 카란부(卞蘭溥) 폭포에서 외래의 식물류와 인류와 관계된 것을 확인된것 외에 기다 지역에서 직접 증기를 찾지 못하였다.[186]

남방지구의 아열대의 삼림환경과 상반된 곳은 북방지구의 많은 지역으로 홍적세 초기, 중기의 많은 시간속에서는 온대의 삼림초원 또는 초원환경에 적응되었다. 뒤늦게 이러한 지역에서 발견된 석기는 강자갈 석기이며 소형의 석편석기 조합과는 대조를 나타내었다. 소형의 석편석기는 주로 많은 포유동물 화석과 관계되었으며, 이러한 예는 분쇄된 뼈 편상에 인공의 흔적이 남아 있다. 북방지역 뿐만 아니라 남방 서부의 해발이 높은 산지역에 그러한 유적이 발견되고 있다.

소석기 조합중에 주된 것은 여러 유형의 긁개이다. 긁개는 절단하는 것, 가볍게 깎아내는데 사용되었다. 기타 소형 석기로서 소형 첨두기, 송곳, 조각기등이 있다. 이러한 석기 사용지역에서는 중형의 찍개류가 대단히 드물고 또한 대형 첨두기는 보이지 않는다. 이러한 석기조합은 초원(草原)환경의 산물이다. 그것이 보이는 경제유형은 대형석기에 비하여 더 복잡하다. 다만 비교적 뚜렷한 것은 동물의 살을 발라내는 것과 관계가 있다. 이러한 활동이 생활중에 차지하는 비중에 대하여 여러 가지 의견이 있다. 비교적 초기에 확인된 이러한 석기는 동물골격과 같이 발견된 점으로 보아 원시 인류의 수렵 행위로 보고있다. 더 진보된 결론은 직립인(Homo erectus)과 초기 지인(Homo Sapiens)는 이미 성공적인 사냥군이다 라는 것이다. 바꾸어 말하면 직립인과 초기지인의 중요한 생계 수단이 동물사냥 이라는 것이다. 매장학, 동물 고고학과 석기사용 흔적의 깊은 연구는 초기의 인식을 계속 수정시키고 있다. 예로 스페인 중기 홍적세의 수렵유적에 대한 매장학적 연구 설명은 석기 동물화석이 같이 매장된 여러 가지 원인(인수)는 인류의 수렵과 도살활동이 일정하지 않다고 제시되고있다. 직립인은 수렵인이지만 고기를 먹었다고 말하기는 어렵다. 왜냐하면 당시 인류의 체질과 능력이 대규모의 수렵활동과 육식류동물의 공격 또는 기타 죽인 각종 동물의 고기를 먹기는 쉬운일이 아니기 때문이다.

(3) 주거지와 사회 구조

1. 주거지

직립인과 초기 네안데르탈인등이 가공하고 세운 거주 유적은 중국경내에서는 발견된 예가 없다. 중국 내의 자연조건하에서 모종 형식의 건축에 관하여 초기에 대하여 언급할 필요가 있다. 추위를 방지하는 작용을 제외하고 기온이 온난한 지역에서는 비 바람을 피하여야만 되었다. 동굴이용을 제외하고 야외유형의 유적은 언제나 이 문제에 봉착하게 되었다. 남방동부의 일부의 미 가공된 강자갈이 있다. 이 강자갈은 일부러 멀리서 운반하여 온 것이다. 그 수량, 형상 및 분포방식은 석재가능성을 배재한 것들도 있다. 이것들은 초기 인류의 거주 활동과 모종 관계가 있다[187].

외국에서는 직립인 들의 돌 편(石塊)들은 주거바닥을 처리한 것으로 보도

되었다. 현재까지 그것들은 긍정적이 아니다. 원인은 물의 흐름, 진흙 화 또는 생물 성장 등의 각종 작용 가능을 베 제할 수 없기 때문이다.

현재, 야외 유적 중 비교적 뚜렷한 한 곳은 독일의 Bilzingslen의 유적이다. 이유적은 옛 계천의 부근에 있으며 계절성의 작은 제방위에 있다. 하나의 원형과 두개 타원형의 석제품, 동물 뼈들이 집중되어 있었다. 음식 버리는 곳의 가능성이 크다. 일부의 큰 돌과 뼈들이 담 벽처럼 쌓였다. 집중 구역은 직경 2~3 m, 각각 부근의 재(炭屑)가 쌓인 곳과 직접 연결되어 있다. 동시에 부근에 석기가 가공 부스러기가 쌓여 있다. 이곳은 비교적 전형적 야영 장소이다[188].

그 외 프랑스 Le Lazaret 동굴유적 발견의 현상역시 건축물과 관계가 있다. 일면 주위에 큰 돌 편, 다른 일면은 동굴 담 벽이다. 중심부 가까운 곳에 노지가 있으며, 그 주위에는 조개껍질과 식육류 이빨이 있었다. 전자는 바다에서 왔으며, 후자는 동물 뼈에서 온 것이다. 이 것들은 당시에 바닥에 해초류나 짐승 가죽을 깔고 잠자거나 휴식한 것으로 볼 수 있다. 연구자들은 당시 사람들이 사용한 큰 돌 편은 기둥 역할을 하였으며 짐승 가죽은 바람막이로 사용된 것으로 보고 있다.

2. 사회 구조

직립인의 사회구조에 의하면 집단(群體) 관계가 있었다는 것이 확실하다. 고고학 자료의 제한성, 그리고 현 단계에서는 대단히 제한 적이다. 고고학 자료 외에 현대 원시 부락의 사회 결구는 고등영장류의 집단 관계가 여러 방면으로 비교될 수 있다.

직립인의 사회조직 규모는 하나의 작은 단체의 규모이다. 현대의 수렵과 채집의 원시 부락의 단체 수량은 10~50명 정도이다. 원시인류의 유사한 생태 환경하의 집단거주(群居)는 고등 영장류단체 숫자가 10여명에서 수십 명에 불과하다. 상기한 양종 상항에 따르면 직립인의 단체 규모는 10여명에서 수십 명 사이이다.

1980~80년 사이에 G. Isaac 교수는 "중심주거지"(中心營地) 학설로 초기 인류행위를 제시하였다. 그는 올드바이등 초기 인류유적을 중심주거지의 모식(模式, Pattern)으로 설명하였다. 이 모식에 따르면, 초기 인류는 하나의 중심주거 주위에서 생활하였다. 그들의 주거지 주위에서 각 종 활동을 하고, 남성의 성인들은 원거리 사냥과 힘 드는 작업을 하였으며 여성과 어린애들은 인근에서 채집생활을 한 것으로 보고 있다. 노동의 수확을 중심주거지로 가져와 나누어 먹었다. 이러한 주거 생활이 전체 구성원사이의 협조에서 이루어 졌다[189].

중심 주거지설(說)은 연구의 지속적 결과이지만 일부 학자는 받아 들이지 않고 있다. 그들은 초기 인류의 행위는 대단히 단순하다고 보고 있다. 그리고 직접적 고고학 자료에 의한 초기 인류단체의 자세한 생활환경은 이루어 질수 있는 충분한 환경이 아니기 때문에 상기한 학설은 직립인 단체를 해석하는 일정한 참고 자료로 보고 있다[190]. 이러한 관계는 현대의 수렵, 채집의 부락 내에서도 확인될 수 있다. 성년남자의 수렵 종사, 여자, 아이들과 노인들의 채집 작업등은 전체 성원이 공동으로 분업하고 있는 현대의 수렵과 채집 사회와 같은 정항이다. 직립인의 기술 수준과 생활 방식은 그들 단체적 생산과 생활의 기본단위로서 단체내 평등적 실천과 상호 협조 원측에 따라서 자기들의 생존과 자손들의 번식을 유지하여 왔다.

〈주〉

1) M. A. J. Williams 等, 劉東生等編譯, 1977. 第4紀環境, 北京; 科學出版社
2) 閔隆瑞等, 2000. 對中國第四系中劃分方案的回顧與討論. 第4紀研究, 20(2); 101-107
3) 劉東生等, 2000. 以氣候變化爲標識的中國第4紀地層對比表. 第4紀研究, 20(2); 108-128
4) 劉嘉麒等, 2000. 中國的第4紀地層. 第4紀研究, 20(2); 129-141
5) 祁國琴, 1989, 中國北方第4紀哺乳動物兼論原始人類生活環境. 中國遠古人類, 北京; 科學出版社
6) 中國科學院〈中國自然地理〉編輯委員會, 1984, 中國自然地理.古地理. 北京; 科學出版社
7) 王幼平, 1997. 更新世環境與 中國南方舊石器文化發展. 北京; 北京大學出版社

8) 王幼平, 2004, 華北舊石器埋藏特點的初步觀察. 桃李成蹊集. 香港; 香港中文大學考古藝術研究中心
9) 賈蘭坡, 1959. 中國猿人化石產地1958年發掘報告. 古脊椎動物與古人類, 1(1); 21-26
10) 趙樹森等. 1985, 北京猿人遺址年代學的研究. 北京猿人遺址綜合研究, 北京; 科學出版社
11) 黃慰文, 2000, 中國舊石器文化的地層學基礎. 北京猿人遺址綜合研究. 北京; 科學出版社
12) 謝又矛等, 1985, 北京猿人生活時期的環境, 北京猿人遺址綜合研究, 北京; 科學出版社
胡長康. 1985, 周口店第一地點哺乳動物化石研究的歷史及進展. 北京猿人遺址綜合研究, 北京; 科學出版社
13) 呂遵諤. 1985. 金牛山猿人的發見和意義. 北京大學學報(社), 2; 109-111
14) 遼寧省博物館等, 1986. 廟后山: 遼寧本溪市舊石器文化遺址. 北京; 文物出版社
15) 魏奇, 1991. 泥河灣盆地舊石器遺址地質序列. 參加第13屆國際第4紀大會會議論文集. 北京; 北京科學技術出版社
16) 李超榮等, 1983. 大同青瓷窯舊石器遺址的發掘. 人類學學報, 2(3); 236-246
17) 汪宇平, 1987, 呼和浩特市大窯村南山四道溝東區舊石器時代石器製造場1983年發掘報告. 史前研究, 2; 53-61
18) 賈蘭坡等, 1984. 周口店發掘記, 天津; 天津科學技術出版社
19) 吳汝康等, 1999. 中國古人類遺址. 上海; 上海科技教育出版社
20) 吳汝康, 1960, 中國猿人體質發展的不平衡性及其對"勞動創造人類"理論的意義. 古脊椎動物與古人類, 2(1); 17-26
21) 董興仁, 1989. 中國的直立人, 中國遠古人類. 北京; 科學出版社
22) [19]와 동일
23) 呂遵諤. 1989. 金牛山人的時代及其演化地位. 遼海文物學刊, 1; 44-55
24) 呂遵諤. 1995. 金牛山人髖骨的研究. 文物季刊, 2
25) 吳汝康. 1988. 遼寧營口金牛山化石頭骨的復原及其主要形狀. 人類學學報, 7(2); 97-101
26) 張銀運. 1999. 直線演化抑或分枝演化-中國的人類化石證據. 第4紀研究, 2
27) 裵文中等. 1985, 中國猿人石器研究, 中國古生物誌.新丁種, 12; 1-277, 北京; 科學出版社
28) [27]과 동일
29) 金牛山聯合發掘隊, 1978. 遼寧營口金牛山舊石器文化的研究. 古脊椎動物與古人類, 16(2); 129-136
30) 張森水等, 1993, 金牛山(1978年發掘)舊石器遺址綜合研究. 中國科學院古脊椎動物與古人類研究所集刊, 19; 1-164, 北京; 科學出版社
31) 遼寧省博物館等, 1986. 廟后山-遼寧本溪市舊石器文化遺址. 北京; 文物出版社
32) 李超榮等, 1983. 大同青瓷窯舊石器遺址的發掘. 人類學學報, 2(3); 236-246
33) 劉景芝, 1990, 山西大同青瓷窯舊石器遺址的發現, 考古, 9; 769-773
34) [17]과 동일
35) 張森水. 1989. 中國北方舊石器時代早期文化. 中國遠古人類, 北京; 科學出版社
36) 任美鍔, 1985. 周口店洞穴發育及其與古人類生活的關係. 北京猿人遺址綜合研究, 北京; 科學出版社
37) Binford, L. R. and C. C. Ho, 1985, Taphonomy at a distance; Zhoukoudian, "The cave home of Beijing Man?", Current Anthfopology, 26(4); 413-439

38) 劉東生等, 1998, 對美國 "科學"雜誌關於周口店第一地點用火證據的文章的評論. 人類學學報, 17(4) ; 317-329
39) Cokdberg, P. et, al. 2001. Site formation processes at Zhoukoudian, China, Journal of Human Evolution, 41(5) ; 483-530
40) 呂遵諤, 1996. 金牛山遺址 1993. 1994年發掘的收穫和時代的探討, 東北亞舊石器文化, 韓國國立忠北大學先史文化研究所等
Lu, Z. 2003. Jinniushan Hominid in Anatomical, chronological, ands cultural context. Current Research in Chinese Pleistocene Archaeology, BAR(1179), 127-136
41) 顧玉才, 1996. 金牛山遺址發現的用火遺跡及相關的幾個問題. 東北亞舊石器文化, 韓國國立忠北大學先史文化研究所等
42) 〔30〕과 동일
43) 〔37〕, 〔38〕, 〔39〕와 동일
44) 〔41〕과동일
45) 〔42〕와 동일
46) 林聖龍, 1985. 周口店第一地點的大型哺乳動物化石與北京猿人的狩獵行爲. 北京猿人遺址綜合研究, 北京; 科學出版社
47) 賈蘭坡等, 1966. 陝西藍田地區的舊石器, 陝西藍田新生界現場會議論文集. 北京; 科學出版社
48) 〔5〕와 동일
49) 賈蘭坡等, 1962, 匼河-山西西南部舊石器時代初期文化遺址, 中國科學院古脊椎動物與古人類研究所甲種專刊, 5. 北京; 科學出版社
50) 邱中朗, 1962 匼河文化遺址的時代問題. 古脊椎動物與古人類, 6(3) ; 291-294
51) 陳哲英, 1993. 山西舊石器時代考古綜述. 山西舊石器時代考古文集, 太原; 山西經濟出版社
52) 黃慰文, 1964, 豫西三門峽地區的舊石器, 古脊椎動物與古人類, 8; 162-177
53) 吳新智, 尤玉柱. 1979. 大荔人遺址的初步觀察. 古脊椎動物與古人類. 17;294-303
54) 張森水, 周春茂, 1984. 大荔人化石地點第二次發掘簡報. 人類學學報, 3; 19-28
55) 孫建中等. 1991. 黃土高原第4紀. 北京; 科學出版社
56) 王擇義등, 1959. 山西垣曲南海峪舊石器地點發掘報告. 古脊椎動物與古人類, 1(2) ; 88-91
57) 王建, 陶富海, 王益人, 1994. 丁村舊石器時代遺址群調査發掘簡報. 文物季刊, 3; 1-75
58) 王向前等, 1988. 太原古交后梁之舊石器. 記念馬垻人化石發現三十周年文集. 北京; 文物出版社
59) 王社江等. 2001. 洛南盆地舊石器遺址地層劃分及年代學研究. 人類學學報, 20 (3) ;229-237
60) 薛祥照等. 1999. 陝西洛南龍牙洞遺址的特徵和環境. 第4紀地質 (2) ; 1170-1175
61) 劉玉林. 1987. 甘肅涇川大嶺山發現的舊石器. 史前研究, 1; 37-41
62) 梅惠杰等. 2001. 涉縣新橋舊石器遺址發掘報告. 人類學學報, 20(1) ; 19-33
63) 呂遵諤等. 1989. 山東沂源猿人化石. 人類學學報, 8(4) ; 301-313
64) 〔19〕, 〔59〕-〔61〕등과 동일
65) 吳汝康, 1964. 陝西藍田發現的猿人下顎骨化石. 古脊椎動物與古人類, 8(10; 1-17
66) 〔63〕과 동일
67) 薛祥照, 1987. 陝西洛南人牙化石及其地質時代. 人類學學報, 6(4) ; 284-288
68) 吳新智. 1981. 陝西大荔縣發現的早期智人古老類型的一個完好頭骨. 中國科學, 2; 200-206

69) 吳新智. 1989. 中國的早期智人. 中國遠古人類, 北京; 科學出版社
70) 〔19〕, 〔91〕-〔95〕 등과 동일
71) 〔35〕와 동일
72) 〔49〕와 동일
73) 〔52〕와 동일
74) 〔56〕과 동일
75) 〔54〕와 동일
76) 〔57〕과 동일
77) 〔58〕과 동일
78) 王社江等. 2004. 洛南化石浪龍牙洞1995年出土石製品研究. 人類學學報, 23(2); 93-110
79) 〔61〕과 동일
80) 〔62〕와 동일
81) 〔5〕와 동일
82) Potts, R. 1984. Home bases and early hominids. American Scientist, 72; 338-347
83) 〔62〕와 동일
84) 王幼平. 1996. 中國舊石器時代早期的文化類型及其成因. 東北亞舊石器文化, 韓國國立忠北大學先史文化研究所等
85) 李炎賢等. 1986. 觀音洞-貴州黔西舊石器初期文化遺址. 北京; 文物出版社
86) 沈冠軍等. 1992. 貴州黔西觀音洞鐘乳石祥的鈾系年齡. 人類學學報, 11(2); 93-100
87) 吳茂霖等. 1975. 貴州銅梓發現的古人類化石和文化遺物. 古脊椎動物與古人類, 13(1); 14-23
88) 原思訓等. 1986. 華南若干舊石器時代地點的鈾系年代. 人類學學報, 5(2); 179-190
89) 斯信强等. 1993. 盤縣大洞發掘簡報. 人類學學報, 12(2); 113-119
90) 劉軍等. 1997. 盤縣大洞堆積層的初步觀察. 人類學學報, 16(3); 231-238
91) 沈冠軍等. 1997. 貴州盤縣大洞遺址年代位置初探. 人類學學報, 16(3); 221-230
92) 張鎮洪等. 1997. 貴州盤縣大洞遺址動物群的研究. 人類學學報, 16(3); 209-220
93) 〔87〕과 동일
94) 吳茂霖. 1984. 貴州銅梓新發現的人類化石. 人類學學報, 3; 195-201
95) 劉武等. 1997. 盤縣大洞發現的人類牙齒化石. 人類學學報, 16(3); 193-200
96) 黃慰文等. 1997. 盤縣大洞的石器工業. 人類學學報, 16(3); 171-192
97) Miller-Antonio, S., et al. 2000. Raw materals selection and evidence for rhonoceros tooth tools at Dadong Cave, southern China, Antiquity, 74; 372-379
98) 〔85〕와 동일
99) 黃慰文. 2004. 盤縣大洞遺址. 中國考古學的世紀回顧 ; 舊石器時代考古學, 北京; 科學出版社
100) 王幼平. 1997. 更新世環境與中國南方舊石器文化發展. 北京; 北京大學出版社
101) 李炎賢. 1989. 中國南方舊石器時代早期文化. 中國遠古人類, 北京; 科學出版社
102) 〔85〕와 동일
103) 湯英俊等. 1987. 漢水上游舊石器的新發見. 人類學學報, 6; 55-60
104) 黃慰文等. 1987. 梁山舊石器遺址的初步觀察. 人類學學報, 6; 236-244
105) 〔100〕과 동일
106) 許春華. 1978. 湖北隕縣猿人化石地點的發掘. 中國科學院古脊椎動物與古人類研究所編, 古人類論文集, 北京; 科學出版社

107) 湖南省文物研究所. 1989. 石門大聖廟舊石器遺址發掘報告. 湖南文物輯刊, 5; 1-6
108) 〔100〕과 동일
109) 李炎賢等. 1974. 湖北大冶石龍頭舊石器時代遺址發掘報告. 古脊椎動物與古人類, 12; 139-157
110) 房迎三等. 1992. 水楊江舊石器地點群埋藏學的初步研究. 人類學學報, 11; 134-141
111) 楊達源等. 1991. 安徽宜城地區中晩更新世風成堆積與環境變遷. 海洋地質與第4紀地質, 11; 97-103
112) 趙其國等. 1995. 中國南方紅土與第4紀環境變遷的初步研究. 第4紀研究, 2; 107-116
113) 黃万波. 1982. 安徽和縣猿人及其有關問題的初步研究. 古脊椎動物與古人類, 20; 248-256
114) 〔88〕과 동일
115) 黃培華等. 1995. 和縣猿人年代研究. 人類學學報, 14(3); 262-265
116) 黃万波等. 1963. 江西樂平"大熊猫-劍齒象"化石及其洞窟堆積. 古脊椎動物與古人類, 7(2); 182-186
117) 李建軍等. 2001. 靈峰洞-福建省首次發現的舊石器時代早期遺址. 人類學學報, 20(4); 248-255
118) 黃慰文等. 1990. 對百色石器層位和時代的新認識. 人類學學報, 9(2); 105-112
袁寶印等. 1999. 百色舊石器遺址的若干地貌演化問題. 人類學學報, 18(3); 215-224
119) Hou, Y. et. al. 2000. Mid-Pleistocene Acheulean-like stone technology of the Bose Basin, South China. Science, 287(5488); 1622-1626
120) 〔111〕, 〔112〕등과 동일
121) 〔100〕과 동일
122) 吳汝康等. 1982. 安徽和縣化人石的初步研究. 人類學學報, 1(1); 2-13
123) 南京市博物館, 北京大學考古系湯山考古隊. 1996. 南京人化石地點; 1993-1994, 北京; 文物出版社
124) 吳汝康等. 2002. 南京直立人, 南京
; 江蘇科學技術出版社
125) 〔124〕와 동일
126) 許春華等. 1984. 安徽巢縣發現的人類枕骨化石和哺乳動物化石,. 人類學學報. 3(3); 202-209
127) 許春華等, 1986. 安徽巢縣人類化石地點的新材料. 人類學學報, 5(4); 305-310
128) 〔26〕과 동일
129) 〔104〕와 동일
130) 閻家祺. 1981. 陝西漢中地區梁山舊石器的再調查. 考古與文物, 2; 1-5
131) 李天元. 1983. 襄陽山灣發現的幾件打製石器, 江漢考古, 1; 39-41
132) 李天元. 1989. 鄂西北新發現的舊石器文化遺存(摘要). 古人類學國際學術討論會; 記念北京猿人第一個頭蓋骨發現60周年論文摘要, 未刊
133) 袁家榮. 1992. 略談湖南舊石器文化的幾個問題. 中國考古學會第7次年論文集. 北京; 文物出版社
134) 湖南省文物考古研究所. 1989. 石門大聖廟舊石器遺址發掘報告. 湖南文物輯刊, 5;1-6
135) 〔109〕와 동일
136) 房迎三. 1990. 試論我國舊石器文化中的砍器傳統. 東南文化, 1. 2; 197-210

137) 方篤生. 1990. 巢湖市望城崗舊石器的發現與硏究. 文物硏究, 6; 19-35
138) 房迎三. 1993. 安徽銅陵地區發現的舊石器. 文物硏究, 8; 93-100
139) 〔100〕과 동일
140) 〔117〕과 동일
141) 黃慰文. 張鎭洪. 1991. 中國南方磚紅壤中的石器工業. 紀念黃岩洞遺址發現30周年, 廣州; 廣東旅游出版社
142) 廣西博物館. 2003. 百色舊石器. 北京; 文物出版社
143) 閻家祺. 1981. 陝西漢中地區梁山舊石器的再調査. 考古與文物, 2; 1-5
144) 閻家祺. 1983. 陝西梁山舊石器之硏究. 史前硏究, 1; 51-56
145) 向安强. 1990. 洞庭湖區澧水流域發現的舊石器. 南方民族考古, 3; 249-269
146) 〔134〕와 동일
147) 〔110〕과 동일
148) 房迎三등. 2001. 安徽寧國毛竹山發現的舊石器早期遺存. 人類學學報, 20(2); 115-124
149) 曾祥旺. 1983. 廣西百色地區新發現的舊石器. 史前硏究, (2) 81-88
150) Leakey, M.D. 1971. Oldwai Gorge; excavation in Beds 1 and 2. 1961-1963. Cambridge ;Cambridge University Press
151) Camble, C. 1986, The Palaeolithic Settlement of Europe. Cambridge; Cambridge University Press
152) 陝西省考古硏究所漢水考古隊. 1985. 陝西南鄭龍崗寺發現的舊石器. 考古與文物, 1;1-12
153) 房迎三. 1996. 亞洲東南部的舊石器文化. 東北亞舊石器文化. 韓國國立忠北大學校先史文化硏究所
154) 黃慰文, 1991. 南方磚紅壤層的早期人類活動信息. 第4紀硏究, 4; 373-379
張森水. 1996. 中國舊石器考古幾個問題. 長江中下流史前文化暨第二屆亞洲文明學術討論會論文集, 長沙; 岳麓書社
155) Toth, N. 1985. The Oldowan reassessed; a close look at stone artifacts. Journal of Archaeological Science, 12; 101-120
156) 〔100〕과 동일
157) 吳汝康. 1989. 古人類學. 北京; 文物出版社
158) Klen, R.G. 1909. The Human career. Chicago; University of Chicago Press
159) 〔150〕과 동일
160) Isaac, G.LI 1977. Olorgesailie. Chicago; University of Chicago Press
161) Bordes, F, 1968. The Old Stone Age. New York; McGraw-Hill
162) 〔161〕과 동일
163) Wymer, J.J. 1982. The Palaeolithic Age. New York; ST. Martin's Press
164) Bar-Yosef O. 1994. The Lower Palaeolithic of the near East. Journal of World Prehistory, 8(3); 211-256
165) Goren-Inbar N. Zobar I. Ben-Ami D. 1991. A new look at old cleaver-Gesher Benot Ya'aqov. Journal of Isreal Prehistoric Society, 24; 7-33
166) Copeland L., Hours F. 1983. Le Yaborudian d'El Kown(Syrie) et sa place dans le Paleolithique du Levant Paleorient, 9; 21-37
167) Jelinek A. 1982. The Tabun Cave and Pallaeolithic man in the Levant. Science,

216; 1369-1375
168) [161]과 동일
169) [158]과 동일
170) 劉武. 1997. 西班牙新發現的人類化石及人屬一個新種的命名, 人類學學報, 16(4); 319-323
171) Tattersall, I. 2000. Palaeolanthropology; the last half-century. Evolutionary Anthropology, 9(1); 2-16
172) [161]과 동일
173) Roebroeks W, and T. Kolfschoten, 1995. The Earliest Occupation of Europe. University of Leiden, 1-316
174) [161]과 동일
175) [173]과 동일
176) Tieu, L.T. 1991. Palaeolithic Pebble Industries in Europe. Budapest; Akademiai Kiado
177) [161]과 동일
178) [163]과 동일
179) Bartstra, G. 1985. Sangiran, the stone implements of Ngebung, and the paleolithic of Java. Modern Quaternary Research in Southeast Asia, 9; 99-114
180) Pope, G.G. et al. 1986. Earlist raddiometrically dated artifacts from Southeast Asia, Current Anthropology 27; 275-279
181) Reynolds, T.E.G. 1993. Problems in the Stone Age of South-East Asia. Proceedings of the Prehistoric Society 59; 1-15
182) 王幼平. 1997. 中國與東南亞舊石器工業的比較. 考古學研究(3), 北京; 科學出版社
183) 憑寶胜. 1990. 朝鮮舊石器文化研究. 北京; 文津出版社
184) [158]과 동일
185) Wang, Y. 1998. Human adaptations and Pleistocene environments in South China. Anthropologie. 36(1-2); 165-175
186) [158]과 동일
187) [163]과 동일
188) [158]과 동일
189) Isaac, G.LI. 1978. The food sharing behavior of proto-huminids. Scentific American, 238(4); 90-108
190) Pots, R.B. 1984. Home bases and early hominids. American Scientist, 72; 338-347

제3장 영속성(承前啓后)

1. 개설

유럽 알프스 산 지역 리스 빙하기 기간 동안에 형성된 빙하의 해동과 결빙은 중국 북방 황토 L2의 퇴적이 이루어진 이후 전 지구의 기후가 새로운 온난기로 진입된 Riss-Wurm 간빙기 시기이다. 리스-뷔름의 간빙기가 시작 될 때의 시기는 지금부터 12.8만년이다. 일반적으로 홍적세 후기의 시작시기이다(도3-1).

대개 이 시기 또는 약간 이른 시기에 유럽 서아시아와 아프리카등지의 구석기 문화발전은 무슈테리안 시기의 단계, 구석기문화전통 분류법의 구석기시대 중기이다.

아프리카 사하라사막 남쪽 지역은 구석기 문화면모가 진자와 일치하지 않다. 다만 대체적으로 하나의 새로운 발전 단께가 시작되었다. 아프리카 선사고고학자들은 석기시대 중기로 보고 있다[1].

그러나 히말리아 산과 청장고원 동쪽의 동아시아와 동남아 지역은 후기홍적세 이후 단계로 진입되어 구석기 문화면모는 상기한 지역과 다르다. 그것은 결코 뚜렷한 변화발생은 아니며 초기 홍적세 이래의 그 지역의 지속된 석기기술이 대체적으로 유사한 석기를 제작하였다. 최근에 학자들은 중국 구석기시대의 분류에 대한 신중한 작업으로 전통적인 3분법(三分法)을 버리고, 구석기시대 중기를 취소시키며 중국 구석기 문화의 특징을 따라서 초기, 후기로 분류하자고 제안하고 있다[2].

구석기문화 발전 척도에서 보면 중국 구석기시대 문화는 초기, 후기 두 시

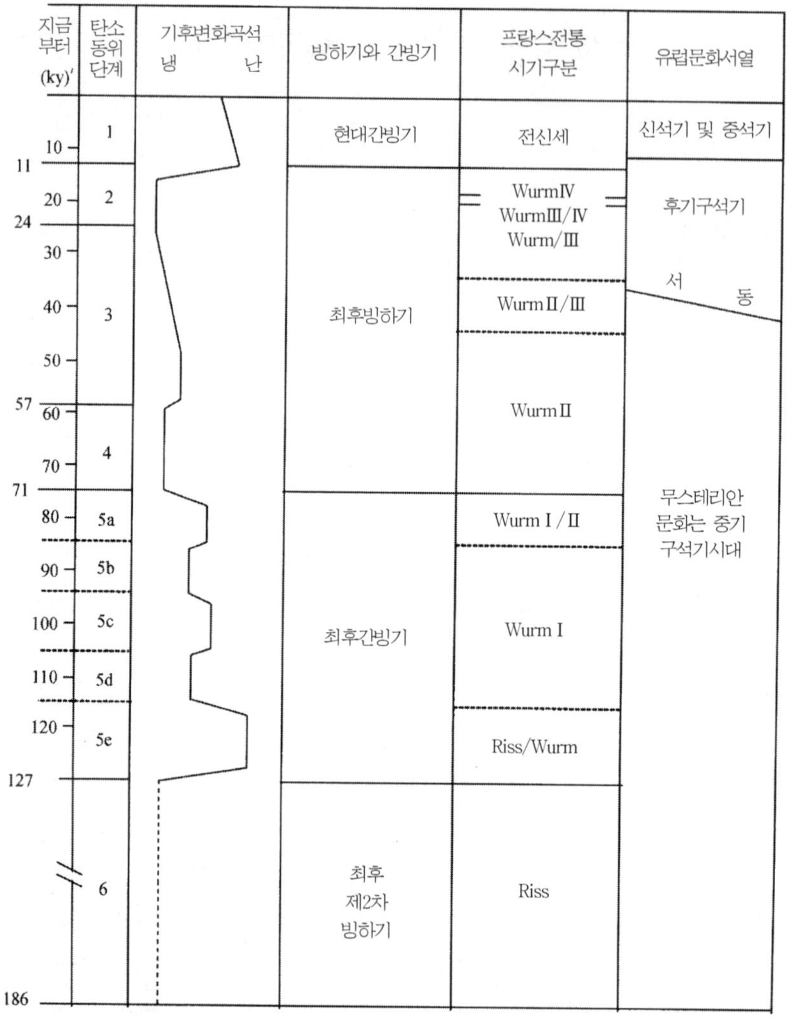

도 3-1. 후기홍적세기후변화와 구석기문화서열(klein, 1999)

기가 뚜렷한 발전단계를 보여 주고 있다. 중국 구석기 시대 문화의 두 시기 분류에 의하여 중국 구석기시대 문화발전의 단계를 인식하여야 한다. 그러나 초기 홍적세 시작부터 후기 홍적세 초기. 중기에 이르기까지 오랜 시간이 경과한 후에 후기 홍적세에 진입, 중국 각 지역 구석기 문화발전은 비록 초기. 중기 홍적세 이래의 특징을 가지고 발전변화를 가져왔다. 이러한 발전은 구석기문화 발전이 후기 단계에 이르는 준비의 조건이라고 보고 있다. 의미적으로는 중국 구석기시대 중기문화의 존재여부는 논할 필요 없이 후기 홍적세 초기. 중기시기에 중국 고인류와 구석기시대 문화발전의 하나의 중요한 과도기 단계로 보고 있다. 장차 이 단계의 진전에 대한 전문가의 소개가 독자들로 하여금 이해를 하도록 할 것이다.

(1) 년대의 윤곽

절대 년대 측정기술은 제한적이다. 과도 단계의 년 대학 연구는 지금까지 비교적 빈약한 순환이었다. 방사선 탄소 년대(Carbon 14 측정)는 구석기시대 후기의 년대 측정에는 확실한 기초가 되어있다. 카리움(Kalium) 등의 기술 운용은 초기. 중기홍적세와 초기 단계의 고인류유적의 년대도 측정되고 있다. 상대적으로 앞 두 단계는 지금부터 10만년에서 수 만 년 단계까지의 절대 년대 측정이 된다. 다만 방사성탄소 년대 측정과 카리움 측정은 유효한 방법은 아니다. 이러한 정항은 구석기시대 중기 문화의 연구와 현인 기원의 연구에 대단히 중요한 과제로 남아 있다. 다만 최근에 전자광명법, 열광석법, 광석공법(光釋光), 우라니움년대 측정법등의 기술 등이 지속적으로 연구되어 년대 측정에 이용되고 있다. 또한 심해기동위원소(深海氣同位素)와 황토 지층학등의 연구진전으로 과도기 단계에 대한 년대 측정의 윤곽이 그려지고 있으며, 더욱 이것들은 유럽과 서아시아 등지에서 응용되고 있다(도3-1)[3].

중국 고인류와 구석기 과도기 단계의 발견은 비교적 이른 시기에 대부분

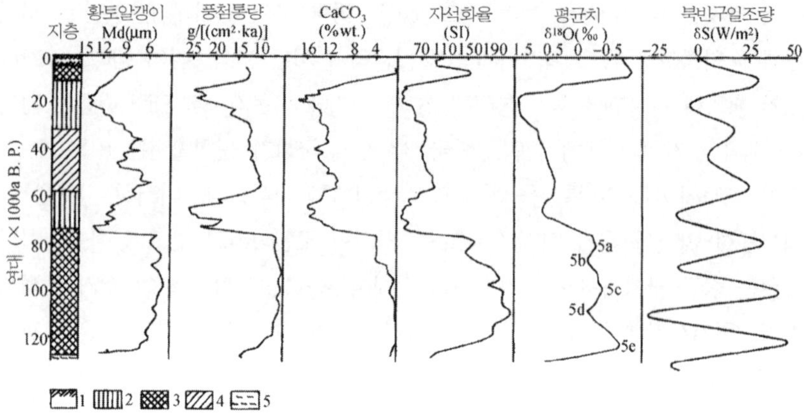

도 3-2. 낙천후기홍적세황토단면과 기후변화(안지생등, 1992)
1. 경작층; 2. 황토; 3. 고토양; 4. 약발육고토양; 5. 칼시움결핵

우라니움 측정법으로 측정되어 많은 수치가 제시되었다. 최근 열 광석법, 전자자동 공명법과 광석광등의 방법운용이 중요한 작용을 하고 있다. 특히 중국 북방에 있어서 전체적으로 얻은 두터운 황토퇴적과 황토층의 연구에 대한 새로운 진전은 황토 지층과 심해기동위원소의 비교연구로서 연대윤곽의 기초를 세 울 수 있게 되었다.

심해기동위원소 단계에 의하면 후기 홍적세의 초기, 중기를 3단계로 나 눌 수있다. 이것과 중국황토층의 연구 결과를 비교하면 뚜렷한 대응관계가 나타난다. 기동위원소(氣同位素) 단계 5는 홍토지층의 S2 단계에 해당되고, 기동위원소 단계 3.4는 L 4의 중(中), 하(下)부에 해당된다. 최근의 제4기 연구 과정 중 이러한 상관관계를 중시하고, 더욱 상대년대와 고 환경연구를 진행하여 좋은 성과를 얻고 있다. 예로 섬서낙천(陝西洛川) 단면의 연구이다(도3-2)[4].

이 년대의 윤곽에 따르면 뚜렷하게 S_1, L 4 로부터 중. 하부지층 고인류 유적을 과도 단계로 확정 지울 수 있다. 그 절대 년대는 B.P. 12.8만년에서 B.P. 3만5 천년 정도이다.

(2) 환경 배경

심해개동위원소와 황토 지층 학 연구의 발전은 과도 단계의 년대를 설정하는 기초가 될 뿐만 아니라 이 단계 고 환경 변화의 특징을 확인하는 근거가 될 수 있다.

상기한 년대의 윤곽에 의해서 과도단계는 당연히 후기 홍적세 이래의 마지막 간빙기, 마지막 빙하기의 제1단계(Wurm 1)와 그 이후의 간빙기 까지 포함된다. 이 단계는 홍적세 최후 시기로서 현재와 시간 간격이 결코 길지 않으며 당시 형성된 각 종류 침적물도 비교적 쉽게 보존되어 당시 환경 및 그 변화 상항연구에 많든 조건을 제시하여 주고 있다. 이로 인하여 더욱 이른 시기도 상호 비교하면 더욱 뚜렷한 복원(復原) 단계의 여러 지역 고인류 생활 환경 에 대한 자료를 얻을 수 있을 것이다.

이미 연구된 자료에 의하면 후기 홍적세 시작의 마지막 간빙기 단계는 대략 12.8만년에서 7,8만년 까지이다. 이 기간은 두개 기후가 상대적 변냉(變冷)한 단계이다. 전제적으로 논하면 이 기후는 습윤·온난한 시기이다. 예로 북대서양 V 23-82 암심(岩芯)의 기동위원소 분석에 의하면 이 단계의 하계(夏季) 대양(大洋) 위층(表層) 수온차이가 마지막 빙하기보다 8℃ 정도 높다. 여기에 따르면 중국 북방은 이 시기에 기온은 습윤·온난으로 두터운 고토양층 S_1을 형성하였다. B.P. 7, 8만년부터 6만년 정도 까지가 최후 빙하기의 제1빙하기(Wurm 1)이다, 그러나 6만~3만년 사이에 기온이 변하여 소간빙계(小間氷階)로 변하여 기후의 변화가 비교적 격렬하게 되었다(표 3-1)[5].

상가한 환경 변화의 전체는 북방지역에셔 홍적세 중기로부터 후기까지 과도 단계이며, 자연환경 변화가 크고, 기후는 전체적으로 건양(乾凉) 하였다. 따라서 동물군도 여기에 수반하여 변화가 발생되었다. 제3기와 제4기 잔여물과 중기의 검치호(劍齒虎). 거씨대하리(居氏大河里)까지 완전히 절멸되었다; 중국하이에나도 사멸, 큰뿔사슴, 사문말, 메씨코뿔소등도 기본적으로 사멸,

〈표 3-1〉 후기 홍적세 기후 변화 및 그 시대구분(황장춘, 1998)

<table>
<tr><th>지질시대</th><th colspan="2">기후분기</th><th>기후특징</th><th>시간(×10^4a B. P.)</th></tr>
<tr><td>전신세(Q_4)</td><td colspan="2">빙하후기</td><td>온난습윤, 소폭파동변화</td><td>1.0 ~ 0.0</td></tr>
<tr><td rowspan="5">후기홍적세

Q_4</td><td rowspan="4">뷔름빙하기</td><td>후빙기</td><td>강열파동변화</td><td>1.5 ~ 1.0</td></tr>
<tr><td>뷔름Ⅱ</td><td>한냉건조, 극성기 18,0000A B.P.</td><td>3.0 ~ 1.5</td></tr>
<tr><td>간빙기</td><td>기온회복, 다만 강열파동변화</td><td>6.0 ~ 3.0</td></tr>
<tr><td>뷔름Ⅰ</td><td>한냉건조</td><td>7.5 ~ 6.0</td></tr>
<tr><td colspan="2">말기간빙기</td><td>온난습윤, 기후파동변화 3개
온난시기가 2번 한냉기에 삽입</td><td>12.5 ~ 7.5</td></tr>
</table>

다만 개별 지점에서 잔류되었다. 야생노루, 야생말, 오르도스 큰뿔사슴, 적록, 원시소등 신종이 출현되엇다. Riss-Wurm 사이 간빙기의 후기 홍적세 초 북방의 환경은 비교적 온난, 분포가 비교적 넓게 S_1 또는 황토 바닥의 강 자갈층이 형성되었다. 다만 최후 빙하기의 도래로 인하여 마란(馬蘭)황토 퇴적이 보편적으로 시작되었다. 마란 황토의 엷은 회황색, 비교적 느슨하며, 주상 절 리가 발육되고, 층리(層理)가 없으며 전형적 풍성퇴적층이다. 마란 황토내의 화석은 일반적으로 석화(石化)정도가 깊지않으며, 비교적 많은 타조알편, 여기에 쥐가 포함, 기후가 건양한 환경을 나타내어 준다[6].

북방지구와 비교하면 이 시기에는 남방 대부분 지역의 자연환경 변화는 결코 격열하지 않고, 여전히 열대, 아열대 환경의 큰곰-검치호 동물군 이다. 전형적 동물은 큰곰, 동방검치호, 인도코끼리, 원숭이, 멧돼지, 물사슴, 물소 등이다. 이 종들은 중기 홍적세시기와 비교하면 뚜혓한 변화는 없다. 다만 북방과 인접된 장강(長江) 중.하류지역은 한냉한 기후의 영향을 받았다. 이 지역의 위치는 중아시아 건조 사막에서 불어오는 서풍(西風)의 통과 과정에서 서풍이 몰고오는 분말들이 남경(南京)부근까지 와서 퇴적되어 그것들은 회촉황토(下觸黃土)로 퇴적, 그 알갱이들은 마란황토보다 고운 종황색 점토이며, 결구가 견고, 점토성이 강하고, 거기에 철분이 섞여 고토양이 뚜렷하다.

상기한 배경 하에서 후기 홍적세 초기의 인류문화의 발전은 중기 홍적세의 기본적 배경을 가지고 이루어 졌다. 다만 최후 빙하기의 발전 과정 중 환경변화, 인류자체 체질과 그 문화는 지속적으로 발전되었다. 더욱 4만~3만년 경과도 단계가 종료될 무렵 고인류 및 그 문화의 발전은 새로운 단계로 진입되었다.

2. 중국 북방(北方)

후기홍적세 초기, 중기의 중국 북방은 초기 인류활동의 중요 지역이다. 유적의 분포상황에 의하여 초기의 같은 2개 지역 즉 북부와 남부 2개 지역이다.

(1) 북방북부

1. 유적분포

이 지역의 초기 한 단계와 비교, 이 단계의 구석기 문화 면모는 여전히 일치하다. 많은 유형의 소석편 석기가 주체(主體)로 되어 있다. 유적의 유형에 따라 분류하면 야외유적과 동굴유적은 이 단계에서 같이 볼 수 있다.

(1) 동굴유적

북방지구 북부 단계의 인류는 이 지역에 전 단계의 연속 시킨 특징을 가져 지속적으로 동굴에서 거주하였다. 그 중의 중요한 발견은 주구점제15지점과 요녕(遼寧) 객좌(喀左) 합자동(鴿子洞) 유적이다.

주구점(周口店) 제15지점

주구점 제15지점은 주구점 제1지점에서 남쪽으로 70 m 지점에 있는 바위 틈새 또는 완전히 붕괴된 동굴퇴적이다. 이 저점은 1932년 발견, 1934~1937년 사이 발굴되었다[7]. 이미 발굴된 부분은 동서방향으로 길이 13 m, 남북너비 16 m, 깊이 10 m 이다. 이 지층 퇴적은 가장 위는 일층의 얇은 황색토, 여기에 칼시움 관상물(管狀物) 이 끼여 있으며, 화석과 석제품이 발견되었다; 제2층은 큰 석회암편에 재층이 섞여 있었으며, 재층내에서 불에 탄 박 나무 씨앗(朴樹籽), 탄뼈와 다량의 석제품 출토; 최하층은 홍색토에 능각의 석회암편이 섞여 있으며, 뼈편과 석제품, 이것 들은 견고한 각력암(角礫岩)과 응결되어 있었다.

제15지점 출토 동물화석은 붉은 사슴, 보씨 영양, 큰 뿔 사슴, 털코뿔소, 호랑이등 30여종. 여기에는 제3기의 잔여 종 또는 초기 홍적세의 오래된 종은 없다. 큰 뿔 사슴의 특징은 제1점 정상부 퇴적발견의 것과 같다. 그 아래 턱은 대단히 두텁지 않다. 붉 은 사슴, 보씨영양등은 후기 홍적세의 전형적 동물이다. 이 동물화석의 정항은 제15지점은 중기. 후기 홍적세의 교차기 것으로 이미 후기 홍적세에 진입된 것을 설명하여준다. 우라니움의 년대 측정은 B.P. 14만~11만년 정도, 대체적으로 같은 상항을 보여주고 있다[8]. 동물군이 반영된 생태 환경은 초원(草原) 환경 생활의 종류가 많으며, 산림(林地) 적응된 것은 드물다. 다수가 화북(華北) 후기 홍적세에 흔한 동물 종이다. 따라서 당시 인류는 마지막 간빙기 사이의 온대 초원 환경에서 생활하였다.

합자동(鴿子洞)

주구점 제15지점과 비교하면 합자동의 지리위치는 더욱 북쪽에 접근되며 시기는 전자보다 늦은 것이 분명하다. 합자동의 위치는 요녕성 남부의 객자심좌익(喀喇沁左翼) 몽고자치현 수천향와방촌(水泉鄕瓦房村) 부근이며, 대능하(大淩河) 오른쪽 제방위의 하나의 동굴유적이다[9]. 동굴 입구는 대능하 강수준에서 높이 35 m 에 있으며, 바위 그늘 내에는 몇 개의 작은 동굴이 있다.

문화유물은 그 중의 한 작은 동굴내에서 발견되었다. 이 동굴 퇴적층은 6층: 최상 1층, 황색토, 느슨하며 현대유물 출토. 제2층, 대량의 회암각역(灰岩角礫)편, 여기에 얇은 황색토가 삽입되어 있다, 그리고 동물화석과 구석기가 포함되었다. 제3층, 재층, 느슨하며, 점성질도 없이 흑색. 황색, 가루, 백색과 회색드이 혼합 분포, 중앙에는 두께 50 cm, 탄뼈, 목탄, 불탄 흙, 소량의 석제품과 동물화석, 회토(灰土)에 불탄 재(碳)량은 24% 이다. 제4~6층은 회색토층, 흑색과 붉은 색 토층 그리고 각력층으로 나누어져 있다. 문화유물 없다. 상기한 퇴적의 정항에 의하면 인류가 사용한 이 동굴은 제4층 퇴적이후에 불탄재, 제2. 3층은 동일 시기의 유적이다. 인류가 거주할 당시 또는 조금 늦게 기후는 추워지고, 추위와 더워(寒暑) 작용에 의해서 대량의 석회암편이 발생하여 인류가 남긴 것을 신속히 매장시켜 지금까지 보존되었다.

합자동 발견의 동물화석은 20여종. 그 중에 일부는 동북(東北) 지역 후기 홍적세에 흔한 털코뿔소-맘모스 동물군의 구성원이다. 다만 여기에 화북 후기 홍적세 동물 종이 섞여 있다. 예로 이리. 여우, 들 고양이, 최후 하이에나, 야생말, 야생 낙타 등이다. 종류가 비교적 많은 것은 설치류로서 수달, 창고 쥐, 쥐, 밭쥐, 흑쥐; 우제류는 사슴, 영양, 암양, 소등이다. 동물 군이 반영한 생태 특징은 건양(乾涼)한 초원 환경이다. 비록 합자동 지점이 아직 절대 년대 측정 수치가 없지만 동물군의 전체 면모는 화북 후기 홍적세의 사라-오서 동물군과 접근되고 있다. 따라서 시기는 사라-오소골과 접근 되거나 또는 약간 이른 시기이다.

(2) 야외 유적

후기 홍적세 진입이후, 북방지구의 북부야외 유적의 분포는 대단히 넓다, 니하만분지등의 옛 호반 및 강제방상에 이시기의 고인류활동 흔적이 보인다.

허가요와 후가요(許家窯, 侯家窯)

허가요와 후가요는 이 지역내의 과도기 단계로서 대단히 중요한 발견이다.

산서 양고현(山西陽高縣)에 위치한 허가요와 하북(河北) 양원현(陽原縣)에 위치한 후가요의 사이에는 이익천(梨益溝)양 제방의 단애상이 있다. 여기에서 풍부한 고인류와 구석기문화가 발견되었다. 1970년대에 발견된 대부분 인류화석 및 포유동물화석은 후가요촌 서쪽의 긴 천의 고운 모래와 사질 점토층이다. 그 외의 유물은 허가요 촌 북쪽의 양우천(兩叉溝)의 제방에 쌓인 황토층 내에 있었다. 두 지점은 비록 거리가 가깝지만 지층의 밑층의 변화는 크며, 여러 지점의 단면이 다양하다. 전자의 문화 층위에 8~12m 두께의 사질황토와 강가의 고운 모래층이 덮여 있었다. 지층 퇴적에 의하면, 허가요와 후가요의 고인류는 니하만(泥河灣)분지의 옛 호수 가장자리에 있었다. 당시분지내의 호수는 당시 일차(一次) 대 면적이 축소상태에 있었다. 호수 위축시기에는 여러 차례의 확대와 축소 단계가 있었다. 따라서 호수 가에 남겨진 허가요의 문화유물 및 화석은 매장되어 있었다[10) 11)] (도판10; 도3-3).

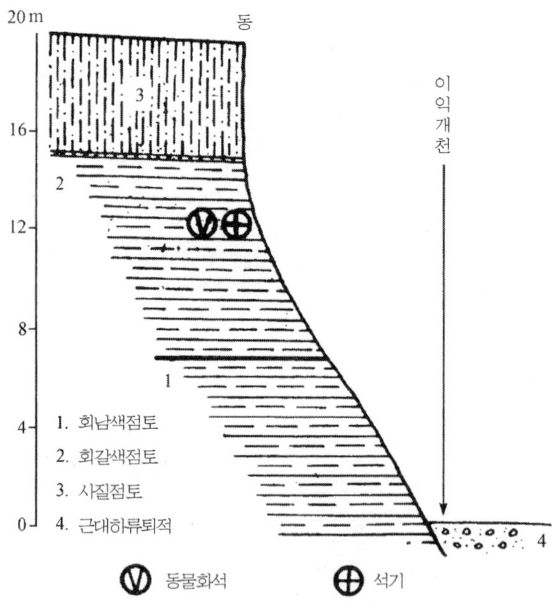

도 3-3. 허가요 유적 단면도(가탄파 등, 1976)

허가요(후가요포함, 다음과 같다) 발견의 동물화석은 20종 : 조류1종 포함, 포유류 19종. 그중에 타조, 쥐토끼, 중국쥐, 가보씨발쥐, 이리, 호랑이, 노만고코끼리, 털코뿔소, 보씨야생말, 야생당나귀, 오르도스 큰뿔사슴, 붉은사슴, 갈씨꽃사슴, 허가요양, 배씨양, 황양(黃羊), 양, 원시소, 멧돼지 등이다. 이 동물군의 절대 대부분은 후기 홍적세의 흔한 종들이다. 이 종들은 한 냉 기후 조건에 적응된 것들이다. 특히 야생말, 오르도스 큰뿔사슴, 붉은사슴, 원시소등은 모두 말기 빙하기(한 냉기)에 보이는 화석 종들이다. 즉 후기 홍적세의 전형적 종들이다. 동물의 생태환경에 따르면, 삼림과 나무숲 들의 환경에 적응하는 호랑이, 멧돼지, 붉은 사슴 등, 그리고 사막 초원 조건에 적응되는 야생말, 야생당나귀, 영양 및 각 종 쥐 류가 있다. 식물화분에 의하면 초목식물이 우세하다. 그 종들은 다북쑥(蒿), 명아주(藜), 국화(菊) 등이며, 나무로서는 운삼(云杉), 소나무(松) 등 위주이다. 상기한 동식물의 조성은 허가요 사람들이 건양(乾凉)하 기후하의 삼림, 숲과 초원의 환경에서 생활한 것을 설명하여 준다. 우라니움 년대 측정은 10만~12.5만년이다[12)13)]. 동물군의 시대 특징과 절대년대의 측정결과는 허가요인들의 시기가 후기 홍적세 초기에 속한다는 것을 나타내어 준다. 다만 최근 일부 학자가 고기자 측정으로 그 년대가 50만년으로 거슬러 올라간다고 주장하고 있다[14)].

판정자(坂井子)

니하만 분지에서 최근에 한 곳의 중요한 발견은 판정자 유적이다. 이 유적은 허가요 유적에서 동쪽으로 약 60 km 지점의 상간하(桑干河)의 3급 계지의 퇴적 내에 있었다. 유적 면적은 비교적 크며, 문화층두께는 3 m, 주로 회갈색이며 모래자갈이 섞인 고운 모래층이다. 그 위의 4 m 두께의 강자갈 층과 차생황토(次生黃土), 그 아래는 30 m 정도의 모래자갈층과 고운 모래층이다. 문화유물은 대량의 석제품, 인공 흔적의 뼈 편 등이다. 많은 량의 동물화석에는 이리, 야생말, 털코뿔소, 붉은사슴, 누각양(摟角羊), 소등이다. 우라니움 측정 년대는 7.4만년~10.8만년으로 허가요 보다 약간 늦은 시기이다[15)].

사라오소

니하만 분지내의 서쪽으로 내몽고 조우기(鳥寓旗)의 사라오소 강 제방은 과도 단계로서 중국에서 최초로 발견된 구석기 지점의 한곳이다: 사라-오소 지점이다. 사라오소강은 황하(黃河) 지류인 무정한(無定河)의 상류이다. 조우기의 큰 강 제방 일대이다. 무정하는 50~80 m 깊이의 깊은 계곡을 통과하고 있다. 협곡 양쪽의 가파른 절벽 상에 하나의 두터운 60 m 의 호상(湖相) 퇴적이 있다. 이 퇴적물은 고운 모래, 진흙과 바람에 쌓인 모래층으로 조성되었다. "오르도스(河套人)" 화석과 문화유물은 지표에서 45 m 깊이의 아래층에 매장되어 있었다. 대량의 동물화석이 포함된 층위는 지질학상에서 "사라-오소골조" 라고 부르며 오래 동안 화복 후기 홍적세의 표준 지층단면이 되었다[16]. 사라오소골의 문화유물은 석제품, 인공이 가한 동물 뼈와 소량의 재 층 이다(도3-4).

사라오소골에서 발견된 동물화석은 노씨고능코끼리, 야생당나귀, 야생말, 털코뿔소, 보씨영양, 오르도스 큰뿔사슴, 원시소, 왕씨물소, 붉은 사슴, 나마코끼리 등이다. 이 동물군은 초식 동물의 비례가 크다. 그 곳의 환경이 초원위주라는 것을 설명하여 준다. 동시에 물소와 코끼리 화석의 존재는 당시 기후가 비교적 온난,습윤하여 수림(樹林)과 수역(水域)이 있었던 것을 설명하여 준다. 절대 년대의 측정결과에 따르면 사라-오소골 유적의 년대는 B.P. 40.000년 정도, 최후빙하기의 가장 추운 시기전의 간빙기이다. 따라서 그 곳의 기후는 비교적 온난, 습윤 하였다. 사라-오소골의 년대는 전통적 구분의 구석기시대 중.후기의 교체기이다[17].

천안 과촌(遷安瓜村)

익동북(冀東北)지역에 이 단계에 속하는 유적이 발견되었다. 1958년 천안현 과촌(遷安縣瓜村)에서 포유동물과 석제품이 발견되었다. 과촌의 석제품은 만하(湾河) 2급계지의 모래진흙층 또는 모래층 내에서 발견되었다. 발견 유물은 21점이다. 석제품의 가공은 거칠고, 유형은 불규칙하다. 이원시적 면

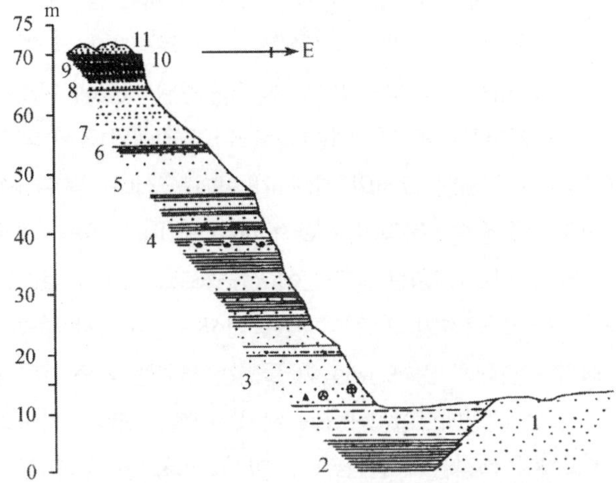

도 3-4. 범가구 지점 단면(황위문 등, 2003)

1. 회백, 회록색 고운모래와 점토질 고운모래 2. 하부는 얇은 회록색 고운모래와 점토질고운모래, 상부는 회록색 고운모래와 회황색 가늘은 모래층혼합 3·4. 두터운 갈색세사와 얇은 회록색 고운모래, 점토질 고운모래 혼합층, 유물포함 5·6·7. 세사와 호수 침적물 8·9·10. 세사, 고운모래와 점토질 고운모래와 검은흙 11. 현대모래언덕

모는 년대 측정과 맞 물 린 다. 석제품과 같은 2층의 화석 우라니움 년대는 각 각 48.000년과 44.000년이다. 과촌 석제품의 시기는 과도기 단계에 해당된다[18].

2. 허가요인 및 기타

북방지구 북부에 속하는 과도단계 인류화석 지점 내에는 구석기지점이 드물다. 발견된 인류화석은 많으며 시기가 비교적 이른 곳은 허가요와 후가요 지점이다. 그 외 시기가 늦은 곳은 "오르도스인"과 합자동 인류화석등이다.

허가요 지점으로 명명된 허가요인은 실질적으로 후가요 지점에서 발견되었다. 이곳에서 발견된 인류화석 재요는 비록 심하게 깨어졌지만 수량은 많고,

대표적 개체 수량도 비교적 많다. 여기에는 정수리 뼈 12점, 뒷머리 뼈 2점, 이빨이 있는 왼쪽 위턱 1점, 귀밑 뼈(顳骨)와 아래턱 가지 뼈 각 1점, 이빨 3점등이다. 10인 이상의 개체 뼈들이다. 이미 발견된 자료에 의하면, 허가요인의 두개골 벽은 상당히 두텁고, 네안데르탈인의 최대치를 초과하고 북경인의 평균치에 달하고 있지만 그것의 최대 치 보다는 작다. 정수리의 곡도(曲度)는 가로 방향으로 상승, 북경인과 같이 굽은 곳(彎)은 없다. 다만 현대인 보다는 굽혀 졌다; 세로 방향은 북경인에 접근되고, 현대인 보다는 약하다. 다만 그 위치는 높고, 북경인 과 같이 낮은 현상은 구비하지 않았다. 위턱은 거칠고, 그 외벽은 평탄치 않다. 위턱이 물리는 부위는 앞쪽으로 중간정도가 경사되었다. 이것은 네안데르탈인에 접근된다. 이빨은 크다. 치관의 씹는 면의 바닥은 복잡하여 북경인에 접근된다. 이사의 특징은 초기 무스테리안인(智人) 유형으로 분류되고 있다. 허가요인은 인류 진화 계통상의 위치는 그가 머물던 시기와 비교적 일치하고 있다(도판11)[19].

허가요인의 정수리 뼈 화석에 의하면 정수리 뼈 사이의 뼈가 존재하고 있는 현상이다; 앞 이빨은 전형적 삽 형(Pell 형) 이다. 이러한 특징은 허가요인 역시 중국 고인류화석의 흔한 특징을 가지고 있다. 그 외 허가요인의 화석 표본 상에는 모종의 병리(病理) 현상이 보인다. 예로 모종의 비타민(vitamin) 부족으로 인한 "골다공증(骨小孔病) 이다. 이것은 음식에 함유된 Fluorum(淡黃綠色)에 의한 이빨의 노란 반점(黃斑) 이다[20]. 허가요인이 가진 상기한 특징은 중국 고인류 진화과정 연구에 대단히 중요한 역할을 하고 있다.

허가요인의 원시성은 오르도스인과 합자동 인류화석과 뚜렷이 구별된다. 전자는 오르도스에서 발견되었다. 1923년 이 지역에서 발견된 1매의 이빨을 "오로도스인의 이빨(牙齒)"로 명명 하였으며 후에 배문중(裵文中)선생은 이것을 "오르도스인"(河套人)으로 명명하였다. 1920년부터 중국. 외국 학자들이 발견한 "오르도스"인의 화석은 모두 23점, 그 중에 원생층위 출토 이마 뼈는 2점, 뒷머리 뼈, 아래턱 뼈, 견갑골, 경골(脛骨)은 각 1매씩 이다. 오르도스인의 체질 특징은 현대인에 접근된다. 다만 일부 원시성도 가지고 있다. 예를 들면 두개골 뼈가 비교적 두텁고, 뼈들의 봉합 점은 단순하며, 아래턱은 거칠고 크며, 그곳의 구멍(孔)위치는 낮고, 이빨은 비교적 거칠고 크다. 경골의 벽은 대단히 두텁고, 뼈속 구멍(髓腔)은 대단히 작다. 이러한 원시성은 오르도스인이 초기 후기의 네안데르탈인에 속한다. 오르도스인의 앞 이빨은 삽형이녀, 뒷머리 뼈 주위에는 인가골(印加骨)이 있다. 이것은 몽고인종의 특징이다[21].

합자동 화석은 출토된 동물화석을 정리하는 과정에서 확인 되었다. 여기에는 두개골편, 관자놀리 뼈 및 귀밑 뼈 좌측 부위등이 각 1점씩 확인되었다[22]. 화석은 뚜렷한 후기의 네안데르탈인의 체질특징을 가지고 있다. 오르도스인과 합자동 인류화석은 후기 네안데르탈인의 특징과 그들의 체류한 시기와 관계를 가지고 있다. 이 양자는 과도단계의 후기에 속하며 대체적으로 50.000~40.000년 또는 더욱 이른 시기에 해당된다. 그들이 북방북부지역에 출현된 것은 이미 이 시기에 이 지역에 현생 인류가 출현된 것을 설명하여 준다.

3. 석 기

(1) 주구점지구의 석기

주구점 15지점은 1930년 발굴에서 만 여점의 석제품이 발굴되었다. 석제품의 석재는 제1지점과 같다. 주로 석영, 수정, 수석, 사암 및 여러 종의 화성암이다. 석재의 래원은 제1지점과 같다. 주로 주구점 당시의 강제방과 부근의 화강암산언덕에서 채집된 것들이다. 그러나 제15지점과 제1지점의 시대차이가 크지 않지만 석재의 암질과 래원은 기본적으로 같다. 다만 두 지점의 석기제작 방법은 다르다. 15지점에서 발견된 석제품은 주로 돌 마치로 직접 타격하여 석기 제작, 충돌 법으로 처리된 것은 드물다. 돌 마치로 직접 타격하여 떼여낸 석편은 크기가 비교적 작다. 석편의 타격면도 비교적 작다. 동시에 타격된 타 격 면은 많다. 그리고 자연 타격면은 그 다음이며, 동시에 제2가공면도 존재하였다. 규정적 석편이 뚜렷하여 이미 일정한 제작 방법이 있었다. 수량이 비교적 많은 원형 석핵의 존재는 석재이용률이 비교적 높다는 것을 나타내어 주고 있다[23].

석기 유형은 긁개, 찍개, 첨두기, 조각기, 홈 석기와 송곳 등이다[24]. 그 중 긁개 수량이 가장 많아서 전체의 92% 차지. 크기가 작은 것이 많은데 길이는 20~40 mm 사이가 가장 많다. 날의 형상은 직인(直刃), 홈 날, 돌출 날 등이며, 일부분은 양날과 다 날도 있다. 첨두기의 수량은 많지 않다. 대부분 석편으로 제작, 길이는 30~50 mm 사이 이다. 주로 등면이 가공되었으며, 또한 교차가공도 있다. 조각기의 수량은 많지 않다. 주로 짧고 작은 석편으로 제작되었다. 가공 방식은 양면, 뿔 형과 수평 날 등이다. 일부 조각기의 측면 날이 제2가공 되었다. 아마 긁개 용으로도 사용되었다. 찍개의 수량도 많지 않다. 길이는 60 mm 이상이다. 몇 점의 제2가공된 큰 석편은 일부학자가 찍개로 보고, 때로 클리버(도3-5)로 칭하기도 하였다.

일반적으로 15지점의 석기는 제1지점의 북경원인의 문화전통을 계승하였다. 다만 후자와 비교하여 15지점의 충돌 법 기술은 약하고, 그 대신 돌마치 사용의 직접기술은 발달되었다. 유형이 규정된 석편에 의하면 15지점은 이미 일정한 석편제거 기술에 따라 처리 되었다. 이점은 북경원인 보다 발달되었다. 그러나 15지점의 석기유형은 여전히 제1지점의 석기와 비교적 유사 하다. 이것은 양자간의 생산 활동이 비교적 접근된 것을 보여 주고 있다[25].

주구점 제15지점의 시기는 제1지점보다 늦고, 이미 후기 홍적세 시기에 접근 또는 진입되었다. 제1지점과 비교하면, 양자는 석기 기술상 차이가 뚜렷하다. 이것은 제15지점과 제1점 석기 제작인 들이 동일 집단에 속하지 않음을 나타내어 준다. 제15지점에서 비록 인류화석이 발견되지 않았지만 그곳에서 서쪽으로 약 10 m 지점의 신동(新洞) 지점에서 인류 이빨이 발견되었다. 신동지점의 층위 퇴적과 동물화석은 시대 특징이 제15지점과 일치하다. 그

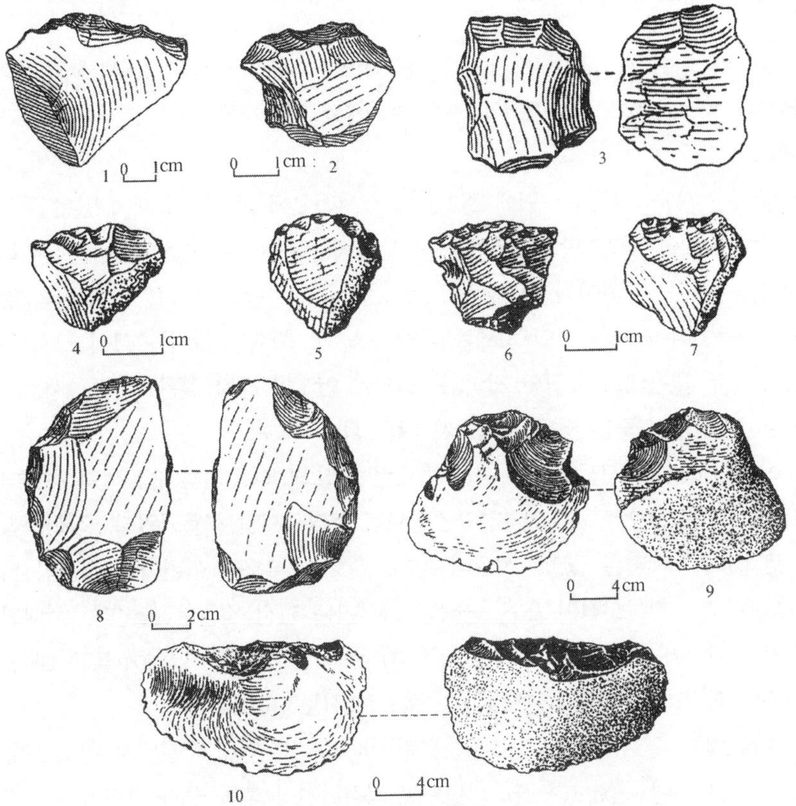

도 3-5. 주구점 제15지점 석기(고성, 2001)
1~7. 긁개; 8. 찍개; 9·10. 클리버

절대 년대 수치는 중기 홍적세의 말 또는 후기 홍적세의 초기이다. 이곳에서 발견된 인류 이빨의 특징에 의하면, 비록 북경원인 보다 발전 되었지만 비교적 늦은 후기 네안데르탈인으로 초기 네안데르탈인의 유형이다. 제15지점의 인류는 신동지점에 해당된다.

(2) 니하만 분지의 발견

20여년 가까이 니하만 분지에서 계속적으로 여러 곳의 후기홍적세 초기의 유적이 발견되었다. 그 중의 허가요-후가요와 판정자등의 유적은 이미 소개되었다.

앞에 소개된 인류화석 외에 허가요에서 후가요에 이르는 일대에 많은 구석기시대 유물이 발견되었다. 문화유물은 석제품위주, 몇 차례 발굴에서 취득한 유물은 만 여 점이다. 석제품의 석재는 석영, 수석, 그 다음은 화산암 및 석영암등이며 기타 암질의 석제는 극히 드물다. 석재는 크기는 그리 크지 않으며 모두 부근에서 채집된 것이다. 일부는 암질이 좋지 않은 석영도 사용되었으며, 암질이 좋은 것은 충족되지 않은 상태 이다[26].

이곳의 석기는 직접타법과 충돌 법으로 처리되었다. 직접타법 석의 수량이 많으며, 충돌법으로 처리된 것은 소량으로 석영석재만 사용되었다. 직접타법으로 떼여낸 석편은 많고, 작으며 얇다. 절대 대부분의 석편이 타격면이 보존되었으며, 자연타격면 또는 준비된 타격면은 가진 것들은 드물다. 석핵의 크기는 차이가 비교적 크다. 큰 것은 500 g, 작은 것은 몇 그람에 불과 하다. 단순 타격면과 다수 타격면으로 나 누어 진다(도3-6).

충돌 법 기술 사용은 많지 않을 뿐만 아니라 기술역시 숙달되지 않았으며, 많은 것은 일단(一端) (한 끝) 석편으로 북경원인의 충돌 법과 비교하면 현저히 낙후한 상태이다.

석기 제2가공 방법은 간단하다. 즉 직접타법으로 처리되었다. 주로 등면이 가공되고 벽개면과 교차타격도 사용되었으며, 동시에 소량이 중복(復向) 제2가공 되었다. 제2가공의 수준은 석재의 영향 받았다. 맥석영은 거칠고, 수석은 규정되고, 날들이 정교, 제2가공 수준이 높다.

석기는 긁개, 첨두기, 송곳, 조각기와 원형 돌 등 6종류이다. 긁개 수량이 가장 많다. 석기 총수의 절반이상, 대부분 떨어져 나온 석편을 제2가공, 가공수법이 정교하다. 날은 수직 날(직인), 홈 날, 돌출 날, 양측 날, 거북등

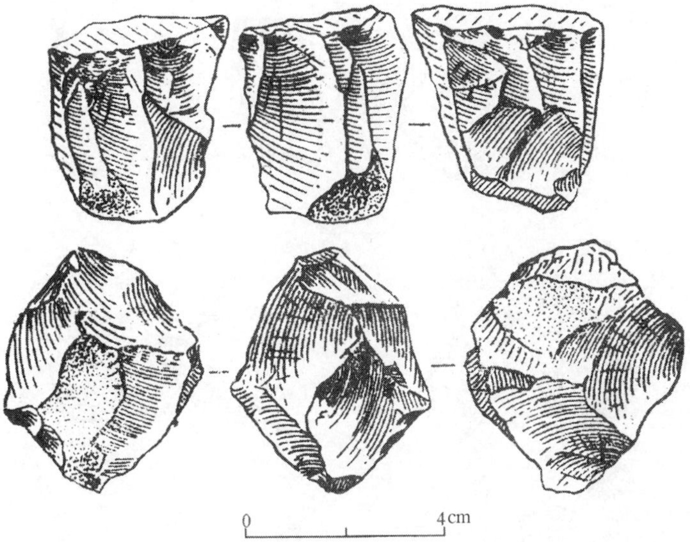

도 3-6. 허가요 유적 석핵(가란파 등, 1976)

형 날, 2중 날, 짧은 원형 날 등이다. 짧은 원형 날은 세석기(細石器)중의 작은 밀개와 거의 같다. 첨두기의 수량은 많지 않으며, 모두 소형, 형상 불규칙, 여러 형식으로 분류, 다만 각 유형의 수량 모두 많지 않다. 송곳은 소형 도구이다. 첨단 날이 비교적 긴 첨두기 형이다. 조각기 수량 제한, 전형적 아니며, 크기는 30 mm 정도이다. 찍개 1점, 비교적 큰 두 더 운 석편으로 제작 되었다. 길이 72 mm, 무게 100 g, 석기 중에 가장 큰 1점이다(원형 돌 포함되지 않음). 원형 돌, 이 유적의 특색 도구, 수량 많으며, 전체 석기 조합 중 차지하는 비율이 긁개 다음이다. 비율 36% 차지, 크기 불 일 치, 큰 것은 1200 g, 작은 것은 100 g 정도이다. 다수가 일반 석핵의 타격 방법과 다르다. 타격 흔적은 일정한 방향이 없다. 석편제거 흔적 없다. 발견된 정황에 의하면, 가공된 석기의 시작부터 최후 단계 까지의 표본을 구비하고 있다. 그것들은 전문적으로 가공된 일정한 용도의 도구로 볼 수 있다. 원 보고

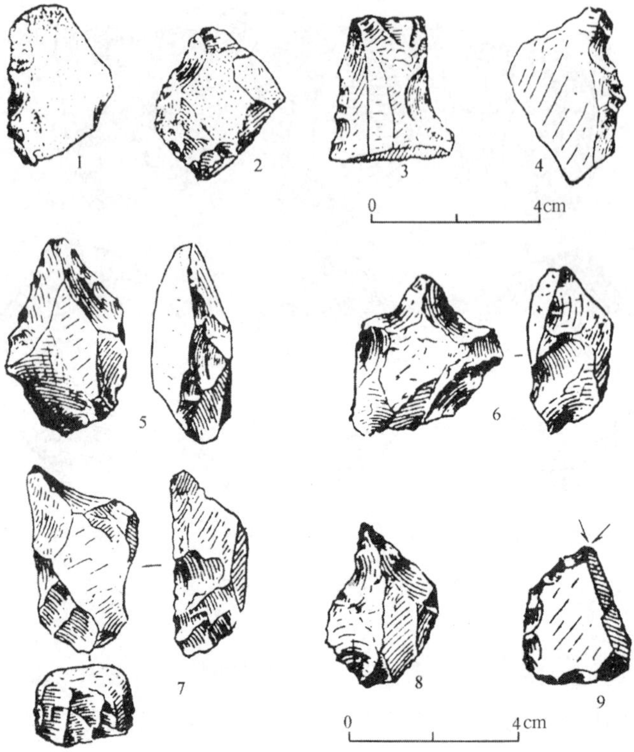

도 3-7. 허가요 유적 석기(가란파 등, 1976)
1~4. 긁개 5~8. 첨두기 9. 조각기

자는 수렵용 도구로 보고 있다(도3-7)[27].

허가요-후가요의 석제품은 긁개위주의 소형 석기와 대량의 원형 돌(石球)이다. 이 서기조합은 당시 문화성격의 독특성을 나타내어 준다. 이곳에서 발견된 기둥형의 석핵 및 밀개는 주의 할 가치가 있으며 중국 북방지구 구석기시대 초기 문화가 후기로 넘어가는 과도기 단계로 볼 수 있다.

시기가 늦은 허가요의 판정자 지점에서 발견된 석기는 대단히 풍부하다. 전체적으로 판정자 석제품의 특징은 허가요에 비교적 가깝다. 석편제거 기술

특징 및 석기유형 역시 비교적 독특한 과도 단계의 특징을 가지고 있다. 허가요와 다른 점은 대량의 원형 돌이 보이지 않는다(도3-8)[28].

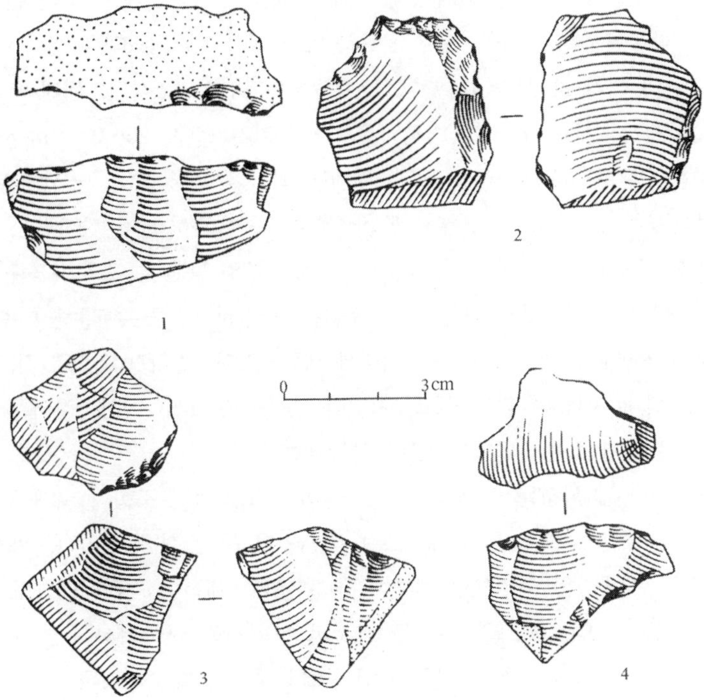

도 3-8. 판정지점 석기(이염현 등, 1991)

1·3·4. 석핵; 2. 긁개

(3) 합자동(鴿子洞)의 석기

주구점 및 니하만 지역 과도 단계의 석제품과 비교하면 요녕 객좌 합자동의 구석기 문화 유적은 더 오래 된 문화 성격을 제시하고 있다. 비록 이 유적의 시기가 늦지만 이 지역 초기 문화는 더욱 많은 공통성을 가지고 있다.

합자동의 문화유물은 주로 석제품, 일부 깨진 뼈 위에 인공 흔적도 있다. 2차 발굴에서 260점의 석제품이 출토되었다. 석재는 기본적으로 직접타격으로 제작, 극 소 수 가 충돌 법으로 제작된 것도 있다. 자연타격면이 많으며, 준비된 타격면은 드물다. 제2가공 석기도 돌 마치로 직접 타격되었다. 석기는 단면 가공위주, 대부분 등 면 가공, 소수가 교차 또는 양면 가공되었다[29].

합자동의 석기 조합은 긁개위주, 그 다음이 첨두기, 조각기, 찍개 몇 점등이다. 긁개가 전체의 80%를 차지. 크기는 차이가 크다. 26~93 mm 사이이다. 보통 크기가 40~60 mm 이다. 긁개는 외날이 가장 많고, 동시에 단 홈날도 많으며, 돌출 날은 드물다. 또한 양날, 다 날과 끝날(밀개 형)도 있으나 수량은 많지 않다. 첨두기는 전체의 10% 이상, 작은 돌 조각과 석편으로 제작, 제2가공은 비교적 거칠다. 이것들은 똑바른 날(正尖)과 송곳 형 날(角尖)등 2종이다. 조각기는 3점, 거칠게 제작되었다. 조각기 제작의 기본적인 것이다. 찍개 수점, 유형이 크고, 거칠다. 모두 100 mm 이상, 강자갈 또는 석핵 등은 단면 또는 교차 가공으로 제작되었다.

합자동의 문화성격은 그 석기가 중간형이 많고, 석기 조합이 긁개 위주로 되어 있으며, 소수의 대형 찍개, 그 나머지는 모두 소형 도구이다. 석기 제적은 모두 불규칙한 석편으로 이루어 졌다. 석기 제작은 직접타법, 또 드물게 충돌법도 있다. 이러한 특징은 그것과 북방지역 구석기시대 초기 석기제작 전통과 밀접한 관계가 있음을 나타내어 주고 있다. 석기유형이 크지만 그것은 석영암 석재 사용의 영향이라고 보고 있다.

(4) 천안(遷安)의 발견

익동(冀東)북쪽의 천안 과촌(瓜村)에서 이 단계의 석제품이 발견, 이 지역 인류가 야외 유적에서 활동한 내용을 제시하여 주고 있다. 천안 과촌 석제품의 석재는 절반이상이 수석, 또한 석영, 석영암과 화성암등이다. 석재는 부근에서 채집되었다. 이미 발견된 석제품 중 직접 타격된 석핵 2점, 석편

10점, 충돌된 석편 4점과 석기 5점이다. 석기는 모두 크며, 일편의 석편은 제외하고 도두 조각 편이다. 긁개 2점, 첨두기와 찍개 각 1점, 그 외 1점은 조각기 유형이다[30].

(5) 사라-오소 골의 석기

사라 오소골의 2차례 발굴의 출토품은 500여점, 그 중 200여점은 1920년 발견되었다. 현재 모두 프랑스 파리에 있다; 1980년도에 200여점이 발견되었다[31]. 석재는 흑색과 회흑색의 규질 강자갈, 소량의 석영암도 있다. 사라오소골 부근에는 강자갈이 노출된 곳이 없다. 이곳 강자갈 석재는 수십 km 외지에서 가져왔다. 강자갈은 작다. 길이 2-3 cm, 너비 1 cm 정도, 중량은 1~2g 정도의 수량이 가장 많다.

석기 제작은 돌 마치로 직접 타격하여 석기를 제작하였다. 다만 일부분은 규정된 기둥형 석핵으로 간접 타격도 존재한 것을 보여 주고 있다. 제2가공은 대단히 발달, 석기의 제2가공 흔적은 작으며, 날은 대단히 정교하다. 석기 조합은 긁개 위주, 수직 날, 홈 날, 돌출 날과 2중 날 등 유형이다. 그 다음은 밀개, 첨두기, 조각기, 송곳 등이다. 주목 되는 점은 밀개의 출현이다. 비록 수량이 많지 않지만 모두 짧은 유형으로, 제2가공이 정교하고, 유형도 비교적 규정되었다(도3-9)[32].

전술한 몇 곳과 비교하면, 사라오소골 석기는 비교적 발달도었으며, 전형적 구석기시대 후기 문화와 연계되어 있다. 전통적 분류법에 의하면 사라-오소골 문화는 구석기시대 후기에 속한다. 그러나 유적 퇴적 층 특징, 포유동물화석, 측정 년대 등에 의하여 사라-오소골 석기는 과도기 단계로 보고 있다. 문화성격은 비록 많은 부분이 주구점 제1지점의 문화 계승, 허가요 등 북방지역 북부 초기의 문화전통을 가지고 있다. 다만 동시에 비교적 뚜렷한 구석기시대 후기의 문화 특징을 가지고 있다. 예를 들면 간접타법의 사용, 전형적 밀개의 출현 등이다. 이 특징이 그가 위치한 장소의 시기, 그리고 지

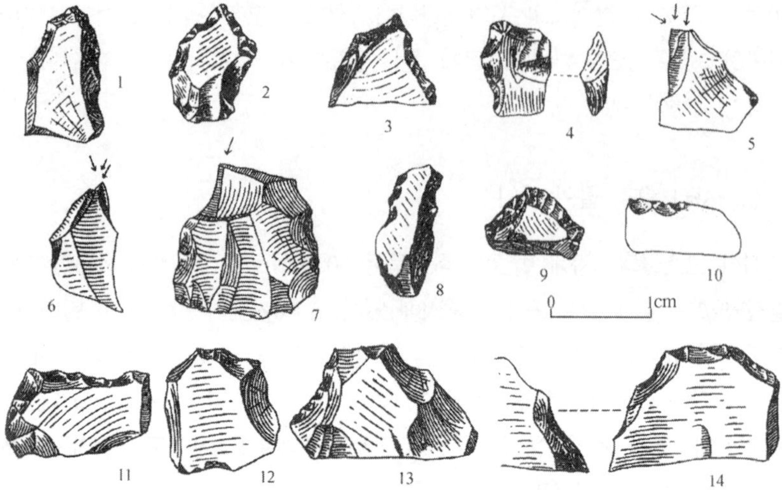

도 3-9.사라-오소-골 석기(황위문 등, 2003)
1~4. 송곳; 5~7. 조각기; 8 · 11. 톱니석기; 9 · 12 · 13. 밀개; 10. 긁개; 14. 소형찍개

리 위치와 자연 환경 등의 많은 원인이 종합적 영향의 결과라고 보고 있다.

4. 주거와 생활

북방 지역에서 발견된 유적과 지점의 분포에 의하면 과도단계의 인류들도 이 지역에서 생활한 초기 단계의 마찬 가지로 석회암 산 지역의 동굴 또는 바위 밑 그늘에서 생활하기도 하고, 때로는 옛 호수 가장자리의 야외에서 노숙하기도 하였다.

중기 홍적세 이래로 동굴은 이 지역 초기 인류거주 및 생활하는 중요한 장소가 되었다.

이 지역 몇 곳의 동굴유적에서 많은 문화유물이 발견되었다. 시기가 비교적 이른 주구점제1지점에서는 1만 여점의 석제품, 대량의 동물 뼈와 불에 탄 뼈, 불탄 돌 및 붉게 불 탄 흙 등이 발견되었다. 이러한 유물은 당시 사람들이 석기 제작, 사용, 불사용 및 동물의 고기를 발라내는 것 등 그리고 골수를 꺼내 먹는 등의 활동 상항을 보여 주고 있다. 이러한 복잡한 활동은 제15지점은 사용 시간이 비교적 장 기 간의 거주지이다. 유감스러운 것은 1930년대 발굴 수준은 이 복잡한 인류활동 상항을 지세히 분석하지 못하였다[33].

1970년도에 발굴된 요녕 객좌 합자동 발굴은 이 방면에 비교적 자세한 내용을 보여주고 있다. 예로 합자동 유적에서 발견된 재 층은 중간이 50 cm 두께. 남북양 방향은 얇다. 여기는 당시 사람들이 불을 사용한 흔적이 잘 보존되어 있다. 재 층, 문화유물 및 전체 동굴의 퇴 적 층에 의하면 합자동에서 생활한 원시 인류의 흔적은 일치였다. 다만 오랜 기간 동안 사용되어 남겨 놓은 대량의 재와 석재 품이 있다. 재 층, 석제품등이 차지하는 비중이 높다. 특히 도구는 거의 모든 것들을 갖추고 있어 이지점 거주의 특징을 나타내어 주고 있다.

이 단계에 사람들이 야외에서 생활한 흔적도 대단히 광범위하다. 허가요 유적은 이러한 유적 초기 단계의 대표적인 한 곳이다. 허가요 유적에서 대량의 석제품과 동물화석이 발견되었다. 석제품 중 원형 돌(石球)은 그 수량이 1.000점 정도이다. 여러 단계의 원형 돌 제작 과정은 허가요인의 원형 돌 생산과정을 잘 보여 주고 있다. 또한 여러 단계의 석기제작 과정은 그들이 호수 주위에서 생활한 단면을 설명하여 주고 있다.

사라-오소골은 오르도스 고원의 동남 모서리에 위치한다. 그 곳은 모조소사(毛烏素沙)의 가장 자리 이다. 후기 홍적세 중기, 최후 빙하기 마지막 시기의 간빙기 단계이다. 이 곳의 기후는 비교적 온난. 습윤 하여 각 종의 포유동물과 고인류가 매혹 되었다. 사라오소 강 주위를 따라서 분포된 석기 지점 및 대량의 포유동물화석은 당시 인류가 그 곳에서 거주하면서 사냥한 내용을 자세히 제시하여 주고 있다. 사라오소 골에서 발견된 대부분의 영양 뿔(羚羊角)을 가진 것들이 300여점이 되었다. 이러한 양의 뿔은 잘려진 가지, 그리고 그 뿌리와 부분도 확인 되었다. 일부학자는 그것들은 오르도스 인들이 도구로 사용하였을 것이라고 보고 있다. 또한 사라-오소골의 원시인들을 "양 사냥 군들(獵羊人)" 이라고 부르고 있다. 사라-오소골의 석제품조합에 따르면 수렵전문화의 현상을 찾 아 볼 수 있다[34].

더욱 이른 과도 단계의 인류들은 수렵 또는 채집 생활을 하였다. 다만 아직 긍정적으로만 이 용을 받아 들 일 수 없다. 일부 학자는 허가용의 원형돌은 수렵 옹으로 투석(投石)한 것으로 보고 있다. 다만 이 설을 긍정적으로 받아 들 인 다면 북방지구 구석기시대 사람들은 전문적으로 수렵 생활한 것으로 볼 수 있다.

이 지역 동굴유적에서 발견된 생활방면의 증거는 충분하지 않다. 그러나 대량의 동물 뼈의 분쇄 및 석제품에 따르면, 이 지역 중기 홍적세 이전 사람들의 생계 방식은 수렵 또는 부식된 음식을 먹는 것이 일정량을 차지하고 있었다.

시기가 비교적 늦은 후기 단계에 이르러 수렵활동은 더욱 중요한 위치차지, 사라-오소골 유적에서 보여 준 바와 같은 수렵 전문화 현상이 뚜렷하다.

(2) 북방남부

과도 단계의 인류들이 북방지구 남부에서도 빈번히 활동하여 여러 유형의 유적을 남겨 놓았다. 초기 발견된 곳은 정촌(丁村)의 야외 유적이다. 근래에 동굴유적 확인도 발표 되었다. 특히 후기 홍적세 환경연구의 발전은 사람들로 하여금 초기 인류가 이 지역에서 활동한 특징을 보여 주고 있다.

1. 유적 분포

(1) 야외 유적

정촌 지점 군(丁村地點群)

이 지역에서 가장 광범위하게 분포된 것은 야외 유적이다. 초기 발견된 곳은 정촌 지점 군 이다. 정촌의 구석기시대 지점군은 모두 산서 양분현(山西襄汾縣) 경내의 분하(汾河) 동쪽 제방이다. 지층 퇴적 상황도 거의 같다. 예로 54:98 지점, 최상층은 흙 퇴적, 상부황색, 하부는 가볍게 붉은 흙, 약 3 m 두께. 이상 2층은 화석과 석제품 없다. 제3층은 모래 자갈층, 상부와 하부 각 각 1층 강자갈 층, 중간에 2 m 정도의 교차 모래 층, 여기에 회록색의 진흙 층 관입 되었다. 교차 모래 층 내에 동물화석, 두터 운 조개 껍질 과 석제품 있다. 두께 4.5 m. 최하층은 고운 모래, 알갱이가 작고, 바닥 미 발굴, 두께는 미 확인. 기타 지점의 지층 및 문화유물의 매장 상황 거의 유사하다. 문화유물은 자갈 층 내에서 출토, 전형적 강물 퇴적이다. 강물퇴적내의 문화유물은 강물이 운반하여 와서 매장 되었다. 유적의 원생 지층은 이미 심하게 파괴 되었다. 따라서 정촌 부근에서 발견된 많은 석기 지점에는 유적 흔적이 보존되지 않았다(도3-10)[35].

도 3-10. 정촌 54:100지점 층위 단면도(왕건 등, 1994)

정촌에서 1950년대 발견된 14지점 중, 시가가 이른 101, 103 두 곳과 93, 95 두 지점 등의 화석이 없는 곳을 제외하고 기타 지점에서 28종의 포유동물 화석이 발견되었다. 동물화석은 매씨 코뿔소, 털코뿔소, 야생당나귀. 야생말, 붉은 사슴, 꽃 사슴, 오르도스 뿔사슴, 원시 소, 물소, 영양, 덕영씨 코끼리, 나마상과 인도 상등이다. 100지점에서는 물고기 화석으로 잉어, 청어, 잉어(잉어 鯇혼), 가오리(鲂분) 등이다. 그 외 여러 지점에서 투터운 조개 껍질 화석이 발견 되었다. 상기한 포유동물군은 여러 지점에서 출토, 다량의 정촌의 동물 군이다. 시기는 후기 홍적세 초기에 해당된다. 여러 가지 년대 측정 결과는 대체적으로 같은 시기이다.

황토 바닥 강자갈 층 발견

북방 남부 이 단계시기의 비교적 이른 것으로 황토 바닥 강자 갈 층 유적과 지점이 확인되었다. 이 중 대표적인 곳은 1972년 섬서 장무현(陝西長武縣)에서 발견된 요두구(窯頭溝)와 압이구(鴨爾溝) 등 유적이다. 여기에서는 석제품 및 포유동물 화석이 발견되었다. 석제품은 황토아래의 엷은 홍색 모래질 흙 과 자갈 층 내에서 발견되었다. 동반된 동물화석은 쥐. 보씨야생말, 야생당나귀, 털코뿔소, 뿔사슴, 꽃 사슴과 소등이다. 시기는 후기 홍적세 초기 단계이다[36).

1977년 발견된 감숙환현(甘肅環縣)의 유가분(劉家盆) 지점은 황토고원의 서북부에 위치. 유물은 황토아래 자갈층의 회 남색, 회갈색, 회황색 점토 층 내에서 출토되었다. 석제품과 공존의 동물화석은 털코뿔소, 오르도스 큰뿔사슴, 보씨야생말, 보씨영양, 원시소등 11중이다. 지층과 동물에 의하면 유가분의 시기는 사라-오소골 과 가깝다. 그 환경은 초원 또는 숲(灌木) 초원 위주이다[37).

하천분지(下川盆地)

북방 남 역 후기 홍적세 층위의 노출은 비교적 확실하며 구석기 문화 유적 역시 풍부한 곳은 진남(晋南)의 하천 분지이다. 왕건(王建) 등 1970년대의 작업에서 하천일대의 후기 홍적세 층위는 30 m 두께이다. 후기홍적세 층위는 분지(盆地)가장자리의 지세가 높은 2급 계지에 있다. 계지의 정상 면은 현 하상(河床)부다 30 m 높으며, 해발 높이는 1500 m 이다[38).

후기 홍적세 충위가 위에서 아래로 5층으로 나누어 졌다. 최상층은 회갈색

아 점토, 균일하게 조성되었으며 견고 하다. 풍부한 세석기(細石器) 출토, 시기는 후기 홍적세 말기, 두께는 1~1,5 m. 제2층은 갈 홍색 아 점토, 뚜렷한 층리(層理), 비교적 느슨하다. 불규칙한 조각편, 중상부에 비교적 큰 타제석기 및 재 층이 있다. 두께 5~10 m. 제4층 회황 회흑색 점토층, 층의 층리 갖추다, 두께 5 m. 최하층은 자갈층, 강자갈 마모도가 크게 차이가 난다. 강자갈 직경 역시 차이가 크다. 층 두께 20 m.

층위 퇴적상항에 의하면 하천분지 2급 계지의 가장 아래층인 강자갈 층은 마란(馬蘭)황토 아래 자갈층에 해당된다. 큰 타제 석기를 포함한 약한 홍색 점토층은 후기 홍적세 기간 기후가 비교적 다 뜻한 시기에 형성되었다. 방사성 탄소 년대는 B.P. 30.000년 정도, 최후 빙하기가 가장 발달된 시기의 간빙기에 해당된다[39]. 세석기의 회갈색 아 점토층은 방사성 탄소연대로 B.P. 24.000~16.000년 정도, 이 시기는 최후 빙하기가 가장 발달된 시기이다. 따라서 하천분지의 아래 층 시기는 과도기 단계에 해당된다.

낙양(洛陽) 북요(北窯)의 새로운 발견

후기 홍적세 북방지구 흙 퇴적의 대표적 유적이 낙양 북요 이다. 북요 유적은 하남(河南) 낙양 북쪽 교외에 위치, 전하(瀍河) 남쪽 제방의 3계지의 황토 층위이다. 이곳의 황토퇴적은 높이가 현 하상위의 20 m 이다. 층위는 위에서 아래로 5층으로 분류 : 제1층은 회황색 황토, 두께 3 m; 제2층은 종 홍색 고토양, 두께 3.3 m ; 제3층은 회황색 황토, 두께 2.3 m ; 제4층은 진한 회황색토, 두께 2.2 m ; 제5층은 종 홍색 고토양, 두께 2 m. 열광석법 년대 측정, 제2층 정상부 B.P. 30.110년, 즉 마란 황토내의 고 토양층(L 1s). 제4층의 정상부는 B.P. 51.310년, 바닥은 B.P. 85.000년, 즉 마란 황토(L4)의 아래층에 해당. 제5층 정상부는 B.P. 89.490년, 바닥은 103.500년, 즉 황토-고토양 층중의 S1에 해당(도3-11)[40].

북요 3계지상의 황토단면은 퇴적이 연속 되었으며, 보존이 완정하다. 따라서 이 지역 후기 홍적세의 토층 발전 과정을 뚜렷이 나타내어 주고 있다.

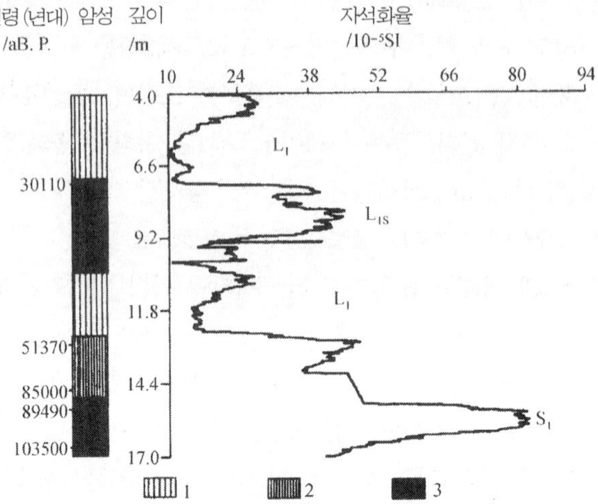

도 3-11. 북요유적층위 단면도 및 자석화 율곡선
1. 회황색황토; 2. 심회황색황토; 3. 종홍색고토양

제5층의 종 홍색 고토양 층은, 색깔이 진하고, 점토가 중첩, 알카리성이 얇게 발육, 단면내의 자력 화(磁化)비율이 높다. 그것은 강력한 성토(盛土) 작용의 산물, 즉 온난 습 윤 의 간빙기 기후환경을 반영시켜 주고있다. 제4층은 마란 황토 하부, 자화 역 이 높고, 비교적 강한 성토작용에 의해서 이루어졌으며, 역시 기후는 온난 습윤 환경 하에서 조성되었다. 제3층과 1층은 전형적 마란 황토, 그 자와 역은 가장 낮으며 성토작용도 빈약, 말기 빙하기의 한 냉 기후와 관계가 있다. 이 두 층 사이에 계 입 된 것은 2층, 종홍색 고토양이다. 자화 역이 높고, 비교적 온난 습윤 기후의 산물이다. 석제품은 주로 제5. 4층에서 분포, 기후가 온난한 단계이다.

(2) 동굴 유적

이 지구에서 이 단계의 동굴유적은 최근에 발표된 하남 영양직지동(河南滎

陽織識洞) 유적이다. 직지동은 하나의 거대한 바위 그늘 식 동굴유적, 보존된 퇴적층위가 20 m 두께이다. 1990~1995년 사이에 발굴, 퇴적층은 23층으로 나누어 졌다. 최상부의 전신세(全新世) 퇴적으로부터 시작해서 후기 홍적세 또는 더 이른 시기의 층위가 확인되었다. 발굴에서 출토된 석제품도 많고, 여러 종의 동물화석도 발견되었다(도판12)[41].

최근의 발굴과 연구된 직지동의 퇴적은 4조(組)로 나누어 졌다: 제1조, 동굴내 퇴적중 가장 높은 퇴적층으로 송곳을 거꾸로 세운 것과 같은 상태, 모두 전신세 이후 동굴의 위쪽이 개방된 상태의 퇴적. 제1조는 소수 층으로 분리, 출토 유물은 모두 전신세의 것이다 ; 제2조, 동굴 내에서 지속적으로 현재의 동굴 입구까지 각력암이 포함된 모래 질 점토와 점토 퇴적이 이루어 졌다; 제3조는 동굴입구의 단면상에 솥 바닥 상의 점토로부터 모래 섞인 점토가 퇴적, 명확한 층리가 조성, 상부 층리는 수평, 그리고 하부는 완곡하게 쌓여 졌다. 이러한 퇴적은 하부의 층위가 함몰 된 후 형성된 솥바닥 형태의 구덩이를 뚜렷이 보여 주고 있다; 제4조의 시기는 가장 이른 시기로서 발굴된 부분은 현 동굴의 외부이다. 퇴적층은 비록 두텁지만 많은 층위가 포함되어 낙수 물로 형성된 함몰 층위의 국부적 층위 경사도는 매우 심각할 정도이다. 제2~4조 퇴적 시기는 후기홍적세, 더 이른 시기 가능성도 있다. 석제품과 동물화석 편은 위에서 아래로 여러 층위로 퇴적되었으며, 제4조에서 발견된 것이 가장 많다. 이러한 상항은 초기 인류가 방위 밑 그늘을 장기간 사용, 동시에 후기 홍적세의 초기 단계가 되는 것은 당연하다고 보고 있다[42].

2. 인류화석

북방 남쪽 지역의 인류화석은 많지 않다. 정촌(丁村)에서 1950~70년대 사이에 발견된 소량의 인류화석 표본이 전부이다. 정촌인은 1954년의 54:100 지점에서 발견된 3매의 이빨화석, 그 외는 1976년 발견된 오른 쪽 정수리 후부의 뼈 편이다. 머리뼈는 2세 정도의 어린 아이 뼈이다. 3매의 이빨은 위

내측 앞 이빨, 위 외부 측 앞 이빨과 2번째 어금니이다. 모두 오른 쪽 것이다. 이빨의 크기, 색깔, 석화(石化)정도 및 발견된 2평방 미터의 범위등에 따르면 당연히 이것들은 동일 개체에 속한다. 년 령은 12세 정도이다.

정촌인의 오른 쪽 안쪽 앞 이빨의 중간바닥에는 홈(凹)이 있으며, 양측은 비교적 두텁게 안쪽으로 좁혀지고, 혀 방향은 삽협(Pell 형) 이다. 혀 방향의 바닥은 원시성의 혀면의 융기 점과 손톱 형 돌기(指狀突)을 나타내주고 있지만 북경원인 것과 같이 복잡하지는 않다. 북경원인의 앞 이빨과 비교하면, 치관과 치근은 북경원인 것보다 가늘고 작다. 정촌인의 삽형 앞이 빨의 특징과 몽고인종은 비교적 접근, 다만 현대 몽고인종은 뚜렷하게 혀 면의 융기점과 손톱 형 돌기는 없다. 따라서 정춘인은 현대 몽고인종에 비하여 원시적이다. 어린아이 정수리 뼈는 톱날 자국이 있다. 이것은 정수리 뼈와 뒤 머리뼈 사이의 봉합점이다. 뼈의 두께는 부경원인의 어린아이 뼈에 비하여 얇은 편이다. 이미 발견된 정촌인 화석에 의하면 체질 형태는 북경원인 및 현대 몽고인종과 유사하다. 즉 북경원인과 현대 몽고인종 사이의 과도 단계의 유형이다[43].

3. 석기

(1) 정촌의 석rl

정촌은 산서성 양분현성(襄汾縣城) 남쪽으로 약 5 km 지점의 분하(汾河) 동쪽 제방에 위치하고 있다. 1953년 철로 가설을 위하여 모래를 채취하는 과정에서 동물화석과 석제품이 발견되었다. 1954년 정촌 및 그 부근의 조사와 대규모 발굴이 실시 되었다. 결과적으로 북쪽의 사촌(史村)에서 시작하여, 남쪽으로 창두촌(蒼頭村)에 이르기 까지 15 km 범위내에서 14 곳의 화석지점이 확인되었다. 그 중의 11개 지점에서 화석과 함께 석제품이 출토되었다. 이 지점의 번호는 54: 90~113 이다. 최근에 또한 몇 곳의 구석기시대 중기에 속하는 지점이 발견되어 정촌 구석기문화 연구에 새로운 지료를 제시하여 주고 있다[44].

정촌의 문화유물은 주로 석제품이다. 석재는 각혈암(角頁岩) 암질이 95% 이상 ; 그 외는 수석, 석회암, 현무암, 석영, 석영암 및 사암 등이다. 석재의 래원은 부근의 강가 또는 개천의 강자길이다. 이러한 각혈암의 원산지는 정촌에서 동쪽으로 7 km 지점이다. 현 강물 높이 보다 300 m 이상의 낙은 산위에 있다. 이 산은 서쪽으로 분포되어 몇 개의 큰 개천을 따라서 모두 이 석재를 차 질수 있다. 석재 표면의 능각(稜角)에 의하면 그것들은 결코 먼 곳에서 운반되지 않았다. 석제품의 조성에 의하면 석편과 석핵의 수량이 가장 많다. 진정하게 제2가공된 석기의 비율은 비교적 낮다. 따라서 정촌은 분하강을 따라서 옛 강가 지역에서 당시 사람들이 석기를 제작하였다.

석핵과 석편에 의하면, 직접타법은 정촌인의 석편제거의 기본 방법이다. 석핵의 수량이 많고 대. 소 의 차이는 대단히 크다.

석기는 2종으로 나누어진다 : 1종은 강자갈 석기 ; 다른 1종은 석편석기이다. 석기유형은 찍개, 대형 첨두기, 원형 돌, 소형 첨두기와 긁개 등이다. 찍개 류 는 석핵과 석편 제 찍개 등 2종으로 나누어 진다. 석핵제 찍개는 교차 타격으로 제작, 또한 외날과 다날등 2종으로 나누어 진다. 석편제 찍개도 단 날과 다 날 등 2종으로 나누어 진다. 대형 첨두기는 몸체가 크며, 끝날의 형상은 삼능(三陵) 첨두기와 학 부리(鶴嘴) 형 첨두기로 나누어 진다. 삼능 첨두기는 두터운 석편으로 제작, 양측 변과 협각 상에 제2가공, 벽개면에서 등면 방향으로 가공, 가로 단면이 삼각형의 첨두기가 제작. 유형과 제작이 특징 있으며, 이것을 정촌 3능 첨두기라고 명칭부여. 학 부리 형 첨두기의 제작법은 전자와 같다. 다만 첨단부위가 학 부리 형이다. 원형 돌은 편평한 장가갈 을 가공한 것이다. 최대의 부게는 1500 g, 최소는 200 g 정도, 보통이 500~1300 g 사이 이다. 다수가 석회암 석재로 제작. 소형 첨두기는 소형 석편으로 제작, 제작 기법은 대형 첨두기와 같다. 첨단의 날은 뾰족 또는 편평한 원형이다. 날 주위에 타격면을 제외하고 모두 제2가공 되었다.

날은 상당히 정교, 당시 석기 제작 수준을 나타내어 주고 있다. 긁개의 수량은 많지 않다. 단면 또는 교차 가공으로 홈 날, 수직 날과 돌출 날을 제작, 그 유형은 원형 또는 사변 형 등이다(도3-12).

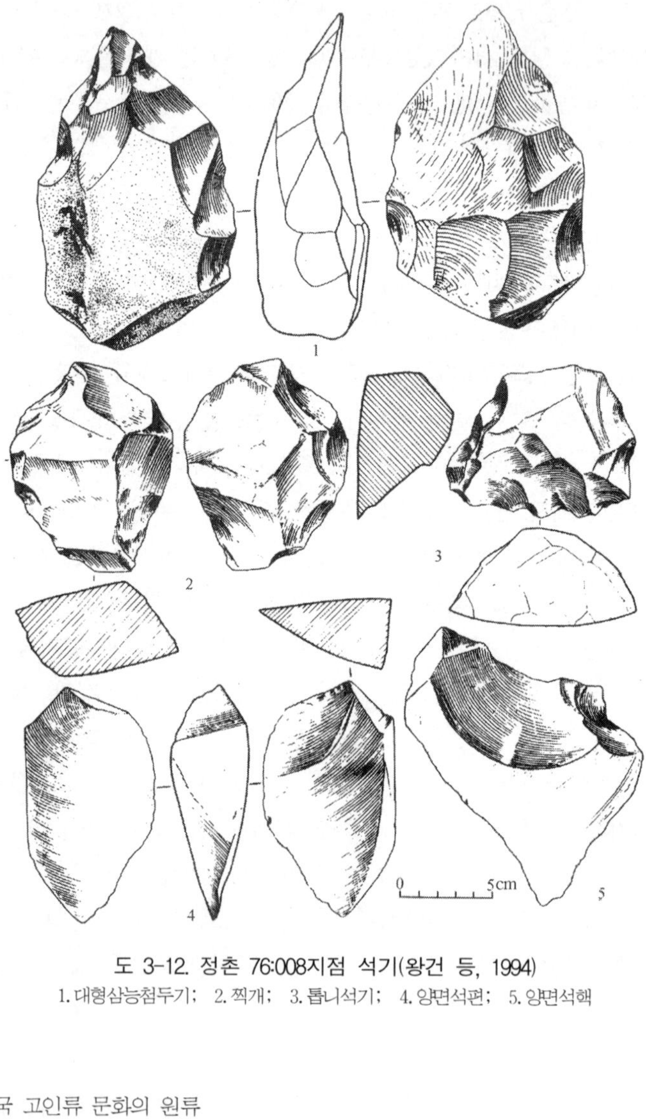

도 3-12. 정촌 76:008지점 석기(왕건 등, 1994)
1. 대형삼능첨두기; 2. 찍개; 3. 톱니석기; 4. 양면석편; 5. 양면석핵

전체적으로 정촌 구석기는 대형 위주, 찍개, 대형 첨두기, 원형 돌등 대형의 수량이 절대 우세하다 ; 동시에 삼능 대형 첨두기는 전형적 유물이다 ; 소형 첨두기와 긁개의 수량은 많지 않다. 가공된 석기의 유형은 석편이 많으며 석핵과 강자갈도 상당히 많은 비율을 차지하고 있다. 제2가공 기술은 수준이 비교적 높다. 단면 가공이 많으며, 양면 가공도 일정한 위치를 차지하였다. 석기유형은 균형적이며, 날은 정교하다. 정촌 구석기 유형에 대한 인식은 완전 일치하지는 않다. 일부 서구학자들은 정촌 구석기시대는 초기의 아슐리안 또는 중기의 무스테리안과 비교하면서 문화가 외래에서 왔다고 주장하고 있다. 이와는 반대로 중국학자들은 정촌구석기는 중국 구석기문화의 지역성의 하나라고 강하게 강조하고 있다[45].

정촌 석제품과 유사한 곳은 강자갈 석재로서 낙양(洛陽) 교외의 북요(北窯) 유적이다. 북요 유적역시 여러 층의 구석기 문화가 발견되었다. 제1층과 제2층은 소형 석제품으로 시대는 후기 홍적세후기에 속한다. 제3층 이하는 본 단계에 속하여 석제품이 후기와 전혀 다르다. 대부분 강자갈이 가공된 대형 석제품이다. 그 중 제5층 정상부와 4층의 석제품은 수량이 가장 많다. 당시 사람들이 가장 활동한 단계이다. 제3층의 석제품은 수량이 뚜렷이 감소되었다. 원인은 환경의 악화로서 인류활동이 감소된 것과 관계가 있다. 북요 단면의 발견은 아래 층위는 석기가 크고, 소석기가 공존되면서 삼부로 올라 갈 수 록 소형 석기위주로 변화되었다. 이것은 후기 홍적세 이래 북방남부 지역 구석기 석제품 발전에 큰 변화가 있었던 것을 반영하여 주고 있다[46].

(2) 경위(涇渭) 문화 및 기타

북방지구에 존재 다만 정촌 구석기문화 면모와는 다른 소형석기 위주의 석편 석기 문화가 있다. 이것의 주된 것은 황토고원 지역의 "경위문화", 유가분(劉家盆)의 석기 문화 등이다. 하천(下川) 분지 아래 문화층에서 발견된 석기 유형과 동일하다. 그 외 하남 영양직지동(榮陽織識洞) 유적에서 발견된 많은 석제품은 더욱 전형적 석편석기이다.

1972년, 섬서 장무현(長武縣)의 요두구(窯頭溝)와 압이구(鴨爾溝)에서 석제품이 발견되었다. 연구자들은 이 2저점의 시기와 문화특징이 산서후얼답봉(山西后䓘塔峰), 하남맹촌(河南孟村), 섬서노지하구(陝西澇池河溝), 십리하후구(十里河后溝)와 도가구(逃家溝)등지와 많은 공통성을 가지고 있다고 보고 있다. 따라서 그들 모두를 "경위문화(涇渭文化)" 라고 부르고, 여량산(呂梁山)동쪽의 분하유역의 정촌문화와 구별하자고 주장하고 있다.

"경위문화" 여러 지점의 석기 석재는 석영암 위주이다; 박편제거는 직접타법위주 이다; 석핵은 소형의 편평 또는 다면체 이다 ; 석편은 모두 소형이며, 형상은 불규칙하다. 다만 좁고 긴 소 석편 및 삼각형 석편이 보인다. 석기조합은 소형의 긁개 위주이다; 소형 첨두기의 수량은 많지 않지만 제2가공이 대단히 정교하다; 강자갈제의 찍개도 있다(도3-13)[47].

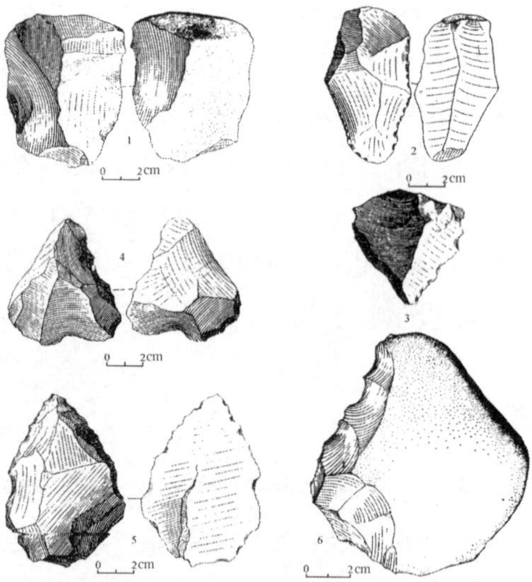

도 3-13. 요두구 석기(개배등, 1982)

1. 석핵; 2, 3. 석편; 4. 긁개; 5. 첨두기; 6. 찍개

"경위문화"의 상기한 성격은 분하유역의 정촌 구석기와는 뚜렷하게 구분되며, 또한 화북 북부와 같은 시기의 허가요 등지에서 발견된 것과는 다르다. 그들의 일부 문화성격은 비교적 늦은 동일 구역 내의 구석기 문화 내에서 찾아볼 수 있다. 이로 인하여 "경위문화"는 북방지구 구석기시대 중기의 비교적 중요한 것의 하나이다. 다만 현재까지 전형적 유적의 자세한 발굴과 연구는 결핍되어 있다.

그 외 다른 하나의 중요한 곳은 유가분(劉家盆)의 발견이다. 그 석제품도 풍부하다. 출토된 천 여 점의 표본 중 석기가 절반을 차지하였다. 석재는 석영암 강자갈위주, 소량의 수석, 규질회암, 맥석영등 강자갈 이다. 직접, 충돌법등 2종의 석편 제거 방법, 다만 전자 위주이며, 동시에 소수의 준비된 타격면의 표본도 있다. 이곳 석기의 제2가공은 사라-오소골 보다 정교하지 못하며 석기의 유형도 전자보다 크다. 그 원인은 석재에 있다. 유가분의 강자갈 개체가 사라-오소골 것보다 크며, 대부분 석영암, 수리된 날 역시 정교하지 못하다[48].

석기 조합은 긁개위주, 날의 수량과 형상은 여러 가지로 분류되고 있다. 이곳에 밀개가 출현(원 보고자는 둥글고, 손톱 형 긁개라고 칭함) 되었다. 그 외 첨두기, 조각기와 원형 돌이 있다.

유가분의 석제품은 기술에서부터 석기 조합까지 모두 허가요 동시기 또는 약간 이른 시기의 것으로 비교된다. 이것은 양자의 관계가 밀접함을 반영, 또한 그것들의 시기도 차이가 크지 않다는 것을 나타내어 주고 있다.

주의할 가치가 있는 것은 하천(下川) 아래층 발견의 석제품이다. 상기한 바와 같이 하천의 아래층과 위층은 다만 수평 층리(層理)의 갈 홍색 아 점토층으로 분류되었다. 위 문화층은 전형적 세석기 문화층이다. 이 층의 년대는 B.P. 16.000~24.000년이다. 아래 층은 시기가 이르며 B.P. 35.000년 정도이다. 그 문화면모는 위층과 완전히 다르며 간단한 석편 제거 기술과 불규칙한 석편석기에 속하고 있다.

하천분지의 부익하걸량(富益河杚梁) 지점에서 발견된 50여점 석핵, 모두 직접타격 제품이다. 다만 자연면과 석편제거 흔적 면 등 두 종류의타격면이 있다. 100여점 석편 중 길며 규칙적인 것은 소수 몇 점이다. 석편 중 소수가 수석재의 소 석편 다만 그 위 문화층의 세석 편과 대단히 현저하게 구분된다. 그것은 다양한 기술의 제품이다. 제2가공된 것은 소수, 겨우 2점의 석편 가공의 긁개 류 의 도구, 3점 강자갈 제 찍개, 1점 사암 제의 가공 된 원형 돌등이다. 이 석기 조합은 상 문화층과 완전히 다르다[49].

영양직지동(滎陽織識洞)의 석제품은 이 지역 야외유적 또는 지점등과 완전히 다른 특징을 제시하여 주고 있다. 직지동유적의 퇴적은 두텁고, 또한 여러 문화층 석제품이 출토 되었지만 퇴적의 특징과 년대 측정에 의하면 고인류가 이 유적에서 활동한 시기는 과도기 단계이다. 직지동 유적은 예중(豫中)의 구릉지대의 낮은 곳에 위치하며, 그 주위는 석회암 산들이다. 동굴 앞의 강물이 가져온 직지동의 고인류는 강가에서 석재를 거의 채취하지 않고, 사용된 것 또는 석편을 제 사용 하였으며, 강자갈을 직접 가공한 석기는 없다. 이 유적에서 사용된 석재는 석영과 수석이다. 두 석재는 유적부근에서 발견된 예가 없다. 다른 먼 곳에서 운반하여 온 것이다.

직지동 유적의 석기제작은 독특하다. 석편제거 기술은 직접타법위주, 석편 특징 관찰에 의하면 연질 마치는 사용 하지 않았다. 발견된 석핵에 의하면, 준비된 석핵은 없으며, 준비된 타격면도 뚜렷하지 않다. 석편유형이 불규칙하다. 비록 대부분의 것이 제거된 석편 상에 가공되었지만 일부분 도구는 수석상에 직접 가공된 것들이다. 대부분 제2가공은 짧고, 얇으며 드물게 가공이 정교한 것도 있다. 도구 중 긁개의 종류가 가장 많다. 또한 일정한 수량의 첨두기도 있다. 첨두기는 뾰족한 끝 날이 비교적 특징적이다. 전체적으로 직지동의 석제는 소형과 중형이 많으며 대형은 드물다. 그리고 찍개유형도 수량이 제한적이다. 직지동 석기의 상기한 특징은 이 지역의 초기의 야외지점의 강자갈석기와 뚜렷이 구분되고 있다. 또한 북방북부 지역의 소석기와 대단히 유사한 점이 있다. 이러한 현상은 시가가 비교적 늦은 것과 관계가 있다(도3-14)[50].

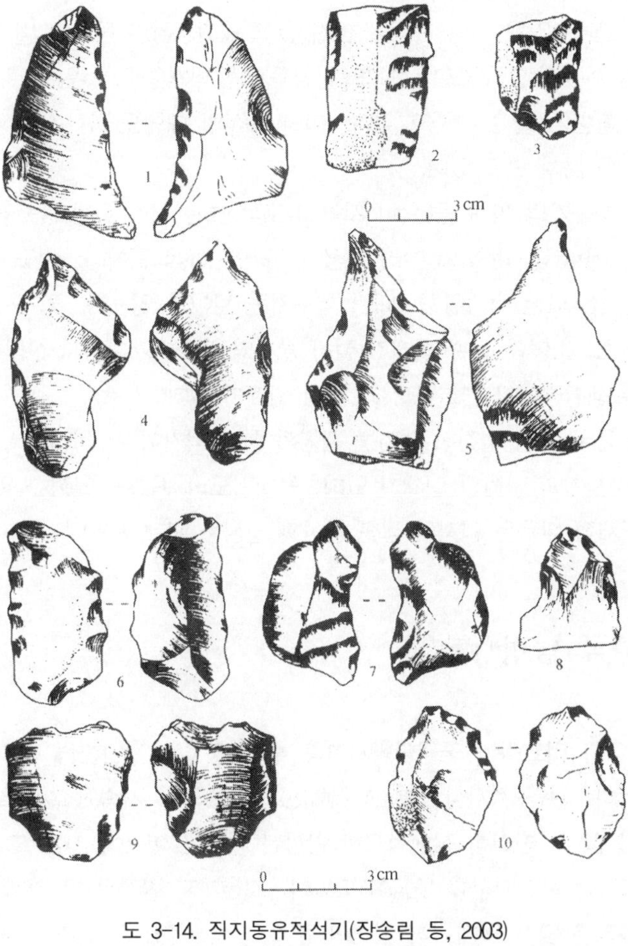

도 3-14. 직지동유적석기(장송림 등, 2003)

1~3, 6~10. 긁개; 4·5. 첨두기

4. 주거와 생활

이 지역 과도기 단계의 인류들은 당지 초기 문화와 많은 연계가 있다. 더욱 시기가 비교적 이른 유적의 발견 예로 정촌 등은 여전히 평지의 강 계곡지대에서 활동, 많은 야외 유적을 남겨 놓고 있다. 정촌 등지의 발견에 의하면 이러한 유적의 도구조합은 대형의 첨두기와 찍개위주, 나무가 무성한 지대에서 생활한 것을 보여주고 있다. 야외 유적의 대형도구는 식물성 채집의 사용된 것을 보여 주고 있다.

대형의 첨두기와 찍개 등은 이 지역 비교적 늦은 시기 유적에는 감소 또는 사라졌다. 예로 경위문화의 여러 지점과 유가분 유적 등이다. 이곳에서 발견된 유물은 소 석편 석기위주, 대형 첨두기는 보이지 않는다. 찍개의 비율도 현저히 감소, 소형의 석편 긁개가 점차 증가되고 있다. 이러한 상황은 이 지역 고인류 생활방식이 변화된 것과 직접 관계가 있다.

직지동 동굴 유적 발견의 석기는 전형적 석편 석기이다. 이러한 발견은 북방 북부 소석기와 밀접한 관계가 있다. 문화면모의 변화는 일정한 원인이 있다. 그 구체적 내용은 양자의 생활 방식과 일정한 관계가 있다.

3. 중국 남방(南方)

북방지역과 비교하여 중국남방지역은 후기 홍적세 자연환경 변화의 폭이 비교적 적다. 큰곰-검치상(大熊猫-劍齒象) 동물 군이 지속되고 변화의 뚜렷한 표시가 없다. 이러한 상대적으로 안정된 환경은 이곳에 사는 그 인류 및 그 문화의 연속적 발전에 도움이 되었다. 지금까지 발견된 이 단계 고 인류 문화의 유적은 많지 않다. 이 지역의 중기 홍적세 이전의 상황과 비교하면, 동. 서 양쪽의 차이는 지속적으로 존재하고 있다.

(1) 서남지역(西南區)

서남지역은 후기 홍적세에 진입한 이후 고 인류활동이 이 지역 전 단계보다 증가 되었다. 운귀(云貴) 고원(高原)지역에 지속적 고인류 활동 외에 사천(四川)분지 내에는 고 인류가 출현하기 시작한 흔적이 있다.

1. 유적분포

(1) 운귀고원지역

운귀 고원지역에서 이 시기의 발견 물은 많지 않다. 귀주(貴州)경내에서는 비교적 확실한 귀주 수성(水城)의 초회동(硝灰洞)이 있다. 앞 부분에서 이미 소개된 귀주 검서관음동(黔西觀音洞)과 반현 대동(大洞)의 상부 토적은 이시기에 속한다. 몇 곳에 같은 동굴 유적이 있다. 그 중 초회동은 귀주 수성현(貴州水城縣)에서 서북방향으로 25 km 지점의 삼차하(三叉河) 오른쪽 제방에 있다. 이 동굴은 도로 설 치 시 발견되어 심하게 파괴 되었다[51]. 초회동의 퇴적 물은 위에서 아래로 3층으로 분류, 상층은 황백색의 종유석으로 덮였으며, 화석과 유물은 없다; 중간 층은 견고한 흑색, 회색, 백색의 재 층으로 숯, 탄 뼈, 불탄 돌등, 아래 문화층과 동일 층으로 보고 있다; 아래층은 황색 모래와 회 암 각력(灰岩角礫) 층이다. 인류화석, 석제품 및 동물화석등이 아래 층에서 출토 되었다. 발견된 동물화석은 많은 개별적 이빨, 검치상, 소, 양, 메 돼지, 사슴등 5종, 우리니움 년대 측정으로 5.7000년. 시기는 후기 홍적세 중기에 해당된다[52].

운남(云南) 경내의 발견은 용담삼2호동(龍潭山2号洞)이다. 용담산은 1975년 발견, 1982년 시굴이 실시되었다[53]. 이 지점은 곤명시전지(昆明市滇池) 동쪽에 있는 하나의 고립된 석회암의 작은 산으로 원래는 하나의 동굴이 였는데 사람들에 의해서 파괴되어 발견 시 면모는 동굴이 아니었다. 보존 된 퇴적은 4층: 최상 층은 1 m 두께의 종색(棕色) 표토 층; 제2층은 석제품과 화석 포함한 사질 점토층, 두께 1 m; 제3층은 석회화(化)층, 두께 0.3 m; 제4층은 종색 사질 점토층, 석제품, 화석 출토, 얇은 재층, 2 m 두께; 더 밑에 층은 석회암 석편, 바닥 미확인. 시굴과정에서 인류 이빨, 석제품 및 동물화석 발견. 제4층의 숯과 탄 뼈, 방사선탄소 년대 측정 B.P. 30.000년.

(2) 사천(四川) 분지

거의 10년 동안 삼협공정(三峽工程) 건설공사에 의해서 이 지역의 문물고고조사와 구제 발굴이 실시되어 여러 곳의 후기홍적세 초기의 구석기유적이 확인되었다. 유적들은 장강삼협(長江三峽) 강둑의 3급 계지 상에서 발견되었다. 비교적 중요한 유적은 풍도 고가진의 계하촌(豊都高家鎭的桂花村), 삼합진의 정수만(三合鎭的 井水灣) 및 진강진의 란가로구(鎭江鎭的蘭家路口) 등이다. 이곳들은 단면은 뚜렷하며, 풍도 경내 장강연안(沿岸)의 3급 계지의 바닥은 강자갈 층, 그 위는 겹 친 고운 모래층, 고운 모래층 및 점토층이다. 석제품은 강자갈 층 및 그 위 을 덮은 층위 내에 있었다, 강자갈 상부 및 그 위를 덮은 층의 아래부위의 분포는 비교적 풍부하다. 정수만과 란가로구 유적의 열광석법 년대에 의하면, 정수만 문화층의 형성 시기는 B.P. 80.000년, 란가로구는 이른 시기로서 B.P. 140.000년 정도이다(도 3-15)[54)55)].

정수만과 란가로구 두 곳 에서는 소량의 포유동물화석이 발견되었다. 그것들은 검치상, 소 및 사슴 등이다. 정수만 유적에 대한 자세한 화분(孢粉)분석이 실시되었다. 이러한 자료들은 후기 홍적세 초기의 장강삼협연안의 기온이 온난 습윤하고, 고인류들은 낙엽(落葉), 활엽(闊葉) 등이 혼합된 나무와 초원의 환경에서 생활하였다.

1980년대 사천(四川) 분지 내에서 이 단계의 유적이 발견되었다. 즉 사천 자양(資陽)현의 자양인(資陽人) "B" 지점이다. 이 위치는 원래 발견된 자양인 지점에서 서북방향으로 100 m 지점에 있다. 층위 단면 : 점토층, 3 m 두께 ; 사질점토, 모래와 작은 강자갈 층, 1.6 m 두께; 황색 모래 자갈층, 1.6 m

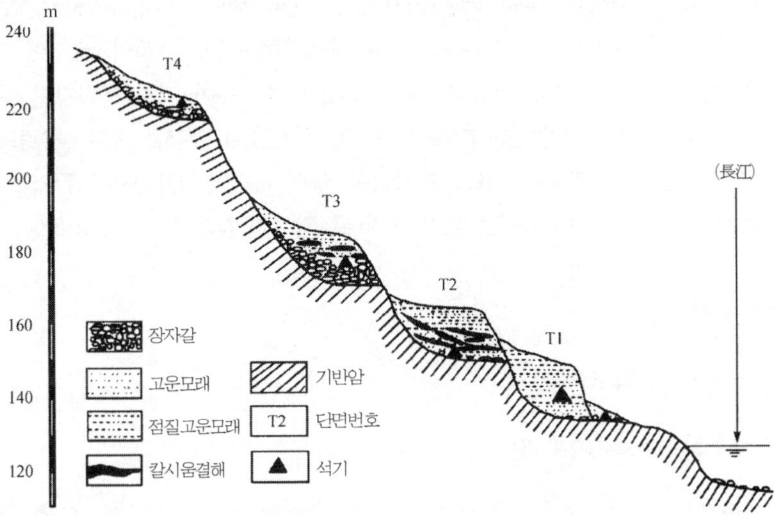

도 3-15. 풍도-고가전장 강안단구 단면도(배수문 등, 2003)

두께; 거 칠은 모래 자갈층, 마모도가 비교적 뚜 렷, 수평 층의 배열이 잘 되었다, 0.5~0.6 m 두께; 황갈 및 회 흑색 모래 자갈층, 강자갈 마모도 뚜렷, 0.6~0.7 m 두께; 큰 강자갈 층, 거칠고 큼 강자갈 층 내에 소량의 거친 모래 삽입, 강자갈 층 최대 경 60~79 cm, 마모도 뚜렷, 구석기 및 동물화석 포함, 1.1~1.3 m 두께; 이상 각 층은 부정합의 주라기의 홍색사암(砂巖) 위에 있었다[56].

이 지점의 동물화석은 사슴, 작은 사슴(小鹿), 말, 중국 털코뿔소, 코끼리, 대나무쥐 등이다. 이 층위에서 발견된 "조목(鳥木)" 화석의 방사성 탄소 년대는 B.P. 39.000-37.000 년이다.

2. 인류화석

서남 지역 이 단계의 인류화석은 다만 영세한 이빨 화석의 발견이다. 수성

초회동(水城硝灰洞)에서 1매, 네안데르탈인의 왼쪽 위의 견치, 용담산(龍潭山) 2호 동굴의 1매 화석은 아래 두 번째 어금니로 추정. 후자의 특징은 그 치관의 길이와 너비가 13.1 mm 와 11.1 mm 로 나 누어 지며 북경원인 및 유렵과 근도의 네안데르탈인에 비하여 그 크기(척도)가 상당히 크다. 치관의 봉합면상의 첨 두 부위와 약하고 가 늘은 척(脊) 문양은 일반인류 유치(幼齒)와 차이가 있다. 연구자들은 초기 네안데르탈인과 같다고 보고 있다[57].

3. 석기

(1) 운귀고원의 석편석기

수성초회동(水城硝灰洞)

석제품은 50 여점. 석재는 현무암 강자갈. 석제품은 돌 마치 2점, 석편 33점, 그 중 28점은 날카로운 충격 법에 의한 석편, 석기 5점 모두 긁개. 이 지점의 특수성은 날카로운 충격 법으로 석편을 떼여 낸 것이다. 이러한 날카로운 석편은 타격면이 없으며, 석편각은 90° 정도, 거칠고 큰 타격점, 뚜렷한 방사선, 기본적으로 타격점하의 융기부가 없으며, 일부 석편의 중간에는 한 줄의 가로 장향의 홈이 있다. 석편의 등 면 에는 석편흔적이 거의 없으며, 기본적으로 자연면이 남아있다. 발견 시 심 하게 파괴 되어 그 석제품의 전면적 특징 고찰은 어렵다. 또한 이 지점 성격 파악도 어렵다. 다만 잔류된 퇴적층에 의해서 하나의 주거지로 추정하고 있다[58].

용담산(龍潭山) 2호 동굴

출토 석제품 107점. 석재는 강자갈 또는 단괴(團塊, nodule)로서 암질은 석영암, 규질암, 화성암과 사암 등이다. 석편의 수량이 많다. 자연 타격면 3분지 2차지, 준비된 타격면의 것이 3분지 1 이다. 다만 1점은 능각의 타격면을 가졌으며, 준비된 타격면은 아니다. 석기 수량이 많지 않으며, 다만 긁개와 찍개 2종류만 보인다. 긁개 수량이 많다. 석편의 길이 30~90 mm 사이,

동시에 50 mm 이상 된 것이 많다. 석기는 주로 석편제이며, 소수 강자갈도 있다. 석편 제거는 돌 마치로 직접타격. 1점의 돌 출 날은 정교하며, 가공 흔적은 길며 평행적이다. 제2가공 기술 대단히 발달, 연구자들은 서구의 무스테르안 기술과 접근 된다고 보고 있다. B.P. 30.000년 정도의 중국 서남 지역에 초기 네안데르탈인의 이빨과 무스테리안 기술 전통이 병존되어 있다. 대단히 주의할 가치가 있다(도3-16)[59].

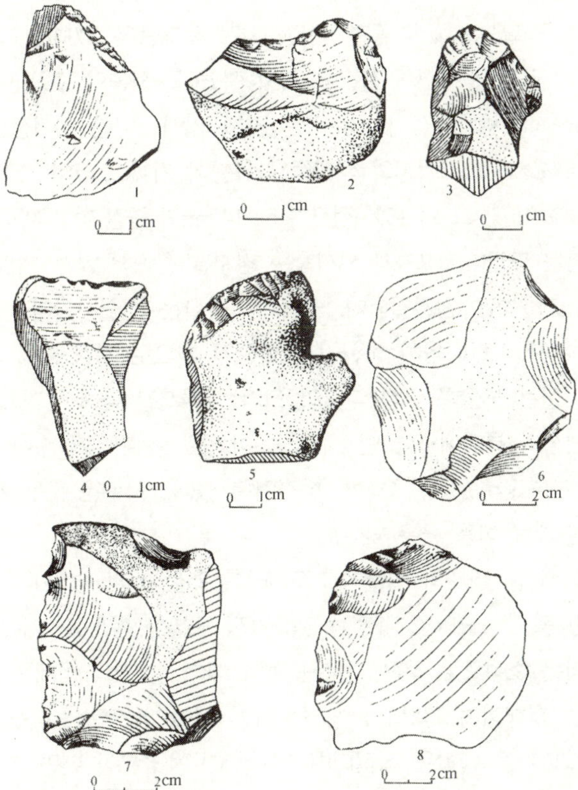

도 3-16. 용담산 제2지점 석기(구중랑 등, 1985)

1~5. 긁개; 6~8. 찍개

(2) 사천 분지의 강자갈석기

이 지역 과도단계의 강자갈 석기 발전의 맥락은 대단히 뚜렷하다. 상기한 바와 같이 삼협연안 3급 계지상의 석기유형은 B.P. 10만년~7 또는 80.000년이다. 분지내의 자양인 B 지점은 후기로서 B.P. 40.000년 정도이다.

삼협 연안 3급 계지의 구석기유적 또는 지점은 이미 많은 곳이 발굴되었으며 지료 또한 지속적으로 정리 발표되었다. 이러한 발견 중 고가진(高家鎭), 정수만(井水灣)과 란가로구(蘭家路口) 등은 자료가 대단히 풍부하다[60].

고가진 B 구(區)를 예를 들면, 이곳 발견 석제품은 700여점. 그 중의 석핵 수량이 가장 많아 전체의 절반을 차지 하였다. 석편의 수량도 적지 않아, 전체수의 4분지 1차지. 석기의 수량은 많지 않다. 다만 80여점으로 석제품 총수의 11.8% 차지. 고가진의 석제품은 유형이 거칠고 크다. 10 cm 이사의 석제품이 89% 이상. 그 외 15% 정도가 5~10 cm의 중간 형 석제품이다. 5 cm 미만의 표본은 드물다. 고가진 석제품은 강자갈 층에서 발견, 선택된 석재는 모두 마모도가 높은 강자갈이다. 석재의 암질은 석영사암이 비교적 높아 40% 이상 차지. 그 다음이 화산암과 화산암 편으로 각각 23% 와 15% 차지, 기타 암질은 드물다. 석재암질의 크기는 강자갈 층에서 거의 일치하다. 석핵과 석편상의 특징에 의하면 직접타법이 주된 석편제거 수단이다. 제2가공 방식은 단순 방향위주, 준비된 타격면은 없다. 석편은 모두 처음으로 제거된 것, 원 재료 이용 율은 낮다.

고가진 석기 중 찍개의 비율이 가장 많아 85점 석기 중 70점 이상 이다. 긁개는 10점 정도. 클리버(手鎬)는 2점, 1점 표본은 홈(凹)석기유형이다. 제2가공 된 것은 소량으로 직접 사용된 흔적 이다. 석기의 석재는 절반이상이 강자갈 또는 석핵이며, 석핵 상에 4점의 석편이 제거된 흔적을 가진 것도 있다. 석기의 가공 방법은 직접타법 위주, 다수 표본이 단면 가공 되었다. 석편 대부분이 반대방향으로 가공되었다.

정수만, 란가로구 및 속자평(東子坪)등 기타 3급 계지에서 발견된 것과 고

가진의 석기는 거의 비슷하다. 이미 정식 발표된 정수만 지점의 석기 조합은 대표적이다(도3-17).

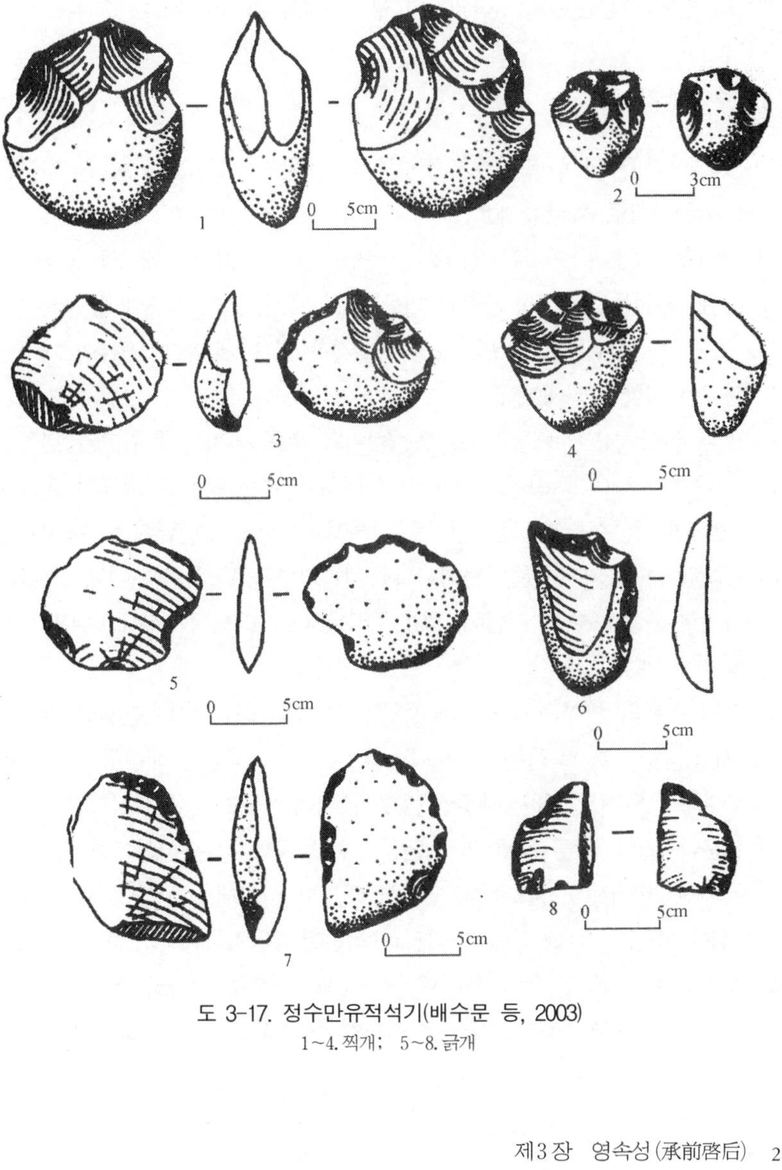

도 3-17. 정수만유적석기(배수문 등, 2003)
1~4. 찍개; 5~8. 긁개

상기한 정항은 삼협 지구에서 사천분지 까지 존재할 뿐만 아니라 시기는 삼협지구 계지의 석제품은 자양인 B 지점등과 유사하다. 1980년대 자양인 B 지점에서 100여점 석기가 발견되었다. 이 석기의 석재의 사용, 가공기술과 석기조합 등의 특징은 삼협 3급계지의 석기와 대단히 접근된다.

4. 주거생활

서남지구 과도 단계 고인류의 주거형식은 운귀 고원의 석회암산지역은 초기와 마찬가지로 동굴을 선택하였다. 초기와 비교하면 이 단계의 유적은 수량이 비교적 많다. 이것은 인구의 수량과 관계가 있다. 당시의 인구수는 많지 않다. 관음동(觀音洞) 상층과 대동(大洞) 상층은 이 일단계의 인류유적이다. 운남 용담산(龍潭山) 2호 동굴의 발견은 본 단계 후기 인류의 거주범위가 확대된 것을 나타내어 준다.

이 지역 과도기 단계의 고인류 활동범위의 확대 증가는 운귀고원 북쪽의 사천분지에서 뚜렷이 나타났다. 이 지역 내의 인류는 주로 야외에서 활동하였다. 삼협연안은 사천분지를 중심으로 하여 이 시기 고인류활동 흔적이 보인다. 그러나 이곳의 인류는 운귀 고원 지역의부근 들과는 다르다. 그들은 옛 강가에서 생활하였다. 강변에 야영 준비를하고, 타제석기제작, 수렵과 채집 생활을 하였다.

이 시기 인류의 생활은 운귀고원 지구는 이 지역 더욱 이른 단계와 뚜렷이 구분되지 않는다. 이 특징은 문화 퇴적이 연속된 관음동과 대동유적에서 뚜렷이 보여주고 있다. 그들은 동물성(動物性)자원을 근거로 생활하였다. 새로 발견된 운남(云南) 정공(呈貢)의 용담산 2호 동굴과 같은 상항이다. 용담산 2호 동굴에서 발견된 동물화석에 의하면 대부분 심하게 파손되었다. 대량의 뼈 편 외에 수량이 비교적 많은 이빨과 파손된 위. 아래 턱이 발견되었다. 이빨 및 상.하의 턱등의 통계에 따르면 한 마리 코뿔소, 8마리 소, 2 사슴과 한 마리 돼지의 개체 등이다. 발견된 동물화석의종유, 골격 및 파손 방법 및 공존된 재층, 석제품등의 특징은 모두 2호동(동굴) 거주인의 수렵활동을 나타내어 주고 있다. 그 들의 수렵대상은 초식동물로 몸체가 비교적 크고 행동이 둔한 소들을 선택하였다[61].

이것과 다 른 곳은 사천분지내의 야외 유적이다. 이곳의 화석은 대단히 드물다. 야외 유적과 동굴유적을 비교하면 화석보존의 조건도 차이가 있지만 야외는 동굴과 비교가 어렵다. 이것은 또한 양자 생계의 차이와도 관계가 있다. 운귀고원의 같은 시기의 석편석기와 비교하면 사천분지의 야외 유적 거주인 들은 주로 크고 거칠은 강자갈 석기를 사용하였다. 강자갈 주체의 석기조합은 번성한 삼림(森林)지역에서 생활하였다. 이것은 나무로 된 도구도 만들고, 채집하며, 사냥도 실시하면서 생계를 유지하였다. 식물은 먹는 것으로 이용하는 것이 생활에 편리하고, 동시에 생계의 중요한 위치를 차지하였다[62][63].

(2) 동남 지역(東南區)

1. 유적 분포

이 지역에 이미 발견된 과도기 단계의 유적은 많지 않다. 비교적 이른 시기에 발견된 인류화석지점이다. 최근에 야외 지점에서 이 단계의 석제품이 발견되었다.

(1) 동굴유적

장강(長江) 중류지역에 1950년대에 호북(湖北) 장양인(長陽人)화석 지점이 발견되었다. 1980년대 이후에 지성(枝城)의 구도하(九道河)유적이 발견되었다. 장양인 화석 지점은 호복 장양현(長陽縣)에서 서남방향으로 45 km 지점에 있는 조가언구 하종가만촌(趙家堰區下鍾家灣村)의 용동(龍洞) 동굴 내에서 발견되었다. 용동은 하종 가만촌의 서북쪽에 있는 노산(老山)남쪽 언덕에 있다. 동굴내의 퇴적은 대부분 심황색의 느 슨 한 모래흙, 그 아래에는 크고 작은 석회암편이 있으며, 동굴 벽에 접근된 바닥에는 국부적으로 돌 편과 화석화된 견고한 각력암이 있다. 각력암과 느 슨한 모래 층에는 많은 동물화석이 포함되었다. 그것들은 멧돼지, 대나무쥐, 옛 사자, 큰곰, 최후하이에나, 동방검치상, 거맥(巨貘)과 중국 코뿔소 등이다. 비록 동물화석은 많지만 문화유물은 없다. 퇴적 전체를 보면 이 동물화석은 물의 흐름에 의해서 동굴로 옮겨진 것이다[64].

장양(長陽)과 거리가 멀지 않은 호북 의도현(宜都縣)의 지성구도하가 있다. 그 위치는 강한평원(江漢平原)과 악서(鄂西) 산지역의 경계지역에 있으며, 그 부근은 저산지대이다. 구도하 부근에서 한 곳의 동굴이 발굴되었다. 이 유적은 실질적으로 남북 방향으로 균열되었다. 북쪽은 높고, 남쪽은 낮으며, 북쪽은 협소하고 남쪽은 넓어 마치 나팔상이며 동굴입구는 남쪽으로 열렸다. 동굴 퇴적은 위로부터 아래로 4층으로 나누어 지고, 그 중 제3층의 갈색 점토 층 내에서 동물화석과 문화유물이 발견되었다. 이 동굴 출토 석제품은 400점, 석기는 능각(稜角)이 뚜렷하며, 물의 흐름에 운반된 흔 적은 없으며, 원 위치에 매장된 것이다. 따라서 이 균열된 동굴은 초기 인류의 임시 활동 지점으로 인정된다[65].

구도하 발견의 동물화석은 멧돼지, 중국 흑 곰, 큼 곰, 최후하이에나, 동방검치상, 거맥, 하이에나, 멧돼지, 물사슴, 소 등 10종류이다. 이 동물군은 남방 홍적세 중. 후기의 큰곰-검치상 동물군에 속한다. 최후하이에나가 있는 것으로 보아 그 시기는 후기 홍적세에 속하며, 또한 장양인시기와 비교적 접근, 후기 홍적세의 비교적 이른 시기에 해당된다.

영남(嶺南)지역의 주요 발견은 마패인(馬壩人)과 유강인(柳江人)화석 지점이다. 마패인화석은 1958년 광동곡강마패향(廣東曲江馬壩鄕)의 사자산의 하나의 동굴에서 발견되었다[66]. 사자산은 마패진(鎭)에서 서남방향으로 1.5 km 지점에 있다. 여기에는 2개의 회암(灰岩)의 고립된 봉오리가 있다. 산상에는 세 줄의 용동이 있으며, 인류화석과 대부분 동물화석은 제2층 용동의 퇴적내에서 발견되었다. 퇴적층은 3층으로 나누어 진다. 인류화석과 동물화석은 제1층에서 발견되었다. 동물화석은 원숭이, 성성이, 화남 큰돼지, 큰곰, 서장(西藏)흑곰, 멧돼지, 물개, 꽃이리, 큰고양이, 최후 하이에나, 호랑이, 동방검치상, 나마상, 화남거맥, 중국하이에나, 멧돼지. 물사슴, 물소등, 이것들은 화남 중기. 후기 홍적세의 큰곰-동방검치상의 동물군이다[67]. 그 중 최후 하이에나는 초기 네안데르탈인의 비교적 늦은 시기의 동물이다. 따라서 시기는 후기 홍적세 초기에 해당된다.

유장인화석은 1958년 광서류강현(廣西柳江縣) 신흥농장의 통천암(通天岩) 부근의 하나의 비교적 작은 동굴 내에서 발견되었다[68]. 이 동굴입구 높이는 5 m 이다. 동굴입구 부근의 퇴적물은 느 슨한 석회암 각력(角礫), 모래섞인 흙으로 회갈색이다. 인류화석이 이 퇴적층에서 발견되었다. 인류화석과 함께 발견된 동물화석은 큰곰, 중국하이에나, 동방검치상, 거맥, 큰돼지, 소류, 사슴류등이다. 동굴내 퇴적의 우라니움 년대 측정은 유강인 화석이 B. P. 50.000년 정도 이다[69]. 그러나 일부 학자들은 인류화석의 특징은 더욱 늦은 시기라고 보고 있다[70].

(2) 야외 유적

최근의 중국남방 제4기 지질층에 의하면 일반적으로 망문홍토(網文紅土)는 중기 홍적세의 기준층이다. 망문홍토 아래의 하촉(下蜀)황토는 후기 홍적세에 속한다. 하촉 황토 역시 상. 하로 나 누어 진다. 하부 층위의 형성은 대체적으로 후기 홍적세 초기이다.

호북강릉(湖北江陵)의 계공산(鷄公山)유적은 호북 경내의 장강중류 제방에 위치, 유명한 형주성(荊州城)에서 동북방향으로 5 km 지점 이다. 이곳은 강한(江漢)평원 상에 연결된 하나의 고립된 작은 흙 언덕이다. 이 지역의 지모(地貌) 발육 상에 의하면 작은 흙 언덕은 장강 2급 계지에 침식된 잔여 부분이다. 계공산 유적의 층위는 상. 하 두 층위로 나누어 진다. 상부는 엷은 황색에서 황색 아 점토, 많은 칼시움막, 소형 석편석기가 포함, 두께 50 cm 정도. 그 밑에는 종 갈색 아 점토, 큰 편의 칼시움막, 대량의 강자갈 석기 포함. 암질과 층위의 비교에 의하면 하부 지층의 시기는 하촉토(下蜀土)하부의 시기에 해당된다. 상부는 황색아 점토 시대로서 후기 홍적세 말기에 해당된다[71].

최근에 호남(湖南)의 원수(沅水)와 풍수(澧水) 유역에서 발견된 대량의 구석기 지점 증, 그 중 일부분은 낮은 계지, 1급 또는 2급 계지 상에 분포되었다. 이 지점들은 황색의 점토 또는 아 점토 내에 매장되었다. 이러한 퇴적의 암질과 망문 홍토 와의 접촉 관계에 의하면 하촉토 또는 하촉토의 퇴적에 속한다. 따라서 이러한 퇴적의 하부에서 발견된 석제품 유물은 그 시기가 후기 홍적세 초기에 해당된다[72].

유사한 상항이 강서(江西)에서도 확인 되었다. 강서의 안의현(安義縣)경내의 요하(潦河)의 2급 계지 상에서 몇 곳의 구석기 지점이 발견되었다. 이 지역의 망문홍토 3급 계지상에 있다. 2급 계지의 퇴적은 하촉토에 속한다. 시기는 후기 홍적세이다. 퇴적의 지형과 암질 그리고 석제품 유형에 의하면 이 지점들은 후기 홍적세 초기에 해당된다[73].

2. 인류 진화

상기한 몇 지역과 비교하면 이 지역과도기 단계의 인류화석발견이 많은 편이며 보존 상태도 좋은 편이다. 더욱 마패인과 유장인 화석의 발견과 연구는 중국경내 고인류 진화인식에 대단히 중요하다.

시기가 비교적 이르고, 보존 상태가 양호한 것은 마패인의 두개골 화석이다. 마패인 화석의 석화 정도는 비교적 심하며, 색깔은 엷은 회황색 이다. 발견시 몇 편의 조각으로 이루어져 있었다. 복원 후 하나의 완정한 두개골이 되었다. 두개골 봉합점은 대부분 봉합되었다. 뼈면은 비교적 거칠고 하나의 중년 남서의 개체이다. 두개골 미간 뼈는 거칠고, 눈 부위의 안쪽은 뚜렷이 수축 되었다 ; 두개골 최대 넓은 곳은 젖 꼭지처럼 융기, 유럽의 네안데르탈인과 같다 ; 뇌 정골 뼈 벽은 비교적 얇고, 뇌 궁륭(穹隆)은 비교적 융기, 뇌 량은 북경원인 것 보다 크다. 이것들은 모두 비교적 전형적인 초기 네안데르탈인의 특징이다[74]. 시기가 비교적 이른 대려인(大荔人)과 비교하면 마패인의 두개 골 벽은 두 텁 고, 미간 척(眉脊) 의 두께와 시상척(矢狀脊)의 거칠은 정도는 모두 전자와 같지 않다. 또한 시기도 허가요인(許家窯人)과 접근 되지 않는다. 이 특징은 마패인은 비교적 늦은 초기 네안데르탈인, 그 년대 측정 결과 결합된다.

그 외 마패인의 권골(顴骨)은 네안데르탈인 보다 돌출, 코 뼈 측면 각은 대려인과 같고, 전형적 네안데르탈인과는 거리가 멀다. 그러난 마패인의 안광(眼眶)은 원형에 접근, 그 테두리 아래는 비교적 예리하다. 이 특징은 중국 경내 기타 고인류의 안광과 구별되고, 오히려 유럽 네안데르탈인의 특징과 비교적 접근되고 있다. 따라서 일부 학자는 마패인의 안광의 특징은 서구의 비교적 이른 시기의 고인유의 유전이 아시아 동부로 이동된 결과로 보고 있다[75].

공생의 동물화석과 인류화석의 특징에 의하면, 장양인(長陽人)의 시기는 마패인과 비교적 접근된다. 그러나 장양인 화석의 보존상태는 마패인에 미치지 못하며, 다만 2개 이빨을 가진 위턱과 하나의 두 번째 앞 어금니가 있다. 이 빨은 비교적 크며, 이 빨의 맞물리는 부위(咬合)는 많은 문양이 있다; 치관은 비교적 낮고, 치근은 비교적 길며, 왼쪽 아래 두 번째 어금니의 치근은 두기지로 나누어 졌다; 견치의 돌출 점은 뚜렷하다; 배형(梨狀) 구멍의 아래는 비교적 넓으며, 코 구멍저부는 비교적 평탄하다. 이것은 모두 원시적 특징이다. 다만 동시에 임부 현대인의 특징도 있다. 예로 턱 앞의 경사각은 북경원인보다 뚜렷하지 않고, 북경원인 보다 발달되었다. 종합하면 장양인은 시기가 비교적 늦은 네안데르탈인 이다[76].

전 양자와는 다른 것이 광서 유강통천암(柳江通天岩)에서 발견된 유강인 화석이다. 전형적 현대인(Homo sapiens)이다. 비록 유강인 화석은 층위를 벗어나서 발견되었지만 화석 산지의 층위 및 발견된 동물화석에 의하면 유강인은 후기 홍적세에 속한다. 우라니움 측정의 년대는 B.P. 50.000년 정도, 유강인 생존시기를 대표할 가능성이 크다.

유강인 화석은 하나의 아래턱이 없는 완정한 두개골, 4개의 척추 뼈, 5개의 허리 뼈와 꽁무니 끝 뼈(저골, 骶骨) 등이다. 지골(肢骨, 팔다리 뼈), 오른쪽 관골(髖骨) 및 좌우 다리 뼈(股骨)의 각 1단(段)씩 이다. 이 화석의 석화 정도, 색깔과 발견된 범위에 의하면 하나의 동일 개체(個體)에 속한다. 화석의 년령과 특징에 의하면 한 사람의 40세 전후한 중년 남성이다[77].

유강인 두개골은 비교적 길고, 미간 뼈는 거칠고, 이마 뼈는 뒤쪽으로 약간 경사, 앞 흉점(囟占)의 위치는 현대인 보다 뒤쪽이다; 다리 뼈 벽은 비교적 두텁고, 골수 구멍(髓腔)은 비교적 작아서 네안데르탈인에 접근된다. 그리고 산정동인(山頂洞人) 벽보다 두텁고, 뼈대는 가늘다. 후자가 비교적 원시적이라는 것을 설명하여 준다. 또한 연구자들은 유강인의 뇌정골 높이 지수, 앞 흉점지수, 앞 흉각(前囟角), 이마각과 두개골의 형태등의 판단에 의해서 유장인은 산정동인 보다 원시적인 것으로 인정되고 있다.

전체적인 특징에 의하면, 유강인은 비교적 이른 시기의 후기 네안데르탈인 유형으로 산정동인과 자양인 보다 이른 시기의 사람이며, 지금까지 중국 경내에서 발견된 가장 이른 시기의 후기 네안데르탈인 화석으로 보고 있다.

유강인의 두개골은 중등 크기에 속하며, 이마 부위는 두텁고, 이마는 가볍게 경사되고, 이마 결절(結節, 마디)과 정수리 결절은 뚜렷하게 돌출 되지 않았으며 유돌부(乳突部)는 거칠고, 유돌은 가늘고 작다. 관자놀이 뼈는 비교적 크고 앞으로 돌 출, 코뼈는 낮고 넓으며, 배 형 구멍(梨狀孔)의 바닥은 둥글고, 코등이 가볍게 홈이 있으며, 코앞에는 가볍게 홈이 있고, 견치구멍은 뚜렷하지 않으며, 위 앞 이빨은 삽 형 이다. 이것은 모두 몽고인종의 특징이다. 그 외 일부 비교적 선명한 중국 남방인의 특징은 시상척(矢狀脊)이 없으며, 두개골은 산정동인처럼 길지 않고 넓은 얼굴과 넓은 코뼈 형 등등이다.

유강인의 거주한 시기와 지리 위치 등의 특징에 의하면, 유강인 화석은 고인류학자들의 특별한 관심을 가지고 있다. 일부학자들은 유강인과 동아시아 일본 오오사까 홍천인(東亞日本沖繩的港川人), 동남아 가리만단도상(加里曼丹島上)의 나하동인(尼河洞人)등은 밀접한 혈연관계가 있다고 보고 있다. 일부학자는 또한 유강인과 오스트라리아 발견의 후기 홍적세 화석과 관계가 있다고 보고 있다. 이러한 상황은 유강인 자료 및 그 연구 성과는 동아시아지역 현대인의 기원과 이주에 대한 세계 선사고고학상의 중대한 과제를 제공하여 대단히 중요한 의의를 가지고 있다[78].

3. 석기

(1) 야외 유적

비록 화남지역에서 1950년대부터 전후로 마패인등 고인류화석이 발견되었지만 이 단계에 속하는 문화유물은 2.000년경에서 지속적으로 발견되었다. 신 발견의 석기는 주로 야외유적 또는 지점의 강자갈 석제로서 이 지역 더욱 이른 시기의 같은 유형의 석기 유형과 비교적 접근되고 있다.

이 지역 과도기 단계의 야외유적에서 발견된 석기는 호북 강릉 계공산(鷄公山)아래 문화층이 가장 풍부하다. 계공산 유적 아래문화층에서 발견된 석기는 10.000여점 이다. 석재는 모두 강자갈이다. 석재암질은 석영암, 석영, 사암 등이며 소량의 수석도 있다. 석편 제거 기술은 직접타법위주이며, 기술은 대단히 숙련되었다. 석편 크기는 차이가 크다. 석기의 제2가공은 직접타법이며, 단면가공 위주이다[79].

계공산 아래 문화층 발견 석기는 찍개 수량이 가장 많으며, 주로 강자갈이 직접 타격되어 만들어 졌다. 단면과 양면 가공 등 두 종류로 나누어진다.

날의 위치는 변날과 끝날(端刃) 두 종류이다. 형체는 일반적으로 크다. 가장 특색 있는 석기는 대형 첨두기, 전체 또는 중간을 가로 방향으로 벽개한 긴 강자갈이 모체이다. 한 끝의 단면 가공으로 삼능형의 예리한 날을 제작, 길이는 15~20 cm 사이. 형상은 규정되었으며, 제2가공도 정형(定型)적이다. 찍개 수량이 가장 많다. 그 외 대형 첨두기의 모체도 같은데 다만 양면 가공 표본은 소량이다. 이것은 원 주먹도끼 유형으로 보인다. 긁개 역시 비교적 많이 발견되었다. 크기와 무게의 차이는 중형과 경형(가벼운 형)두 종류로 나누어 진다. 중형 긁개는 대석편제이며 이 지역에서 초기 단계에 발견된 것과 구별되지 않는 다; 가벼운 긁개의 제2가공은 비교적 정교하며, 발견된 수량도 많다. 석기 조합 중 중요한 특징제시(도3-18).

계공산 아래 문화층석기와 유사한 석제품은 호남의 풍수(灃水), 원수(沅水) 유역 및 강서 요하(療河) 유역에서 모두 발견되었다.

(2) 동굴 유적

야외 유적의발견외에 이 지역에서 일찍이 동굴 유적 내에서 이 단계 구석기 문화 유적이 확인되었다. 구도하(九道河) 동굴 유적에서 발견된 석기는 이러한 상황을 반영하여주고 있다. 구도하 석제품은 이러한 각 종 색깔의 석영암 강자갈이 가장 많다. 소량은 수석결핵(結核)과 규질사암 강자길이다. 강자갈은 기본적으로 구도하 강가에서 채집되었다. 석기는 거칠고 크다. 길이는 100 mm 이상의 표본이 3분지2이상이다. 직접타법으로 석편제거, 우연히 충격법도 사용되었다. 예리한 능의 충격기술의 존재는 비교적 특수하다. 석기의 제2가공은 직접타법위주. 주로 등 면 가공위주이다. 석핵 수량 많다. 거의 석편의 수량과 같다. 석편의 형상은 불규칙, 대부분 두텁다. 자연타격면이 많으며, 그 다음이 준비된 타격면이다. 타격흔적을 가진 것은 소수이다. 타격면이 없는 것도 수 점 있다. 이겻은 충격기술의 준재를 나타내어 준다[80].

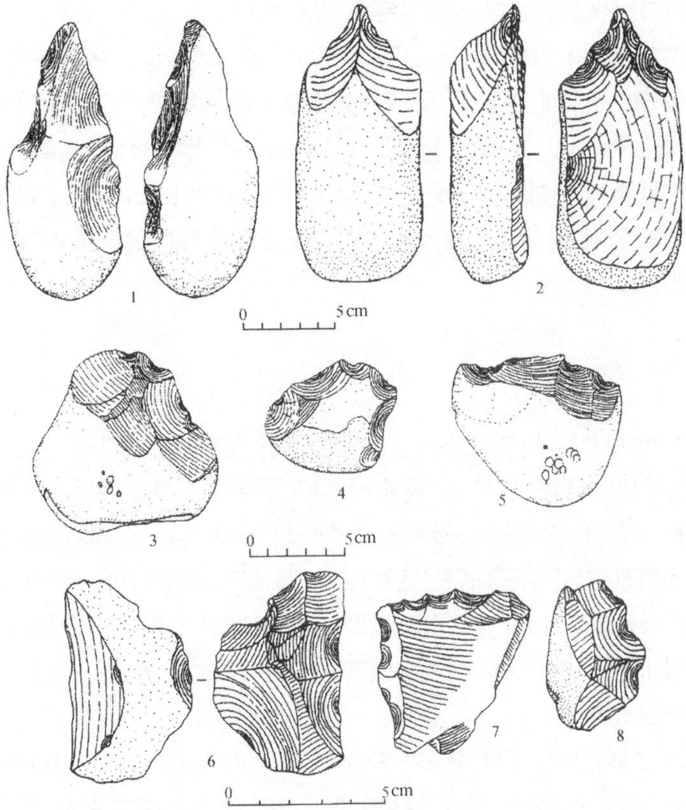

도 3-18. 계공산유적석기(유덕은 등, 2001)
1·2. 대형첨두기; 3~5. 찍개; 6~8. 긁개

구도하에서 발견된 석기조합은 간단하다. 찍개와 긁개 두 종이다. 찍개는 54점, 석핵 또는 강지갈이 가공된 것은 3분지1정도, 그 나머지는 대석편이 가공된 것이다. 외날 찍개의 수량이 가장 많다. 다 날과 원형은 소수이다. 가공방식은 단면, 양면 또는 교차타격이다. 긁개 수량은 찍개와 거의 같다. 모두 석편으로 가공된 것이다. 외날은 70% 차지, 날은 수직, 돌출, 홈, 원형 등이다; 양날 또는 다 날은 수량이 많지 않다.

상기한 소수의 인류화석도 모두 동굴에서 출토 되었다. 유감스러운 것은 마패(馬壩)지점외에 다른 두 곳은 문화유물이 없다. 마패지점에서 발견된 것도 소수이다. 다만 운반된 동굴입구 퇴적 내에서 2점의 석기가 발견되었다. 도두 강자갈 석기 이다. 비록 마패지점의 석기 수량이 소수이지만 이 발견은 화남(華南)의 강자갈 석기제작의 주인공은 초기 네안데르탈인 이라는 것은 확실하다[81].

4. 주거와 생활

비록 화남지구 과도기 단계의 구석기유적이 풍부하지 않지만 정식 발굴된 계공산유적이 노출된 면적 및 유물, 유적의 풍부함은 기타 유적에서 찾아 볼 수없다. 계공산 아래층의 문화유물은 대단히 풍부하다. 그 석제품과 인위적으로 옮겨진 강자갈은 대단히 많다. 그 분포도 규칙적이며, 유적 중앙의 북부를 중심으로 5개의 강자갈과 석기로서 조성된 원형 돌 돌림이 있다. 돌 돌림내부는 비어 있다. 때로 일부의 석기가 있다. 돌 돌림내경은 1.5~2.5 m (도3-19) 이다.

그 외 2개의 석기 제작 장소가 확인되었다 : 동쪽에는 석핵, 석편과 돌 마치 등이 초기 가공되어 놓여 있었다 ; 서쪽은 주로 석편과 석기 등이 놓여 있어 제2가공 지역이다. 일부 표본은 그 자리에 같이 놓여 있었다. 이것이 당시 사람들이 석기제작한 장소와 원지에 매장된 점을 설명하여 준다[82].

계공산 유적아래 문화층의 평면분포를 살펴보면 대량의 문화유물과 유적이 한 곳의 전형적 초기 인류 거주지(living floor)를 나타내어 준다. 수량이 많은 석기 가공의 도구와 가공에서 떨어져 나온 부산물이 현장에 같이 남아 있는 것을 당시 사람들이 이곳에서 석기를 제작한 뚜렷한 장소를 나타내어 주고 있다. 돌 돌림(石圈)의 존재는 이곳이 거주지라는 것도 나타내어 준다. 돌 돌림을 조성한 비석재의 강자갈은 이곳과 강가가 일정한 거리가 있었

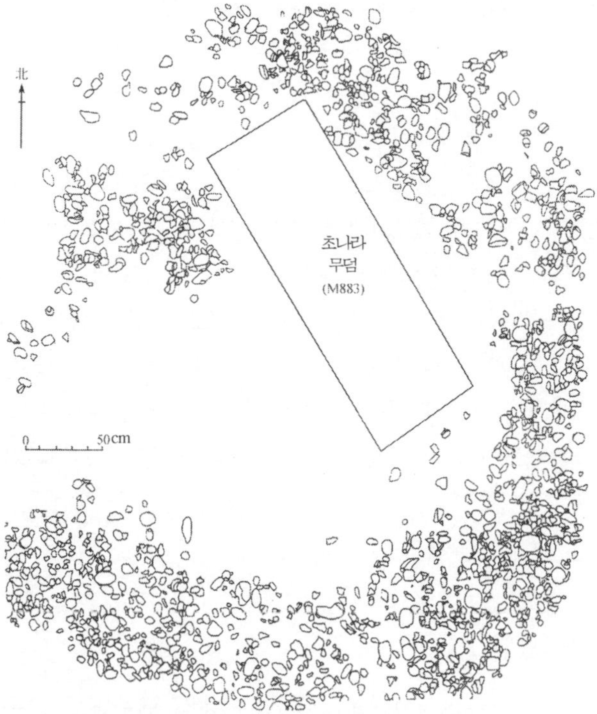

도 3-19. 계공산유적 돌돌림분포도(유덕은 등, 2001)

으며, 비 석재의 대량의 강자갈의 운반은 다른 용도로 사용된 것을 설명하여 주고 있다. 민족지(民族誌)와 고고학적 증거에 의하면 모종 건축과도 관계가 있는 것을 고려하여 볼 수 있다. 계공산 아래층 문화의 뚜렷한 점은 이 단계 화남지역 초기 인류들이 야외 유적생활의 상황을 반영하여 주고 있다(도판13).

이 지역 초기의 강자갈 석기의 유행은 이 지역 이 단계 인류의 생활 방식과 대체적으로 접근되고 있다. 색 다른 점은 석편 가공으로 가벼운 긁개 유형의 석기 수량이 증가 하는 점이다. 그 외 계공산의 정형화(定型化)의 대형 첨구기 출현은 모 종 전문화된 생산 방식이 출현 한 것을 암시하여 준다. 후

양자는 새로운 생계활동의 출현된 증거를 보여 주고 있다.

4. 구 대륙 서쪽

리스-뷔름의 간빙기가 종료되면서 후기 홍적세가 도래되었다. 구 대륙 서쪽의 고인류 및 그 문화의 발전은 새로운 단계로 진입되었다. 동아시아 지구와는 다르다. 구대륙 서쪽은 이 단계에는 인류화석 및 구석기문화에도 더욱 뚜렷한 단계성 특징이 나타났다. 고 인류화석 및 구석기 문화특징은 구대륙 서쪽은 아프리카의 사하라 사막을 경계 두 곳의 서로 다른 지역 즉 유럽, 서아시아와 북 아프리카 및 사하라 사막 남쪽의 아프리카 지역이다.

(1) 유럽 및 부근 지역

1. 네안데르탈인

네안데르탈인은 분류상 초기 네안데르탈인 이다. 과거에는 이 단계의 인류를 고인(古人)이라고 칭하였다. 현재 네안데르탈인의 개념은 유기 홍적세 초기. 중기에 유럽과 그 부근에 생활한 고 인류를 지칭한다[83].

19세기 전 초기에 유럽에서 네안데르탈인의 화석이 발견되기 시작 하였다. 그러나 당시에는 큰 관심을 갖지 않았다. 1856년 독일 두셀돌프 부근의 네안데르탈 계곡 채광하던 인부들이 성인 남성의 노정골과 팔다리뼈 화석을 발견하였다. 이 화석이 해부학자의 손에 넘어 갔으나 하나의 특수 인류 유해로 인정 되었을 뿐 그 진화에 대한 의의는 알지 못 하였다. 다만 당시에 독일의 해부 학자 웰(威維爾)등은 하나의 새로이 죽은 백치(白痴)환자의 유해라고 인정하였다. 네안데르탈인의 분류에 대한 이론이 수 십 년 동안 지속되었다. 20세기 초에 프랑스 학자 앙이 브뢰이(H. Breuil)의 연구 발표 후, 네안데르탈인의 분류에 새로운 인식이 제시 되었다. 브뢰이가 연구한 자료는 프랑스 남부 Saint savell 부근 동굴에서 발견된 거의 완정한 남성노년의 골격이다. 그가 복원한 네안데르탈인의 형상은 오늘날 까지 영향을 주고 있다[84].

19세기 말에서 1930년대 까지 네안데르탈인은 주로 유럽에서 발견되었다. 1930년대이후 서아시아에서 발견되기 시작하였다. 예로 이스라엘의 Tabun, Amud, Kebara 그리고 이락의 샤니달 등이다. 심지어 중아시아 우즈베키스탄의 다히크다시(塔希克塔什)에서도 발견되었다. 현재까지 적어도 70곳 이상의 유적과 지점이 확인되고, 200 여인이사의 네안데르탈인의 화석이 발견되었다[85].

네안데르탈인의 체질 특징에 대하여 지금까지 많은 학지들의 관심이 집중되었다. 네인테르탈인은 상당히 많은 원시성을 가졌지만 초기 브뢰이 등이 묘사한 네안데르탈인의 형상은 다만 그 원시적인 특징만 강조되었다. 전체적으로 네안데르탈인의 노정골은 평탄하며, 원형으로 융기, 다만 상대적으로 비교적 낮은 편이다 ; 뒷 면은 원형과 원형에 접근되었다 ; 뼈 벽 두께는 7~8 mm ; 앞이마는 상대적으로 낮으며, 이마 뼈와 연결되면서 두개의 홈형(凹)을 이루고 있다 ; 노정골 아래의 결구(結構)는 직립인(Homo erectus)에 접근되고 있다. 초기 일단계의 고인류와 비교하면 네안데르탈인의 뇌량은 대단히 크다. 뇌량의 범위는 1245~1740 cc, 현대인의 평균 뇌 량 보다 크다. 얼굴부위의 돌출부위는 직립인과 가깝고, 여전히 아래턱은 없다. 다만 코 부위가 특별이 앞으로 돌출되었다. 앞 이빨과 견치는 현대인보다 거칠고 크며, 마모정도는 어금니 보다 크다. 대다수 네안데르탈인의 팔다리 뼈는 해부학적으로 상당히 현대화 되었다. 다른 것은 아직은 거칠고, 또한 강장한 뼈대를 가졌다.

년대 자료에 의하면, 유럽 네안데르탈인의 시기는 B.P. 30.000년 이상이다. 가장 나이가 어린 네안데르탈 화석 표본은 프랑스 서남부 Saint Cesaire 레서 발견되었다. 이 화석은 구석기시대 후기 샤텔페론형 석기와 공존되어 있었다. 화분과 석기 등에 의하면 그 시기는 34.000~35.000년 사이 이다. 가장 나이 많은 네안데르탈인은 소수의 후기 홍적세 표본을 제외하고, 일반적으로 최후 간빙기에 출현, B.P. 130.000~110.000년 이후 이다. 층위학과 고생물학적 자료 에 의하면 대부분 네안데르탈인의 시기는 최후 빙하기의 초기 단계로서 B.P. 74.000~35.000년 사이 이다. 일부 약간 이른 곳은 대체적으로 B.P. 110.000~90.000년 사이 이다. 비록 서아시아 지역의 최후 간빙기와 최후 빙하기 초기 의 층위가 유럽과 구별하기 어렵지만 서아시아 지구 최초 네안데르탈인의 출현시기는 최후 간빙기의 초기로 보고 있다. 최근 년대 학의 측정 결과가 이 상황을 증명하여 주고 있다. 즉 서아시아 네안데르탈인의 출현 기는 유럽보다 늦다. 따라서 학자들은 서아시아의 네안데르탈인은 유럽에서 이주하여 온 것으로 보고 있다[86].

2. 무스테리안 문화의 분포와 발전

무스테리안 유적은 프랑스 서남부의 도르돈유지역의 챠사이시 부근이다. 독특한 구석기유형에 의해서 무스테리안 문화로 명명되었다. 유럽의 구석기 문화내에서 무스테리안 문화는 구석기시대 중기 문화를 대표한다. 유럽과 가까운 서아시아 북 아프리카등지에 무스테리안 단계의 대표로 사용되고 문화 발전 수준은 대체적으로 구석기시대 중기 문화에 해당된다. 유럽의 무스테리안 문화는 최후 간빙기, 심지어는 리스빙하기가 기초가 되어 대략 뷔름 빙하기에 시작되었다. 여러유형의 무스테리안 문화는 유럽각지에 파급, 동시에 B.P. 40.000~30.000년 까지 지속되었다[87]. 일반적으로 무스테리안 문화의 주인공은 네안데르탈인이며, 그 문화는 분포구역이 확실하고 네안데르탈인과 중복 분포되었다. 비록 최근에 서아시아에서 발견된 초기 현대인 역시 무스테리안 문화석기 사용, 다만 전체적으로 네안데르탈인과 무스테리안 문화의 분포시간과 공간은 대체적으로 맞 물려있다.

(1) 프랑스 무스테리안 문화

프랑스는 무스테리안 문화의 고향이다. 이곳은 전형적 무스테리안 문화의 발견지이며 동시에 무스테리안 문화유형이 가장 풍부한 구역이다. 프랑스 학자 들은 무스테리안 문화를 4가지 유형으로 분리하고 있다 : 전형적 무스테리안 문화, 키나(Quina) 유형의 무스네리안 문화, 이빨 형 무스테리안 문화와 아쉴리안 전통의 무스테리안 문화등이다[88].

전형적 무스테리안 문화의 주요 특징은 주로 원형의 석핵 사용기술, 삼각형 석편은 떼여내어 첨두기와 긁개 등을 제2가공으로 제작. 르발르와 기술은 비록 응용되었지만 많지는 않다. 주먹도끼 드물게 사용. 긁개의 수량 많다. 석기 중 25~55% 차지. 삼각형 석편으로 가공된 첨두기, 가공정교, 형태안정, 무스테리안 문화의 표준유물이다. 등 칼(背刀)은 드문 편이다. 홈 날과 톱니 석기는 비율이 저조하다. 잎 형(石葉) 석기는 없다. 이 유적에서 발견된 인류화석은 전형적 네안데르탈인 이다. 이 문화의 시기는 Wurm I 시작부터 Wurm 2 결속 때까지 이다.

Quina-Ferrassie 또는 Charentian 과 전형적 무스테리안 문화 관계는 대단히 밀접하다. 즉 그 하나의 아형(亞型) 가능성이 크다. 그 기분 특징과 전형적 무스테리안 문화는 대단히 접근되고 있다. 다만 긁개가 특별히 발전되었다. 르발르와 기술 언제나 사용되지 않았다. 주먹도끼 는 없거나 극히 드물다. 긁개는 전체 석기의 50~80%을 차지, 여기에는 대량의 특수 유형, 돌출의 두터운 긁개 및 사다리 꼴 형 가로날 긁개이다. 첨두기와 등 칼은 없으며 홈 날 도 극히 드물고, 나무 잎 형 석기는 없다. 프랑스 및 서구 대부분 네안데르탈인 화석은 이러한 유형의 문화유적에서 출토되었다. 그 시기는 Wurm 빙하기 앞 두 단계에 속한다.

톱니 날 무스테리안 문화(Denticulate mousterian)는 Wurm 빙하기 개시부터 시작되어 Wurm Ⅲ에 결속되었다. 르발르와 기술이 때때로 사용되었다. 긁개는 대단히 드물어 5~25% 차지 하였다. 첨두기는 드물거나 없다. 또한 제2가공도 정교하지 못하다. 등 칼과 남 잎 형 석기는 없다. 가장 뚜렷한 것은 톱니석기가 35~55% 차지. 다만 공존된 인류화석 없다.

아쉘리안 전통의 무스테리안 문화 A. B 두개의 아(亞)유형 이다. 층위관계에 의하면 전자는 후자보다 조금 이르다. 또한 전후 발전관계로 연결되어 있다. 아쉘리안 전통의 무스테리안 문화 A 형은 Wurm 빙기초 또는 더욱 이른 시기에 시작되었다. 르발르와 기술 사용은 보이지 않는다. 주먹도끼가 8~40% 차지, 다만 많은 곳은 10~15%사이 이다. 삼각형, 심장형과 창끝형의 주먹도끼가 있다. 모두 아쉘리안 문화 전통 영향 받았다. 긁개, 첨두기와 톱니석기 등이 많으며 가공 역시 정교하다. 등 칼 드물다. 주의할 가치가 있는 것은 나무 잎 형 석기가 있으며, 또한 일부는 후기 석기유형으로 조각기와 밀개와 모루 등이 있다. 아쉘리안 전통 무스테리안 문화 B 형에는 르발르와 기술이 보이지 않는다. 주먹도끼 역시 드물어 보통 4~5% 이며, 비교적 소형이며 제2가공이 거 칠은 것들이 있다. 긁개와 첨두기 없으며, 제2가공은 평범하다. 다만 등 칼의 수량이 많으며, 제작이 정교, 긴 석편 또는 나무 잎 형을 가공하여 제작하였다. 톱니석기 비교적 많으며, 제작 정교하다. 나무 잎 형 석기 비교적 많으며 후기 석기 유형 또한 발전 예로 쌍날 조각기 등이다. 어느 지점에서는 A.B유형의 중간과도 유형도 보인다. 그 시기는 Wurm Ⅱ의 시작 시기이다. B형의 시기는 Wurm Ⅱ-Ⅲ 기, 그것은 후에 후기 의 Perigoridian 문화로 발전되었다. B형 후기와 페리고르디안 문화 초기 사이는 구별이 대단히 어렵다. 아직 이 문화와 공존된 인류화석이 발견되지 않았다. 이러한 몇 종의 무스테리안 문화 사이의 관계는 여러 학자 사이에 의견이 다르며, 오랫동안 논쟁이 되어왔다[89]. 어느 학자는 여러 유형의 무스테리안 문화는 여러 가지 서로 다른 고인류 가지의 문화에 의해서만 인정이 가능하다고 보고 있다. 일부 학자는 유적 공능의 각도에서 여러 유형의 문화는 실질적으로 여러 가지 공능의 도구와 결합되었다고 보고 여러 문화 유형의 구성은 복잡하며, 여기에는 문화 전통이 포함되고 그 공능 및 시기의 차이 등 다방면의 원인이 종합적으로 결합되어 작용되었다라고 보고있다[90].

(2) 유럽 기타지역 무스테리안 문화

후기 홍적세 초기에서 중기의 유럽은 무스테리안 문화의 천하이며 각지에서 발견된 무스테리안 문화의 유적은 풍부하고 다채롭다. 전형적 무스테리안 문화의 고향인 프랑스 부근의 서구 각국의 발견은 프랑스에서 발견된 것과 밀접한 관계가 있다. 잉글리쉬 해협을 건너 영국에서 발견된 아쉴리안 전통의 무스테리안 문화가 있다. 비리시(比利時)에서도 키나형, 아쉴리안형 및 무스테리안 문화 발견되었다. 독일에서도 아쉴라안형 무스테리안 문화, 키나형 무스테리안 문화가 존재하였으며, 그 외 나무 잎 형 첨두기의 무스테리안 문화가 발견되었다[91].

중부 유럽에 여러 가지 유형의 무스테리안 문화가 발견되었다. 체코와 스코바크(斯洛伐克) 등에서도 많이 발견되었다. 다만 비교적 유형 결정이 어렵다. Hungary에서 발견된 무스테리안 문화는 전형적 무스테리안 문화와 접근되며, 여기에서 또한 키나형 무스테리안이 있지만 서로 다르다. 예로 부다페스트에서 서쪽으로 60 km 에 한곳의 무스테리안 문화 유적이 있다. 유물이 풍부하다. 다만 유물이 특별한 유형에 속한다. 강자갈로 직접 떼여낸 석편도구는 유형이 대단히 작다. 그리고 르발르와 기술은 드물게 사용되었다. 긁개의 비율이 비교적 높다. 키나형 무스테리안 문화의 유형도 있지만 키나식 긁개는 드물다. 수량이 비교적 많은 것은 양면 가공된 긁개이다. 또한 오지리, 루마니아 및 남슬라브 등지에도 모두 이 단계의 석기가 발견되었다. 동시에 또한 네안테르탈 인 화석도 발견되었지만 어느 한 유형으로 귀납시키기는 어렵다.

동구라파의 폴란드는 이 시기의 동굴 및 바위 밑 그늘유적에서 비교적 이른 시기 전통의 문화유물이 발견되었다. 그것들은 Wurm I 단계의 층위 내에서 창끝 형과 삼각형에 가까운 주먹도끼의 아쉴리안 문화가 발견되었다. 그 후자는 명백하게 아쉴리안 전통을 계승한 무스테리안 문화이다. 아라스

경내에서도 비교적 많이 발견되었다. 불가레스의 소하야미카 유적에서 편평한 소형 주먹도끼, 편평한 창끝형 주먹도끼, 근접된 삼장형 주먹도끼, 첨두기. 밀개와 각종 긁개, 특징적인 잎 형 석기 등 비교적 특수한 무스테리안 문화가 발견되었다. 오크란의 무거다와 에서도 후기의 무스테리안 문화유적이 발견되었다. 석기 조합은 첨두기, 긁개와 르발르와 석핵 등으로 전형적 무스테리안 문화와 접근되고 있다.

지중해 연안과 프랑스와 근접된 이태리, 또한 풍부한 각종 유형의 무스테리안 문화가 발견되었다. 전형적 무스테리안 문화, 키나형 무스테리안 문화 톱니상 무스테리안 문화가 발견되었다. 다만 아쉘리안 형 무스테리안 문화는 없다. 한곳의 동굴유적에서는 키나형 무스테리안 문화와 네안데르탈인 두개골 화석이 발견되었다. 톱니 형 석기가 많으며, 르발르와 기술이 응용되었으며 긁개는 드물다. 또한 일부 주먹도끼 및 대석편제의 클리버가 많다. 이것은 아쉘리안 이후 아프리카 문화 영향이 이곳에 도착된 것을 나타내어 준다. 전형적 무스테리안 문화가 스페인의 일부지점에서 발견되었으며, 또한 이것은 동아프리카 지역 문화와의 연계성을 나타내어 주고 있다.

(3) 북아프리카의 무스테리안 문화 단계

북아프리카와 유럽대륙은 바다를 격하여 마주보고 있으며, 동쪽은 육교로서 리버트(黎凡特)지역과 유럽이 연결되어 있으며, 서쪽은 지포르타(直布羅陀)해협을 격하여 약 10 km 가면 서남지역 유럽에 도착 된다. 양자간의 문화관계는 대단히 밀접하였다. 이 지역의 비교적 전형적 무스테리안 문화는 애급 및 수탄사이의 노비아(努比亞)지역에서 발견, 유사한 전형적 무스테리안 문화 및 톱니상 무스테리안 문화가 발견되었다. 여러 가지 유형의 석기중 많은 르발르와 석편이 혼합되었다. 그것들은 최후 간빙기 또는 최후 빙하기의 초기에 해당된다.

북아프리카 서부는 비교적 전형적 무스테리안 문화의 발견이 드물다. 손잡이가 있는 아트라(阿特垃) 문화 또는 유형이 대단히 풍부하다. 이러한 유형의 석기 특징은 손잡이를 제외하고 전체 석기유형은 무스테리안 문화와 기본적으로 일치하다. 그것들은 긁개, 첨두기, 톱니상 석기 등이다. 대부분 아트라 문화에도 수량이 많은 르발르와 석편이 있다. 지리적 분포에 따르면, 아트라는 주로 서북쪽 아프리카 마거리포(馬格里布) 지역에 집중되었다. 그것은 애급지역까지 연장되었다. 당지의 무스테리안 문화와 유사한 것, 아트라 문화에도 부분적으로 상대적으로 습윤한 지역에 까지 집중 분포 되었다. 이러한 현상은 당지의 무스테리안 문화, 아트라 문화와 관계된 사람들은 전형적 네안테르탈인과의 관계는 없으며 초기의 현대인(Homo sapiens sapiens)와 관계되어 있다[92].

3. 서아시아, 중아시아 및 남아시아

(1) 서아시아의 무스테리안 문화와 고인류

서아시아 지역 구석기시대 중기의 발견은 대단히 중요하다. 현재 이 지역은 현대인류기원의 가장 중요한 장소로 주시되고 있다. 그것은 이 지역의 지리적 위치와 관계가 있다. 서아시아 지역, 특히 지중해 동쪽 제방에 위치한 Levant는 가장 중요한 발견지역의 한 곳이다. 이곳에서는 풍부한 구석기문화 유적, 특히 네안테르탈인과 동 시기 및 이른 현대인(Homo sapiens sapiens) 화석이 발견되었다[93].

이스라엘 경내에 위치한 지중해 연안의 칼마이리 산언덕에 일 계열(一系列)의 동굴유적이 있다. 그 중에 Tabun과 Skhul은 같이 연결되어 있다. 동굴 입구의 거리는 10 km 정도이다. 그러나 두 곳은 큰 차이가 있다.

Tabun 유적은 지난 세기부터 여러 차례 발굴되었다. 발견된 유물은 구석기시대 초기부터 중기 유적 및 네안테르탈인의 화석도있다. 이 동굴퇴적의 아래층에서는 전형적인 아쉘리안 후기의 석기가 발견되었다. 중간층은 아쉘리안-아푸노지(亞布魯迪) 문화의 석기출토, 이 석기는 비록 시기가 이르지만 비교적 많은 후기 구석기시대의 전형적 유물 : 잎 형 석기, 조각기, 등 칼과 수량이 많은 아쉴리안-아푸노지 긁개가 공존 되었다. 위층은 르발르와 석핵, 원형석핵 및 대량의 삼각형 석편이 포함되어 전형적 무스테리안 문화 유형으로 확인되었다[94].

Skhul 유적역시 많은 문화층을 가졌다. 구석기시대 중기 문화퇴적층 내에서 르발르와 석핵과 석편, 무스네리안 첨두기, 긁개등이 출토되었다. 르발르와 석핵 수량이 많으며, 그것들이 반복 사용되어 가늘고 작은 것으로 변하였다. 이 동굴에서 발견된 인류화석은 5인의 성년남성, 2인의 성년 여성 및 3인의 어린아이들 뼈 들이다. 그중 1구의 여성 뼈는 잘 안치되어 있어서 고인류 최초의 무덤 증거로 보고 있다.

전 양자의 동쪽에 위치한 칼마리산은 직선거리로 35 km 지점의 카후지(佧夫澤) 유적이다. 하나의 동굴퇴적 층이다. 이곳은 1930년부터 발굴이 시작되어 최근까지 20 여년 동안 지속되었다. 여기에서는 구석기시대 중기의 문화 유적 외에 더욱 중요한 인류화석이 발견되었다. 카후지유적은 적어도 3곳의 무덤이 발견되었다. 그중의 한곳은 1인 성인의 것으로 쌍 무릎 이 위로 올라오고, 우측으로 누워 석회암위에 놓여 있었는데 그곳은 자연적으로 형성된 벽 굴 이다. 그 외 1곳은 구석기시대 중기의 유일한 합장 묘이다. 여기에는 년령 18~20세 여성이 오른쪽으로 누워, 두 손은 배위에 놓고, 두 다리는 반으로 굽어 졌으며, 그 다리밑에 약 6세의 어린 아이가 있다. 이곳은 인공적으로 파서 만든 흙구덩이다. 다른 1곳은 13세의 남자 아이, 기반암위의 홈 속에서 발견, 엎드려 누워있으며, 두 손을 위로 올렸는데 한손은 큰 뿔 사슴 뿔 위에 놓았는데 그것은 가슴 앞에 기대놓았다. 이외에 또한 구멍 뚫린 조개껍질, 이것은 서쪽으로 40 km 지점의 지중해 해변에서 주워왔다. 또한 붉은 돌(紅赭石)도 발견되었다. 고 기후와 깊은 바다의 Oxygenium과의 비교에 의하면, 이 시기는 80.000~100.000년 정도이다. 다만 체질 인류학의 측면에서 보면 이 동굴의 인류화석은 비교적 발달된 네안데르탈인으로 비교적 원시적인 Homo sapiens sapiens 속한다[95].

이락북부 리거로스(祁格羅斯)산지역의 사니다르 동굴유적에서 구석기시대 중기 문화와 네안데르탈 화석이 발견되었다. 이 동굴유적의 해발 높이가 700 m, 문화퇴적은 14 m 두께이다. 아래층은 전형적 무스테리안 문화, 석기에는 전형적 무스테리안 첨두기, 긁개가 있으며, 다만 르발르와 기술은 없다. 이곳에도 네안데르탈인의 무덤이 있다. 전체 9구의 네안데르탈인 뼈가 발견되었다. 그 중 1구의 노인의 골격화석은 손뼈가 절단된 이후에도 오래 동안 생활한 흔적이 있다. 이러한 상황은 당시의 사람들 사이에 이미 돌보아 준 흔적이 있다. 그렇지 않으면 손이 없는 질병 인이 장기적으로 생존할 가능성이 없다. 그 외 화분분석지료에 의하면 일부학자들은 이 동굴 거주민은 죽은 사람에게 꽃다발을 받힌 흔적도 있다고 주장하고 있다.

오래되지 않은 통계에 의하면 서아시아 지역에서 정식으로 발굴된 구석기시대 중기의 유적은 적어도 50~60곳이 된다. 이러한 지점들의 대부분에서 전형적인 무스테리안 석기가 출토되고, 그 중 여러 곳에서 풍부한 고인류화석이 출토되었다. 서아시아의 무스테리안 석기는 제작기술 뿐만 아니라 석기조합 등이 뚜렷한 지역적 전통을 가지고 있다. 다만 모두 유럽의 무스테리안 문화와 접근되며 또한 여러 유형의 무스테리안 문화가 존재하고 있다. 인류화석의 정황은 더욱 복잡하다. 일 방면에는 전형적 네안테르탈인이 존재하고 다른 일면은 시대가 이른 시기의 것은 체질적으로 뚜렷한 현대인류화석이다. 특히 최근에 측량 기술의 발전 및 종합적 연구 결과 원래 서아시아 지역 네안테르탈인은 초기 현대인보다 이른 것으로 알려 졌으나 양자의 조상관계의 전통은 수정되어야 하는 것으로 결론이 내려지고 있다. 새로운 연구 성과는 초기 현대인 서아시아에 출현한 시기는 네안테르탈인보다 훨씬 이른 시기이다. 네안데르탈인이 서아시아에 도착한 이후에 양자는 병존되어 수 만년 생활한 것이다[96].

(2) 중앙아시아와 남아사이의 무스테리안 문화

서아사이로부터 중앙아시아 까지 사이에는 자연적 지리 장애가 없이 점진적인 과도기 상태로 진입되었다. 중앙아시아 지구는 주로 전 러시아의 여러 가맹공화국, 그리고 이란과 아프칸 등이다. 네안데르탈인과 무스테리안 문화의 영향은 쉽게 중앙아시아 지역에서 확인할 수 있다. 우주피에크스탄의 다히크타스의 동굴유적에서 1인 8~9세 어린애의 무덤이 발견, 그것은 뇌정골과 신체 뼈이다. 화석의 특징에 의하면 네안데르탈인에 속한다. 이곳은 현재까지 발견된 네안데르탈인 분포의 가장 동쪽이다. 이곳에서 동시에 수천점의 석제품이 발견되었다. 그것들은 원형 석핵, 르발르와 석편, 긁개, 가로날 긁개 및 소량의 잎 형 석기 등이다. 석기의 제2가공 처리 기술은 키나형 무스테리안 문화와 같다.

남아시아의 인파스(印巴次) 대륙에서 이 단계의 문화 유적으로 발견된 것은 시가가 비교적 늦다. 20세기 중기, 인도와 파키스탄 독립적으로 발견되었다. 이 단계의 문화유적 분포는 대단히 넓다. 전체 차 대륙(次大陸)으로 파급되었다. 그 문화 특징은 수석 석재위주, 언제나 원형 석핵에서 3각형 석편을 떼여내었다. 석핵의 가공은 유럽 및 서아시아의 르발르와 와 무스테리안 기술과 같다. 석기는 긁개가 많으며, 첨두기의 수량은 비교적 제한 적이다. 홈 석기의 수량이 증가된 점이 특징이다. 전형적 지점(유적)은 중부의 번다후, 석기 제작 장소로서 거북이 형과 원형 석핵 등이 발견되고, 대량의 석편이 사용되었다. 석기조합은 홈 과 돌출 날 긁개, 소형의 강자갈 찍개, 때로 주먹도끼도 보인다. 뚜렷한 무스테리안 문화 인소(因素)가 이 지역에 전통적으로 영향을 주었다[97].

(2) 사하라 사막 이남(以南)의 아프리카

사하라 남쪽의 아프리카, 전체 아프리카가 포함, 남쪽에서 북쪽으로 발견된 이 시기의 인류화석 지점은 대단히 많으나 빈약하다. 년대학에 대한 작업도 많은 문제점을 안고 있다. 다만 년대 문제를 제외하고, 전체적인 관찰은 이 단계 전체 아프리카 대륙발견의 인류화석은 모두 전형적 네안데르탈인과는 다르다.

아프리카 대륙과 네안데르탈인과 같은 시기의 인류체질 특징상 발표된 내용과는 차이가 크다. 이점이 인류학자들에게 비상한 관심을 갖게 만들고 있다. 일부학자는 상기 상황을 다음과 같은 몇가지 원인이 있다고 보고 있다 :

1) 이 표본들이 대표하는 시간의 과도기가 길며, 분포의 지리적 범위도 대단히 광범위하다;

2) 하나의 신속히 발전된 인류 집단을 대표 한다;

3) 그중에 일부시기가 비교적 늦은 시기의 표본을 완전히 배제 할 수 없다.

여하튼 이 표본 중에 상당부분이 전형적 네안데르탈인과 동일시기에 속한다. 그러나 이러한 아프리카 고인류 화석의 뇌정 골의 특별한 자태는 얼굴 특징도 네안데르탈인과 완전히 상반된 상태이다. 그리고 현대인(Homo sapiens sapiens)과 접근 되고 있다. 이 특징은 아프리카 현대인을 탐색하는데 하나의 중요한 기원이 될 수 있다[98].

2. 중기 석기시대의 문화발전

사하라 남쪽의 아프리카지역, 이 단계의 구석기문화와 무스테리안 문화와 비교하면, 비록 많이 접근된 점이 있지만 전술한 몇 곳과 비교하면 특히 전형적 무스테리안 문화의 차이는 대단히 뚜렷하다. 이유는 이곳의 구석기시대 분기(分期)는 유럽과 다른 방법 채택, 무스테리안 문화 또는 구석기시대 중기 문화(Middle paleolithic)의 분기를 따르지 않고 중기구석기시대(Middle stone age, 간칭 MSA)라고 부르고 있다[99].

남부 아프리카의 중기구석기 문화는 이 지역 이른 시기의 아슐리안 문화와 밀접한 관계가 있다. 이 점은 남부 아프리카 초원 지역의 비교적 광활하게 분포된 홀스미스(福爾史密史) 문화 내에 뚜렷하게 나타나있다. 홀스미스 문화는 남아프리카의 아오란지(奧蘭治)의 훌스미스에서 발견된 편도섬형 주먹도끼에 주어진 이름이다. 그 석기조합은 르발르와 첨두기, 긴 심장형 또는 심장형 주먹도끼, 또한 발견된 소형의 클리버, 대량의 석편석기 등이다. 시대의 발전에 따라서 석편석기 수량이 증가되고 주먹도끼는 감소되었다. 훌스미스 문화에는 비교적 많은 아쉴리안 문화전통이 있다. 그것은 밀기의 아쉴리안이라고 칭하고 있다. 그것이 유행하던 시기에 따르면, 이미 후기홍적세 초기에 진입되었다. 훌스미스 문화는 에치오피아에서 도 발견되었는데 그것은 높은 지역에 제한되었다. 케냐에서 발견된 건조한 시기는 소형 주먹도끼와 클리버, 대량의 원형 돌과 석편석기가 대표적이다[100].

남아프리카와 동아프리카의 삼림지역에는 상고안 문화가 분포되었다. 상고안문화의 표준 지점은 우간다의 빅토리아호수 서쪽 제방의 상고안으로 1920년 발견으로 명명되었다. 그 문화특징의 상고안 문화는 아쉴리안 문화를 계승발전 시켰다. 그러나 아쉴리안 후기 문화 사이에는 뚜렷한 차이가 보인다. 그 초기 단계는 수량이 많지 않으며, 거칠은 주먹도끼가 제작되었다. 다만 새로이 출현한 문화 인소는 대형 첨두기와 대형 낫 형 칼(刨刀, 깍을포 도)이다. 이러한 도구의 변화는 삼림환경에 적응한 산물이다. 동시에 출현한 송곳(尖鑿)과 밀개 등이다. 석기조합과 유적환경에 따르면 이 석기 조합은 비록 거칠지만 목질(木質)가공에 적응된 것이다. 유적 내에서 대형의 주먹도끼 높은 등 낫 형 칼과 긁개가 출토, 하나의 도구 조합을 이루었다고 설명할 수 있다. 잔비아의 카란프 폭포의 상고안 문화는 C14년대로 B.P. 40.000년이다.

잔비아 남쪽에서 발견된 상고안 문화는 그 석기조합이 달 갈 형 주먹도끼와 대형 첨두기를 제외하고, 첨두기, 긁개, 톱니석기, 두터운 밀개와 낫 형 칼등이다. 비교적 소형의 석편석기의 수량이 비교적 높다. 우간다 카지라(佧吉垃) 강계곡의 상고안 문화는 주먹도끼, 클리버, 대형 첨두기와 대형 긁개 등이다. 상고안과 훌스미스 2곳의 석기조합은 차이가 있다. 전자는 초원환경에 적응되고, 후자는 전형적 삼림환경의 것이다.

상기한 홀스미스 문화와 상고안 문화등 2곳은 현저한 지역성 특징의 중기 문화 외에 이 지역에 또한 일부의 무스테리안 문화와 접근된 것이 있다. 예로 남아프리카의 카라시스(作垃西斯)강 입구의 동굴에서 발견된 구석기문화 유적이 있다. 이 거대한 바다가의 동굴유적은 초기인류가 장기적 체류, 최후 간빙기부터 최후 빙하기가 올 때 까지 장기간 4~5만년 간 이용되었다. 이곳의 석제품은 당지 해변 가의 풍부한 석영암 석재를 활용, 르발르와 기술로 석편과 잎 형 석기를 제작 시켰다. 석기는 단면 가공의 잎 형 첨두기, 르발르와 첨두기, 밀개, 톱니석기와 잎 형 석기 등이다. 이 특징은 전형적 무스테리안 석기내에서 볼 수 있다. 따라서 연구자들은 무스테리안 문화가 아프리카남부로 연결 된 것으로 보고 있다.

이 지역의 중기수석시대는 또한 하나의 주의할 문화현상은 잎 형 석기 기술 및 그 출현시기가 비교적 이른 시기라는 것이다. 잎 형 석기는 카라시스 바다 입구의 유적에서 출토되고 주위의 동굴과 Montagu 등 유적에서도 발견 되었다. 시기는 B. P. 130. 000년으로 보고 있다.

5. 동남아시아와 동북아시아

중국대륙과 인접된 동남아시아와 동북아시아 지역은 현재까지 발견된 이 단계 인류화석 및 구석기문화 유적이 비교적 제한 적이다. 이 원인은 다방면에 있다. 먼저 이 지역 구서기기시대 연구발정의 능력이 구대륙 서쪽에 미치지 못하고 있다. 또 다른 한 이유는 이 지역 구석기시대 유적의 보존 상황과도 관계가 있다. 식물적인 것과 토양 등의 제한도 있다. 이 지역 야외 유적의 보존상태는 대단히 약하며 특히 동물화석과 인류화석 보존은 제한 적이다. 동굴유적의 보존 상항도 전자와 같다. 다만 이 지역에서 이미 발견된 이 단께의 동굴 유적의 수량도 대단히 제한 적이다.

이 단계의 인류화석은 동남아시아 타오유(島礇)구역의 앙동인(昂棟人)이다. 앙동인 화석은 인도네시아 아준라하(亞埈羅河) 연안의 12개 고인류 두개골이다. 이 두개골은 1930~40년에 발견되었다. 두개골은 얼굴 뼈가 없으며, 그중 2구만 노정 골 아래 부분이 보존되었다. 노정 골은 비교적 넓으며, 높고 두텁다. 이마부위가 비교적 넓고, 뒷머리부위는 돌출되고, 살 조직(肌肉) 부위의 흔적이 뚜렷하다. 성년인의 평균 뇌량은 1150 cc 이다. 앙동인의 화석의 분류위치는 학자간의 차이가 크다. 어느 학자는 네안데르탈인에 속한다고 주장하고, 일부 학자는 직립인에 속한다고 주장하고 있다.

근년 래 의 측정결과는 B.P. 50.000~25.000년 사이 이다. 이 년대의 수치레 의하면 이 단계는 또는 비교적 늦은 시기에 해당된다[101].

이 단계의 구석기유적은 지금까지 어느 정도 알려져 있다. 동남아시아 대륙, 다만 월남산구역의 동굴 내에서인류 이 빨 화석과 동물화석이 발견되었다. 섬지역의 발견은 비교적 중요하다. 인도네시아 자바의 Ngebung과 Ngandong 석제품은 이 단계에 속한다. 유적과 지점분포는 Solo 강 높은 계지 상에 있었다. 석제품은 옥수(玉髓), 벽옥, 규질 회암 등 석재의 소형 석편 가공 석기 등이다. 또한 가공된 뼈제품도 있다. 석편의 수량이 많으며, 길이는 기본적으로 5cm 미만이다. 많은 석편 상에 뚜렷한 제2가공 흔적이 남아 있다. 석기는 긁개, 조각기, 송곳 등이다. 이 소형 석편석기는 후기홍적세 초기에 해당된다[102].

유감스러운 점은 상기한 발견외에 전체 동남아시아와 동북아시아에서 발견된 이 시기의 자료는 대단히 드물다. 따라서 이 빈약한 자료에 근거하여 전체 상황을 논하기는 어볍다. 다만 상기한 인류화석과 석제품에 의하면 이 단계 이 지역의 고인류와 구석기문화 특징은 동아시아 대륙의 발견에 접근되고 있으며 대륙 서쪽과는 뚜렷한 연계가 없다.

6. 소결(小結)

(1) 주거형태

현재까지 발견된 정항에 의하면 과도기 단계 인류가 한 냉 지역 환경에 적응하기 에는 비교적 제한 적이다. 중국 뿐만 아니라 구대륙 서쪽에서도 이와 유사한 정향이 보인다. 구대륙 서쪽은 러시아와 전 러시아의 기타 가맹 공화국 영토상에 분포된 것을 제외하고 중기 유적의 분포범위와 초기와의 비교에서 보면 변화가 거의 없다. 중국경내에서 위도가 비교적 높은 과도기 단계의 유적 분포와 초기에는 뚜렷이 다른 점이 없다. 이러한 상항은 한 냉의 환경 조건에서 사람들의 활동이 제한 적이라는 것을 설명하여준다. 유적분포의 확대역시 유럽아시아대륙부근의 서쪽과 남부에 제한적이며 유럽아시아 대륙의 중부와 원동(遠東)지역에는 구석기시대후기의 인류의 광범위한 활동이 보이지 않는다[103].

이 단계 유적 유형역시 동굴과 야외 2종이다. 동굴은 문화유물과 인류화석 보존이 용이하다. 이 단계의 동굴유적에 속하여 있는 현대의 시간보다 짧의며 보존이 비교적 완정하다. 따라서 많은 동굴유적이 이미 고고학적으로 발굴되었다. 그것에 대한 이해가 비교적 많으며 특히 바위 밑 그늘과 동굴입구에 있는 유적유형은 거의 같다. 비교하여보면 야외유적은 쉽게 파괴, 훼손되여 문화유물이 전자와 같이 보존되어 있지 않다. 그러나 야외유적유형도 중요하며 특히 동굴이 없는 지역은 이 단계의 인류와 그 문화발전의 자료를 많이 제시하여 주고 있기 때문이다. 이 단계유적은 대부분이 옛 강변, 호수 가장자리, 큰 계천가 또는 샘(泉水)부근이다. 이 방면은 이러한 지역에서 인류가 활동할 수 있는 곳으로 당시 인류가 남겨놓은 각 종 유물들을 쉽게 보존하고 있다. 따라서 이러한 유적들은 구대륙 양쪽에서 많이 발견되었다.

동굴유적의 기능은 대부분 거주지이며 전문적으로 짐승들을 도살하는 곳은 아니다. 이곳은 그러한 유물의 특징이 있다. 동굴자체의 특징은 특히 많은 유적 내에서 노지가 발견되었다. 이 시기의 노지는 단순한 재 층과 숯들이다. 예로 화북 북부의 주구점 15지점, 합자동 유적 등에서 유사한 경우를 발견하였다. 유럽의 이시기 동굴유적에서도 직경 50~100 cm의 돌 편으로 둘러 쌓인 노지가 발견되었다.

많은 야외유적이 물가에 분포되었다. 인류가 그곳에서 야영하고, 사냥과 동물가죽 등을 처리하였다. 따라서 이곳에서 많은 석제품과 동물 뼈들이 발견되었다. 또한 유적부근에서 석재가 산출되어 풍부한 돌 편들이 이곳이 석기 제작 장소라는 것을 알려주고 있다. 다만 야영지, 또는 수렵장소 또한 가죽 처리 등을 구분하기는 어렵다. 특히 중국남쪽의 중간, 낮은 위도 지역에서는 토양이 산성으로 동물 골격 등의 체질자료를 구하기는 어려워 지역을 구분하여 증거를 찾는 것도 대단히 어렵다.

노지 등불을 사용한 유적 외에 뚜렷한 건축유적도 이 단계에서 찾아보기 힘들다. 일부유적 평면에 석제품과 기타 유적이 집중분포 되었다. 예로 계공산 유적의 돌 돌림(石圈) 구조 및 주위유물의 집중 분포상황은 당시의 주거활동과 관계가 있다. 이러한 상황은 구대륙 서쪽에서 더욱 많이 발견되었다. 가장 현저한 예가 독일의 아림다후와 다인다린 유적이다. 그것들의 평면에 인공적인 구덩이(洼坑)을 팠으며, 거기에 뼈들이 쌓였다. 뼈들은 모종 형태의 틀(框架)이 만들어 졌을 가능성이 크다. 아오크란의 마크다와 유적에서도 많은 원 돌림 또는 반원형태가 확인, 주로 맘모스 뼈를 이용 집중된 석제품, 동물 뼈와 재 층을 둘러 쌓고 있었다. 그러한 뼈들은 짐승 가죽 으로 텐트처럼 덮 혀 있었을 것이다. 뼈로 둘러 쌓인 것은 원형이며, 다만 뼈 돌림(骨圈)의 진정한 내용은 아직 완전히 뚜렷하지는 않다. 언덕이 물에 씻겨 나거나 또는 기타 자연인소(원인)에 의해서 일부 분원이 이루어 질 수 있다[104].

만약 일정한 구역 내에서 과도기 단계의 인류의 주거형태를 토론한다면 구대륙 양측의 자료가 모두 충분히 설명하여 주는 것은 이 시기 인류의 모종 정도의 집단 이동 상태이다. 다만 당시의 주거 상태를 복원하는 것은 비교적 어렵다. 최근에 프랑스 학자들이 석기석재의 분석으로 주거 계통의 실마리를 찾으려고 노력, 어느 정도 성과를 얻고 있다. 지중해 동쪽 구석기시대 중기 문화자료가 풍부한 곳은 이스라엘 등지이다. 고고학자들이 이 단계의 거주 형태의 여러 타입을 제시하고 있다. 이스라엘내의 나가이부 지역조사에서 중기와 후기 여러 가지 계통의 취락상태를 제시 하고 있다. 이 지역 중기의 취락(1)은 반 장기적 야영지로 수원(水源) 가까운 곳; (2) 많은 임시유적은 식물(食物)과 석재래원(來源) 지이다. 후기의 계통은 모종의 장기적 야영지가 없다. 다만 단기적 점유로서 야영 또는 짧은 기간을 차지한다. 중기 유형의 설명은 방사적(放射的) 계통이다. 사람들은 기본적으로 주위 자원(資源) 유적을 왕래하고 생활; 후기의 유형은 하나의 순환계통으로, 계통내의 사람들이 다기능 야영지를 돌아가면서 생활하였다[105].

나가이후 사막지역, 방사계통으로 순환 이동 거주는 당지환경 악화에 의한 반영(反映)이다 : 환경이 건조로 변화, 음식물 자원감소, 사람들은 할 수 없이 자원의 변화에 따라 순환적으로 이동. 그러나 칼마이리산 지역은 대체적으로 네안데르탈인과 초기 현대인들이 서로 다른 주거형태를 가지고 있다. 네안테르탈인의 주거 형태는 방사선식으로 초기 현대인(Homo sapiens sapiens)도 즉 그러한 순환과정을 따랐다. 연구자들은 방사선 상태의 주거안배는 네안데르탈인의 행위 특징으로 보고 있다. 그들은 언제나 자원의 변화에 따라서 자기의 주거형식을 바뀔수 없었다. 다만 초기 현대인은 능력이 뛰어나서 변화를 따라 조종, 순환활동을 하였다. 따라서 초기 현내인은 더욱 강한 환경변화의 적응 능력이 있었다[106].

(2) 생활 방식

최근의 발견된 자료에 의하면, 후기 홍적세 초기의 경제 유형은 여전히 조기의 특징을 계승하였다. 이 단계의 구석기문화의 계승성은 강하고 대단히 완만한 점이 특징이다. 이것은 이 단계의 경제유형의 영향을 받은 것이다. 초기의 같은 환경과 같은 도구성격은 이 상황이 양자의 경제유형과 거리가 멀지 않다는 것을 설명하여준다. 열대, 아열대의 삼림지역은 채집위주의 생계방식이 유행되었다 ; 온대의 초원구역은 수렵과 채집생활이 중복된 경제유형이다[107].

채집경제는 주로 식물자원을 이용하였다. 더욱 위도가 낮은 지역을 예로 중국남방과 아프리카 적도지역은 빙하기간에도 대단히 풍부한 식물이 보존되어 있었다. 식물의 잔여는 불에 탄 것과 화분 등이 남아있는데 그것들의 보존은 극히 드물다. 그러나 여러 지역의 석기 조합의 변화상황은 그것의 간접적 증거를 확인할 수 있다. 예로 화남과 아프리카의 열대삼림지구 부근에서 발견된 중형의 도구 조합은 삼림환경에 적응하기 위하여 식물성의 식물자원이 이용되었다.

전자와는 반대로 온대지구의 중기 유적에서 보존된 가장 많은 것은 인류 식물(食物) 특징은 동물 뼈이다. 유라시아 대륙, 시공의 변화에 따라서 동물 종류가 적녹, 들소, 야생양, 산양, 영양과 말 등이다. 아프리카는 여러 종의 영양, 꽃말(斑馬), 멧돼지 등이다. 최대의 유제류(有蹄類) 등물은 코끼리와 코뿔소 등, 아프리카와 유라시아 등에서 발견, 다만 수량이 많지 않다. 그러나 최근의 발견에 의하면 이 단계의 사냥능력을 계산하기는 어렵다.

이 단계의 인류 및 문화발전의 계승성은 강하지만 발전 속도가 느렸다. 다만 기술의 점진적 발전에 따라서 도구조합이 변화발생, 이것은 또한 생계발전의 변화에 따른 필연적인 결정이다. 예로 동일 유형의 도구는 하나의 유적에서 대량 출현, 이 의미는 이 유적의 비교적 전문적 활동 영향이다. 이러한 상황은 허가요(許家窯) 유적의 예를 들 수 있다. 그 석기조합중 수량이 많은 것은 원형 돌이며, 이것은 그 문화의 특징의 하나이다. 연구자들은 그것의 기능은 수렵용의 "던지는 돌(飛石索)"로 보고 있다. 이 설법이 부 정확하지만 1,000여점의 원형 돌은 이 유적에 모종 전 문화의 생산방식과 관계가 있다는 것을 제시하여 준다. 같은 상황이 계공산 유적에서도 보였다. 이 유적에서는 수량이 비교적 많으며 통일된, 그리고 제작기법이 같은 대형 첨두기가 발견되었다. 이것도 같은 뜻으로 모종의 전문화된 활동을 나타내어 준다. 도구는 표준화가 되며, 전문화 방향을 반영하여 준다.

생계수단의 진보는 또한 이 단계 유적 면적의 증대와 퇴적층의 증가, 유적 분포밀도 증가도 제시하여 주고 있다. 다만 생산력증가, 경제발전 등은 인구의 증가도 촉진, 또한 식물(食物)래원의 보증도 제시, 따라서 이러한 지점도 비교적 장기적 체류를 만들어 주었다. 유적의 면적, 밀도 증가는 구석기시대 중기 인구가 어느 정도 증가 가능성을 반영하여 준다. 생산력 증가, 인구의 증가는 인류사회의 지속적 발전을 촉진시켜 주었다.

(3) 매장 습관 및 기타

의식적으로 죽은 자를 매장하는 것은 인류 진화 역사상 하나의 중요한 변화이며 또한 인류 정신세계의 발전을 반영하여 준다. 구대륙 서쪽에는 비교적 뚜렷한 무덤유적이 있다. 이것은 바로 이 단계에 출현되었다. 현재까지 발견된 무덤유적은 유럽과 서아시아지역이다. 아프리카 및 아시아의 기타 지역은 아직 이 단계의 비교적 뚜렷한 매장 유적은 없다. 이러한 상황의 원인은 유럽은 이 단계의 구석기유적보존 조건과 관계가 있다. 이미 발견된 유럽과 서아시아 네안테르탈인과 초기 현대인의 무덤은 대부분 동굴유적에 있었다. 동굴유적 자체는 야외유적에 비하여 유물. 유적보존 조건이 좋은 편이다. 후기 홍적세 초기 비교적 건냉 한 환경 내에서 동굴속은 신속히 비교적 느슨한 퇴적을 형성시켰다. 이러한 배장조건은 당시의 인류가 매장조건으로서 구덩이를 쉽게 파서 매장을 집행할 수 있었다. 이러한 매장 조건은 이 지역에 비교적 많은 네안데르탈인의 화석을 보존 시 킬 수 있었다. 그중 비교적 많이 의식적으로 매장시켰다[108].

인류가 이미 매장하는 습관을 갖게 되면서 이러한 습속은 여러 가지 인식을 반영시켜 주고 있다. 일부 학자는 초기 인류의 무덤은 그들의 정신세계와 원시종교의식의 가장 좋은 증거라고 보고 있다. 그러나 일부학자들은 의식의 가장 좋은 증거라고 보고 있다. 그러나 일부학자들은 의심하여, 네안데르탈인의 그러한 행위는 단순히 죽은 자를 생활 구역 내에 매장시킨 것에 불과하다고 보고 있다. 유럽과 서아시아에 20곳의 확실한 매장기록이 있다. 16개인은 굴지(屈肢)형식으로 매장되었다. 그러나 일부 정교한 석기와 동물머리 등을 같이 매장시킨 것을 보면 이것은 의식적 행위이다. 그 외 다른 보도(報道)는 두개골 주위에 돌을 쌓아 놓거나 또는 양뿔(羊角)등을 놓은 정항이 있다. 이러한 것은 의식적으로 과도기 단계 인류는 확실히 일정한 매장습관이 이루어 졌다[109].

이 단계의 무덤은 중국경내에는 아직 확실한 보도가 없다. 다만 일시적 현상이 특별한 주의를 야기 시키고 있다. 비록 이 단계 동아시아 지역에서 발견된 인류화석의 총량이 아직 비교적 제한적 이지만 보도된 금우산인(金牛山人)은 이 단계의 협수인(浹水人)이다. 모두 비교적 작은 범위 내에서 발견된 비교적 보존이 완정한 동일 개체의 대부분 골격이다. 이러한 상황은 비록 우연한 행동이라고 배제할 수 있지만 인류의 의식적 매장 가능성은 크다.

무덤 외에 인류정신세계 발전 상황에 관해서는 일부 증거가 있다. 이 단계에서 각 종 소형도구의 출현 예로 조각기(Burin)등이다. 이것들의 용도는 기타 정교한 물품과 관계가 있다. 그 외 이때에 십자(十字)의 돌 머리(石頭)가 조각되었다. 또한 몇 지점에서 붉은 홍토가 발견되었다. 그것들은 구석기시대 에 사용된 보편적인 염료이다. 그것들은 그림을 그리거나 기타 물건에 바르고 또한 사람들 자신의 몸에도 발랐다.

전체적으로 보면 과도기 단계의 인류활동범위는 비교적 제한적이다. 그들은 원거리에 원자재를 운반하지 않았다. 일부 비 실용적인 물건, 예로 조개껍질 등은 별로 주의하지 않았다. 이러한 내용은 구석기시대후기 상황과 대조적이다. 이것은 또한 인류활동영역과 사회상항이 후기에 비하여 대단히 소홀이 이루어져 있었다. 후기의 널리 유행된 골제품과 예술품은 없었으며, 양자의 차이가 커서 중기 인류행위 방면은 후기 인들에 비하여 보수적이라고 할 수 있다. 또한 시간. 공간의 차이가 컸으며, 창조적 능력은 대단히 제한 되어 있었다[110].

〈주〉

1) Clark J.D. 1982. The Cambridge History of Africa. Vol. 1 From the Earliest Times to C. 500 BC. Cambridge : Cambridge University Press
2) 高星. 1999. 關於"中國舊石器時代中期"的探討. 人類學學報, 18(1); 1-16
3) Klein, R.G. 1989. The Human Career. Chicago; University of Chicago Press
4) 安芷生等. 1992. 末次間氷期以來中國古季風氣候與環境變遷. 黃土. 第4紀. 全球變化(三). 北京; 科學出版社
5) 黃春長. 1998. 環境變遷. 北京; 科學出版社
6) 中國科學院〈中國自然地理〉編輯委員會. 1984. 中國自然地理. 古地理. 北京; 科學出版社
7) Pei, W.C. 1939, A preliminary study on a new Palaeolithic station known as locality within the Choukoudien region. Bull. Geol. Soc. China, 19; 147-187
8) 高星. 2000. 周口店第15地點剝片技術研究. 人類學學報, 19(3); 199-215
9) 鴿子洞聯合發掘隊. 1975. 遼寧鴿子洞舊石器遺址發掘報告. 古脊椎動物與古人類, 13(2); 122-136
10) 賈蘭坡等. 1976. 陽高許街窯舊石器時代文化遺址. 考古學報, 2; 97-114
11) 賈蘭坡等. 1979. 許家窯舊石器時代遺址1976年發掘報告. 古脊椎動物與古人類, 17(4); 277-295
12) 陳鐵梅等. 1982. 許家窯遺址哺乳動物化石的鈾系法年代測定. 人類學學報, 1(1); 91-95
13) 陳鐵梅等. 1984. 鈾子系法測定骨化石年齡的可靠性及華北地區舊石器地點的鈾子系法年代序列. 人類學學報, 3(3); 259-269
14) 王喜生等. 2002. 許家窯遺址泥河灣沉積物的環境磁學特征. 第四紀研究, 22(5); 451-458
15) 李炎賢等. 1991. 河北陽原板井子石製品的初步觀察. 參加第13屆國際第4紀大會論文選, 北京; 北京科學技術出版社
16) 裴文中等. 1964. 薩垃烏蘇河系的初步探討. 古脊椎動物與古人類, 8(2); 99-118
17) 黃慰文. 2000. 中國舊石器文化序列的地層學基礎. 人類學學報, 19(4); 269-283
18) 張森水. 1989. 河北遷安舵瓜村地點發現的舊石器. 人類學學報, 8(2); 107-113
19) 吳茂霖. 1980. 許家窯遺址1977年出土的人類化石. 古脊椎動物與古人類, 18(3); 229-238
20) 衛奇. 1982. "許家窯人"的生活環境. 山西文物, 3;18-22
21) 吳茂霖. 1989. 中國的晩期智人. 中國遠古人類, 11(1); 10-12
22) 呂遵諤. 1992. 鴿子洞的人化石. 人類學學報, 11(1); 10-12
23) 高星. 2001. 周口店제15地點石器原料開發方略及經濟形態研究. 人類學學報, 20(3); 16-200

24) 高星. 2001. 關於周口店第15地點石器類型和加工技術的研究. 人類學學報, 20(1);1-18
25) 高星. 2000. 周口店第15地點的剝片技術研究. 人類學學報, 19(3); 199-215
26) 〔10〕과동일
27) 〔11〕과동일
28) 〔15〕와 동일
29) 張森水. 1987. 中國舊石器文化. 天津; 天津科學技術出版社
30) 〔18〕과 동일
31) 黃慰文. 1989. 中國舊石器晩期文化. 中國遠古人類, 北京;科學出版社
32) 黃慰文等. 2003. 薩垃烏蘇遺址的新材料: 范家溝灣 1980年出土的舊石器. 人類學學報, 22(4); 311-320
33) 高星. 2001. 解析周口店第15地點古人類的技術與行爲. 第8屆中國古脊椎動物學學術年會論文集, 北京; 海洋出版社
34) 〔31〕과 동일
35) 裴文中. 1958. 山西襄汾縣丁村舊石器時代遺址發掘報告. 北京; 科學出版社
36) 盖培登. 1982. 陝西長武發現的舊石器時代中期文化遺物. 人類學學報, 1; 18-29
37) 甘肅省博物館. 1982. 甘肅環縣劉家盆舊石器時代遺址. 考古學報, 1; 35-48
38) 王建等. 1978. 下川文化. 考古學報, 3; 259-288
39) 王令紅. 1989, 中國遠古人類年代學的新進展. 中國遠古人類. 北京; 科學出版社
40) 夏正桂等. 1999. 洛陽黃土地層中發現舊石器. 第4紀硏究. 3;286
41) 張松林等. 2003. 織機洞舊石器時代遺址發掘報告. 人類學學報, 22(1);1-18
42) 王幼平. 2004. 東亞晩更新世人類文化的發展與交流: 以織機洞遺址爲例的觀察. 北京論壇
43) 吳新智. 1989. 中國的早期智人. 中國遠古人類. 北京; 科學出版社
44) 王建等. 1994. 丁村舊石器時代遺址群調査發掘簡報. 文物季刊, 3; 1-75
45) 〔29〕와 동일
46) 〔4〕와 동일
47) 〔36〕과 동일
48) 〔37〕과 동일
49) 〔38〕과 동일
50) 邵文斌. 2003. 織機洞遺址2001年的發掘與初步硏究. 北京大學碩士學位論文
51) 曹澤田. 1978. 貴州水城硝灰洞舊石器文化遺址. 古脊椎動物與古人類, 16(1); 68-72
52) 原思訓等. 1986. 華南若干舊石器時代地點的鈾系年代. 人類學學報, 5(2);179-190
53) 邱中郎等. 1985. 昆明龍潭山第2地點的人類化石和舊石器. 人類學學報, 4(3)233-241
54) 裴樹文等. 2003. 井水灣舊石器遺址初步硏究. 人類學學報, 22(4); 233-241
55) 裴樹文. 2002. 三峽地區晩更新世環境與石器工業. 中國科學院研究生院博士學位論文
56) 李宣民等. 1984. 資陽人B地點發現的舊石器. 人類學學報, 3; 215-224
57) 〔53〕과 동일
58) 〔51〕과 동일
59) 〔53〕과 동일
60) 〔54〕, 〔55〕와 동일
61) 〔53〕과 동일
62) Pope G. 1989. Bamboo and human evolution. Natural History, 10(89); 49-56
63) Olson, J. W. and Sari Miller-antonio. 1992. The Palaeolithic in Southern China.

Asian Persperdtives, 31(2); 129-160
64) 賈蘭坡. 1957. 長陽人化石及其共生的哺乳動物群. 古脊椎動物學報, 1(3); 247-258
65) 李天元. 1990. 湖北枝城九道河舊石器時代遺址發掘報告. 考古與文物, 1; 6-20
66) 吳汝康等. 1959. 廣東韶關馬壩發現的早期古人類型人類化石. 古脊椎動物與古人類, 1(4);159-164
67) 〔52〕와 동일
68) 吳汝康. 1959. 廣西柳江發現的人類化石. 古脊椎動物與古人類, 1(3); 97-104
69) 〔52〕와 동일
70) 吳汝康等. 1999. 中國古人類遺址. 上海; 上海科技教育出版社
71) 劉德銀等. 2001. 鷄公山遺址發掘初步報告. 人類學學報, 20(2); 102-114
72) 袁家榮. 1998. 湖南舊石器的埋葬地層. 跋涉集. 北京圖書館出版社
73) 李超榮等. 1991. 江西安義潦河發現的舊石器及其意義. 人類學學報, 10(1); 34-41
74) 〔66〕과 동일
75) 〔70〕과 동일
76) 〔64〕와 동일
77) 〔68〕과 동일
78) 吳新智. 1987. 中國化石人類對澳大利亞人類進化的影向. 中國_澳大利亞第4紀學術討論會論文集. 北京; 科學出版社
79) 〔71〕과 동일
80) 〔65〕와 동일
81) 王幼平. 1997. 更新世環境與中國南方舊石器文化發展. 北京; 北京大學出版社
82) 〔71〕과 동일
83) Klein, R.G. 1989. The Human Career, Chicago; University of Chicago Press
84) 吳汝康. 1989. 古人類學. 北京; 文物出版社
85) 〔83〕과 동일
86) 〔83〕과 동일
87) Bordes, F. 1968. The Old Stone Age. New York; McGraw-Hill
88) Wymer J.J. 1982. The Palaeolithic Age. New York; ST. Martin′s Press
89) Binford, L.R. and Binford, S. 1966. A preliminary analysis of functional variability in the Mousteran of Levallois facies. American Anthropologist, 62; 238-295
90) Dibble, H. 1987. Reduction sequences in the manufacture of Mousterian implements of Fuance. The Pleistocene Old World; Regional Perspectives, New York; Plenum
91) 〔87〕과 동일
92) 〔83〕과 동일
93) Bar-Yosef O. 1995. The Lower and Middle Palaeolithic in the Mediterranaen Levanrt; Chronology, and cultural entities. ERAUL, 62; 247-263
94) Jelinck, A. 1982. The Tabun cave and Palaeolithic man in the Levant. Science, 216; 1369-1375
95) Bar-Yosef, O. and Vandermeersch, B. 1993. Modern Human in the Levant. Scientific American, April 1993; 94-100
96) Stringer, C. and cxamble, C. 1993. In Search of the Neanderthals. London;

Thames and Hudson

97) 〔87〕과 동일

98) 〔83〕과 동일

99) Clark J.D. 1982. The Cambridge History of Africa. Vol. 1 From the Earliest Times to C.500 BC, Cambridge; Cambridge University Press

100) Clark J.D. 1970. The Prehistory of Africa. New York; Praeger Publishers

101) Swisher, C.C. et al 1994. Age of the earliest known hominids in Java, Indonesia. Science, 263; 1118-1121

102) Bartstra, G. 1985. Sangiran, the stone implements of Ngebung, and the paleolithic of Java. Modern Quaternary Research in Southeast Asia, 9; 99-114

103) 〔83〕과 동일

104) 〔88〕과 동일

105) Marks, A.E. and D.A. Freidel. 1977. Prehistoric settlement patterns in the Avdat/Aqev area. Prehistory and paleoenvironments in the Central Negev, Israel, 2; 131-158. Dallas; Department of Anthropology Southern Methodist University

106) Liebeman, D. and Shea, J. 1994. Behavioral differences between archaic and morden humans in the Levantine Mousterian. American Anthropologist, 96; 300-332

107) 〔42〕와 동일

108) 〔83〕과 동일

109) 〔88〕과 동일

110) 〔83〕과 동일

제4장 현대인(Homo sapiens sapiens) 및 그 문화의 발전

1. 개 설

(1) 구석기시대 후기의 년대 한계(限界)

기록된 구석기시대의 후기의 개념은 잎 형 석기(石葉)의 광범위한 응용이 표지 적으로 되어있다. 최근에 새로이 발견된 잎 형 석기 기술의 시기는 아주 이른 시기로부터 시작되어 잎 형 석기 시작부터 주도적 역할을 여러 지역에서 실시된 것이 뚜렷이 제시되고 있다. 서구의 잎 형 석기의 보편적 출현은 B.P. 35.000년경 이다. 다만 서아시아에서는 더욱 이른 시기에 그것이 사용되었다. 구석기시대 후기 시작시간부터 두 곳은 뚜렷이 초기. 후기의 구별이 되었다. 중국구석기시대의 분기(分期)는 일찍부터 유럽의 구석기시대 3분법(三分法)을 채택하였다. 다만 구역 성 문화전통의 차이에 의해서 중국구석기의 3분법은 다만 시간과 전형적 삼분법을 참조하였으며 결코 문화상의 연계관계는 없다. 일장(一章)에서 서술한바와 같이 학자들은 이러한 차이를 주의하였으며 또한 중국구석기 문화의 발전 특징은 삼분법을 2분법으로 개정 되었다[1].

만약 문화 발전의 요인을 고려하여 중국구석기시대후기 시작의 한계를 설정한다면 그 시기는 우리가 이전에 이미 사용된 표준보다는 늦다. 이 하나의 표준은 여러 학자 들 사이에 아직은 논쟁중이지만 대부분 B.P. 40.000년 정도로 인정하고 있다[2]. 중국구석기문화의 발전 특징에 의하면 일장(一章)에서 고개한 바와 같이 B.P. 40.000~30.000년 사이의 구석기문화상황과 더 이른 단계는 결코 뚜렷한 차이는 없다. B.P. 30.000년경 잎 형 석기, 세 석엽(細石葉) 등 지속적으로 북방지역에 출현되었으며, 남방에는 강자갈 석기에서부터 석편석기로 발전되었다. 또 다른 하나의 현저한 특징은 골각기(骨角器)가 중국각지에서 출현되었다. 이 과정은 해부학적 관점에서 현대인(Homo sapiens sapiens) 즉 후기 네안테르탈인의 광활한 확산과 연계되어 있다. 이때는 중국경내에 구석기문화발전의 하나의 새로운 단계로 진입되었다. 이 책에서는 이 단계를 전문적 단위로 취급하겠다. 이러한 처리방안과 전통적 구석기시대후기 개념은 차이가 있다.

우리는 현재 구석기시대 후기를 보고 있다. 이것은 전체 구석기 문화발전의 최후단계이다. 전술한 몇 개 단계와 비교하면, 그것이 차지한 시간은 매우 짧다. 다만 20.000년 전후, 전체 구석기시대의 1%에 불과하다. 다만 이때의 문화발전 속도는 대단히 빠르다. 겨우 20.000년 내에 구석기문화 발전의 최고봉에 도달되었으며 동시에 신석기시대를 향한 과도기의 준비도 되었다.

(2) 환경배경

구석기시대후기는 이미 후기홍적세 후기에 진입되었다. 이 시기는 제4기의 최후 1차 빙기의 마지막 하나의 단계이다. 마지막 빙기의 가장 추운시기의 발전과정에 거의 이르렀다. B.P. 40.000년을 전후하여 중국 대부분 지역의 기후는 비교적 온화 습 윤의 상황에 이르렀다. 이때는 최후 빙하기 가장 추운시기이전의 간빙기 단계이다[3]. 앞 순서의 추운시기의 정상이 지난이후 기후는 따뜻한 단계로 회복, 그런 다음 다시 새로운 추운시기가 시작되었다. 이것이 구석기 후기 시작 전의 환경배경이다. 이 시기의 대표적 특징은 화북서북부 건조 지역의 사라-오소골, 유가분(劉家盆) 등지에 모두 소림초원(疎林

草原)의 환경하에서 국부지역에는 많은 수역(水域)이 있었다. 그러나 전 지구성의 기후 변화의 영향을 받아 중국의 기후는 빠르게 건 냉(乾凉)의 방향으로 발전되었다. 더욱 화북지구는 표현이 뚜렷하다. 예로 시기는 약간 늦은 앞 두 곳과 같이 화북북부에 위치한 치곡(峙谷)유적은 이미 년 평균 기온이 오늘날의 건조한 灌木草原지대보다 낮았다. 이때의 절대 년대는 B.P. 30.000년경 이다. 다시 발전되어 B.P. 18.000년경 최후 빙하기의 가장 추운 시기의 정상이다. 이때는 제4기 빙하기 기후가 가장추운 시기의 하나였다. 극지(極地)의 빙하가 신속히 확대되어 저온으로 발전되고, 바다 물 높이가 급하게 하강되었다. 해면의 하강의 폭은 중국연해일대에 130 m 이상이다. 해면 하강은 대륙의 연해를 노출시켜서 이때 대만 섬, 일본열도는 모두 대륙과 연결되어 있었다[4] (도4-1).

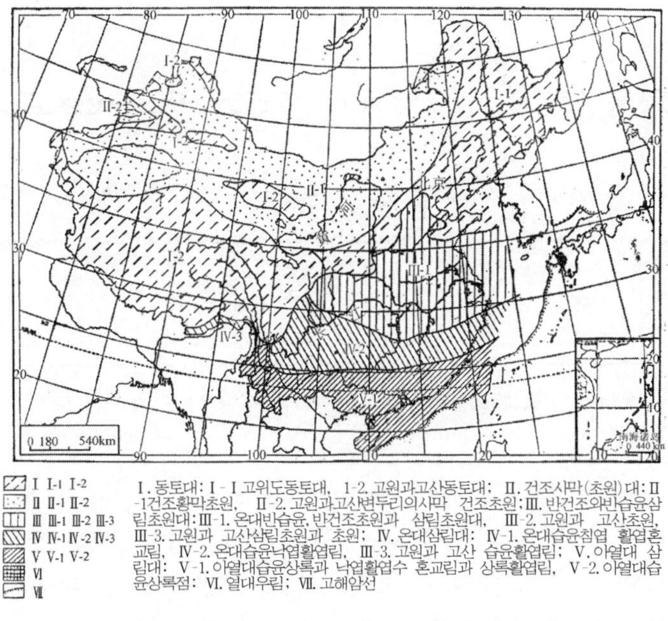

도 4-1. B.P. 1·8만~1·5만 년의 중국 고환경 약도(안지생 등, 1990)

최후 빙하기 가장 추운시기의 영향은 해륙(海陸)분포의 변화 뿐만 아니라 더욱 중요한 것은 중국대부분지역이 기후 환경의 영향을 받았다. 극지 빙하의 확장과 해안선의 후퇴 중국대부분 지역의 대륙성 기후가 증가되도록 유인되었으며 또한 계절풍의 영향도 감소되었다. 최후 빙하기의 최성기시의 표지적 건 냉 환경은 황토퇴적이 장강(長江)의 중. 하류일대를 덮게 만들었다. 이시기에 다만 영남(嶺南)의 일부지역은 그 위도(緯度)와 지형 등의 인소(因素)가 결정되었으며, 환경 변화는 크지 않다. 그 나머지 대부분 지역은 대단히 영향을 받았다. 위도 증가의 영향은 대단하였다. 이러한 상항은 유럽대륙 환경과 식물변화의 모식(模式)도 유사하다. 또한 인류생활조건에도 대단한 영향을 주었다. 더욱 최후 빙하기 최 발달기시 에는 더욱 심하였다(도4-2).

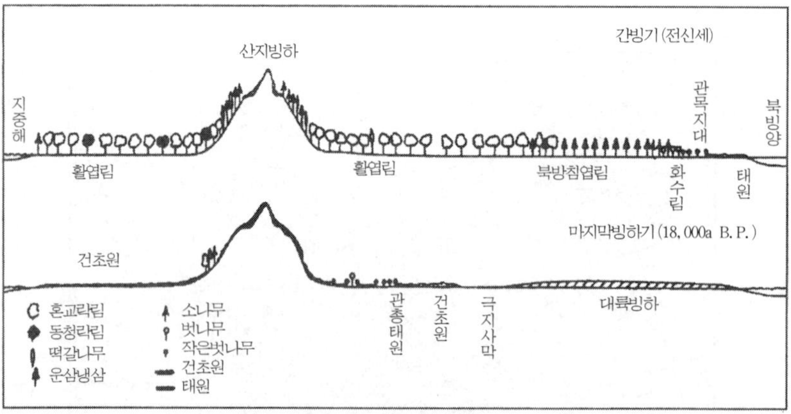

도 4-2. 유럽대륙뷔름빙하기와 빙하후기 식물변화도(황춘장, 1998)

중국학자들은 화북지역 홍적세 환경에서 빙하기와 간빙기기후의 영향이 식물에 가져온 결과를 이미 연구하여 구체적 내용을 제시하고 있다(도4-3).

전체적으로 구석기시대후기 도래전의 간빙기 단계 시에는 각지의 환경과 오늘날의 각자의 정항이 차별이 그리 크지 않다. 다만 최후 빙하기의 도래를 수반하여 건 냉의 대륙성의 기후 영향이 북쪽에서 남쪽으로 서서히 발전되었다. 이 영향이 가장 엄중한 곳은 화북의 서북지역이다. 이곳은 유럽아시아 대륙의 중심부에 가까운 내륙기후영향이 가장 심한 곳이 였다. 이로인하여 황막초원(荒漠草原), 동토지역(凍土區) 등이 형성되어 북방의 대부분 지역을 차지하였다. 다만 동남부에는 국부적으로 온대 반 습윤(半濕潤), 반 건조의 초원 또는 삼림-초원환경이 조성되었다. 이것은

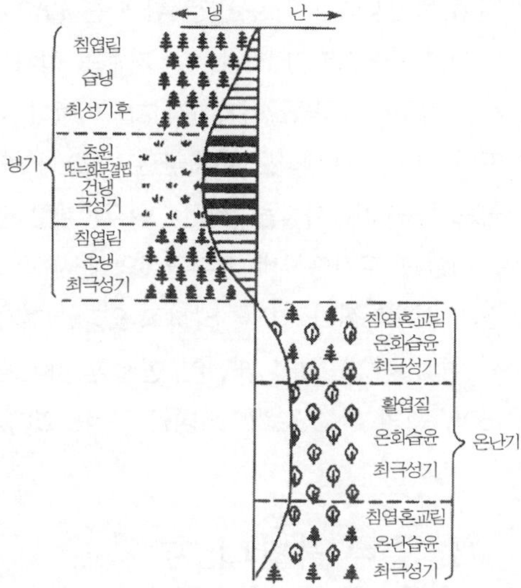

도 4-3. 화북 홍적세 빙하기와 간빙기기후 변화와 식물번식관계 모식도(주곤숙등, 1984)

후기홍적세 후기의 대부분 시간 속에서 북방지구의 두기지 기본의 환경유형이다. 이러한 상항은 구석기시대후기 여러 가지 문화유형의 분포특징을 결정시켜 주었다. 즉 이 지역 초기, 중기는 연속적으로 문화차이를 낳았다(즉 남북방향의 변화이다). 이것은 또한 동서방향과 차이가 나게 만들었다.

남방지역에는 최후빙하기의 최고 추운시기의 영향 하에 홍적세 이래 오래동안 비교적 고정된 열대. 아열대 환경에 대부분 지역이 처해 있었으며, 또한 현저한 변화도 발생되었다. 영향이 가장 큰 곳은 남령(南嶺)이북의 대부분 지역, 이곳은 따뜻한 아열대 삼림경관으로 온대의 삼림초원 심지어는 건조의 초원환경으로 교체되었다. 이러한 환경의 직접영향은 남방지역 후기구석기문화의 발전 및 그 분포의 형상에 주어졌다. 이시기에 남방지역 동서 두 부분 구석기시대의 초기, 중기는 지속적으로 문화 차이를 보여 주었으며,

일부 북방지역과 같은 발전 취세 를 출현시켜주었다.

가장 추운시기가 지난 후, 기후는 점차적으로 온난 습윤 화 되었다. 이 취세는 홍적세의 종료 시기까지 지속되었다. 전신세(충적세)에 진입되어 중국 각지의 기후는 대체적으로 지금(오늘날)과 거의 같다. 이 때 구석기시대는 이미 종료되고, 인류사회는 새로운 발전단계로 진입, 즉 신석기시대가 되었다.

이상은 후기홍적세 기후면화의 전체적 특징이다. 때로 구석기시대 후기환경의 시대특징이라고도 말하고 있다. 후기홍적세 후기기후변화의 영향 하에서 여러 자연환경이 대단이 현저한 차이를 보이고 있으며, 중국구석기 후기문화발전의 공간(空間) 특징을 조성하였다.

2. 중국 북방(北方)

(1) 동부초기의 동굴생활자

북방지구 동부의 반 습윤, 반 건조의 삼림-초원지역에 일부 구석기시대 비교적 이른 시기 단계의 동굴유적과 지점이 분포되었다. 북방지구동부의 주된 지역은 화북 평원지대이다. 화북 평원은 제4기이래 지속적으로 밑으로 침하된(下沉)상태, 시기가 비교적 이른 구석기시대 유적은 이 조건하에서 발견하기가 대단히 어렵다. 다만 평원지역과 서. 북부 산지역의 경계지역에 일부 동굴유적이 보존되어 이 지역 구석기후기 시대의 인류 및 문화발전 연구에 귀중한 자료를 제공하여 주고 있다. 이러한 동굴 중 북경 주구점 산정동유적이 최초로 발견되고, 출토 물 역시 풍부하다. 또한 요녕(遼寧) 해성(海城)의 선인동(仙人洞)과 하북(河北) 승덕(承德)의 사방동(四方洞), 그리고 태행산(太行山)과 화북 평원 경계지대의 남쪽 산서(山西) 서능천(西淩川)의 탐수하(塔水河) 및 하남(河南) 안양(安陽)의 소남해(小南海) 등이다.

1. 유적의 발견과 분포

(1) 산정동(山頂洞)

북방동부의 동굴 중 최초 발견, 자료가 풍부한 곳이 주구점 산정동이다. 유명한 산정동유적은 북경인유적(주구점제1지점)의 위에 위치, 그 이름이 얻어 졌다. 이 동굴은 1930년, 북경인 유적의 퇴적 범위를 확인하는 과정에서 발견되었다. 1933-1934년 사이에, 배문중(裴文中)의 주도로 정식으로 발굴되었다. 이 곳에서는 풍부한 인류화석, 문화유물 및 동물화석이 출토되었다[5] (도판14).

산정동 유적이 발견 될 때는 돔형동굴입구(拱形洞)와 전체의 천정부위가 살아있었다. 동굴입구 및 그와 연결된 동쪽절반의 천정이 붕괴될 위험에 직면, 발굴 전에 어 절 수 없이 제거시켰다. 전체 유적은 동굴입구, 윗방(上室), 아랫방(下室)과 지하방(下窨) 등 4부분으로 나누어 졌다. 위방은 동굴의 동쪽 절반, 남북너비 약 8 m 동서길이 12 m, 아랫방은 동굴의 서반부(西半部)로 낮은 곳, 즉 현재 아직 동굴천정보존, 깊이 8 m 이다. 지하방은 아랫방의 깊은 곳, 한길은 남북길이 3 m, 동서너비 약 1 m의 균혈된 장소이다.

산정동 동굴입구의 최하층 퇴적은 주구점제1지점 퇴적의 정상부와 연결되어 있지만 산정동의 퇴적은 오히려 제1지점퇴적의 암질과는 다르다. 퇴적의 주된 것은 비교적 느슨한 회흑색, 여기에 회 암(灰岩)편이 섞여 있다. 퇴적의 성격, 색깔 및 응결된 정도에 의하면 모두 제1지점의 중기 홍적세 퇴적의 시기보다 늦다. 산정동의 퇴적은 위에서 아래로 5개 문화층이 확인, 그 중 동굴입구와 위방은 3층에 있으며, 아랫방은 2층에 있다. 자세한 내용은 다음과 같다 : 제1층, 동굴입구의 바닥에서 위로 3 m 지점위치, 출토인류화석, 석제품 및 장식품, 두께 30 cm ; 제2층, 위방바닥에서 위로 약 1 m, 인류화석과 많은 장식품; 제3층, 위방의 바닥에 위치, 색깔 진한 흑색, 윤물 극소, 다만 종유석과 동굴바닥의 석회암등이 불에 탄 흔적 있다. 인류거주지, 두께 60 cm; 제4층, 아랫방 바닥에서 위로 5 m 지점, 이층위의 상부에서 3구의 완정한 인두개골과 몸통 뼈, 골격의 측변분포의 장식품, 적철광의 알갱이 분포,

아랫방은 무덤으로 해석; 제5층은 비교적 두텁다. 퇴적은 아랫방 바닥의 위에 있다. 유물극소, 다만 인 이빨화석 출토.

제5층의 이래 퇴적은 지하방 부분, 인류화석과 문화유물 없지만 많은 완정한 동물화석 발견, 그중에 육식류가 많다. 지하방 퇴적은 2종으로 해석되었다: 1종은 자연함정, 인류가 여기에 오기전에 많은 동물들이 우연히 빠져서 매몰되었다는 설; 다른 1설은 인류가 사냥한 육식의 저장소이다. 동물 골격 중 육식류의 비중이 크다. 그리고 완정한 골가(骨架)가 있는 것은 인류사냥물 저장소가 아니고 자연적으로 빠져서 죽은 현상이다.

산정동 퇴적내에서 출토된 동물화석은 50 여종, 그 중 48종이 포유동물이다. 그중에는 최후하이에나, 동굴곰과 타조 등의 사멸종도 있다. 사멸 종은 전체의 12.1% 차지, 그 나머지는 현생 종이다. 이러한 설명은 산정동시기는 후기 홍적세의 늦은 단계이다. 과자이리(果子狸)와 표범 등은 현재 열대 또는 아열대 지역의 동들이다. 유적형성의 환경은 온난. 습윤에 속한다. 이 유적의 절대 년대는 몇 개의 수치가 있다. 최근의 C^{14} 측정은 문화층 년대가 B.P. 27.000년 정도, 지하방의 퇴적 시기는 3~40.000 년 정도이다[6]. 이 결과와 동물군을 결합시켜 보면 산정동은 최후빙하기 최 정 상 기 직전의 온난. 습 윤의 간빙기 단계로서 원래 알려진 18.000년 또는 10.000년 전은 아니다. 이유는 후기 양자와 동물 군이 반영한 환경과 년대 학 특징은 차이가 크다.

(2) 해성 선인동(海城仙人洞)

해성 선인동 유적은 요녕(遼寧) 해성시(海城市)에서 동남방향으로 30 km 지점의 소고산(小孤山) 부근에 위치한 하나의 상태가 완전한 동굴유적이다. 그곳은 천산산맥(千山山脈) 서쪽 가장자리의 구릉 지대이며 요남(遼南)산 지역의 일부분이다. 부근산맥의 고도는 일반적으로 해발 760~930 m 사이이다. 요하(遼河) 지류의 해성하(海城河)는 이 동굴 앞을 흐르고 있다. 선인동 동굴은 남향의 편서(偏西)이다. 너비 5.8 m, 동굴 깊이 19 m, 동굴내부 면적은 90 ㎡ 이다[7].

동굴의 퇴적층은 두께가 6 m. 퇴적물의 정상 높이는 옆 해성하 하상(河床)에서 6 m 높이, 퇴적의 저부는 하상과의 거리가 1.7 m 이다. 퇴적의 정상부는 갈색 아 모래에 기반암 각력 층(角礫層) 이 섞여 있으며, 거기에 근처에서 구석기유물이 포함, 하나의 심하게 교란된 층으로 두께 70 cm 이다; 그다음은 침식 면; 가장 두터운 곳 2 m, 동시에 동굴 밖으로 뻗어 났음, 각력의 직경이 1 m 초과, 동굴 정상 및 동굴 벽의 풍괴물 잔존, 석제품, 뼈, 골각품과 동물화석 출토; 제4층은 각력, 강자갈내에 황갈색 아모래층 섞임, 상층과 경계 불투명, 암질의 과도상태, 상부는 각력위주, 아래는 강자갈위주, 강자갈은 동굴 밖의 강변에서 채집된 것, 문화유물, 동물화석 및 재층, 두께 1~2 m ; 최하층은 모래. 자갈층, 직접 기만암 덮다. 두께 수십 cm (도4-4).

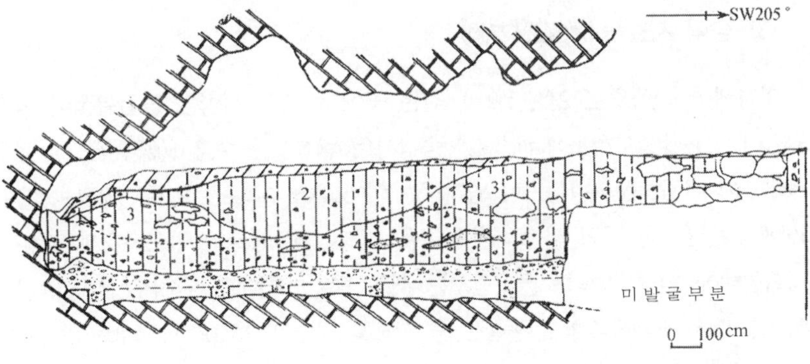

도 4-4. 선인동 유적 층위단면도(장진홍등, 1985)

선인동에서 많은 동물화석 출토, 주로 포유동물, 모두 38종. 제4층 출토 동물화석 가장 많다. 동물군의 성원은 동북지역 후기 홍적세 내에서 가장 흔한 종들, 식육류 및 우제류 절대다수 치지, 삼림과 초원위주의 환경을 반영. 비교적 모순 된 점은 더위 좋아하는 동물과 추위 좋아하는 동물들이 병존되어 있었다 : 전자는 매씨코뿔소, 중국맥(貊), 표범과 물소 등이다; 후자는 털코뿔소, 맘모스와 동굴곰 등이다. 이러한 상황은 이 유적의 시기가 상당히 오래 동안 지속되었다. 기후는 춥고, 더운 변화가 있었으며 동물군도 이 변화에서 발생된 관계를 가지고 있다. 전체적으로 선인동 부근의 생태환경은 복잡하다: 삼림, 초원 및 수역(水域)이 있었으며, 또한 여기에 적응한 각 종 동물이 있었다. 이때 원시 인류들은 비교적 풍부한 자원을 얻을 수 있었다.

선인동 6 m 이상의 퇴적중, 최상층은 비교적 얇은 전신세(충적세)층외에 절대 대부분이 구석기시대에 해당된다. 동물군의 조성은 복잡, 문화유물 등은 초기, 후기로 나누어 진다. 그러나 동물군의 주체부분에 의하면 화북의 사라-오소골 동물군과 비교적 접근된다. 그것은 당연히 후기홍적세에 속한다. 연구자의 의견에 따르면 선인동의 뼈제품은 20.000-40.000년 사이이다. 최하층의 석제품은 그 시기가 더욱 이른 시기에 해당 된다.

(3) 승덕 사방동(承德四方洞)

북경에서 북쪽으로 연산(燕山) 깊은 곳에서 승덕 사방동 동굴유적이 발견되었다. 사방동은 하북성(河北省) 승덕시(承德市), 응수영자(鷹手營子), 광구(鑛區)에 위치, 동북방향으로 승덕시는 약 51 km 이다. 유적은 1983년 발견, 1988년 발굴, 한 곳의 전형적인 동굴유적이다. 이 동굴은 아오타오계(奥陶系) 석회암내에 발육되었다. 둥굴입구는 서쪽 방향, 현대의 류하수(柳河水)변에서 약 3 m 높이에 있다. 동굴은 높고 크다. 높이 약 12 m, 너비 13 m 이다. 동굴입구에서 안쪽으로 10 m 지점에서 두개의 작은 가지 동굴로 나누어져 있다. 남쪽 동굴은 짧은 동굴, 퇴적물이 없다. 동북 가지 동굴에는 퇴적물이 충만, 가장 깊은 곳은 동굴입구에서 45 m 지점이다. 발굴구역은 동굴입구로부터 23 m 지점, 발굴면적은 30 ㎡ 이다[8].

사방동의 층위퇴적:

최상층, 교란층 : 회황색, 느슨하다, 두께 5 cm, 후기 토기 편 출토; 제2

층은 상문화층, 회흑색 느슨한 자갈모래층. 두께 10-30 cm, 국부적으로 파손된 유적, 석제품, 동물화석 출토; 제3층, 하 문화층, 회 백, 황갈 잡색 아모래에 각력 층 섞임, 두께 30-60 cm, 석제품, 동물화석 및 소량의 재 층, 이층과 밑의 층 부정합 접촉; 제4층은 황 홍 색, 모래 각력 층 혼합, 두께 60 cm, 유물 없다. 이층 아래는 침식 면, 침식 면 이하는 모해 각력 층, 문화 유물 없다.

출토된 유물분석에 따르면, 사방동유적의 발굴구역은 특히 하 문화층 형성 시기에 인류가 거주한 곳 이 다. 그들의 제작된 석기, 사냥 물, 불 사용 활동 등이 남아있다. 하 문화층 C^{14} 년대는 B.P. 28.000년. 동굴의 높이와 퇴적특징에 의하면 유적은 후기홍적세 후기에 해당된다.

(4) 탑수동(塔水洞)

상기한 비교적 전형적 동굴퇴적과는 크게 다르다. 탑수동 위치는 북방동부 지역으로부터 남쪽 끝의 탑수하(塔水河)부근에 있다, 실제적으로 강가에 있는 거대한 한 곳의 바위 밑 그늘 유적이다[9]. 답수하 유적은 1985년 발견, 1986-1987년 시굴이 실시되었다. 유적은 산서성(山西省) 능천현(陵川縣) 탈화향(奪火鄉) 탑수하의 호로패(葫蘆壩)에 위치하고 있다. 탑수하상류는 "Z" 형의 굴곡 장소이다. 현성(縣城)에서 북쪽으로 45 km 지점이다. 이곳은 태향산맥(太行山脈)의 남쪽 끝으로 유적부근에 수직 벽이 밀집되어 있으며, 식물도 무성하고 나무들도 무성히 자라고 있다. 현재 년 평균 기온은 10 ℃ 이상이다. 강우량은 700 mm 정도이다. 자연환경이 비교적 좋은 편이다. 유적부근의 산은 奧陶系의 석회암으로 조성되었다. 탑수하는 바다와 연결된 하나의 지류이다. 유적부근에는 5급계지가 발육되었다. 탑수하 구석기문화유적은 호로패아래의 암석이 쌓인 2급 계지 퇴적 내에서 발견되었다. 길이 35 m, 너비 10 m, 노출된 두께는 11 m 이상이다.

퇴적층의 위에서 아래 상항 :

최상층, 갈색고운 모래층, 엷게 수평 층 형성, 두께 2.5 m, 석기품 출토; 제2층, 회색 강자갈 층, 중. 소 석회암 강자갈위주, 마모도 는 중간정도, 두 아 층으로 분류 : 상류 끝 두께 1.4 m ; 하류 끝 두께 0.7 m, 석기품 출토; 제3층, 얇은 층의 갈색 고운 모래, 4개의 작은 층으로 분류 : 1) 고운 모래, 저부 자갈층, 두께 0.4 m ; 2) 점질 고운모래, 정상부 5~10 mm 의 재 층, 암양(岩羊)등 동물화석 출토, 두께 0.35 m ; 3) 점질고운 모래, 정상부 재 층, 재 층 내의 불에 탄 뼈, 두께 0.4 m ; 4) 고운 모래, 저부에 8 cm 두께의 모래층, 정상부 5 mm 두께의 재 층, 함류 대량의 석제품과 동물화석, 두께 0.73 m ; 제4층, 황갈-회갈색 고운 모래 질 점토, 석제품과 동물화석 출토, 두께 3.4 m ; 제5층은 회갈색 점토층, 회 암 강자갈 섞임, 재 층, 석제품과 동물화석 출토, 암벽부근에서 인류화석발견, 두께 1.9 m ; 제6층, 회 암 강자갈 층, 점토, 약간의 석제품과 동물화석, 두께 미확인.

이곳 출토 동물화석은 많다. 주로 뿔, 개별 이빨과 깨진 팔 다리 뼈 등이다. 동물은 코뿔소, 꽃사슴, 암양과 면양(綿羊)등이다. 그중 사슴 뿔의 수량이 대단히 많다. 화석 년대는 후기 홍적세후기에 해당. C^{14} 측정은 B.P. 26.000년 정도, 비교적 합당하다.

(5) 소남해(小南海)

북방동부 이 단계의 동굴유적 중 하남안양(河南安陽)의 소남해에서 비교적 자세한 자료가 제시되었다. 소남해 유적은 안양시(安陽市)에서 서남방향으로 30 km 지점의 소남해 부근의 하나의 동굴이다[10]. 모두 7개 문화층, 각 층에서 모두 석제품과 불 사용흔적 확인, 동시에 동물화석 출토. 그 상부의 시기는 B.P. 11.000년, 하부는 24.000년 정도이다[11]. 중요한 문화유물이 하부에서 발견, 인류활동의 중요시기는 하부 지층의 형성 단계이다. 하 문화층 출토 동물화석은 원숭이, 최후하이에나, 야생당나귀, 털코뿔소, 물소, 보씨영양,

소문(蘇門)영양 등이다. 원숭이와 물소는 비교적 온난한 환경에 생활하는 것들이다. 이 단계는 당 지역이 최후 빙하기 최활성기기전의 간빙기 기간에 해당된다.

소남해의 문화유물은 석제품이다. 1960년 시굴 중에 1만 여점의 석제품이 출토되었다. 그 중 98% 이상이 석편, 석핵 및 부스러기 편들이다. 제2가공된 것은 100여점 정도이다. 이 상항은 이곳이 주거지와 석기제작 장소라는 것을 설명하여 준다.

(6) 소결(小結)

상기한 몇 곳의 비교적 전형적인 동굴 및 바위 그늘 외에 태행산(太行山)을 따라서 연산(燕山)에서 요동(遼東)산 지역 까지 많은 동굴유적이 발굴 또는 조사 되었다. 이 유적의 발견은 층위퇴적 뿐만 아니라 문화의 특징도 전술한 몇 곳과 대단히 접근되고 있다. 이 유적의 거주민들도 대체적으로 같은 시기 이며 또한 대체적으로 같은 생활 발식을 가졌다. 이로인하여 비교적 일치된 문화 특징은 표현하고 있다.

상기한 몇 곳의 대표적인 유적분포, 층위퇴적 및 동물군의 생태특징에 의하면 이 곳들의 퇴적형성 환경은 상대적으로 온난 습윤하다. 몇 곳 유적의 C^{14} 측정 수치는 모두 30.000-20.000년 사이 이다. 이 단계는 최후 빙하기의 최 발달기가 오기전의 간빙기의 마지막 시기이다. 북방동부 대부분 지역의 지리위도는 특히 해양(海洋)거리등의 영향을 받았다. 이 단계의 동굴 거주인들은 생활이 비교적 활발하고, 각종 자원을 충족할 수 있는 환경이 조성되었다. 문화층은 비교적 두텁고, 여러 층위가 연속적으로 퇴적되었다. 이것은 당시 사람들이 이 지역의 일부 동굴유적에서 장기간 거주 또는 여러 가지 유형의 활동상항을 남겨 놓았다[12].

2. 동굴 거주

동굴유적은 비교적 좋은 매장조건을 가지고 있어서 비교적 풍부한 동물화석등과 고인류화석이 출토되었다. 더욱 산정동 유적 발견의 많은 인류화석, 그 중에 3구의 완정한 두개골, 일부 깨진 머리 뼈 편, 아래턱, 부분적인 몸체 뼈 등과 개별적 이빨 등이다. 이러한 자료들은 8인(人) 또는 많은 서로 다른 년 령과 개체 등을 대표하고 있다. 그중에는 적어도 2인의 성년남성, 3인의 성년여성, 1인 소년, 2인의 어린아이가 있다. 산정동 유적에서 발견된 인류화석자료는 이 동굴거주인 및 전체 북방지역 후기홍적세 후기에 생활한 현생인의 체질특징의 문제 등에 가장 중요한 자료를 제시하여주고 있다(도판 15).

전술한 바와 같이 산정동에서 발견된 3인의 완정한 두개골 및 부분적인 몸 뼈는 집중적으로 아랫방(下室)에 분포되어있었다. 두개골 부근에는 구멍뚫인 돌 구슬(石珠)과 짐승 이빨 등의 장식품이 있었으며, 적철광(赤鐵礦) 가루도 있었다. 이것은 분명히 당시 사람들이 죽은 친척 또는 동반자를 고의적으로 매장시킨 행위이다. 3인의 완정한 두개골은 60세 정도의 노년남성, 40세 정도의 중년 여성과 20세 정도의 젊은 여성이다. 두개골의 공동 특징은 앞 이마가 융기되고, 뇌정 골이 둥글게 솟아 있는데 이 점은 현인과 같다 ; 뇌량이 증가, 이미 1300~1500 cc ; 두개골의 가장 넓은 곳은 이마결절부근이다; 시상척(矢狀脊 은 점차 사라지고, 두개골 벽도 비교적 얇다 ; 입술부위는 뒤편으로 축소, 동시에 뚜렷하게 아래턱이 돌출되었다 ; 이빨은 축소, 전후부 이빨의 거 칠은 정도와 비례는 모두 현인 과 접근되고 있다. 이 특징은 산정동의 거주민이 이미 전형적인 후기 네안데르탈인의 유형이라는 것을 설명하여 주며, 현인의 체질 특징과 이미 접근되었음을 시사하여 주고 있다[13].

1930~40년, 당시 북경원인 및 산정동 인류화석을 연구한 Weidenreich, Franz는 산정동에서 발견된 나이든 남성두개골의 측정 수치는 유럽구석기시대 후기의 인류와 같다고 인정하였다. 다만 그것은 측정의 현태 관찰의 특징은 아니다. 그것은 당연히 원시 몽고인종에 해당되어야한다; 중년여성 북미

(北美)의 에스키모인과 유사하다고 보았다 ; 청년여성은 대양주(大洋洲)의 멜라네시아인과 유사하다. 어느 학자는 그들의 관계는 한사람 몽고의 노인과 그의 2인의 외족(外族) 처자(妻子)로 해석되고 있다[14].

1950~60년대, 오신지(吳新智)선생은 산정동화석의 모형을 다시 연구하기 시작하였다[15]. 그 결과 나이든 남서의 두개골의 얼굴 측정수치는 대부분 현대 또는 화석의 몽고인종과 접근되고 유럽의 후기네안데르탈인과는 다르다고 주장하고 있다. 그 형태는 코뼈가 비교적 좁고, 그것이 앞으로 돌출하였으며, 관자놀이는 돌출되고 동시에 비교적 직선적인 특징을 가졌다. 중년 여인의 두개골, 그 뇌정 골 부분은 인위적으로 변형되어 정확한 측정이 불가능하다. 그 얼굴부위의 주요 측정수치 또한 모두 현대 몽고인종 화석에 접근된다. 또한 같은 현대 에스키모인 보다는 크다. 그 형태의 관찰에 의하면 각 종 특징이 모두 몽고인종에 더욱 접근되고 있다. 청년 여성 두개골 측정수치는 하나의 현대인의 에스키모 인이며, 미국인대안과 중국인들은 모두 원시 몽고인종과 밀접한 관계가 있다. 형태방면에 따르면 중년여성은 전형적 몽고인종의 특징을 가졌으며 밀라네시아 인과는 거리가 멀다.

종합하면, 산정동인의 몇 개의 두개골 형태 관찰결과는 여러 가지의 몽고인종의 특징을 갖추고 있다. 측정수치는 후기 네안데르탈인의 원시 특징 외에 모두 현대 몽고인종과 같으며, 여러 방면이 포함되었지만 특히 현대 중국인, 에스키모인과 아메리카 인디안 과 접근 되고 있다. 이것은 당연히 몽고인종이 형성시킨 단계성의 특징이다. 따라서 산정동인은 해부학상 현대인(Homo sapiens sapiens), 동시에 원시 몽고인종을 대표한다.

탐수하 유적에서도 인류화석이 발견되었다. 어린아이 두개골편, 그러나 상세한 체질특징과 상항이 아직 발표되지 않았다.

3. 기술의 발전

기술의 발전은 구석기시대 후기의 하나의 돌출된 특징의 하나이다. 일부

학자는 "구석기시대후기 문화의 혁명(舊石器時代晩期文化的革命)"이라고 주장하고 있다. 북방지역에 구석기시대후기가 진입된 표시는 여러 지역이 서로 다르지만 기술방면에 비교적 뚜렷한 변화의 정황이 발생되었으며 그것들은 뚜렷한 차이는 없다. 현생 인들이 이 지역에 거주하면서 뚜렷한 기술혁신을 가져왔다.

(1) 석기 제작 중심전환의 산정동

상기한 인류화석 외에 산정동유적은 풍부한 유물이 발견되었다. 그것들은 석제품, 뼈제품 및 장식품등 3종류이다[16].

일반적 구석기시대유적과는 다르게 산정동에서 발견된 석제품 수량은 20여 점. 석재는 석영위주, 소량의 사암과 수석이 있다. 석재 래원은 북경원인과 마찬가지로 부근의 강변과 언덕에서 채집하여 왔다. 석제품의 특징에 의하면 산정동인의 석기제작 기술은 직접타법과 충돌법이다. 직접타법에 의한 석편은 대. 소가 있으며, 서로 다른 범위는 20~70 mm 사이 이다. 석편은 대부분 준비된 타격면을 가졌다. 등 면에는 자연면이 드물게 남아있다. 이것은 석제이용이 비교적 충분하였음을 나타내어 준다. 충돌된 석편, 석핵도 있다. 충돌기술의 준재는 기술응용 방면이 더욱 이른 시기의 북경원인 보다 숙달되지 못하였다.

석기유형은 긁개, 찍개와 첨두기 등으로 단순하다. 찍개 3점, 모두 사암 강자갈 제품. 강자갈 한끝을 교차 타격하여 비교적 원형의 날 제작, 그 외 부분은 자연면이 보존되었다. 긁개는 모두 석편으로 제작, 대부분 수석과 석영석재 사용. 긁개는 직선 날, 단일 홈 석기와 수평 날 등 3가지 유형이다(도4-5).

뼈, 뿔 제품의 수량은 많지 않다. 대표적인 기술은 대단히 성숙된 점이다. 대표적인 것은 뼈, 뿔 제품으로 1 점은 뼈 바늘과 1점은 붉은 사슴 뿔을 가공한 것이다. 뼈 바늘의 구멍부위는 파손, 나머지 길이 82 mm, 최대직경은 3.3 mm. 바늘 몸체는 긁히고, 마연한 방법으로 처리되었다. 바늘 구멍의 잔

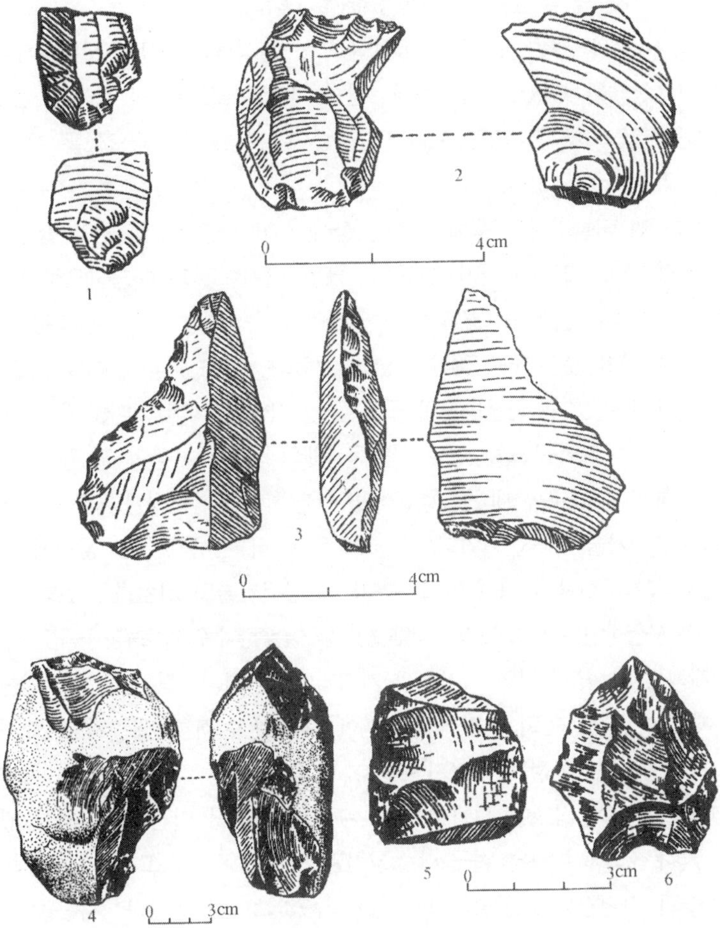

도 4-5. 산정동 유적석기(배문중, 1939)
1. 석편; 2·3·5. 긁개; 4. 찍개; 6. 첨두기

류된 부위에 의하면 날카로운 것으로 구멍을 뚫었다. 바늘 몸 자체는 약간 굽혀졌으며 끝 부위는 둥글게 예리하다. 붉은 사슴뿔은 긁히고, 마연된 흔적이 있다. 아까운 점은 끝단이 부러졌다. 그 기능에 대하여서는 여러 가지 의

견이 있다 : 창끝 설 또는 "지휘봉(指揮棒)" 이다.

그 외 비교적 많은 장식품이 발견되었다. 장식품은 구멍 뚫인 강자길, 구멍 뚫인 보석 돌(石珠), 바다 조개, 짐승 이빨과 물고기 뼈 등이다. 또한 각(刻) 한 흔적의 뼈 관(管)도 있다. 장식품 및 그 발견의 중요성은 아직 전문가들의 의견이 필요하다.

상기한 뼈 바늘과 장식품에 의하면 당시에 이미 송곳으로 구멍 뚫는(鑽孔) 기술이 있었다. 그것은 단면(單面)의 구멍을 뚫은 것과 대칭적으로 구멍 뚫는 것이 있었다. 청어 눈(青魚眼)위에 구멍 뚫은 것을 자세힌 살펴보면 당시에 이미 대단히 높은 구멍 뚫은 기술이 있었다. 아마 이때 이미 가늘고 예리한 첨두기가 있었다. 산정동인의 구멍 뚫는 기술은 이미 대단히 숙달되어 있었다. 짐승 이빨위에 양면으로 구멍을 제작, 이미 이빨의 질(腔)을 이용; 또한 직경 3.3 mm의 뼈바늘 한끝에는 대단히 세밀한 작은 구멍을 뚫었다. 그 외 마연 기술도 출현되었다. 이 기술은 아직 초보적이다. 동시에 가공장식품은 생산적 작품이 아니 였다. 다만 이 발전기술의 기초를 세웠다.

그 외 산정동인은 적철광가루(赤鐵鑛粉)를 이용하여 염색(染色) 활동도 하였다.

전체적으로 산정동인의 석기제작 기술과 그 문화발전의 수준은 비대칭적이다. 따라서 산정동인의 석기 발견상황에 대하여 여러 가지 추측이 제시되었다. 어느 학자는 산정동의 석기 수량이 소량인 것은 그 전모를 파악하기 어렵지만 그것들이 정교한 점의 대표적 수준의 석기를 발견 못한 데서 왔다고 보고 있다. 그러나 다른 연구자는 상반된 의견을 제시하고 있다. 산정동 석기 기술의 간단함은 생산중심의 전환에서 왔다고 보고 있다. 사람들이 뼈와 뿔을 가공하는데 정력을 부여하였기 때문이라는 것이다. 산정동인의 기술 수준의 대표적인 것은 뼈, 뿔 제품과 장식품이다[17]. 후 일종의 주장은 이 지역의 기타 같은 유적에서도 확인되고 있다. 이 때의 기술은 확실히 다원화되었으며, 석기가공의 유일한 생산 분야에서 골각제품, 장식품으로 전환된 것이다. 산정동은 또한 뼈 바늘, 정교한 뼈, 뿔 제품의 물고기 잡이 창과 투사기 머리(投射器頭)가 제작되었다. 이것은 골각기가 이미 그들 도구 중의 한 부분이라는 것을 설명하여주며, 동시에 진정한 공예수준을 대표하는 것으로 나타나 있다.

(2) 선인동(仙人洞)의 석기와 골각기

선인동의 문화유물은 1만 여점의 석제품, 뼈 제품 및 장식품과 인공이 가한 동물 뼈 등이다.

선인동의 석제품은 1983년 발굴 중 1만 여점이 선정되었다[18]. 많은 석편 부스러기는 계산되지 않았다. 석재는 맥석영 강자갈 또는 암괴(巖塊), 소수의 섬장암(閃長岩), 석영암등이다. 석재는 부근의 강변에서 채집되었다. 석기 제작 방법은 직접타법과 충돌법등 2종이다. 충돌법이 중요한 위치를 차지하였다. 석기는 긁개, 첨두기, 송곳, 조각기, 찍개, 주먹도끼와 원형 돌등이다. 긁개의 수량이 가장 많으며, 그 유형도 외날, 쌍날, 둥근 날과 손톱 형과 입술 형(吻狀) 등이다. 첨두기는 수량이 많지 않다. 다만 그것들은 똑 바른 날과 뿔 형 날 등 2종으로 나누어 지며, 전자는 날이 정교하며, 이것은 압력법으로 제작되었을 가능성이 있다. 송곳은 수량이 많다. 단면 또는 엇갈리게 가공 되었다. 조각기 수량은 드물다. 다만 조각기 제작기법의 존재성을 인정할 정도이다. 찍개는 수량과 비율이 일정하다. 대부분 맥석영 강자갈을 단면 또는 교차가공으로 제작 되었다. 원형 돌 수량이 많다. 대부분 맥석영 강자갈로 제작, 형태는 다면체의 원형 돌이다(도4-6).

선인동 석제품과 더불어 풍부한 뼈, 뿔 제품이 발견되었다. 그중에 가공된 물고기 창살(魚鰾)은 우제류 동물의 불에 탄 뼈로 만들어 졌다[19]. 두 줄의 날은 대상물을 찍을 때 사용되며, 절단시키는 것과 긁는 등 방면에도 사용되었다. 창 끝 은 몸체가 편평한 송곳 형이다. 이것 또한 동물의 팔 다리 뼈로 만 들 어 졌다. 이것은 먼저 다듬어서 형태를 만들고 그 다음에 전체를 마연하였다. 또한 구멍 뚫린 이빨, 구멍 뚫린 조개껍질 장식품이 있다. 그 중 구멍 뚫린 조개껍질 장식은 화폐형태이다. 그 직경 25 mm, 돌출면의 가

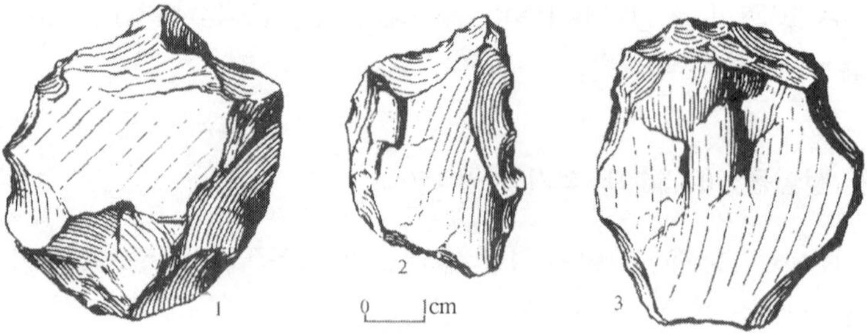

도 4-6. 선인동 유적석기(장진홍등, 1985)
1. 송곳; 2. 첨두기; 3. 긁개

장자리에 하나의 원 형태의 짧은 방사선이 있다. 그 홈내에는 붉은 색 염료(染料)가 처리되었으며 그것은 적철광 가루 가능성이 크고, 그 중심에 구멍이 있다(도4-7).

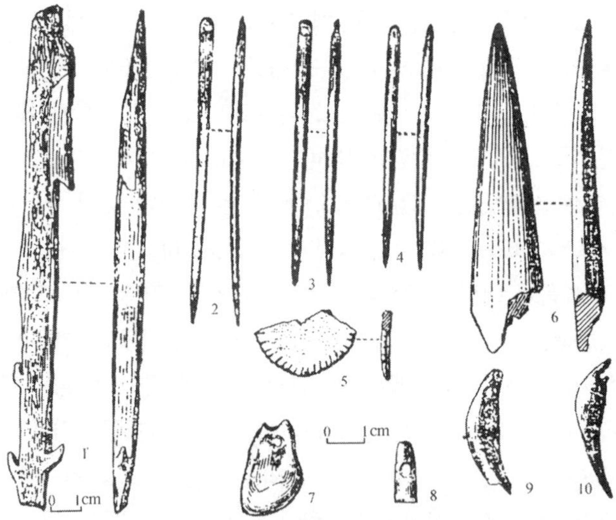

도 4-7. 선인동유적 골기와 장식품(황위문등, 1986)
1. 뼈창살; 2~4. 뼈바늘; 5. 구멍뚫인조개껍질; 6. 창끝; 7~10. 구멍뚫인이빨

(3) 사방동(四方洞)의 발견

승덕(承德) 사방동에서 발견된 구석기 문화유적은 석제품 그리고 인류활동과 연관된 동물의 분쇄된 뼈들이 출토되었다. 이 동굴퇴적 층은 비록 상. 하의 두 층위로 나누어 졌지만, 양자의 문화성격은 뚜렷하게 다른 것이 없다. 전체적으로 석제품의 가공은 산정동유적의 것보다 정교하며 발견된 수량 역시 많다[20].

상 문화층 발견의 석기의 석제품은 인공이 가한 강자갈, 석핵, 석편과 석기 등이다. 110 종의 석제품 중 3분지2가 완정한 강자갈, 3분지1은 파손 된 강자갈 또는 홈의 흔적이 있는 것들이다. 절반 정도는 석영사암, 3분지1은 화성암, 소량의 석영암과 수석 등이 석재로 사용되었다. 암질에 의하면 비록 동굴의 자연퇴적과는 관계가 없지만 대부분 사람들이 동굴내로 옮겨 온 것이다. 부분적으로 인공이 가한 흔적은 직접타법, 모루상 타격법으로 제작되었다.

석핵은 45점. 암질은 주로 석영 사암 제, 전체의 4분의 3차지; 그 다음은 화성암, 15.6% 차지, 기타 것은 10% 미만이다. 석핵은 수량이 많은 것이다 타격면을 가진 것으로 그것은 석편이 제거 된 흔적이다. 그 위에 자연면이 보이지 않는다. 2개 타격면과 1개 타격면을 가진 것들은 일정한 수량이며, 이 양자는 전자의 것을 초과하지 않는다. 후 양자는 석편 제가 정도로 보아 석핵의 이룡 율 이 전자만 못하다. 석편 수량 많지 않다. 직접타격으로 처리된 석편 31점, 충격 석편 1점등이다. 타격면은 자연타격면, 무타격면(素台面)과 준비된 타격면으로 분류된다. 대부분 석편의 유형은 규칙적이며, 길이는 3~6 cm 사이 이다. 1점의 충격으로 처리된 석편은 맥석영제이다.

석기 수량은 많지 않다. 긁개 18점. 그 외 1점 조각기, 1점 돌 마치 등이다. 긁개는 석편으로 제작되었으며, 사용 흔적도 드물다. 제2가공은 비교적 정교, 날은 단날 형태, 양날 형태 그리고 복합날 형태로 구분된다. 조각기의 유형은 작다. 버들 잎 형 수석의 세석기이다. 끝 부위를 조각기 기법으로 가공시킨 지붕 형태 날(경사 날)이다. 그 양측은 압력법으로 제2가공 되었다.

돌 망치는 둥글고 가 늘은 화성암재, 양끝의 석편이 제거된 흔적이 있다. 이것은 충격을 받은 것이다. 이 기능에 의하면 돌 쐐기(石楔)와 연계된다. 나무를 벽개할 때 사용되거나 또는 석기 가공시 중간 매개체 역 활을 한 것이다.

아래 문화층 석제품과 위 문화층의 것들은 상당히 접근된다. 다만 수량이 많다. 여러 가지의 석편 중 몇 점은 준비된 타격면 석편이다. 석기는 긁개위주, 소량의 첨두기와 찍개가 있으며, 밀개와 조각기도 각 각 1점씩이다. 전체적으로 중형(中型)의 석기 위주이다. 날은 고르지 못하며, 날각과 끝 날 등이 비교적 크다. 다수 표본은 직접타격으로 제작, 다만 개별적으로 압력법과 기타 통제 방법으로 처리되었다. 석재는 위층의 것과 다르다. 화성암이 42.5% 차지. 석영사암의 비율은 3% 정도이다. 석질의 변화는 석기제작 및 석기조합에 뚜렷한 영향이 보이지 않는다. 다만 석재 래원(來源)에 변화가 있었다.

(4) 탑수하(塔水河)와 소남해(小南海)의 수석재 석기

석기석재 사용의 정항은 남부에서 발견된 몇 곳 유적은 큼 변화가 있다. 태행산(太行山) 남단에 위치한 능천(陵川)의 탑수하와 안양(安陽) 소남해 두 곳 유적은 수석(flint 燧石) 위주의 석재를 사용하였다. 이것은 부근에 노출된 많은 수석 결핵(nodule) 과 연관되며, 이로 인하여 이 지역에서 가장 많이 사용되는 석재가 되었다.

이미 발표된 자료에 의하면, 탑수하의 석제품은 2.000여점, 그러나 대부분이 석편, 부스러기 또는 떨어져 나간 편 등이다. 제2가공된 것은 300여점. 석재는 주로 흑색 수석, 소량의 변질 회암, 맥석 영과 수정 등이다. 석제품은 크기가 비교적 작다. 1.000여점 중 소수의 충격법 으로 제거된 석편외에 모두 직접타법으로 처리 된 것이다[21]. 석편 유형은 규정적이 아니다. 석핵의 수량 많지 않다. 소수의 반 송곳 형 석핵외에 형상은 불 규칙하다. 일부 학자는 탑수하 의 석제품 관찰 후 그 중에 르발르와 석핵과 석편이 있다고 보고 있다. 또한 일부 학자는 원시 세석기 기술이 발단된 증거라고 주장하고 있다[22] (도2-8).

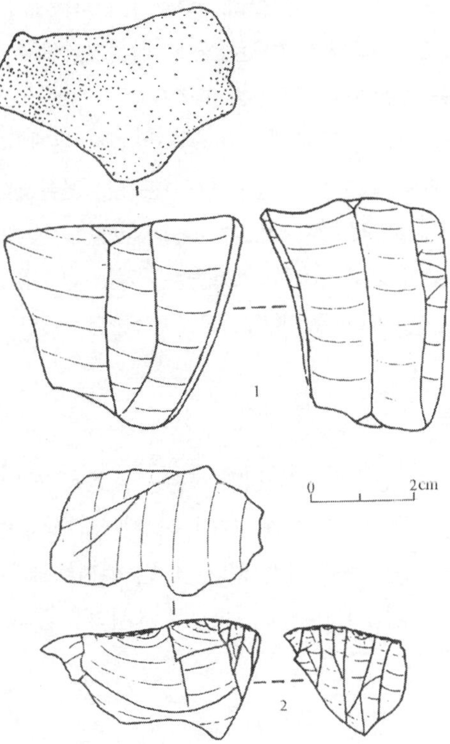

도 4-8. 탑수하 유적 석핵(위기, 1998)

탑수하 제2가공된 흔적의 표본 중 긁개의 수량이 가장 많다. 제2가공의 부분에 따라서 형상이 구분된다. 그중에 수직 날이 80점, 단변 홈 날 78점, 돌출날 63점과 2중 날 등의 긁개가 53점이다. 첨두기는 25점. 다만 그것들의 제2가공이 대단히 정교하다. 또한 몇 점의 날이 예리한 송곳이다.

탑수하 유적과 거리가 멀지 않은 소남해(小南海) 유적의 석기 석재는 수석, 소량의 석영, 석수(石髓)와 석회암 등이 있다. 석편 제거와 제2가공 방법은 직접타법 외에 충격 법(충돌법)도 상당수를 차지하였다. 북방 지역에는 충격법이 석영에만 가공된 주된 방법, 수석에는 사용예가 드물다. 소남해의 석재의 크기가 비교적 작아서 손으로 들고 직접타격해서 석편을 제거하기가 불편하여 충격법을 사용한 것으로 보인다[23].

소남해 석기는 긁개, 첨두기와 찍개 등 세 가지 유형이다. 찍개의 수량은 적고, 크기도 작으며, 그것들의 날은 똑 바른 날, 뿔형 날과 휘인 날 등 3가지로 나누어 진다. 일반적으로 작으며, 다만 첨단 부 및 가장자리만 제2가공되었다. 긁개 수량이 가장 많다. 그것들은 원형, 긴 것, 홈 날 형, 양날과 다변 긁개 등으로 분류되고 있다[24].

(5) 소결(小結)

구석기 시대의 중기문화와 비교하면 북방동부 동굴 거주의 사람들의 원 시 기술이 새로운 단계로 발전되었다. 다만 이 지역의 석제품의 석기공예와 석기시대의 초기, 중기는 큰 차이가 없다. 다만 뼈제, 곡각기, 장식품의 기술이 새롭게 등장, 새로운 발전단계의 표지로 제시되고 있다.

4. 생계 활동

북방동부 동굴 거주자의 생계와 사회 상항은 산정동유적의 발견에서 확인될 수 있다. 전술한 바와 같이 새로운 기술발전, 산정동인 및 이 지역 기타 동굴거주인의 생계 수단이 계선되어 원시경제의 새로운 발전이 촉진되었다. 산정동 유적 출토의 각 종 유물은 이러한 상항을 반영하고 있다. 바다 조개 껍 질과 두터운 조개껍질은 주구점에서 생산된 것은 아니다. 바다조개는 해산물이며, 주구점의 당시 해안선과의 거리는 측정이 어렵다. 다만 상당한 거리가 있었을 것이다. 두터운 주개껍질은 장강(長江) 유역에서 현재 살고 있다. 이것은 교환 가능성을 시사하여 주며, 원시경제 발전을 시사하여 주고 있다. 당시 아직은 교환의 수준단계는 아니지만 그들이 먼 곳에 가서 생활필수품을 채집할 가능성이 있다. 이것은 구석기시대 초기, 중기 보다 대단히 발전, 후기 문화의 발전 수준을 알려주고 있다[25).

그 외 산정동 출토의 8인 개체의 화석에 의하면, 산정동인의 수명은 북경원인보다 길고, 사망율도 북경원인보다 낮으며, 또한 초기 네안데르탈인 보다 낮다. 인류수명의 연장은 생계수단 향상과 경제 발전결과와 밀접한 관계가 있다.

산정동인의 생계방색과 경제유형은 당시 생태환경과 도구조합의 정항으로 깊이 검토 될 수 있다. 산정동에서 발견된 대량의 동물화석에 의하면, 당시 주구점 일대 자연환경을 이해 할 수 있는데 그 때 상항은 오늘날과 기본적으로 같다. 다른 점은 당시의 산 지역에 삼림이 무성하여 무서운 육식류로서 호랑이, 사자, 곰, 이리 등이 있었다; 평원지대는 광활한 초원지대로서 각종 초식류로서 소, 양과 각 종 사슴 류가 있었다. 동물군의 성격에 의하면, 당시 기후는 비교적 온난습윤 하였다. 이유는 따뜻한 기후를 좋아하는 과자이리(果子狸)와 표범의 존재이다. 물고기 화석의 존재는 당시 주구점 부근에 광활한 수역(水域)이 있었다. 온난. 습윤 등은 식물 번성의 환경과 산정동인이 생활하는데 좋은 조건을 제공하여주었다. 이러한 조건과 서부초원 지대의 생태환경은 완전히 다르다. 산정동인의 문화는 이러한 환경의 산물이다[26).

산정동에서는 다만 20여점의 석제품이 출토, 전체 석기유형 설명은 어렵다. 다만 동부지역의 유사한 동굴유적의 석제품에 의하면, 직접타법과 충격법 두 가지로 석편제거, 가고은 기칠고, 유형은 규정적이 아니다. 석기는 찍개가 일정한 비율과 수량차지 하는 특징 가지고 있다. 긁개 역시 많은 도구 중의 하나이다. 이 유적에서는 또한 첨두기, 송곳, 조각기 등이 출토 되었다. 전체적으로 석기유형은 거칠고 크다.

상가한 석기조합은 당지 자연환경의 특징과 맞물린다. 온난. 습윤의 기후

조건하에서 식물이 번성, 인류에게 풍부한 과일, 뿌리 등이 제공되었다; 광활한 수역(水域)에서는 안정된 수생식물(水生食物)을 제공되었다; 삼림초원에서는 사냥물이 고기와 털가죽 등을 제시하였다. 초라한 석기는 식물성의 먹을 거리걸이를 구하는데 충분하고, 사냥도구는 가공이 정교한 뼈와 뿔 제품이 담당하여 주었다. 도구조합과 자연환경 등 2가지 관점에서 보면 산정동인의 경제유형은 종합적으로 수렵, 채집 등으로 안정된 식물자원을 확보, 고정된 장기간 체류가 가능하였다. 먹을 걸이의 보장은 생산과 생활 필수 품외에 장식품을 갖출수 있었다.

유사한 상황을 다른 동굴유적에서도 확인 할 수 있다. 산정동 이외의 다른 몇 곳은 비록 석기위주 이지만, 이러한 석제품은 기본적으로 산정동인의 것과 같다. 그리고 수렵 활동만 전념한 것은 아니고 수렵, 채집과 물고기 잡이의 경제활동도 실시하였다. 이것은 이 지역 후기 단계의 전문화된 수렵용 도구와는 뚜렷이 구별이 되고 있다.

해성 선인동은 사람이 거주하기에 알맞은 동굴이었다. 그것은 수면 높이에 알맞은 장소로 지속적으로 거주 가능, 많은 문화유물이 남아 있었다. 이것들은 당시 인류생활 연구에 대단히 중요한 자료를 제공하여 주고 있다. 유감스러운 일은 현재까지 이 유적의 상세한 보고서가 제시되지 않고 있으며, 다만 간단하게 간략한 초보 상황만 제시되고 있다. 1990년 요녕성 문물고고연구소는 선인동 동굴의 잔재퇴적을 정리, 대량의 유물을 발견, 동시에 이전에 몰랐던 불에 탄 흙도 발견되었다고 보고되었다.

그 외 사방동(四方洞) 유적 발견, 비록 문화층이 얇고, 후에 심하게 파괴되었지만, 상당량의 동물화석이 발견되었다. 그러나 동물골격의 수량이 드물고, 대부분 석화(石化)정도가 경미하다. 감정된 동물은 중국 쥐와 사슴류, 그리고 일부 새의 다리 뼈 등이다. 동물 골격상에 동물 이빨 흔적 있으며, 인공이 가한 흔적 도 있다. 또한 불에 탄 뼈도 발견되었다. 상 문화층과는 다르게, 하 문화층 출토의 동물 골격은 더욱 많다. 절대다수가 일정한 석화 정도가 있으며, 주된 것은 다리 뼈이다. 동물화석은 상층의 중국 쥐와 사슴 외에 또한 소와 코뿔소가 있으며, 창고 쥐와 야생 토기도 있다. 다수 표본이 가볍게 풍화되었다. 뼈 표면상의 흔적은 육식동물의 작용이며, 인공흔적도 일정한 수량이 있다. 동물화석 종류와 수량의 정항에 의하면 사방동 거주인은 동물자원을 이용하였으며, 그 규모는 제한 적이고, 또한 수렵의 전문화와 소비의 정도 도 없었다.

탑수하 유적의 상항도 대체적으로 같다. 후기 홍적세 후기의 인류는 비교적 장기적인 시간을 탑수하 동굴에서 생활, 동시에 두터운 바위 밑 그늘 퇴적을 남겨 놓았다. 많은 재 층, 대량의 석제품과 동물 뼈 등은 당시 사람들이 이곳을 거주 장소로 이용한 증거를 제시하여 주고 있다. 여기에는 타제석기, 사냥물 가공, 불사용 흔적 등이 제시되고 있다. 석제품이 반연한 문화특징에 의하면 이곳은 북방 기타 동굴 거주인의 문화유물과 뚜렷한 구별이 없다. 특히 석기조합은 탑수하의 거주민이 아직 수렵이 전문화 되지 않고, 수렵과 채집 등의 종합 형 생계방식에 의존하여 생활한 모습을 보여주고 있다.

5. 정신 세계

장식품과 무덤의 출현은 시기적 의의를 갖춘 대 사건을 나타내어 주고 있다. 북방동부 동굴유적에서 발견된 장식품과 무덤은 이 지역 구석기시대 후기의 중요 특징 뿐만아니라 동시에 구석기시대 후기 문화 발전단계의 중요한 표시를 반영하여 주고 있다.

(1) 장식품

장식품은 주로 산정동 유적에서 발견되었다. 그것들은 송곳으로 구멍 뚫은 작은 강자갈, 구멍 뚫린 돌 보석(石珠), 구멍 뚫린 바다조개 껍질, 구멍 뚫린 짐승 이빨, 구멍 뚫린 물고기 뼈와 선이 그어진 뼈 관(骨管) 등 여러 가지 유형이다.

구멍 뚫린 강자갈 1점, 4층 출토, 자연적 마모의 타원형 작은 조약 돌 로 만들어 졌다. 강자갈 양면은 편 평, 그 중의 한 면이 인공적으로 마연되었다. 그 전체 길이 39.6 mm, 중간 너비 28.3 mm, 최대두께 11.8 mm. 그 중간에 뾰족한 것으로 구멍을 뚫었다. 구멍은 둥글지 않다. 양면 최대경이 다르다 : 일면은 8.8 mm, 다른 일면은 8.44 mm. 발견 시 구멍부위는 붉은 색이 잔류되어 있었다.

구멍 뚫린 돌 보석은 7점. 젊은 여성의 머리 부근에서 발견되었다. 석재는 백색 석회암, 발견 시 표면에 홍색의 적철광분이 남아 있었다. 돌 보석은 불규칙하며, 다면체 형, 변 날은 거칠고, 그것들의 크기는 거의 같다. 최대의 직경은 6.5 mm. 제작과정은 작은 석편에 타격을 가하여 방형 또는 다각형을 만든 후 양면을 마연, 다시 끝이 뾰족한 것으로 구멍을 뚫었다. 그것도 두개골 부근에서 발견, 원형으로 연결시킨 장식품이다. 수량이 가장 많은 것은 구멍 뚫린 짐승 이빨로 모두 125점이다. 그 중에 너구리 이빨이 가장 많아서 절반을 차지; 이리의 이빨은 그 다음, 전체의 4분지1 차지; 그 나머지는 사슴과 황쥐의 이빨, 또한 1매의 호랑이 앞 이빨제 등이다. 구멍 뚫린 이빨 뿌리의 한 끝은 뾰족한 것으로 양면에 구멍을 뚫었다. 대부분 표본과 구멍부위는 마연 되었으며, 이것은 오래 동안 사용된 것을 나타내어 준다. 구멍 뚫린 이빨의 출토 상태는 5개가 나란히 반원형 상태로 놓여 있었다. 또한 1점의 표본과 돌 보석이 동시에 젊은 여성의 머리 부근에서 발견되었다. 이 현상은 구멍 뚫린 이빨은 언제나 사람들이 걸고 다니는 장식품이며, 이것은 머리부분 또는 목 부위의 장식품이라는 것을 설명하여 주고 있다.

바다 조개 껍질 3점. 조개 두 잎이 맞 물리는 하부에 하나의 원형 또는 방형의 구멍이 뚫렸다. 선이 그어진(刻道) 뼈관은 4점, 표면은 매그럽고, 선은 1~3 줄로 짧고 깊게 가로로 그어 졌다. 뼈관의 내외도 모두 마연된 흔적이 있으며, 이것은 어느 곳에 끼은 장식(佩帶)으로 볼 수 있다.

구멍 뚫린 물고기 뼈는 1점, 청어의 눈 위 뼈이다. 그 가장자리에 하나의 구멍이 뚫렸으며, 그것은 연속적으로 만들어 졌다. 대단히 가늘다. 대단히 가늘고 뾰족한 첨두기도 제작되었다. 물고기 뼈 장식은 세계의 다른 곳에서도 발견된 예가 있다[27] (도4-9).

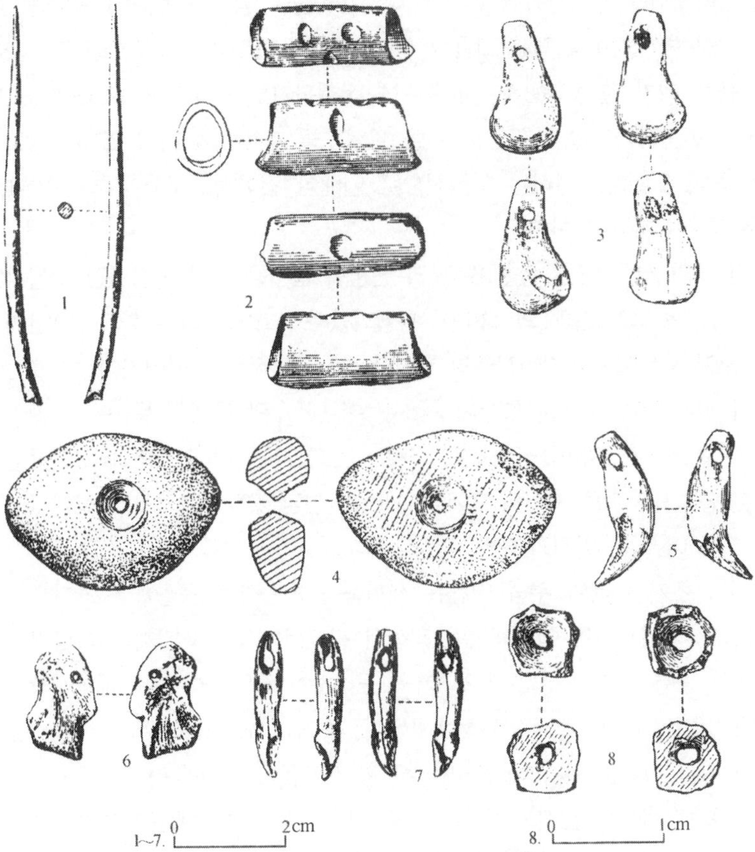

도 4-9. 산정동 유적 장식품 및 뼈바늘(배문중, 1939)

1. 뼈바늘; 2. 홈있는 뼈장식; 3. 구멍뚫린 사슴이빨; 4. 구멍 뚫린 강자갈 ; 5. 구멍뚫린 너구리이빨; 6. 착공의 물고기뼈; 7. 착공사슴 앞이빨; 8. 착공돌보석

(2) 무덤

비교적 확실한 구석기시대 무덤이 구석기시대 중기부터 출현하기 시작하였다. 전장에서 이미 비교적 자세히 소개되었다. 중국경내에서도 시가가 이른 시기에 무덤유적이 존재하였다. 다만 현재까지 비교적 확실한 곳은 이 단계 이 지역에서는 산정동유적 한 곳이다. 1930년대 발굴된 자요에 의하면 산정동 지하 방(下室)의 제4문화층에서 3구(具)의 완정한 인류두개골 및 부분적인 몸체 뼈가 출토되었다. 뼈 주위에 적철광가루가 뿌려져 있었으며, 또한 구멍 뚫린 짐승이빨, 구멍 뚫린 돌 보석, 돌 추(墜)와 바다 조개 껍 질 제 장식품이 있었다. 이것은 의식적으로 안배한 것이며, 구석기시대 인류매장 행위의 직접적 증거이다[28].

몇 구의 서로 다른 성별(性別)과 년령의 골격을 같이 안장시킨 것을 보면 산정동인은 합장(合葬)의 습속이 유행되었다. 그러나 일부 학자는 1인의 몽고 노인과 2인의 외주여자와의 합장은 이면에 직접적 근거가아니라고 보고 있다. 상기한 인류체질 특징에 의하면 이 몇 구의 두개골 특징은 그들 사이에 결코 종족적 차이는 없으며, 그것은 초기 또는 이 단계의 몽고인종을 대표한다. 다만 그들 사이의 관계는 이러한 안장(安葬) 방식의 사회학적 의의는 아직 더 많은 발견과 연구가 필요하다.

더욱 초기 단계의 무덤 발견은 석제품을 동반하여 동물에서 고기를 발라내는데 사용된 것은 인류생존의 직접적 필요성이다. 이 단계에 이르러서 부장품의 종류는 더욱 많아지고, 더욱 풍부하여 졌다. 이것은 세계 각지에서 이미 발견된 이 단계 무덤유적에서 많은 증거가 제시되고 있다. 생산 및 생활의 직접 필요한 것 외에 장식품 류 의 사치품이 부장품으로 사용되기 시작하였다. 그 외 죽 은자의 몸 위, 주위 및 부장품상에 적철광 가루가 뿌려지는 습속이 생겼다. 이러한 습속은 구 대륙서쪽의 대단히 큰 범위 내에서 모두 발견되고 있다. 이러한 재장 습숙의 출현은 이 단계 인류행위가 완전히 "현대화(現代化)"된 표현이며, 인류정신세계가 이 단계에 이르러서 대단히 발전된 표현을 가진 것을 설명하고 있다. 큰 범위내에 같은 의식과 행위 특징이 실현된 것은 구석기시대후기 인류의 광활한 활동 공간, 밀접한 교류와 또한 공통된 정신세계 및 사상방면의 수확이 진행된 점을 확인 할 수 있다. 이것은 인류정신 문화의 빠른 발전으로 생각된다[29].

6. 소결(小結)

종합하면 북방동부지역의 동굴유형의 유적과 지점은 대체적으로 같은 상황이다. 유적이 위치한 생태환경은 복잡하다. 대부분 삼림-초원이 무성하고, 이곳은 가까운 공활한 수역(水域)에서 발생, 원시인류 생존의 환경이 적합한 곳이다. 이러한 유적의 퇴적 상황도 비슷하며, 퇴적층이 두텁고, 연속으로 사용한 시간이 긴 것을 나타내어 준다. 이러한 유적 중 석제품의 가공 기술은 비교적 단순하며, 직접타격법과 충격법 사용으로 석편을 제거 시켰다. 충격법이 비교적 중요한 위치를 차지하였다. 준비된 타격면 기술은 기본적으로 보이지 않고, 또한 간접기술 생산의 석핵과 석편도 보기 힘들다. 석기의 제2가공은 비교적 거칠고, 대부분 석기유형이 부정형(不定型)이다. 석기기술과 석기의 조합은 초기부터 후기까지 변화가 뚜렷하지 않다. 원시 기술의 중점은 뼈, 뿔 도구로 전환되었으며, 정교한 뼈 제 도구가 이니 생산과 생활영역을 차지하였다. 수량이 비교적 많은 장식품 및 무덤의 출현은 또 다른 일면의 문화발전 상태를 나타내어 준다.

환경과 도구 조합에 의하면, 북방동부 유적의 거주민들은 일종의 채집, 고기잡이 등의 종합적 생계 수단에 의지 유적주위의 많은 자원들을 이용해서 자신들의 생존과 발전에 활용하였다. 그들은 동굴 거주를 희망하고, 비교적 장시간 체류하였다. 동굴은 그들의 거주지가 되고, 석기제작 장소 및 무덤장소가 되었다. 동굴을 중심으로 한 활동영역은 구석기시대 후기 이른 단계에 북방지역 동부(東部) 거주민 및 그 창조 물질문화의 하나의 특징이 되었다.

(2) 동부 후기의 사냥 군 들

최후 빙하기가 가장 성숙한 단계에 이르는 과정을 따라서 북방지구의 환경에 거대한 변화가 발생하였다. 해안선이 급히 후퇴하고, 온대초원 환경이 큰 폭으로 남하(南下)하고, 초원은 심지어 황막한 초원환경에 이르러 간빙기 단계로 대치되면서 북방동굴 거주민들은 온난습윤 삼림 또는 삼림초원환경에 적은하기 시작하였다. 이 지역에서 지속적으로 생활하던 사람들은 그들의 생존계획을 조종하지 않으면 안 되었다. 그것은 새로운 생활방식을 선택하여야 되는 큰 변화에 적응하여야만 되었다. 이로 인하여 이 단계의 동굴퇴적은 지속될 수 없었으며, 야외유적 또는 지점으로 발전되었다.

1. 유적의 분포

(1) 익 동북(冀東北)

하북성(河北省) 동북부의 당산(唐山)과 진황도(秦皇島) 두 도시가 위치한 곳에는 1980년대 후기에 지속적으로 비교적 많은 구석기시대 후기의 유적 또는 지점이 발견되었다. 예를 들면 락현(灤縣)의 동회산(東灰山)과 천안(遷安) 과촌(瓜村등이다. 비교적 많은 조사가 1990년대 이후 이루어 졌다. 여기에서 2종의 서로 다른 유형이 발견되었다 : 하나는 세석기(Mesolithic) 인소(因素)의 작은 석기 ; 다른 하나는 전형적인 세석기이다. 전자의 대표지점은 옥전 맹가천(玉田孟家泉)이며, 후자는 창려정사윤(昌黎亭四潤), 락현동회산(灤縣東灰山) 등이다.

맹가천은 옥전현성(玉田縣省)에서 동쪽으로 약 3 km 지점의 석장촌(石庄村)북쪽에 위치하고 있다. 실제적으로는 영휘하(榮煇河)의 하나의 지류의 발원지이다. 이곳은 연산(燕山) 남쪽 산 앞 충적층이 쌓여진 남쪽가장자리로 북쪽은 연산에 기대고 남쪽은 화북평원(華北平原)과 발해(渤海)에 연해져 있다. 유적부근의 지형은 평탄, 노출된 층위는 후기 홍적세퇴적이다. 해발 높이 13 m 정도. 1990년도 발굴에서 출토된 석제품은 23.000여점. 또한 2점의 후기 네안데르탈인화석 출토 : 1점은 정수리 뼈 편, 다른 1점은 오른쪽 위 노정 골 편이다. 동물화석도 풍부, 다만 대단히 심하게 분쇄, 대부분 마연되었다. 감정된 척추동물은 23개, 그 중 코끼리, 원시소, 야생말 및 사슴류가 가장 많다. 문화유물은 2층에서 출토되었다. 상층의 유물이 많다. 다만 분포가 불균형, 때로 집결, 때로 분산되었다. 흐르는 물에 의해서 이동되고, 후기의 유물과 혼합되었다. 하층에서는 석제품이 드물다. 다만 보존 양호, 원 문화층이다[30].

전형적 세석기 유적 내에 자료가 비교적 풍부한 지점은 창려정사윤과 낙형동회산 등이다. 전자는 창려현서성(昌黎縣城)에서 동북방향으로 2 km 지점의 정사윤촌(亭四潤村) 부근이다. 문화유물은 음마하(飮馬河) 지류의 2급 계지 상부의 홍색점토층에서 발견되었다. 이 세석기 지점은 36.5 ㎢이다. 석제품은 풍부하지 않다. 발견된 것은 700점이다. 출토유물은 황색점토층으로 고운 모래 줄과 투명체로 있는 곳에서 발견, 비교적 전형적 강상(江相) 퇴적층이다. 석제품 수량 많지 않다. 분포역시 무질서, 동물화석 없다. 이러한 상황은 구석기시대 후기 거주유적과 다르며, 일시 활동 지점의 가능성이 크다[31][32].

(2) 북경 지구

1990년 이후 주구점 산정동 유적외에 새로운 구석기시대 후기 및 이후의 과도기 단계 문화유적을 발견하였다. 예로 성구(城區)의 왕부정동방광정(王府井東方廣場) 및 교외지역 회유전년(懷柔轉年) 등 유적으로 이곳에서 비교적 풍부한 유물이 발견되었다. 그 외 발견된 일부 야외 지점 등은 여러 가지 수계(水系)와 다양한 높이의 강 계지 상에 있었다. 이러한 지점에서 발견된 석제품의 수량은 일정하지 않으며, 층위 퇴적 상항역시 다양하다. 그리고 시기적으로 초기와 후기의 차이가 있다. 현재까지 발굴된 지역은 없으며, 따라서 자세한 자료가 부족하다. 다만 후기홍적세에서 전신세(충적세) 초기에 이르는 북경지역의 발전사에 중요한 근거를 제공하여 주고 있다[33].

1996년 왕부정 요시구역(요시구) 의 건축 공사지역에서 동방광장(東方廣場) 유적이 발견, 발굴되어 한 곳의 후기구석기시대 유물이 확인되었다[34]. 반년 정도의 구제 발굴에서 노출된 면적은 780㎡, 발견 석제품은 700여점이다. 석제품은 석핵, 석편, 긁개, 송곳, 조각기 등 이다. 석재는 수석이다. 가공된 석기의 기분은 석편, 이것은 석편석기 문화이다. 또한 동물화석도 발견, 일부 뼈 위에 인공으로 충격 또는 선을 그은 흔적이 있다. 일부 석제와 뼈제품상에 적철광분말이 남아있다. 불을 사용한 흔적이 뚜렷하고, 집중된 재, 불에 탄 돌과 탄 뼈 들이 있다. 동물화석은 소, 말, 사슴과 타조 등이다. C^{14} 년대는 B.P. 24.000년 정도이다.

전년(轉年) 유적은 회유북부(懷柔北部) 산지역의 보산사향(寶山寺鄕) 뒤편에 위치, 1992년 토지 정리 시 발견되었다. 몇 년에 걸쳐 여러 차례 발굴, 노출 면적은 500 ㎡ 출토유물은 18.000여점이다. 문화유물에는 타제석기, 마제석기와 토기가 포함되어 있다. 타제석기는 직접타법으로 가공된 석핵, 석편 등, 또한 전형적인 세석기가 있다. 송곳형태, 쐐기 형태 및 기둥 형태(柱狀) 등의 세 석핵 발견, 세석기중에는 밀개, 조가기 등이 있다. 마제석기로는 연석, 마연된 공이, 돌도끼와 돌그릇(石鉢) 등이 있다. 토기는 소량의 모래가 섞인 토기편이다. 이곳의 C^{14} 년대 수치는 B.P. 9.800년. 이것은 전신세(충적세) 진입을 나타내어 준다. 문화내용은 뚜렷한 과도기 단계로서 이 지역의 구석기시대 후기부터 신석기 시대에 이르는 과도기의 드문, 중요한 자료이다[35].

(3) 예중, 노서남 및 소북(豫中, 魯西南 及 蘇北)

이 단계의 세석기 유적이 예중, 노서남 및 소북지역에 분포되었다. 이 일대 이러한 문화의 분포는 최후빙기 최고성숙기의 환경과 밀접한 관계가 있다.

노서남 및 소북의 세석기는 비록 많은 조사와 발굴이 이루어 졌지만 아직까지 계통적 연구보고가 없다. 더욱 최근의 작업에서 이 지역의 후기홍적세말에서 충적세초기 까지 의 문화발전 상황에 대한 인식이 더욱 복잡하게 되어있다. 물론 년대와 지층의 연구가 진일보 조사되어야 할 것이다.

예중의 무양대강(舞陽大崗) 유적은 이 지역 자료로서 비교적 확실하며, 층위관계는 하나의 대표성을 나타내어 준다[36]. 유적은 무양현 북부의 대강촌(大崗村)의 북쪽에 있는 언덕에 위치하고 있다. 1989년 하반기에 배리강(裵李崗) 문화층아래에서 발견된 세석기 유적이다. 두차례 발굴, 그 면적은 300 ㎡이다. 대강의 퇴적층의 두께는 1.2 m 이다. 층위는 위에서 아래로 5층 : 표토층, 두께 20~30 cm ; 제2층, 한대(漢代) 등 후기 토기편, 엷은 황갈색 아점토, 두께 10~75 cm; 제3층, 배리강문화층, 회갈색 아점토, 두께 15~55 cm; 제4층, 세석기문화층, 갈색 아점토, 두께 15~40 cm; 아래층, 유물없음, 엷은 황색의 고운 모래질 아점토.

대가 유적의 층위는 대단히 중요, 이 지역 후기홍적세말부터 충적세까지 오는 과도기 상황을 뚜렷하게 제시하여 주고 있다(도4-10).

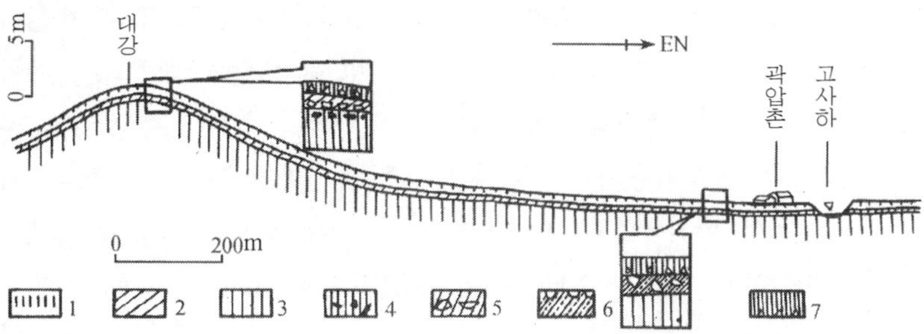

도 4-10. 대강지점 층위 단면도(장거중등, 1996)

1. 윗층황토(Q_4^2); 2. 윗층매장토((Q_4^1); 3. 미란황토(Q_3); 4. 세석기; 5. 배리강문화토기편; 6. 앙소문화토기편; 7. 한대토기편

2. 석기 기술의 발전

상가한 바와 같이 최후 빙하기의 최성숙기에 진입한 이후 북방 동부지역의 사람들은 그들이 장기 체류한 동굴을 벗어나지 않을 수 없었다. 그들은 야외에서 야영(거주)하면서 석기 제작, 본격적인 사냥활동에 돌입하였다. 이러한 생활방식의 필요로 석기제작과 가공기술에 변화가 수반되었다. 이 지역 원래의 초기, 중기 석기제작전통은 서서히 사라지고 새로운 전형적인 세석기가 제작되었다. 세석기의 출현은 이 지역의 비교적 뚜렷한 발전과정이다. 맹가천과 동방광장 유적이 대표적의 비교적 이른 시기의 이 단계 상황을 제시하여 주었으며, 정사윤과 대강 유적은 발전된 성숙단계를 대표하여 주고 있다. 또한 전년 유적의 상항은 이 지역의 구석기시대로부터 신석시대로 넘어가는 과도기 성격을 가지고 있다.

(1) 맹가천과 동방광장(孟家泉與 東方廣場)

맹가천 유적에서 발견된 석제품은 뚜렷한 특징을 가지고 있다. 석재는 95% 이상이 질이 좋은 수석이다. 그 북부 산지역의 진단계(震旦系) 지층에서 채굴한 것이다. 소량의 석영, 석영암과 마노가 있다. 석제품 중 폐기된 비율이 대단히 높아서 65% 차지. 석기는 11% 이다. 그 나머지는 석핵, 석편, 세석핵과 가는 잎 형(細石葉) 등이다. 직접타격 된 석핵, 석편의 수량이 자장 많다 ; 충격된 석핵, 석편은 모두 전형적이며, 또한 일정한 수량이다 ; 세석핵과 세석 엽의 수량은 극히 제한적인데 다만 전형적 간접기술 제품이다. 세 석핵의 유형은 규칙적이 아니다. 다만 배 밑 형(船低形)의 세 석핵이 있다[37].

석기의 가공은 정교, 중류도 많다. 수량이 가장 많은 것은 긁개, 석편의 가장자리가공에 의해 형상과 수량이 변화되고 여러 가지로 분류되고 있다. 밀개의 수량 많다. 크기는 작지만 가공이 정교, 긴 것과 짧은 것 등 두 유형으로 분류된다. 첨두기의 수량 많다. 가공 정교, 크기는 작다. 홈 석기와 송곳 역시 중요한 석기 종류의 일종이며, 가공은 대단히 전형적이다. 등 칼의 유형

다양, 긴 것과 삼각형으로 나 누어 진다. 등 부분은 얇은 것과 두터운 것으로 구분된다. 도끼형의 수량 많지 않다. 다만 비교적 전형적이다(도4-11).

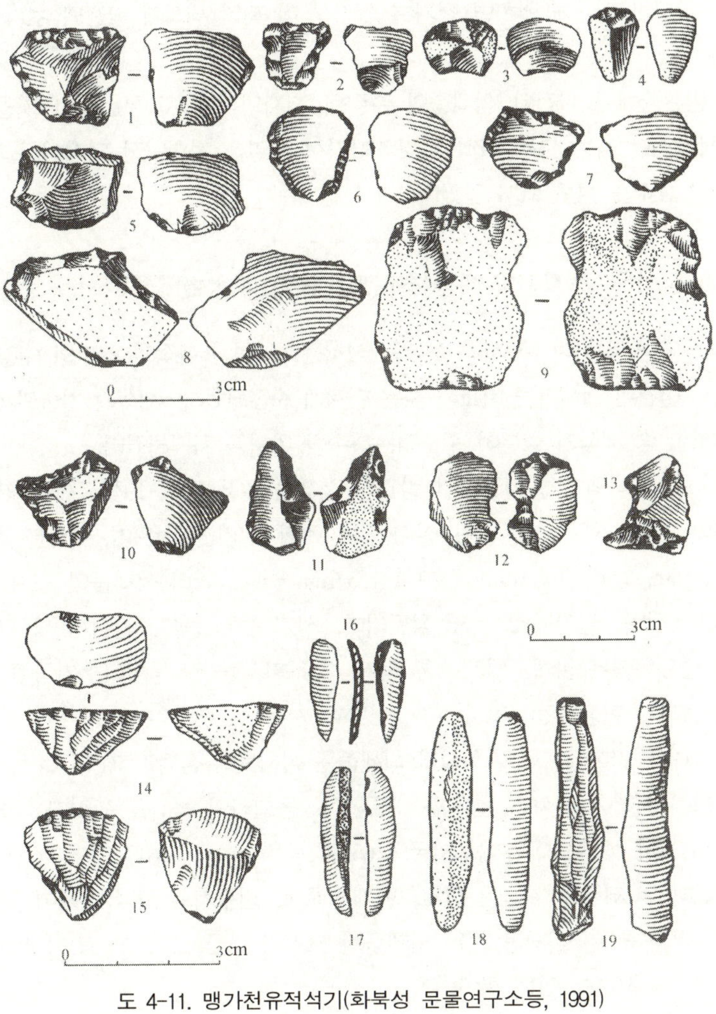

도 4-11. 맹가천유적석기(화북성 문물연구소등, 1991)

1~9. 긁개; 10·11. 첨두기; 12·13. 홈석기; 14·15. 석핵; 16~19. 세잎형석기

맹가천 유적의 발견 물은 대단히 풍부, 문화내용도 대단히 복잡하다. 정교한 석기제작기술, 종류가 많은 석기유형, 화북 구석기시대 후기와 비교적 늦은 후기 단계를 비교 할 수 있는 훌륭한 유적이다. 다만 그 석기조합과 세석기가 차지한 비율에 의하면 맹가천 석기는 이 지역 세석기 발전의 초기 단계이다.

동방관장에서 발견된 석제품의 수량의 전자와 미치지 못하지만 가공기술 및 석기조합 등은 모두 거의 같다. 따라서 동일한 문화발전 단계이다. 다만 세석기 요소는 보도 되지 않았다.

(2) 정사윤, 동회산과 대강(亭泗潤, 東灰山與大崗)

전 양자에 비하여 이 지역 북부의 정사윤, 동회산 유적과 남부의 대강유적 등에서 발견된 세석기는 비교적 높은 단계에 진입되었다. 세석기 기술의 성숙, 석기조합 중 세석기 성분이 주도적, 특수한 위치를 차지하였다.

정사윤 유적의 2차 발굴에서 발견된 석제품은 세 석핵 19점, 세 석엽 111점이다. 세 석핵은 배 밑형 이다. 세 석엽 크기는 작으며, 평균 길이는 10-11 mm, 너비 3-4 mm, 두께 1-1.5 mm 이다. 기타 석제품의 크기 역시 가늘고, 작다. 길이는 20 mm 정도이다. 석기 종류 풍부, 전형적 세석기 조합의 중요유형은 긁개, 밀개, 홈 석기, 첨두기, 등 칼 등이다. 가공이 정교하며 형태가 안정되었다[38].

1980년대 만현(灤縣) 동회산의 석제품은 정사윤의 상황과 거의 같다. 또한 배밑형 세석핵이 세석핵 문화를 대표한다. 동회산의 문화층은 얇다. 물화유물의 매장이 풍부하지 않다. 시굴의 65 ㎡ 범위 내에서 181점의 석제품이 발견되었다. 석제품의 가공은 정교, 밀개, 긁개, 첨두기와 조각기 등이 전형적이다. 정사윤과 구별되는 점은 석제품의 크기가 조금 크고, 배 밑형 석핵 외에 송곳 형 석핵이 있는 점이다[39].

대강유적의 문화내용은 대단히 중요하다. 특히 배리강 문화층의 아래의 세석기 유적이 발견된 점이다. 발견 석물은 모두 327점. 모두 소형 편 석재, 대부분 수석, 그 다음은 맥석영, 마노, 석영암 및 수정(水晶) 등이다. 세 석핵 수량 많다. 발표된 자료에 의하면, 배 밑 형, 반 송곳 형과 쐐기 형 등이다. 석기의 수량 많다. 가공도 정교하다. 그것들은 밀개, 긁개, 홈 석기, 첨두기와 등 칼 등이다. 또한 1점의 마연된 석편이다(도4-12).

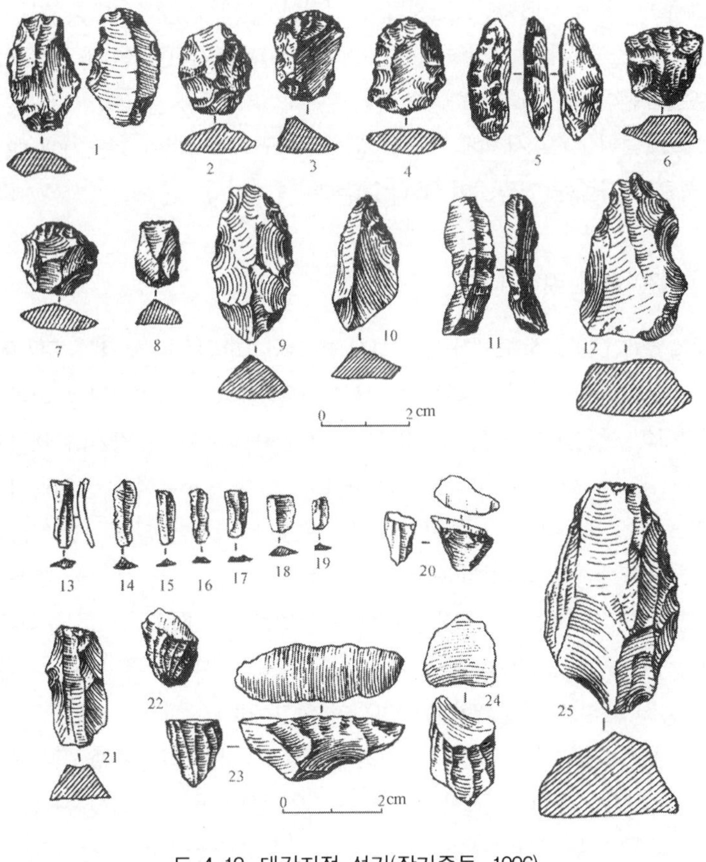

도 4-12. 대강지점 석기(장거중등, 1996)
1~8, 11, 12. 긁개; 9·10. 첨두기; 13~19. 세잎형석기; 20~25. 석핵

대강의 발견 물은 전형적 세석기 제작, 배 밀 형과 반 송곳 형 세 석핵 기술에 의하면 진서남(晋西南)의 설관(薛關)과 시자(柿子) 등에서 발견된 것과 접근되고 있다. 이것은 그것들의 지리적 분포와 관계가 있다. 대강유적은 예서(豫西) 산지로서 황준평원(黃淮平原)으로 가는 과도지대에 위치하고 있다. 서부방향으로 진서남(晋西南)지역과 그리 멀지 않다. 그곳에 유사한 문화면모가 발생되는 것은 정상적이다. 그러나 이곳의 세석기유적은 진서남과 같이 풍부하지는 않다. 이것은 발견지점의 성격과 관계가 있다. 또한 거주지 등 주요활동 장소는 찾지 못하였다. 다만 임시 활동지역으로 영세한 유물을 남겨 놓았을 뿐이다. 그러나 대강의 발견은 세석기 문화 분포의 시간, 공간을 확인하고, 중원(中原)지역에 접근된 신(新), 구석기시대의 과도기에 대한 대단히 중요한 자료를 제공하여 주고 있다[40].

(3) 생계 활동 및 기타

최후 빙하기의 최성숙기가 도래함에 따라서 북방동부 석기와 주거형태에 변화가 발생, 이 시가의 인류생계 방식이 뚜렷하여 졌다. 비교적 이른 시기의 사람들이 동굴생활을 즐긴데 비하여 이 단계의 유적은 강가나 계천가 또는 물이 나오는 곳(泉水) 부근을 택하였다. 초기 동굴유적의 문화층이 대단히 두터웠다. 동시에 많은 층위가 연속적으로 퇴적되어 당시 주거환경이 비교적 안정되었음을 반영하여 주었다. 그것은 사람들이 장기체류, 또는 중복된 생활거주지가 되었다. 그러나 이때의 문화층은 대단히 얇고, 문화유물의 수량도 차이가 크다. 특히 이 시기의 발견된 문화유물과 유적현상은 유적지 거주인 들의 생산과 생활상항을 반영하여 주고 있다.

북경 성구(城區)에서 발견된 유적의 상항에 의하면 이 곳 옛 강변에 있는 유적에서 발견된 유물 수량은 많지 않다 다만 동물 뼈들의 깨진 편들이 풍부하였다. 동시에 불 사용흔적도 발견되었다. 문화유물과 불 사용흔적의 평면 분포상항은 당시 사람들의 임시거주지를 반영하여 주며, 석기의 제작고정도 보여주고 있다. 다만 대부분 활동은 사냥동물에서 고기, 가죽 등 제거와 불 사용, 임시 야영 등을 반영시켜 주고 있다. 이 임시 사냥 야영지는 구석기시대 후기 유라시아 대륙 북방초원지대에서도 많이 발견되었다. 동방광장 및 기타 같은 류의 유적 등도 같은 성격의 유적이다(도4-13).

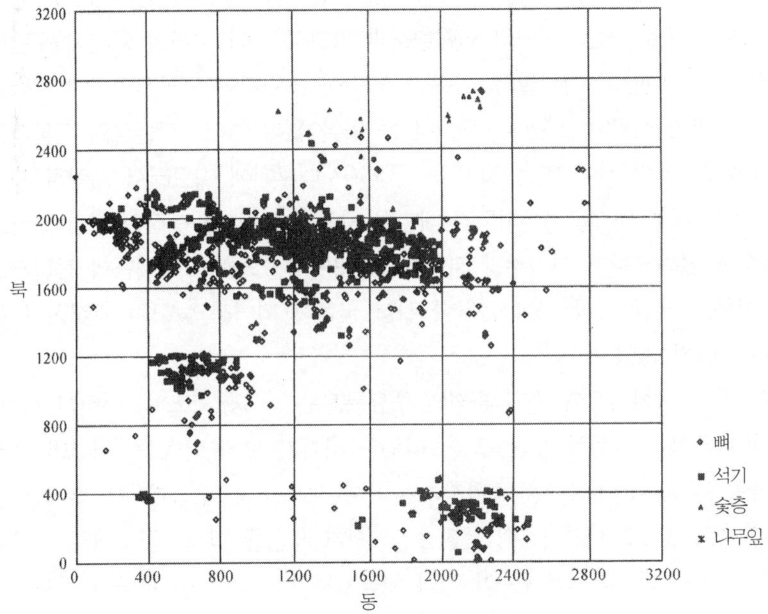

도 4-13. 동방광장지점 문화유물 분포도(이초영, 2004)

상기한 유적들은 이 지역에서 대단히 유행되었음을 이 단계인류생활 방식의 변화로 반영시켜 주고 있다. 상기한 바와 같이, 세석기 기술은 이 시기의 주도적 기술이며, 대량의 정교한 가공으로 휘대에 편리한 세석기를 제작하였다. 특히 밀개 등을 위주로 한 석기조합은 당시의 거주민들이 사냥에 주력하였음을 반영하여 주고 있다. 대량의 동물 뼈 위에 인공의 흔적과 파괴한 방식이 남아있다. 이것은 사냥 인들이 직접적으로 행사하여 수렵물을 처리한 방식과 습관이다.

(3) 서부(西部)의 전문 사냥인들

북방서북부 후기 홍적세 후기의 대부분 시기는 당지역의 현재보다 더 건냉 하였으며, 초원 또는 황막한 초원 심지어는 황 막 한 환경 이였다. 동부지역의 비교적 습윤, 온난의 삼림환경과 비교하면 이 지역의 원시 거주민의 생활조건은 대단히 어려웠다. 초원과 황막한 초원지역은 구석기시대 사람들의 주요생활 래원이 초원에 사는 각 동 동물 들이 였다. 식물성의 식물자원은 대단히 제한 적이 였을 것이다. 구석기시대후기에 이르러서 사람들 지체의 능력, 체력 및 그 문화척도가 대단히 발전되어 각 종 복잡한 환경에 적응할 수 있었다. 북방 서북부의 지역 환경 내에서 그들은 그 지역의 동물자원을 이용, 구석기시대 자장 성공한 사냥 군들이 되어서 당시의 뚜렷한 문화특징을 남겨 놓았다.

이 지역 구석기시대 후기 환경의 주요특징은 건 냉, 그러나 번화가 시작, 마지막 빙하기 최정상이 종료되어 따뜻한 시기가 오게 되었다. 서부의 초원지역의 면적은 동부의 삼림초원지역보다 대단히 크다. 구석기시대 후기 사람들의 능력 및 그 사냥문화의 특징은 이 시기 사람들 및 그 문화교류가 더욱 빈번하였다. 이러한 상황은 이 지역 구석기문화의 시간 공간 등이 동시기의 동부지역 보다 더욱 복잡하였다. 최근 발견된 자료에 따르면 이 지역은 3개의 서로 다른 문화가 존재하였다. 하나는 전통의 소 석기, 다른 2종은 새로 출현한 잎 형 석기(石葉)문화와 세 석기 문화 등이다. 3종의 서로 다른 문화 유형은 시간. 공간상 상가한 각 종 요인의 영향을 받아서 서로 다른 문화 특징을 표현한 것이다[41].

1. 소형 석기 문화 유형

북방지구는 구석기시대 초기부터 소석기 중심의 구석기문화 유형이 유행되었다. 이러한 문화유형은 북방지역의 환경에 적응하는 특징으로 점차 발전되었다. 이러한 상항은 구석기시대 후기까지 지속되어 이러한 문화전통의 영향이 이 지역까지 존재하였다. 전술한 동굴유적을 제외하고, 서부의 추원지구에서도 발견되며 또한 시가가 더욱 이른 때에도 이 영향이 뚜렷이 나타났다. 이러한 유적 또는 지점 중에서 비교적 전형적인 유적 또는 지점은 산서 삭주(朔州)의 치곡(峙谷)과 하북 양원(陽原)의 서백마영(西白馬營) 등이다. 이러한 유적 또는 지점의 시기는 모두 구석기시대 후기의 비교적 이른 단계에 속한다. 문화성격은 이 지역 초기. 중기의 소석기외에 동부의 동굴유적도 일부는 유사한 점이 있다.

(1) 유적의 발견과 분포

북방서부의 소 석기 또는 소위 석편 석기 유형 중 치곡 유적은 비교저거 이른 시기의 단계를 대표한다. 치곡 유적은 산서 삭주 성(城)에서 서북쪽 에 있는 치곡 촌(村)부근에 위치, 1963년 발견과 동시에 발굴되었다[42]. 치곡 유적은 상강하(桑干河) 상류 지류의 치곡강(치곡강(峙谷河)의 2급 계지상에 위치, 북. 서. 남 3곳은 산으로 둘러 쌓였으며, 동쪽만 평지이다. 치곡강과 다른 한중 계천물의 침식으로 유적은 하나의 면적, 약 1.000 ㎡의 작은 언덕으로 형성되었다. 그 상부는 후기 홍적세 강 퇴적층, 저부는 이첩기(二疊紀, permian)의 석탄 층 이다. 층위 퇴적은 다음과 같다(도4-14) :

제1층, 회황색, 고운 모래층, 두께 18 m ; 제2층, 회백색 모래층, 거칠고 고운 모래층의 혼합 층, 두께 8.9 m ; 제3층, 회흑색, 갈색 아 모래 흙 및 재 층, 대량의 석기 및 동물화석, 그중 소량의 강자갈은 불에 탄 흔적 있다, 두께 0.9-1.5 m; 제4층, 모래자갈층, 두께 0.5-1 m ; 최하층은 이첩기(二疊紀)의 사암층.

문화유물과 공존한 동물화석은 붉은 사슴, 오르도스 큰 뿔 사슴, 보 씨 영양, 어후(鵝喉) 영양, 왕씨 물소, 털 코뿔소, 야생말, 야생 당나귀 등이

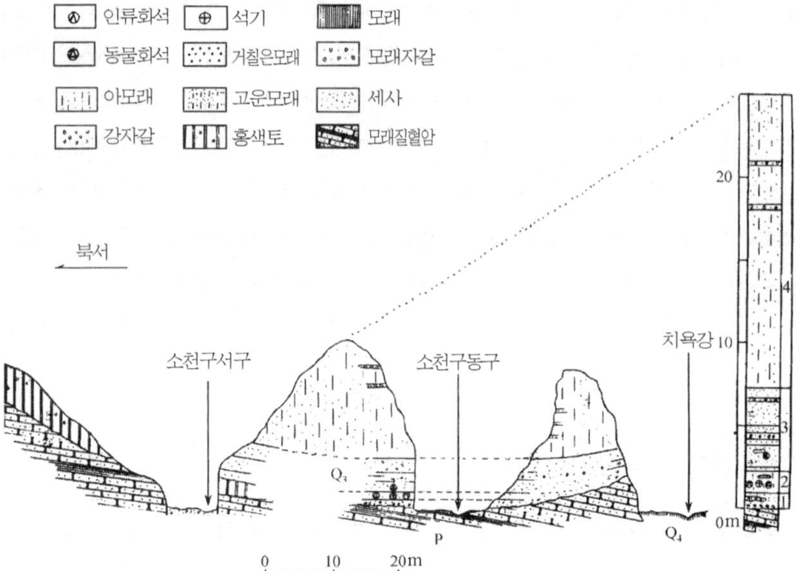

도 4-14. 치욕유적 층위단면도(가단파등, 1972)

다. 그 중에 현생종은 60%, 사멸 종은 40%를 차지. 사라-오소 골 동물군의 성격에 접근되고 있다. 그것들은 후기 홍적세 비교적 늦은 단계에 속하며, 절대년대는 B.P. 29.000년. 사라-오소 골 보다 약간 늦으며, 구석기시대 후기의 이른 시기에 해당된다.

서백마영(西白馬營)유적은 소석기 유형중 비교적 늦은 시기에 해당된다. 위치는 니하만(泥河灣) 분지의 서부, 상간하 북쪽 언덕이며, 서쪽으로 양원현(陽原縣)이 약 6.5 km 거리이다. 이 유적은 1985년 발견, 2차 발굴실시, 그 면적은 76 ㎡이다. 많은 석제품, 척추동물과 연체 동물 화석이 발견되었다[43]. 서백마영 부근에는 호상(湖相) 퇴적의 니하만 층이 있다. 또한 상간하 및 그 지류가형성한 계지 퇴적도 있다. 서백마영 구석기유적의 발견은 상간하 지류 2급 계지의 진한 황색의 고운 모래층에서 이루어 졌다. 단면은 위

에서 아래로 :

경작토층, 두께 0.3 m ; 제2층, 홍 황색 아 점토, 화분포함, 두께 0.54 m ; 제3층, 백황색 아 점토, 화분포함, 두께 0.33 m ; 제4층, 홍 황색 아 점토, 화분포함, 두께 1.66 m ; 제5층, 회록 색 아 점토 내에 종 홍 색조의 긴 줄 삽입, 동물화석과 화분, 아래 소량 석제품, 두께 0.35 m ; 제6층, 홍 황색 고운모래 ; 대량의 석제품, 동물화석과 화분, 두께 0.2 m ; 제7층, 종 홍 색 아 점토, 비닥 우라니움 판(板), 화분, 두께 0.72 m ; 제8층, 회록 색 아 점토, 화분과 연체동물화석, 두께 1.56 m.

이 유적 출토 척추 동물화석은 타조, 원시소, 야생말, 야생당나귀. 보씨영양, 양녹(羊鹿), 멧돼지, 코뿔소, 코끼리 등이다. 그중 야생말의 완정한 이빨 235매, 야생소 이빨 90매 등이다. 이 지점의 다른 특징은 발굴단면상 식물화분이 풍부하게 보존되어 있었다. 화분에 대한 자세한 연구 결과 2개조(組)로 나누어져 있다 : 아래조대는 문화층 아래에 2개 층으로 구성, 화분조합이 반영된 특징은 회소 침활엽 혼교림(混交林)-초원식물류 등이다. 상부조합은 문화층 및 그 위부분이다. 그 특징은 내건한(耐乾旱)의 다북쑥 화분이 90% 이상 차지, 그 반영은 회소침엽립-황막(荒漠) 초원식물 들이다. 우라니움 년대 측정의 2개 년대는 B.P. 18.000년과 15.000년이다. 문화퇴적 형성 시기는 마지막 빙하기의 최정상시기 이다.

전형적 야외 유적외에 이 지역 이 시기 또는 조금 이른 시기의 영세한 동굴유적이 확인되었다. 예로 1973년 철로 공사도중 섬서(陝西), 한성우(韓城禹) 입구에서 동굴유적이 발견되었다. 이 유적은 황하(黃河) 서쪽 제방에 위치, 황하강물위에서 약 30 m 높이에 있다. 유적의 동굴입구는 동쪽으로 황하, 북쪽으로 황토고원, 서남 방향으로는 삼림지역이다. 초기 인류가 활동하기에 적합한 장소이다. 보존된 동굴내부의 불탄 흔적에 의하면 재 층과 두께 5 cm의 불탄 면은 이곳에서 최기 인류가 장기간 거주하였다. 풍부한 석제품, 동물 뼈편 등은 같은 상항을 설명하여주고 있다. 유감스러운 일은 이곳의 동물 뼈들이 심하게 파손되어 다만 소, 코뿔소 및 사슴 등 소수의 몇 종만 확인, 그리고 시기 확인도 대단히 어렵다. 원보고자는 구석기시대 후기로 보면서 허가요(許家窯)보다는 늦고 치곡 보다는 약간 이르다고 해석하고 있다. 이러한 견해는 절대 년대 수치를 기대하여야 한다[44].

(2) 석기와 기술 발전

치욕유적에서 발견된 석제품은 15.000점이다. 유감스러운 것은 보고서에서 초보연구자의 소개는 다만 800점이다[45]. 그러나 이미 발표된 자료에 의하면, 이 유적의 거주인 들은 이 지역 전 일 단계 진보된 석편 제거 기술과 제2가공 기술을 가지고 있었다. 비록 준비된 석핵 자료는 없으나 이미 소개된 자료상항에 의하면 치욕이들은 이미 석재를 이요 더 효율적인 석편제거 기술을 가지고 있었다. 석핵은 이미 충분히 이용되었으며, 많은 석편 흔적이 비교적 좁고 얇게 그리고 규정되게 나타나있다. 또한 단순타격면은 송곳 형 석핵과 같다. 석편 역시 대단히 정교, 예로 보고 된 소석 편은 타격면이 드물고, 가로 단면은 사다리 꼴 또는 삼각 형이다. 또한 일부학자는 치욕의 석편을 잎 형석기로 제시, 생산기술의 각도에 의하면 준비된 잎 형 석핵 근거는 없다며 따라서 소 석기 또는 석편석기 전통에 귀납시켜야 된다(도4-15).

치욕 석기 석재는 맥석영, 석영암, 규질회암, 석수(石髓)와 화성암 등이다. 대부분 강자갈이다. 석편 제거 기술은 직접타법위주, 다만 충격법도 사용되었다. 준비된 타격면 흔적도 있다. 석기는 긁개, 첨두기, 밀개, 조각기, 작은 외날 찍개, 톱니석기, 첨두기 등이다. 긁개의 수량이 가장 많다. 긁개 유형은 수직 날, 홈 날, 돌출 날, 쌍 날 등이다. 길이는 20-30 mm 사이이다. 제2가공이 대단히 정교하다 ; 첨두기 수량도 많다. 첨두기는 똑바른 날과 뿔 형 첨두기 등 2종으로 나누어진다. 가장 작은 것은 30 mm 이다. 대부분 작고 얇은 석편으로 제작, 제2가공이 대단히 정교하다 ; 조각기도 많다. 가장자리. 쌍면과 뿔 조각기 형태로 제작 ; 밀개 수량도 많다. 모두 짧은 유형

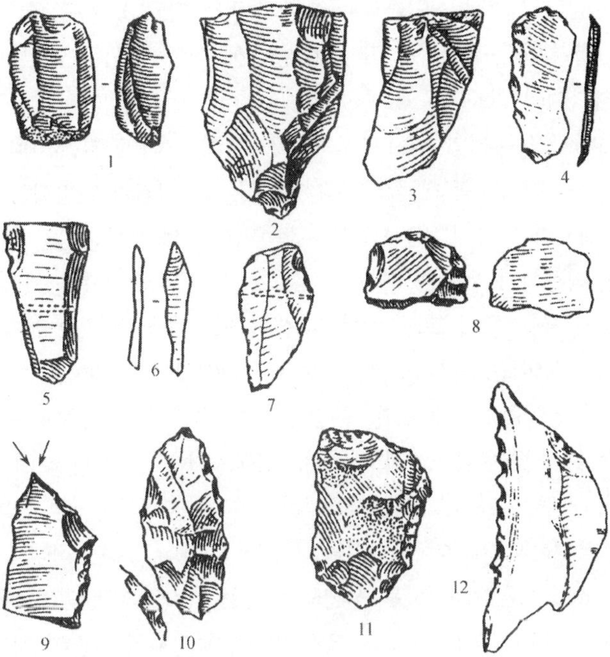

도 4-15. 치욕유적석기(가란파등, 1972)
1~3. 석핵; 4~7. 석편; 8. 밀개; 9. 조각기; 10. 첨두기; 11. 긁개; 12. 톱니석기

이다. 길이와 너비가 같거나 또는 너비가 길이보다 크다. 제2가공 정교하다 ; 찍개는 실질적으로 긁개 류에 들어간다. 다만 비교적 큰 유형이다 ; 톱니석기와 도끼 형은 드문 편이다. 또한 긁개 유형의 특수 형으로 분류되고 있다. 부체 형 석핵과 석촉의 존재여부는 아직 여러 가지 의견이 있다. 이유는 양자모두 각 1점씩 발견, 진일보한 연구가 기대된다[46].

석제품 외에 치욕 유적에서 또한 1점의 장식품이 발견되었다. 일면에 구멍이 뚫이고, 다른 면 및 가장자리가 마연되었다. 그것의 발견 시 이미 절반 남았다. 용도는 산정동 유적 발견과 같은 제품이다. 비록 장식품 발견이 제한적이지만 복방 서부의 거주민은 이미 장식품의 제작기술이 있었으며 동시에 동부와 같은 시기의 사람들과 유사한 습관을 가졌다. 유감스러운 것은 전형적 뼈, 뿔 제품은 없었다. 다만 뼈 편상에 그은 흔적은 있었지만 거기에 대한 이론은 여러 가지다[47)48)].

비록 서백마영 유적의 시기가 치욕 유적보다 많이 늦지만 이미 10.000년 전후의 마지막 빙하기의 최 정상기에 있었다. 이 시기의 북방지역은 이미 잎형석기와 세석기 기술이 발전, 다만 서백마영의 석기는 여전히 전형적인 소석기 또는 석편석기 전통을 가지고 있었다. 이 유적 석제품은 1546점. 그것들은 석핵, 석편, 석기 그리고 석기제작시 떨어져 나온 부스러기 등 이다. 석핵 78점, 3점의 충격 석핵외에 모두 직접타법의 생산 물이다. 직접타법의 석핵은 크기가 일정하지 않으며, 다만 소형이 숫자적으로 많다. 형상은 불규칙하다. 두수가 자연면을 가지고 있다. 석핵, 단순, 양면과 다대 면으로 나누어 진다. 석편은 184점, 직접타격석편 179점, 충격석편 5점 등이다. 직접타격 석편의 3분지2이상이 자연먼을 가지고 있다. 크기는 작다. 길이 또는 너비가 50 mm 정도이다. 넓은 석편의 수량은 4분지 3이상이다. 무타격면과 자연타격면의 수량의 차이가 크지 않으며, 이 두기지의 석편이 대부분, 준비된 타격면의 석편은 겨우 1점이다. 충격 석편의 수량은 드물지만 충격 기술의 특징은 뚜렷하다. 석핵과 석편에 의하면 서백마영의 사람들은 지속적으로 간단한 석편제거 기술을 가지고 있었다.

석기의 제2가공은 비교적 정교, 다수 석기의 제2가공이 비교저거 규정적으로 뚜렷한 후기의 풍격을 갖추고 있다. 제2가공된 석기는 230점이다. 수량이 가장 많은 것이 긁개로 126점이다. 긁개 크기는 4분지 3의 길이가 40 mm 미만이다. 가장자리 날의 수량과 형상 등의 특징이 여러 유형으로 나누어 지고 있다. 그 중에 수직 날과 돌출 날이 많으며, 단순 홈 날, 끝 날과 양 날 등은 일정한 수량을 가졌으며 기타는 수량이 드물다. 첨두기는 11점, 크기가 작다. 단 1점의 길이가 40 mm 초과 기타는 28 mm 이하이다. 가공이 정교, 바른 날, 뿔 형 첨두기 등으로 나누어 진다. 조각기 기법으로 가공된 것은 2점, 외날 찍개의 표본은 다만 1점이다[49)] (도4-16).

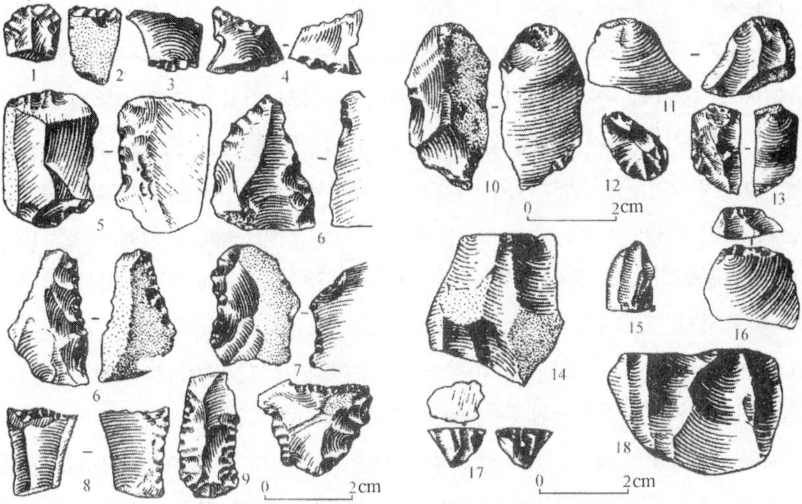

도 4-16. 서백마영지점 석기(하북성문물연구소, 1989)

1~9, 12. 긁개; 10, 11, 13, 16. 석편; 14, 15, 17, 18. 석핵

동물 골격의 수량은 비록 많지만 보존 상태가 좋지 못하다. 보존 상태가 비교적 양호한 300 여점의 표본 중 대부분이 소와 말류의 팔 다리 뼈 편이다. 그 중에 31점이 뚜렷한 인공 타격 흔적이 있다. 개별적 표본이 고의적으로 인공이 가한 흔적이 뚜렷하지만 마제한 골기는 없다.

서백마영과 유사한 문화유적이 이 지점부근 및 분지 내에서 발견되었다. 양원(陽原)에 인접한 산서(山西)경내의 신천사(神泉寺)에서 대량의 석영이 가공된 석제품이 발견되었다. 이러한 유적의 특징은 2급 계지의 아래층에서 발견되어 시기적으로 같은 계지 상 상부에서 발견 된 세 석기 문화 보다 이르거나 같다.

소 석기 또는 석편 석기 중에 서백마영 출토의 석기가 시기적으로 비교적 늦은 것을 대표한다. 서백마영석기의 특징은 비교적 많이 소 석기제작 전통을 계승하여 석기가 소형, 가공정교, 석편제거가 직접타법으로 이루어 졌다.

석기유형은 긁개위주, 첨두기와 기타 유형은 드물다. 이 때 세석기, 잎 형석기의 후기 구석기 제작기술이 발전되었다. 다만 동일 지역 내에서 여전히 소석기제작 방법이 존재하였다. 이러한 상황은 여러 가지 원인의 영향이다. 전술한 지역 형 문화인소외에 석재의 조건이 일정한 작용을 하였다. 이미 보도된 상황에 의하면 서백마영의 석재는 현지에서 채집, 부근의 강자갈 층, 화산에 의한 편들, 석영, 마노, 규질회암, 수석, 각암(角巖), 석영사암과 편암(片巖) 등이다. 그 중에 가장 많이 사용된 것이 화산에 의한 깨진 편들이 35.6% 차지, 그 다음 석영이 18.6%, 마노 13.6%, 규질 회암 12.7%, 수석 9.9% 등이다. 그 나머지 몇 종은 극 소수이다. 석재가 비교적 광대한 것은 질량이 차하여 석기제작에 큰 불편을 주었기 때문이다.

우문구(禹門口)의 석기는 전형적인 석편 석기 이다. 석재는 황하의 자갈층에서 가져 왔다. 암질은 석영암과 수석이다. 석편제거와 가공의 관찰에 의하면 직접타법으로 석기제작. 석기의 절대다수가 석편제이다. 그 중대부분이 절단, 분쇄 되었다. 일부 비교적 큰 석편은 형상이 불균형하다. 석핵 수량 많지 않으며, 형상은 불균형. 제2가공된 석기는 소형으로 긁개의 수량이 가장 많아 전체의 90% 이상이다. 긁개는 수직 날, 홈 날, 돌출 날, 쌍날 등 여러 가지 유형이다. 다만 형상은 불규칙, 아직 안정된 유형은 없다. 두 번째 유형은 첨두기, 일반적으로 삼각형, 첨단 날 유형이다. 또한 2점의 강자갈 상에 직접 가공된 도구가 있는데, 비교적 커서 찍개 류로 분류되고 있다. 전 양자와 비교하면, 우문구의 석기의 유형은 고전 적이며, 석편 제거 기술과 제2가공 기술도 비교적 단순하다. 시기는 이른 것으로 보고 있다[50].

(3) 생계 특징

북방 서부 소 석기 유형의 유적 내에서 치곡 유적에서 발견된 것이 가장 풍부하다. 대량의 석제품 외에 대량의 동물화석 그중에 인공이 가해진 깨진 뼈가 많이 있다. 그 외 문화층에서 재 층이 분포되어 있었다. 재 층 주위에 일부 비교적 큰 돌 편이 불규칙하게 분포되어 있는 것은 동물 뼈 타격시 사용된 모루 돌 또는 불을 지필 때 나무 올려 놓는 받침 돌 역할을 하였다. 치욕촌 부근에 많은 유사한 문화 특징의 지점이 분포되어 있었다. 이러한 발견은 당시 사람들이 이곳에서 활동한 지역을 발견한 예가 된다(도4-17).

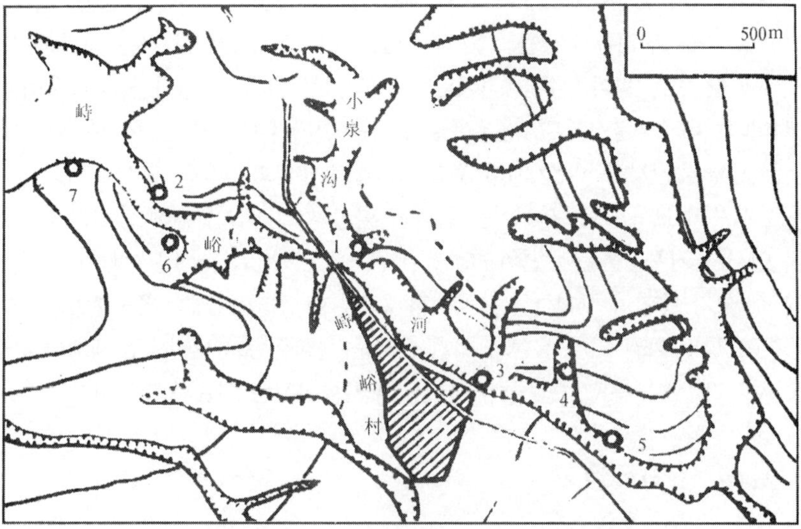

도 4-17. 치욕구석기지점 분포도(욱옥주등, 1982)
1~7. 치욕부조구석기지점

치욕 출토 동물화석의 관찰에 의하면, 우제류가 가장 많아서 70% 차지, 그 수량은 95% 해당된다. 그 주된 것은 초원 형 동물로서 보씨야생말, 야생당나귀, 보씨영양, 아후(鵝喉) 양 등이다. 또한 삼림 초원 환경의 붉은 사슴과 관목초원(灌木草原)의 도르도스 큰뿔사슴 등이다. 이러한 설명은 치욕인들의 생활환경은 초원과 관목지대로서 년평균 기온이 오늘 날보다 습하며 또한 비교적 건조하였다. 이것은 간빙기 시작으로부터 최후 빙하기로 넘어가는 최정상시기였다. 이러한 환경 속에서 당시 사람들의 주된 생계 수단은 사냥

이다. 치곡 유적 발견의 대량의 동물은 대단히 훌륭한 설명이다. 동물 이빨 채집이 5.000점, 그중 야생말, 야생 당나귀의 것이 가장 많다. 초보 계산의 양자의 개체 수는 적어도 200마리 이상이다. 이 지역 초기 단계의 사라-오소골 사람들은 대량의 영양을 사냥, 치욕인들은 말류가 사냥대상, 고로 그들을 "말 사냥군(獵馬人)" 이라고 부른다[51].

치곡유적의 층위단면도 뚜렷하고, 유물풍부, 대량의 석제품과 동물화석 그리고 장식품 및 인류가 선을 그은 뼈 편도 있다. 더욱 중요한 것은 재 층과 그 주위에 돌 편을 쌓아 놓은 유적현상이다. 이것은 한 곳의 당시 사람들의 야영지 이다. 유적의 층위단면, 문호유물 및 유적현상이 대단히 전형적이다[52]. 이것은 서부 초원지역 구석기시대 후기 사람들의 생산과 생활의 축소 판이다.

시기가 비교적 늦은 서백마영 유적의 환경과 그 석기유형에 의하면 이 유적 당시의 거주민들은 수렵위주의 생계수단을 삼았다. 그러나 서백마영 시기에 소 석기 유형의 주인공들은 세석기 및 잎 형 석기를 제작하는 주인공들과 공존하였다. 여러 가지 유형의 석기 존재는 문화전통의 요인으로 생계방식에도 차이가 있다. 다만 그 구체적 내용 설명은 아직은 자료가 부족하다.

2. 잎 형 석기 유형

북방서부지역에서 또 하나의 주목할 만한 것은 구석기 문화 유형 내에서 잎 형 석기 제작이다. 전형적인 잎 형 석기 유적 또는 지점의 발견은 드물다. 현재까지 재료가 풍부하고, 정식 발굴된 유적은 영하영무(寧夏靈武)의 수동구(水洞溝) 유적 한 곳이다. 그러나 근래에 정식 발굴 또는 조사된 곳에서 잎 형 석기 기술 요인을 확인 할 수있다. 다만 잎 형 석기의 북방지역 출현 및 분포상황은 아직 까지 학자들 사이에 관심이 많으며 그 주위 환경과 래원은 더 심층 있는 토론이 필요하다.

(1) 유적 분포의 특징

전형적 잎 형 석기 유적 및 잎 형 석기 제작 기술이 구석기 석기 유형 중국 북방의 시간. 공간상 분포의 특징에 관하여 비상한 관심을 가지고 있다. 전형적인 것은 시기가 비교적 이른 석기제작유적이 서북부에 분포된 것으로 여기에서부터 동쪽으로 이 석기 제작 기술 주체가 있는 구서기유적은 아직 발견되지 않았다. 다만 뚜렷한 잎 형 석기 제작기술 요인의 발견은 확 실이 존재되고 있다.

중국경내에서 이미 발견된 전형적 잎 형 석기제작유적은 영하영무(寧夏靈武)의 수이동코우(水洞溝) 유적이다. 수이동코우 유적은 은천(銀川)에서 동남방향으로 약 30 km 지점의 황하 동안(東岸)에 위치하고 있다. 1923년 프랑스 학자 Teilhard de chardin 과 Licent 등이 발견과 발굴 실시[53]. 1960년대 이래, 여러 차례 발굴을 통하여 대량의 석기와 동물화석이 발견되었으며, 또한 특수한 석기가 어렵게 확인되었다(도판16).

수이동코우 유적은 오르도스 대지(臺地) 서남방향 가장자리의 하나의 작은 계곡지에 위치하고 있다. 계곡지의 퇴적은 후기 홍적세와 충적세의 하호상(河湖相) 침적물(沈積物)이며, 강자갈, 모래, 고운모래, 점질모래, 진흙과 풍성 황토가 포함되었다. 두께는 10-20 m 정도. 이 퇴적 층은 하나의 계천으로 절개되어, 계천양쪽에 뚜렷한 단면이 노출되었다. 일찍이 프랑스 학자들이 이 노출된 단면상의 재 층 등 구석기시대 유적에 주의를 하여 중국과 외국에 유명한 유적으로 알려졌다. 80년 동안 중국과 오국학자들의 많은 작업이 실시되었지만 수이동코우 유적 부근의 단면구분에 아직 통일된 의견이 없다[54]. 2001년의 작업에 의해서 수이동코우 유적단면이 제1-3 지점에 비교적 완정하게 노출, 동시에 그 대표적인 것으로 위에서 아래로 8층으로 나누어지고 있다[55]:

최상층, 회황색 고운모래, 아 점토층, 2-3 m 두께; 제2층, 회록, 회백색 고운 모래, 아 모래층, 또한 수평 층리 있다, 두께 1.5 m ; 제3층, 회흑색 암질선대, 유기질 아 모래층, 아 점토, 최대두께 1 m; 제4층, 담황색 고운 모래 및 비닥 자갈층, 2 m 두께 ; 제5층, 황토상 모래, 두께 7-8 m ; 제6층, 회록색 점토, 수평층리 있음, 동물화석편 등, 최대두께 1 m ; 제7층, 황토

상 아모래의 자갈층, 최고 두께 10 m ; 최하층, 점신세(漸新世) 홍점토, 종홍색, 노출, 두께 5-7 m.

영하문물 고고연구소 2003년 발표의 단면은 다음과 같다 (도4-18) :

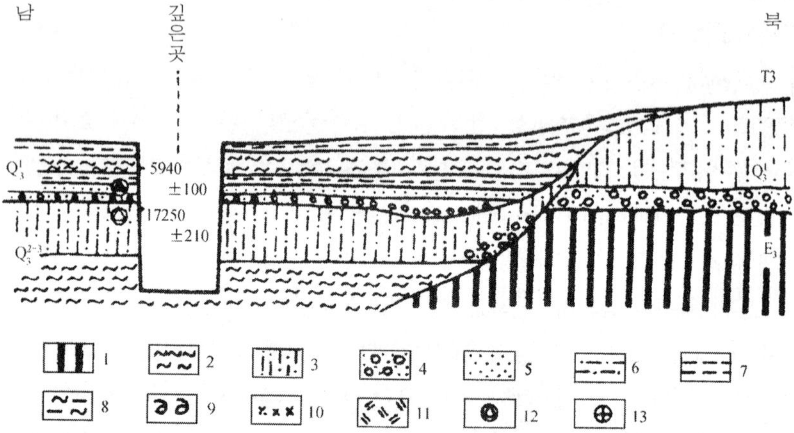

도 4-18. 수동구등 1지점 층위 단면도(영하 문물고고연구소, 2003)
1. 홍색니암; 2. 진흙; 3. 황토상세사; 4. 모래자갈; 5. 모래; 6. 아모래; 7. 아점토; 8. 진흙질아점토; 9. 조개껍질규조류층; 10. 숯층; 11. 인공퇴적; 12. 구석기; 13. 신석기

상기한 층위 1.2층 사이, 4.5층 사이, 6.7층 사이 및 7.8층 사이에 4개의 침식면(侵蝕面)이 확인되었다. 수이동코우 구석기시대 문화유적에서도 5.6층에도 하나의 호수(湖沼)환경에서 강물(河流)환경으로 변화는 침적물(沈積物)이 있었다. 문화층내의 목탄 표본에 대한 C^{14} 측정결과는 수이동코우 석기의 시대는 B.P. 29.000-24.000년 사이이다. 그것들의 집중적 분포는 25.000-27.000년 사이이다. 고 환경 연구결과에 의하면 수이동코우 문화 형성 시기는 황막(荒漠) 초원 환경의 가능성이 크다[56].

익서북(翼西北)의 양원(陽原), 유방(油坊) 유적은 비교적 늦은 시기를 대표. 잎 형 석기 기술 요인이 비교적 현명하게 노출되었다. 유방유적은 니허만 분지의 동쪽, 상간하 남쪽제방에 위치, 현 상간하 물수준에서 2 km 정도의 거리에 있다. 그곳은 대전와대재(大田洼臺地)의 북쪽 가장자리의 경사진 언덕지역으로 전고생대(前古生代) 화산 각력암 또는 중생대 주라계(倣羅系) 각력암 들 위에 후기 홍적세 황토층이 덮고 있다. 유방의 구석기 문화유적은 황토 침적물에 보존되어 있었다. 석제품 분포의 면적은 대단히 넓다. 길이 200 m, 너비 100 m 내의 범위에서 모두 발견되었다. 층위는 다음과 같다[57]:

현 경작층, 두께 0.3 m ; 제2층, 문화층, 가벼운 황색 고운 모래질 황토, 느슨함, 수직 절리 형성, 상부에 석제품, 재 층, 동물화석등 두께 6.5 m ; 제3층, 주라계(Jurassic) 각력 암, 두께 4 m ; 최하 층은 전고생대(前古生代) 화산 각력암, 노출 된 것 약 5 m.

유감스러운 것은 유방유적에 대한 절대 년대 측정이 아직 없다. 니허만 분지내의 후기 홍적세 홍토 층 및 계지 형성 년대 와 비교하면 대체적으로 구석기시대 후기의 늦은 단계에 해당, 그러나 상간하 2급 계지 상에 비교적 넓게 분포된 호두량(虎頭梁) 세석기 시대보다는 이르다. 문화성격은 명백히 후자와 구별된다.

(2) 잎 형 석기와 기술발전

수이동코우 유적 전후 5차 발굴실시, 석기에 관한 자료는 1980년 제4차 발굴자료를 전면 발표하였다. 〈水洞溝-1980年發掘報告〉의 통계에 의하면, 구석기 문화층에서 잎 형 석기, 잎 형 석핵의 절대 수량과 비례는 층위에서 발견된 기타 석편과 석핵보다 많다. 따라서 수이동코우 유적의 발견은 전형적 잎 형 석기 제작으로 보아도 의문점이 없다. 그러나 수이동코우 석기와 유사한 상황은 북방 기타 구석기시기 후기의 발견 물에서 찾아 볼 수 없다. 그러나 구대륙 서쪽에는 대단히 보편적이다[58].

수이동코우의 석재는 백운암(白云岩) 강자갈, 이 암질은 초기에 규질 회 암으로 보고 되었다. 그 다음은 석영암과 수석 강자갈, 또한 소량의 마노 편도 있다. 이러한 석재는 부근의 옛 강자갈층에서 운반되어 왔다. 석재의 전체적

상항에 의하면 결코 좋은 품종은 아니다. 다만 수이동코우 거주민이 석재를 충분히 이용 중국경내에서 최근까지 발견된 유일한 전형적인 잎 형 석기를 제작하였다.

잎 형 석기와 잎 형 석핵의 차지하는 수량이 많은 것 외에 또 하나 중요한 표지는 수이동코우 석기제작은 준비된 석핵에서 석편을 제거, 이 제거된 석편을 제2가공하여 석기를 만들었다. 석핵과 석편제거의 관찰에 의하면 수이동코우 거주민은 2종의 준비된 방법으로 석핵을 만들어 잎 형 석기와 특수 석편을 제직하였다. 사용이 가장 많은 것은 잎 형 석핵이다. 통계에 의하면 이러한 석핵은 1980년도 발견된 수량이 르발르와 석핵과 보통 석핵수와 같다. 잎 형 석핵의 다수가 정교하여 미리 타격면이 준비되었으며, 이것에서 잎 형 석편을 떼여 내여 새머리 형태(羽冠狀)의 잎 형 석기를 제작하였다. 이것들은 모두 전형적 잎 형 석기제작 기술의 제작 품이다. 이것은 또한 이 유적에서 생산된 잎 형 석기 제작 기술의 열쇠(Key)를 복원 할 수 있다(도4-19).

일정 수량의 보통 석핵과 다르지 않다. 잎 형 석기제작 역시 보통 석편 제작방법과 크게 차이가 나지 않는다. 보토 석핵에서 석편을 제거하는 것은 준비된 석핵에서 석편을 제거하는 것보다 간단하다. 이러한 상황은 기타 지역의 전형적 잎 형 석기제작과 같이 공존한다. 주의 할 가치가 있는 것은 르발르와 기볍의 응용이 이 유적에서 일정한 비율로 응용된 것이다. 이것은 일반 구석기시대 후기의 잎 형 석기제작 과정에서 흔한 상황은 아니다. 수이동코우 유적에서 발견된 예가 처음이며, 유럽 구석기시대 석기 제작에 익숙한 프랑스 학자들은 이 현상은 발달된 무스테리안 문화에서 오리나시안 문화로 넘어가는 과도기로 보고 있다[59]. 현재까지 연구자들은 수이동코우 석기시대가 그리 늦지 않은 것으로 보고 있다. 이 특징은 여러 지역간의 문화교류를 인식하고, 후기홍적세 사람들이 이주 활동한 내용을 선사고고학의 중요한 자료의 하나로 제공되고 있다.

잎 형 석기는 수이동코우 문화의 중심점으로, 대량의 잎 형 석기와 삼각형

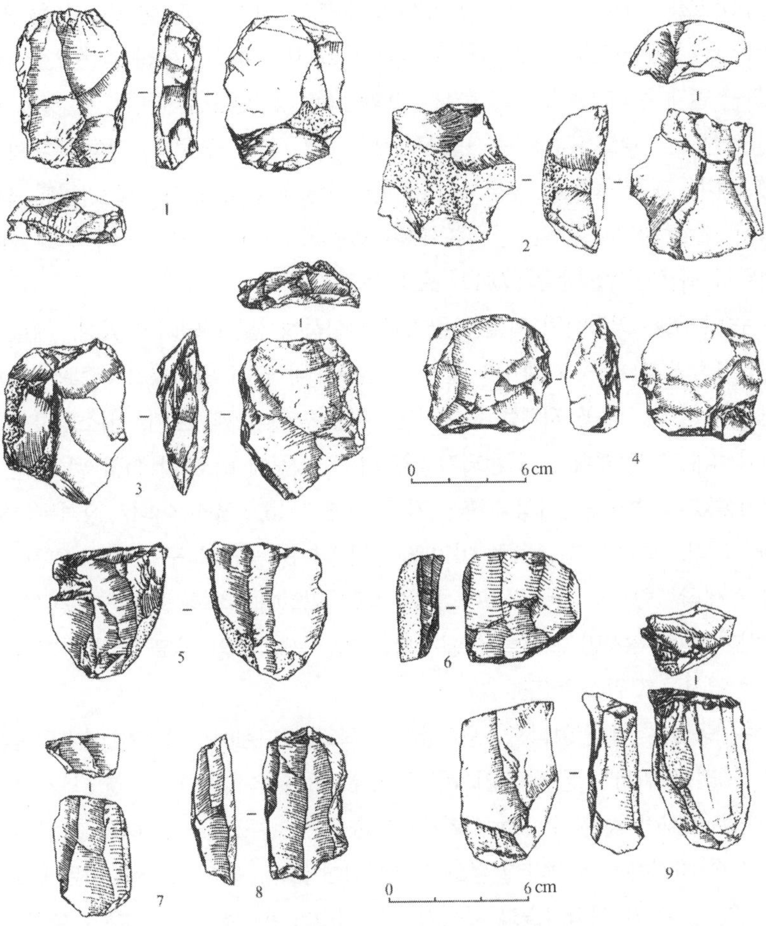

도 4-19. 수동구유적의 석핵(영하 문물고고연구소, 2003)
1~4. 르발르와석핵; 5~9. 잎형석핵

석편, 그것들의 석편 가공의 내용등이 제시되고 있다. 석기는 첨두기, 밀개, 홈 석기, 각 종 유형의 긁개로서 수직 날, 쌍 날, 그리고 반원형 등, 또한 조각기와 송곳 등이다. 첨두기의 수량이 비교적 많다. 제2가공 정교, "입력

법(指墊法)" 사용, 크기가 규정되었다. 유형은 바른 날과 뾽 날 형 등 2종. 또한 끝 부분(尾部)가 제2가공된 유형이 있어서 이것은 손잡이 용으로 보고 있다. 밀개 수량 많다. 그것을 긴 것과 짧은 것 2종으로 분류, 긴 것은 제2가공 정교, 가공 흔적 평탄, 순서적으로 배열, 날이 구르다. 각종 긁개의 수량 많다, 제2가공정교. 형상 이정, 원 석편과 관계 있다. 제2가공된 석기 외에 또한 상당수의 잎 형 절단편이 있는데 이것은 어느 곳에 여러 개를 끼워서 사용된 "칼 날 편(刀片)" 으로 보고 있다[60].

수이동코우 거주민의 기술은 골기와 장식품에서도 나타나고 있다. 예로 발견된 1점의 뼈 송곳, 나머지 길이 60 mm, 위 끝이 날카롭고, 주위는 마연된 흔적 있다. 송곳 자체는 원형이 아니다, 끝단이 깨졌으며, 비스듬하게 벽개되었다. 기신(器身)은 규정되지 않았다. 장식품에 타조 알 껍질 로 만든 것이 1점있다. 몸체는 거의 원형, 가로 단면이 16.4 mm 이다, 장경은 18.9 mm 이다. 주위가 단면으로 마연된 흔적 있다. 중간에 구멍하나, 원형, 긁어서 제작, 발견시 구멍주위에 붉은 색깔 있었다. 비록 골제품과 장식품은 수량이 많지 않지만 그것들은 당시에 이미 마제, 구멍 뚫고 염색한 기술 수준을 알려주고 있다[61] (도4-20).

수이동코우 의 전형적 잎 형 석기 제작과는 다르며, 시기가 비교적 늦으며, 지리적 위치가 동쪽에 가까운 유방(油坊)유적이 있다. 잎 형 석기 제작 기술은 없지만 높은 수준의 석기제작기술을 보여주고 있다. 다만 전체 석기 조합 중 차지하는 비중이 일정하게 제한되어 있다. 이미 발표된 자료에 의하면, 잎 형 석기 제작기술과 세석기제작 기술이 동시에 존재, 다만 확실하게 구분되기는 어렵다[62].

유방유적 발견 석기는 전체 3.000여점. 석재는 부근의 개천과 산언덕에서 채집한 규질 각력암과 수석이다. 석재선택의 상항에 의하면 당시 사람들은 암석 성질을 확실하게 인식하고 있었다. 이미 발표된 석기의 관찰에 의하면, 직접타법과 간접타법을 사용하였다. 일부 단타격면 석핵은 송곳형태

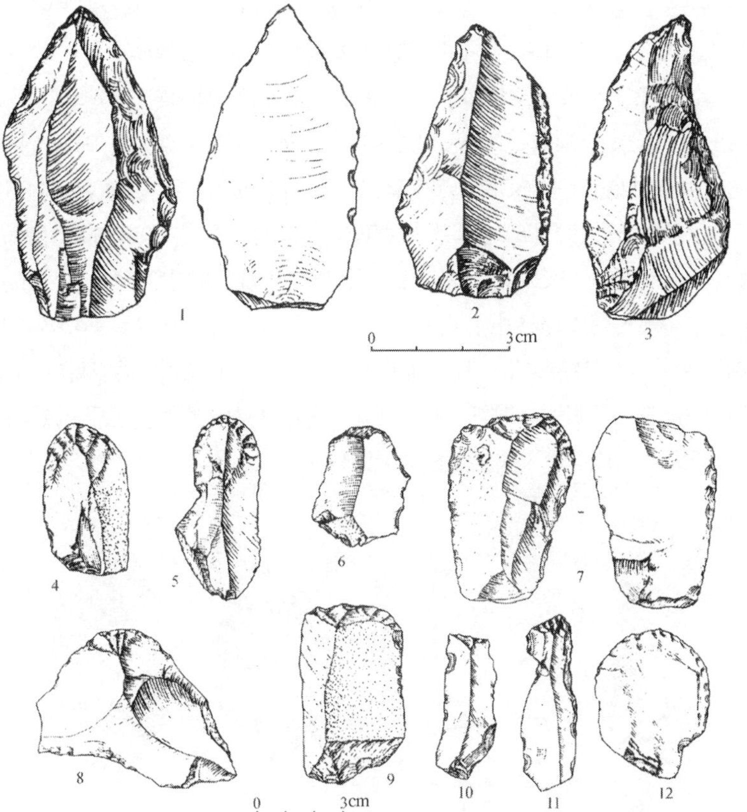

도 4-20. 수동구유적석기(영하 문물고고연구소, 2003)
1~3. 첨두기; 4~12. 밀개

또는 편평한 송곳형태이며, 타격면은 여러 차례 가공되었으며, 석편 흔적은 좁고 길다. 비록 잎 형 석기에 대한 전문적인 분류보도는 없지만 제2가공된 석기 중 대단히 전형적인 잎 형 형태의 모체가 있다. 따라서 잎 형 석기기술 준재를 긍정적으로 받아 들 일 만 하다. 수이동코우의 잎 형 기술이 발견된 이후에 비록 대량으로 구석기 지점이 발견되었지만 전형적인 잎 형 석기 제작 자료는 드물다. 유방의 잎 형 석기기술의 발견은 중국 북방지역의 잎 형 석기기술에 대한 인식에 대단히 중요한 자료를 제공하고 있다.

세석기 기술은 유방유적에서 명확히 확인되었다. 통계된 700 여점의 석제품 중 세 잎 형 석기의 비율은 13.3% 이다. 세 석핵의 수량은 비록 많지 않지만 유형은 대단히 풍부하여 쐐기 형, 기둥 형과 배 밑 형 등의 유형이 있다. 니허만 분지에서 발견된 호두량(虎頭梁) 유적의 세석기 기술과 비교하면, 동일 기술 계통에 속하지는 않는다. 기둥 형과 배 밑 형은 호두량에서 보이지 않고, 쐐기 형 기술 역시 호두량 것과는 다르다. 그 외 두 곳에서 선택된 석재도 뚜렷이 구분된다. 기술 계통으로 차이를 비교하면 유방석기 조합과 호두량 세석기 비교는 뚜렷한 차이가 없다. 밀개가 가장 주된 도구, 그 다음이 긁개, 첨두기, 조각기, 등 칼 등이다(도4-21).

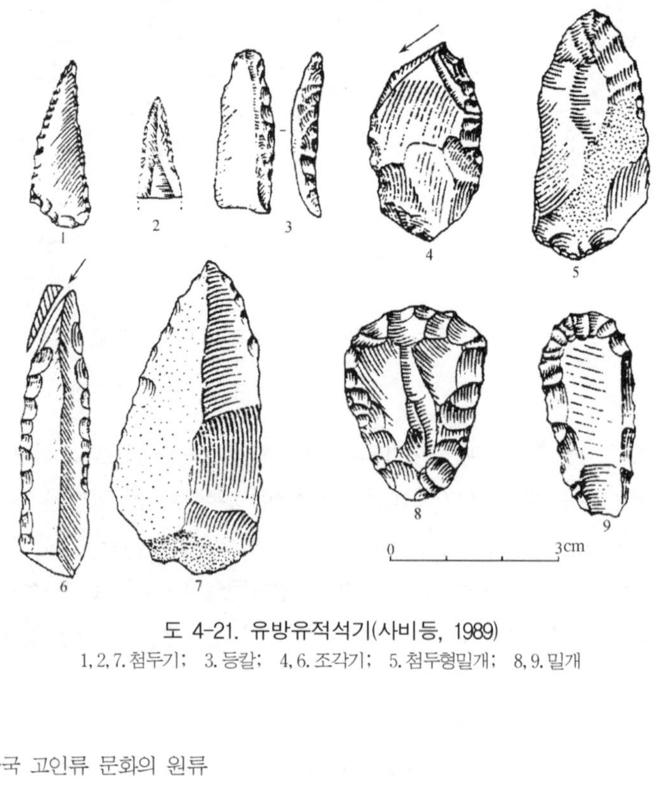

도 4-21. 유방유적석기(사비등, 1989)
1, 2, 7. 첨두기; 3. 등칼; 4, 6. 조각기; 5. 첨두형밀개; 8, 9. 밀개

수이동코우 석기와 비교하면 잎 형 생산기술, 도구 조합 등은 양자 사이에 일정한 차이가 있다. 이미 발표된 도판과 도면을 비교하면 유방은 수이동코우 보다 정교한 잎 형 석기기술을 가졌다. 이것은 유방의 잎 형 석편제거 기술 및 제2가공기술이 수이동코우 보다 진보되었다는 것을 설명하여 주고 있다. 석기 조합 정향의 차이는 유방유적보다 밀개, 긁개의 비율이 낮고, 홈석기는 드물다. 또한 첨두기의 가공 기술도 수이동코우 유적보다 정교하지 못하다.

상기한 잎 형 석기의 래원지는 아직 뚜렷하지 않다. 일부학자는 이 지역에 비교적 일찍이 구석기문화가 발전되었다고 보고 있다[63]. 그러나 일부학자는 주변지역 또는 구대륙 서쪽 문화와의 교류에서 발생하였다고 보고 있다[64]. 풍부하고 다채로운 북방지역의 구석기시대 후기문화내에 수이동코우 유적과 같은 잎 형 석기 위주의 문화유형은 하나의 독특한 현상으로 보인다. 비록 일부 연구자들은 전투평원(前套平原, 呼和浩特平原) 남부의 황하 강계곡지대에서 발견된 일부 채집유물도 이 유형에 속한다고 보고 있다. 그러나 발굴작업이 이루어지지 않아서 지세한 층위자료가 없어서 더 진일보한 분석은 어렵다[65]. 근년래에 니허만 분지내의 세석기위주 문화유형 중 이미 잎 형 석기 문화요인은 뚜렷이 확인되고 있다. 이것은 잎 형 석기원류탐색에 중요한 새로운 자료를 제공하여 주고 있다.

(3) 생계특징

수이동코우 유적은 은천(銀川)분지 동쪽 가장자리에 위치, 서쪽으로 18 km 지점에 황하 가있고, 동쪽 가까이에 오르도스 고원(高原)이 있다. 유적 매장 층위는 한 줄의 지류계천에 의해서 절개되었다. 계천가 절개된 단면상에서 여러 곳의 수이동코우 석기와 같은 시기의 문화유적이 있었다. 프랑스 학자들이 처음에 왔을 때 수동구촌(水洞溝村)주위에서 5곳의 지점을 확인하였다. 그들은 이 주위를 광범위 히게 조사, 많은 석제품과 재 층을 발견하였다.

그들의 인식에 의하면 수이동코우 분지의 많은 황토 형성기간에 이 지역에 거주한 사람들의 석기제작 장소가 매장된 것을 확인하였다. 최근의 작업에서 새로운 유적과 지점들이 증가되었다. 이러한 상황은 후기홍적세 후기 사람들이 수이동코우 분지 내에서 광범위하게 활동한 것을 설명하여주고 있다[66] (도4-22).

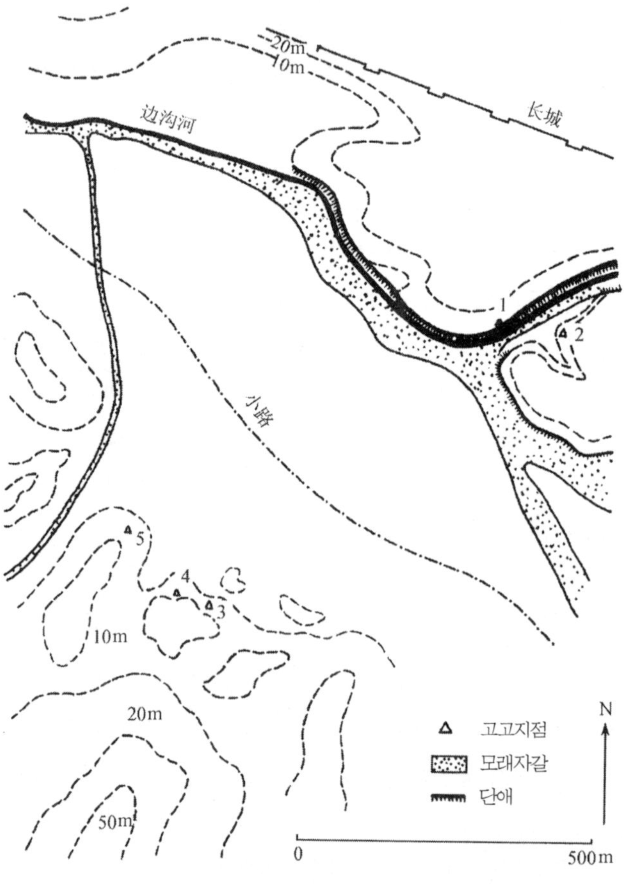

도 4-22. 수동구 구석기지점 분포도(고성등, 2002)

전술한 바와같이, 수이동코우 유적의 절대년대는 B.P. 27.000-25.000년 사이 이다. 당시 기후는 비교적 온난한 간빙기의 마지막 단께, 마지막 빙하기의 최정상시기가 도래할 때이다. 포유동물화석, 침적물상의 점토광물, 식물화분 등에 의하면 수이동코우 문화가 있었던 시기는 년 평균 기온이 0 ℃ 이하, 강수량은 150-250 mm 사이의 황막(荒漠)초원환경이다[67].

은천(銀川) 평원의 당시의 환경조건하에서 대개 수이동코우 거주민은 유일하게 초원상의 유제류 동물을 사냥하면서 생활하였다. 이곳에서 발견된 석기조합은 이 유적의 전체 상항을 그와 같이 설명하고 있다. 대량의 석제품, 분쇄된 동물화석 및 재 층 등이 동시에 이 고대 강가의 호수 가장자리지점에 출현하였다. 그리고 이곳은 당시 수렵인 들의 활발한 활동장소로 나타내주고 있다. 그들은 야영을 하였으며, 불을 피우고, 석기제작, 사냥물 처리 등 여러 가지 활동 상항이 수이동코우 각 지점의 여러 유형의 유적과 유물 내에서 발견되었다. 그 외 수이동코우 잎 형 석기 조합은 밀개, 첨두기 그리고 손잡이가 있는 첨두기의 존재 등이 중요한 위치차지, 당시 수렵문화가 가진 독특한 도구 등을 뚜렷이 제시하여 주고 있다. 전술한 소석기와 비교하면, 수이동코우 문화는 더욱 전문적인 수렵생활을 영위하였다.

시기가 늦으며, 지리적 위치가 동쪽에 가까운 잎 형 석기 요인 발견 지점은 하북(河北) 양원(陽原) 유방(油坊) 유적이다. 잎 형 석기와 세석기 기술이 동시에 존재한 석기제작, 그 유적의 결구 및 석기조합의 상항에 의하면 모두 전문화된 수렵 생활의 특징을 보여 주고 있다.

3. 진남(晋南)의 세석기

북방지구 구석기시대 후기 문화 내에서 특수한 유형은 세석기 문화이다. 이 문화 유형의 출현이 비록 다소 늦지만 북방서부의 초원지역에서 빠르게 확산되었다. 지금 까지 발견된 자료에 의하면 북방서부의 세석기문화는 비교적 집중적으로 두 지역에 분포되었다 : 한곳은 익서(翼西) 서북의 니허만 분지 중심구역; 다른 한 곳은 진남(晋南) 지역이다. 년대의 측정에 의하면, 진남의 발견시기가 기타 세석기 출토지역보다 이른 시기에 해당된다.

(1) 발견과 분포

진남에서 발견된 세석기 유적중 1970년 양분현 자사춘 정가구구(襄汾縣紫寺村丁家溝口)의 77:01 지점은 시기가 가장 이른 곳의 하나이다. 77:01 지점의 C^{14} 측정은 B.P. 26.000년이다. 양분경내의 분하(汾河) 양쪽 제방은 중기 홍적세 때부터 초기 인류들이 활동한 지역이다. 전술한 정촌(丁村)문화도 이 지역 내에 분포되었다. 후기 홍적세 후기에 이르러서 이 지역에 고 인류가 지속적으로 활동하였다[68].

77:01 지점은 정촌에서 강을 건너 마주보이는 분하 강변에 위치하고 있다. 계지의 상부는 회록색의 진 흑 질 고운 모래와 아 점토; 바닥은 강자갈 층이다. 세석기 문화 발견은 계지 바닥의 바다조개가 포함된 강자갈 층에서 이루어졌다. 강자갈 층에서 또한 많은 동물화석, 말, 사슴, 소, 양, 너구리, 하리, 코뿔소, 코끼리 및 타조 알 등이 발견되었다. 바다 조개 외에 기타 화석은 심하게 파손 되었다. 이 지점은 결코 원생(原生) 지점이 아니고 문화유물 및 년대 측정 표본은 모두 강물에 의해서 운반되어 왔다. 따라서 이 지점의 년대 문제는 별도의 토론이 필요하다.

정촌 77:01 지점과 거의 같은 시기에 진남의 해발이 비교적 높은 산간 분지 내에서 세석기 제작인 들이 생활하기 시작하였다. 1970년 대 초 심수(沁水)의 하천분지(下川盆地)에서 처음으로 세석기가 발견되었다. 세석기 지점은 하천(下川) 주위의 심수(沁水), 양성(陽城)과 환곡(桓曲) 등 3개 현(縣)이 경계된 곳에서 20-30 km 지점의 범위 내에서 문화성격이 같은 지점 10곳이 발견되었다. 1973-1978년 사이에 여러 차례 시굴과 발굴이 실시되었다. 정식발굴보고서는 아직 미간, 다만 1073-1974년 사이의 시굴 보고 자료가 제시되었다[69].

일장(一章)에서 기술한 바와같이, 하천분지의 후기홍적세의 퇴적은 주로 분지의 변두리 지역의 비교적 높은 위치에 있다. 그것은 2급 계지에 해당된다. 암질의 특징에 따라서 후기홍적세 퇴적은 5층으로 분류된다. 세석기 문화 유적은 최상부의 회갈색 점토 층에서 발견되었다. 이 층에서는 풍부한 세석기, 소량의 큰 석기 및 영세한 소, 양 화석편이 출토, 1~1.5 m 두께, 상 문화층이라고 한다. 그 밑의 1 m 정도 두께의 갈홍색 아 점토 층은 문화 유물 없다. 그 밑은 하 문화층, 엷은 홍색 아 점토 층의 중. 상부에 타제의 큰 석기와 숯, 소량의 강자갈, 두께 5-10 m, 이 층의 시기는 이 단계에 속하지 않는다. 기타 사항은 일장에서 이미 기술하였다.

암질과 퇴적 층위의 분석에 의하면, 하 문화층은 후기홍적세 후기의 비교적 이른 단계, C^{14} 측정으로 B.P. 35.000년; 회갈색 아 점토층은 후기홍적세 후기의 늦은 한 단계에 속한다. 절대 년대, B.P. 24.000-16.000년 사이 이다. 그러나 강조되어야 할 부분은 하천분지의 후기홍적세 층위 서열 및 문화 발전 상황은 북방지역 구석기시대 중. 후기의 과도기 및 세석기 기술의 기원 문제 등을 안고 있다.

77:01 지점과 하천 분지 발견상황을 다르다. 진서남(晋西南)의 포현설관(蒲縣薛關)과 길현시자탄(吉縣柿子灘) 등 유적 의 발견은 이 지역 시기가 비교적 늦은 세석기분포의 특징을 반영시켜 주고 있다.

1964년도에 발견된 설관유적은 포현 설관촌(村)에서 서쪽으로 약 1 km 지점의 황하 지류의 정수하(盯水河)의 왼쪽제방에 위치하고 있다. 설관일대는 4급 계지가 있다: 1.2급은 충적세에 해당 ; 3급계지는 기반 계지, 상부는 회황색 고운모래, 암질은 마란(馬蘭)황토와 같다; 하부는 강자갈 층, 전체 두께 20 m, 시기는 후기 홍적세에 속한다. 문화유물은 3급 계지 상부의 회황색 고운 모래 층에서 출토, 문화유물과 같이 출토된 동물화석은 야생말, 야생당나귀, 영양, 소, 사슴과 타조 등이다. 이 유적은 1979-1980년 2차 발굴되었다. 출토 유물은 4.000여점과 일부 동물화석이다. C^{14}년대 측정은

B.P. 13.000년이다[70].

1980년 대초 포현과 인접한 길현시자탄에서 또 하나의 전형적인 세석기 유적이 발견되었다. 최근에 길현경내의 청수하(淸水河) 유역의 대규모 조사와 발굴에서 많은 유적이이 발견되었다. 분포가 광활한 세석기 유적이다. 시자탄 유적(현 번호 S1)의 문화유적이 황하 지류의 청수하 계지 퇴적 중에서 발견되었다. 이 유적에서 서쪽으로 2 km 지점에 황하가 있다. 층위 퇴적은 위에서 아래로 5층으로 나누어 진다 : 표토층, 0.4 m 의 경작토; 제2층, 흑로(黑壚) 토층, 1 m 두께, 많은 석제품 ; 제3층, 두께 5.5 m 의 회황색 토층, 석제품, 동물화석과 재 층; 제4층, 회갈색 고운 모래층, 두께 2.5 m, 소량의 석제품과 동물화석; 최하층, 모래자갈층, 중생대의 홍색 사암으로 덮혀있다. 두께 1.3-3.5 m, 석제품, 동물화석과 재 층[71]. 신 발견의 S14 지점의 층위단면 역시 대체적으로 같다(도4-23).

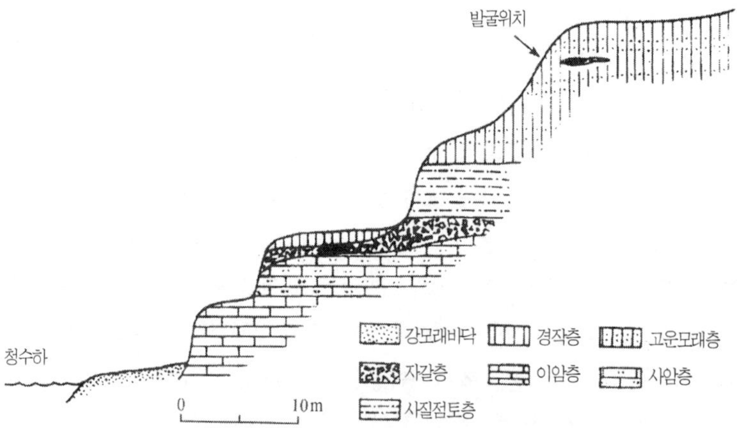

도 4-23. 시자탄 S14지점 층위단면(시자탄 고고대, 2002)

시자탄 유적에서 발견된 문호유물에 의하면, 상. 하 2개 문화층으로 구분된다 : 상 문화층, 2-4층, 전형적인 세석기문화 ; 하 문화층은 강자갈 층, 소량의 비교적 큰 석제품. 년대 측정에 의하면, 시자탄 유적의 활용시간은 비교적 길다. 그 상층 문화층은 C^{14}, B.P. 16.000-10.000년. 하층 문화층은 더욱 이른 시기이다[72].

(2) 세 석기의 특징

전술한 바와 같이 하천의 세석기는 결코 동일지점에서 발견된 것은 아니다. 하천보고서에서 발표된 석제품 상항은 여러 지점의 종합적인 것이다. 다만 하천분지의 세석기 및 그 기술 특징을 살펴 볼 필요가 있다. 여러 가지 지점의 정항에 의하면 하천 상 문화층은 여러 가지 부분으로 나눌 수 있다. 그 상부와 중부는 세석기포함, 거칠고 큰 석기 드물다 ; 상 문화층 하부는 거칠고 큰 석기가 많으며, 세석기는 드물다. 상. 중부와 하부 석기 성격 차이 있다. 그것은 문화. 시기가 서로 다른 것을 나타내어 준다[73].

하천석기 석재는 수석, 흑수석이 가장 많고, 회색, 백색, 자색, 녹색 등은 그 다음이다. 기타 석재로 수정, 맥석영, 석영암 등도 소수 있다. 하천부근에 노출된 아오타계(奧陶系) 회암 내에 수석 및 석영 등이 있으며, 그것들은 그 주위에 살던 사람들이 선택하여 가져다가 석기를 제작한 것이다. 보존된 석재품상의 특징에 의하면 하천 거주인 들이 사용한 석편제거 방법은 직접타법과 간접타법 2종이다 ; 다만 제2가공시 압력법 및 간접가공법이 사용되었다.

가 늘은 잎 형 석기와 잎 형석기의 수량이 많으며, 모두 간접타법으로 처리 되었다. 그 특징은 길고 얇으며, 타격면이 작고, 등 면에 긴 석편 흔적 있으며, 그 가로 단면은 삼각형 또는 사다리 꼴 형이다. 석핵은 송곳 형, 쐐기형, 기둥 형, 물 방울 형(漏斗狀)으로 나누어 진다. 석핵의 타격면과 형체는 정교하게 가공되었다. 송곳 형 석핵이 가장 많으며, 그것은 전체 송곳 형과 반 송곳 형태로 분류된다. 쐐기 형 석핵도 넓은 것 좁은 형 등 2종으로 나누어 진다. 기 등 형 석핵은 송곳 형 석핵의 첨단부위가 절단된 것이다. 이러한 정교한 석핵은 정성스럽게 준비단계를 거친 것이다[74]. 여러 유형의 석핵의 관찰에 의하면, 여러 가지 생산기술과 조종 능력이 있었다고 보인다.

하천의 석기 유형은 특히 다채롭다. 그 중 주된 유형은 밀개, 수량 가장 많다. 전체석기의 절반이상 이다. 그것들은 긴 것, 짧은 것과 양날(兩端) 등 3유형으로 나누어진다. 짧은 것의 수량이 가장 많다. 긁개도 수량 많다. 그것들도 홈 날, 수직 날과 둥근 날 등으로 나누어 진다. 등 칼 은 석편의 한 가장자리를 가공하여 둔하게 마들고, 다른(상대편) 날은 손잡이에 편리하도록 복합적으로 제2가공 되었다. 그것들도 삼각형, 장방형과 유 견 석도로 나누어진다. 이러한 석기는 다른 지점에서는 볼 수 없다. 첨두기 역시 하나의 다른 중요 유형이다. 이것도 양면 가공된 첨두기, 편평한 바닥의 삼 능 첨두기, 삼능 소형 첨두기, 넓은 날 첨두기, 얇은 날 첨두기와 소형 첨두기 등으로 분류된다. 석촉은 원저와 첨저 두 식으로 나누어지며, 압제 가공으로 예리한 날과 양 날이 제작되었다. 조각기의 수량도 많다. 이것들도 가장자리 처리, 양면 처리와 새 부리 형 등 3식으로 나누어진다. 제2가공이 대단히 정교하다. 그 외 톱니석기 유형도 있다.

큰 석기는 상 문화층의 하부에서 출토, 수량 많지 않다. 석재는 사암과 석영암 강자갈이다. 석편 제거 방법은 직접타격법과 충격법이다. 석기 유형은 첨두기, 긁개, 찍개, 돌 마치, 공이(礪石)와 마연석이다.

하천의 석기는 소 석기위주, 세석기가 95% 차지; 기칠고, 큰 석기는 5% 차지. 세석기 중의 송곳 형, 기등 형, 쐐기 석핵, 세 잎 형 석기, 짧은 밀개, 첨두기, 석촉 등은 모두 중국의 전형적 세석기의 대표적 유물이다. 다만 하천의 독특한 석기유형은 예로 등 칼, 석핵 식 석기, 삼 능 첨두기 등이다. 동시에 같은 성질의 석기지점이 광대한 지역에 분포되었다. 이러한 지점들은 비교적 뚜렷한 층위 퇴적을 가졌으며, 그중의 일부가 시굴 또는 발굴되었다. 절대 년대 측정은 그 시기가 비교적 이르며, 다만 세석기 제작기술이 이미 성숙되어 있었다. 이것은 중국경내 세석기기원 문제에 있어서 대단히 중요한 현상의 하나이다[75].

같은 또는 시기가 비교적 이른 정촌 77:01 지점의 세석기, 그 기술 상항은 하천분지에서 발견된 것과 구별된다. 77:01 지점의 석제품은 2종류이다 : 하나는 "거칠은 석기(粗狀石器)"; 다른 하나는 세석기이다. 이 지점의 석제품은 강물에 의해서 운반되어 매장된 것으로 원생 유적은 아니다. 따라서 이 두 유형의 석제품관계는 하천의 것처럼 뚜렷하지 않다. "거칠은 석기"는 석핵, 석편, 긁개, 찍개와 원 형 돌이 포함되고 있다. 원 형 돌이 회암의 강자갈을 가공한 외에 기타 절대 부분은 각혈암 석재이다. 이것은 이 지역의 더욱 이른 석제작과 밀접한 관계가 있다. 또 다른 한 종류의 세석기는 송곳 형, 쐐기 형 석핵, 세 잎 형 석기 등 전형적 세석기 기술 생산 품 이다. 세석기 중 흔한 밀개는 수량이 비교적 많다. 비록 이곳의 석핵 식 석기, 경사 날 조각기, 석촉 등이 하천의 같은 유형과 비교가 되지만 비교적 많은 배 밑 형세 석핵은 하천에서는 보이지 않는다. 후자는 두 곳의 세석기 기술이 일정한 차이가 있다는 것을 설명하여 주고 있다[76] (도4-24).

설관(薛關) 세석기 및 그 기술 역시 대단히 뚜렷하다. 석재는 수석위주, 석영암은 그 다음, 또한 소량의 각혈 암도 있다. 석재의 암질과 그 외형은 부근 계지의 자갈층과 접근되는 곳에서 채집되었다. 석제품 보존 상항 비교적 좋으며, 능각, 날 각 등 모두 예리하다. 물에 운반되었거나 장시간에 풍화에 노출된 현상은 없다. 석제 상에 남아 있는 흔적에 의하면 세석기는 압력 법 또는 간접타법으로 제작되었다. 그러나 수량이 많은 대형 석기는 직접타법으로 제작되었다. 석핵은 쐐기 형, 배 밑 형, 반 송곳 형 편도선 형 등이다. 석핵의 기술 특징에 의하면 그 중 배 형 석핵은 세 석핵 중 비중이 가장 크다. 이러한 상항은 분하 중류의 정촌 77:01 지점과 비교적 접근된다.

설관의 석기조합은 독특한 특색을 가지고 있다. 석기유형은 밀개, 긁개, 첨두기, 조각기, 등 칼 등이다. 밀개의 수량이 가장 많다. 그것을 긴 것과

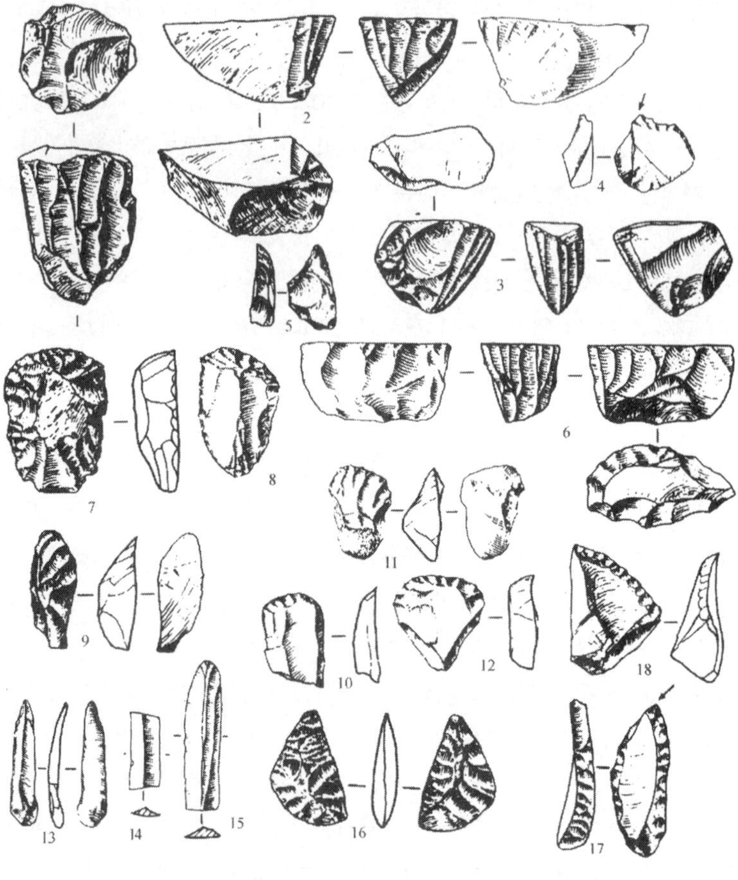

도 4-24. 정촌 77:01 지점석기(왕건등, 1994)

1~3, 6. 석핵; 4, 17. 조각기; 5. 송곳; 7, 8, 10, 12. 밀개; 9, 11. 석핵식작은칼; 13~15. 세잎형; 16. 첨두기; 18. 긁개(원대)

짧은 것 등 두 식으로 나누고 있다. 그것은 짧은 것 위주로 석기 전체수의 반 이상을 차지하고 있다. 첨두기의 수량은 밀개 다음, 그것은 똑 바른 날, 뾜 날, 양 날과 편평 날로 나누고 있다. 그중에 끝 부위를 제2가공, 손잡이를 만들어 던질 때 날 머리로 사용가능성이 크다. 긁개는 일정한 수량 확보,

대부분이 큰 석편을 가공, 수직 날, 돌출 날, 반월 형 등을 제작. 반월형 긁개는 이 유적의 대표적 유물이다. 조각기, 등 칼 등은 드물다. 석기조합의 기존 상황은 하천세석기 문화와 크게 다르지 않다. 다만 전형적 유물, 예로 반월형 긁개는 하천에는 없다. 하천 석기 조합 중 대단히 중요한 등 칼은 설관에는 드물다[77].

설관에는 또한 비교적 큰 석기가 있다. 예로 석부와 유사한 것으로, 장방형이며 주변 날이 제2가공되었다. 이러한 기형과 가공 방식은 북방구석기시대 후기 또는 더욱 이른 단계에는 발견하기 힘들다. 다만 더욱 늦은 후기의 신석기시대의 돌도끼 또는 작은 도끼(石錛)의 원형 등은 대단히 유사한 점이 있다. 설관석기와 연계된 곳의 시기에 의하면 이러한 돌도끼 유사한 것은 자연적인 것으로 보고 있다(도4-25).

시자탄(柿子灘)의 석기는 이 유적 문화유물이 풍부한 상 문화층에서 발견되었다. 그 기술 특징은 설관의 세석기제작과 대단히 접근되고 있다. 이곳에도 수석, 각혈암과 석영암 등이 주된 석재이다. 세 석핵은 쐐기 형, 배 밑 형, 송곳 형과 편도선 형으로 나 누어 지며, 이것들은 설관과 대단히 접근되어 기분 기술이 같은 특징으로 보고 있다. 석관과 다른 점은 쐐기 형 석핵의 비중이 높으며, 배 밑 형 석핵의 비율은 낮다. 그러나 이미 제시된 자료에 의하면 양자의 세석기 기술차이 판단은 어렵다. 다만 고고학에서 가져온 샘플 만 차이가 있을 뿐이다.

상 문화층의 석기조합은 설관과 유사한 특징이 있다. 예로 밀개의 비중이 전체 석기의 절반이상이다. 그 다음이 긁개, 첨두기 등이다. 또한 석촉도 있다. 그것은 석촉 대 또는 바닥에 홈이 있는 유형이다. 그 외 또한 조각기, 등 칼, 송곳, 톱니석기 등이 있다. 시자탄에는 마연 석과 돌 공 이 등이 발견되었다. 2점의 연석은 도두 사암으로 제작, 마연 등에 적철광에 물든 암흑색이 있다. 그 외 다른 1점 한 끝에 마연된 각혈암 강자길, 마연된 곳에 적철광의 염색, 그것은 상기한 마연 석 위에 놓고 마연한 흔적으로 적철광가루

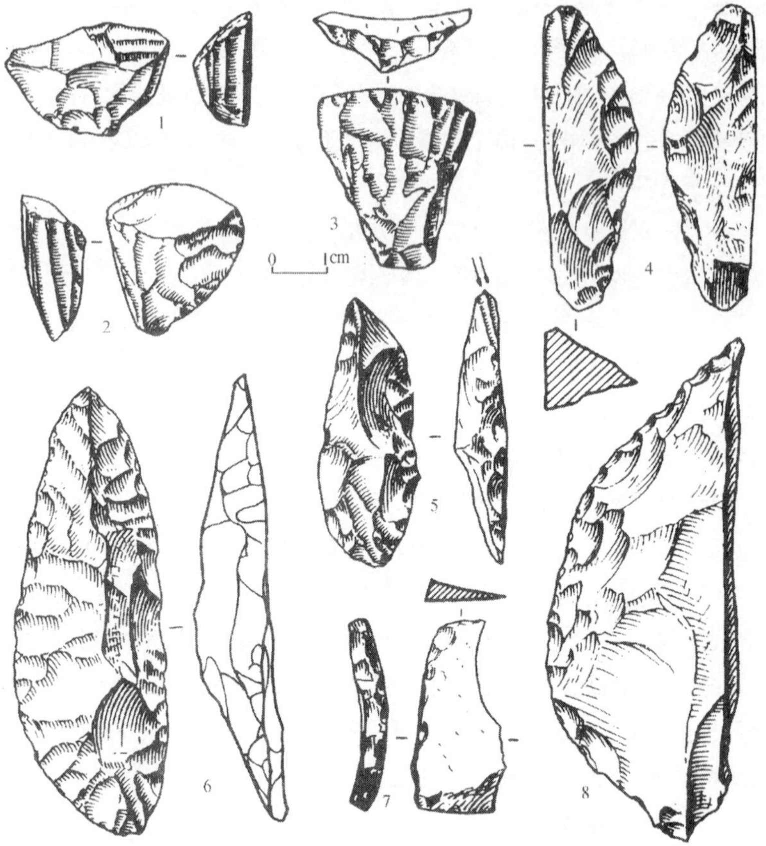

도 4-25.설관유적 석제품(왕향전등, 1983)
1~3. 석핵; 4, 8. 긁개; 5. 조각기; 6. 첨두기; 7. 등칼

를 마연하였을 가능성이 크다. 마연 석과 돌 공이는 신석기시대의 흔한 도구, 그 기능은 곡물 가공용이다. 시자탄에서 적철광가루가 출현한 것은 보기 드문 예이다[78] (도4-26).

시자탄 문화층은 전체 두께 10 m 이상, 여기에 여러 가지 유형의 구석기 문화가 포함되었다. 삼문화층의 전형적 세석기외에 또한 아래 층으로부터 강자

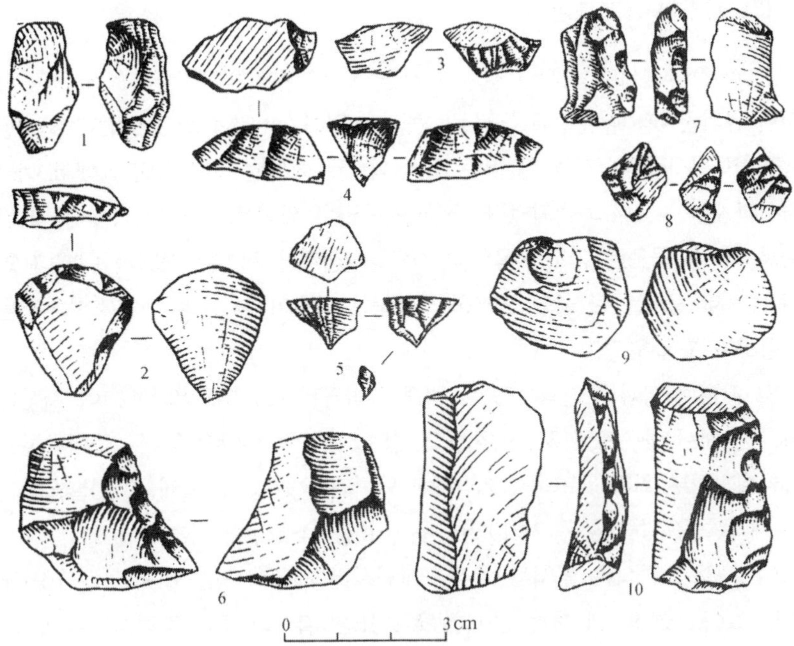

도 4-26. S14지점 석기(시자탄 고고대, 2002)
1·2. 밀개; 3~5. 석핵; 6~8, 10. 긁개; 9. 석편

갈 층의 "거칠은 석기(粗狀石器) 층이 있다. 비록 아래 층에서 12점 석제품이 발견되었지만 이것은 층위관계로 대단히 중요하다. 그것은 하천분지에서 발견된 상황과 비교적 일치하다. 하 문화 층에서 발견된 석기는 찍개, 첨두기와 긁개 등이다. 전체 특징은 가공이 거칠고, 크기가 크며, 상 문화층과 현격한 차이가 있다. 최근의 년대 측정, 시자탄유적의 체류시간 길다. 대체적으로 B.P. 20.000-10.000년 정도, 진서남(晋西南) 지역 석편 석기 문화에서 세석기문화 발전의 완정한 서열이다[79].

(3) 거주와 생계특징

진남(晋南) 세석기 제작인 들의 주거형식은 길현청수하(吉縣淸水河) 유역 시자탄 유적군(群)에서 일부 흔적을 찾을 수 있다. 1980년 최초 발견된 시차탄 유적(현 시자탄 S1 지점)은 청수 하 침식으로 형성된 자연 암반 밑에서 여러 층위가 연속적으로 퇴적되었다. 문화층은 많은 석제품, 동물화석편, 불에 탄 돌과 재 층 등으로 당시 사람들이 이곳에 장기간 체류한 증거가 나타나 있다. 이 재 층, 볼 탄 돌과 풍부한 석제품은 이곳이 한 곳의 거주지라는 것을 설명하여 주고 있다.

S1 지점 상항과 구별되는 곳은 최근에 발견된 S14 지점이다[80]. 이 지점은 S1 지점에서 동쪽으로 3 km 정도의 청수하 북쪽 제방에 있다. 문화유물은 2급 계지상부 회황색 고운 모래 내에 퇴적되어 있었다. 석제품, 동물화석편과 재 층 등의 문화층은 약 10 cm 두께이다(도4-27).

이 지점의 중심은 불사용 유적, 불규칙한 타원형으로 최대 경은 70 cm 정도 길다. 숯 과 재 층은 점상(點狀), 또는 길거나 또는 조각상으로 노출, 남쪽 끝에 뚜렷이 불에 탄 조각과 불 먹은 흔적이 남아있다. 재 층 내에 많은 불에 탄 뼈 편이 있었다. 전체 석제품은 200여점, 암질, 색깔 및 세부 특징에 의하여 그것들은 12조(組)로 결정되었다. 12조 석제품의 분석에 의하면 당시 사람들은 이곳에서 적어도 10조 석제품을 가공 시켰다. 재 층 유적주위에 석편제거 활동은 드물고, 도구 모체는 대부분 외부에서 가져왔다. 현장에서 가공된 도구 역시 다른 곳으로 옮겨 졌다. 이러한 현상은 이곳이 전형적 석기제작 장소가 아니고, 또한 수렵장소나 도살장도 아니다. 그러나 이곳은 임시로 불을 피우거나, 음식을 익이거나 또는 도구를 수선한 장소이다.

청수하유역의 약 15 km 범위 내에서 이미 10여 곳의 문화성격이 같은 세석기유적이 발견되었다. 최근에 발표된 발굴 자료는 2곳이다. 그러나 이 2곳의 상항은 이지역내의 기타 지점의 분포상항이 진남 세석기 제작인의 주거형태와 생계 방식을 알 수 있으며, 기타 같은 시기의 세석기 제작 상항이 대체

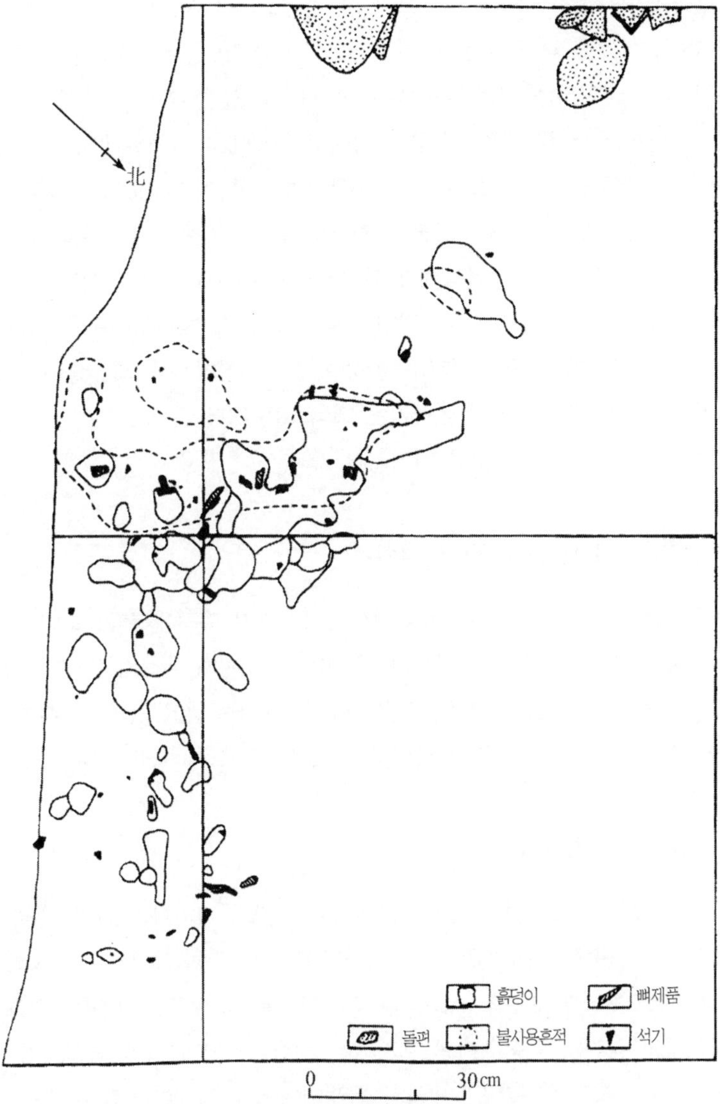

도 4-27. S14지점 저부 평면도(시자탄 고고대, 2002)

적으로 같다는 것을 나타내어 주고 있다. 대량의 세 잎 형 석기, 세 석핵 및 수렵 활동의 전문 도구 예로 밀개, 첨두기(창머리) 등은 시자탄 거주 인이 전문의 사냥 군이라는 것을 설명하여 준 다. 그 들은 청수하 유역에서 비교적 장 시간체류, 때로 계절적으로 중복해서 여기에서 거주하였다. S1 지점과 유사하게, 문화층이 두텁고, 유물이 풍부하며, 종류가 다양하고, 특히 재 층 유적의 존재는 거주 시간이 비교적 긴 야영유적이라는 것을 나타내어 주고 있다. 그러나 S14의 얇은 퇴적층과 제한된 문화유적 발견은 임시활동 지점을 나타내어 주고 있다. 이 두 곳 유적의 정항에 의하면, 청수하 유역은 10.000년 전의 세석기 제작인의 주거형태가 방사 선상의 가능성을 보여 준다. 즉 S1 지점과 유사한 거주유적의 활동중심은 더욱 많은 S14 지점의 여러 가지 단기적 활동 장소가 있었다는 것을 나타내어 준다.

4. 니하만(泥河灣) 분지의 세석기

익서(冀西) 북쪽 니하만 분지를 중심으로, 후기 홍적세 후기 북방서부 세석기 분포의 또 다른 집중지역의 한 곳이다. 1960년대 세석기 유적이 발견되었다. 최근에 지속적으로 새로운 발견의 자료가 공포되고 있어 이 지역 세석기 발전 및 상관관계의 상항에 새로운 자료를 제공하여 주고 있다.

(1) 유적의 발견과 분포

니하만 분지 고지리 변화상항과 연계되어 분지내 시기가 비교적 이른 구석기시대 유적이 주로 분지주위의 옛 호반지대에서 발견되었다. 후기 홍적세에 이르러 니하만의 옛 호수의 사라짐에 따라서 상간하(桑干河)가 형성되고, 분지 중심부의 상간하 양쪽제방의 계지상에 인류활동의 흔적이 출현되기 시작하였다. 후기 홍적세 후기의 세석기 유적이 상간하의 계지 퇴적 또는 같은 시기의 황토 층위 내에서 발견되었다. 1960년대 호두량(虎斗粱)의 문화유적이 상간하 2급 계지의 뒤편의 사질 황토 내에서 발견되었다[81].

1960-70년대 호두량부근에서 전후로 9곳의 세석기 지점이 발견되었다. 이 지점들의 일련 번호는 65039, 65040, 72117, 73101, 73102, 73103, 73104, 73105 및 73197 등이다.

최근에 이 지역에 또 다른 지점이 발견되었다. 예로 서수촌(西水村) 서남의 마안산(馬鞍山) 유적과 호두량 서남 쪽의 과지량(瓜地梁) 유적이다. 유감스러운 일은 발굴자료의 정식보고가 아직 없어서 자세한 내용을 알 수 없다. 상기한 이러한 지점의 문화유물이 대부분 상간하 2급 계지의 사질 황토 내에서 발견되었다. 다만 개별적으로 자갈 층에서 확인된 것도 있다. 사질황토의 상부는 황갈색, 대량의 종색(棕色) 반점이 있으며, 견고, 수직절리 발달, 풍부한 석제품과 동물화석 등 출토[82].

문화유물과 공존된 동물은 야생말, 야생당나귀, 영양, 타조 등 10 여종이다. 비록 화석의 많지만, 이미 절대수가 심하게 파손, 또한 뚜렷한 불사용 흔적이 있다. 동물군의 생태특징은 당시가 초원환경이라는 것을 설명. 년대 측정은 종합적으로 대충 호두량 세석기의 시기가 14.000-10.000년으로 추정되고 있다.

1980년대 이래 양원(陽原)분지 중부에서 많은 호두량 유형의 세석기문화가 발견되었다. 가장 중요한 곳의 하나는 상간하 남쪽 제방, 동북방향으로 호두량에서 7.5 km 지점의 적기탄(籍箕灘) 유적이다. 유적이 위치한 구역은 상간하에서 150 m 높이의 대지 내에 있었으며, 아래는 하호상(河湖相)의 진흙층, 상부는 마란 황토이다. 일부 계절성의 하류(河流)가 남에서 북쪽으로 흘러서 대지(臺地)를 절개하고 상간하로 진입되었다. 적기탄 으로 부터 동쪽으로 마가요(馬家窯)에 도착, 다시 남쪽으로는 보신관(保伸觀)과 평정촌(平頂村)에 이르며, 다시 서쪽으로는 조촌(槽村)에 이른다. 그 면적은 10 ㎡ 의 범위, 모두 같은 성격의 세석기가 발견되었다[83].

적기탄 유적 군에서 발굴된 곳은 적기탄 촌(村)에서 북쪽으로 약 100 m 지점, 모두 3개의 시굴구덩이를 굴착하였다. 시굴구덩이 사이는 먼 곳은 100

m 이상이 되었다. 시굴구덩이의 단면은 표토 층 밑에 2 m 정도의 회흑색 사질점토가 있다; 제3층은 1.5 m 정도의 회황색 사질점토층, 석제품과 동물 화석 출토; 제4층은 50 cm 정도의 잡색의 모래 자갈층, 국부적으로 문화 유물 출토; 최하층은 깊이 알 수 없는 회백색 모래 층이다. 층위의 퇴적 순서가 호두량과 같다. 다만 두께는 후자에 못 미친다.

최근에 호두량과 같은 세석기가 많이 발견되었다. 분포범위가 확대, 심지어 호두량에서 서쪽으로 10 km 지점의 산서성(山西省), 양고현(陽高縣) 경내에서도 발견되었다.

석기조합과 쐐기형 석핵의 기술특징

호두량 유적의 석제품은 대단히 풍부하여 전술한 9곳 지점에서 각 종 석편 등이 40.000여 점이다. 석재는 석영암위주, 소수가 수석과 유문암(流紋巖)이다. 석영암은 질이 견고하고 잘 깨여진다. 대부분이 분홍색, 이것들은 니하만 분지의 남쪽의 산 구역에서 채집, 유적은 석기산지에서 약 10 km 거리에 있다. 유적부근의 상간하 강가의 자갈층에서는 적당한 석재 채취가 어려웠다. 다만 개별 석재는 강가의 자갈 층에서 채취되었다.

석기 조합은 밀개위주, 진남(晋南)과 아른 것은 긴 밀개의 수량이 증가, 짧은 밀개의 수량과 비교적 접근되었다. 그 다음은 각 유형의 첨두기 등이다. 주목될 만한 것은 저부가 제2가공된 점이다. 그것은 손잡이(柄) 용이다. 그 다음은 각 유형의 긁개, 이것은 반월형, 원형, 쌍날 형 등이다. 다만 수량이 제한되어 있다. 이것들은 밀개의 수량에 미치지 못하다. 조각기도 일정 수량 있다. 이것들은 날 가공과 양면 가공 두 가지 형식이다[84].

호두량 석기의 가장 독특한 특징은 쐐기 형 석핵 위주의 세석기제작 기술이다. 이미 발표된 279점 석핵 중 쐐기형의 수량은 236점이다. 호두량 유적의 쐐기 형 석핵은 일찍이 개배(盖培) 선생에 의해서 연구되었다. 여기에 몇 유형의 서로 다른 것이 있다 : 오르도스(河套) 기술, 상간(桑干) 기술과 호두량 기술 제품 등이다. 이러한 기술의 전체적 특징은 양면가공으로 먼저 쐐기 형 석핵을 만든 다음 다시 타격면과 석편제거 면을 손질하다. 양면가공법을 사용하여 세 석핵 모체를 만드는 것이 이 지역과 진남 세석기 기술의 가장 뚜렷한 차이 이다. 유사한 쐐기 형 석핵이 북방기타 지역에서는 발견된 예가 없다. 그러나난 동북아(東北亞)에서는 많은 지역, 예로 일본 섬, 조선반도 및 아라스의 시베리아 지역에서 모두 발견되었다. 이러한 상황은 쐐기 형 기술의 기원을 토론하는데 중요한 원인을 제공하여 주고 있다[85] (도4-28).

호두량 세 석기 문화의 기술발전 또한 정교한 장식품의 가공방면을 나타내어 주고 있다. 호두량 초기의 발굴에서 장식품 도구 13점 발견. 이 장식품은 조개껍질, 타조 알, 새의 관상 뼈(管狀骨)와 돌 편 등에 구멍을 뚫어 만들었다. 이러한 것들은 호두량 거주 인이 이미 구멍 뚫고, 마제한 기술은 나타내어 준다.

호두량의 몇 지점에서 모두 적철 광이 발견되었다. 그 중 가장 큰 것의 편 길이가 35 cm 이다. 그 외 홍색의 니암(泥岩)유적, 등도 염색의 자료를 사용하였다.

1980 년대 적기탄 발굴의 3개 시굴구덩이 내에서 석제품이 10.000점, 그 중에 절단 편과 부스러기가 대부분이다. 석재의 부체부분은 호두량과 같이 분홍색 석영암이다. 이것은 공통으로 사용한 석재산지(石料產地)를 나타내어 준다. 소량의 마노와 수석도 호두량일대에 같이 사용되었다. 다만 흑색 각암(角巖) 사용의 빈도는 호두량보다 높다.

적기탄에서 발견된 석핵은 100점, 절대 대부분이 전형적 쐐기 형 석핵이다. 석핵으로 선택, 예비 모체 선택과 석편 제거 등 방법이 호두량과 같다. 진남의 배 밑 형과 송곳 형 석핵은 발견된 바 없다. 석제품 중 타격면을 만들기 위하여 쐐기 형 석핵으로부터 눈덩이 형태 석편을 떼여 내었다. 여기에서도 역시 많이 발견되었다. 이러한 특징은 적기탄에서 사용된 세석기 기술과 호두량은 일치하다는 것을 나타내어 준다. 따라서 연구자들은 같은 시기 상간하 양쪽 제방에서 발견된 것들을 자매(姉妹) 문화라고 칭한다[86].

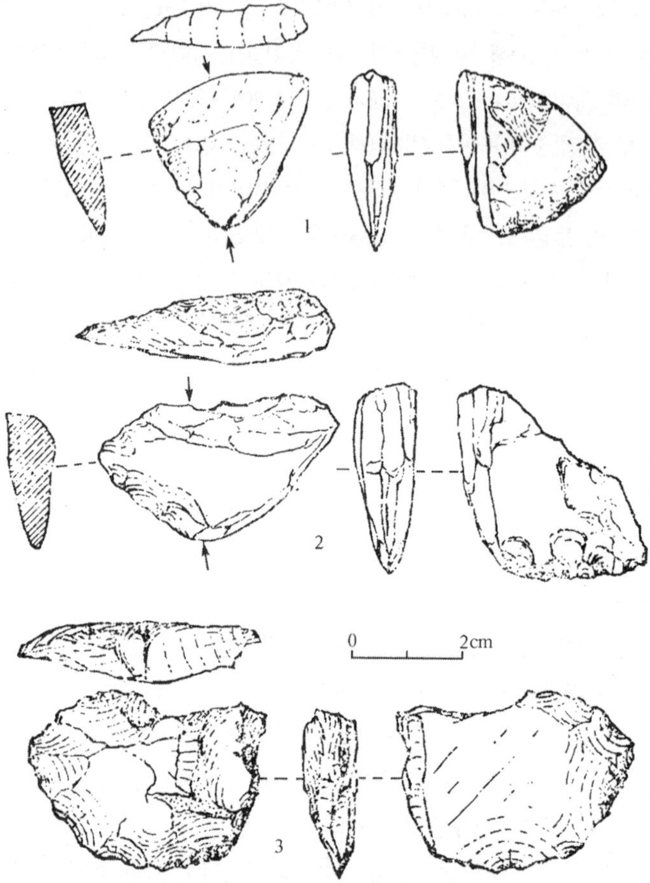

도 4-28. 호두량 유적 쐐기형 석핵(개배등, 1977)

그러나 적기탄 석기 유형은 호두량과 일부차이가 있다. 비록 호두량에서 발견된 각 종 석기유형이 적기탄에서 발견되지만 출토된 비율은 서로 다르다. 적기탄 출토 가장 많은 석기 유형은 홈 긁개, 전체 석기조합은 여섯 번째이다. 이 홈 긁개는 일격을 가해서 홈 날제작, 또한 홈 날을 재 손질한 것도 있다. 이것과 호두량 석기 유형은 밀개위주의 상황과 차이가 있다. 그리고 호두량유적, 기타 같은 시기 세석기 문화의 석기 유형과 거의 같은 특징은 밀개위주의 석기유형이라는 점이다. 적기탄유적의 홈 긁개의 대량 출토는 그 특수한 기능이 있다. 그 외 호두량과 구별되는 점은 도끼 상(錛狀) 석기 출토가 비교적 많은 점이다. 전체적으로 보면, 석재와 기술방면은 양자 일치한 공동 특징을 가졌다. 석기의 유형 차이는 공능 상 다른 면이다[87].

(3) 생계와 주거형식

서부기타 지역과 마찬가지로 나하만 분지의 호두량유적이 세석기의 대표적으로 전문화된 수렵활동을 전개하였다. 포유동물화석, 회분분석 및 기타 고환경방면도 역시 니하만 분지 후기홍적세 호두량 유적 형성시기에는 기후가 현재보다 건양(乾涼)하고, 전형적 초원환경을 나타내어 주고 있다. 이러한 환경하의 구석기시대 거주민들은 초원생활의 동물군 사냥에 주력하였다. 호두량 유적 발굴자들은 1970년대 발굴과정에서 특히 후기홍적세 후기 전문사냥 군의 분포 및 유적내부의 배치 등에 주의를 기울여 당시 사람들의 생산과 생활상황에 자세한 자료를 찾으려고 노력하였다.

발굴 자료에 의하면, 호두량부근의 9개 지점 중, 각 지점의 평면 분포와 보존 유물의 상황이 결코 일치하지 않았다. 호두량 73101 지점에서 발견된 3개 노지는 "품(品)"자 형태로 분포되어 있었다. 노지안에서 대량의 숯, 불에 탄 뼈, 타조 알과 소량석기가 있었으며, 또한 어느 구덩이 안에서는 구멍뚫린 조개 껍질과 적철광이 발견되었다. 3개 노지내에는 대량의 석편, 석편부수러기와 석핵과 세석기가 분포되어 있었다. 이러한 평면분포는 유라아시아 대륙초원지대의 구석기시대 후기의 전문수렵자의 야영유적의 구성과 거의 같아서, 같은 유형의 유적으로 인정되고 있다[88] (도4-29).

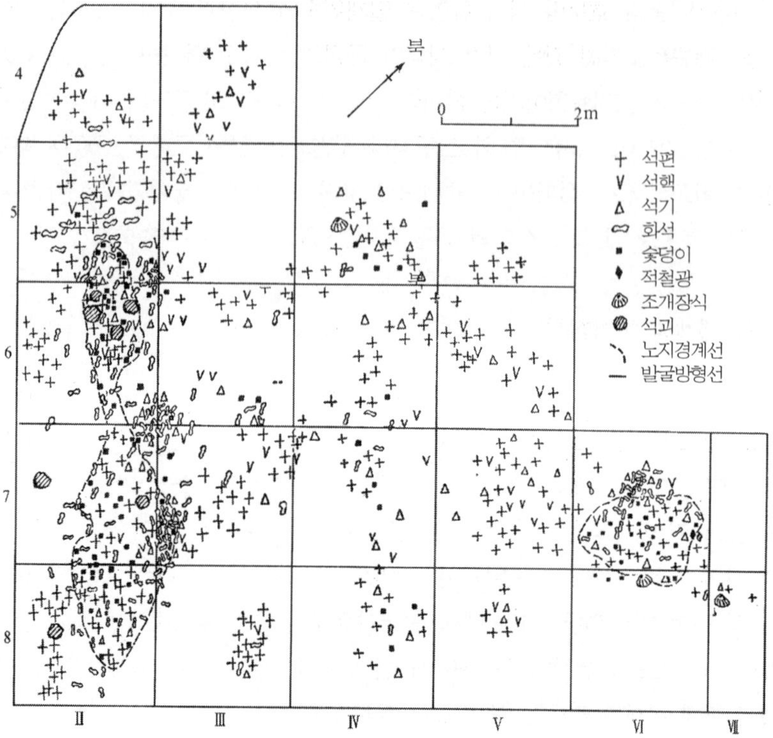

도 4-29. 73101지점 유물과 유적 평면분포도(개배등, 1977)

상술한 73101 지점의 풍부한 발견과 다른 곳은 65040 지점에서 다만 10여 점의 완정한 석기가 발견되었다. 그리고 기타 석기제작시의 자료는 없다. 따라서 연구자들은 이것은 수렵시의 임시로 사용된 지점으로 보고 있다. 그 외 65039 지점은 샘터부근에 있었는데 그곳의 석기는 첨두기와 긁개 그리고 일부 깨진 양 뿔과 동물다리의 끝 부분 등이 있었다. 이러한 상황은 이곳은 동물을 해체하는 지점으로 보고 있다. 72117 지점에서는 대량의 석핵, 석기, 반제품과 석편부스러기 등이 출토 되었다. 이곳은 석기 제작 장소이다.

호두량 지점들의 발견과 중요성은 풍부한 중요 문화유물이 있을 뿐만 아니라 더욱 중요한 것은 여러 지점의 유물, 유적의 평면 분포 현 항이 우리가 찾는 구석기시대 후기 수렵 인들의 거주, 생산과 일상생활의 중요한 자료들을 제공하여 주고 있다.

3. 중국 남방(南方)

현재까지 남방지역에서 많은 구석기시대 후기의 유적과 지점이 발견되었다. 이러한 것들 중 비교적 중요한 곳은 귀주보정(貴州普定)의 천동(穿洞), 백암각동(白岩脚洞), 흥의(興義)의 묘묘동(猫猫洞), 사천한원(四川漢源)의 부림(富林), 동량(銅梁)의 장이당(張二塘), 광서류주(廣西柳州)의 백연동(白蓮洞), 계림(桂林)의 보직암(寶織岩), 호남풍현(湖南澧縣)의 조아산(鳥鴉山), 호북방현(湖北房縣)의 장뇌동(樟腦洞), 단강구(丹江口)의 장가영(張家營), 강서만년(江西萬年)의 선인동(仙人洞)과 조통환(早桶環) 아래 층 등이다. 중국남방의 구석기시대 후기 문화와 이 지역 초기, 중기 문화와 서로 비교하면, 변화가 비교적 큰 것은 동부 초기, 중기의 강자갈 석기 전통이 석편석기로 대체된다. 원래 동. 서 양부분의 분화차이는 뚜렷하지 않았다. 그 대신 많은 지역성의 문화가 발기되었다.

(1) 운귀(云貴) 고원(高原)

1. 유적분포

후기홍적세 후기 운귀고원 고인류 유적의 분포는 이 지역 더욱 이른 초기 단계의 특징을 계승, 동굴유적 위주이다. 이 단계의 비교적 대표적 동굴유적은 귀주 동제(桐啼) 마안산(馬鞍山), 보정(普定)의 천동(穿洞)과 백암각동(白岩脚洞) 및 흥의(興義)의 묘묘동(猫猫洞)이다.

마안산 유적은 귀주동제현성(縣城)에서 남쪽으로 2 km 지점의 마안산에 위치, 이 지역 강수준의 약 40 m 높이의 바위 밑 그늘 유적이다. 해발 높이 960 m 이다. 바위 밑 그늘 입구 방향은 북향 편 동(偏東)이다. 발견은 1980년, 1981년도 조사와 더불어 발굴실시. 1989년 마안산 남쪽언덕에서 또 다른 바위그늘유적 1곳 발견, 마안산 남동(南洞)이라고 이름 지었다. 양자의 구석기 문화성격은 기본적으로 같다[89].

마안산 유적 시굴 층위 1 m 이상 두께, 다만 문화유물 풍부, 위에서 아래로 7층으로 나누어 졌다 : 최상 층, 얇은 회색의 느슨한 흙, 토기 편, 두께 5~10 cm ; 제2층, 종황색 아 점토, 치밀함, 소량의 회암각(灰岩角) 강자갈, 동물화석 및 석제품, 두께 20 cm ; 제3층, 회, 흑, 갈, 홍 및 황색의 잡색 토, 섞임 비교적 많은 각력(角礫), 석제품과 화석, 두께 40 cm ; 제4층, 종홍색 점토, 각력 조각편, 소량의 깨진 뼈와 석제품, 두께 25 cm; 제5층, 심갈색 토, 중간에 재 층과 작은 각력, 화석과 석제품, 두께 25 cm; 제6층, 얇은 자색 점토, 작은 강자갈 섞임, 소량의 화석 편; 제7층, 각력 층에 아 점토 섞임, 치밀. 20 cm 깊이 발굴, 바닥 미 발견.

이곳 발견의 포유동물화석은 심하게 깨졌다. 화석은 대나무 쥐, 멧돼지, 거막(巨漠), 코뿔소, 사슴류, 물소와 원숭이 등이다. 거막과 코뿔소 등의 존재는 그 시기가 화남 후기 홍적세의 큰곰-검치상 동물 군에 속한다. 제3층의 C^{14} 년대는 15.000년 정도, 그 아래는 시기가 더욱 이르다.

천동 유적은 많은 층위가 퇴적된 한 곳의 동굴유적이다. 유적은 보정현성(縣城)에서 서쪽으로 4 km 지점의 한곳의 백운암(白雲岩)의 고립된 산위에 있다. 그 주위는 하나의 거대한 분지, 암용(岩溶)이 대단히 발육되었다. 동굴의 가로 단면은 고립된 봉우리를 가로 질러 있으며, 그것은 남북에 2개의 동굴입구를 형성, 그래서 관통 형 동굴이라는 뜻으로 천동(穿洞) 이라고 부른다. 동굴퇴적층위 10층으로 분류되었다. 출토유물의 특징에 의하면 초기, 후기 등 두 시기로 나누어진다. 제8-9층은 초기, 제2-5층은 후기에 속한다.

중간의 6-7층은 유물이 드물다[90].

천동초기의 C^{14} 년대는 B.P. 16.000년 정도, 후기는 8.500-8.000년 사이이다.

전통적 구분에 의하면 후기는 충적세(全新世)에 속하며, 이 시기는 신석기시대이다. 그러나 그 문화면모는 신석기시대 문화면모와 다르다. 여전히 진하게 구석기문화 면모를 가지고 있다. 따라서 연구자들은 구석기시대 문화의 개념으로 이 유적을 제시하고 있다(도4-30).

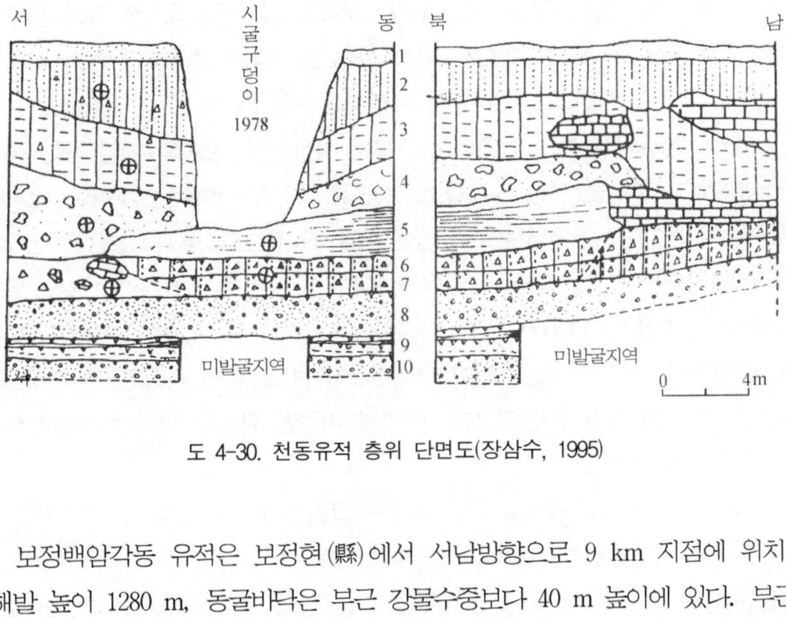

도 4-30. 천동유적 층위 단면도(장삼수, 1995)

보정백암각동 유적은 보정현(縣)에서 서남방향으로 9 km 지점에 위치, 해발 높이 1280 m, 동굴비닥은 부근 강물수중보다 40 m 높이에 있다. 부근 암용(岩溶) 지모(地貌) 발육으로 봉우리가 많은 계곡지대이다. 백암 각동의 동굴입구는 남쪽방향, 비교적 넓다. 동굴퇴적이 비록 심하게 파손 되었지만 동굴입구의 퇴적 층은 거의 완벽하게 보존되었다. 이곳은 초기인류가 거주한 곳이다. 비교적 풍부한 문화유물이 상부 퇴적층에 남아 있었다. 5개 문화층으로 분류, 사람들이 비교적 장시간 체류하였다. C^{14} 측정은 상부퇴적이

B.P. 15.000-12.000년 사이 이다[91].

묘묘동은 귀주 흥의성(興義城)에서 동쪽으로 25 km 지점의 마마산 동쪽의 하나의 바위 밑 그늘에 위치하였다. 그러나 바위 밑 그늘의 붕괴, 미 붕괴된 부분의 퇴적 외에 바위 밑 그늘 앞 부부에 비교적 상태 좋은 퇴적층이 남아 있었다[92]. 층위 : 최상층, 회흑색의 사질토, 백운 질(白云質) 회 암 편과 작은 강자길 섞임, 파손된 동물 뼈 편, 15 cm 두께; 제2층, 갈 황 색 사질 토, 점토 또는 아점 토 층, 소량의 백운 질 암 편 밑 강자갈 썩임, 석제품과 동물화석은 위 부분에 있었다, 40 cm 두께; 제3층, 회황, 갈 황색 사질 층, 크고 작은 백운 질 회암 강자갈 석임, 대량의 석제품, 뼈, 뿔 제의 도구와 동물화석, 90 cm 두께; 제4층, 황색 사질 층, 백운 질 회 암 편과 강자갈 석임, 국부적으로 견고, 위 부분에 석제품과 동물 뼈 편, 두께 100 cm.

묘묘동 동굴유적 출토의 화석은 대부분 께졌으며, 소량의 이빨 등만 종이 감정되었다. 그것들은 중국 코뿔소, 사슴류, 소류, 멧돼지, 너구리, 코끼리류 및 곰 등이다. 중국 코뿔소와 좁은 이빨 곰(窄齒熊) 등은 사멸 종으로 이것들의 존재는 묘묘동 동굴이 충적세보다 늦지 않음을 나타내어 준다. 우라니움 측정은 B.P. 14.000년, 다만 같은 층의 불에 탄 뼈의 C^{14} 측정은 B.P. 8.000년이다. 석기가 규정적이며, 제2가공이 정교, 이미 숙달된 마제기술 사용으로 뼈. 뿔 등을 마연하였다. 여기에 따르면 묘묘동 문화는 구석기시대 마지막 시기이다[93].

동굴유적외에 이 단계의 것으로 운귀고원에서 야외유적도 발견되었다. 예로 귀주 서쪽 위녕현(威寧縣) 초해호(草海湖)의 낮은 계지상위의 초해(草海)유적 및 운남 려강(麗江)의 목가교(木家橋) 유적 등이다. 전자는 1980년데 초 발견, 40여점의 석제품 및 상당수의 포유동물화석 채집. 후자는 1960년대 초부터 지속적으로 인류화석, 석제품 및 동물화석 발견 등의 보도가 있었다. 1980년대 중기에는 새로운 20여점의 석제품이 발견되었다[94].

2. 석기와 골각기

후기 홍적세후기로 진입한 이후에 운귀고원의 석기는 여전히 초기. 중기이래의 석기 전통을 가지고 있었다. 더욱 비교적 이른 시기에 발견된 석기전통이 이 지역에 지속적으로 유행되었다. 이러한 발견은 예를 들면 동제 마안산, 위녕초해 및 착동 아래층 석기 등에서 뚜렷하게 나타나 있다.

마안산의 석재는 수석위주, 사암 및 화성암도 소량 사용되었다. 석편과 작은 돌편들은 모두 석기 가공시 떨어져 나온 것이다. 그러나 마안산 유적과 마안산 남동(南洞)의 비례는 일치하지 않다. 마안산 유적에서는 석편 형태(片状)과 쪼각상(塊状)의 비례가 대체적으로 같다; 마안산 남동에서는 쪼각형태를 더 많이 사용하였다. 석편제거방법은 직접타법위주, 충격법 역시 응용되었다. 전자는 개별적으로 예리한 능을 가진 충격법으로 제거된 석편표본이다. 제2가공은 주로 직접타법 사용, 교차가공법도 절반정도 차지되었다. 똑바른 가공과 반대방향 가공도 비례가 비슷하다. 석기는 긁개위주, 소형이 비교적 많다. 첨두기와 찍개도 발견되었다. 다만 수량이 드물다[95].

마안산 유적에서는 1점의 마연된 뼈 도구도 발견되었다. 불탄 흙과 불에 탄 유물외에 얇은 재 층도 발견되었다. 마안산 남동에서 대량의 숯과 불에 탄 뼈가 발견되었다. 이러한 유물, 유적의 발견은 두 곳 모두 당시에 사람들이 거주한 것을 나타내어 주고 있다. 마안산 유적의 제3층 동물화석의 C^{14} 측정은 B.P. 15.000년이다. 아래층의 시기는 더욱 이르다.

초기문화와 밀접한 관계가 있는 석기는 동굴 뿐만아니라 야외에서도 발견되었다.

초해(草海) 지점에서 발견된 석제품은 41점이다. 석재는 수석과 석수(石髓), 소량의 규질암, 세 사암과 맥암 등이다. 석기제작은 석편, 절단 편과 작은 돌 조각 등으로 이루어 졌다. 조각 사용 율이 비교적 높다. 다만 전 양자보다는 적다. 석편제거는 직접타법 사용, 다만 석핵과 석편유형이 규정되었다. 제2가공은 똑 바른 방향위주, 교차가공도 비율이 대단히 높다. 다만 벽개면 가공의 표본은 드물다. 석기는 긁개와 첨두기 2종이다. 긁개가 주도적이다. 가장자리처리의 수량과 형상 여러 가지 유형으로 분류된다. 날은 비교적 무디다. 대부분 80° 이상이다. 석기 크기는 비교적 크다. 길이가 5 cm 정도의 중간형이 많다[96] (도4-31).

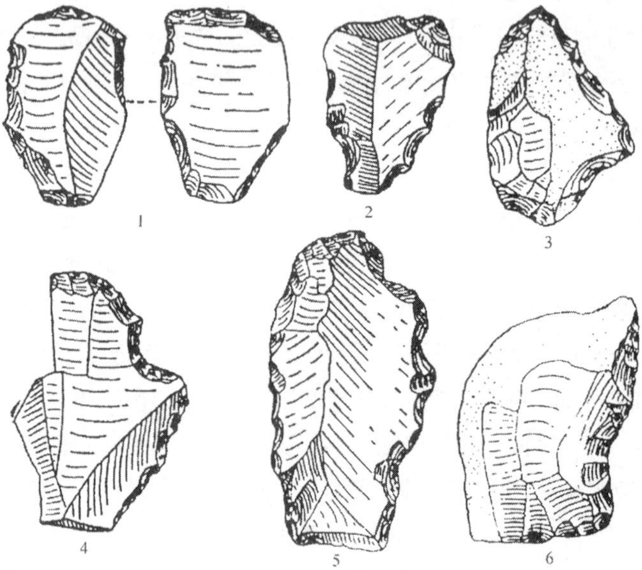

도 4-31. 초해지점석기(장삼수, 1987)
1, 2, 4~6. 긁개; 3. 첨두기(⅔원대)

초해석기의 능각은 뚜렷하며, 예리한 타격 흔적이 잘 남아 있어서 물에 의해서 운반된 것이 아니고, 원지에 매장 되어 있었다. 당시 사람들은 호수가에서 생활, 이로 인하여 이 석기들을 남겨 놓았다. 이지점은 아직 절대 년대 없다. 공생동물화석과 지형에 의하면 후기 홍적세 후기의 늦은 단계에 해당된다.

상술한 몇 곳 유적에 의하면 운귀 고원상의 구석기시대 후기는 여전히 이

지역의 전기의 전통을 계승하였다. 각 지점의 발견 유물은 중. 소형의 석편 석기 위주이다. 여전히 동굴유적위주이지만 야외유적도 지점이 발견되었다. C^{14} 측정 또는 우라니움 측정에 의하면 시기는 유적 대부분이 B.P. 20.000-15.000년 사이 또는 다 이른 시기 이다[97].

상술한 단계의 구석기문화 면모보다 늦은 곳은 뚜렷한 변화가 있다. 예로 보정백암각(普定白岩脚) 유적의 발견이다. 백암각동굴유적은 일찍이 1979년과 1982년 2차 발굴되었다. 모두 1.000여점 석제품 및 2점의 뼈제도구, 동물화석 22종이 발견되었다. 석기석재는 수석, 규질회암 등이 많고, 수정, 회암, 사암과 석영 등도 사용되었다. 수석은 결핵(結核) 및 암괴(巖塊)이용; 규질회암, 회암과 사암 등은 여러 가지 유형의 강자갈을 이용하였다. 석핵관찰에 따르면, 암괴 석재의 비율이 3분지2 차지, 강자갈 3분지1 이다. 대부분 석핵의 길이. 너비는 4-8 cm 사이 이다; 석편의 길이. 너비는 2-5 cm 사이 이다. 직접타법으로 석편제거, 충격법도 사용되었다. 준비되지 않은 타격면 표본도 있다. 이것은 충격 법 기술이 응용된 예이다. 제2가공 기술은 등 면에서 벽개면 가공으로 처리된 것들이 많다. 40%의 긁개가 반대방향(교차) 가공, 이것은 긁개의 모체가 대부분 무 타격면 석편과 연관되어 있다[98].

백암각동의 석기는 긁개위주, 모두 400점 발견, 석기전체수의 80% 차지. 주로 여러 가지 석편 또는 절단 편을 사용 제2가공, 크기는 20-70 mm 사이 이다. 긁개의 유형은 불규칙, 가장자리 날 가공 등 그 수량, 형상과 부위 등이 여러 유형이다. 19점 표본의 가장자리 날이 톱니 상이다. 또한 홈 석기 15점 전체의 3% 차지. 밀개는 4점. 그 외 2점은 화북 구석기 후기의 등칼과 유사한 유형이다. 찍개는 긁개 다음으로 모두 43점, 전체의 8.5% 정도이다. 대부분 강자갈 제작, 소수가 돌 조각으로 제작되었다. 크기는 50-80 cm 사이 이다. 첨두기의 수량은 많지 않다, 20점으로 전체의 4% 차지. 크기는 20-30 mm 사이 이다. 또한 5점의 조각기 유형제작법 표본이 발견되었다[99] (도4-32).

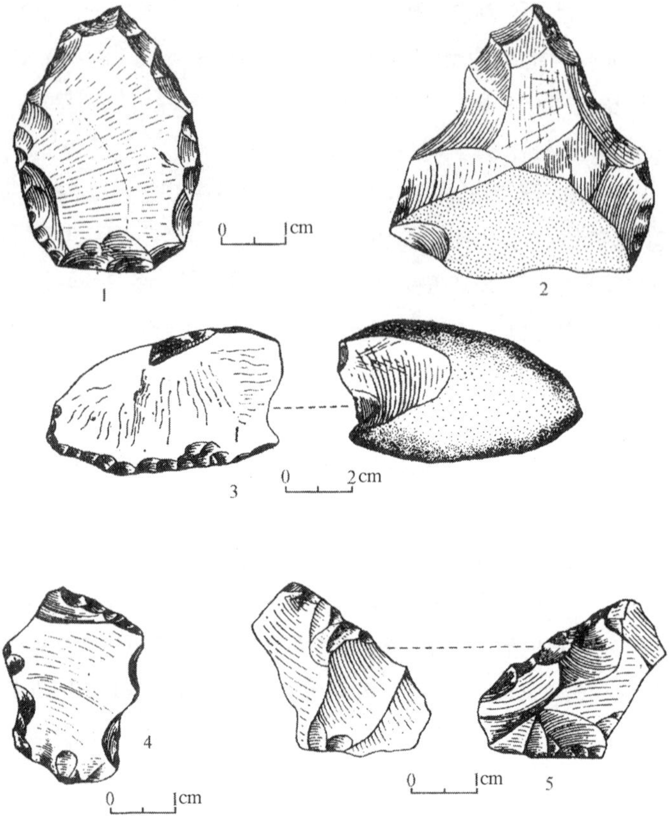

도 4-32. 백암각동유적석기(이염현등, 1986)

1, 2. 첨두기; 3~5. 긁개

상술한 변화과정은 천동유적에서 뚜렷하게 나타났다. 천동초기의 석기의 수량 많지 않다. 다만 문화적 특징이 뚜렷하다. 석재는 수석위주, 석영과 수정도 사용되었다. 석편제거법은 직접타법위주이다. 석기는 다수가 석편으로 등 면을 향하여 똑바로 가공되었다. 석기는 형체가 가늘고, 작으며, 가공은 거칠다. 골기(骨器) 도 소량 있다. 다만 유형이 단순하다. 전체 문화 특징은 전술한 몇 곳과 같다.

그러나 5층 이상의 천동후기문화는 확연이 다르다. 후기 석기수량 많으며, 형체도 비교적 크다. 석재는 현무암위주, 수석사용은 전자와 같지 않다. 석편제거 방법은 주로 충격법이며, 제2가공에는 벽개면 방향으로 처리되었다. 석기는 대형, 중형이 많으며, 가공도 정교, 유형이 안정되었다. 그 외 골기, 뿔제품 등이 많으며, 그것들은 뼈 삽(鏟), 뼈 송곳(錐), 골 창(叉), 뿔 삽 등이다. 이 문화특징은 전술한 몇 곳과는 뚜렷한 차이가 있다[100].

이러한 발전은 시기가 더욱 늦은 묘묘동 유적의 발견물중에 뚜렷하게 나타나 있다. 1970년 발굴된 이 동굴유적에서는 석제품 4,000여점, 뼈, 뿔 도구 14점, 인류화석 7점 및 일부 동물화석과 불사용 흔적이 확인되었다. 석재는 대부분 연질의 고운 사암, 사암, 이혈암(泥頁巖) 등, 수석은 드물다. 석재는 유적으로부터 3 km 떨어진 마별하(馬別河) 옛 강 제방의 강자갈 층에서 가져왔다[101].

석편제거기술은 "예능충격법(銳稜砑擊法)을 채택, 직접 타법은 그 다음이다. 예능충격법을 채택한 것은 석재연질의 결함을 보충하고, 원자재소비를 감소하기위한 것이다. 이러한 방법으로 생산된 석편은 타격점이 거칠고, 크며, 다수가 파열면(破裂面)이며, 양면적인 것은 소수이다. 타격점의 양측에 뚜렷한 방사선이 있고, 반추체(半錐体, bulb de percussion)는 드물다. 부분적인 석편에 홈이 있다. 석편의 너비가 길이보다 큰 것이 다수이다.

석기는 긁개, 첨두기와 찍개 등 3중이며, 그 외 유일하게 조가기 제작법의 표본 1점이 발견되었다. 그 외 발견된 것은 석기제작 때의 도구로서 "예능 양극 타격 법"에 사용한 돌 마치, 돌 모루와 타격받은 강자가 등이다.

긁개는 수량이 가장 많은 석기로서 전체의 7성(成) 이상이다. 다수가 석편으로 제작, 기형은 비교적 크며, 대다수 표본의 길이가 60 mm 이상이다; 제2가공 정교, 기형이 규정, 날이 대칭적, 소 석편 제거 흔적 얇다; 기형은 외날, 쌍날, 2중 날과 끝 날 등 4식(式)이다. 제2가공은 벽개면 위주, 소수가 등과 2중 방향가공이다.

첨두기의 수량도 상당인 많다. 전체의 2성(成) 차지. 주로 석편으로 제작되었다. 이것역시 벽개면 방향가공, 동시에 압력법(指墊法)도 사용, 날을 대칭적으로 가공, 가공흔적은 층이 겹친 형태, 날이 비교적 예리하다. 그 기형은 똑 바른 날(正尖), 뿔 형 날과 2중 날 등 3종이다. 똑바른 날의 수량이 가장 많으며, 형체 규정, 제2가공 정교, 날이 예리하다.

찍개의 수량 전 양자에 비하여 적다. 전체 총수의 1 성(成)이 부족하다. 모두 강자갈 또는 석핵으로 제작, 가공 거칠고, 날이 곡선, 날도 둔하고 두텁다. 주로 2중 방향으로 가공되었다. 전 양자에 비하여 기형 크고 거칠다. 가장 긴 것이 110 mm, 전형적 강자갈로 제작된 찍개와 비교하면 대단히 작다.

뼈, 뿔도구 중 뼈 송곳 5점, 뼈칼 1점 등이다. 골기의 제작과정은 긁는(打琢) 방법 채택, 긁어서 가공한후 마연하는 과정을 통과하였다. 뿔 삽(角鏟) 8점. 모두 사슴 뿔로 제작, 주로 중심 뼈로 제작, 때로 가지뼈로도 제작. 그것은 먼저 절단, 긁고, 마연하는 과정으로 제작되었다. 단면 가공과 양면가공 2종, 단면가공이 많다[102].

만약 천동유적후기, 백암각동의 발견과 1970년대 후기에 발견된 흥의 마마동을 같이 놓고 관찰하면 이 몇 곳은 모두 운귀고원지역의 초기석기제작 전통과는 서로 다른 새로운 요소가 있다. 이 새로운 요소는 전일단계에 발견된 수성초회동(水城硝灰洞)에서 발견되었다. 초회동의 우라니움 년대 측정은 B.P. 50.000년. 이 유적에서는 석제품이 많지 않다. 다만 석기제작 특징과 이지역 비교적 이른 시기에 발견된 것과는 다르다. 그러나 금서남(黔西南)의 몇 곳 비교적 늦은 시기의 유적과는 뚜렷한 관계가 있다. 이것의 가장 뚜렷한 특징은 "예능충격법(銳棱刺擊)"의 석편 또는 준비되지 않은 타격면 석편의 존재이다. 이러한 석편은 일종의 특수한 석편제거 기술로 만들어 졌다. 그 외 몇 곳 후기의 유적에서도 많은 골각기가 발견되어 골각기 제작을 대표하고 있다. 현재까지 이미 발견된 이러한 새로운 문화는 주로 금서남 및 중경삼협(重慶三峽) 지역에 분포되었다[103]. 이러한 전통문화 요인이 유지된 유적은 광범위하게 분포되었다.

(2) 사천(四川) 분지

1. 유적분포

더욱 이른 시기의 단계와 비교하면, 사천분지 후기홍적세 후기의 유적과 지점의 수량은 대단히 많다. 그리고 분포의 범위도 넓다. 최초로 발견된 한 곳 후기홍적세 후기의 인류화석지점은 1951년 철로 부설시 사천 자양현(資陽縣)의 황선대교(黃鱔大橋)의 건설도중 발견되었다. 즉 일반적으로 칭하는 자양인(資陽人)화석이다. 이 지역에서 최초로 일구(一具)의 인류화석과 하나의 척추 뼈가 발견되었다. 1981년 또 일부 석제품이 발견되었다. 이 지점 퇴적층위는 다음과 같다[104) : 제1층, 홍 황색 점토, 두께 6 m ; 제2층, 심 회색 점토, 대량의 식물화석출토, 1 m 두께; 제3층, 심 회색 모래자갈층, 상부 모래 내에 동. 식물화석, 인류두개골은 이층에서 출토 가능; 하부, 모래 드물고, 동물화석, 대부분 깨진 편, 물의 흐름흔적, 두께 1-1.5 m; 최하는 자갈 층, 화석 없음, 바닥 미확인.

화석의 탄소함량과 비중의 상황에 의하면, 자양인 화석지점의 포유동물화석은 2조(組)로 나누어 진다 : 1조, 코뿔소, 물사슴, 동방검치상 포함, 시기는 비교적 이르다 ; 다른 1조, 자양인화석, 말, 큰 고라니, 사양노루, 아시아 코끼리 포함, 시기가 비교적 늦다. C^{14} 년대 측정 2개, 1개는 B.P. 30.000년, 다른 1개는 B.P. 7.000년이다. 인류화석과 동물군의 정항에 의하면, 전자가 자양인의 실질 년대의 가능성이 크다[105).

1980년대 초 발견된 사천 자양 리어교(鯉魚橋) 화석 지점은 자양인 화석지점과 같다. 이 지점의 층위 단면은 5층으로 나누어 진다 : 제1층, 1.5 m의 자홍색 아점토; 제2층, 0.5m의 종 홍색 아 점토; 제3층, 0.35-1.35 m의 종 홍색 점토; 제4층, 회 록 색 고운 사질점토, 두께 0.5-0.75 m; 제5층, 흑회색 고운 모래 점토, 자홍색 사암 지접 위덮다, 아래는 조목(鳥木)화석, 소량의 사암 강자갈 및 동물화석과 석제품, 0.35-1.90 m 두께[106].

리어교의 층위단면은 제4층위는 하나의 뚜렷한 침식 면이다. 이곳을 경계로 상. 하 두 부분으로 나누어지고 그 시대차이도 크다. 5층의 동물화석은 비록 영세하지만 석화(石化)정도가 심하고, 거기에는 대 나무 쥐, 소, 털 코뿔소와 동방 검치 상 등이 있었다. 후 양자는 화남(華南) 큰곰-동방검치상 동물 군이다. 따라서 이 층위의 시기는 후기홍적세 후기에 늦지 않는다. 같은 층의 "조목" 표본은 C^{14} 측정으로 B.P. 25.000년이며, 이것은 동물군의 시기와 맞 물린다. 이것은 또한 리어교 지점의 시기는 구석기시대 후기에 속함을 나타내어 준다.

분지 내에서 발견된 석제품이 많은 곳은 동양(銅梁)지점, 그 위치는 중경(重慶) 서북 쪽의 동앙현성(銅梁縣城) 서쪽 교외의 장이당(張二塘)에 있다[107]. 대단히 유감스러운 일은 이 지점도 역시 땜 공사과정에서 발견되었다. 지표아래 8 m 깊이의 늪지 상의 층위에서 300점의 석제품과 동. 식물화석 표본이 채집되었다. 포유동물 화석 중 동방검치상, 인도코끼리, 거맥(巨貘)과 중국 코뿔소 등은 화남의 큰곰-동방검치상 동물군의 종들이다. 같은 층의 나무화석의 C^{14} 측정으로 25.000년 이다.

상술한 분지내의 유적과 지점외에 이 단계의 것들이 분지 가장자리의 해발이 비교적 높은 산 지역에서도 발견되었는데 예를 들면 한원(漢源)의 부림(富林)유적이다. 이 유적은 대도하(大渡河) 연안의 2급 계지상에 위치하고 있었다. 이 지점은 1960년도 발견, 1972년에 발굴되었다. 5.000여점의 석제품, 불사용 흔적과 소량의 동. 식물화석이 발견되었다. 퇴적층위는 다음과 같다[108] : 제1층, 경작토, 50-80 cm 두께; 제2층, 자색 점토층, 층리 뚜렷, 두께 40-70 cm; 제3층, 점토-고운모래층, 고운 점토, 수평 층, 층리 명확, 부족류(斧足類)화석, 두께 1 m ; 제3층, 회색 고운 모래층, 작은 강자갈개입, 점토덩이, 작은 결정체(nodule), 석제품, 불사용 흔적, 동. 식물화석, 가장 두터운 곳 37 cm ; 제5층, 납색 고운 모래층, 층리 희 미, 층 상면 석제품, 두께 3 m 정도, 다시 아래층 고운 모래층, 모래 강자갈 층에 섞임 및 강자갈 층 아래 두께 5 m.

부림지점의 층위 상태 뚜렷, 전형적인 강 계지의 2원(二元) 결구, 하부의 모래자갈층은 강 뚝 상(江床 相) 이다; 상부의 고운 모래- 점토층은 강변상이다. 문화층은 전형적인 강변 상, 퇴적은 상. 하층으로 경계선이 뚜렷하게 이루어 졌다. 대량의 석제품 외에, 불사용 흔적, 동. 식물화석이 발견되었다. 이러한 현상은 원지 매장 결과이다. 문화층이 두텁지 않은 현상은 당시 사람들이 장기간 체류하지 않은 것이다. 이러한 퇴적 유형과 화북 구서기기 시대 후기의 전문 사냥인들 유적과 같으며, 양자는 또한 같은 경제 문화유형 가능성이 크다. 관계된 증거는 석기유형에서 보여주고 있다.

2. 서남지구의 후기 네안데르탈인

현재까지 남방에서 발견된 후기 네안데르탈인 지점은 여러 곳이지만 대부분 자료가 대단히 빈약하다. 보존이 비교적 완정한 두개골 화석은 드물다. 자양인의 두개골 화석이 비교적 보존 상태가 좋은 편이다.

자양인 화석은 뇌정 골의 대부분 이며, 한조각의 잇몸(硬齶, 경악)이다. 뇌정골의 개체는 비교적 작다. 이미 현대중국인 두개골의 변형 범위내에 들어 있다. 뇌 정골의 외부표면은 비교적 매그럽고, 봉합 점은 뚜렷하다. 다만 뇌정골 내면은 관찰이 어렵다. 이 화석은 나이들은 여성의 개체이다[109].

자양인의 두개골은 정수리 쪽에서 보면 계란형이며, 이마 결절과 정수리결절은 모두 비교적 뚜렷하다. 그 최대 넓은 위치는 양측의 정수리 결 절이 있는 곳이다. 사상척(矢狀脊)은 비교적 뚜렷하다. 이마 결 절 수평에서 정수리뼈 중앙으로 펼쳐졌다. 전흉점(前凶点)이 있는 곳은 십자형으로 융기되었다. 그것은 북경원인과 닮았다. 전면에서 관찰하면, 뇌정골과 이마가 대단히 포만하다. 미궁(眉弓)이 대단히 발달, 미궁내측의 연결은 직선을 이루고 외부는 눈

주위상부 중앙에서 점차 사라졌다. 주의할 가치가 있는 것은 이마, 코봉합 정상이 융기된 아 취형(洪形)을 이루고 있다. 이점이 중국경내의 기타 인류화석 내에서 보이지 않고, 유럽의 네안데르탈인과 같다. 이것은 중국과 서방인 들과의 교류관계를 반영하여 준다. 그 외 비록 코뼈는 뿌리의 소편만 남았지만 여전히 코 뿌리가 높고 협소한 특징을 가지고 있다. 예로 뒷머리 뼈 내면의 대뇌와(大腦窩)는 소뇌와(小腦窩)보다 길고 넓다. 뇌막속의 동맥전지(動脈前枝)는 비록 크지만 그 가지는 작다. 뒷 가지는 전자보다 밀집되었다.

자양인 두개골상에 상술한 원시특징이 있지만, 전체적으로 현대인과 같은 특징이 많다. 두개골의 높이, 둥근(圓隆)정도, 뇌 량 및 얼굴특징 등은 모두 현대인의 변한 범위에 있다. 다만 후기 네안데르탈인에 속함은 의심할 여지가 없다. 이 화석 표본이 발견된 지점의 매장상황이 비교적 복잡, 그리고 화석은 원 층위를 이탈, 따라서 그 시기는 아직 여러 가지 의견이 있다. 그러나 화석 자체가 가진 원시특징, 그리고 같은 시기의 동물화석 상황은 자양인의 시기가 크게 늦지 않음을 시사하여 준다. B. P. 30.000년의 C^{14} 측정 결과는 그것의 실질 년대에 접근 가능성이 있다[110].

3. 석기

사천분지의 이 단계의 석기는 이 지역 비교적 이른 단계의 발견 물과 비교하면, 석재선택, 가공기술, 특히 도구유형에 뚜렷한 변화 있으며, 단계성의 특징도 뚜렷이 드러내고 있다. 다른 일면은 이 단계의 발견 물과 이 지역 초기의 석기전통은 밀접한 관계를 가지고 있다. 이러한 특징은 몇 종의 주요한 석기유형에서 볼 수 있다.

시기가 비교적 빠르고 이 지역 초기 석기와 밀접한 관계가 있는 것은 동량(銅梁)유적에서 발견되었다.

동량의 가장 현저한 특징은 이 지역에서 초기 선택한 특징과 같이 강자갈을 석기 가공의 석재로 삼은 것이다. 동량 석기 석재는 주로 석영암, 그 다음이 수석, 섬장암, 규질암 등이며, 때로 석수, 사암 등도 있다. 석기가 비교적 크다. 가장 큰 것은 40 cm 이상이다. 고고학 조사에서 발견된 것으로 이와같이 큰 강자갈은 최근의 산지(產地)가 배강(碚江)의 높은 계지상에 있다. 그곳은 동량지점으로부터 적어도 20 km 거리이다.

석기 제작 기술은 초기 것은 뚜렷한 구별이 없으며, 석편제거로 직접타법처리, 또한 모루상 타격법도 사용되었다. 석핵과 석편이 크며, 중간 형도 많다. 형체는 비교적 넓고 짧다. 석편 각은 비교적 크다. 평균 110° 이다. 타격점은 집중되고, 부서진 흠은 돌출되고, 방사선도 뚜렷하다. 직접타격은 원래 비교적 넓은 강자갈을 선택, 그 중에는 단순타격면과 다타격면 2종으로 구분된다. 석핵의 타격면은 대부분 자연면이다. 준비된 것과 제2가공은 드물다. 대부분 석핵의 타격면 각은 90° 이하, 이것은 계속 석편이 제거되었다는 뜻이다. 모루상 타격된 석편의 타격면은 경사되었으며, 석편 각이 크다. 평균 122°, 가장 큰 것은 138°, 타격점은 뚜렷하지 않고, 부서진 흠은 가볍게 돌출되었다.

석기의 제2가공도 직접타법으로 처리 되었다. 제2가공은 2증방향으로 처리, 또한 등면 또는 벽개면은 단순처리 되었다. 교차가공방법도 채용, 다만 기본적으로 교차 가공은 보이지 않는다. 석기의 제2가공은 전체적으로 비교적 거칠다. 날위의 작은 석편 흔적은 요철 등 불균형, 날은 휘어 졌다. 북방(北方) 동시기의 산품보다 반대의 차이가 크다.

동량의 석기는 긁개, 첨두기, 찍개 등 3종이다. 그 외 또한 돌 마치가 발견되었다. 긁개의 수량이 많아 석기 전체수의 절반 이상. 긁개의 날은 수직날, 쌍 날, 2중 날과 끝 날(端刃) 등이다. 이 특징은 이 지역 비교적 이른 단계와 뚜렷한 차이가 있다. 첨두기 역시 초기 것과 다르다. 대부분 형체가 작으며, 전체 석기의 6분지 1정도 차지. 대부분 석편으로 제작 가공이 비교적 거칠다. 그것들은 똑바른 뾰족 날, 뿔 형 뾰족 날과 이증 뾰족 날 등 3종이다. 형체가 큰 것은 길이가 10 cm 정도이다.

찍개의 수량도 비교적 많다. 전체의 3분지 1 이상 차지, 대부분 강자갈, 석핵 또는 큰 석편으로 제작. 이 특징은 이 지역 초기 문화전통의 영향이다. 그것들은 초기의 찍개와 같다. 형체가 거칠고, 크다. 변경 폭도 비교적 크다. 제일 긴 것은 21 cm 이상이며, 가장 무거운 것은 무계가 2 kg 이다. 대부분 직접타법으로 2중 날이 가공되었다. 제2가공도 거칠며, 날은 곡선, 날 끝은 비교적 둔하다. 기형에 의해서 단 날, 쌍 날과 2중 날 그리고 끝 날(端刃)로 나누어진다. 그중의 평탄한 끝 날은 제2가공이 정교해서, 때로 클리버형(錛)으로 불리운다. 첨 날의 찍개는 대형 첨두기 유형으로 분리된다[111].

전체적으로 동량의 석기는 강자갈 석재이며, 석편 제거와 제2가공은 이 지역 초기의 석기와 구별되지 않는다. 일부분 도구, 강자갈을 직접가공 석기 제작, 찍개의 비율이 지교적 높다. 석제품의 전체적 면모는 거칠고 크다. 이것은 모두 이 지역 초기 강자갈석기 전통과 밀접한 관계가 있다. 그러나 동량 석기의 뚜렷한 변화는 도구가 기본적으로 석편으로 제작되었다. 긁개가 석기 유형의 주도적 위치를 차지, 첨두기는 비교적 소형이다. 이것은 초기 석기와 뚜렷이 구분된다. 이것은 구석기시대 후기의 주요 특징이다. 동량 석기는 2중성의 특징을 가지고 있다. 이점은 사천 분지 내 이 단계 구석기 문화 발전의 특징이며, 초기 문화영향을 받았고, 또한 남방 구석기시대 후기의 기본 특징이다[112].

이 단계에 사천 분지 내에 동량석기와 다른 것이 발견되었다. 그곳은 자양 리어교(鯉魚橋)이다. 리어교 석제품 수량은 많지 않다. 석제품 표면은 이미 운반된 것을 나타내어주며, 그 거리는 멀지 않다. 석재는 여러 가지 강자갈, 철질(鐵質) 석영암위주, 또한 석영암 및 수석이다. 비교적 전형적 석제품은 20점. 직접타법으로 석편제거, 대부분 자연타격면, 강자갈 가로 단면 위주로 타격, 떨어져 나온 석편은 두텁고, 짧다; 소수가 장축방향으로 타격되어 비교적 얇은 석편이다. 석기 12점 중 첨구기 비율이 3분지2 차지, 긁개 2점, 조각기 1점, 찍개 1점등이다. 찍개와 조각기를 제외하고 모두 석편 제, 형체가 작다. 첨두기는 모두 소형, 찍개 역시 비교적 작다. 이러한 특징은 동량의 석기와 크게 차이가 있다. 이러한 차이의 주요 원인은 석기석재의 영향으로 보고 있다[113].

분지 변두리 해발이 비교적 높은 산 지역에서 부림분화(富林文化)가 발견되었다. 그 석기유형과 분지내 동량 등에 타지점등에서 발견된 것과 거리가 멀다. 부림유적에서 발견된 석제품은 그 석재가 절대부분이 부근 산상의 수석결핵(Nodule) 이다. 그 외 소량의 석영, 수정, 석영사암 등이 사용되었다. 그것들은 그 부근 계지의 자갈층에서 가져왔다. 석편제거는 직접타법처리, 때로 양극 타격법도 있다. 직접타법 제거 석편이 많아 전체의 72.5% 차지. 석편 특징은 짧고, 넓으며, 얇다. 절대다수가 작아서 지속 가공이 어려울 정도다. 이것들은 석편 제거 시 부산물이다. 다만 일정한 수량의 형상이 "잎 형 돌(石葉)이다. 양측이 거의 평행, 길이. 너비가 크기의 2분지 1이다, 너비가 1 cm 미만의 표본이 100점 정도이다. 가공된 석기는 조각 편 위주, 석핵과 석괴로 처리된 석기는 56%, 다만 석편으로 가공된 것은 42%이다[114].

석기는 긁개, 밀개, 첨두기, 조각기와 찍개 등이다. 긁개의 수량 제일 많다. 전체의 80% 차지, 그것들은 외 날 류가 다수, 날은 수직 날, 돌출 날과 홈 날 그리고 두터운 날 등 4식(式), 각 식의 수량차이 는 크지 않다; 양날의 수량 많지 않다. 밀개 수량 많지 않다. 가공 정교, 석편의 한 끝(一端) 가공, 날은 둔한 편, 최대의 것은 90°, 평균 77.5° 이다. 첨두기 수량은 밀개와 거의 같으며, 가공정교 하다. 어느 것은 송곳 류 도 있다. 조각기 수량 드물고, 비전형적이다. 다수가 다만 조각기 기법의 표본이다. 찍개 1점, 편마암 강자갈이 거칠게 가공되어 찍개 날이 제작되었다.

부림석기의 전체 특징은 석기가 대단히 작다. 길이가 30 mm 초과된 것이 드물다. 중국 남방 각 지점의 특징은 석편제거는 직접타법 위주, 다만 양극타법도 드물게 있다 ; 석편 중 많은 수량이 잎 형; 석기는 긁개위주의 소형석기위주; 가공된 석편의 괴상(Nodule, 塊狀) 위주, 석편석기는 두 번째 위치 차지.

부림유적과 유사한 곳이 부림 부근의 사자산(獅子山)에서 발견되었다. 사자산 지점과 부림은 대도하(大渡河)를 건너서 마주보고 있다. 그 거리는 4 km 이다. 1970년대 조사, 석제품이 채집되었다[115]. 1980년대 초 석제품과 동물화석이 발견되었다. 그것들은 대부분 지표채집, 다만 층위의 표본과 비교하면 그것들은 대도하 2급 계지 상부의 황색사질 층에서 왔다. 석기성격은 부림문화의 것과 같다. 수석석재위주, 직접타법으로 석편처리. 석기의 형체는 작으며, 가공은 거칠다. 부림과 다른 것은 석편 가공 처리된 비율이 높다. 그러나 전체적으로 그 시기 및 문화성격은 부림과 비교 큰 차이는 없다.

4. 환경, 생계 및 석기

동량은 사천 분지 내에서 이 단계의 비교적 이른 시기를 대표한다. 석제품 출토의 층위내의 나무화석의 C^{14} 년대는 B. P. 20.000년이다. 화분, 포유동물화석 자료에 의하면 당시 기후는 온난. 습윤 즉 아열대의 삼림 및 삼림-초원환경에 속한다. 시기와 환경상항에 의하면, 동량문화는 마지막 빙하기 최정상 사이의 간빙기 단계에 속한다. 환경 특징은 문화면모를 결정하는 주요 원인이다. 찍개는 도구 유형 중 대단히 중요한 위치를 차지 하였다. 석기의 전체 면모는 거칠고 큰 유형으로 초기. 중기의 대표적 도구로서 대형 첨두기가 있다. 이것은 동량문화와 이 지역 비교적 초기 및 남방동부지역의 초기. 중기의 석기 유형이 비교적 같은 것을 반영하여 준다. 이러한 석기조합의 특징은 동량유적에서 채집경제가 일정한 비중을 차지한 점을 나타내어준다.

그러나 동량석기 유형 중 석편이 많이 이용된 점은 긁개 등의 석기가 증가되어 이 단계 사람들의 생계특징이 초기에 비하여 변화가 있었음을 나타내어 주고 있다. 이러한 변화는 동량문화가 위치한 시기와 밀접한 관계가 있다. 시기적으로 보면, 동량은 분지내의 이른 시기의 구석기시대 후기 문화이다. 이 문화는 구석기시대 초기. 중기 문화의 영향을 받을 가능성이 크다. 원인은 비교적 많은 강자갈 석기의 문화요인이 있기 때문이다. 다른 한면은 그 문화는 이미 구석기시대 후기에 진입, 구석기시대후기 남방석기의 전체적 영향을 받아서 그 석기 중에 석편 제 석기가 많아졌다. 예로 긁개의 수량이 증가 찍개수를 초과하고, 수량상 서기 중에 가장 주도적 위치를 차지한 점 등이 구석기시대 후기단계의 특징이다.

전체적으로 환경요인이 동량구석기 문화면모의 형성에 큰 영향을 주었다. 동부지역과 접근된 아열대의 삼림 또는 삼림-초원환경은 동량의 사람들이 기기에 상응한 도구를 제작한 것이다. 동량지점과 동부 초. 중기의 구석기지점군의 분포와 매장조건이 마찬가지로 강 유역에 접근된 야외지점들이다. 같은 환경조건하에서, 같은 생계방식의 탄생은 대단히 자연스러운 현상이다.

부림유적 구석기시대후기 거주인 들의 생계활동 특징에 대하여 먼저 자연환경의 요인을 생각하여야 한다. 부림은 청장고원의 동쪽가장자리, 해발 800 m 높이 산 사이 작은 분지내에 위치하고 있었다. 분지주위의 해발은 더욱 높다. 전체적으로 현재의 자연지리조건이 운귀 고원과 접근되며, 사천분지내부와는 거리가 멀다.

유적자체와 부근 일부지점 각 방면의 자료를 고려하면, 원 연구자가 부림문화시기를 B.P. 20.000년 전후한 시기로 보는 것은 비교적 합리적이다. 이 시기는 이미 최후빙하기의 최 정상 기에 접근되어, 기온이 현재의 그곳의 산지역 삼림초원지대와 접근되어 한 냉기의 부림 환경은 초원환경위주로 되어 있었다. 이러한 환경과 부림의 석기유형은 일치되고 있다. 부림 석기는 소형 긁개도구위주, 같은 시기 북방초원지구의 사냥 군 들의 도구유형과 상당히 접근되고 있다. 이것은 부림 거주인 들이 수렵으로 생계를 위지한 점을 추측하는데 어려움이 없다.

그 외 석재를 관찰하면 부림 부근의 수석 괴(Nodule)의 생김생김이 대단히 작아서 대형석기제작이 불가능하였다. 부림 석기제적의 전통은 북방의 영향을 받았다고 주장하기가 어렵다. 부림 거주인 들이 사용한 노들(Nodule)의 석편가공으로 제작된 석기 특징은 북방 소 석기 전통 내에서 그 래원을 찾기가 어렵다. 그것은 오히려 남방의 구석기 전통에서 찾아야 한다. 따라서 부림 석기는 홍적세 결속단계에 이르러 남방구석기 문화 발전에 지역적 문화를 발전시킨 것이다[116].

비록 연구자들은 부림 석기문화가 북방의 소 석기 전통과 관계가 있다고 보고 있지만 그것은 후자의 영향을 받은 결과이다. 따라서 구석기시대후기, 인류생활의 활동능력과 주위 범위가 신속히 증가되었다. 더욱 수렵위주의 사람들은 주위 이동과 그 속도가 전보다 훨신 빨랐다. 이 시기에 남방의 문화교류와 영향이 자연스럽게 이루어 졌다. 그러나 이러한 사실들을 찾기는 쉽지 않다. 다만 석기는 가늘고, 작아져서 석기유형은 접근되고, 석편제거 기술도 같은 특징이다. 이것은 문화교류가 실질적으로 옮겨진 결과이다. 그러나 그것은 전면적인 것은 아니다. 부림 석기의 특징을 전면 검토한 결과에 의하면 이러한 생산 특징의 요인의 전면적 인식은 실제적 결론과 대단히 접근되고 있다.

(3) 동남(東南) 지역

남방동부에 이미 발견된 구석기시대 후기 문화유적의 주요 분포 지는 3곳으로 한수(漢水) 상. 중류지역, 장강(長江) 중. 하류지역과 영남(嶺南) 지역 등이다.

1. 한수 상. 중류지역

중국 남 북방 과도지대(過渡地帶)에 위치한 한수 중. 상류지역은 이 단계의 발견된 상대의 남방 기타 지역에 속하는 지역보다 비교적 많다. 그러나 이 지역 초기 단계에 비하면 이 단계에서 발견된 곳은 유적의 분포 뿐 만 아니라 석기내용도 비교적 크게 변화되었다[117].

(2) 유적 분포

한수 상. 중류지역은 초, 중기 홍적세부터 유행하던 야외 유저기 이때에도 여전히 계속 존속되었다. 그러나 유적 분포의 형식 및 내부 함유물에는 모두 변화가 있다. 이 시기 야외 유형 지점의 수량은 초기보다 적다. 다만 이미 발견된 지점 또는 유적, 석제품 등 유물의 분포는 초기 보다 더욱 집중 되었다.

이 지역 후기 홍적세 후기의 야외 유적 중, 다만 장가영(張家營) 유적은 정식 발굴되었으며, 발견된 유물역시 풍부하다. 이 유적은 단강구시(丹江口市)의 장가영 촌(村) 뒤 산 언덕에 위치, 발견된 석편석기 10.000점, 동시에 분쇄된 동물 뼈 편도 발견되었다. 유감스러운 일은 정식 발굴보고서가 아직 미간이다. 이미 발표된 것은 1987년 장가영 뒷산 언덕의 조사 내용이다. 장가영 뒷산언덕에서 동남방향으로부터 단강구시까지는 약 45 km 이다. 석기 지점의 후면은 산이며, 전면은 강이다. 그곳은 한수지류인 석고하(石鼓河)의 수면으로부터 10 m 높이 이다. 문화유물이 매장된 홍색사질 점토 내에는 석제품 외에 분쇄된 동물화석도 있다. 동물화석은 하이에나, 코뿔소, 돼지, 사슴소 등이다[118].

동일한 발견이 호북방현(湖北房縣)의 토자와(兔子洼)와 섬서안강(陝西安康)의 관묘(關廟)이다. 방현성(城) 동남방향으로 약 4 km 짐에 위치한 귀자와 지점의 발견은 대단히 중요하다. 이 지점은 2종 서로 다른 유형의 석기 지층을 제공하여 주고 있다. 거칠고, 큰 강자갈 석기가 3급 계지의 홍색사질 점토 퇴적 층 내에 있었다; 소형의 석편석기가 3급 계지를 덮은 황. 갈색 사질 점토 층 내에 있었다. 후자의 시기는 전자보다 늦다. 2종 서로 다른 유형의 석기는 뚜렷한 대조를 이룬다[119].

안강관묘 및 중령(中嶺)의 발견지점에서도 풍부하고 비교적 상세한 통계까지 묘사 발표되었다[120]. 관묘는 안강시(市)에서 돔 북 방향으로 약 10 m 지점의 한강(漢江) 북쪽 제방에 위치, 중령은 관묘의 서쪽에 있다. 두 곳의 거리는 대단히 가깝다. 중간에 관묘 개천(溝)이 놓여 있다. 석제품은 한강물이 침식시킨 2급 계지의 단면 내에 있었다.

이 시기 유적 또는 석기지점이 또 하나의 현저한 특징으로 나타난 것이 동굴이용이 증가한 점이다. 이 지역에서 최근에 발견된 후기 홍적세 후기의 동굴유적의 정항은 모두 이러한 추세를 뚜렷이 반영하여 주고 있다. 예로 방현의 장뇌동(樟腦洞) 유적은 하나의 바위로 된 집 식의 동굴퇴적으로 문화층은 비록 1 m 두께지만 발견된 석제품은 1.000점이다. 예서(豫西) 남쪽의 남소 소공산동(南召小空山洞) 유적은 발굴 전에 비록 심하게 파괴되었지만 잔류된 부분에 의하면, 석제품 등 문화유물 분포는 대단히 집중적이다[121].

장뇌동 유적 퇴적층 상항은 이 지역 동굴 유적의 대표적이다. 이 유적은 호북방현 중패구(中壩區) 용탄향 청양촌(龍灘鄕靑陽村)에 위치, 하나의 바위 그늘 식 동굴이다. 발견시 동굴천정 붕괴일부분, 다만 퇴적층 기본적으로 완전히 보존되었다. 퇴적층은 위에서 아래로 5층[122] : 제1층, 황색고운모래, 고운 모래층, 층위에 동굴천정 거리 1 m, 층위아래는 하나의 침식 면, 두께 2.5 m; 제2층, 심 종 홍 색 점토층, 회 암 각력(角礫) 포함, 느슨함, 중간 아래 화석, 석제품, 두께 1 m ; 제3층, 우라니움 응결층, 점토 및 모래, 동구입구부터 동굴내부 방향으로 점차 사라짐, 화석 및 석제품 주로 이층에서 발견, 두께 1 m; 제4층, 황색 중간 모래층, 정상부 소량 화석 및 석제품, 두께 1 m; 최하층, 강자갈 층, 직접동굴바닥 덮다, 두께 1.6 m.

이 유적은 계지(階地) 동굴이다. 이것은 장뇌강의 침식 산물(產物)이다. 동굴퇴적은 장뇌하의 2급 계지상위에 있다. 동굴바닥에는 수면(水面)이 노출된후 사람들이 이곳에서 활동, 각종 유물을 남겨 놓았다. 동물화석은 큰곰, 너구리(獾), 이리, 동방검치상, 지스펠크 코뿔소, 큰 너구리, 물소, 청양(靑羊), 소문(蘇門)양 등이다. 이 동물화석에 대한 C^{14} 측정은 B. P. 13.500년이다.

이 지역 또 다른 한 곳의 중요한 동굴유적은 하남(河南) 남소(南召)의 소공산(小空山)이다. 이 유적은 하남 성 남소현 경내의 복우산(伏牛山) 남쪽 언덕에 위치, 상. 하 2개의 석회암 동굴로 조성되었다. 소공산은 한수유역

지리위치에서 가장 북쪽의 하나의 후기홍적세 후기 동굴 유적이다. 1980년 발견 아래 동굴에서 100점 석제품 채집. 1987년 위 동굴 정식발굴, 동시에 아래동굴(下洞)의 잔여 퇴적층을 정리하였다. 위 동굴에서 100점 석제품과 소량의 포유동물화석 발견, 아래동굴에서 10여점 석제품이 확인되었다.

(2) 석기

구석기시대 후기석기는 이 지역 초기의 강자갈석기에 비하여 변화가 뚜렷하다. 더욱 야외지점의 석기는 더욱 현저하다. 예로 장가영후 신언덕에서 채집된 28점 중 대부분이 수석 제, 그 다음이 석영과 석영암이다. 석영과 석영암 석재는 부근의 강변의 강자갈에서 채집된 것이다. 다만 수석은 강변에서 보이지 않고 외지로부터 가져온 것이다. 석제품의 크기 차이가 심하며, 가장 큰 석편은 무게가 700 g, 작은 것은 단지 수 그람이다. 석핵, 석편의 형상은 불규칙, 준비된 타격면의 표본은 없다. 소수 석편은 비교적 얇고 길다. 석기 유형은 찍개와 긁개 2종이다. 찍개 1점, 수석 편으로 제작, 수석편의 한 가장자리로 양면에서 가공, 가벼운 돌출 날을 제작. 긁개 7점, 단 날과 쌍날 2종으로 구분, 형체 비교적 작다. 1점의 작은 강자갈 직접 가공된 것 외에 기타는 모두 석편으로 제작되었다[123].

관묘 및 그 부근에서 발견된 석제품 60여점도 대체적으로 같다. 석재는 석영위주, 소량의 석영암과 사암, 모두 부근의 강변 강자갈에서 채집하여 왔다. 석제품은 석핵, 석편이 차지한 비중이 가장 크다. 양자 대부분 불균형, 형체는 비교적 작다. 길이가 5 cm 이상의 석핵 1점 ; 석편의 길이. 너비는 2.5-3 cm 사이 이다. 제2가공된 석기 중 긁개 수량 가장 많다. 전체의 60% 차지 ; 첨두기 그 다음, 30% 차지, 또한 조각기 기법의 표본도 있다[124].

방현 토자와(兎子洼) 등지에서 계지 앞 가장자리에서 소형 석편석기가 발견된 것은 3급 계지의 대형 강자갈 석기 보다 많다. 1977년 채집된 50점의 석제품중 제2가공된 석기는 긁개와 첨두기 등이다. 석기의 형체는 모두 크지 않으며 가장 긴 것이 50 mm 를 초과하지 않는다. 석재는 석영과 수석이다.

상기한 야외지점에서 발견된 석기와 비교하면, 이 단계에서 발견된 동굴유적석기는 초기 강자갈 석기와의 관계가 뚜렷하다. 예로 예서(豫西) 남쪽 소공산(小空山) 유적의 석제품은 그 석재가 동굴부근의 강변에서 채집되었다. 석재는 석영과 석영암 등이다. 석편으로 석기가 가공되었는데 상. 하 동굴사이에 차이는 있다. 상 동굴은 석편위주, 하 동굴은 강자갈이 직접 가공되어 제작되었다. 석기의 특징에 의하면, 소공산 거주 인들은 직접타법으로 석편제거, 거기에 제2가공되었다[125].

상동 석기유형 비교적 많다, 석기 전체의 30% 차치. 석기는 긁개 수량 제일 많다. 주로 각 종 유형의 가벼운 긁개, 다만 여기에 석편 제 찍개의 중형 긁개도 있다. 전자는 형체 작고, 길이 50 mm 이하, 제2가공 정교. 찍개의 수량 많지 않다. 다만 전형적인 강자갈로 가공된 찍개는 최대의 길이가 200 mm, 무게 2,000 g 이상이다. 첨두기의 형체 작다. 제2가공 정교, 대부분 엇갈린 방향가공. 조각기 기법 흔적 보유.

상동과 뚜렷하게 다른 것은 하동은 석핵 비율 높으며, 대형 석기 비율이 상동보다 높다. 소형 석기는 다만 긁개 한 종류, 그것은 찍개의 수량에 비치지 못하고, 상동 소형석기 의 비례보다 크게 낮다. 하동의 석핵은 특징 있다. 석편흔적이 대단히 규정적, 석편제거 흔적이 비교적 규칙적이다. 준비된 타격면 기술에 의하면 어느 표본 상에 미리 준비된 석핵에서 석편이 제거된 흔적이 있다. 따라서 비교적 규정된 석편이 제거 되었다.

호북방현 장뇌동 유적에서 2.000점의 석제품이 발견되었다. 석재는 대부분 강변에서 채집하여온 강자갈, 소량의 부근 암층(岩層)의 석괴(nodule)도 있다. 암질은 규질암과 석영위주, 소량의 사암으로 대형석기가 제작되었다.

장뇌동 유적의 석기유형과 비율은 소공산 상동의 상항과 비교적 접근 된다. 그것들은 5종으로 석핵, 석편, 찍개, 긁개와 첨두기 등이다. 석편 수량이 많다. 긁개가 그 다음 차지, 석핵의 수량은 3위, 찍개와 첨두기의 수량 많지 않다. 석핵 타격면 수량은 단순 면, 쌍 면과 다면으로 분류 ; 형태로서 편도선형, 다면체와 공형(球形) 등이다. 석편의 형상은 불규칙, 크기, 두께의 차이가 크다. 큰 것은 1.000 g 이상, 작은 것은 1 g 미만이다. 석편은 자연 타격면과 타격면이 없는 것 등이다. 소량의 준비된 타격면의 것도 있다[126].

석기유형은 3종, 단 1종에도 여러 유형으로 구분된다. 날의 유형과 형태에 의하면 긁개와 찍개는 외날, 쌍날, 다 날과 원형 날 등이다. 편평한 강자갈 1면 가공 찍개가 최대 무게로 2.000 g 이상이다. 긁개는 주로 중, 소형으로 가벼운 긁개 류 에 속한다. 다만 대석 편 가공의 중형 긁개도 있다. 첨두기는 똑바른 날과 뿔 날 형 등 2종, 모두 중. 소형이다.

(3) 주거형태와 생계 방식

더 이른 초기 단계와 비교하면, 후기 홍적세후기 고인류는 이 지역의 주거 형식과 생계활동에 비교적 뚜렷한 변화를 가져왔다. 석기는 전형적인 강자갈 석기로부터 석편석기로 발전되었으며, 인류의 생계방식 역시 개변되었다.

남쪽과 북쪽 과도지대의 이 지역은 최후 빙하기 최정상시기 기후 면화의 영향을 민감하게 받았다. 예로 전술한 장뇌동 유적에서 발견된 소문 양(蘇門鈴) 등의 변화사건은 최후방하기의 최정상시기에 이지역의 영향을 반영하여 주고 있다. 이 단계발생의 주거형식과 석기특징의 변화는 최후빙하기 극성기에 가져온 환경변화의 관계를 충분히 반영하고 있다. 최후빙하기 극성기의 도래를 수반하여 이 지역 년 평균기온이 대대적으로 하강, 원래의 아열대 삼림초원 환경이 온대 초원환경으로 대체 되었다. 삼림 또는 삼림 초원의 환경에서 채집생활하던 강자갈 석기 인들은 이 새로운 환경에 적응할 수 없었다[127]. 따라서 북방초원지구와 같은 석편석기가 출현된 것이다.

이 단계의 석기는 동굴 또는 야외 유적에서 발견될 뿐만아니라 석기석재의 선택도 이른 시기와는 큰 변화를 가져왔다. 예로 장가영유적은 주로 수석석재 사용, 기타 몇 지점은 석영위주의 석재를 사용하였다. 이 두 종류의 석재는 쉽게 작은 석편을 떼여 낼 수있다. 석기제작기술은 여전히 직접타법으로 석편제거, 때로 양극타격기술도 사용되었다. 제2가공은 일찍이 발달, 가공이 정교한 소형도구가 증가되었다. 가벼운 긁개가 주류를 이루어 전체 석기의 절반이상차지 하였다. 긁개의 종류도 다양하게 발전, 외날, 쌍날, 다 날과 홈 날과 원형 날 등이 있다. 긁개의 크기는 감소, 그 길이가 5 cm 이하가 비교적 보편적이다. 찍개는 부분 지점에서 여전히 일정한 수량이 유지 되었다. 강자갈 가공의 찍개는 동굴유적에서 언제나 발견되며, 야외유적은 기본적으로 보이지 않는다. 가공기술은 여전히 초기와 같다. 비교적 크고 편평한 날을 제작 사용하였다. 형체는 비교적 크다. 다만 점유비율이 제한적이다. 대형 첨두기는 이 시기에 보이지 않는다. 소형 첨두기 수량증가, 가공역시 정교하다. 형식은 다양화 되었다. 이러한 석기유형은 같은 시기의 북방동굴 거주인 것과 같다. 이것은 그들의 생계활동이 비교적 접근된다고 설명할 수있다. 당연히 수렵활동의 비중이 큰 경제활동 유형이다[128].

동굴유적에서 반영된 주거형식도 북방지구 같은 시기의 발견된 것과 비교적 유사하다. 동굴주거 예로 소공산, 그 하동(아래동굴)의 동굴입구 높이 3.5 m, 너비 6.5 m, 동굴안은 6-7 m, 모두 대단히 넓어서 인류활동이 가능하다. 비록 동굴내의 주요 퇴적층은 이미 발굴 전에 이미 파헤쳐 졌지만 소량 잔여의 퇴적층 내에는 많은 석제품이 발견되어 동굴의 주된 퇴적층의 석제품의 밀도는 높고, 당시 인류가 하동에서 많은 활동 예를 보존하고 있었다. 하동의 정항과는 반대로 상동(위 동굴) 퇴적층에 포함된 석제품의 밀도는 하동보다 적다. 다만 동굴바닥의 보존 상태가 좋다. 이러한 매장 특징은 상동의 결구(結構)와 관계되어 있다. 상동의 동굴입구는 비교적 넓지만 높이는 2 m 정도, 깊이도 짧아 3-4 m 사이 이다. 따라서 인류가 동굴을 처음 이용할 때부터 퇴적이 증가되어 동굴내의 공간도 점차 감소되면서 더 이상 활용할 수가 없었다. 장뇌동유적의 사용상항도 대체적으로 같다. 이러한 동굴유적의 사용은 최후빙하기 극성기에 가져온 환경변화와 관계가 있다. 온도의 하강에 따라서 천연동굴이용은 추위를 피하여 생활하기가 야외거주보다 훨씬 편리하다.

2. 장강(長江) 중, 하류지역

장강 중, 하류지역은 대단히 광활하다. 근년래에 구석시대 후기 유적의 발견이 증가되었다. 유감스러운 일은 많은 자료들이 아직 전면 발표되지 않았다. 따라서 자료가 비교적 많은 몇 곳만 간단히 소개한다.

(1) 유적 분포

이 지역은 한수(漢水) 상, 중류지구와 마찬가지로 야외유적과 동굴유적 등 2종류가 발견되었다. 그 중 강한(江漢) 평원의 한 곳 야외유적 즉 호북(湖北) 형주(荊州) 계공산(鷄公山)의 퇴적층이 대표적이다. 이곳의 발견은 과도기 단계에서 이미 소개하였다. 이곳은 정식 발굴된 여러 단계의 구석기시대 문화 유적이다. 이 유적은 장강의 왼쪽 제방위에 있는 작은 흙 언덕위에 위치하고 있다. 이 흙 언덕은 원래 장강의 제2급 계지의 잔여 부분이다. 서북쪽은 장호(長湖)의 하나의 작은 지류이며, 이곳은 남쪽으로 8 km 에 장강이 있다. 층위퇴적은 다음과 같다[129] :

제1층, 엷은 활색 표토 층, 0.1-0.2 m; 제2층, 엷은 황색에서부터 황갈색 아 점토, 2개 아(亞)층으로 나누어진다 : a, 엷은 황색 아 점토, 수량이 많은 흑색 편 상(片狀)의 칼시움 막(膜), 많은 소형의 석편석기, 0.1-0.2 m ; b, 황갈색 아 점토, 위층과 같은 것 포함, 많은 칼시움 막, 유물 없음, 0.1-0.2 m; 제3층, 갈 홍색 아 점토, 많은 칼새움 막, 유물 없음, 0.1-0.2 m; 제4층, 암질 위층과 같다, 강자갈석기, 석기 분포상항에 의하면 수개의 작은 층으로 분류가능, 0.5-0.8 m ; 제5층의 위 부분은 홍갈색 아 점토, 밑에는 괴도의 갈색 고운 모대, 노출부분 6-7 m, 당지역의 시공 자료에 의하면, 이 밑에는 10여 m 에서 자갈층이 보인다.

부근의 단면상에서 2층과 3층 사이에 하나의 침식 면이 있는 것이 관찰되었다. 이러한 상황은 양자사이에 비교적 오랜 시간의 침적으로 절단되었다는 것이 설명되고 있다. 홍갈색의 아 점토로부터 황색의 아 점토로 변화될 때까지 후기 홍적세 후기환경의 번천이 반영되고 있다. 계공산 단면의 제2층은 황색 퇴적, 강한평원(江漢平原) 일대 후기홍적세의 단면상에 비교적 광활하게 노출되어 있다. 이것은 최후빙하기 최정상기의 온도하강과 밀접한 관계가 있다. 그 밑의 홍색 아 점토는 시기적으로 이르다. 그리고 비교적 온습한 환경조건하에서 침적되었다. 여기에 근거하면 계공산유적의 문화층의 시대는 B.P. 20.000년 전후한 시기이다.

동굴의 상황은 연아동(燕兒洞)의 발견 예가 있다. 이 유적은 호남석문현(湖南石門縣) 양천향(陽泉鄉) 경내에 위치, 이곳은 무능산(武陵山) 산맥의 낮은 지역이다. 유적은 2개의 동굴로 조성되었다. 동굴원래의 입구는 도로공사 시 파괴 되었다. 현재 보존된 I 동굴(I 洞) 내의 퇴적층은 7층으로 나누워진다[130] :

제1층, 황색고운모래, 느슨함, 층리구성, 두께 5-15 cm; 제2층, 회황색 고운모래, 층리구성, 두께 5-15 cm; 제3층, 황갈색 사질점토, 각력(角礫) 석회화(石灰華) 포함, 느슨함, 동물화석, 인류화석과 석제품, 7-20 cm 두께; 제4층, 회황색 점토, 층리구성, 5-10 cm 두께; 제5층, 황색점토, 5-10 cm 두께; 제6층, 홍갈색 사질 결핵 층, 동물화석, 5-22 cm 두께 ; 제7층, 황색고운 모래, 60-70 cm 두께, 동굴바닥 기반암 위를 덮었다.

연아동 유적에서 발견된 동물화석은 3조로 나누어 진다. 이 3조 동물화석은 큰곰-검치상 동물 군에서 흔히 볼 수 있는 종들이다 : 원숭이, 붉은 얼굴 원숭이, 쥐, 화남멧돼지, 표범, 곰, 너구리, 동방 검치 상, 큰 너구리, 중굴 코뿔소, 사슴, 고라니, 양, 영양과 소 등이다. 동물군의 현생 종 비율은 77%, 즉 옛 종은 없으며, 더욱 중기홍적세 전형 종도 없다. 시기는 후기홍적세 후기에 속한다.

(2) 석기

현재까지 장강중류지역에 비교적 뚜렷하게 후기홍적세후기에 속하는 야외 유적의 석기는 많지 않다. 계공산 유적의 상층 문화의 발견 물이 이 단계의 석기발전 상항을 반영하여 준다. 그 외에는 상서(湘西) 북쪽에 일부 발견되었지만 아직 관계된 자료가 발표되지 않았다.

계공산유적의 상. 하 문화층의 석기변화에 의하면 이 지역 후기홍적세 초기부터 후기까지의 석기제작의 발전과정을 볼 수있다. 아래 문화층 석기의 기본 상항은 일장(一章)에서 이미 소개하였다. 아래 문화층과 뚜렷한 대조를 이루는 위 문화층은 전형적인 석편석기이다. 그중의 석영암, 석영 등은 강자갈이며, 수석은 결핵(Nodule) 이다. 이것들은 부근 강변에 있는 것이 아니고 멀리서 가져온 것이다[131].

상문화층의 석기제작 기술은 여전히 직접타법으로 석편이 제거되고 제2가공 되었다. 석편제거시 강자길 혹은 결핵의 자연면이 직접가공 되었다. 석편의 절반이상이 자연타격면을 가지고 있다. 또한 절반 이상의 표본은 떼여낸 석편흔적위에서 계속 석편이 제거 되었다. 두 예가 점상(点狀) 타격면을 가지고 있다. 준비된 타격면은 없다. 제2가공의 방향은 똑바른 것(正向)위주, 반대방향(反向)의 것도 3분지 1이다. 제2가공 흔적은 가늘고, 작으며 불규칙하다. 화북 구석기시대 후기의 비교적 전형적인 석기유형은 없다. 석기는 단수직 날과 단 홈 석기 등이다. 2점이 수직 날과 홈 날이 결합된 2중 날 유형이다. 첨두기는 2점. 석기는 작은 편이다. 길이와 너비가 20-30 mm 사이이다. 50 mm 이상 되는 것은 없다. 석편크기는 석기와 같다. 제일 작은 석편 10 mm 미만, 두께는 2 mm 이다(도 4-33).

호서북 야외 유적의 상항과 계공산 상층 문화는 유사하다. 또한 그것들은 전형적인 석편석이다.

동굴유적에서 발견된 석기가 야외유적의 것과 거의 같다. 이 지역의 석문연아동(石門燕兒洞)에서 발견되었다. 연아동의 시굴에서 발견된 석제품은 10

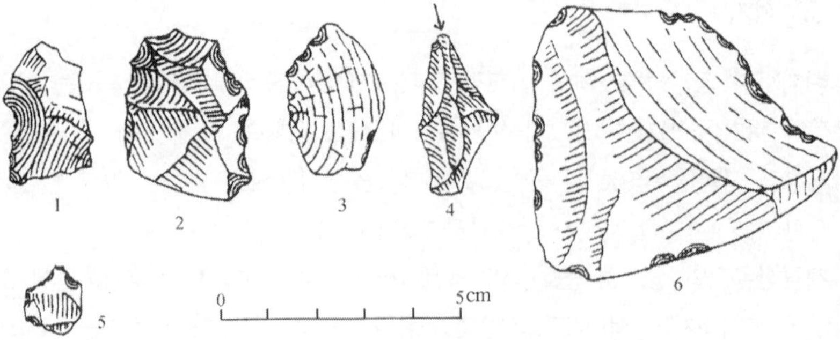

도 4-33. 계공산 상문화층 석기(유덕은등, 2001)
1. 홈석기; 2. 3. 긁개; 4. 조각기; 5. 첨두기; 6. 석편

점이다. 석재는 강면의 강자갈이다. 석재는 사암, 석영암과 수석이다. 석기는 석편으로 제작되었다. 석기는 긁개위주, 형상은 불규칙하다. 가장자리 날의 형상은 수직 날과 돌출 날 2종이다. 사암과 석영암으로 가공된 것은 형체가 크며, 최대경이 7-8 cm 사이 이다 ; 수석으로 가공된 소형 긁개는 2-3 cm 사이 이다[132].

연아동 유적에서는 또한 2점의 골기 발견 : 1점은 뼈 제 송곳, 다른 1종은 뼈 제 손잡이 이다. 뼈 제 송곳은 동물의 관상(管狀) 뼈 편으로 제작, 길이 13.7 cm. 뼈 제 손잡이는 사슴 류 의 포골(炮骨, 불에 구워진 뼈) 끝 부위로 제작. 가공된 곳은 신경구멍 부근이다. 그 밑에는 두 줄의 팔자형의 "U" 형의 홈이 파졌다. 여기에 무엇을 삽입, 잡아맨 흔적 있다. 그 위는 마연되었다. 나머지 길이 7.5 cm 이다.

장강하류지역에 속하는 후기 홍적세후기의 석기는 이미 발표된 강소(江蘇) 태호(太湖) 삼산도(三山島)가 있다. 삼산도에서 발견된 석기는 수석제품, 전형적 석편석기이다. 그 시기는 후기 홍적세 후기 또는 더욱 늦은 시기에 해당된다[133]. 그 외 최근에 안휘(安徽) 서남부의 환하(皖河) 유역에서도 2종 성격이 서로 다른 석기가 발견되었다. 전형적 강자갈 석기의 망문홍토(網文

紅土) 위의 회백색 고운 사질 점토층에서 전형적인 석편석기가 발견되었다[134]. 이 지점은 회녕현(懷寧縣)의 묘수향(瞄樹鄉)에 위치, 모두 152점의 석제품이 발견되었다. 석재는 석영, 옥수 및 수정 등의 작은 강자갈, 직접타법으로 석편제거와 가공처리 되었다. 석기는 긁개위주, 기형 작다. 가장 작은 긁개 길이 20 mm 미만이다.

(3) 주거 형식과 생계방식

후기홍적세 후기에 진입, 이 지역 석기 제적 기술이 신속하게 발전되었다. 이 단계의 야외유형의 지점에서는 뚜렷하게 강자갈 석기지점은 현저히 축소되었지만 소수지점의 수량은 상대적으로 증가, 이러한 지점들의 기능방면과 복잡화가 이루러 졌다. 예로 계공산 유적의 황색 아 점토는 당연히 하촉조(下蜀組)의 상부에 해당되며 시기는 후기홍적세 후기에 속한다[135]. 조아산(鳥鴉山) 층위는 계공산과 같다. 또한 그것은 2급 계지의 갈색토 침식위의 갈황 색 토 내에서 문화유물이 발견되었다. 두 곳의 문화유물은 모두 소형의 석편 석기 이다. 석제품은 비교적 밀집 또한 집중 되었다. 예로 계공산의 상 문화층의 석기는 20 ㎡ 의 퇴적층 내에서 수백점이 발견되었다. 그것들은 기본적으로 한 곳의 평면상에 집증, 상하의 차이가 10 cm 에 불과하다. 상 문화층의 중심부위가 발굴전에 심하게 파괴되었지만 주위에 잔존 부분에서는 이곳이 하나의 야영유적으로 확인될 수 있었다. 당시 사라들은 이곳에 거주하면서 석기생신 등 여러 가지 활동을 하였다[136].

연아동 유적의 발견은 이 시기 이 지역에 동굴에서 생활 한 것을 설명하여 주고 있다. 장강하류지역에서 강서 만년 선인동(江西萬年仙人洞)과 조통환(弔桶環) 등 동굴유적 발견, 인류가 동굴에서 생활한 충분한 근거를 확보되었다. 동굴은 이시기 이 지역에서 인류가거주한 중요한 장소가 되었다.

최후 빙하기 최성기의 영향 하에서 이 단계의 인류생계방식은 뚜렷하게 변화되었다. 이러한 변화는 석기제작 발전에 집중적으로 반영되었다. 계공산

상층으로부터 연아동에서 발견된 석편석기제작 과정까지는 모두 더욱 이른 시기의 강자갈석기와 뚜렷한 대조를 보여주고 있다. 이 단계 석기의 석재는 부근의 강변자갈층에서 채집, 외래의 수석결핵은 우수한 석재로서 점차 증가 되었다. 석기제작 기술은 전시기에 비하여 변화는 크지 않다. 여전해 직접타법으로 석편제거와 제2가공이 이루어 졌다. 제2가공 기술 발전, 각 종 소형 도구가 제작되었다. 또한 일부 작고 얇은 석편이 복합(複合) 도구로 사용되었다. 석기 종류는 가벼운 긁개위주, 또한 소형의 첨두기도 있다. 이러한 소형 석기는 북방 초원 구석시시대후기의 석편석기 제작기술과 거의 같다. 그들이 적응한 생계 방식도 비교적 접근되고 있다. 즉 초원환경의 동물자원에 의지하여 생활하였다.

3. 영남(嶺南) 지역

이 지역은 후기 홍적세의 석기가 야외와 동굴퇴적에서 발견되었다. 전자는 많지 않으며, 오직 백색(百色)지역에서 영세하게 알려져 있다. 후자는 비교적 많다. 영남지역에서 많이 발견되었다.

(1) 유적분포

영남지역의 시기가 비교적 이른 곳의 동굴퇴적은 광서계림(廣西桂林)의 보직암(寶稷岩) 이다. 보직암은 계림시구(市區)의 보직산(寶稷山)에 위치하고 있다[137]. 유감스러운 일은 이 동굴 발견 시 절대 대부분 퇴적층이 심하게 파괴 되었다. 나머지 퇴적층에서 2매의 사람 이빨, 소량의 석제품과 일부 동물화석이 발견되었다. 보직암의 석제품과 인류 이빨화석 등이 퇴적층의 황색 교결토(膠結土)내에서 발견, 거기에는 석회암 각력, 또한 여러 층의 우라니움 판이 있었다. 퇴적층에 의하면 기타 시기가 비교적 늦은 동굴퇴적층에 언제나 보이는 대량의 조개껍질 류가 없다. 출토된 동물화석은 개별적 이빨도 10여종, 그중에는 검치상, 큰 고라니, 중국코뿔소, 파씨(巴氏)큰곰, 최후하이에나 등 사멸 종 들이다. 동물 종은 사멸종의 비율이 높아 보직암유적 시기는 후기홍적세 후기의 상당이 이른 단계에 속한다. 이 지점의 C^{14} 측정은 B.P. 30.000년이다.

광서유주(廣西柳州) 백연동(白蓮洞)은 한 곳의 연속시간이 비교적 긴 곳이다. 여러 가지 문화유형이 포함된 동굴유적이다[138]. 백연동은 유주시(柳州市)의 동남교외의 백면산(白面山) 남쪽언덕에 위치하고 있다. 1956년 발견, 1970-1980년 사이에 여러 차례 발굴이 실시 되었다. 이 동굴은 절반이 은폐된 바위 그늘 식 동굴이다. 그 뒤에는 한 곳의 좁은 통로가 있는데 그것은 수동(水洞)과 연결되어 있다. 유적의 퇴적층은 바위 그늘 식 동굴 내에 분포되어 있다. 퇴적층은 복잡하다. 흙을 가져가면서 파괴되어 퇴적층은 동서 부분야로 나누어져 있다. 전체 퇴적층은 발굴자의 견해에 의면 최, 중기. 후기 등 3기로 나누어져 있다. 퇴적층은 아래로부터 위로 C^{14} 측정 년대는 30.000년부터 10.000년까지 지속되었다. 백연동 유적 후기시기는 바로 구석기시대 후기로부터 신석기시대로 넘어가는 과도 단계, 여기에서 발견된 석기는 화남 구석에서 신석기로 넘어가는 과도기 단계를 보여주고 있다.

백색분지 가장자리의 전동정모동(田東定模洞)의 발견 역시 이 단계에 속한다. 정동정 에서는 많은 동물화석 발견, 동시에 사람 이빨도 발견되었다[139]. 이 동물군은 성성이(猩猩), 원숭이, 동방검치상, 코끼리, 아주상, 중국코뿔소, 큰고라니, 물소, 들소, 멧돼지, 물사슴, 큰곰, 최후하이에나, 너구리. 개, 대나무 쥐. 큰 돼지 등이다. 이 동물군의 성원은 화남 큰곰-검치상 동물군의 종류, 현생 종이 많다. 최후하이에나의 존재에 따르면 당연히 후기홍적세에 속하며, 동시에 비교적 늦은 시기의 단계이다. 정모동의 석기 특징은 3급 계지상의 강자갈 석기와 다르며 오히려 새로 발견된 2급계지의 유황색 퇴적내의 석기와 접근되고 전자의 시기는 더욱 이른 초기에 해당된다.

(2) 석기

영남지구 후기홍적세 후기의 석기는 뚜렷한 지역 특색을 가지고 있다. 더욱 시기가 비교적 이른 것은 뚜렷하게 강자갈 석기의 영향을 받았다. 예로 개림보직암에서 발견된 것은 비록 심하게 파괴되었지만, 그리고 석기의 수량도 많지 않으며, 그 석기유형의 전모를 밝히기는 어렵지만 이 단계 석기발전의 기본 특징을 가지고 있다. 보직동 석기 석재는 석영, 거칠은 사암 강자갈이다. 석핵에 의하면 직접타법으로 석편을 떼여 내었다. 석기는 다만 찍개와 긁개 두 종류이다. 전자의 수량이 많다. 가공은 거칠고, 전체면모는 이 지역 초기, 중기의 강자갈 석기 제작과 접근되고 있다. 그러나 그중에 1점의 찍개 형상과 가공방식은 동남아 홍적세 말기전후에 흔히 보이는 Sumatralith 석기와 비교적 접근되고 있다[140].

보직암과 비교하면, 전동정모동 역시 유사한 특징이 있다. 정막동에서 발견된 석제품은 10점이다[141]. 그 석재는 오른쪽 계지의 자갈층에서 가져왔으며, 암질은 사암, 수석, 규질암과 석영 등 4종류이다. 석편제거와 제2가공은 모두 직접타법으로 처리, 제2가공방법은 일면 위주이다. 2점의 찍개는 가장자리 날, 수평, 수직 날 등 여러 유형의 석편 흔적이 남아있다. 긁개 3점, 모두 석편으로 제작, 길이는 7-8 cm 사이 이다. 모두 가벼운 유형에 속한다. 그 중 2점 긁개는 가장자리 가공 긁개, 1점은 2개의 가벼운 홈을 가졌으며, 1점은 깊은 홈통을 가진 홈 석기 이다. 정막동은 비록 강자갈 석기 전통을 가졌지만 석편석기의 성분이 현저히 증가되어 전형적 강자갈석기와 뚜렷이 구분되고 있다.

문화 퇴적층은 비교적 두텁다. 후기홍적세 후기의 층위가 연속된 백연동 유적에서는 영남 구석기시대 후기문화 발전의 연속과정을 살펴 볼 수 있다[142]. 백연동 초기의 석기와 전술한 양자의 풍격은 완전히 다르다. 이곳에서는 직접타법으로 대형석기제작은 드물고 주로 수석으로 소형 석편석기를 제작하였다. 석기제작은 여전히 직적타법으로 처리 되었지만, 제2가공은 대단히 정교하다. 찍개는 제2선으로 물러났고, 동시에 전형적인 강자갈 찍개는 보이지 않았다. 제2가공이 정교한 소형 첨두기가 대형 첨두기를 대신하였다. 이 조(組)의 년대는 26.000-28.000년 사이 이다(도4-34).

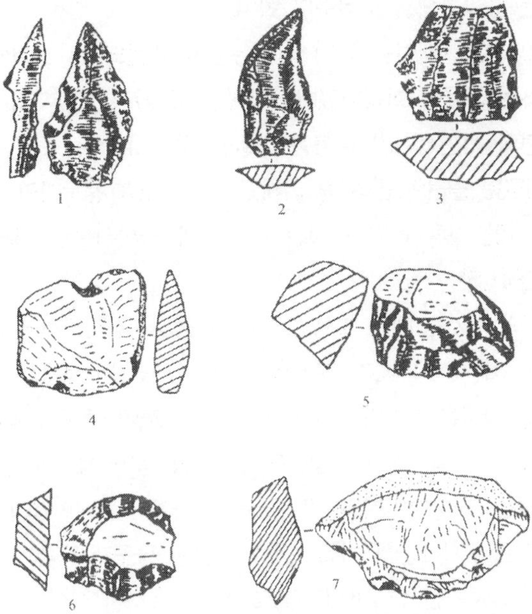

도 4-34. 백연동유적석기(초기)(주국흥, 1994)
1. 첨두기; 2. 석편; 3, 4, 6, 7. 긁개; 5. 찍개(4. 7 약$\frac{2}{3}$; 5. 약$\frac{1}{3}$; 기타 원대)

〈표 4-1〉 백연동유적 석기조합 백분비율통계표(분기)

분기 유형	Ⅰ기	Ⅱ기	Ⅲ기
	(서 5, 7층)	(서 2, 3층)	(동 3, 4, 6층)
찍개	26.7	45.5	66.7
긁개	60	36.4	15.4
첨두기	13.3	9.1	5.1
착공석기		4.5	10.2
마제석기		4.5	2.6
합계	100	100	100
비고	(B.P.) 2.8만~2.6만년	(B.P.) 1.8만년	(B.P.) 1.4~1.1만년

석기 통계는 표 4-1에서 보여주고 있다.

B.P. 18.000년경, 백연동 중기 석기유형이 출현되었다. 이때부터 강자갈 석기가 차지하는 비율이 회복되었다. 찍개는 끝 날과 가장지리 날 두 종류이다. 또한 소형의 석편석기가 일정한 비율을 차지하였다. 주된 것은 여러 유형의 긁개, 새로운 출현의 톱니 형 긁개도 있다. 소형 첨두기의 가공도 대단히 정교하다. 주의할 가치가 있는 것은 이시기에 국부적으로 마제된 석제품이 출토 되었다(도4-35).

백연동 유적의 후기는 대략 B.P. 1.4000년 경 부터 시작해서 10.000년 전후에 결속되었다. 이 시기의 초기 1단계(동쪽 6층 대표)의 석기는 절대다수가 강자갈 제품이다. 강자갈 가공의 도구는 전체 석기 조합 중 주도적 위치이다. 찍개는 Sumatralith 석기와 비교적 접근된다. 소형 석편 석기의 수량은 드물다. 이 시기에 적철광 가루 연마기와 구멍 뚫인 강자갈이 발견되었다(도 4-36).

동쪽 3. 4층은 후기 1단계 대표, 전체 마연된 돌도끼(石錛)가 발견되었다. 백연동의 연구자들은 신석기시대로 보고 있다. 유사한 상황이 영남지구 기타 지역에서도 별견되었다. 절대 년대 측정 결과에 의하면 아직 홍적세 범위 내에 있다. 다만 다수 또는 소수의 마제 석기 등 후기문화요인의 존재, 일반적으로 그것들은 구석기시대의 외부 것으로 보고 있다. 그 중 중요한 것은 광동(廣東) 봉개황암동(封開黃岩洞), 양춘독석자(陽春獨石子), 광서계림(廣西桂林) 증피암(甑皮岩) 등이다. 여기에서 발견된 석기의 특장은 대형의 강자갈석기 위주이다. 석기 조합 증 강자갈 찍개가 가장 중요한 위치를 차지하였다[143].

여기에 따르면 영남지구 후기홍적세 후기의 석기는 대체적으로 강지갈석기-석편석기-강자갈석기 제작의 발전과정이다. 시기가 비교적 이른 단계, 예로 보작암등은 강자갈석기위주이다. 석기는 대형의 강자갈 찍개위주로 초기의 강자갈 석기와 크게 구별되지 않는다. 점모동 발견의 석재도 강자갈이다. 다만 가공 석기의 소재에 변화 발생, 석편제의 석기 수량이 증가되었다. 그것은 석기의 소형화가 뚜렷한 표시이다. 석기조합에도 변화발생, 긁개의 수량이

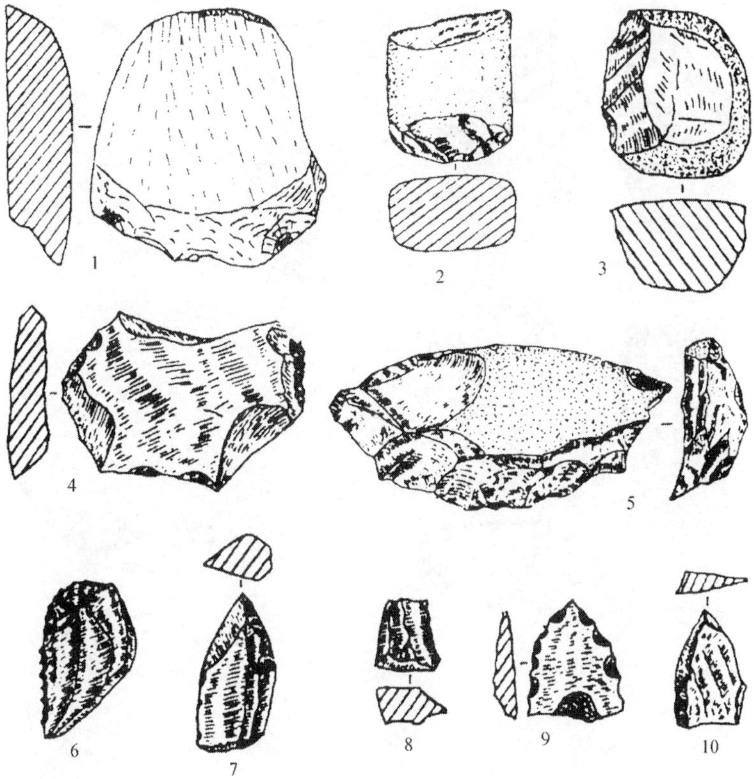

도 4-35. 백연동유적석기(중기)(주국흥, 1994)

1~3, 5. 찍개; 4~6. 긁개; 7. 조각기; 8. 석핵; 9, 10. 첨두기(1, 3, 5약⅓; 2. 약 $^1/_4$; 기타⅔)

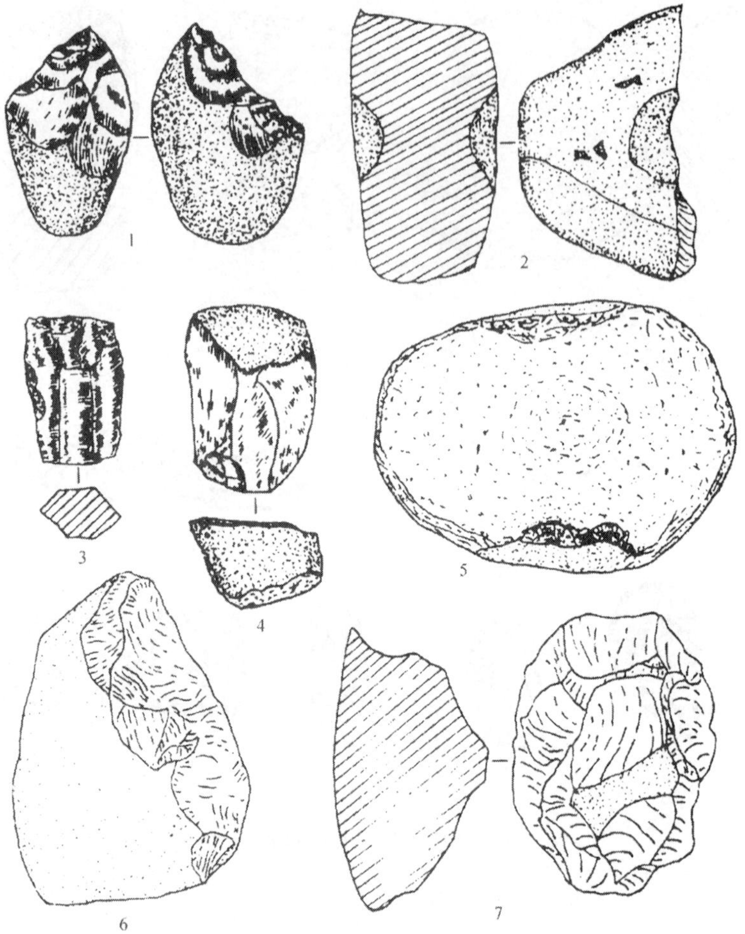

도 4-36. 백연동유적 석기(후기)(주국흥, 1994)

1, 6, 7. 찍개;　2. 유공석기;　3, 4. 석핵;　5. 연마기(1 약 $1/3$;　기타 $1/2$)

증가되었다. 시기가 약간 늦은 광서 유주 백연동과 리어자(鯉魚觜) 유적에서도 석기가 소형화 석편위주의 국면이 뚜렷하여 졌다. 이러한 변화의 전환시기는 대략 B.P. 30.000년경, 북방지역의 변화와 대체적으로 같다. 그러나 변천의 표지(標識)는 오히려 석편석기의 출현이다.

화남지역 후기문화의 발전과정과 북방의 것들은 뚜렷하게 차이가 있다. 비록 골각기의 사용이 북방지역보다 많지만 석기기술발전은 완전히 다르다. 석편석기 출현이후에 비록 수석제의 소형 긁개, 첨두기가 주도적 위치지만 석제품 중 일정량의 강자갈석기가 있었다. 시간의 발전에 따라서 소형석편석기 수량이 감소, 찍개 류 등 강자갈 석기가 주도적 역할차지 하였다. 그리고 최후에 마제석기가 출현하였다. 이 지역은 새로운 문화발전 단계로 진입되었다.

(3) 주거형태와 생계방식

이 단계의 영남지구 인류의 주거형식은 뚜렷하게 변화되었다. 백색분지 높은 계지 상에서 발견된 강자갈 석기가 대표적인 영남지역의 초기구석기 문화이다. 이 문화는 백색 및 부근의 크고 작은 분지 가장자리의 강제방상에 광범위하게 분포되었다. 이것은 당시 사람들의 분지상의 활동상항을 반영하여 주고 있다. 석기분포의 밀도는 다양하다. 일부지점은 상대적으로 밀집되어 사람들의 활동이 비교적 집중된 장소가 되었다. 후기홍적세 후기에 석기지저 분포에 변화가 발생되었다. 낮은 계지 상에서 석기가 발견되었다. 다만 발견된 지점과 채집된 석기 수량은 대단히 제한적이다. 다른 한편, 동굴유적과 지점의 수량은 증가되었다. 비록 백색분지는 유일하게 정모(定模) 한곳 이지만 부근에 이 단계의 동굴유적은 많다. 예로 계림보직암, 유주 백연동 등으로 이곳에서 인류화석 또는 동물화석 및 문화유물이 발견되었다. 백연동 유적 초기 서 5층에서 불사용 흔적이 발견되었다. 두 곳의 노지는 모두 타원형, 직경 몇 십센치 사이에 있었으며, 두께는 15 cm 이다. 불에 탄 흙은 붉은 색이며,

동시에 재 층이 그 사이에 개입, 또한 작은 동물 뼈 및 작은 돌 편이 있었다. 모두 우라니움 관위에 있었다. 노지의 존재는 명백한 한곳의 주거 유적이다. 기타 동굴유적에서도 유사한 것들이 발견되었다. 이러한 상황은 이 단계 동굴 유적이 인류의 활동 중심지라고 하는 것을 설명하여 주고 있다[144].

다름 한편, 분지내의 낮은 계지 및 시가가 비교적 늦은 동굴내에서 발견된 석기는 전자와 분명히 다르다. 석기의 형체가 작게 감소되고, 석편의 가공석기의 수가 증가도기 시작하였다. 비록 선택된 석재가공 기술은 초기의 것과 같은 곳이 있지만 석기조합은 뚜렷하게 변화되었다. 가장 돌출된 것은 가벼운 긁개 수량이 증가, 찍개 류는 현저히 감소, 동시에 형체소형화, 중량 역시 감소되었다. 유적과 지점의 분포상항에 의하면, 양자가 반영된 것은 인류행위 자체의 변화이다. 그 주된 원인은 생계 활동내용이 여러 가지로 이루어진 것으로 결정되었다. 형체가 거칠고 큰 강자갈 석기는 삼림환경 조건하에서 식물 먹는 용으로 생산. 가공 처리되었다 ; 긁개 등 소형 도구는 동물 가죽, 살 처리에 이용되었다. 후자의 출현은 후기홍적세 후기 영남지구 고인류 생계활동이 뚜렷하게 변화된 결과를 나타내어 주고 있다.

4. 구대륙 서쪽

(1) 유럽과 아시아서부

1. 유럽의 구석기시대후기

(1) 현대인(Homo sapiens sapiends) 출현

비록 후기 네안데르탈인의 발견된 시기가 일러서 대략 19세기 상반 엽 이지만 인류화석의 년대는 서아시아 와 아프리카의 발견된 것보다 거리가 멀다. 최초의 유럽 현인의 시기는 B. P. 30.000년, 구석기시대 후기 년대의 하한을 초과하지 못하였다[145].

영국에서는 1820년 일부학자가 남쪽 웰스의 바이유란의 산양동굴에서 한 구의 시체를 발굴하였다. 그 위에 한 층의 붉은 흙이 덮 혀 있었으며, 동시에 많은 맴마상 이빨로 가공된 도구가 발견되었다. 발굴자는 머리 뼈는 로마 시기에 속하는 것으로 인정, 당시 사람들이 사용한 동굴내의 화석은 그 여자를 위한 부장품이 가공된 것으로 인정 되었다. 최근의 측정은 B.P. 18.000년, 맴마 코끼리와 동일시기로 산출되었다[146].

유럽은 같은 시기에 세계에서 최초로 화석 인류가 Cro-magnon으로 인정 되었다. 1968년 프랑스 서남부 도르돈유 지역에서 철로공사 도중 발견되었다. 화석은 차사이지(茱塞濟) 부근의 바위그늘에 매장되어 있었다. 당시 5구의 인골발견 : 1 노인남성, 2 젊은 남성, 1 젊은 여성과 어린아이 뼈이다. 화석과 공존된 것은 오리냐시안 문화의 석기 및 동물화석이다. 석기와 동물화석은 당시 학계에서 옛 사람들로 인식되었다. 근래 C^{14} 측정결과 B.P. 30.000년이 산출되었다.

Cro-magnon인의 후기로 일 계열 후기 네안데르탈인 화석이 발견되었다. 그 중 체코마리웨이 지역의 무라트크에서 8개의 뇌 정 골과 기타 화석의 시기가 가장 이른 것이 발견되었다. 이러한 두개골화석은 비교적 거칠고, 미척이 중간, 뇌정골 뼈 뒤는 납작, 다만 뇌 정 골 뼈의 높이는 네안데르탈인의 것보다 크다. 그 년대는 B.P. 32.000-30.000년이다. 그 외 프랑스 의 콤부사펠, 쌍세라이드 등지에서도 모두 대단히 중요한 후기 네안데르탈인의 화석이 발견되었다. 이것도 후기 네안데르탈인이 적어도 30.000년 이래 유럽에서 생활한 것을 설명하여 준다.

유럽 후기 네안데르탈인의 체질 특징은 예로 전기한 그로마뇽 남성노인은 뇌 정 골 뇌량이 대단히 크다, 그 크기 가 1630-1730 cc 이다. 두개골 끝은 이마가 융기, 이마 뼈는 뚜렷하지 않다. 이것은 전형적인 현대인의 특징이다. 그러나 이때의 표본으로는 네안데르탈인의 뒤 머리부위가 융기되었다.

유럽 후기 네안데르탈인 화석 표본은 얼굴이 넓고, 왜소하며, 안광이 비교적 편평하고, 코 구멍은 좁은 것이 특징이다. 이것은 현 유럽인과 유사하다. 또 다른 흥미 있는 현상은 최초의 현인이 유럽에 출현하는 동 시기에 프랑스 서남지역에서 최후기의 네안데르탈인이 발견되었다. 이 네안데르탈인은 구석기시대 후기 석기를 사용하였다[147].

(2) 프랑스 구석기시대 후기 석기

전통에 의해서 구분하면, 프랑스 및 서구의 구석기시대 후기 시작은 B.P. 35.000년 경 부터 이며, 그 결속은 10.000년 경 이다. 구석기시대 후기의 시작은 Wurm 빙하기 제2단계와 제3단계의 교체기이다. 이 시기에는 아직 따듯하였으며, 그 뒤에 최후 빙하기의 최 극성기의 한 냉 기후가 도래하였다. 최 극성기의 결속이후에 기후는 점차 따듯하여 졌다. 당시 서구 유럽 대부분 지역은 식물 상황이 빙하가장자리의 동토대, 극지사막, 동토 및 침엽수림지대 였다. 그러나 지리적 위치의 특징에 의해서 프랑스, 특히 그 서남부지대는 비교적 풍부한 동. 식물자원 조건이 조성되고, 풍부한 석회암 동굴이 빙하기의 인류들에게 생존의 피난처를 제공하여 주었다. 이로 인하여 인류집단이 이곳에 거주, 휘황찬란한 구석기시대 후기 문화를 창조 하였다[148].

Perigordian 문화는 프랑스 최초의 후기 구석기 문화의 하나이다. 그 문화는 주로 프랑스 중부에 분포, 특히 Dordogne 지역에 분포되었다. 그 문화의 래원은 아쉘리안 전통의 Mousterian 문화이다. Ferrace 유적은 비교적 뚜렷한 층위 관계를 볼 수 있다. 그것은 발전과정을 보여주고 있다. 초기는 강력한 Mousterian 문화 특지이 있어서 대량의 긁개, 첨두기, 르발르와 기술이 존재, 그리고 Mousterian 톱니석기와 휘어진 등칼 등이 있다. 중기에 이르러 Mousterian 특징이 사라지고 조각기가 대량출현, 많은 밀개와 첨두기 등이 잎 형으로 가공 되었다. 직선 등 칼이 성행 되었다. 후기는 두터운 등의 잎형, 정교한 조각기, 골기 등이 발전되었다. 프랑스 서남부는 주로 동굴, 바위 밑 그늘, 그리고 바위 밑 그늘의 건축 유적이 확인되었다. 또한 면적이 비교적 큰 야외 유적도 발견되었다. 그 시기는 B.P. 33.000-20.000년이다[149].

Aurignacian 문화는 전자의 시기와 비교적 접근된다. 전자 출현후 오래되지 않거나 동시기에 Aurignacian 문화가 프랑스에 출현된다. 제시된 자료에 의하면 오리냐시안 문화는 본지에서 기원된 것이 아니고 문화가 성숙한후에 이곳에 도착되었다. 그 문화는 프랑스에 널리 분포되었다. 다만 중남부에 더욱 많이 분포되었다. 오리냐시안 문화의 특징은 잎 형석기 기술 발달, 정교한 가공과 가로 단면의 잎 형 등으로 대량의 두터운 코 형태의 밀개가 제작되었다. 다만 등 가진 잎 형 석기, 조각기는 드물다. Perigordian 문화와 구별되는 것은 많은 뼈, 뿔 도구이다. 초기에 많은 코 형 밀개, 홈 형의 잎 형 석기 등이며, 조각기는 드물다. 뼈, 뿔 도구의 대표적 인 것은 삼각형 대(帶) 비닥이 창머리 형태로 나누어 진 것이다.

중기 때 조각기는 발전, 잎 형석기 드물고, 비닥이 분리되지 않은 능형의 뼈제 첨두기가 출현되었다. 후기에는 대량의 조각기 출현, 간단하고 경사진 비닥의 뼈제 첨두기가 등장되었다. Perigordian 문화의 분포와 시기 또는 지역적으로 중첩되었다. 전자는 프랑스서부에 분포, 후자는 동부에 분포되고, 중부는 중첩되었다. 오리냐시안 시기는 B.P. 30.000-20.000년, 뚜렷하게 시간상으로 중첩되었다. 다만 양자사이에 영향은 그리 크지 않다. 초기 Perigordian 문화의 영향은 비교적 강하다. 다만 후기는 상반되었다[150].

Solutrian 문화는 프랑스에 B.P. 19.000년경 출현, 원시 Magdalenian 이후에 돌연히 출현, 약 2.000년간 유행되었다. 이 문화는 17.000년 전후하여 돌연히 사라졌다. 따라서 Solutrian 문화의 지속성은 프랑스 후기 구석기문화에서 대단히 중요한 문제의 하나로 제시되고 있다. 가장 대표적인 것은 양면 가공의 잎(葉) 형기이다. 그 정교함은 사람들이 믿을 수 없을 정도로 아름다워 전체 구석기 기술발전의 최정상이다. 초기는 원시 Solutrian 문화로서 밀개가 조각기보다 많았으며, 단면 가공의 수석제 잎 형기, 또한 Mousterian 형의 긁개, 원형기 등이 있었다. 중기에는 대량의 양면가공의 잎 형기가 있다. 후기에는 어깨 있는 첨두기, 버드나무 잎 형 첨두기, 계수나무 잎 형 첨두기 및 단면 첨두기 등이 있었다. 초기에는 다만 프랑스 중부 및 파리분지의 서남부에 분포되었으며, 후기에는 그 범위가 비교적 넓었다[151].

Magdalenian 문화는 Perigorian 또는 오리냐시안 문화에서 발전되었다. 분포범원는 대단히 넓다. 초기는 주로 중남부, 후기는 북부에 분포되었다. 잎형석긴는 수석석재의 래원에 관계되었으며, 잎 형은 가공되지 않았으며, 많은 잎 형 등 칼, 조각기, 긁개와 돌 송곳 등이 있었다. 가장 발달된 골각기는 예를 들면 표창머리, 손잡이에 홈이 있는 첨두기. 물고기 창 등이다. 또한 송곳, 바늘, 지휘봉과 힘줄 형기 등이 있다. 초기에 조각기 발달, 다만 가로식 드물고, 코 형 긁개 등이 있었다. 대표적 도구는 주위를 가공한 긁개, 별 형 도구 등이다. 골각기로서는 표창형 첨두기, 바늘, 구멍뚫인 뼈 방망이 등이다. 중기 때에는 세잎 형기 발달, 또는 등이 손질되고 톱니형도구가 있었다. 또한 홈 형의 첨두기가 있었다. 후기는 발전되지 않고, 다만 조각기가 있었다. 골기, 뿔 제도구가 대단히 발전, 찌르는 바늘 있는 고기작살, 힘줄 형 도구 등의 기하 형 문양이 있다. Magdalenian 문화시기는 B. P. 15. 000-9. 500년이다. 그 이후에 Azilian 문화는 이미 충적세에 진입, 표지적인 구석기시대가 종료되었다. 석기는 그리 발단되지 못하고, 다만 작은 잎 형기, 작은 석편, 세 잎 형 등 칼 등이 있었다. 골각기는 강단하였으며, 다만 손잡이 대가 있는 첨두기와 물고기 잡이 창이 있었다.

(3) 유럽 기타 지역의 후기 구석기기대

프랑스 부근의 영국 및 기타 서북 쪽의 유럽 국가는 최후 빙하기 최 극성기에 빙하가 이미 영국북부에 도달, 또한 덴마크 등지도 모두 빙하로 덮혀 있었다. 방하부근 가까운 곳은 환경이 대단히 혹독하여 유적이 거의 발견되지 않았다. 영국의 구석기시대 후기문화는 초기. 후기 두 시기로 나누어 진다. 초기는 빙하 최 극성기 전의 간빙기 이다. 빙하가 도착될 때 사람들은 계속 활동이 어려워 약 10.000년 동안은 공백상태였다. 빙하 최극성기가 사라지면서 후기 간빙기 단계에 진입되어 사람들이 다시 되돌아 왔다. 초기의 석기는 잎 형 석로서 단면 또는 부분 양면 가공의 잎형 첨두기, 프랑스 오리냐시안의 영향은 조각기 등이 제작되었다. 후기의 석기는 재료가 대단히 풍부하여 동굴 또는 야외에서 석기들이 제작 되었다. 뼈제의 첨두기는 Magdelenian 문화와 관계가 있다. 다만 첨두기, 밀개 등은 그곳의 전통 석기이다[152].

프랑스 이북의 폐르시아와 홀랜드 등지 에서도 모두 후빙기의 막다레니안 유물이 발견되었다. 중부 유럽과 동구 유럽도 비교적 풍부한 후기 구석기시대 유적이 있다. 주로 분포된 곳은 독일, 폴랜드, 흉가리, 오지리, 루마니아와 전 남슬라브 등지이다. 문화유형이 프랑스와 같은 동 이리냐시안, 동 그라베티안 등이다. 서로 다른 것은 Szeletian 이며, 그 전형적인 석기는 잎 형 첨두기 이다.

아라스 우랄산 서쪽에서 비교적 풍부한 수 백 곳의 유적이 발견되었다. 분포된 곳은 흑해와 아스해(亞述海)의 양쪽 제방이다. 이러한 발견의 문화특징은 프랑스 및 중앙, 동 유럽의 건초원과 동토지대의 동물종류가 머무는 곳으로 당지의 사냥 방법은 각종 자원을 이용하였다. 그러한 현상은 서구와는 다르다. 이러한 영양은 석기와 각 종 인공 제품에 나타나 있다. 예를 들면 오크란, 티황퍼(第涅洦) 연안의 Molodova V 는 황토퇴적 및 고토양 층내에서 많은 문화층이 발견되었다. 최하층의 무스테리안 문화를 제외하고 많은 구석기시대 후기 문화층에서는 풍부한 문화유물이 발견되었다. 이곳의 가장 특색 있는 발견 물은 맘모스 이빨로 조각한 "Venus" 작은 상이다. 그리고 많은 노지, 기둥구멍, 맘모스 뼈 퇴적과 원시 건축과 관련된 유적 등이다. 석기는 중. 소형의 어깨 있는 첨두기, 꼭지 있는 첨두기, 조각기 및 대량의 잎 형석기이다[153].

2. 아시아 서부의 발견

서아시아 최초의 구석기시대 후기 문화는 아모트(阿穆德) 문화이다. 초기는 그 시기가 마지막 빙하기 시작으로 인식되고 있다. 후에 그 년대 측정은 60.000년으로 정하고 있다. 그것과 그 이후의 구석기시대 후기 문화와의 시간 차이는 비교적 긴 것으로 인식되었다. 따라서 지아푸드(賈布德) 유적의 아모트 문화의 위에는 14층의 무스테리안 문화층이 있다. 아무트 석기는 많은 수량의 등 칼을 포함해서 작은 삼각형 단면의 첨두기, 강자갈 제 찍개-석핵과 cleaver(작은 도끼)가 있다. 아무트 문화의 전형유적은 이스라엘 경내의 아무트 동굴이다. 여기에서도 Pre-Aurignacian 문화가 발견되었다[154].

서아시아 지역 전형적인 구석기시대 후기 문화는 Antelian 문화이다. 이 문화를 근동(또는 中東의 오리냐시안 문화라고도 칭한다. 지중해 연안 Levent 지역에서 대단히 많이 발견되었다. 여러지점 문화의 발전역시 다양하다. 일반적으로 최기와 후기를 Antelian 문화로 누누고 있다. 그 중에 초기는 프랑스 오리냐시안 문화와 같다. 석기는 코형 긁개, 조각기, 등 칼 등을 포함하고 있다.

골기는 아직 발달되지 않았다. 다만 첨두기는 있다. 오리냐시안 문화를 제오하고 서아시아 에서는 Magdalenian 과 유사한 문화가 발견되었다. 전형적 구석기시대 후기 문화이후에 서아시아 지역의 선사문화는 Matubu 문화단계가 신석기 시대로 넘어가는 과도기 단계가 되었다.

(2) 아프리카

아프리카의 후기 구석기시대 문화와 중기는 비교적 유사하다. 사하라사막이 남과 북 두지역을 구분하는 경계지역이 되었다. 북부와 유럽은 서아시아 지역의 구석기시대 후기 문화는 비교적 접근되고, 남부는 상대적으로 독립된 특장은 가기고 있다.

1. 북아프리카 지역

북아프리카는 한 곳의 광활한 지역이다. 구석기시대 후기 문화는 비교적 많으며 대단히 복잡하다. 일부분 지역에서는 중기의 Aterian 문화가 후기까지 연속되었다. 다만 발견 물이 노출된 것에 의하면 이 지역은 서아시아와 유사하다. 잎 형 석기가 대단히 이른시기에 사용되었으며, 그 이후에 무스테리안 문화로 대치되고, 이 이후에 다시 전형적 구석기시대 문화단계로 진입되었다. 이러한 발전과정은 리비아 동부의 시윤니카(西倫尼佧) 지역에서 발견된 Haua-Fteah 유적에서 뚜렷이 제시되고 있다.

Haua-Feteah 는 하나의 거대한 동굴유적이다. 문화층의 두께는 12 m 이다. 여기에서 북아프리카 지역에서 가장 풍부한 후기 홍적세 비교적 늦은 단계의 구석기시대 문화유물과 그 발전서열이 발견되었다. 최초로 출현한 아무트 문화 그 시기는 서아시아 지역보다 더욱 이르다. 전형적 석기조합은 잎 형석기와 삼각형 소형 첨두기 등이다. 그 이후에는 수만년동안 르발르와-무스테리안 문화가 유행되었다. B.P. 40.000년경, 다반(達班) 문화가 출현되었다. 다반문화는 등 있는 잎 형석기, 긁개, 조각기 및 세석기 성분을 포함하고 있다. 비록 초기부터 후기까지 뼈 제품이 발견되었지만 그것들은 충분히 발달되지 않았다. 전형적 세석기가 아호란(奥蘭) 문화는 동굴유적에서 발견, 그 시기는 B.P. 12,000년 경이다. 여기에는 전형적 기하형 세석기 문화가 보였다. 아오란 세석기 문화는 북아프리카 구석기시대 후기 문화의 최후 단계이며, 그 이후 중석기시대(Mesolithic age) 로 진입되었다[155].

2. 남부아프리카지역

남부 아프리카 후기 구석기시대는 이 지역 더욱 이른 단계의 문화전통을 계승하였다. 그리고 여러 가지 문화유형이 출현되었다. 비교적 뚜렷한 것은 동.서 아프리카 및 중앙 아프리카의 바다와 삼림지대의 로창파(露彰巴) 문화 계통의 상고안 문화를 계승한 것을 제시하여 주고 있다. 남아프리카의 초원지역은 홀 스미스 문화를 계승하여 발전시킨 스티펠 문화이다. 두 곳의 시기는 모두 북아프리카와 유럽 구석기시대 후기 문화와 같다. 다만 문화내용은 완전히 다르다. 로창파 문화의 석기는 상고안에 비하여 적지만 삼림지역에 적응된 도구로서 그 기본은 거칠은 석편제이다. 상고안에 비하여 더욱 가늘고 작은 첨두기와 송곳 등이다. 스티펠 문화역시 석편제 각 종 도구를 갖추었다[156].

주목 되는 점은 잎 형 석기, 이것은 진정한 구석기시대 후기의 산물이다. 상 일장(一章)에서 서술한 바와 같이 잎 형 석기는 남부 아프리카에서는 출현시기가 이르고, 서아시아, 북아프리카의 아므트 문화의 시기는 더욱 이르다. 예로 남아프리카 크라스시 강 입구에서 발견된 시기가 B.P. 70.000년 또는 더욱 이른 시기의 석기는 전형적인 잎 형 석기이다. 잎 형 석기제작 기술의 출현은 초기 현인의 출현과 관계가 있을 가능성이 크다. 따라서 남아프리카와 서아시아의 발견 물은 대단한 주목을 받고 있다. 그러나 전체 사하라 사막 이남의 아프리카지역은 구석기시대후기의 단계에 해당된다. 잎 형 석기는 그 북쪽 인근에 보급되지 않았으며, 가공된 석기는 기본적으로 석편제이며 잎 형은 아니다. 일부지역은 중기때부터 후기까지 석기의 발전 취세 가 소형화 또는 세석기화 되었다. 동아시아 지역은 화북(華北)의 상황과 유사하다[157].

5. 동남아시아와 동북아시아

청장(青藏) 고원의 동쪽과 중국내륙과 인접한 동남아시아 및 동북아시아는 중국 구석기시대 후기 문화의 발전과 밀접한 관계가 있다.

(1) 동남아시아

후기홍적세 후기에 진입한 이래 동남아시아 지역의 구석기문화 발전의 수량은 빠르게 증가 되었다. 인근 화남(華南)의 월남 북부 Nguom 의 바위그늘 유적에서는 3종의 서로 다른 유형의 석기가 중복되어 쌓여 있는 것이 발견되었다. 이 유적의 층위는 5층으로 나누어 졌다. 아래 2층은 소형 석편 석기가 출토, 석재는 석영암과 유문암 강자갈이다. 석제품중 가장 많은 것은 불규칙한 석편, 길이는 20-30 mm 사이 이다. 석편의 가장자리에 제2가공. 소량의 긴 석편과 석기가 있었다. 석기는 긁개, 소형 첨두기 등이다[158]. 이 석편 석기의 시기에 대하여 연구자들의 의견은 23.000-30.000년 사이 이다. 같은 석편석기가 대륙 남쪽 끝의 말레지아의 Kota Tampon 등지에서 발견되었다. 시기는 전자보다 이르다.

가리만단 섬의 Niah 동굴유적에서 발견된 석기는 Pilih 기술을 응용하였으며, 강자갈은 양극법으로 깨어서 그 깨진 조각 중에서 석편을 찾아 도구로 만들었다. 이러한 기술의 응용은 비록 대량의 석편을 가졌지만 그 중에 제2가공된 것은 드물다. 이 석기들과 같이 발견된 인류화석은 시기가 40.000-20.000년 사이 이다[159]. 그 외 다른 하나의 중요한 동굴유적은 필립핀의 Tabon이다. 그 문화층의 시기는 B.P. 50.000-40.000년 이것은 충적세 시작 시 까지 지속 되었다. 이 문화는 초기부터 석편 석기위주이며, 소량의 강자갈이 직접 타격된 찍개가 있다[160].

주목할 만한 것은 스라웨이 서쪽 섬의 Leang Burung 유적의 발견이다. 이곳은 오래동안 사용된 바위 그늘유적, 가장 이른 문화층의 시기는 44.000년이다. 중요한 것은 이곳에서 발견된 석편 석기 중에 뚜렷한 르발르와 기술이 있으며, 석기도 정교하게 제2가공 되었다. 석재는 수석이 94%, 소량의 석영이 있다. 제2층 출토의 939 점의 석제품 중, 부스러기 편이 894점, 석편 석기 33점이다. 전체 발견 물 중 폐석편이 95%, 제2가공된 것은 52점이다. 준비된 타격면 흔적의 르발르와 첨두기는 제2층 및 제5층에서 출토되었다. 모두 제2가공되거나 사용흔적 없다. 이것도 연구자들은 폐 편으로 보고 있다. 석기 52점 중, 긁개 50점, 1점 첨두기, 그 외 1점은 조각기로 보고 있다[161].

석편석기가 계속된 이후에 동남아시아 대륙은 보편적으로 강자갈 석기위주의 석기가 제작되었다. 그 중에 비교적 이른 것으로 발견된 것은 월남의 Sonvian 문화이다. 그 충위관계는 전술한 Nguom과 같다. 이와같은 석기지점은 현재까지 많이 발견되었다. 주로 야외 유적이다. 때로 동굴유적도 있다. 석기 특징은 화남 지역초기의 강자갈 석기와 접근되고 있다. 석기 유형은 가장자리 날의 찍개와 끝 날 찍개위주이다. 또한 대형의 첨두기도 발견되었다[162). Sonvian 문화의 시기는 10.000-30.000년 사이 이다.

출현된 시기가 비교적 이른 Sonvian 문화보다 약 간 늦은 공존의 또 다른 강자갈 석기가 Hoabinhian에서 발견되었다. Hoanbinhian 석기는 Sumatralith (일종의 주변을 단면가공하여 타원형, 장방형 등 형상의 석기)와 짧은 도끼 등이 대표적 도구이다. 그 분포 범위는 동남아시아 대륙 및 부근의 Sumatralith 섬의 북부 까지이다. 그 중 월남 경내에서 가장 많이 발견된 것은 시기가 비교적 이르다. 최초로 출현된 것은 최후 빙하기 최 극성기이며, 그것은 충적세 시작 때 까지 지속되었다[163). Hoanbinhian 석기는 비록 강자갈 석기이지만 그것은 초기의 강자갈 석기 문화와는 다르다. 그것은 새로운 기술요인으로 보고 있다. Sumatrialitjh 와 초기의 강자갈 석기(찍개)의 사용방식은 다르다. 그것은 손잡이를 첨부하여 사용되었을 가능성이 크다. 동시에 국부적으로 마연된 날 석기가 출현되기 시작하였다. 이것은 구석기시대가 종료되는 표지이며 하나의 새로운 시기가 도래된 것이다.

섬지역에 분포된 석기는 비록 강자갈 석기 성분이 증가 되었지만 전체적으로는 여전히 석편석가 주체가 되었다. 비교적 중요한 지점은 상기한 몇 곳의 동굴유적이다. 예로 Tabon, Niah 등이다. Tabdon 유적은 비교적 이른 단계의 석편석기 위주이다. Niah는 새로운 석기가 증가, 여기에는 찍개가 포함되어 있다. Axe-adzes 와 몇 종의 석편석기(예로 홈 긁개 등) 이다. 이러한 상항은 충적세 시작 될 때까지 지속되었다.

(2) 동북아시아

동북아시아는 한 곳의 대단히 광활한 지역이다. 이곳은 서쪽을 통하여 북아시아와 유럽 대륙과 연결되고, 동쪽으로서 베링해협을 건너 아메리카와 마주보고 있다. 이 지역은 유럽북부의 상황과 유사한 것은 환 북극(環北極) 초원 지대에 속하여있다. 이미 발견된 자료에 따르면 홍적세의 대부분 시기에 이곳의 기후는 한 냉하여 지속적으로 인류의 거주가 없었다. 홍적세 비교적 늦은 단계에 이르러서 유라시아 대륙초원지대가 점차적으로 수렵인들의 활동 영역이 되었다.

이곳의 개발이 비교적 늦어지면서 고고학 작업이 상대적으로 드물고, 발견 역시 제한적이 였다. 그러나 이미 제시된 자료에 의하면, 이 지역 구석기 문화의 특징은 유럽과 대단히 밀접한 관계가 있다. 이미 발견된 맘모스 뼈로 건립한 거주 유적과 조각 인물상 등은 같은 거주 습관과 정신 관념을 반영하여주고 있다. 시기가 비교적 이른 유적에서는 무스테리안 문화의 요인이 보인다. 시기가 비교적 늦은 것 즉 비교적 전형적인 잎 형 석기문화이다. 학자들이 인식하기는 이 지역 구석기시대 후기문화는 비교적 이른 시기 문화의 기초위에서 출발하였으며, 동시에 서방구석기 문화 전통의 영향을 받아 형성된 것으로 보고 있다[164].

동북아시아는 조선반도와 일본이 포함되어 있다. 조선반도와 일본은 대단히 발달된 후기 문화를 가지고 있다. 이 두 곳의 발견은 모두 중국북방 이 단계의 석기와 유사하다. 또한 이 두 곳에서도 잎 형 석기가 대단히 풍부하며 전형적인 것으로 이점은 화북(華北) 지역의 상황과는 구별되고 있다.

6. 구석기시대후기 문화의 시대 특징

구석기시대 후기 인류체질 및 문화는 구서기시대의 최고 단계에 이르렀다.

인류의 체질은 기본적으로 원시적 형상을 벗어 났으며 현대화의 과정에 완성되었다. 구석기문화의 여러면이 전에 없었던 새로운 발전을 하게 되고, 구석기시대의 최정상까지 발전시켰으며 새로운 문화의 발전단계-신석기시대의 과도기로서 충분한 조건을 갖추었다.

(1) 기술발전

현인(Homo sapiens sapiens)의 출현에 수반하여 문화는 과거에 없었던 속도로 발전되어 새로운 문화특징을 출현시켰다. 먼저 원시기술의 발전이 몇 가지로 표현되었다 : 석기제작기술이 구석기시대 최정상에 이르렀다; 뼈, 뿔 제품이 출현되고 발전되었다; 건축기술이 진보되었다[165].

1. 석기 기술의 최고봉

석기제작 방면, 구서기시대문화 후기부터 시작, 중기부터 시작된 타격면 준비의 기술이 널리 확산, 제2 가공은 부드러운 마치사용, "압력법" 등이 응용되기 시작하였다. 이러한 기술의 사용은 석편 제거 시 얇고, 길 게하고, 석기의 형상을 규정시켰다. 중국구석기 기술발전의 최고봉은 세석기 기술의 출현이다. 세석기 기술은 소 석기(小石器) 제작 전통에서 시원 되었으며 석핵준비 등 기술발전에 따라서 새로운 유형의 석기제작 기술이 탄생되었다. 세석기 기술은 준비된 석핵에서 시작, 간접 또는 직접 타격기술사용하여 양측의 평행 또는 평행에 근접된 것을 제작, 등에는 새로 선이 생기고 길이. 너비의 비율이 2:1 이상의 얇고 긴 소 석편을 제작하였다. 이 소 석편은 얇고 긴 식물 잎 편과 같아서 잎 형 석기 명칭이 제시된 것이다. 세(細) 잎 형 석기는 복합적으로 가공된 도구이다. 또한 직접 가공된 각 종 석기도 있으며 석기의 효율이 대단히 상승되었다. 가공기술의 향상은 새로운 형의 효율이 높은 장신(長身)의 밀개, 잎 형 첨두기, 던 질수 있는 도구(投射) 및 여러 복합 도구가 제작되었다[166].

2. 뼈, 뿔 도구 제작 기술발전

뼈 제, 뿔 제 도구제작의 출현과 고도로 발단된 구석기시대 후기의 기술방면은 또 다른 특지의 하나이다. 구석기시대 초기. 중기의 골기의 존재 여부에 관해서는 오래 동안 토론되어 왔다. 다만 뚜렷한 뼈. 뿔 제품은 구석기시대 후기에 출현과 동시에 고도로 발달된 특징의 하나라는 것이 중국과 외국 학자의 의견이 일치되고 있다. 구석기시대 후기의 뼈, 뿔 등이 타격, 절개 등에 사용되다가 후에 긁히고. 마연되어 정형적 가공이 사용되면서 정형으로 가공되고 여러 가지 규정이 만들어 지면서 도구로 적용되었다. 이러한 도구는 물고기 작살, 창머리, 뼈와 뿔제의 칼, 생산도구로서 삽(鏟), 생활방면으로 뼈 바늘과 송곳이 제작, 사용되었다. 뼈 바늘 용구의 출현은 복장가공과 관계가 있다. 그 외 예술품으로서 안물 도안상은 구서기시대의 사람들의 의복, 모자 등의 증거도 확인 할 수 있다.

또한 톱질, 절단, 닦음(削), 마연, 송곳 질 등의 기술사용은 상술한 생산, 생활 용구를 만들었을 뿐만 아니라 각 종 재료의 장식품도 만들었다. 예로 구멍 뚫리고, 마연된 뼈, 이빨, 돌, 조개껍질, 타조알 등 재료의 장식품이 있다[167].

3. 건축 기술의 진보

구석기시대 후기 기술의 발전은 또 한편으로 건축 기술의 진보이다. 여러 가지 자연환경에 적응하기 위하여 이 단계 여러 가지 형식의 원시건축이 출현되었다. 먼저 인류가 오래동안 사용한 천연적으로 형성된 “동굴암석지붕(岩屋)”에 불만을 가졌으며 스스로의 노력으로 거주환경과 조건을 개조하였다. 예로 프랑스 남부에서 발견된 자료에 의하면 뚜렷한 지붕과 동굴내의 건축 흔적이 있다. 이러한 건축 특징은 때로 암벽을 이용하거나, 가둥구멍

(柱洞)을 찾거나 기반암 또는 석괴를 절단해서 쌓아 낮은 담장을 만들었다; 활동중심은 자연스럽게 노지이다. 그리고 그 주위에서 활동하였다; 활동 이외 장소로 외부에 쓰레기 버리는 곳이 있었다. 유사한 동굴내의 건축 유적은 중국 경내에서는 아직 발견되지 않았다. 장래연구에 기대한다.

동굴건축과 비교하여 야외 거주지 건축 기술 또한 중요하다. 현재 발견된 야외유적은 많으며, 서로 다른 몇 가지 유형으로 나눌 수 있다. 서구에서 발견된 이러한 유적의 복원된 것은 "텐트식" 이다. 예로 프랑스 파리 분지의 Pincevent과 Verberie 유적 등에서 발견된 것이다. 특장은 노지를 중심으로 주위에는 휴식처가 있고, 휴식처 외부에 쓰레기장이 있으며, 이곳은 또한 텐트식 주거지의변두리이다. 이러한 유적의 번적은 비교적 크며, 거기에는 노지 중심의 건축물이 조성되었다[168]. 야외 건축이 중앙 유럽과 동구유럽에서는 반 수혈식과 맘모스 뼈로 집을 지었다. 반수혈식 건축은 체코에서 발견, 특징은 땅을 깊이 파거나 물구덩이에서 물을 퍼내고 사용, 또 다른 일면에는 기둥을 세웠다. 그것도 노지가 중심이 되었으며, 휴식처는 큰 암석 편들의 흔적이다. 동구유럽의 어라스 평원에서는 맘모스 뼈로 집을 지었다. 이러한 유적의 특징은 대량의 맘모스 뼈로 건축물이 기초를 세웠다. 여기에도 그 중심부에는 노지가 있다.

여러 유형의 건축 유적의 발견은 이 단계 건축기술이 종래에 없었던 것을 반영하여 주고 있다. 구석기시대 후기의 사람들은 주위환경을 이용하여 생활에 편리한 것을 알고 여러 형식과 재료로서 건물지를 만든 것이다. 프랑스 서남지구에서는 여전히 천연적인 피신장소를 택하였는데 그것은 동굴을 거주지로 만든 것이다. 북부의 넓은 평원지대에서는 나뭇가지를 용하여 받침대를 삼고 그위에 짐승 가죽을 덮었다. 동구 유럽의 나무가 없는 초원에서는 거대한 코끼리 뼈를 이용하여 건축 물은 만들었다. 건축기술발전의 또 다른 한가지는 구덩이를 파는 기술이 동시에 그 사이 사이에 무엇을 세우는 것을 알고 있었다. 이러한 내용은 구석기시대 초기에는 알지 못하였다.

(2) 생계방식의 변화

구석기시대 후기의 경제 또는 생계방식에는 변화발생이 뚜렷하다. 현인의 출현, 원시기술의 진보, 구석기시대 후기의 원시경제발전이 최고봉에 이르렀다. 수렵과 채집이 기본 생계 수단이 었던 구석기시대 경제가 후기에 이르러서 하나의 특징은 수렵활동이 대단히 고조되었다. 수렵경제의 고도발달은 두 가지 조건과 관계가 되어 있다 :하나는 마지막 빙하기가 조성한 환경 변화이다 ; 다른 하나는 원시기술이 고도로 발전되었다. 마지막 빙가기의 건 냉한 기후는 대 면적의 초원환경을 조성하였다. 더욱 그것은 북방지구가 심하였다. 건 냉의 초원환경은 당시 사람들이 생존을 위하여 초원지대에 생존한 유제류(有蹄類) 동물을 사냥하였다. 따라서 이때에 사라오소골의 "양사냥인" 치욕(峙峪)의 "말 사냥인" 등 전문화된 수렵인들이 출현되었다[169]. 원시기술의 발전, 각 종 높은 효률적인 석기와 뼈, 뿔 제도구 출현, 그리고, 던지는 도구와 복합된 도구 등은 모두 수렵경제의 필수적 조건의 분비 물이다.

구석기시대 후기 수렵 전문화의 증거에 관하여 가장 많은 것은 대량의 돔물 뼈를 발견한 것이다. 물론 전술한 "양 사냥인" 또는 "말 사냥인" 등은 모두 대량의 동물화석의 증거 물에서 부여된 명칭이다. 유라시아 대륙초원지대에서 같은 증거가 많이 발견되었다. 예로 후기 홍적세 후기의 프랑스 경내 거주민의 수렵대상은 주로 순록이며, 서반아 등 일부지역의 붉은 사슴과 둘소 등은 동구유럽의 모든 부락의 주요 사냥 물이다. 이와 같은 변화에서도 대형 육식동물은 출현이 드물고, 거의 대형의 초식류 동물만 있었다. 이러한 상황의 원인은 전자 수량이 적은 것은 수렵의 어려움과 위험이 있으며, 후자는 풍부하고 수렵전문화 활동 에 적합하였다.

동물자원의 이용은 이 단계에서 진일보 확대 되었다. 새류, 물고기류 뼈 등이 일부지점에서 대량으로 출현되었다. 동물의 고기와 골수는 인류의 중요한 음식자원이었다. 동물의 뼈, 뿔, 이빨 심지어 힘줄 등은 모두 구석기시대 후기 인들의 중요한 생산 재료이다. 풍부한 식초류의 긴 뼈 및 사슴 뿔은 구석기시대 후기 뼈, 뿔 제품의 기원 자재가 되었다. 가죽, 털, 힘줄 등은 겨울 옷 및 텐트용으로 사용되었다. 수목이 결핍된 초원지대에서 대량의 동물 뼈는 건축용 자재 및 연료로도 사용되었다. 그러나 주의 할 내용은 유적 내에서 발견된 뼈 들은 반드시 식용이 아니라는 것이다. 동구유럽의 맘모스 뼈는 죽은 후에 오랜 시간이 지나서 비로소 동굴 또는 거주지에 가져왔다. 그것은 식용이 아니고 건축용이다[170].

구석기시대 후기 경제의 두 번째 특징은 유형이 다양화 되었다. 중국대륙의 면적은 넓어서 자연지리 환경이 복잡, 마지막 빙하기 영향 하 에서 각 지역의 환경변화가 대단히 복잡하여 졌다. 각 지 여러 가지 환경에 적응하는 특징은 여러 지역성 특징의 문화유형을 구비케 하였다. 북방지구는 상술한 수렵 문화 외에 동부의 비교적 온난한 삼림 또는 삼림-초원 환경내에서 다른 일종의 고기잡이, 수렵과 채집의 종합 형 "혈거 자(穴居者)" 문화가 유행되었다[171]. 남방지구의 환경조건은 북방지구보다 훨씬 복잡하다. 그 문화전통 역시 북방과는 다르다. 이 지역내 구석기시대 후기 문화는 북방보다 훨씬 복잡하다. 다만 사천(四川) 분지와 그 변두리 지대는 예로 동량(銅梁)과 부림(富林) 두 곳이 서로 다른 문화유형을 가지고 있다. 동량의 대형 찍개는 일정한 위치의 도구로서 비교적 온난한 삼림환경의 산물이다 ; 부림은 소형 긁개위주로서 초원환경의 산물이다. 양자는 뚜렷이 서로 다름 방식의 생계처리 방식을 반영하며, 여러 가지 경제 유형에 속함을 나타내어 주었다. 귀주(貴州)지구에서는 어느 연구자가 3종의 서로 다른 지역성 문화유형을 제시하였다. 그것은 지리환경과 씨족형성의 관계로 보았다. 남방의 동부지구에서는 최근의 발견자료에 의하면, 남부와 북부에 모두 여러 가지 유형이 있다. 이러한 유형은 자연환경에 따라서 각기 다른 경제유형이 탄생되었다[172].

전술한 전문 수렵자의 행위와 활동은 이미 비교적 뚜렷한 증거가 있는 것을 제외하고 이 단계 사람들은 식물자원을 이용한 활동기록은 대단히 제한되었다. 많은 연구자들의 노력에도 불구하고 유럽 및 기타 지역 표준법 기술이 사용되었다. 다만 구석기시대 후기 유적내에서 채집된 식물의 유물은 제한적이기 때문에 인류가 동물 또는 자연조재인수의 작용에 대한 것은 구별하기가 대단히 어렵다.

(3) 사회 발전

구석기시대 후기의 3가지 특징은 유적의 평면 배치 및 유형의 변화가 반영된 사회 생활과 결구의 변화이다. 원시 기술은 원시사회의 생산력이다 ; 경제 또는 생계방식은 생산방식이다. 양자는 원시 사회의 경제기초를 구성시켰다. 경제기초 변화와 진보의 결과는 필연적으로 상층(上層)에 건축화한 변화에 영향을 주었다. 상층건축에는 사회결구와 의식 형태 두 방면이 포함되어 있다. 원시 사회, 더욱 원시사회초기의 구석기시대는 경제기초 자체가 아직은 상층건축을 대단히 간단하게 처리시켰다. 그 간단성은 여전히 이 사회발전의 보편적 규율이다. 구석기시대 후기 원시기술의 진보에 따라서 생산력이 증가되고, 사회생활과 결구가 초, 중기에 비하여 현저히 진보되었다. 수량이 많은 구석기시대 후기의 고고학 자료는 더욱 최근에 평면 발굴의 고고학 방법 응용은 유적의 평면배치를 제시하게 되어, 당시 사회연구에 귀중한 자료를 제시하여 주고 있다.

구석기시대후기의 가정과 사회형태에 관한 직접 증거는 아직 드물다. 학자들은 산정동(山頂洞) 유적의 발견으로 이 방면의 문제를 검토하려는 시도를 하여보았다. 산정동 유적에서 볼 수 있는 당시 이미 거주, 무덤 등 여러 가지 분배된 배치가 있었다. 제한적 자료로 인하여 진일보한 결론은 내릴 수 없었다. 외국의 관계된 자료도 제한적이다. 다만 상술한바와 같이 구석기시대 후기 사회결구는 어느 정도 증가가 제시되었다.

구석기시대후기 주거 형태와 사회결구방면에 관하여 구석기시대 후기 문화

자료가 풍부한 유럽에서는 비교적 좋은 조건을 가지고 토론을 전개시키고 있다. 프랑스 Pincevent 유적의연구는 이 방면에 대표적 증거를 제시하고 있다. 이 유적에서는 하나의 평면위에 분포된 많은 규모와 같은 단독의 노지가 노출 되었다. 노지주위의 유물과 유적현상은 그들의 개체가 독립된 생활단위를 가진 것을 제시하였다. 이러한 유물과 유적의 자세한 분석은 노지가 대표하는 여러 가지 생활단위 사이에 평등과 모두 누릴 수 있는 관계가 이루어진 것을 제시하고 있다. 이러한 상항은 당시의 사회 공동체가 아주 작은 단위로 구성되었다는 것을 설명하여주고 있다. 하나의 노지는 오늘 날의 가정과 같은 하나의 단위를 대표하며, 몇 개의 단위가 공통의 평등 생활을 다 같이 공동체내에서 실시 한 것으로 나타내 주고 있다.

유사하게 무리를 이룬 노지가 유라시아 대륙의 초원지대에 보편적으로 분포되었다. 서구유럽에서 동 유럽으로 일직선으로 그리고 동북아시아 및 중국북방까지 모두 유사하게 발견되었다. 동구유럽에서 수량이 많은 노지가 동일한 유적에 노출되었다. 예로 크스연지에서 한 줄의 9개의 노지가 직선으로 배열되어 있었다. 번색왕(藩色旺) 유적은 전형적 수렵이 전문화된 유적이다. 그 곳에서 반영된 사회결구 는 중국북방 광대한 초원지구의 수렵 문화의 상항을 일치하게 반영하여 주고 있다. 실제적으로 이 지역은 이미 그와 같은 것이 발견되었다. 예로 호두량(虎頭梁) 유적군이다. 호두량 73101 지점에서는 번색왕과 대체적으로 같은 평면 분포현상이 나타나 있었다.

구석기시대 후기 부락(Village) 사이의 관계에 관하여 현재는 아직 충분한 근거가 없다. 다만 한 줄기의 가능성이 보인다. 예로 산정동 유적에서 발견된 바다조개와 두터운 조개껍질은 그 지역 산품이 아니다. 유럽에서도 일부 진귀한 호박(琥珀), 바다조개 등이 원산지에서 수백 Km 떨어진 지방에서 발견되었다. 뚜렷한 것은 석재이다. 일부 우수한 석재가 먼 곳까지 운반되었다, 크사연지의 우수한 수석이 적어도 130 km 외부에서 운반되어 왔다. 중유럽 북부의 석재도 적어도 100-200 km 거리를 운반하여 졌다. 그 외 유럽에서 발견된 원시 예술, 예로 프랑스 남부와 스페인 북부의 동굴벽화 예술 및 중앙유럽, 동구유럽의 Venus 의 작은 인물상도 분포되었다. 이것은 당시 인류가 일정한 범위 내에서 교류와 왕래가 있었다는 것을 설명하여 준다[173].

(4) 정신세계의 변화

구석기시대 후기의 4가지 특징은 정신세계의 발전이다. 이 시기에 원시인류의 정신세계의 유물, 유적의 수량이 대량으로 출현된 것으로 반연되고 있다. 예로 상술한 산정동인의 무덤, 죽은 자를 안장 시켰으며, 각 종 부장품을 안치하고, 또한 적철광 가루를 뿌리는 매장 습관 등은 중국 뿐만 아니라 세계 기타 지역에서 많이 발견되었다. 이러한 습숙은 당시의 사람들이 이미 래세(來世) 혹은 그 외의 세계에 대한 관념이 있었다. 때로 원시 종교 관념의 기원과 발전 가능성도 있다.

다른 한 방면, 이 단계의 무덤을 초기와 비교하면 부장품이 풍부하고, 합장도 출현되었다. 합장의 출현은 집단사이의 관계가 밀접하였음을 반영하여 준다. 부장품의 풍부함은 생산력발전을 반영시켜주며, 개인이 사용한 물품이 많아졌음을 시사하여 주고 있다.

무덤 외에 구석기시대 후기에는 대량의 동굴벽화와 이동 될 수 있는 예술품이 발견되었다. 전자는 동굴벽상의 각 종 회화 주로 대량의 동물 그림이다; 후자는 조가기 예술품 그리고 각 종 동물상 및 여인상이다. 전자는 서구의 프랑스, 스페인 등에서 발견되고, 후자는 유라시아의 대부분 지역에 있다. 이러한 회화와 조각은 구석기시대 예술가들의 수준을 충분히 반영한다. 다만 이러한 예술품을 원시인류에 대하여 말한다면 미적 감각 뒷면에는 삼각한 원시종교방면의 의도가 있었으며 이러한 예술품의 주제가 당시의 인류생존과 발전과 밀접한 관계가 두 가지 있다 : 하나는 사람들의 수렵 대상이다; 다른 하나는 여인을 반영 특히 어린아이를 놓고 기르는 것의 형상에 집중되어 있다[174]. 아까운 것은 중국에서는 아직 발견되지 않았다. 다만 이미 발견의 근거는 예로 하북 흥륭(興隆)의 사슴 뿔 조각 도안이다.

구석기시대 후기 인류 미적 탐색관념에 관한 고고학적 자료는 중국에서 비교적 많이 발견되었다. 주로 각지에서 발견된 장식품이다. 같은 성격 유적이 대륙 각지에서 많이 발견되었다.

(5) 인구증가와 확산

인구증가와 신속한 확산은 이 단계의 또 다른 특출한 현상이다. 인구증가는 먼저 생산력과 밀접한 관계가 있다. 이 점은 전장에서 이미 제시하였다. 인구증가의 또 다른 원인 하나는 이 단계 인류의 수명이 전단계보다 연장되었다. 구 대륙 200여 곳의 구석기시대 후기 인류화석의 자료 분석에 의하면 당시 인류 수명은 대부분 선사와 역사시기 수렵사회 집단의 사람들과 상항이 같다. 어린아이 사망 율이 높다. 여자의 수명이 남자보다 짧아 40세 초과가 드물다. 남자의 수명이 50-60세를 초과하는 것도 드물다. 그러나 전체적으로 후기 인류수명은 네안데르칼인의 20%를 초과하였다. 따라서 후기 사회는 네안데르탈인 시기보다 노인이 많았다. 이러한 상항은 지식의 쌓임과 집단생존에서 유리하게 되었다. 다른 일면 후기인류화석에는 네안데르탈인과 같은 심한 사고와 질병의 흔적이 드물었다.

이것은 또한 이때의 인류는 초기 인류보다 환경조성의 의외의 피해를 방어할 수 있는 능력이 있었다는 것을 설명하여 주고 있다[175].

체질의 진보와 자신의 수명 연장은 또한 문화와 기술 등의 발전이 구석기시대 후기 인구의 창조조건을 증가시켜 주었다. 이와 같이 중국구석기시대 후기문화는 사람들이 살지 않았던 지역까지 발전되었다. 세계적으로 그와 같은 현상은 대체적으로 같은 현상이었다. 당시 인류는 구 대륙의 북 아시아와 돔북 아시아 북극의 높은 한 냉 지역을 제외하고 서아프리카 무성한 열대 우림(雨林)지를 제외하고 빙하극성기에 베링해협의 육교를 지나서 아메리카 신대륙으로 진입하였다. 이때가 구석기시대 후기이다. 인류는 세계상에 인류가 거주하기에 적합한 지역으로 확산되었다. 세계적으로 확산된 현인들은 여러 가지 환경에 속히 적응하여 각 종 득색있는 지역성 문화를 창조하였다. 문화유형의 복잡화 역시 상상할 수없을 정도에 이르렀다.

인구 증가 및 기술과 경제 발전에 따라서 사회내부 결구위 공동체의 규모는 초기, 중기에 비하여 확대되었다. 다만 중요한 것은 공동체 내부의 결구이다. 지역적으로 여러 가지 단원이 제시 되었다. 이러한 소단원사이는 평등하고, 서로 돕고 하는 것으로 하나의 큰 단체가 고동체로 구성되었다. 인구증가와 물질적 기초 발전은 구석기시대 후기 인류정신 세계를 발전시키는 촉진 제가 되었다. 원시 종교의 관념과 원시예술의 싹틈과 발전은 이 시기의 특징으로 조성되었다. 이 중에서 특히 원시 예술의 향상, 그리고 여러환경의 적은 능력 중강 등으로 인구는 신속히 증가, 모두 하나의 새로운 시대- 신석기시대의 도래 준비를 충분히 할 수 있는 조건을 갖추었다. 이로 인하여 홍적세 빙하기가 종료되고 수렵 채집 경제 특색의 구석기시대는 종료되었다. 그것을 이어서 농업경제가 특색으로 된 신석기시대가 시작되었다.

〈주〉

1) 高星. 1999. 關於“中國舊石器時代中期”的 探討, 人類學學報, 18(1); 1-16
2) 李炎賢等. 1991. 河北陽原板井子石製品的初步觀察. 參加13屆國際第4紀大會論文選, 北京; 北京科學技術出版社
3) 黃春長. 1998. 環境變遷. 北京; 科學出版社
4) 安芷生等. 1990. 最近2萬年中國古環境變遷的初步研究. 黃土.第4紀.全球變化(二), 北京; 科學出版社
5) Pei, W.C. 1939. The Upper Cave industry of Choukoudien. Pal. Sin. New Ser. D, 9; 1-41
6) 陳鐵梅等. 1992. 山頂洞遺址的第二批加速器質譜14 C 年齡數据與討論. 人類學學報, 11; 112-116
7) 張鎭洪等. 1985. 遼寧海城小古山遺址發掘簡報, 人類學學報. 4(1); 70-79.
8) 中國科學院古脊椎動物與古人類研究所. 1992. 四方洞-河北第一處舊石器時代洞穴遺址,

文物春秋增刊; 98-120.
9) 陳哲英. 1989. 陵川塔水河的舊石器. 文物季刊, 2; 1-12.
10) 安志敏. 1965. 河南安陽小南海舊石器時代洞穴堆積的試掘. 考古學報, 1;1-27.
11) 王令紅. 1989. 中國遠古人類年代學的新進展. 中國遠古人類, 北京; 科學出版社.
12) 王幼平. 1990. 試論環境與華北晩期舊石器文化. 北京大學學報(社), 1; 113-120.
13) 吳新智. 1960. 周口店山頂洞人化石的硏究. 古脊椎動物與古人類, 3(3); 181-203.
14) 吳新智等. 1999. 中國古人類遺址. 上海; 上海科技教育出版社
15) 吳新智. 1990. 山頂洞人的種族問題. 古脊椎動物與古人類, 2(2); 141-1·49.
16) 〔5〕와 동일
17) 張森水. 1987. 中國舊石器文化. 天津; 科學技術出版社
18) 〔7〕과 동일
19) 黃慰文等. 1960. 海城小孤山的骨製品和裝飾品. 人類學學報, 5(3); 259-266.
20) 〔8〕과 동일
21) 〔9〕와 동일
22) 衛奇. 1998. 塔水河遺址發現原始細石器. 元謀人發現30周年紀年暨古人類國制學術硏討會文集, 昆明; 云南科技出版社
23) 〔17〕과 동일
24) 〔10〕과 동일
25) Klein, R.G. 1992. The Archeology of Modern Human Origins. Evolutionary Anthropology, 1(1); 5-14.
26) 〔12〕와 동일
27) 〔5〕와 동일
28) 〔5〕와 동일
29) Klein, R.G. 1989. The Human Career. Chicago ; University of Chicago Press
30) 河北省文物硏究所等. 1991. 河北玉田縣孟家泉舊石器遺址發掘簡報, 文物春秋, 1; 1-13.
31) 河北省文物硏究所等. 1992. 河北昌黎亭泗澗細石器地點. 文物春秋增刊
32) 王恩霖. 1997. 河北昌
黎亭泗澗細石器遺址的新材料. 人類學學報, 16(1); 1-10.
33) 李超榮等. 1998, 北京地區舊石器考古新進展. 人類學學報, 17(2);137-146.
34) 李超榮等. 2000. 北京王府井東方廣場舊石器時代遺址發掘簡報. 考古, 9; 781-788.
35) 〔33〕과 동일
36) 張居中등. 1996. 河南舞陽大崗細石器地點發掘報告. 人類學學報, 15(2); 105-113.
37) 〔30〕과 동일
38) 〔31〕.〔32〕와 동일
39) 河北省文物硏究所. 1989. 燕山南麓發現細石器遺址. 考古, 11; 967-970.
40) 王幼平. 2000. 舊石器時代考古. 北京; 文物出版社
41) 王幼平. 2000. 華北舊石器時代晩期石器技術的發展. 文化的饋贈; 寒瘖硏究國際會議論文集, 北京; 北京大學出版社
42) 賈蘭坡등. 1972. 山西峙峪舊石器時代遺址發掘報告. 考古學報, 1; 39-58.
43) 河北省文物硏究所. 1989. 河北陽原西白馬營晩期舊石器硏究. 文物春秋, 3; 13-26.
44) 劉世莪. 1984. 陜西韓城寓門口舊石器時代洞穴遺址. 史前硏究, 1; 15-45.
45) 〔42〕와 동일

46) 〔17〕과 동일
47) 尤玉柱. 1982. 峙峪遺址刻劃符號初探, 科學通報, 16; 1008-1010.
48) 閻家祺. 1987. 峙峪遺址 "刻劃符號" 質疑. 史前研究, 1;19-20.
49) 〔43〕과 동일
50) 〔44〕와 동일
51) 〔42〕와 동일
52) 尤玉柱等. 1982. 關於峙峪遺址若干問題的討論. 考古與文物, 5; 44-49.
53) Boule, M. et al. 1928. Le Paleolithique de la Chine. Archives de l′ Institute de Paleontologie Humaine, Memoire, 4; 1-138, Masson, Paris.
54) 高星等. 2002 水洞溝的新年代測定及相關問題. 人類學學報, 21(3); 211-218.
55) 寧夏文物考古研究所. 2003. 水洞溝-1980年發掘報告. 北京; 科學出版社.
56) 史培軍. 1991. 地理環境演變研究的理論與實踐-오르도스地區晩제4紀以來地利環境演變研究. 北京; 科學出版社.
57) 謝飛等. 1989. 河北陽原油坊細石器發掘報告. 人類學學報, 8(1); 59-68.
58) 〔55〕와 동일
59) Bordes, F. 1968. The Old stone age. New York; Mcgraw-Hill.
60) 賈蘭坡等. 1964. 水洞溝舊石器時代遺址的新材料. 古脊椎動物與古人類, 8; 75-83.
61) 〔17〕과 동일
62) 〔57〕과 동일
63) 蓋培等. 1982. 陝西長武發現的舊石器時代中期文化遺物. 人類學學報, 1; 18-29.
64) 張森水. 1999. 管窺新中國舊石器考古學的重大進展. 人類學學報, 18(3); 93-214.
65) 黃慰文. 1989. 中國的舊石器時代晩期文化. 中國遠古人類. 北京; 科學出版社.
66) 〔54〕와 동일
67) 〔56〕과 동일
68) 王建等. 1994. 丁村舊石器時代遺址群調査發掘簡報. 文物季刊, 3; 1-75.
69) 王建等. 1978. 下川文化. 考古學報, 3; 259-288.
70) 王向前等. 1983. 山西蒲縣辭關細石器. 人類學學報, 2; 162-171.
71) 山西省臨汾行署文化局. 1989. 山西吉縣柿子灘中石器文化遺存. 考古學報, 3; 305-322.
72) 原思訓等. 1998. 山西吉縣柿子灘遺址的年代與文化研究. 考古, 6; 57-62.
73) 〔69〕와 동일
74) 王建等. 1991. 下川細石核形制研究. 人類學學報, 10(1); 1-8.
75) 黃慰文. 2000. 中國舊石器文化序列的地層學基礎. 人類學學報, 19(4); 269-283.
76) 〔68〕과 동일
77) 〔70〕과 동일
78) 〔71〕과 동일
79) 〔40〕과 동일
80) 柿子灘考古隊. 2002. 山西吉縣柿子灘舊石器時代遺址S14地點. 考古, 4; 1-28.
81) 衛奇. 1991. 泥河灣盆地舊石器遺址地質序列, 參加國際第四紀大會會議論文集, 北京; 科學技術出版社.
82) 蓋培等. 1997. 虎頭梁舊石器時代晩期遺址的發現. 古脊椎動物與古人類, 15(4); 287-300.
83) 河北省文物研究所. 1993. 籍箕灘舊石器時代晩期細石器遺址. 文物春秋, 2; 1-22.
84) 〔82〕와 동일

85) Tang, C. & Gai, P. 1989. Upper palaeolithic cultural traditions in North China, Advances in world archeologiy, Vol.5, Wendorf & A.E. Close London; Academic Pree, 339-364.
86) 〔83〕과 동일
87) 〔40〕과 동일
88) 〔82〕와 동일
89) 張森水. 1988. 馬鞍山舊石器遺址試掘報告. 人類學學報, 7; 64-74.
90) 張森水. 1995. 窄洞史前遺址(1981年發掘)初步硏究. 人類學學報, 14; 132-146.
91) 李炎賢. 1986. 貴州普定白岩脚洞舊石器時代遺址. 人類學學報. 5; 162171.
92) 曹澤田. 1982. 猫猫洞舊石器之硏究. 古脊椎動物與古人類. 20; 155-164.
93) 〔17〕과 동일
94) 吳茂霖等. 1983. 貴州省舊石器新硏究. 人類學學報. 2(4); 320-330.
95) 〔89〕와 동일
96) 〔94〕와 동일
97) 王幼平. 1997. 更新世環境與中國南方舊石器文化發展, 北京; 北京大學出版社.
98) 李炎賢등. 1986. 白岩脚洞石器類型的硏究. 人類學學報, 5; 317-324.
99) 〔91〕과 동일
100) 〔90〕과 동일
101) 〔92〕와 동일
102) 曹澤田. 1982. 猫猫洞的骨器和角器硏究. 人類學學報, 1(1); 36-41.
103) 憑興无. 2002. 三峽地區2級階地中的石器工業. 中國科學院硏究生院碩士學位論文.
104) 裴文中等. 1957. 資陽人. 中國科學院古脊椎動物硏究所甲種專刊, 第1号, 科學出版社.
105) 〔97〕과 동일
106) 北京大學歷史係考古教硏室等. 1983. 四川資陽鯉魚橋舊石器地點發掘報告. 考古學報, 3; 331-345.
107) 李宣民等. 1981. 銅梁舊石器文化之硏究. 古脊椎動物與古人類, 19(4); 359-371.
108) 張森水. 1977. 富林文化. 古脊椎動物與古人類, 15(1); 14-27.
109) 〔104〕와 동일
110) 吳汝康等. 1999. 中國古人類遺址. 上海; 上海科技教育出版社.
111) 〔107〕과 동일
112) 〔97〕과 동일
113) 〔106〕과 동일
114) 〔108〕과 동일
115) 陳全家. 1991. 四川漢源獅子山舊石器. 人類學學報, 10(1).
116) 〔97〕과 동일
117) 王幼平. 1991. 漢水上游地區舊石器文化的探討. 文物硏究, 7; 88-94.
118) 湖北省博物館. 1991. 丹江口市石鼓村舊石器地點調査. 東南文化. 1; 183-190.
119) 周國興. 1982. 湖北房縣古人類活動遺迹的初步調査. 考古與文物, 4; 1-10.
120) 王社江등. 安康關廟舊石器地點. 考古與文物, 4; 1-10.
121) 小空山聯合發掘隊. 1988. 1987年河南南召小空山舊石器時代遺址發掘報. 華夏考古, 4; 1-15.
122) 黃万波等. 1987. 湖北房縣樟腦洞舊石器時代遺址發掘報告. 人類學學報, 6(4); 298-305.
123) 〔118〕과 동일

124) 〔120〕과 동일
125) 〔121〕과 동일
126) 〔122〕와 동일
127) 韓德芬, 許春華. 1989. 中國南方第四紀哺乳動物群兼原始人類的生活環境. 中國遠古人類, 北京; 科學出版社
128) 〔117〕과 동일
129) 劉德銀等. 2001. 鷄公山遺址發掘初步報告. 人類學學報, 20(2); 102-114.
130) 湖南省文物考古研究所. 石門縣博物館. 1994, 石門縣燕丌洞舊石器遺址試掘. 湖南考古輯刊, 6; 1-7.
131) 〔129〕와 동일
132) 〔130〕과 동일
133) 陳淳等. 1987. 三山文化-江蘇吳縣三山島舊石器時代晩期遺址發掘報告. 南京博物院院刊, 1; 7-20.
134) 韓立剛. 1993. 安徽舊石器時代考古發現, 研究與展望. 文物研究, 8; 4-16.
135) 楊懷仁等. 1962. 長杠中下流(宣昌-南京)地貌與第四紀地質. 1960年全國地理學術議論文集(地貌), 北京; 科學出版社.
136) 〔129〕와 동일
137) 王令紅等. 1902. 桂林寶織岩發現的古人類化石和石器. 人類學學報, 1(1); 30-35.
138) 周國興. 1994. 再論白蓮洞文化. 中日古人類與史前文化淵源關係國制學術討論會論文集, 北京; 中國國制廣播出版社.
139) 李有桓等. 1985. 廣西田東縣祥周公社定模洞調査報告. 人類學學報, 4(2); 127-131.
140) 〔137〕과 동일
141) 曾祥旺. 1989. 廣西田東縣定模洞人類化石及其文化遺存. 考古與文物, 4; 1-6.
142) 柳州白蓮洞洞穴科學博物館等. 1987. 廣西柳州白蓮洞石器時代洞穴遺址發掘報告. 南方民族考古, 1; 143-160.
143) 〔138〕과 동일
144) 〔142〕와 동일
145) 〔29〕와 동일
146) 吳汝康. 1989. 古人類學. 北京; 文物出版社
147) Stringer, C. and Gamble, C. 1993. In search of the Neanderthals. London; Thames and Hudson.
148) Gamble, C. 1986. The palaeolithic settlement of Europe. Cambridge University Press.
149) Wymer, J. J. 1982. The Palaeolithic Age. New York; ST. Martin's Press.
150) Bordes, F. 1968. The Old Stone Age. New York; McGraw-Hill.
151) 〔149〕와 동일
152) 〔150〕과 동일
153) 〔149〕와 동일
154) 〔149〕와 동일
155) 〔149〕와 동일
156) Clark, J. D. 1970. The Prehistory of Africa. New York; Praeger Publishers.
157) Clark, J. D. 1982. The Cambridge History of Africa. Vol. 1 From the Earliest

Times to C. 500 BC. Cambridge; Cambridge University Press.

158) Ho Van Tan. 1985. The Late Pleistocene Climate In Southeast Asia; New date from Vietnam. Modern Quaternary Research in Southeast Asia (9) ; 81-86.

159) Reynolds, T. E. G. 1993. Problems in the stone age of South-east Asia. Proceedings of the Prehistoric Society 59; 1-15.

160) Fox, R. B. 1970. The Tabon Cave. Monograph of the National Museum, 1. Manila.

161) Glover, I. C. 1981. Leang Burung 2; An Upper palaeolithic Rock Shelter in South Sulawesi, Indonesia. Modern Quaternary Research in South Asia, (6) ; 1-38.

162) 西村昌也. 1992. 最近研究成果 問題. 東南亞考古學會會報, 12; 17-37.

163) 〔159〕와 동일

164) Derevanko, A. P. et al. 1998. The Paelolithic of Siberia; New Discoveris and Interpretations; Chicago; University of Illinois Press.

165) 〔25〕와 동일

166) 〔29〕와 동일

167) 〔149〕와 동일

168) 〔29〕와 동일

169) 〔65〕와 동일

170) 〔29〕와 동일

171) 〔12〕와 동일

172) 〔97〕과 동일

173) 〔29〕와 동일

174) 〔149〕와 동일

175) 〔29〕와 동일

제5장 중국원고인류문화의 원류

앞 각 장에서 토론한 바와같이 최근 중국구석기시대 고고학 의 새로운 자료들이 증가되고, 연구도 끊임없이 지속되어 우리들이 중국내지의 구석기문화의 발전과 홍적세인류의 환경적응에 새로운 인식을 갖게 되었다. 새로운 발견에 근거하여 학자들은 중구구석기의 분포 남북 2원(二元)의 구성으로 개괄시키고 있는데 그것은 즉 화남(華南)의 강자갈 석기와 화북의 석편석기이다[1]. 또한 일부 학자는 최근에 각지에서 발견된 양면가공의 대형 첨두기에 특별관심을 갖고 있으며 동시에 중국 및 동북아시아 지구의 구석기시대초기에 주먹도끼가 없는 문제에 관심을 제시하고 있다[2]. 이러한 새로운 발견 또한 동서방 구석기문화 발전 패턴의 비교의 가능성을 제시하고 있다[3]. 따라서 점차 많아지는 연구자들의 관심 동서방 구석기 문화관계에 대한 토론이며, 구대륙의 배경하에서 중국 원고인류와 구석기시대 문화발전의 특징과 그 원류를 찾으려고 시도하고 있다[4][5].

100년 이상의 발전역사의 구석기시대 고고학은 근래에 구대륙 서쪽에서 끊임없이 새로운 발전을 하고 있으며, 초기 인류와 현인에 관한 인류 기원 문제를 해결할 고고학 발굴과 연구의 성과에 더욱 주목을 하고 있다. 이러한 새로운 발전은 또한 구대륙 인류진화와 구석기문화 발전 등의 연구에 전체적인 고려를 할 수 있는 가능성을 제시하여 주고 있다. 이로인하여 근래에 더욱 많은 서방학자들이 동아시아 지역 전체구대륙 원고인류 및 그 문화발전과정에 토론을 시작하고 있다[6][7][8].

1. 원고인류의 진화

(1) 중국최초의 인류

이미 발표된 자료에 의하면, 중경무산(重慶巫山), 운남원모(云南元謀) 등의 시기가 비교적 이른 것으로 초기 홍적세 초기 또는 더 이른 시기에 속한다. 유감스러운 것이 이 두 곳 지점의 발견유물이 풍부하지 못하여 여러 가지 의문점이 제시되고 있다. 연구자들의 의견에 의하면 양자 모두 호북건시(湖北建始)에서 발견된 몇 점의 이빨은 남방고원(古猿)으로 발표되었지만, 후에 연구자들은 그 이빨은 직립인에 속한다고 보고 있다[9].

현재까지 중국에서는 남방고원류 화석이 발견되지 않았다. 다만 서남지역에 중신세(中新世) 말기에서 상신세에 이르는 층위내에서 풍부한 녹풍고원(祿豊古猿)의 화석이 발견되어 비교적 중요하다. 녹풍화석의 특징은 그들은 초기 인과(人科) 성원 및 현생 아프리카 큰 원숭이류(大猿類)와 모종 관계가 있을 가능성이 있다고 설명하고 있다. 유감스러운 것은 녹풍고원 발견이래 중국경내에서 인류기원의 화석 기록상에 오래 동안 공백기간이 이루어 졌다.

그 외 아프리카는 400만년에서 100만년 사이에 해당되는 남방 고 원류의 화석이 상당히 많이 발견되었다. 최근에 시기가 더욱 이른 화석이 발견되었다. 예로 지원(地猿), 원초인도근종(原初人圖根種) 및 사헬쟈드인 등이다. 비록 이러한 화석 분류계통위치가 더 진일보된 연구가 필요하지만 그러한 발견은 초기 인류기원 문제를 연구하는데 새로운 증거를 제시하여 주고 있다. B.P. 250만년, 최종의 인속성원(人屬成員)으로 능인(能人, Homo habilis) 또는 인속 미정의 종(species)이 동아프리카에서 출현하기 시작하고 동시에 최초의 석기도 출현되었다.

유전학과 고등영장류 연구성과를 결합하여본 현재의 시각은 초기인류기원이 아프리카라는 가능성이 더욱 커지고 있다. 초기인류기원의 "아프리카설"에 관하여 최초의 인과(人科, Hominidae) 서원과 아프리카 현생 큰원숭이(大猿)의 조상은 대략 B.P. 600만년 또는 더욱 이른 시기에 분화 된 것으로 보고 있다 현재 이 단계에 관계된 화석자료가 발견되고 있다. 최초의 인과 성원의 남방 고원 속(屬)의 몇 종류가 지속적으로 아프리카 동쪽에서 남부의 광대지역 사이에서 생활하였다. 그런 다음 최초의 인속 성원이 동부아프리카 부분 지역에 출현되었다. 대략 B.P. 180만년 또는 더 이른시기에 체질적 그리고 문화적으로 전자에 비하여 진보된 직립인 또는 장인(匠人)이 현재의 동아프리카에 출현하여 점차적으로 아프리카 광대지역을 빠져나와 유라시아 대륙으로 건너 갔다. 동아시아 지역의 직립인은 초기인류가 제1차적으로 큰 폭풍 속에서 이동하였을 때 옮겨졌다[10].

이것과는 반대로 일부학자는 동아시아 지역 특히 중국경내에서는 원숭이(猿)이로부터 인류진화의 완전한 계통이 존재하였다고 보고 있다[11]. 이미 발견된 화석에 의하면, 아프리카 "기원설" 또는 "다원설" 등은 모두 진일보한 증거가 필요하다. 중국경내에서는 지질 제3기 중신세말부터 제4기 홍적세 초기 까지의 고원(古猿)과 초기 인류화석이 발견되어 초기인류기원을 연구하는 중요지역이 되고 있다. 초기인류기원의 시기, 지점 및 환경 배경 등 문제는 특별한 주의가 요구되는 것으로 중국에서는 연구를 하고 있다.

중국경내에 비교적 확실하게 초기 홍적세의 인류화석과 문화는 그 분포지가 장강(長江) 이북지역이다. 강남(江南)에서도 일부가 발견되었지만 자료가 상대적으로 빈약하다. 년대학 연구 및 기타 여러방면 등 진일보한 작업이 필요하다. 북방에서는 비교적 완정한 초기단계의 직립인 체질 특징의 공왕령(公王嶺) 직립인 표본외에 근년에 니하만(泥河灣) 분지에서 풍부한 문화유물도 발견되었다. 이러한 발견은 중국최초의 인류체질 특징과 행위 상항을 나타내어 주고 있다.

그 외, 공왕령직립인의 두개골 특징에 의하면, 뚜렷한 초기 직립인의 특징을 유지하고 있다. 전체적 형태, 또한 구체적 측정 수치 등은 공왕령 직립인의 두개골은 북경원인과 비교하여 더욱 원시적인 현상을 보여주고 있다. 고생물학, 지층학 및 고지자 측정결과 그것은 초기 홍적세 후기에 곡하며, 절대년대로 110만년을 초과해서 중국 및 동아시아 지구에서 가장 이른 시기의 직립인의 두개골 화석이다. 주의할 가치가 있는 것은 아프리카 직립인 표본, 예로 케냐 Turkana 호수동쪽 ER-3733과 ER-3383 두개골 표본과 비교시 양자간에 뚜렷한 차이는 있다. 이 차이는 시간과 공간 등 2중 요인이라고 본다. 양자간의 관계를 진일보 연구하기 위해서는 중국경내 초기 인류의 래원(來源) 문제에 대하여 더 정확한 증거가 필요하다.

(2) 중기 홍적세의 발견

1. 중국 경내 중기홍적세 인류의 발전

중기홍적세는 중국경내 초기인류발전의 공전(空前)의 번영시기이다. 이 단계 인류화석의 발견 수량이 대단히 많고, 보존상태도 양호하다. 발견된 인류화석이 가장 많은 곳은 주구점(周口店) 제1지점, 여기서 초기 인류가 전후하여 수 십 만년 체류, 40여명의 화석 잔류, 그 중 비교적 완정한 것은 6개의 두개골이다. 북경원인과 동 시대의 직립인이 중국경내의 여러 곳에 분포되었다. 화현인(和縣人) 및 최근에 발견된 남경탕산인(南京湯山人) 등은 비교적 완정한 직립인 두개골 화석이다. 그 외 여러 곳에서 수량이 일정하지 않은 직립인 화석표본, 예로 동기원(東沂源), 하남남소(河南南召), 석천(淅川), 호북운서(湖北鄖西) 등에서 발견되었다[12].

중기 홍적세, 약 60만년의 시간속에 직립인의 체질은 지속적으로 진화되었다. 초기 홍적세 후기의 공왕령 남전원인(藍田人)과 비교하면 중기 홍적세 직립인의 체질은 현저히 진보되었다. 후자의 뇌량은 1.000 cc 이상으로 남전인의 780 cc 보다 훨씬 크다. 뇌정골도 뚜렷하게 높아지고, 뼈벽도 얇게 감소되었다. 미척(眉脊) 및 이빨의 거친 정도도 감소되었다. 직립인의 발전은 비교적 늦은 단계까지 지속되었다. 그러나 전체적으로 직립인의 기본 특징은 뚜렷하게 보류되어 있었다.

중기 홍적세, 더욱 중기홍적세 늦은 단계에는 인류진화 상항이 대단히 복잡하다. 결코 원시 상태에서 단순하게 진보방향으로 일직선으로 간 것은 아니다. 거리가 100리도 안되는 범위내에서 우라니움 측정년대 결과에 의하면 안휘(安徽) 화현인과 소현인은 뚜렷하게 서로 다른 체질 조건을 가지고 있었다. 체질 특징은 뚜렷하게 서로 다른 체질 조건을 가지고 있었다. 체질 특징에 의하면 전자는 직립인에 속하고, 후자는 초기 네안데르탈인 이다. 그러나 운현인의 발견은 이러한 병존의 상항보다 훨씬 시대가 올라간다[13]. 중. 후기 북경원인은 대체적으로 생활이 금우산인(金牛山人), 대려인(大荔人) 등과 같은 시기이며 유사한 상항 이다. 금우산인과 대려인의 뇌정골은 높고, 뼈 벽도 얇다. 그러나 뇌량은 계속 증가 되었다. 더욱 금우산인의 뇌량은 1300 cc에 이르렀다. 일부학자는 이러한 상항을 인류진화 과정중의 "과도기진화(鑲嵌進化)" 라고 표현하고 있다. 부근지역 같은 시기 인류진화 불균형성을 제외하고, 이 시기 중국남쪽, 북쪽 사이에 인류체질의 차이가 출현되기 시작하였다. 예로 화현인과 북경인을 비교하면 양자사이가 같은 곳도 있지만 많은 다른 특징도 있다. 일부학자는 이와 같은 특징은 후대에 중국 여러 지역의 인류집단 사이의 차이의 시작 이라고 보고 있다[14].

중기 홍적세 인류진화의 과정에서 "과도기진화" 와 지역간의 치아의 요인이 존재하지만 중국경내 중기홍적세 의 인류화석은 일부 공통된 특징이 있다. 가장 특출한 표시는 삽형(Pell 형) 앞 이빨의 특징이 초기부터 후기까지 발견되었다; 사상척(矢狀脊) 구조도 표본상에 서 모두 발견되고 있다; 또한 넓고, 비교적 수직적 코 뼈이다; 아래턱은 원침(圓枕) 이다. 일부 고인류 학자들은 이러한 공동 특징은 동북아시아 지역, 특히 중국경내 고인류진화는 지역성 특징이 표현되어 있다고 보고 있다[15].

2. 동. 서방(方) 중기 홍적세 인류의 관계

만약 구대륙 서쪽을 관찰하여보면 아프리카, 유럽 및 서아시아 중기 홍적세 고인류의 발전상항이 옃 가지 현저한 특징이 있는 것을 볼 수있다. 먼지 직립인이 구대륙 서쪽에 분포된 시기와 공간은 일정하게 제한성을 가지고 있다. 구대륙 서쪽에 생활한 직립인 시기는 초기 홍적세에 국한되어 있다. 다만 개별적 상항은 중기 홍적세 초까지 계속되었다. 현재까지 그 분포 지역은 주로 아프리카와 서아시아 지역이며, 유럽에서는 전형적 직립인의 화석 표본은 없다. 그러나 동아시아와 동남아시아 지역에는 직립인의 분포가 더욱 보편적으로 전체 중기 홍적세 기간에 직립인이 발전된 것을 확인할 수 있다[16].

또 다른 하나의 특징은 동. 서 방사이에 중기 홍적세 인류 체질 특징은 현저하게 차이가 나 있다. 고인류학자들이 중기 홍적세 구대륙 각지에서 발견된 고인류화석의 분류에 여러 가지 의견이 있지만 동아시아와 구대륙 서쪽 양지역 고인류체질 특징은 뚜렷한 차이가 있어서 모든 것을 회피할 수는 없다. 중기 홍적세의 아프리카와 유럽에 생활한 고인류 집단은 더욱 밀접한 혈연관계가 있다. 두개골 특징에 의하면 그들 모두 상대적으로 돌출된 뇌정골, 그리고 뇌량이 보편적으로 크다. 비록 미척(眉脊)은 여전히 거칠고 이미 "거꾸로(倒)"의 팔자형(八字形)이다. 앞이마는 넓어지고, 면부(面部)는 커지고, 뒷머리는 원형으로 변하였다. 동아시아와 동남이 지역에 생활한 같은 시기의 인류는 기칠고 큰 "일(一)자형 미척", 이 미척으로부터, 뒷머리 뼈와 시상척 등이 구성된 머리부위는 증가된 결구를 가지고 있다. 앞 이마는 낮고, 비교적 넓은 뇌정골 바닥 및 비교적 두터운 뇌정골 뼈의 특징을 가지고 있다. 이러한 특징은 많은 고인류 학자들이 그들을 인종이 다른 종으로 귀납시키고 있다. 동아시아 및 동남아시아 지역의 중기 홍적세 인류는 아직 까지 지속적으로 그들을 직립인으로 분류하고 있다; 다만 구대륙 서쪽의 사람들은 더욱 복잡하게 다변하였지만 근래에 그들을 통일시켜 Heidelberg 인으로 넣고 있다[17]. 더 주의할 특징은 중기 홍적세 동서방 고인류사이의 관계이다. 여기에 관하여 가장 직접적 근거는 중기 홍적세의 서방은 결코 완전한 Heidelberg 인의 통일된 천하가 아니라는 것이다. 아프리카 중기 홍적세 초기 아직 직립인의 존재가 있다는 것을 제외하고 아프리카와 유럽은 모두 뚜렷한 직립인의 모종 특징을 가진 고인류들이다. 예로 아프리카의 박다인(博多人), 유럽의 버트거나와 토타벨인 등의 화석 표본상에 모두 직립인과 가까운 특징을 볼 수 있다. 다만 이러한 표본들을 분류할 때 언제나 뜨거운 격론이 야기되었다. 같은 현사이 동남아시아 지역에도 보인다. 일부학자는 중국북방에서 발견된 대려인과 금우산인도 Heidelberg 인의 인속에 들어가야 한다는 것을 부인할 필요는 없지만 분류위치가 명확한 탕산(湯山) 직립인의 두기골 표본은 그 의 비량(코뼈)가 높이 솟고, 위턱 뼈가 공처럼 돌출된 것은 유럽의 집단과 체질적 특징이 관계가 있다. 상기한 상황의 원인이 비록 가능성은 많지만 동. 서방 사람의 인류 집단 사이에 모종 교류의 결과의 가능성으로 보아야 할 것이다[18].

(3) 과도단계의 인류 및 연결문제

전술한바와 같이 과도기 고인류화석자료는 중국에서 이미 일부 발견되었다. 이러한 화석의 연속시간은 비교적 길다. 주로 후기 홍적세초기 또는 약간 늦은 시기에 속하는 것으로 정촌인, 허가요인, 마파인, 장양인, 협수인(浹水人)과 유장인 등이다. 전통적 인식에 의하면 과도시기 인류들은 초기 네안데르탈인으로 일괄 분류되고 있다. 근래의 고고학 자료와 년대학 연구의 진전에 따라 나타난 바에 의하면 과도단계에서 실질적 생활은 여러 가지 유형의 사람들로서 전통적 의미상(意義上) 초기네안데르탈인 그리고 또한 초기의 현인(Homo sapiens sapiens)도 출현되었다. 전통적 의미상 초기 네안데르탈인은 기타 같은 시기 초기 네안데르탈인 및 더욱 이른 초기 네안데르탈인 등으로 구분 할 필요가 있다.

초기 네안데르탈인의 체질 특징은 일반적으로 직립인과 현인 사이의 중개자이다. 중국 경내에서 발견된 초기 네안데르탈인의 자료는 형태특징에 근거하여 초기, 후기 2종 유형으로 구분된다. 초기에는 소현인(巢縣人), 금우산인과 대려인 등이 포함된다. 그 시기는 중기 홍적세 후기에서 후기 홍적세 초기까지이다. 후기의 대표적인 것은 마파인, 정촌인, 허가요인 등으로 그 시기는 후기 홍적세 초기이다. 후기 홍적세 중기에 이르러서 유강인(柳江人) 등 대표적인 비교적 이른 시기의 현인이 출현되기 시작하였다.

이미 발견된 화석에 의하면, 중국 초기 네안데르탈인과 구 대륙 기타 기타 지역의 동일 단계의 고인류는 같은 체질 특징을 가졌다. 예로 뇌량 증대, 뇌정골의 높이 증가, 이마 뼈 일(一)자형에서 팔(八)자형으로 변하며, 귀밑 뼈도 높이지고, 아래턱 관절도 넓고 얇게 되고, 뒷머리 뼈부위와 소뇌(小腦)도 작이지며, 얼굴 뼈(면부)도 약하게 되며, 턱의 돌출 도(度)도 약하여 졌다. 이러한 제질 특징의 변화는 초기 네안데르탈인에 비하여 앞 이빨과 얼굴부위가 감소, 이마 뼈 감소, 뇌정골 높고 크게 되었다. 뇌량과 신장은 이미 당시 인류의 변형 범위내에서 증가 되었다. 그러나 시기가 더욱 늦은 인류와 비교하면 이 시기는 비교적 이른 현인에게는 아직도 원시 특징이 비교적 많이 남아 있었다. 예로 두개골은 거칠고, 뼈들은 비교적 발달되고 이마 뼈와 시상척은 비교적 현저하여 졌다 ; 두개골, 다리 뼈의 뼈 벽은 두터워지고, 다리 뼈의 골수 구멍은 비교적 가늘어 졌다.

물론 초기 네안데르탈인, 네안데르탈인 또는 초기 현인 등 과도단계에서 발견된 인류화석은 모두 현인기원의 열쇠를 가지고 있다고 보고 있다. 지난 세기 이래 고인류학계에서 현 인류기원 문제에 관하여 두 가지 첨예하게 대립된 가설을 가지고 있다. 유전학적 연구 성과에 근거하면 이전에 제시된 서아시아, 유럽과 아프리카 각지에서 발견된 고인류화석과 고고학 자료는 많은 학자들은 현인의 기원은 아프리카이며, 그들이 세계각지로 확산된 것으로 믿고 있다. 이러한 가설은 소위 현인 기원의 “아프리카하와설(非洲夏娃說)이다”. 이와는 반대로 다른 일부 학자들은 동아시아 및 구대륙에서 발견된 고인류와 구석기시대 문화지료에 근거하여 세계 각지의 현인은 본 지역에서 기원(源頭)을 찾아야 한다고 주장하고 있다. 바꾸어 말하면 여러 지역의 현 인류는 본 지역 오래된 인류로부터 진화되었다는 것이다. 후자는 현 인류기원의 “다 지역 진화설” 이다[19].

이미 발견된 화석 자료에 의하면 중국경내의 초기 네안데르탈인과 현인은 중국내지의 더욱 이른 시기의 고인류로부터 진화되었다. 비록 진화과정중에 외지 집단과 교류가 있었지만 이러한 교류의 정도는 비교적 제한 적이다. 자연환경의 변화로 인하여 초기 홍적세부터 중국내륙과 구대륙 양측의 인류 및 그 문화교류가 갈수록 어려워 졌다. 이러한 원인은 중국경내의 초기 네안데르탈인과 현인은 같은 세계 기타 지역 같은 시기 사람들 사이에 뚜렷한 지역간의 차이가 야기되었다. 이러한 차이는 삽 형 앞 이빨 등이 중국에서 발견된 직립인과 현인의 앞 이빨 특징이 일치하고 있다. 중국에서 발견된 초기 네안데르탈인의 앞 이빨 역시 모두 이러한 특징을 가지고 있다. 얼굴부위의 특징은 코뼈가 심하게 융기되지 않았으며 높은 관자놀이 뼈와 비교적 넓은 얼굴상이다. 이러한 모든 것은 몽고인종의 특징이다. 그리고 초기 직립인 화석에도 유사점이 발견되었다. 이러한 특징은 중국경내에서 발견된 고인류화석은 진화상에 연속성이 있었다는 것을 나타내어 주고 있다[20].

다른 한편, 비록 중국경내의 고인류가 구역성의 진화위주 였지만 결코 격리 상태는 아니였다. 초기 네안데르탈인 단계에서는 중국이외의 지역에서도 뚜렷한 기본적인 요인(基因)의 교류가 뚜렷하다. 예로 마파인의 일부 특징이 유럽의 전형적인 네안데르탈인과 접근되고 있다. 예로 원형의 안광과 비교적 예리한 눈 아래 가장자리이다. 상술한 중국초기 네안데르탈인 진화의 일반적 특징 혹은 기본적 취세 외에 여러 지역에서 발견된 화석표본은 일부 비교적 뚜렷한 차이가 있다. 예로 같은 시기의 표본을 비교하면, 허가요인은 특히 두개골 뼈 벽이 두터 운 것이 특징이다. 그러나 현재 중국경내에서 이미 발견된 과도단계의 고 인류화석 표본의 수량은 제한적이다. 년대학 작업도 충분하지 않다. 따라서 현재 이러한 차이가 시대적 원인 또는 중국경내에 확실하게 열러 유형의 인류가 존재하였다고 설명하기가 어렵다.

전술한 바와같이 중국내지 또한 전체 동아시아 지역에서 발견된 과도단계의 고인류화석을 포함하여 유럽과 서아시아 등지에서 발견된 네안데르탈인과는 뚜렷이 구분되고 있다. 현재까지 동아시아 지역에서는 서아시아 또는 아프리카와 같은 시기의 초기현인의 표본이 발견되지 않았다. 서아시아 지역에서 최초의 현인은 B.P. 10년 이상이며 동시에 네안데르탈인과 병존기간은 50.000년 정도의 시간이다. 근년에 이러한 증거가 나타났다. 아프리카의 초기 현인의 출현시간은 더욱 이르다. 만약 년대 측정결과가 문제가 없다면, 유장인은 동아시아 지역에서 발견된 최초의 현인이며, 그 시기는 B.P. 50.000년 정도이다. 대략 같은 시기 또는 더욱 늦게 이 지역에 체질 특징이 더 원시적 인류가 존재하였다. 예로 인도네시아 자바의 앙동인(昻棟人)이다. 또한 몇 년전에 발견된 하북 협수현 북변다리의 협수인(浹水人) 이다. 고인류학자의 의견에 의하면, 앙동인은 초기 네안데르탈인 또는 직립인에 속한다[21]. 협수인 화석역시 뚜렷한 초기 네안데르탈인의 체질특징을 가지고 있다.

구대륙 서쪽, 더욱 네안데르탈인의 발견과 비교하면, 동아시아 지구 과도단계의 인류화석의 발견은 아직 제한적이다. 시간상의 존재도 뚜렷이 파괴되었다. 일부학자는 이러한 상황은 현인이 아프리카에서 와서 이 지역의 원주민과 교체되었다고 보고 있다. 그러나 상술한 중국경내의 고인류 체질특징에 나타난 진화 방면 연속성의 특징에 의하면 외래인 이동이 서방에서 같은 시기에 같은 특징을 가진 예는 드물며, 더 그 가능성이 교류에 의한 결과라고 하다래도 완전히 대체되기는 불가능하다[22]. 현재까지 발견된 화석재료에 의하면 "대체설" 또는 "구역의 연속진화"의 이론은 아직 충분한 증거가 없다. 이것은 우리들에게 중국 및 동아시아 지역 현인의 기원 문제에 어려운 인식을 주고 있다. 유전학과 관계된 과학적 연구의 진전과 인식은 우리들에게 중시하여야 될 것을 알려주고 있지만 계속적인 야외 고고발굴과 조사로 더 많은 고인류화석과 구석기문화 유적 등 직접적 증거를 제시하여 주어야 이 문제가 해결될 것이다[23].

(4) 중국 경내 현인의 발전

세계 각지 후기 네안데르탈인 발전의 상황은 유사하다. 후기 네안데르탈인이 중국 경내에 진입된 것은 후기홍적세 후기이다. 지금부터 40.000-30.000년 경이다. 하나의 빠른 발전으로 각지에 분포되었다. 거기에는 과거에 사람들이 활동한 곳도 포함되어있다. 전술한 바와 같이 후기 네안데르탈인은 인류발전의 최후 단계이다. 일반적으로 현인, Homo sapiens sapiens 라고 부른다. 구석기시대 후기 네안데르탈인 당대(當代)의 인류와 비교하면 이미 기본적으로 같다. 다만 그들은 약간의 원시 특징을 가지고 있으며 또한 현인의 조기 단계로 엿 볼 수 있다. 이 단계에 속하는 인류화석 지점은 중국경내에 비교적 많이 발견되었으며, 그 수는 대략 40여 곳이다. 그 중 중요한 곳은 북경 주구점 산정동 지점이다[24].

이 시기 중국 경내에서 발견된 초기 현인의 체질 특징은 세계 기타 지역의 같은 시기의 인류와 비교하여 거의 같은 특징을 가졌으며, 또한 일부 특유의 특징도 있다. 전자는 인류진화가 시대방향의 보편적 추세이며, 후자는 인류진화 과정 중 지역성 특징을 반영하고 있다.

구석기시대후기 중국경내에서 발견된 인류화석은 비록 시간과 공간 그리고 원인의 영향을 받아 일부 특수한 현상을 반영하였지만 전체적으로 그들은 초기 네안데르탈인에 비하여 앞 이빨 과 얼굴부위가 감소되고, 이마 뼈도 감소되고, 뇌정 골은 커졌다. 뇌량과 신장도 이미 당시 인유의 변천 범위에 이르렀다. 그러나 시기가 다소 이른 표본은 아직 원시적 특징을 그대로 보존하고 있다. 예로 두개골은 비교적 거칠고, 이마 뼈는 비교적 발달, 비교적 현저한 변화는 이마 뼈와 시상척이다; 두개골, 다리 뼈의 뼈 벽은 아직 두텁고, 다리 뼈의 골수 구멍은 비교적 가늘어 졌다. 이러한 것은 모두 현인 진화 과정 중 나타나는 단계성 특징이다. 시간의 경과에 따라서 이러한 특징은 점차 사라지고 완전한 현인의 단계에 이르렀다. 두개골 보존이 비교적 완정한 몇 예의 표본 중에 전술한 시기가 가장 이른 유장인은 원시 특징을 가장 많이 보존하여 중국에서 최근까지 발견된 가장 이른 후기 네안데르탈인의 화석이다; 산정동인 역시 일부 원시성을 가지고 있다. 자양인은 전 양자에 비하여 원시성이 약하다. 따라서 비교적 늦은 후기 네안데르탈인 화석을 대표하고 있다.

중국경내에서 발견된 후기 네안데르탈인 역시 다음과 같은 특징을 가지고 있다 ; 관자놀리 뼈가 비교적 크고, 앞으로 돌출되었다; 코뼈가 낮고 넓다, 콧 등이 작고 약간 깊다, 코 뼈 뿌리는 결코 깊지 않다. 배 형(梨狀) 구멍은 넓고, 그 아래 변은 예리하지 않고 깊다. 코 앞은 날카로운 뼈가 작으며, 송곳 니의 홈은 뚜렷하지 않다. 이빨 대(齒槽)의 돌출 정도는 보통이다. 아래 턱은 둥근 가장 자리이며, 앞 이빨은 삽형(Pell 형) 이다. 이러한 상태는 모두 전형적 황인종의 특징이다. 중국경내의 최초의 원시 인류는 전술한 초기 네안데르탈인과 직립인 화석이 포함되며, 상기한 특징을 확인 할 수있다. 이러한 특징은 중국경내의 인류진화 연속성의 특징을 나타내어 주고 있다. 이러한 연속성의 특징의 존재는 많은 고인류학자들이 현인의 기원은 지역성 진화위주라는 것을 믿고 있으며, 그 원인은 인류교류에서 발생되었다고 보고 있다. 몽고인종은 동아시아 지역에서 비교적 이른 시기에 고인류로 진화되었다.

2. 구석기 문화의 발전

(1) 최초의 구석기문화

전술한 바와같이 중국경내에서 이미 발견된 초기 홍적세 고인류와 구석기 문화 유적 또는 지점의 분포는 또한 지체의 특징을 가지고 있다. 물론 남방의 영세한 발견, 또한 북방지구 비교적 많은 석기제작지점 등은 기본적으로 야외 유적이다. 이러한 유적은 대부분 옛 강가, 호수가장 자리에 무리를 이루고 있다. 나히만 및 남점지역과 화남에서 최근에 발견된 지점도 유사하다. 이러한 상황은 동아프리카 올드웨이 등지의 발견된 지점과 유사하다. 그곳의 초기 인류유적도 역시 옛 호수 가장자리 또는 강변에 분포되었다. 이러한 지점에서는 물마시기가 편하고, 지세도 평탄하고, 동시에 초기 인류생활의 가장 중요한 장소 가되었다. 각 지점은 석기외에 또한 여러 상황으로 동물화석이 보존되어 있어 당시 인류활동연구에 많은 자료를 제공하여주고 있다. 이러한 자료에 의하면 중국경내 최초의 인류활동과 행위 특징은 아프리카 초기 인류와 대단히 유사하다[25].

근래에 초기 홍적세의 문화유물이 진령(秦嶺)-준하(淮河) 일대의 남 중국 지형 제3계지의 범위내에서 새로운 자료를 제공하여 주고 있다. 새로 발견된 것은 주로 장강(長江) 중. 하류 지역의 비교적 이른 홍토(紅土) 또는 망문(網紋) 홍토 층위내에서 발견되었다. 그것들은 악서서북운현인(鄂西西北鄖縣人) 유적 및 안휘선주진진산(安徽宣州陳山) 지점의 하부 등이다. 이 지역에서 새로이 발견된 석기는 특별한 성격을 가지고 있다. 거의 모두 형체가 큰 강자갈 석기이다. 석재는 유적부근의 강자갈이다. 그것은 여러 유형으로 가공된 대형도구이며, 석편으로 가공된 소형 석기는 드물다. 석기는 찍개, 대형 첨두기, 원형 석기 등이다.

그러나 발견된 석기에 의하면, 남발지구, 남점지구와 니하만 분지의 석기는 일정한 차이가 있다. 석재선택도 남방과 남전지구는 형체가 큰 강자갈, 암질은 석영 암을 선택하였다; 나히만 분지는 주로 부근 산 언덕 상의 암괴(Nodule) 이용, 암질은 수석 또는 화산 암류이다. 두 곳 모두 직접타법으로 석기 가공, 다만 니히만에는 양극타법의 표본도 있다. 남방과 남점지구에는 양극 타격 법은 없으며 오히려 일정 량의 석편제거가 충돌 법으로 이루어 졌다. 남방과 남전지구에서는 직접타법으로 석기가 가공되었다. 그 석기는 대형 첨두기, 찍개류 등이다. 니하만에서는 석편이 가공, 각종의 소형도구가 제작되었다. 두 곳 석기조합의 구별은 대단히 뚜렷하다. 니하만 분지는 주로 소형도구, 그 중 긁개가 85% 이상 차지, 소형 첨두기는 그 다음이다. 형체가 비교적 큰 찍개류는 2% 정도이다. 남방과 남전지구는 찍개류, 대형 첨두기 등 대형도구가 중요위치 차지, 긁개의 비율이 전자보다 낮다.

상기한 차이는 두 개 지역의 자연 환경과 관계되어 있다. 지리위도에 의하면, 남방과 남전지구이다. 직립인 및 그 문화유물과 공존된 포유동물은 이 지역이 온난 습윤한 아열대 삼림환경이라는 것을 나타내어 준다. 찍개, 대형 첨두기 등은 이러한 환경에 적합하여, 나무를 짜르고 벽개하고 굴착하는 활동에 사용되었다. 니하만 분지의 위도는 더욱 높았다. 화분자료 분석에 의하면 당시 환경이 비록 온난 습윤하였지만 대단히 건조해서, 삭막한 초원환경에 속하여 있었을 가능성이 크며, 이로 인하여 소형 석편도구가 이러한 환경에 필요하였다.

전체적으로 강자갈 석기 또는 석편석기 모두 가공은 대단히 간단히 처리되었다. Clark의 분류에 의하면 석기 기술의 Mode 1 에 속한다. 그것은 석핵-찍개 류 기술이다. 이러한 발견은 동아프리카 최초의 Oldway 석기와 비교하면, 석재 선택에서 가공기술 및 석기조합에 이르기 까지 뚜렷한 차이는 없다. 서아시아지구 최초의 단계에서 이러한 일치성이 나타나는 것은 매우 흥미 있는 현상이다. 이러한 현상의 배후에는 필연코 심층적 원인이 있었을 것이다. 이러한 원인의 연구에 관하여 우리들은 중국경내의 초기 인류와 문화가 제공한 중요한 근거를 이해하여야 할 것이다[26].

(2) 중기 홍적세의 발견

1. 중국 중기홍적세 석기문화의 특징

중국 중기 홍적세 구석기 문화의 특징은 공간상의 변화이다. 즉 그것은 지역성의 특징이다. 진령-준하(秦嶺-淮河) 일대를 경계로 남. 북 2개 지구로 나눌 수 있다. 남북방 양대지구에는 각자 여러 가지의 아 지역(亞區)로 나누어진다. 여러 가지 대 구역(大區)는 모두 각자의 특징을 가지고 있다[27].

남방지구의 동부, 석기지점은 강변부근에서 대부분 발견되었다. 이미 발견된 지점은 모두 여러 수계(水系)내에서 상대적으로 독립된 지리 단원(單元) 형태로 무리를 이루어 분포되었다. 남쪽에서 북쪽 방향으로 광서 백색분지, 호남풍수 중. 하류지구, 안휘수양강구, 악서(鄂西) 북구지역과 협남(陜南)의 한중(漢中)분지 등 많은 구석기지점이 분포되었다. 이러한 지점의 분포와 매장 형식은 비교적 일치하다. 문화면모 역시 기본적으로 같다.

전체적으로 보면, 이러한 지점들의 석기는 모두 크고, 가공이 거칠어 전형적인 강자갈 석기에 속한다. 각 지점 석기 석재는 모두 강변의 강자갈을 채집한 것이며, 암질은 석염암, 석염, 사암 등이다. 석재는 부근의 암석 성분에 따라서 변화되었다. 대부분 비교적 강자갈을 직접가공 석기제작, 따라서 형체가 크고 거칠다. 각 지점에서는 직접타법으로 석편이 제거되었다. 충돌법과 양극 타격 법은 대단히 드물다. 제2가공 역시 모두 직접타법으로 처리되었다. 단면 가공이 주류를 이루며, 양면가공도 일정한 비율을 차지하였다. 석기 유형의 특징은 여러 유형의 찍개위주, 일반적으로 전체의 절반이상 차지; 그 다음은 각 종 대형 첨두기 이다. 또한 수량이 일치하지 않은 원 주먹도끼(Proto-handaxe) 있다; 원형 돌(石球)도 일부 지점에서는 비교적 많이 출토; 긁개의 수량은 드물다.

이와는 반대로 남방 서부는 유적 또는 지점의 수량이 드물고, 몇 곳 문화자료가 풍부한 곳은 모두 동굴유적이며, 모두 산 지역에 독립적으로 분포되었다. 문화면모도 전자와 완전히 다르다. 남방서부지구의 석제품은 중. 소형 위주, 전체적 면모가 작다. 석재는 부근채집의 암괴 또는 강자길이며 석재는 수석, 규질회암 등 규질암(硅質岩) 위주이다. 가공방법은 직접타법위주, 때로 충돌 법, 양극타격법도 사용되었다. 전자와 다른 것은 석기 대부분이 석편을 제2가공시켜 제작, 즉 석편석기 위주이다. 석기 유형은 긁개 위주, 찍개 류가 차지한 비율은 대단히 낮다. 첨두기 등 기타 소형도구는 일정한 양이 있지만 대형 첨두기는 없다.

진령-준하일대의 북쪽은 중기 홍적세 문화의 공간변화가 위향성(緯向性)을 가지고 있다. 즉 남쪽으로부터 북쪽으로 2개 문화의 특징이 여러 아 지구(亞區)에 있다.

남부 아지구 지리적 위치가 남방에 근접, 그 문화면모도 남방지구와 비교적 접근된다. 이 지구의 구석기와 고 인류지점 역시 주로 야외유적이다. 그 분포는 옛 강 부근이다. 그 석기의 전체 유형은 거칠고 크다. 석재는 각 종 암질의 강자갈로서 부근의 강변 또는 개천가에서 채집되었다. 직접타법이 주요한 석편제거 방법, 모루상 충격법 역시 응용, 후자는 비교적 큰 석편을 얻을 수 있다. 석기는 강자갈과 석편이 가공되어 제작되었다. 대석편이 가공되어 찍개류와 첨두기 등 대형석기가 제작된 것이 이 지역의 특징이다. 이곳의 석기 유형중 찍개류가 중요위치차지, 다만 다른 것은 일부분 찍개류는 강자갈이 직접 사용되지 않고 대석편이 가공되어 제작되었다. 대형 첨두기의 수량도 많으며 그 외 또한 원형 돌도 있다. 많은 대형 석기 외에 소형의 긁개도 일정한 수량이 있다.

위도(緯度)의 높이에 따라서 북방지구의 북부는 문화면모가 남방과 크게 차이가 난다. 유적은 주로 동굴, 동시에 많은 불사용 흔적이 있다. 석기로서 많은 동물화석의 뼈들을 인공적으로 처리 시켰다. 석기는 소형 석편석기 위주이다. 석기석재는 강자갈, 또한 Nodule, 또는 풍화암편도 있다. 일부지점에서는 후양자가 많은 비중을 차지하고 있다. 석기 가공 방법은 직접타법과 양극 타격법 중복 사용, 어느 지점은 양극타격법이 중요위치 차지. 석기는 석편가공으로 제작. 가공방식이 상당히 풍부하다. 그 다음은 소형 첨두기 등 기타 소형도구 유형이다. 찍개 류가 차지한 비율은 드물다. 대형 첨두기는 없다.

상기한 4개 지구의 석기는 2종 유형으로 귀납 시 킬 수 있다. 즉 남동부와 북방남부의 대형 강자갈석기와 남방서부와 북방북부의 소형 석편 석기 이다. 양자는 모두 중기 홍적세 구대륙 서쪽 넓은 지역에 유행한 주목도끼와는 다르다. 그것은 여러 가지 서로 다른 문화 전통에 속한다[28].

2. 무스테리안 선과 중기홍적세 구석기 문화의 발전

반세기 이전에 미국 하버드 대학 Movius 교수는 구대륙 구석기 초기 구역성 특징에 대하여 주먹도끼(Handaxe) 문화권과 찍개류(Chopper, choppig-tool) 2개 문화권의 가설을 제시하였다[29]. 인파스(印巴次) 대륙북부가 2개 문화권의 경계선이다. 후에 그것은 Movius 선으로 칭하여져서 구석기시대 초기 문화연구에 하나의 중요한 개념이 되었다. 근래 Movius 선이 선사고고 학자들에게서 뜨거운 관심을 갖게 되었다. 다만 문제의 범위는 석기면모에 만 국한된 것은 아니고 전체 구대륙 구석기문화발전과 인류진화의 전체 국면에 대한 진 일보한 견해가 되었다. 여하튼 그 핵심은 중기 홍적세 구대륙 양 지역 구석기문화발전의 구분과 관계의 핵심문제가 되어 그것들의 각종 요인에 영향을 미쳤다[30][31][32].

최근까지 인용된 모비우스 선(線)으로 정한 경계선은 다시 동서 두 문화권에 대한 것으로 인용되지 않았다. 도면(도2-35)에서 제시한데로 아쉴리안 주목도끼 경계선은 동. 서 사이의 차이가 아니고 동시에 구대륙 서방남북 사이의 여러 가지로 불 수 있는 것으로 되었다[33]. 이 경계선은 중기 홍적세 구석기문화 분포의 실질적 상황을 나타내어 주고 있다. 이 경계선의 서쪽, 남쪽 지구는 초기 홍적세 이래 주목도끼가 서서히 발전 구역성의 문화전통을 형성 시켰다. 그러나 이 경계선을 넘어서 주목도끼의 존재가 없거나 드물 었다. 비록 근래에 동아시아 일부지방에서 주먹도끼가 발견되었다는 보도가 있지만 발견된 수량이 전체 석기내에 차지하는 비율이 적어 전형적인 아쉴리안 석기와 비교될 수 없다. 동아시아 지역 주먹도끼제작 기술 및 전형적 아쉴리안 기술의 관계인식에 대하여 아직 공통된 인식에 이르지 못하고 있다. 이것은 새로운 문제를 제시 하고 있으며 동시에 우리들은 구대륙 양 지역 중기 홍적세 및 더욱 이른 단계 구석기문화의 발전에 대하여 새로운 시작으로 대처하여야 할 것이다.

먼저 모비우스 선의 존재는 중기 홍적세 및 더욱 이른 단계의 동. 서방 구석기 혹은 문화전통에 관한 명확한 차이를 나타내 주었다. 구대륙 서쪽 대부분 지역은 주목도끼가 초기 홍적세부터 계속 발전, 전체 중기 홍적세기간에 통일을 시켰다. 거의 백 만년의 발전 과정 중 초기 때에는 간단하고 거칠은 돌 마치 타제 기술의 산물 이였지만 후기에 이르러 부드러운 망치 기술로 정교한 주먹도끼 제작이 출현되고 유행되어 주먹도끼 제작기술이 대단히 발전, 특징이 뚜렷한 아쉴리안 전통을 형성시켰다. 이러한 주먹도끼 특징 및 그 가공 기술 및 전형적 아쉴리안 문화사이의 관계는 더 진일보한 연구가 필요하다.

다른 한편 모비우스 선의 양측은 동, 서방의 아쉴리안 문화와 강자갈 및 석편석기 전통의 뚜렷한 구분 뿐 만 아니라 우리들이 서방으로 방향을 돌려 본다면 중기 홍적세 구대륙 서쪽의 남. 북 두 부분의 석기전통도 서로 갖지 않는 것을 발견할 수 있다 : 구대륙 서쪽 남부의 대부분 지역이 서로 다르다. 유라시아 대륙 북부 지역 주먹도끼 흔적을 볼 수 없다. 거기에는 주로 석편석기가 유행되어 실질적으로 아쉴리안 문화 전통과 차이가 있다. 이러한 문화 분포의 현상은 우리들이 중국 중기 홍적세 구석기의 발전 이해에 중요한 의의를 재삼 인식시켜 주고 있다.

모비우스 선의 구분, 동. 서방 각 지 내부의 여러 가지 문화구역의 출현 등은 결코 간단하게 문화전통의 차이라고 해석 할 수없을 것이다. 여러 가지 문화전통 출현 또는 확실한 사실은 다만 이러한 실제 상황은 오로지 홍적세 초, 중기 고인류 및 그 문화발전의 실질적 표현이다. 이러한 표현의 원인 조성은 다방면일 가능성이 크다. 많은 연구자들이 여기에 관하여 다 방면의 연구를 하고 있다. 각지 생존환경의 다양성은 여러 가지 생활방법을 제시할 가능성이 크다. 석기 석재의 다양성 또는 우수한 암질의 결핍 등도 석기면모의 차이를 갖게 한다. 또한 자연지리의 장해로 문화내지 교류의 어려움이 문화의 차이를 형성시키며 심지어 고고학 발굴 작업도 편차 또는 연구 인식의 문제 등 여러 가지 요인이 있다. 이러한 모든 것들에 대하여 일찍이 연구자들이 홍적세의 다양한 문화전통의 형성원인에 대한 초점을 두었다. 개별 유적 또는 국부 지역의 문화 특징형성은 구체적 원인이 있었을 것이다. 다만 구역성의 특징은 중기 홍적세 구대륙 문화발전의 형태를 형성시켰으며 이것은 단일 원인으로 해석 할 수 없으며 다방면 원인을 고려하해서 공통된 작용의 결과를 얻어야 할 것이다[34].

(3) 과도시기의 문화특징

1. 중국경내의 과도단계의 문화발전

후기 홍적세 초기는 하나의 전후 시기를 연계시키는 시기이다. 이 시기에는 여러 방면에서 전술 한 바와 같이 고인류자체의 체질특징으로부터 사회문화의 구성까지 모두 뚜렷한 과도기의 특징을 가지고 있었다. 이 단계의 구석기시대 문화특징은 먼저 공간상의 차이가 있었다. 기본적으로 초기 몇 곳 문화특징을 계승, 동시에 여러 각도의 발전에 기초를 세웠다.

초기에 비하여 변화가 그리 크지 않은 곳은 남방의 두 곳 아구(亞區)이다. 남방의 동부 아구에서는 중기의 각 지점에서 매장 조건부터 유적의 유형까지 모두 변화가 없다. 이미 발견된 여러 지점은 크고, 작은 강 유역에 무리를 지어 분포되었다. 같지 않은 점은 중기의 지점은 대부분 낮은 단계의 계지상에 분포, 하촉(下蜀) 황토의 퇴적내에 매장되었다. 현재의 자료에 의하면 중기유적의 규모는 대단히 커서 사용시간이 오래 동안 지속될 가능성이 크다. 이 점은 호북(湖北) 형주(荊州) 계공산(鷄公山) 유적의 예가 된다.

동부 아구의 석기문화 면모와 초기 것과 비교하면, 또한 차이가 그리 크지 않다. 석기는 보편적으로 거칠고 크며, 강자갈이 석재, 직접타법으로 석기가 제작되었다. 석기는 찍개, 대형 첨두기위주, 긁개 등 소형도구는 드물다. 이러한 상항의 존재는 유형학 방면에서 이 지역내의 초기. 중기의 구석기석기를 확실하게 구분하기 어렸다. 현재의 자료에 의하면 상기한 초기와 같은 방면을 제외하고 일부 초기와 다른 점을 볼 수 있다. 예로 계공산 유적은 비록 찍개류와 대형 도구 주체로 되어 있고 초기의 각 종 석기 유형이 모두 갖추어져 있지만 석기의 제2가공이 대단히 정교하다. 더욱 반변 또는 편평한 강자갈로 가공된 첨두기는 형태가 규정되었고, 가공방법도 일치하다. 이것은 석기 제작기술의 진보성을 반영하여 주고 있다. 그 외 다른 하나의 발전 추세는 석편가공 석기 수량이 증가되었다. 이 상항은 호북 지성(枝城)의 구도하(九道河)에서 볼 수 있다. 비록 석기의 형체가 거칠고 크며 찍개류의 대형도구가 주도적 위치이지만 이 지역의 석편 비율은 강자갈이나 석핵 보다 높다. 이 두 곳의 정항은 남방동부지구 구석기중기 석기제작 기술의 발전을 나타내어 주고 있다. 현재의 작업현상은 정식 발굴 작업이 드물어서 믿을 만한 년대학 자료가 없다. 따라서 전면적으로 이 단계의 발전상항의 이해는 어렵다.

서부 아구에서 발견된 자료는 드물다. 다만 소수 지점은 동굴유형이다. 석기 방면은 많은 자료로서 비교할 것은 없다. 전체적 관찰은 두 시기(兩期)의 변화는 뚜렷하지 않다. 만약 검서(黔西) 관음동(觀音洞)의 절대 년대의 수치가 믿을 만 하다면 적어도 일부분 퇴적은 본 단계에 속한다. 그러나 우리가 전장에서 소개한바와 같이 관음동 진체 퇴적내에 상. 하부의 문화면모는 현지한 차이가 없다. 최근 발견된 반현(盤縣)의 대동(大洞), 그 시기는 관음동과 접근되며 문화면모도 기본적으로 일치하다. 이 지구는 이 시기 구석기 문화의 공동 특징이 중. 소형 석기위주, 긁개 등 소형도구가 주도적 역할을 하였으며 석편이 정교하게 가공되었다. 전체 문화 면모는 동부지구와 뚜렷하게 대조적이다.

남방의 동. 서 양구(兩區)의 과도기 단계의 문화면모는 초기에 비하여 큰 변화가 없다. 이와 같이 상대적으로 안정된 문화 발전의 특징은 이 지역 자연 환경의 요인과 중요한 관계가 있다. 전면에 소개한 남방지구 환경특징은 그대로 머물러 있었다. 비록 홍적세 전 지구성 기후 변화 영향이 크지만 중국 남방은 그 위도(緯度), 지형 등의 인수 관계로 이 지구 홍적세 중. 후기의 환경변화는 결코 뚜렷하지 않다. 열대. 아열대 생태환경의 큰곰-검치상 동물군의 안정된 존재는 이러한 상항의 증명을 반영하여준다. 따라서 홍적세 초기. 중기의 환경 적응에서 현성된 구석기시대 초기의 각 종 문화특징은 비교적 안정되게 보존되어 있었다.

남방지구와 북방 과도단게의 문화와 다른 것은 비록 비교적 많이 본 지구 초기 문화의 많은 특징을 게승하여지만 문화발전의 추세는 상대적으로 안정되어 있었다. 다만 남방 같은 시기와 비교하여 변화는 비교적 현저하다. 이러한 변화는 특히 북방의 남부지구에서 현저하게 나타났다.

본 지구의 초기와 비교하면 북방의 남부지구는 유적의 유형방면에 변화가 없다. 여전히 야외유형의 유적위주이다. 대부분 집단으로 발견되었다. 예를 들면 정촌(丁村) 등이다. 그러나 변화가 비교적 큰 것은 이 지구의 구석기시대 석기 면모이다. 초기는 찍개류, 대형 첨두기 등 대형 석기위주의 거칠고 큰 석기, 중기에 이르러서 몇 지구(地區)만 보류되었다. 그 외의 대부분 지구는 긁개위주의 소석기로 대체되었다.

전자는 정촌지점군(地點群) 및 분하(汾河) 유역의 일부 지점이다. 찍개, 대형 첨두기, 원형 돌 등 대형도구는 석기 조합 중 중요위치차지, 석기의 전체 면모는 가칠고 큰 유형이다. 이러한 뚜렷한 현상은 이 지구 초기의 구석기 문화전통을 계승한 것이다. 그러나 그 외의 일부 지구는 기본적으로 초기의 거칠고 큰 대형 석기전통의 영향이 보이지 않고, 긁개위주의 소석기가 유행되었다. 예로 경(涇). 위하(渭河) 유역 등 지구에서 발견된 일부 지점이다.

이러한 변화 출현 원인은 가장 직접적으로 환경의 요인이다. 전술한 바와 같이, 중기 홍적세부터 시작하여 중국 남. 북 자연환경의 차이가 점차적으로 증가 되었다. 중기 홍적세 말에 이르러서 남방지구와 인접한 북방남부지구의 환경변화가 현저하게 부상되었다. 예로 후기 홍적세 초기에 이 지구에 화북지구 후기 홍적세의 전형적 동물 군 즉 온대의 초원 또는 삼림-초원환경이 유행되었다. 이러한 환경과 적은 된 것은 긁개위주의 소석기가 유행된 것이다. 다만 국부지구(地區) 기후의 전환의 시기에 온난. 습윤의 삼림환경이 출현되었다. 예를 들면, 정촌지구에서 발견된 다종 코끼리 화석은 이러한 기후 환경을 반영하여 주고 있다. 이 환경과 적은 되는 것은 정촌의 대형 석기였다.

북방의 북부지구, 그 남부의 인근 지역과 비교하면, 본 지구 초기 석기 문화 전통을 계승하였다. 그리고 문화면모 역시 큰 차이는 없다. 이 지구내에는 여전히 동굴유형의 유적이 유행하였다. 구석기문화는 전형적 소석기이다. 석기 조합은 뚜렷한 변화는 없다. 기본적으로 초기에 이미 출현한 유형이다. 다만 여러 유형이 출현한 비율에는 변화가 있다. 가공기술도 발전이 서서히 이루어 졌으며, 비교적 뚜렷한 변화는 양극타격법이 사라지는 추세이며, 각 지점 모두 직접타격법으로 석편제거, 준비된 타격면 기술도 초기 보다 더 많이 응용되었다. 이러한 비교적 안정된 발전 추세는 당지 홍적세 중기이래 비교적 안정된 온대 초원형의 자연환경과 직접관련이 있다. 이러한 환경적응에는 각 유형의 긁개, 소형 첨두기 도구 중심의 소석기가 구석기시대 중기, 심지어는 더 늦게까지 계속되었다.

2. 구대륙 서방과의 비교

구대륙 범위내에 구석기시대 중기 문화의 시공(時空) 변화와 초기를 비교하면 더 큰 변화가 있었다. 다만 현저한 것은 대단히 큰 범위내에 비교적 일치된 특징이 있다. 전술한 바와같이 중국과도기의 문화는 뚜렷한 구역성 특징을 갖추었다. 동일하게, 구대륙 서쪽에도 몇 가지 특징이 현저한 문화구(區)가 뚜렷하게 보였다. 그 중 가장 중요한 것은 전술한 네안데르탈인과 관계된 무스테리안 문화구이다. 그것이 주로 분포된 곳은 유럽과 서아시아이다. 다만 이 구역부근의 북아프리카, 심지어는 중앙 아시아 및 남 아시아 지구에도 모두 뚜렷이 무스테리안 문화의 영향이 보였다. 비록 후면에 이러한 지구에서 뚜렷한 지방성 특징이 있지만 기본적으로 같은 전임자가 동일하게 큰 문화의 범주내로 들어 왔다. 그러나 아프리카의 사하라 사막 남쪽까지는 비록 뚜렷하게 무스테리안 문화인수가 보이지만 그 주체(主體)를 말하면 무스테리안과는 다른 것으로 다른 문화 계통에 속하여 있었다.

물론 전형적 무스테리안 문화, 또는 사하라사막 이남의 중기 구석기 문화는 모두 그들 각자와 본 지구 더 이른 시기의 문화 사이에 연계가 있었다는 것을 뚜렷이 볼 수 있다. 무스테리안 문화와 유럽 및 서아시아 지구의 아쉘리안 문화의 연계는 서구의 아쉘리안 전통 무스테리안 문화내에 뚜렷이 반영되고 있다. 서아시아 지구에서 아쉘리안 후기부터 아쉘리안-아부노티까지 그리고 서아시아 지구 무스테리안 문화의 발전까지의 흔적을 볼 수 있다. 아프리카 남부에서는 물론 훌스미스 문화 또는 상고안 문화까지 모두 아쉘리안 문화영향의 흔적이 뚜렷이 남아 있었다. 따라서 이러한 지구 과도 단계의 각 문화는 뚜렷하게 모두 이 지구 더 이른 단계의 구석기 문화 발전에서 발전되어 왔다.

구 대륙 서쪽 과도단계의 문화발전은 각지 환경요인의 심각한 영향을 받았다. 아프리카남부의 훌스미스와 기타 석편석기위주의 문화유형은 주로 초원환경에 분포되었다; 따라서 대형 첨두기, 송곳 류 등 대형 강자갈 또는 석핵석기위주의 상고안 문화는 삼림환경조건하에 집중적으로 분포되었다. 석편석기위주의 무스테리안 문화는 더욱 유럽 등 위도가 비교적 높은 지구, 즉 초원환경 위주에 적응되는 것이었다. 이러한 상황 중국 경내 과도 단계 문화구 와 형성된 원인이 뚜렷하게 공통된 장소이다[35].

환인수 이외에 더욱 주요한 것은 문화전통의 영향을 받은 것이다. 문화전통의 형성은 비록 여러 면의 인수가 있지만 인류자체의 영형이 더욱 중요하다는 것은 의심할 여지가 없다. 공동혈연관계와 문화교류의 밀집한 인간집단 사이의 유지는 공통의 문화전통 유지를 자연이 용이하게 만든다.

거리가 멀리 떨어져 있으며, 자연지리 장애를 받아 인류 집단사이가 격리되면 같은 문화인수를 유지 할 가능성이 전자보다 낮아진다. 이러한 문화인수가 행하여진 곳으로는 히말리아 산과 청장고원의 동아(東亞), 동남아 지구는 무스테리안 문화인수의 영향을 찾아 볼 수 없다. 구대륙 범위 내에서 과도단계 또는 구석기시대 중기 문화의 몇 가지 특징은 뚜렷하게 큰 문화 구를 형성하였으며 이것과 밀접한 관계가 있었음이 뚜렷하다. 이 몇 개의 문화 구 사이에 유럽과 서아시아 및 인근 지구 등은 뚜렷이 동일문화 전통에 속하며, 사하라 사막 이남지구도 역시 많은 같은 문화인수가 유지되었다. 그러나 동아시아와 동남아시아 지구는 석편 또는 강자갈 석기가 주로 유행되었으며 르발르와 와 무스테리안 기술은 찾아 볼 수없다. 구대륙 서쪽과 대단히 선명한 대조를 이룬다. 우리가 검토한 중국과 전체 아시아 동부지구 고인류 및 그 문화의 발전문제의 언급에 대한 것은 상기한 정항에 대하여 특별히 관심을 가질 필요가 있다.

(4) 후기 홍적세 후기의 발전

후기 홍적세 후기, 구석기시대 문화의 발전에 새로운 단계에 진입도어 후기 구석기 시대 후기가 되었다. 중국의 구석기시대 후기 문화의 분포는 추기. 중기에 비하겨 비교적 큰 변화가 발생되었다. 하나의 특징은 분포범위가 확대, 서. 북. 동 방향으로 확장되었다; 그 외 하나의 특징은 원래 구역내부에 비교적 큰 변화 발생, 원래의 경계선이 사라지고, 새로운 문화구역이 탄생되었다.

1. 분포범위의 확장

중국 구석기시대 후기 문화의 분포는 이전시기와 비교하여 특히 현저하게 서, 북, 동 방향으로 대폭 확대되었다. 이러한 확장의 원인은 현인의 출현에 수반되어 문화발전이 신속하고, 생산력이 증가되고, 인구가 신속히 증가, 새로운 영역이 개척될 필요가 있었기 때문이다. 현인의 체질과 문화 등 각 종 능력의 증가, 새로운 적응의 어려움, 그리고 환경극복의 가능성이 있었다. 이와 같은 현상으로 대규모의 영토 확장이 발생되었다.

서쪽 방향으로 발전, 서부의 청장고원지구에 이르렀다. 이 지역의 평균해발은 4.000 m 이상으로 세계의 지붕이라고 칭한다. 그곳은 자연조건은 대단히 어렵다. 산이 높고 추운지구, 대단히 많은 곳에 오래 동안 눈이 덮혀 있었다. 다만 식물류는 높은 산의 초전류(草甸類)이다. 이와 같은 환경은 초기 인류가 생존하기에 적합하지 않다. 다만 구석기시대 후기에 인류활동의 흔적이 이미 이곳에 도달되었다. 1950년 이래 계속해서 고원 상(高原上)에서 일부 석기 지점과 많은 타제석기가 발견되었다. 이러한 지점은 청해(青海)의 곽곽서리(霍霍西里), 서장(西藏)의 소숙(蘇熟), 호령(芦令), 갑예(甲礼) 등이 포함된다. 지점의 해발고도는 평균 4.300 m 이상이다. 최고로 높은 곳은 5.200 m 이다. 이러한 지점 중에서 일부의 시기는 비교적 늦다. 다만 그중에 구석기시대 후기에 속하는 곳이 발견되었다[36].

청장고원상의 확실한 구석기시대 후기 유적은 청해 시달목(柴達木) 분지의 소(小)시달목 지점이다. 석기 지점이 소시달목 호수 계지 상에 위치하고 있다. 해발고도는 3.200 m. 채집된 석기는 100여점이다. 석재는 석영암 강자갈, 직접타법과 양극타법 2종으로 석편제거, 다만 전자 위주이다. 석기는 석편위주로 제작 길이는 4-6 cm, 10 cm 이상 되는 대형은 드물다. 석기는 긁개, 홈 석기, 조각기, 송곳과 찍개 류 등이다. 석기는 긁개위주, 기타는 수량이 드물다. 이 지점의 C^{14} 년대는 B.P. 30.000년, 구석기시대 후기의 초기 단계에 속한다[37]. 그 외, 청해 호남안(湖南岸)의 흑마하(黑馬河) 등지의 계지 지표아래 1 m 깊이의 층위 내에서 석영, 마노의 석제품과 뼈제품 발견되었다. 동시에 대량의 숯과 재 층이 확인되었으며, C^{14} 측정은 B.P. 11.000년이다[38].

상기한 바와 같이 구석기시대 후기의 비교적 이른 단계의 인류가 청장고원지대에 도달하였다. 구석기시대후기 인류가 북방으로 향한 확장은 동북아시아 지구 중부, 북부에서 구석기가 발견되었다. 동북지구의 중북부 지구는 위도가 비교적 높고, 기후가 한 냉 하였다. 자연 지리 환경은 동북남부, 화북, 서북 대부분 지역의 북방지구와 서로 다르다. 그리고 유라시아 대륙을 가로 질러 한 냉의 초원지대와 연결되어 있었다. 이 지구 현재까지 드물게 구석기시대 유적이 확인되었다. 다만 구석기시대 후기 지점이 송화강, 눈강(嫩江)과 흑룡강유역에서 발견되었다. 이러한 구석기와 동북지구 후기 홍적세의 털코뿔소-맘모스 동물군의 화석이 공존되었다. 이미 발견된 비교적 중요한 지점은 길림(吉林) 건안(乾安) 대포소(大布蘇), 유수주가유방(榆樹周家油坊), 흑룡강 할빈 고향둔(顧鄕屯), 염가강(閻家崗), 지지할의 앙앙계(昻昻溪) 등이다[39].

동북 중. 북부 지구의 지리위치는 특수하다. 그곳은 화북과 동북아 사이에 있다. 그리고 두 곳(兩區)의 중심부를 연결시키고 있다. 유라시아 북부의 초원지대를 가로 질러 구석기 후기 수렵문화가 고도로 발달된 구(區) 이다. 이 구역은 특히 활발한 사냥활동 흔적이 있으며 중국의 동북부까지 도달되었다. 그리고 중국북방 지구 전통적 구석기문화는 후기에 이르러서 신속히 북쪽방향으로 발전되었다. 그로인하여 동북의 중. 북부지구의 구석기시대 후기 문화의 정향은 복잡하다. 그 중에 하나의 비교적 중요한 발견은 염가강 이다. 염가강은 할빈의 서쪽교외 송화강 지류의 2급 계지 상에 위치하고 있다. 이 지역에서 일찍이 인류화석, 동물화석과 소량의 석기가 발견되었다. 그 외 또한 동물 뼈로서 2개의 반원형 결구(結構)을 세웠다. 원 연구자에 의하면 이곳은 구석기시대 후기 사람들의 사냥의 야영지이다[40]. 시기는 B.P. 22.000년이다. 이와같이 동물 뼈로서 결구가 세워진 현상은 중국구석기시대에 아직 선례가 없다. 다만 유사한 결구가 아러스(러시아)의 동구(동구유럽) 및 시베리아 평원상의 구석기시대 후기 유적에서 많이 발견되었으며, 그것은 당시 인류의 거주지이다. 양자의 환경이 유사하다. 지리적 위치도 또한 접근되어 있다. 그들 사이의 관계를 연구할 필요가 있다. 현재 발견된 석기에 의하면 동북 중. 북부의 구석기문화는 화북 지구와 관계가 밀접하며, 따라서 화북 인구 증가, 문화발전 등이 점차적으로 북쪽으로 확장되었다. 다만 일부 화북의 인수에 보이지 않는 것은 전술한 뼈를 세운 결구 등은 보이지 않는다. 그것역시 문화교류의 산물이라고 볼 수 있다.

마지막 빙하기 한 냉의 도래에 따라서 해수면이 하강되고, 육교(Land bridge)가 노출되어 구석기시대 후기 인들이 동쪽으로 확산되었다. 충적세의 바다 물 증가는 노출된 육교가 다시 수몰되고, 인류활동의 흔적도 수몰되었다. 그러나 오늘날의 대만(臺灣)에서는 이 시기의 유적을 볼 수 있다. 대만의 좌진인(左鎭人)과 장빈(長浜) 문화의 발견은 대단히 좋은 증거가 된다. 좌진인은 1970년 대남현(臺南縣) 좌진향(左鎭鄕) 채료계(菜寮溪)에서 인류 오른 쪽 이마 뼈 화석이 발견되었으며, 그 이후에도 계속하여 정수리 뼈, 이마 뼈, 뒷머리 뼈와 개체 이빨이 확인되었다. 화석의 Fluorum-Mangarum(气錳)의 측정으로 B.P. 30.000-20.000년이 산출되었다. 마지막 빙하기 사이에 육교를 통하여 대만까지 갈 수있었다[41].

장빈(長濱) 문화는 대동현(臺東縣) 의 장빈향(鄕)의 팔선동(八仙洞)에서 발견되었다. 그중의 견원동(乾元洞)의 얇은 회색 퇴적은 장빈 문화 층으로 C^{14} 측정 년대가 15.000년, 구석기시대 후기에 해당된다. 다만 그 중에 몇 개의 더욱 늦은 시기의 수치는 이미 신석기시대에 진입되었다. 장빈문화의 석기석재는 규질사암, 감람석, 석영암, 석영과 옥수 등의 강자갈이다. 석편석기가 많고, 강자갈 석기는 드물다. 석편제거 방법은 예리한 부분을 양극타격법으로 처리위주, 또한 직접타법도 사용되었다. 석기는 긁개, 첨두기와 찍개 류 등이다. 전자는 대부분 석편제이다; 후자는 강자갈의 단면 또는 양면을 직접타격하여 제작 시켰다. 그 외 많은 뼈, 뿔제 도구도 발견되었다. 또한 긴 첨날, 양단 첨날, 송곳 형, 뼈바늘 등이 발견되었다[42]. 강자갈 석기는 화남지구의 오래 된 전통이다. 예리한 곳 처리의 양극타격법은 서남지구 구석기후기의 특산품이다. 이것은 장빈문화와 남방 구석기문화와의 밀접한 관계를 확인할 수 있다. 그것은 또한 당연이 이 지구가 후기구석기 문화의 동쪽 발전의 산물이다.

2. 북방 구석기시대후기 다양한 문화유형의 형성

구석기시대 후기 초에 이르러 북방지구는 초기 때부터 지속적으로 남, 북 2개 아구(亞區)의 문화형태에 근본적 변화가 발생되었다. 이 시기의 문화특징은 남북은 아니고 동서방향으로 뚜렷한 차이가 생겼다.

구석기시대 후기 초의 각지의 구석기문화는 모두 비교적 많은 과도기 단계의 문화특지을 가지고 있었다. 예로 동부의 선인동(仙人洞) 아래 층, 서부의 치욕(峙峪) 등으로 원시기술로부터 석기조합까지 모두 초기, 중기 이래 본 지구에 유행하던 소석기 문화전통을 가지고 있었다. 다만 시간에 흐름에 따라서 전통요인(인수)은 점차 사라지고 새로운 성분이 부단히 증가 동. 서 양부분의 문화차이가 점차 크게 확대 되었다.

동부에는 비교적 이른 단계에 많은 동굴유적이 있었으며 비교적 많은 소 석기 문화 전통을 보유하고 있었다. 이러한 동굴유적에서 발견된 석기는 가공기술이 비교적 단순하고 직접타법과 양극타법으로 석편이 제거 되었다. 양극타법이 비교적 중요한 위치를 차지하였다. 준비된 타격면 기술은 보이지 않고, 또한 간접타법의 잎 형 석기와 세 석 협도 없다. 석기의 제2가공은 거칠고, 다수 석기 유형이 부정 형(型)이다. 석기기술과 석기 유형은 초기에서 후기까지 변화가 뚜렷하지 않다. 석기는 여러 유형의 긁개가 다수, 다만 찍개 류도 일정한 위치차지, 첨두기의 수량 많지 않고, 제2가공 단순처리, 또한 전형적 밀개 없다. 그러나 이러한 전통의 석기 외에 뼈, 뿔 제 도구가 대단히 발전되었다. 뼈, 뿔 제로 여러 가지 생산도구, 생활용구, 정교한 뼈 제

도구가 동굴거주자의 기술수준을 대표하여 주고 있다.

동굴거주자 거주환경은 비교적 온난, 습 윤의 삼림 또는 삼림초원이다. 때로 광활한 수역(水域) 부근에 머 물은 예도 있다. 이러한 환경은 원시인류에게 비교적 충족된 식물자원을 제공하여 주었다. 따라서 이러한 유적의 퇴적층은 모두 두텁고, 비교적 장기체류한 현상을 나타내어 준다. 환경조건과 도구에 의하면 그들의 경제 유형은 수렵과 채집의 종합유형이다. 현재 가진 자료에 의하면, 이러한 유형의 발달 시기는 주로 최후 빙하기 최정상기전의 기후가 비교적 따뜻한 시기이다. 최정상의 추위가 도래함에 따라 북방환경은 건 냉화로 발전, 이때는 문화발전 위축 추세, 그 대신 전문화의 수렵문화로 대치 되었다.

서북부의 수렵문화는 비교적 전자보다 복잡하다. 이러한 복잡성은 석기유형에 나타나 있다. 서북부의 면적이 광활한 초원지구에 여러 유형의 문화인수가 영향을 주기시작 하였다. 따라서 이 지구의 수렵인의 문화는 여러 시기와 여러 지역 내에서 다양한 변화로 나타났다.

구석기시대 후기초에 서북부 지구 최초로 출현한 초기. 중기 소 석기유형이 차이가 그리 크지 않은 문화유형으로 등장되었다. 더 이른 시기의 사라-오소 골과 유가분(劉家盆) 등지에서 발견된 것을 비교하면 석기제작 기술은 크게 현저한 차이는 없다. 석기유형은 토기부터 변화발생, 수렵전문 석기 유형으로 밀개 등이 출현, 일정한 비율을 차지하였다. 예로 치욕유적, 비록 초기의 석기제작 기술을 답습하였지만 이러한 종류기술의 최고 봉을 세웠다. 직접타법과 양극 타격법으로 비교적 규정된 작고 길며, 사다리꼴 형, 삼각형 석편을 떼여 졌다; 이러한 기술을 제2가공에 응용하여 기형이 규정되고, 날이 대칭적이며, 소석편 제거 흔적도 얇은 각 종 석기가 제작되었다.

B.P. 25.000년 전후 또는 더욱 이른 시기에 진남(晉南)의 중조산구(中條山區)와 분하 곡지(谷地)에 세석기 기술이 출현 되면서 신속히 발전되었다. 진남 세 석기 문화의 전형적인 것은 하천문화(下川文化)가 대표적이다. 하천

문화 발전기간 동안에 전문적인 수렵인의 문화가 가장 높은 성숙단계에 이르렀다. 복합도구 제작을 목적으로 하는 가는 잎 형석기가 대량으로 제작되었다. 석기 유형은 전형적인 밀개위주, 제2가공이 정교한 첨두기도 있으며, 동시에 던져 사용하는 끝이 뾰족한 첨두기 또는 석촉 등이 출현되었다. 하천문화는 계속발전되어 B.P. 13.000년 전후까지 존속되었다. 이와 동시에 세석기 문화인수가 북방지구에 널리 확산, 수렵 문화 내에서 소 석기 제작 전통으로 대체되어 이 단계의 주도적인 요인이 되었다.

서부 수렵 문화내에 또 다른 하나의 유형은 잎 형 석기 제작이다. 잎형석기 제작위주의 문화 유형은 중국경내에서 비교적 늦게 시작되었으며, 그 영향도 비교적 약하고, 북방 및 전체 중국 구석기시대 후기 문화 내에서 충분한 발전이 없었다. 전형적 잎형석기 문화유형은 현재까지 오직 영하(寧夏)의 수동구(水洞溝) 유적에서 소수 발견되었다. 이 제작은 직적타격으로 처리하여 석핵을 준비해서 대량의 형체가 규정된 잎형을 떼여 내여 가공 제작된 것이다. 동시에 각종 유형의 전문화된 수렵도구가 제작되었다. 수동구외에 일부 전문 수렵의 문화내에서 지속적으로 잎 형석기가 발견되었다. 다만 잎 형 석기 제작 기술요인은 이 유적내에서 주도적 위치는 아니였다. 수동구 유적은 북방의 서부지구에 위치, 그 출현 시기는 B.P. 25.000년경, 이때는 구대륙 서쪽에 잎 형 석기가 최 정성시기에 있었다. 따라서 많은 연구자들은 그것은 문화교류의 산물이라고 보고 있다.

서북 초원지구의 후기 문화를 관찰하면 3종 문화인수가 있다. 소 석기 제작은 초기. 중기 이래 지속적으로 이루어져 전통이 만들어 졌으며 이 전통은 구석기시대 후기의 이른 단계까지 와서 서북부의 문화 유적내에 주도적 역할을 하였다. 세석기 기술의 출현에 따라서 소 석기 기술 전통의 영향이 점차 약해졌다. 출현된 시기와 지점에 의하면 화북지구는 세석기 기술의 기원지의 한곳이다. 더욱 배 밀 형 세석기 기술은 소 석기전통내에서 그 근원지를 찾을 수 있다[43]. 현재 발표된 자료에 의하면 세석기 기술기원의 과정을 자세히 설명하기는 어렵다. 세석기 기술은 중국 구석기 기술발전의 최고 봉이다. 그것의 출현은 수렵경제의 고도발달과 밀접한 관계가 있다. 그리고 그것은 수렵경제발전의 필수품이다. 그리고 그것의 출현과 발전은 또한 수렵경제를 지속적으로 발전시켰다.

세계 기타 지구와 더욱 유럽, 서아시아 지구의 후기 구석기문화와 비교하면, 발달된 잎 형 석기가 없는 것이 중국구석기문화 발전의 가장 현저한 특색의 하나이다. 그러나 이 지구내에 잎 형석기 위주의 수동구 유적이 있지만 다만 한 곳에서 발견된 것만으로는 약하고, 그 이후에는 잎 형 석기제작기술은 거의 찾 아 볼 수 없다. 다만 그 외 잎형 석가가 주도된 유적 또는 지점도 발견되지 않았다.

상기한 3종 문화인수 또는 기술전통의 변화는 사라지는 과정에서 서북 초원지구 구석기시대 후기 발전역사의 주요한 내용이 되었다[44].

3. 남방 구석기시대 후기문화의 발전

구석기시대 후기초의 중국남방은 한 곳의 문화발전의 전환 장소로 되었다. 이 지구 초기, 중기 문화와 비교하면 문화면모상 커다란 변화가 발생되었다. 북방지구도 마찬가지로 구석기시대 후기에 이르러 남방지구내 원래의 동. 서 2개 서로 다른 문화구의 경계선은 다시 존재하지 않았다. 대신 발생된 것이 시간과 공간 변화를 따라서 여러 가지 지역적 문화가 발생되었다. 문화변천 상황은 북방보다 더 복잡하다[45].

북방지구와 같은 곳으로 이 지구 구석기시대 후기 초에 각지에서 발견된 구석기 문화는 모두 비교적 많은 본 지구 초기의 문화 전통을 가지고 있다. 예로 동부지구의 보직암(寶織岩)은 비록 발견된 인류화석이 이미 후기 네안데르탈인의 유형이지만 여전히 기본적으로 초, 중기의 강자갈 석기 전통을 가지고 있었으며 석기의 형체는 크고 가공은 거칠고, 석기 조합 중 많은 강자갈이 직접 가공되어 찍개 류가 제작되었다. 운귀(云貴) 고원상의 시가가 비교적 이른 후기 구석기와 본 지구 더운 이른 시기의 구석기 사이에 뚜렷한 변화는 없다. 사천(四川) 분지의 구석기시대 후기 문화도 비교적 많은 강자갈 석기 전통의 영향이 뚜렷이 남아 있다.

시기의 변화에 따라서 시기가 약간 늦은 각지의 구석기 문화는 신속한 변화가 발생되었다. 변화가 대단히 현저한 공동 현상은 강자갈 석기 전통이 점차 약해져서 사라지기까지 되었으며, 각지는 석편석기 위주가 되었다. 석기는 소형화되고, 석기조합은 점차적으로 긁개, 첨두기 등 소형도구위주의 유형으로 넘어갔다. 이외에 각지 사이의 차이는 날로 증가 되었다. 예로 사천분지와 분지 서부 가장자리 지구는 양종 문화 면모로서 확연히 서로 다른 유형이 이루어 졌다. 본지내의 동량(銅梁)의 석기는 강자갈 석재이며, 석기의 형체는 크고, 석기 조합은 긁개위주의 유형, 다만 찍개 류 대형도구가 여전히 중요한 위치를 차지하였다. 이 유형은 온난 온습의 삼밀 또는 삼림초원환경의 산물이다. 다만 분지 서쪽 변두리 청장고원부근의 부림(富林)은 완전히 또 하나의 다른 상황이다. 부림의 석기는 소형위주, 3 cm 이상의 석기는 드물다. 석기는 대부분 Nodule(塊狀) 또는 석핵편이 가공된 것이다. 석기조합은 긁개위주, 또한 첨두기, 밀개와 조각기 등 소형도구 등이다. 기본적으로 찍개 류의 대형도구는 없다. 부림문화는 부근의 높은 산 초원의 현경에서 출현된 것이다. 그 문화면모는 북방초원지구의 수렵문화와 같은 것으로서 일종의 문화 동질 현상이다.

귀주(貴州) 지구는 비록 일부 지방문화가 초기의 전통을 계승하였지만 백암각동(白岩脚洞)과 묘묘동(猫猫洞) 등 새로 발견된 문화유형은 이 단계 이 지구 구석기문화 발전의 방향과 수준을 대표한다. 백암각동과 묘묘동 등의 원시인들은 예리한 양극타격법으로 당지의 열세한 석재를 가공하여 정교한 석기가 제작되었다. 동시에 대량의 각 종 뼈제, 뿔제 도구 등이 제작, 독특한 문화성격이 형성되었다.

동부 원래의 강자갈석기는 후기 문화 유적에서 발견되었다. 비록 강자갈

석기 전통의 흔적이 남아 있지만 석편석기위주로 변천되어 긁개, 첨두기 등 소형 또는 중. 소형 도구가 새롭게 제작되었다. 남부지구는 백련동(白蓮洞) 석기가 대표이다. 백련동의 구석기문화 층은 비록 소량의 강자갈석기가 출토되었지만 주도적인 것은 대량의 수석 재 석기이다. 북부지구는 악서북(鄂西北), 협남(陜南) 예서남(豫西南) 지구에서 비교적 많이 발견되었다. 이 지구는 강자갈 석기로부터 석편석기로 변경된 시기가 남부보다 이르다. 다만 긁개, 첨두기 등 중, 소형 석기위주의 석기 조합내에 강자갈 가공의 대형 찍개류도 일정 비율를 차지하고 있었다.

최후 빙하기 최성숙기의 종료에 따라서 각지의 기후는 신속히 따뜻해지고, 열대, 아열대 삼림환경이 다시 현대의 자연 지리구역으로 분포되었다. 이것과 밀접한 관계는 영남(嶺南)에서 장강 중, 하류지구의 석기 제작에도 변화가 발생, 강자갈 석기가 다시 주도적 위치에 왔다. 비교적 이른 시기에 발견된 영남 백련동유적의 후기는 물론 또한 장강 중, 하류지구의 일부 새로 발견된 것 중 모두 이러한 변화가 보인다. 다만 후기의 강자갈 석기와 초기 강자갈 석기 제작 방면은 모두 다르며, 그것은 생산 활동의 적응에 의해서 크게 구별 되었다.

남방 구석기시대 후기 문화 발전의 상술한 특징은 구대륙 서쪽과 완전히 다르다, 다만 그 인근의 동남아시아 지구와는 비교적 같다. 예로 화남의 영남지구와 동남아시아의 대륙구(大陸區)는 홍적세 후기가 짧은 일단의 시간 속에 모두 강자갈 석기로부터 석편석기까지 그리고 다시 강자갈 석기로 변화하는 과정을 겪었다. 후기 홍적세 후기의 비교적 이른 단계에서 석기의 석편화, 소형화 추세는 대단히 뚜렷하다. 영남 백련동 유적의 초기 유물은 월남 북부의 Ngoum 의 아래 층, 태국의 Lang Rongien에서 발견된 재료 등 모두 뚜렷한 석편 석기이다. 그러나 이와 같은 시기에 강자갈 석기 전통의 영향은 본구(本區)의 일부 지점에 여전히 뚜렷이 보존되어 있었다. 영남 보직동과 월남 등지에서 발견된 산위(山韋)문화는 여전히 강자갈 석기였다. 이것은 초기, 중기의 전형적 강자갈 석기와 밀접한 관계가 있다. 강자갈 직접가고의 석기 기술은 석기 조합 중 비교적 많은 찍개 류 의 특징이다. 이것은 전형적인 강자갈 석기와 뚜 렷 한 구별이 없다.

대략 최후 빙하기 최 극성기와 동시에 영남지구내의 동남아시아 대륙에 광범위하게 분포된 화평(和平)문환는 이 지구 구석기시대 석기발전에 최고 봉이다. 이 시기에 구대륙 서쪽과 중국북방에 유행한 것은 잎 형 석기와 세석기이다. 잎 형 석기와 조금 늦게 출현한 세 잎 형 석기의 기능은 복합도구로서 손잡이에 첨부되여 사용되었다. 화평문화내의 Sumatralith 등석기는 실험결과에 의하면 손잡이에 끼워 사용 되었다. 다만 사용의 기능은 전자와 다르다. 석엽과 세석엽 등은 주로절단 날로서 사용되었다. Sumatralith 도구의 손잡이는 후에 도끼(斧), 꿩이 등 중형 도구에 사용되었다. 그러나 제작과 응용의 중복도구의 각도에서 보면 중국 남북방과 동남아시아 및 구대륙 양쪽은 이 시기 원시기술발전수준이 일치되었다. 다만 응용의 석기시술에는 차이가 있다. 잎 형석와 세 잎 석기는 Clark가 구분하는 구석기 기술 Mode 중 4 와 5 에 해당된다. 화평 문화는 여전히 강자갈석기에 속하는 Mode1의 범위내에 있다[46].

(5) 소결(小結)

전술한 바와같이 인류가 최초로 손에 쥔 도구는 석핵-찍개 류이다. 대략 B.P. 250만년 경에 동아프리카에서 출현되었다. 170만년 경에 이르러서 이러한 기술을 휘대한 인류가 아시아에 도착되었다. 현재까지 서아시아 지구 두개 최초의 석핵-찍개류 기술의 유적은 Ubeidiya와 거로지아 의 Dmamisi 이다. Ubeidiya의 석핵-찍개류 시대는 대략 140만년, 그 후자는 이른 시기가 170만년 정도이다[47]. 대개 같은 시기 또는 더욱 이른 시기의 석핵-찍개 류 문화역시 동아시아 지구에서 발견되었다. 동아시아 지구에서 초기 홍적세에 속하는 것으로 발견된 것은 1960-70년대에 지속적 으로 보도 되었다. 근년래에 화북의 니하만 분지에서 더욱 풍부한 것이 발견되었다. 동아시아 이 단계의 구석기는 가공기술에서 석기의 면모까지 동아프리카 및 서아시아의 발견 물과 모두 일치하다.

150만년 경 또는 더욱 이른 시기에 아쉘리안 또는 주목도끼 기술이 처음으로 동아프리카에 출현되었다. 아쉘리안 기술은 석핵-찍개 류 기술의 기초위에서 시작되었다. 다만 그 가공 순서와 필요한 기술은 모두 후자가 더욱 복잡하다. 이러한 새로운 기술은 빠르게 서아시아 지구에 진입되어 Ubeidiya와 기타 대단히 이른 시기의 홍적세 유적에서 모두 발견되었다. 또한 뚜렷한 증거 제시가 아쉘리안 기술 휴대인은 결코 1차가 아니고 여러차례 아프리카에서 서아시아에 갔다. 그곳의 환경에 장기간 체류 한 후 서아시아 풍격(風格)의 아쉘리안 석기가 제작되었다[48].

현재까지 유럽의 초기 인류 및 그 문화의 유존은 서아시아 보다 늦은 것이 증명되었다. 유럽에 최초로 도달된 것은 석핵-찍개 류 제작 기술이다. 발견된 것은 100만년이 넘는다[49]. 아쉘리안 기술이 유럽에 도달된 것은 더욱 늦다. 그러나 아쉘리안 기술이 유럽에서 빠르게 더욱 발전되었다[50]. 최초의 아쉘리안 기술을 유럽에서는 Abevillian 이라고 부른다. 아프리카초기 아쉘리안 기술과 함께 돌 마치 기술이 사용되어 간단하고 거칠게 가공되었다. 연질 마치 사용기술과 더불어 대량의 가공이 이루어 지고 형태가 일정한 지방 특징의 라쉘리안 석기가 유럽 각지에서 널리 유행되었다[51].

아쉘리안 기술이 구대륙 서쪽에 널리 유행되고 발전된 상황과 비교하면 동아시아 지구 이 단계는 주로 석핵-찍개기술이 유행되었다. 전형적 Mousterian 문화 발견의 서구로 서아시아, 북아프리카 까지 모두 전형적인 Mousterian 기술이 유행되었다. 이러한 지구와 인접한 중앙 아시아, 남아시아 및 아프리카 사하라 사막 남쪽의 아프리카는 비록 전형적 Mousterian 기술 또는 대소 차이가 있지만 전체적으로 보면 준비된 석핵기술(르발르와 기술과 원형 석핵

기술 포함)로 된 표지적 Mousterian 기술은 당연히 구대륙서방 이 단계에서 가장 뛰어난 공동의 문화특징이다[52) 53)].

준비된 석핵기술이 널리 유행된 서방과 비교하면, 이 단계 동아시아 지구는 앞 일단계의 석기기술을 사용하고 있었다[54)]. 화북 지구는 계속 석편석기 위주의 구석기문화, 직접타격기술 기본으로 직접 석편제거, 석재가 가공되었다. 석제품 전체는 소형화 추세, 또한 원시적인 원형과 기둥 형 석핵도 있었다. 예로 니하만 분지의 허가요 유적의 발견이다. 다만 이러한 것들은 전형적 준비된 석핵기술과는 동일의 기술계통은 아니다. 화남지구 석기 제작기술 역시 발전되었으며 규정된 형체가 출현되고, 가공방법도 석기 유형 즉 호북 형주 계공산 유적의 발견된 첨두기와 같다. 이 지구초기 석기제작과 일맥 상통하고 있으며 준비된 석핵 기술영향은 찾아 볼 수 없다.

비록 최근에 발견된 잎 형 석기 기술출현의 시기는 이미 전술하였다. 다만 진정으로 넓게 응용되고, 유행된 것은 후기 홍적세 후기의 실상이다. 잎 형 석기 제작기술, 세 잎형석기 기술 및, 뼈. 뿔 도구 제작 기술이 높은 수준으로 발전, 전체 구석기 문화의 발전 방향이 최고조에 올랐다. 그러나 석기제작 기술 발전의 근거를 추적하면 이 시기의 구대륙 양쪽은 비교적 뚜렷이 구분된다. 서방과의 차이는 화남지구에서 나타난 것이 더욱 확실하다. 유전학자의 연구에 의하면 화남은 아프리카 현인(Homo sapiens sapiens)이 동아시아 지구에 도착한 최초의 도착지이다[55)]. 그러나 현재까지, 이미 발견된 많은 후기 홍적세 후기 또는 다소 이른 유적중 서방에서 도래된 기술흔적은 없다. 이곳에서는 Mousterian 기술, 잎형석기 기술과 세석기 기술이 없다. 비 전형적인 강자갈 석기제작 기술과 석편석기 기술이 중국 남방 광대지구 후기 홍적세 후기 문화의 발전 주체이다.

남방과는 다르게 화북, 조선반도 및 일분의 광활한 북방지구에는 전형적인 잎 형석기와 세 잎 형 석기 제작 기술이 있다. 화북지구 가장 중요한 잎 형 석기의 발견은 영하(寧夏) 영무(寧武)의 수동구 유적이다. 이곳의 특수한 석기제작 기술은 발견된 직후부터 많은 관찰을 하고 있다. 초기의 서방학자들이 인정하기를 발달된 Mousterian에서 Aurignacian 으로 가는 발전단계로 보고 있다. 중국학자들은 문화교류의 산물로 보는 경향이다[56]. 시기가 조금 늦은 세석기 문화의 발전 단계에 이르러 화북과 주변지구 문화교류 현상은 더욱 뚜렷하다. 예로 화북과 동북아시아의 쐐기 형 석기 제작기술이 광범위하게 분포되었다. 이것은 당연히 문화교류 활동의 밀접한 관계에서 왔다.

3. 청장고원융기 및 그 영향

(1) 청장고원의 융기

근래 청장고원 항목(項目) 연구는 끊임 없이 새로운 성과를 얻고 있다. 그것은 고원의 융기의 시기와 그 폭 및 부근지구 및 전 지구성 기후환경의 영향 등 문제의 의식이 점차 깊어지고 있다[57]. 구대륙 양측 원고인류 및 그 문화 발전의 자료에 대하여 축적된 것이 더욱 많다. 이 새로운 발견은 청장고원 융기 및 그것이 가져온 환경이 동아시아지구 원고인류 및 그 문화발전의 과정에 대한 새로운 계기로 제공되어 있다는 깊은 인식이다. 이 장에서는 상술한 발견을 간단히 결론내리고 동시에 양자의 상관관계에 대한 폭넓은 시각을 초보적으로 검토하여 보겠다.

아주 중부를 가로 지르고 있는 청장고원 및 그 북쪽의 거대한 사막은 동아시아와 구 대륙 서쪽이 격리되어 하나의 상대적으로 독립된 자연지리 단원이 형성되었다. 높은 산, 고원, 사막 등의 격리작용으로 구대륙 양측의 면모는 뚜렷이 다르다. 그러나 역사상, 더욱 시기가 오래된 홍적세 초기에 청장고원은 오늘날과 고도가 아니었을 가능성이 있으며, 그래서 양측 고인류 문화발전영향에 대하여 후기에 현저함이 없다. 청장고원 융기의 시기, 그 너비 및 고 환경의 양향에 관하여 지속적으로 학자들이 연구를 하고 있다. 특히 청장고원 융기와 동아시아 원고인류 및 그 문화의 발전관계는 더욱 선사고고학자들의 관심 있는 문제이다. 이미 많은 문장들이 여러 각도에서 이 문제를 깊이 검토하고 있다[58][59].

청장고원 융기의 시기와 폭에 관하여 여러 연구자들 사이에 다양한 인식이 제시되고 있다. 어느 학자는 고원 융기 시기는 비교적 이른 시기로서 적어도 지금부터 800-700만년 또는 더 이른 시기에 이미 현제와 같은 해발고도가 이루어 졌다고 보고 있다[60]. 최근 어느 학자는 아시아 내륙 황막화(荒漠化)는 이미 2.200만년에 시작되었으며 동시에 청장고원이 융기되었다고 보고 있다[61]. 근 반 세기 이래 많은 중국학자들이 이 문제를 연구하기위하여 많은 작업을 실시 고원 융기 및 그것이 기지고온 환경에 대하여 새로운 연구 결과를 제시하고 있다[62]. 많은 증거가 특히 근래에 여러 학문적 합작으로 이루어진 연구성과를 제시하고 있다. 그것은 청장고원 융기시기 및 아시아 내륙 건조화의 영향도 일찍이 이루어 졌다고 보고 있다. 다만 비교적 늦은 제4기에 고원은 확실히 강열이 상승작용이 있었다고 보고 있다. 또한 그 상승의 폭 및 고환경의 영향에 대하여 대단히 뚜렷한 내용을 보여주고 있다[63].

최신의 연구가 제시한 내용은 후기 신생대에 3차의 강력한 구조(構造)운동을 통하여 청장고원이 상승하여 현재의 높이에 이르렀다는 것이다. 이 3차의 구조운동은 170-340만년의 청장(靑藏)운동, 60만-110만년의 곤륜(昆侖)-황하(黃河) 운동과 0.15 백 만년 이래의 공화(共和)운동 등으로 분류되고 있다[64]. 구조운동은 고원의 지속된 상승을 유도, 동아시아와 구대륙 서쪽에 하나의 거대한 장벽을 형성, 동아시아 대륙 하나의 상대적으로 독립된 자연지리 단원(單元)을 분리 형성 시켰다. 다른 한편, 고원의 융기에 따라서 뚜렷한 환경의 효응을 가져왔으며 아시아 계절풍 계통을 형성시키고, 심지어 전 지구상에 기후 변화를 가져오게 하였다(도5-1).

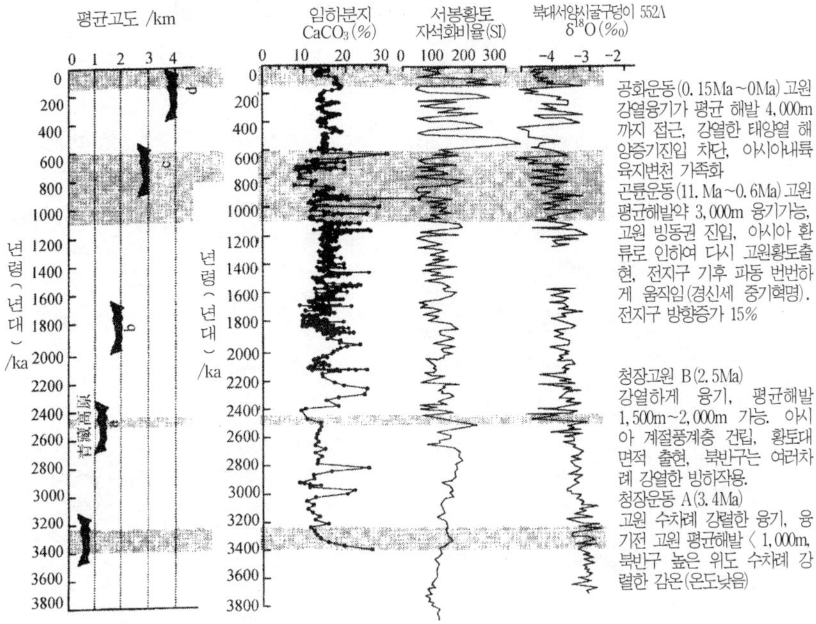

도 5-1. 후기 신생대청장고원 융기단계성과 환경변화(시아품등, 2000)

(2) 영향작용

전술한바와 같이, 우리들은 구대륙 양측 고인류문화발전 상항을 다음과 같이 표로 제시 : 표 5-1 동아시아와 구대륙 양측 구석기문화의 발전

도 5-1과 표 5-1을 비교하면, 초기인류 및 그 문화의 발전은 상신세 말기 이래 구대륙 환경변천의 배경하에서 전체를 관찰할 수있다. 그것은 원고인류 문화의 발전과 고 환경의 변첨사이에 대단히 뚜렷한 관계성이 있다는 것을 볼 수있다. 현재의 자료에 의하면 동서 구석기 문화의 발전은 시작할 때 초기 에는 결코 큰 차이가 없었다. 석핵-찍개류 기술은 특색 있는 석기제작으로 구대륙 양측에서 널리 유행되었다. 이 것은 동, 서방의 교류가 비교적 편리

〈표 5-1〉 동아시아와 구대륙 서쪽 구석기 문화발전

년대 Ma B.P.	홍적세	구대륙서쪽			동북지구	
		유럽·서아시아·북아프리카	아프리카(사하라이남)		중국북방	중국남방
01		세석기제작	Capsian(세석기)		호두량(세석기) 수동구(잎형석기)	조동환하층(석편) 계공산상층(석편)
		무스테리안석기				
0.05	후기		Magosian(잎형석기) Howieson's Poort (무스테리안)		판정자(석편)	
0.10				청장고원과 중아시아사막		
			Fauresmith (아슐리안)		허가요(석편) 정촌(석편/강자갈)	계공산하층(강자갈) 진산상층(강자갈)
	중기	유럽아슐리안석기	Isimila (아슐리안)			
0.78		Geshet Benot Ya'aqov (아슐리안)	Olorgesailie (아슐리안)		주구점(석편) 1지점	백색(강자갈/주먹도끼?) 진산하층(강자갈)
	초기				공왕령(석편/강자갈)	곡원하구(강자갈)
1.50		Ubeidiya				
		Dnanisi (석핵-찍개)	OlduvanII (아슐리안) OlduwanI (석핵-찍개)		소장량 마권구 (석편)	원모(석편?)
2.50			Gona(석핵-찍개)			

하였음을 암시하여 준다. 도 5-1에서 보여주는 것과 같이 홍적세 초기에 청장고원 면(面)의 고도는 아직 2.000 m 안되었다. 그 외 최지구(崔之久), 시아풍(施雅風) 등의 연구에 의하면 이때 고원 북쪽의 타크라마간(塔克垃瑪干) 사막에는 다만 영세하게 분산된 모래언덕이 있었으며, 곤륜산(昆侖山) 입구로부터 화북의 니하만 분지까지는 넓게 분포된 옛 호수가 있었다[65) 66)]. 고생물학의 증거도 초기 홍적세 화북의 기후는 비교적 따뜻하고 습기가 차서 초기인류가 생존하기에 적당한 것으로 설명되고 있다. 이러한 상황은 바로 동서방 초기인류와 문화의 교류가 대단히 편리한 조건으로 제공될 수 있었다.

초기 홍적세 말에서 중기 홍적세 초기 시작까지 양측의 문화발전은 뚜렷하게 차이가 있었다. 구대륙의 서쪽에는 아쉴리안 문화의 천하가 조성되었다. 그러나 또한 일부 주먹도끼가 없는 문화유형이 있었지만 이것은 유적의 기능과 석재의 적응과 관계가 있었다. 전체 아쉴리안 문화를 보면 서방 구석기 초기에는 대단히 선명한 특징이 있었다. 다만 동아시아 지구에서는 주로 석편석기 또는 강자갈 석기가 유행되었다. 이 두 곳은 제작 기술유형 각도에서 보면 모두 석핵-찍개 류 기술의 범주에 속하여 있었다. 전술한 바와 같이 근래 지속적으로 주먹도끼 발견에 관한 보도가 있지만 발견의 수량 뿐 만아니라 가공기술 등은 모두 서방 전형적 아쉴리안 석기제작과는 비교적 뚜렷한 차이가 있다.

상기한 차이의 출현은 곤륜-황하 발생시기와 맞물리는 그것은 우연한 일이 아니고 당연히 밀접한 관계가 있었다. 격렬한 곤륜-황하운동이 경과된 다음 고원은 3.000 m 이상 상승, 동시에 빙동권(氷凍圈, 빙하동결)으로 진입되었다. 이 고도는 직접 동서방의 교류왕래를 방해하였을 뿐 만아니라 행성풍계(行星風系)의 조정에도 영향을 주었다. 이 거대한 변화는 전구성(全球性) 기후 변화를 가져온 소위 "중기홍적세혁명" 이다[67)]. 가장 직접적인 변화는 타그라마간 사막이 연결된 편(片)으로 형성되고, 서북에서 화북까지의 호수는 사라졌다. 그리고 황토퇴적이 극열하여 졌다. 그 결과 자연은 동서방 사이에 고인류 및 그 문화의 교류가 어렵게 만들어 졌다. 따라서 양측 문화발전은 서로 다른 길로 가게되어 두 종류의 서로 다른 석기 문화전통을 형성시켰다. 동아시아 지구에서는 주먹도끼 등 아쉘리안 석기 제작 기술요인의 발견은 드물게 되었다[68]. 이것은 또한 동. 서방의 교류가 결코 완전히 절단되지 않은 것을 반영하여 준다.

동, 서 분화차이가 가장 현저한 시기는 중기홍적세 후기에서 후기홍적세초기까지 이다. 이때 운동단계와 공조된 것은 고원의 고도가 4.000 m 이르러서 동, 서방의 교통이 대단히 어려워 졌다. 따라서 구대륙 서방은 준비된 석핵으로 특징적인 Mousterian 석기기술이 아쉘리안을 대신하였다. 발전이 정상에 이르렀을 때 동아시아 지구는 오히려 Mousterian 기술발전이 없었으며 여전히 석편석기 또는 강자갈석기가 유행되었다. 양측은 전일단계보다 더 현저하게 차이가 났다[69].

동,서방 문화교류가 회복된 단계는 후기홍적세 후기 때였다. 비교적 뚜렷한 예가 화북지구 잎 형석기와 세석기 기술의 출현이다. 다만 이때의 교류 또한 직접 청장고원을 넘는 것과 중앙아시아 사막의 거대한 장백으로 어려움이 있었다. 그러나 현인의 출현은 능력과 기술이 충 분 이 발전되어 멀고 한냉한 북방초원지대를 돌아서 화북 지구로 진입하였다. 그러나 현재까지 화남지구 서방의 같은 시기의 문화영향을 받은 것을 발견되지 못하였다.

종합하면, 구대륙 양측 구석기 문화의 발전도로는 뚜렷하게 통일, 분리되었다가 최후에 통일된 과정에 도달하였다. 이 과정과 원고인류자신의 진화과정과 맞물린다[70]. 물론 구석기문화는 역시 원고인류의 자체의 발전이다. 초기 홍적세 후기에서 중기홍적세 초기까지 동, 서방사이에 비교적 뚜렷한 단열(斷裂) 또는 깊은 개천이 있었다. 이 단열과 깊은 개천의 출현은 시간을 초원, 또는 지리위치 등 모두 청장고원 및 그 융기과정과 밀접한 관계가 있었다.

4. 환경인수와 고인류문화의 발전

청장고원의 융기는 구대륙 양측 선사인류 및 그 문화의 교류에 직접 장애가 되었을 뿐만 아니라 더 나아가 전구 성(全球性) 기후변화 규율에 영향을 주어 중국동부 홍적세 이래 독특한 자연환경을 구성시켰다. 동아시아 계절풍의 환류(還流)의 강력한 작용하에서 중국동부지구는 빙하기가 올 때 기후가 건 냉하여 졌다; 그러나 간빙기 동안에는 습하고 더운 기후로 변하였다. 이러한 변화특징은 지리위도 인수에 영향을 받았다; 위도가 비교적 높은 화북지구에는 더욱 강열한 영향을 받았다; 위도가 비교적 낮은 중국남방의 자연환경은 상대적으로 안정성이 유지되었다. 이 하나의 구역성의 환경변화 특징은 중국 원고인류와 구석기 문화 발전에 영향을 미쳤다[71].

(1) 자연지리 인수의 작용

근년 래 제4기 지질학 연구의 지속적인 연구에 의해서 더욱 화북 황토지층과 심해양 동위소(深海氧同位素, 심해 oxygenium) 곡선의 비교는 홍적세 기간 중국 및 동아시아지구 고환경과 전 구성 변화의 일치성에 대하여 뚜렷이 설명하고 있다. 히말리아 산과 청장고원의 유기는 중국과 동아시아 지구를 상대적으로 독립된 자연환경 단원으로 형성시켰다. 다만 이 지구 내에 여전히 제4기 전 구성 기후변화의 영향을 받았으며 동시에 같은 상태의 변화를 발생시켰다. 지리위도에 따라서 지형 변화 등 다종 인수의 작용 등의 영향은 여러 지구에 현저한 차이가 있었다.

진령-준하 일대 이북(以北)의 화북 지구는 홍적세기간 가장 특수한 사건은 황토의 광대한 퇴적이다. 초기 홍적세 황토 퇴적의 분포범위는 비교적 제한적이며. 동시에 호수퇴적의 분포가 비교적 넓었다. 중기 홍적세 황토 분포면적은 전자보다 확대되고, 호수 퇴적의 분포는 대단히 위축되었다. 후기 홍적세에 진입되어 화북 황토 퇴적의 속도와 범위는 홍적세 이래 최고 정상에 이르렀다. 이 단계의 마란(馬蘭) 황토는 전형적 풍성(風成) 퇴적이다. 황토의 암질특징은 특히 후기 홍적세 후기의 최후 빙하기 최 극성기에 환경이 대단히 건 냉 하였음을 설명하여 주고 있다. 전 체적으로 화북지구 홍적세 기간의 기후와 자연환경의 변화는 초기부터 후기까지 하나의 비교적 뚜렷한 변화가 있었다. 즉 초기는 비교적 온화, 습윤하고 후기에 이르러서 건조, 한 냉하였다[72].

그러나 진령-준하 일대 이남(以南)의 광대한 지구는 홍적세 기간에 자연환경의 변화가 전자처럼 뚜렷하지 않다. 광활하게 분포된 홍토(紅土)퇴적은 남방지구는 홍적세 대부분시기에 비교적 온난, 습윤한 열대, 아열대 환경을 반영하여 주었다. 포유동물군의 변화는 화북지구처럼 뚜렷하지 않다. 열대, 아열대 삼림환경에 적응한 큰곰-동방검치상 동물군은 이지구내에서 초기 홍적세 후기 홍적세, 심지어는 더 늦은 시기까지 지속적으로 머물러 있었다. 비록 이곳도 전 구성 기후 변화의 영향을 받았지만 위치한 지리위도가 낮기 때문에, 그리고 지형 등 인수의 영향은 변화의 폭이 화북 지구처럼 강열하지 않았다[73].

북방지구는 상기한 황토지층의 암질 특징이 이러한 상을 반영하여 주는 것을 제외하고 포유동물화석, 식물화분, 지구화확 분석 등 다방면의 증거가 모두 같은 결론을 내리고 있다. 비록 기후의 춥고, 따뜻한 파동의 영향이 지구위도의 차이의 요인으로 존재하지만 자연지리 단원은 이 지구내에 대부분 시기와 지구(地區)가 기본적으로 온대초원 또는 삼림초원 환경으로 동일하게 나타나 있었다. 이러한 환경의 특징은 이 지구 초기 원시문화발전에 영향을 주었다. 초기 홍적세 후기의 니하만 분지의 발견에 의하면, 소형의 석편석기가 이 지구에서 대단히 중요한 위치에 있었다[74]. 이러한 상항은 후기 홍적세 후기 까지 지속되고 세석기 기술이 주체가된 원시문화가 전자를 대신하였다.

소형의 석편석기로부터 세석기문화까지 발전된 과정은 화북지구 초기원시 문화의 특징이다. 이 특징의 존재는 본 지구 후기 홍적세 기간 자연환경의 전체 특징과 밀접한 관계가 있다.

화남지구의 열대. 아열대 환경위주의 환경에 적응하는 것으로 이 지구의 홍적세의 대부분 시기내에 주로 강자갈 석기가 유행되었다. 전형적 강자갈 석기 조합은 각 유형의 대형 찍개 류, 첨두기 등이 중심이 되었다. 그것들은 나무가 무성한 삼림지구에서 나무를 짜르고 땅을 파고 하는(굴착) 작업 등에 사용되었다. 비록 서남의 국부지구의 석회암 산지역에서 중기홍적세 후기부터 긁개 위주의 석편석기가 출현되었지만 화남의 대부분 지구는 후기 홍적세 후기까지 지속적으로 석편석기가 점차적으로 강자갈 석기를 대신하였다. 영남(嶺南) 등 기후 변화가 비교적 적은 곳은 자연환경이 상대적으로 안정된 지구는 강자갈 석기 전통이 후기 홍적세가 끝 날 때까지 지속적으로 이어졌으며, 때로 더 늦은 시기까지 지속되었다. 강자갈 석기의 장기 유행은 그 이후 석편석기 발전방향으로 가는 과정에서 초기 인류가 이 지구의 홍적세 환경에 적응하는 산물(産物)이 되었다[75].

(2) 홍적세의 기후변화와 영향

위도와 지형 등 자연지리 인수의 영향을 제외하고 홍적세기간 기후변화는 빙하기와 간빙기의 교체 출현으로 가져온 환경변화가 있다. 그것은 중국경내 원고 인류 및 그 문화의 발전에도 대단히 중요한 영향작용을 하였다. 간빙기 기간에 중국 대부분 지구의 기후대는 현재의 상황과 같았다. 화남, 그 인근의 화북 남부지구 뿐만 아니라 홍적세 비교적 이른 단계에도 화남과 유사한 환경 조건에 있었다. 따라서 이 지구에서는 화남과 같은 강자갈 석기를 발견할 수 있다. 그러나 화북 북부와 서남지구의 석기는 전자와는 완전히 다르다.

상기한 현상의 중요 원인은 당시 전 두 곳의 자연환경이 같기 때문이다.

홍적세 초기, 중국 자연지리 분구(分區)의 한계성은 결코 현재의 상황과 일치하지 않다. 간빙기 사이에 아열대 기후는 진령이북의 화북 남부 지구까지 도달되었다[76]. 따라서 강자갈 석기의 도구 조합은 또한 남전(藍田) 원인화석 지점 부근의 같은 시기의 층위에서 발견되었다. 중기홍적세의 간빙기는 특히 중기 홍적세의 가장 따뜻한 기간으로 화북 남부 심지어는 북부까지 모두 온난 습 윤의 삼림환경이었다. 연구결과에 의하면 중기홍적세 기간 아열대의 북쪽 경계는 요녕(遼寧) 중부까지 이르렀다. 이로인하여 화북 남부에도 이러한 거칠은 강자갈석기의 영향이 미쳤을 뿐만 아니라 심지어 화북 북부 주구점까지 이르렀다. 전체적으로 소석편석기의 주구점 북경원인 석기의 이른 시기(8-9층)에서도 수량이 많은 찍개 류가 출토되었다. 심지어 시기가 더욱 늦은 지리위치가 북쪽에 가까운 요녕 본계(本溪)의 묘후산(廟后山) 유적에서도 대형석기위주의 석기가 출토되었다[77].

빙하기의 도래와 극(極) 기후대(帶)의 남쪽 이동에 따라서 원래 북방에서 생활하던 인류는 남쪽으로 이동하지 않을 수 없었다. 중기홍적세 장강하류 지구에서 발견된 것과 주구점 북경원인 동물군은 남경 탕산(湯山)에서도 똑같은 동물 군이 발견되었다. 이것은 북장지구 고인류와 동물군이 냉기 기후의 영향을 받아 남쪽으로 이동한 것을 반영하여 주고 있다. 후기 홍적세에 이르러 더욱 후기 홍적세후기의 최후 빙하기 최 극성기 기간에 전구성 기후 변화는 중국남방 대부분의 기후 더욱 현저한 영향을 받았다. 아열대의 북쪽 경계가 남령(南嶺) 일대까지 후진되었다. 화남 북부의 대부분 지구는 온대초원 또는 초원-삼림환경에 덮혀있었다. 석편석기가 바로 이시기에 이 지구의 강자갈석기를 대체시켰다. 이 변화과정과 화남지구 환경변화의 시간, 공간 방면의 일치성은 또한 홍적세 기후변화의 인수가 남방지구 고인류와 석기문화의 발전에 같은 영향 작용을 한 것을 설명하여 준다.

근년 래 제4기 고 환경연구의 심도는 특히 중국 북방지구 황토와 고토양(古土壤) 형성 환경과 년대 학 연구의 진전에 따라서 중국 북방 홍적세 인류와 문화발전에 확실한 표준을 제공하여 주고 있다. 여기에 근거하여 북방지구에서 이미 발견된 고인류와 구석기문화자료를 종합분석 하였다. 그 결과는 대단히 확실하다. 초기 홍적세부터 북방지구의 고인류는 기온이 온난, 습윤한 간빙기에 주로 생활하였다. 그러나 기후가 추운 빙하기와 추운 시기(冷氣)로 변할 때는 고인류와 구석기문화 재료의 발견이 드물다[78].

남방지구의 상황과 북방은 비교적 뚜렷하게 차이가 난다. 빙하기와 냉기의 추운 영향을 받았지만 홍적세 기간 중국남방의 가장 뚜렷한 기후 특징은 온습의 열대, 아열대 기후 위주였다. 이곳의 대부분 시기 그리고 기후의 변화폭도 제한되어 있었다. 따라서 여기에 적응된 강자갈석기는 남방 대부분 지역에서 장기간 사용되었다. 고고학 발굴 자료에 의하면 북방지구 고 인류 및 그 문화자료의 발견은 따뜻한 기후 하에서 여러 가지로 발견되었다. 남방도 온 난기 또는 냉기의 층위에서 모두 같은 풍부한 고인류자료가 발견되었다. 이러한 상황은 남방지구의 고인류의 문화는 연속적이 였다고 설명할 수있다. 빙하기가 올 때 북방지구에서는 고인류가 지속적으로 생존할 수 없었다. 다만 중국 남쪽은 인류생존이 가능 하였다. 북방지구에 한 냉의 기후의 위협을 받자 남쪽으로 이동한 고인류 집단은 생존의 피난지를 찾은 것이다[79].

상기한 내용을 종합하면, 홍적세 기간에 자연환경의 차이 등 인수로 중국 남방과 북방지구 구석기 문화발전이 차이가 있지만 전체적으로 홍적세 대부분 세월 속에서 중국 홍적세 환경변화는 통일성을 갖추고 있다. 이 통일성은 상대적으로 독립된 자연지리 단원(單元)의 작용에 의해서 결정되었다. 더욱 구대륙 양측이 상대적이다. 남방과 화북내의 중국동부 자연환경을 포함하여 발전된 상대적 독립성과 연속성은 대단히 뚜렷하다. 바로 이러한 상대적 독립성과 연속성의 결정이 중국 남, 북방 구석기시대 문화의 실질적 구별인데 그것은 결코 크지않다. 더욱 초기, 중기를 석기 제작기술에서 볼 때 모두 Clark가 구분한 Mode 1 즉 찍개 류-석편석기 기술에 속한다. 다만 남방지구에서는 대형의 강자갈 석기많이 사용하였으며, 북방은 소형 석편석기를 사용하였다. 다만 홍적세 후기의 최후 단계에 이르러서 북방의 대부분 지구에 Mode V 가 출현되었다. 남방에는 다만 강자갈석기에서 석편석기로 전향되었다. 이러한 발전 Mode 는 구대륙 서쪽 대부분 지구와는 상황이 완전히 다르다. 그러나 초기 인류가 중국내지 후기 홍적세 자연환경에 적응한 특징이 있으며 그것은 상대적으로 독립된 자연지리 단원내의 진화발전의 결과이다[80].

(3) 석기 석재인수 및 영향

석기의 석재는 초기 인류생산과 생활의 중요한 자원이다. 그 래원운 각 지구의 지질 지리조건과 밀접한 관계가 있다. 석재가 중국구석기문화 면모에 미친 영향에 관하여 일찍이 고고학자들이 관심을 가졌다. 초기에 가란파(賈蘭坡) 선생이 지적하기를 유럽의 수석(flint) 석재는 1점의 주먹도기제작에 어려 움이 없다. 다만 맥석영으로 만든 1점의 북경원인의 첨두기는 대단히 어렵다. 근래에 석재와 석기사이의 관계가 점차 중시되고 있다. 석재문제는 전문가들이 토론이 끊임없이 증가되고 있다. 석재요인으로 중국갱내 구석기문화 면모 또는 문화전통의 형성에 대한 연구는 대단히 중요하다. 이 점은 점차 선사고고학자들의 공통된 인식이 되고 있다[81].

1. 석기석재와 구석기 석기제작 전통

고고학 발굴자료의 누적에 수반하여 중국구석기 시대 문화면모의 구역성 특징이 점차적으로 노출되고 있다. 1970년대 초 일부학자들이 화북 구석기 문화를 "2 대계통(兩大系統) 으로 나누고 있다[82]. 1990년대 이르러서 또 일부 학자들이 중국구석기문화를 남, 북으로 "2 원결구(二元結構) 로 나누고 있다[83].

화북 구석기의 "2대계통" 설의 내용과 그 의의는 여러 가지 보는 시각이다. 다만 초기 홍적세에서 후기홍적세 초기 까지 화북, 남북 두 부분 석기의 면모의 차이는 뚜렷하다. 화북북부에서는 석기 조합이 긁개는 중, 소형도구

위주, 즉 소위 소형석기; 화북남부는 석기조합이 찍개 류와 대형 첨두기 등 중형도구가 주도적으로 소위 대형석기 유형 이다. 여러 가지 유형은 여러 가지 원시 사회 집단의 것으로 각자 여러 가지 환경적응에서 발전된 것이다. 이러한 환경은 자연과 사회 2종 인수를 포함하고 있다. 자연환경의 인수는 다방면이다. 석기석재는 기본 요소의 하나이다. 어려 계통 또는 유형의 분포는 화북지구 석기석재의 암질 특징 및 형체 크기의 시간, 공간 분포 특징과 맞물려서 석재가 그 형성의 영향에 미친 것을 충분히 설명하고 있다[84].

화북 구석기석재 사용은 뚜렷한 특징이 있다. 구석기시대 초기, 중기 단계에는 석영암, 석영, 각혈암 등이 많이 사용되었다. 후기 에 이르러 점차적으로 우수질의 수석 등 규질암 류로 대치되었다. 각 종 암질의 석재는 각자 상대적으로 분포된 집중구역이 있다. 암석의 석재는 자체 형체의 크기 및 분포의 시간, 공간 등이 화북 구석기 석기에 있어서 소홀이 할 수 없는 영향을 주었다. 석재의 특징 먼저 석기제작의 원시 기술에 영향은 주었다. 석재의 영향 화북 구석기제작 기술에 있어서 여러 가지 특징을 나타내 주고 있다. 진(晋), 익(冀) 등 동쪽지구는 가장 현저한 특지이 석영석재를 이용 양극타격법을 널리 사용하였다. 진중(晋中), 남(南)의 분하중류지역은 각혈암 분포가 진(晋), 협(陜), 예(豫) 삼성(三省)의 경계지역까지 분포되어 직잡타법으로 비교적 큰 석기가 제작되었다. 직접타법은 전양자가 더욱 광범위하게 사용되었다. 그 사용된 지구와 시기는 거의 제한이 없다. 석재의 특징은 석기의 제2가공에도 영향을 주었다. 초기 몇 종 석재 암질의 특징에 의하면 비교적 정교한 가공은 어렵고, 또한 제2가공 석기의 성공률도 제한을 받았다. 다만 후기에 이르러서 우수 석재의 선택에 의해서 광범위하게 사용되고 대량으로 많은 종류가 탄생되었으며 정교하게 가공 될 수 있었다.

석재의 특징은 비록 직접 석기가공 원시기술에 직접 영향을 주었을 뿐만 아니라 또한 이러한 기술 응용에서 제작된 석기의 전체 면모 상에도 영향을 주었다. 거리가 먼 유럽, 아프리카와 서아시아는 물론 인근의 동남아시아의 석기제작과 비교하면 불규칙적인 석편위주의 가공전통 및 불규칙 석편으로부터 직접 넘어온 잎 형 석기 기술의 특징 또한 화북 구석기 석 제작에 가장 돌출된 특색을 만들어 주었다. 이러한 특색은 이 지구 석기석재의 영향을 받은 것이다. 우수한 석재의 결핍은 원시기술 발전에 영향을 주었으며, 최종적으로 화북 구석기 출현의 특색을 만들어 주었다. 따라서 전체 화북 지구 구석기 문화의 전통과 유형문제를 고려하면, 구체적 분석으로 모 일종의 특징이 있지만 석재인수가 석기제작에 미친 영향은 당연히 충분한 관찰이 이루어져야 한다.

중국구석기문화 남, 북 2원 결구의 문제 및 남방동서양측 문화면모의 차이에 관해여 석재인수의 작용을 충분히 고려되어야 한다. 화남지구의 초기인류는 크고 작은 강계곡분지 또는 강변평원을 따라서 거주하기 시작하였다. 평원 또는 비교적 큰 분지는 일반적으로 석기석재의 기반암 노출된 것을 찾기가 어렵다. 따라서 강물이 가져온 각 종 강자갈이 편리한 석재의 래원(來源)이다. 평원지구 지형은 넓고, 평탄하며, 식물이 무성하다. 나무를 벌목하고, 식물뿌리를 캐고 하는 대에는 찍개 류, 대형첨두기 등 무겁고, 큰 석기가 필요하다. 이러한 환경 하에서의 활동의 필수품과 석재의 조건은 화남지구 강자갈 석기유행의 기본원인이 되었다[85].

2. 석기석재와 "죽목 문화 구(竹木文化區)

만약 중국 구석기문화의 발전은 구대륙 선사학에 놓고 고려한다면 중 서방(中西方) 석기문화의 면모의 차이는 석기석재의 인수와 밀접한 관계가 있다. 1960년대 말 서방학지들이 석기석재 및 동남아지구 홍적세 환경이 이 지구 구석기문화에 발전영향을 미친 것에 대하여 연구하기 시작하였다[86]. 1980년대 이후에 진일보한 발전으로 "죽목 문화 구"의 가설이 제기되었다. 이 가설은 동아시아와 동남아시아의 비 주목도끼 문화는 마치 죽목(竹木) 분포지대와 맞물리는 정항은 우현한 일이 아니며 초기 인류가 현지자원 조건에 적응하는 반영이라고 인정을 하는데서 부터 시작이 되었다. 본 지구 우수 석기석질의 결핍에 따라서 죽목의 특징은 대체 석재로 적합하다는 것이다. 이로인하여 이 지구의 홍적세의 장기 기간 동안에 다만 대단히 초라한 석핵-찍개류 석기가 제작되었다. 초라한 석핵-찍개 류는 죽목의 원자재를 가공하는데 적합한 도구로 인정되었다. 죽목도구는 이 지구 홍적세 인류의 생산과 생활내에서 중요한 역할을 하였다[87]. 따라서 적합한 석재 결핍 지역은 고인류가 대체품을 반드시 찾았다. 여기에 따르면 "죽목문화구" 가설은 그 추론이 비교적 합리적이다. 그러나 이 가설은 더 많은 고고학 자료의 진일보한 검증이 필요하다. 선사인류가 사용항 석기석재 이외의 각 종 유기물질은 목재원료를 포함하였다는 것은 하나의 보편적인 현상이다. 그것은 결코 동아시아와 동아지 구에만 전용된 것은 아니다. 왜냐하면 목질도구는 석기로 대치될 수 없는 좋은 장점이 있다. 즉 서방 우수한 석재가 있는 구역내에서 목질재료가 가공의 도구역시 없는 것은 아니 였다. 예로 아프리카와 유럽의 홍적세 층위내에서 이미 목질도구가 발견된 예가있다. 이와는 반대로 동아시아와 동남아 지구는 현재까지 이와 같은 것이 발견된 예가 없다. 그래서 죽목도구의 사용을 보는 시각은 동아사이와 동남이사아 지구에만 국한시킬 것이 아니라 이것은 "죽목문화구"로 분류되어야 할 것이다[88].

현재 주어진 고고학 자료에 의하면 우리들은 "죽목문화구" 가설을 중국구석기 문화특징에 적용하는 것을 받아 들 일 수 없다. 다만 우리 들은 하나의 가설의 그 합리성을 찾아 보지 않을 수는 없다. 우수 석재의 결핍은 초기 인류가 그 대용품을 찾았다. 예로 근래 서남지구 대동(大洞) 유적에서 고 인류가 이 방면에 노력하고 시도한 점을 확인하였다. 그것은 대량의 질이 나뿐 석재로 사용되었다[89]. 죽목질(質) 의 특징은 비록 중국 고인류가 광활하게 사용 제작한 도구재료가 되었다. 다만 이러한 유기물질 재료는 보존이 어려워서 우리들은 그들이 홍적세 기간 중국경내에서 생산과 생활한 역사적으로 차지한 위치를 고증할 수 있는 방법이 없다. 그러나 우리들을 일깨워주는 것은 동아시아 지구 홍적세 환경의 전체적인 특징의 배경 하에서 석기석재의 특징과 이지구 고 인류진화와 구석기문화관계를 깊이 연구하여야 한다는 점이다.

5. 결어 : 중국원고인류와 문화의 원류

상술한 내용을 종합하면, 1960-70년대 이래 남방고원 발견수량이 증가되고 올드바이 문화가 최초의 구석기 문화로 발견되면서 아프리카 대륙은 점차적으로 최초 인류 및 그 문화중심을 찾는 곳으로 첨차 적으로 이루어 졌다. 근 10년래에 아프리카에는 또한 일 계열(一系列) 시기가 더욱 이른 인과(人科) 성원 화석이 발견되었다. 그리고 최초의 인류 출현시기가 600-500만년 심지어 더 이른 시기로 소급 될 수 있다고 보고 있다. 최초의 구석기 문화는 아프리카 동부에서 출현된 시기가 250만년 이상이다. 바로 이러한 발견은 고인류학자들이 최초의 인과성원이 아프리카에서 출현된 것으로 믿고 있다. 최초의 인속(人屬) 성원의 출현은 더 발달된 체질과 적응력이 있은후에 아프리카를 빠져나와 유라시아 대륙에 확산되었다.

최근에 자료에 의하면 중국경내 최초의 인류는 적어도 1 백만년 전에 이미 출현하였다. 섬서(陝西) 남전(藍田) 공왕령의 직립원인 두개골 화석 및 석기는 이미 비교적 정확한 1 백만년 이상 중국내지상에 생활한 고인류의 체질면모와 그가 남긴 문화유산으로 인식되고 있다. 남전인의 전에 또한 운남(云南) 원모(元謀), 중경무산(重慶巫山), 호북 건시(建始). 안휘인자동(安徽人字洞), 산서예성(山西芮城) 서후도(西候度), 하북 양원 마권구(河北陽原馬圈溝) 등이 발견되었다. 이러한 발견은 중국대륙에 활동한 초기 인류역사를 더 오래된 시기까지 소급할 수있다. 유감스러운 것은 현재까지 중국경내에서 의심할 여지없는 확실한 고원(古猿)화석이 발견되지 않았다. 가능성으로는 초기인과 성원(成員) 및 현생의 아프리카 대원(大猿) 사이에 모종 정도의 친연관계가 있다면 운남녹풍(云南祿豐)의 고원에서 중국 최초의 인류화석사이에 찾아 볼 수 있겠지만 대단히 긴 중간 마디의 결손이 있다. 이 중간마디의 보충은 중국선사고고학계의 임무이녀 또한 전체 인류기원 연구에서 관심을 가져야할 문제이다.

현재 많은 고인류학자들이 최초 직립인의 기원은 아프리카이며 얼마후 구대륙의 기타 지구로 확산된 것으로 인식되고 있다. 중국을 포함하여 동아시아, 동남아지구의 직립인은 또한 초기인류가 제1차로 대 풍랑 중에 도달한 곳이다. 그러나 남전원인의 체질특징은 아프리카 직립인과 뚜렷한 치아가 있다. 서방의 구석기 문화역시 비교적 큰 구별이 된다. 구대륙의 서쪽은 최초의 구석기가 동아프리카 올드바이 등지의 석핵-찍개 류가 발견되었다. 지금부터 150 만년경 또는 더 이른 시기에 직립 인을 수반하여 출현되었다. 주먹도끼가 아프리카에서 먼저 출현 한 후에 유럽 및 서아시아 지구에 보편적으로 유행되었다. 다만 초기 홍적세 기간에 중국내지 및 전체 동아시아 지구에는 양면으로 가공된 주먹도끼 류 석기가 드물고 대량의 강자갈 석기와 석편석기가 유행되었다.

중기 홍적세에 진입한 이후에 중국경내에 고인류와 구석기문화의 발전은 새로운 번영단계에 진입되었다. 이 단계의 고인류화석의 발견은 대단히 풍부, 이미 발견된 인류화석으로 북경원인, 안휘화현 직립인, 남경탕산의 직립인 및 산동 기원(沂源)의 직립인 등이다. 이러한 발견은 모두 완정 또는 비교적 완정된 직립인 두개골이다. 여기에서 여러 지점에서 발견된 영세한 직립인 화석은 제외되었다. 더욱 흥미 있는 일은 이러한 직립인 화석 시기는 서로 접근되고 또는 거의 동시기이며 또한 체질적 특징 여러 가지의 서로 다른 표본이다. 시기가 비교적 이른 호북 운현 곡원하구(曲遠河口)의 2구의 고인류 두개골; 비교적 늦은 것으로 더욱 많은 것은 요녕 영구(營口)의 금우산인(金牛山人), 섬서 대려인 및 안휘소현의 은산인(銀山人) 등이다. 이러한 발견은 중국 경내의 고인류 진화발전의 화면이 대단히 복잡, 분류되고 있음을 나타내어 주고 있다.

중기 홍적세 구석기 문화의 발전에도 초기는 더욱 복잡하며 뚜렷한 구역성의 특징이 있다. 전체적인 배치에 의하면 남북방의 "2원결구(二元結構)" 현상이 출현되었다. 즉 북방지구는 석편석기위주; 남방지구는 강자갈 석기가 주로 유행되었다. 이와 동시에 각 지 내부에는 여러 지방성 특징이 있다. 북방지구는 중, 소형 석편석기 주도의 문화구이다; 남부는 대부분 대석 편과 강자갈 및 석핵 등을 모체로 대형석기가 제작 되었다. 남방의 대부분 지구는 전형적 강자갈 석기가 유행됨과 동시에 운남의 고원지구는 또한 중소형과 Nodule(塊狀)으로 가동된 석기유형이다. 그러나 이러한 뚜렷한 구역성의 특징에도 불 구하고 중기 홍적세 기간에 중국경내의 구석기 문화의 주체는 비교적 통일된 특징이 있었다. 즉 간단히 석편을 떼여 내여 가공시켰다. 그것들은 석핵-찍개 류 제작 기술로 Mode 1에 속한다. 이 특징과 동시기에 구대륙 서쪽 대부분 지구는 아쉘리안 석기가 유행되어 뚜렷한 차이를 보인다.

후기 홍적세 초기, 중기는 중국원고 인류 및 그 문화 발전의 가장 중요한 시기이다. 이 단계의 과도성 특징이 대단히 뚜렷하다. 이 단계의 초기에 허가요인, 마파인 등이 뚜렷한 원시 특징의 초기 Neanderthal 이였다. B.P. 40.000-50.000년에 이르러 유장인 등 현인 유형의 인류가 등장되기 시작하였다. 그러나 이 단계에 이미 발견된 화석자료에 의하면 중기 경내의 초기 현인과 후기 Neanderthal 인 사이에는 뚜렷한 중간 단계의 마디가 없었다. 주어진 고고학 자료는 아직 중국경내 초기 현인의 래원 문제가 뚜렷하지 못하다. 더욱 충실한 작업으로 이 단계의 고 인류화석과 문화유물을 발견해서 문제를 해결 할 수 있는 열쇠가 되어야 할 것이다.

이미 발견된 이 단계의 구석기는 비록 뚜렷한 과도성 특징을 가지고 있지만 중국구석기시대 초기 이후부터 각 지구의 석기 특징을 연계시켜 보아야 할 것이다. 중국 구석기 문화 발전의 계단성 특징은 확실히 드러나 있다. 즉 30.000 년경 현인이 중국경내에 널리 퍼지고, 구석기 문화가 현실적으로 도약되었다. 이러한 상황은 북방지구에서 더욱 뚜렷하다. 초기 홍적세 때부터 계속해서 유행하던 석편석기가 점차적으로 잎 형석기와 세 잎형 석기로 대치되었다. 이와 동시에 새로운 골각기(骨角器)가 출현 원시기술의 발전이 진체 구석기시대이래 최 고 봉에 도달되었다. 남방지구는 비록 잎 형석기와 세 잎형 석기가 발견되지 않았지만 날카로운 날의 양극법 기술과 석편 석기 기술이 유행되어 새로운 단계의 특징이 만들어지고, 골각기 발견도 북방지구보다 훨씬 풍부하다.

중국경내 초기 인류의 진화와 구석기문화의 발전은 자연지리 조건과 홍적세 기간 기후변화 등 환경특징의 영향을 받았다. 청장고원 융기 및 전 구성 환경변화 영향은 동태과정(動態過程, 움직임 상태)의 인식을 더욱 깊게 만들었다. 우리들은 당연이 초기 인류 및 그 문화 발전역사와 청장고원 융기과정의 상관성을 특히 관찰 하여야 할 것이다. 바로 이러한 격리와 상대 독립의 자연지리 단원의 형성 등은 중국 및 동이시아 지구 원고인류 및 그 문화 진화의 상대독립성의 특징이기도 하다. 현대 동아시아 인종이 구비한 일부 체질 특징의 표본상에서 모두 그러한 근거(線索)을 찾을 수 있다. 이러한 상황은 중국경내 초기 인류의 발전은 당연이 구역성 진화위주로 설명할 수있다. 그리고 그것은 기타 지구의 기본적 교류(基因交流) 내에서 상대적으로 그 다음 위치를 차지하게 된 것이다. 이러한 상항 출현의 주요원인은 중국내지 및 동아시아 지구 상대적으로 독립된 자연지리 환경요인이 작용하였기 때문이다. 상대적으로 독립된 자연지리 환경에 의해서 중국 및 동아시아 지구와 세계 지붕 서쪽의 초기인류의 근원적이 교류에 영향을 주었다. 따라서 본 지구 내에 비교적 뚜려한 상대적으로 독립된 진화의 특징을 갖도록 한 것이다.

상기한 특징은 중국경내 구석기문화 발전에 똑 같은 영향을 주었다. 전술한 바와같이 초기 홍적세 초기, 동서방 고인류는 같은 석핵-찍개 류 사용, 이것은 당시 적어도 왕래 통로와 문화교류가 존재한 건을 나타내어 주고 있다. 초기 홍적세 후기부터 중기 홍적세에 이르기 까지 양측의 차이는 점차 확대되었다. 구대륙 서쪽에는 석핵-찍개 류 기술이 있음 다음 계속해서 아쉘리안 석기, 무스테리안 석기, 잎 형 석기와 세 잎 형 석기 등이 출현되었다. 즉 Clark가 구분하는 석기 제작기술의 Mode V 가 발전된 것이다. 그러나 청장고원 동쪽 지구에는 석핵-찍개 류 기술 출현후 오랜 기간동안 지속되었다. 비록 여러 지구에서 석편 또는 강자갈 석기의 변화가 있었지만 오랜 기간 동안 Mode 1 의 범주에만 머물러 있었다. 다만 후기 홍적세 후기에 이르러 북방지구에 잎 형 석기와 세 잎 형 석기제작이 출현되었다. 화남지구는 시종일관 Mode Ⅰ 의 천하였다. 이러한 발전의 특징은 청장고원의 융기 및 그것이 가져온 환경이 구대륙 양측의 문화교류의 밀접한 관계를 저지하였기 때문이다.

중국구석기 문화발전의 구역성과 단계성의 특징은 이 지구 고환경 특징의 심각한 영향을 받은 것이다. 홍적세 기후 변화에 따라서 여러 시기 지구의 환경이 끊임없이 변화되었다. 중기 홍적세 이전에 중국북방의 기후 조건은 여전히 비교적 좋았으며, 아열대의 삼림환경이 진령이북의 남점지구에 도달되어 여기에 상응하는 강자갈 석기제작이 이 지구에 분포되었다. 냉 기 및 빙하기의 도래에 따라서 고인류는 남쪽으로 가지 않을 수 없었다. 남방각지에 홍적세 냉 기 동안에 중국경내 원고 인류의 피난처가 되었다. 본 지구 고인류 및 그 문화의 연속 발전이 이루어 졌다.

중기 홍적세 이후에 중국북방 기후 조건이 하강하면서 빙하기 또는 냉기가 도래되었으며 온대초원의 한계선이 끊임없이 남쪽으로 이동 되었다. 여기에 상응하는 소석기 제작이 점차적으로 남쪽으로 옮겨 갔다. 특히 최후 빙하기 최 극성기가 올 때 영남의 유주(柳州) 지구에는 석편석기가 출현되었다. 그러나 이때 문화의 발전은 환경인수의 통제를 불완전하게 받았다. 현인의 출현과 확산에 따라서 풍부하고 다채로운 지역성 문화의 유형이 중국 남, 북 각지에 대단히 번성, 구석기 문화발전의 정상에 이르렀다. 그리고 농업사회의 과도기 준비의 충분한 조건을 갖추었다.

1980년대 어려운 탐색으로 우리들은 중국 경내 최초 인류 및 그 문화 원류를 뚜렷이 볼 수 있었다. 여러 시기와 지구, 원고이뉴 및 그 문화의 진화 발전은 중국역사의 제일장이 되었다. 비록 일장의 내용이 미치지 못하고 그 이후 농업사회 및 문자기록의 수 천 년 문명사에 화려하고 다채롭게 미치지 못하여도 중국 문명의 생물과 문화방면의 튼튼한 개초가 세워졌다.

〈주〉

1) 張森水. 1996. 中國舊石器考古幾個問題. 長江中游史前文化暨第2屆亞洲文明學術討論會論文集, 長沙; 岳麓書社.
2) 黃慰文. 1987. 中國的手斧, 人類學學報, 6(1); 61-68.
3) 林聖龍. 1996. 中西方舊石器文化中技術模式的比較. 人類學學報, 15(1); 1-19.
4) 王幼平. 1997. 更新世環境與中國南方舊石器文化發展. 北京; 北京大學出版社.
5) 高星等, 1997. 趨同與變異; 關於東亞與西方舊石器時代早期文化的比較硏究. 演化實證-紀念楊鍾健教授百年誕辰論文集, 北京 ; 海洋出版社.
6) Foly R. and M. Lahr. 1997. Mode3 technology and the evolution of the modern humans. Cambrodge Archeologucal Journal, 7(10; 3-36.
7) Lahr M. and R. Foly. 2001. Mode 3, homo helmei, and the pattern of human evolution in the Middle Pleistocene. Human Roots; Africa and Asia in the Middle Pleistocene, England; WASP, 23-41.
8) Klein R. 1999. The Human Career; human biological and cultural origins, Second editiom, Chicago; University of Chicago Press.
9) 張銀運. 1984. 鄂西"南方古遠"和印尼早更新世若干人類化石. 人類學學報, 3(20; 85-91.
10) 〔8〕과 동일
11) 吉學平. 1998. 云南古猿與早期人類起源. "元謀人"發現三十周年紀年暨古人類國際學術硏討會文集, 昆明; 云南科技出版社.
12) 董興仁. 1989. 中國的直立人. 中國遠古人類. 北京; 科學出版社.
13) 張銀運. 1999. 直線演化抑或分枝演化-中國的人類化石證據. 第四紀硏究, (2)
14) 〔12〕와 동일
15) 吳汝康等. 1999. 中國古人類遺址. 上海; 上海科技敎育出版社.
16) 〔8〕과 동일
17) Rightmine P. 2001. Comparison of Middle Pleistocene Hominids from Africa and Asia. Human roots; Africa and Asia in the Middle Pleistocene, England; WASP, 123-134.
18) 吳新智. 1999. 20世紀的中國人類古生物學硏究與展望. 人類學學報, 18(3); 165-173.
19) Frayer, D.W., et al. 1993. The Theories of Modern Human Origins; The Paleontological Test, American Anthropologist 95(1); 14-50.
20) 〔15〕와 동일
21) 吳汝康. 1989. 古人類學. 北京; 文物出版社.

22) 〔18〕과 동일
23) 王幼平. 2000. 舊石器時代考古. 北京; 文物出版社.
24) 〔15〕와 동일
25) Wang, Y. 1998. Human adaptations and Pleistocene environments in South China, Anthropologie, 36(1-2); 165-175.
26) 王幼平. 1996. 華南與舊大陸西則舊石器時代早期文化關係的討論. 汾河灣-丁村與晋文化考古學術討論會文集. 太原; 山西高敎聯合出版社.
27) 王幼平. 1996. 中國舊石器時代早期的文化類型及其成因. 東北亞舊石器文化. 韓國國立忠北大學校先史文化硏究所等.
28) 王幼平. 2001. 中國與西亞舊石器時代早,中期文化關係. 第8屆中國古脊椎動物學學術年會論文集. 北京; 海洋出版社
29) Movius H. The Lower Palaeolithic cultures of southern and eastern Asia. Transactions of th American Philosophical Society, 38(4); 329-420.
30) Schick K. 1994. The Movius Line reconsiered ; Perspectives on the earlier Palaeolithic of eastern Asia. Corrucini R. and R. Ciochon, Integrative paths to the past; Palaeoanthropological advances in honor of F. Clark-Howell. Prentice Hall, Englewood Cliffs, NJ, 569-596.
31) Movius H. 1978. Southern and East Asia ; Conclusions, Fumiko Ikaea-Smith, Early Palaeolithic in south and east Asia, Hague; Mouton, 351-356.
32) Hou Y, et al. 2000. Mid-pleistocene Acheulean-like stone technology of the Bose Basin, South China. Science, 287(5458); 1622-1626.
33) 〔8〕과 동일
34) 〔30〕과 동일
35) 王幼平. 1995. 中國早期原始文化的相對獨立性及其成因. 國學硏究, 3; 525-544.
36) 張森水. 1987. 中國舊石器文化. 天津; 川津科學技術出版社.
37) 黃慰文等. 1987. 靑海小柴達木湖的舊石器. 中國-澳大利亞第四紀學術討論會論文集. 北京; 科學出版社.
38) 黃慰文. 1989. 中國的舊石器時代晩期文化. 中國遠古人類, 北京; 科學出版社.
39) 〔36〕과 동일
40) 〔8〕과 동일
41) 連照美. 1981. 臺灣縣茱寮溪的人類火石, 考古人類學刊, 42; 53-70.
42) 宋文熏. 1969. 長濱文化-臺灣首次發現的先淘文化. 中國民族學通訊, 9; 1-27.
43) 衛奇. 1998. 塔水河遺址發現原始細石器. 元謀人發現三十周年紀年暨古人類國際學術硏討會文集, 昆明; 云南科技出版社.
44) 〔35〕와 동일
45) 〔4〕와 동일
46) 王幼平. 1997. 中國與東南亞舊石器工業的比較. 考古學硏究(三). 北京; 科學出版社.
47) Bar-Yosef O. 1994. The Lower Palaeolithic of the near East. Journal od World Prehistory, 8(3); 211-256.
48) Bar-Yosef O. 1995. The Lower and Middle Palaeolithic in the Mediterranaen Levanr ; Chronology, and cultural entities, ERAUL, 62; 247-263.

49) Gamble C. 1999. The Palaeolithic Societies of Europe, Cambridge University Press, 115-119.
50) Roebroks W. and T. Kolfschoten. 1995. The Earliest Occupqtion of Europe. University of Leiden, 1-316.
51) Bordes F. 1968. The Old stone age. New York; McGraw-Hill Book Company.
52) Gamble C. 1986. The Palaeolithic settlement of Europe. Cambridge; Cambridge University Press.
53) Wymer J. 1982. The Palaeolthic Age, New York; ST. Martin′ s Press.
54) 高星. 1999. 關於 "中國舊石器時代中期" 的 探討. 人類學學報, 18(1); 1-16.
55) Chu J. Et al. 1998. Genetic relationship of populations in China. Proc. Natl. Acad. Sci. USA, 95; 11763-11768.
56) 張森水. 1887. 中國舊石器文化. 天津; 天津科學技術出版社.
57) 李吉均. 2000. 青藏高原隆升與環境研究的回顧與爭議. 靑藏高原晩新生代隆升與環境變化, 廣州;廣東科技出版社.
58) 周明鎭등. 1991. 中國更新世環境變化, 哺乳動物群和人類化石. 中國科學院古脊椎動物與古人類研究所參加第十三屆國際第四紀大會論文集, 北京; 北京科學技術出版社.
59) Gamble C. 1993. Timewalkers ; the Prehistory of Global Colonization, Cambridge; Harvard University, 133-134.
60) Harrison T M, et al. 1992. Raising Tibet, Science, 255; 1663-1670
61) Guo Z et al. 2002. Onset of Asian desertification by Age infered from loess deposits in China. Nature, 416(6877); 159-163.
62) 吳錫浩等. 1992. 晩新生代靑藏高原隆升的階段和高度. 黃土. 第四紀. 全球變化(3), 北京; 科學出版社.
63) 李吉均. 2000. 靑藏高原對全球變化的影向和響應. 靑藏高原晩新生代隆升艅環境變化, 廣州; 廣東科技出版社.
64) 藩保田等. 2000. 晩新生代靑藏高原隆升與環境變化. 晩新生代靑藏高原隆升與環境變化. 廣州; 廣東科技出版社
65) 崔之久等. 1996. 崑崙山埡口地區晩新生代的氣候構造事件. 靑藏高原形成演化, 環境變遷與生態系統研究學術論文年刊(1995), 北京; 科學出版社.
66) 施雅風等. 1996. 靑藏高原進入氷凍圈的時代高度及其對周圍地區的影向. 靑藏高原形成演化, 環境變遷與生態系統研究學術論文年刊(1995), 北京; 科學出版社.
67) 〔64〕와 동일
68) Hou Y. et al. 2000. Mid-Pleistocene Acheulean-like stone technology of the Bose Basin, South China. Science, 287(5458); 1622-1626.
69) 〔35〕와 동일
70) 〔17〕과 동일
71) 〔45〕와 동일
72) 祁國琴. 1989. 中國北方第4紀哺乳動物兼論原始人類環境. 中國遠古人類, 北京; 科學出版社.
73) 韓德芬等. 1989. 中國南方第四紀哺乳動物群兼原始人類的生活環境. 中國遠古人類, 北京; 科學出版社

74) 衛奇, 1997, 泥河灣 盆地考古 地質學 框架, 演化的實證 記念 楊鍾鍵教授百年 誕辰論文集, 北京; 海洋出版社.
75) 〔45〕와 동일
76) 胡長康等. 1978. 陝西藍田公王嶺更新世哺乳動物群. 中國古生物志新兩種本(210, 北京; 科學出版社
77) 〔45〕와 동일
78) 祝一志等. 1997. 東亞古季風變遷與北方古人類生活環境. 中國第四紀地質與環境-慶祝劉東生院士八十華誕暨從事地質工作55周年文集, 北京; 海洋出版社
79) 〔4〕와 동일
80) 〔35〕와 동일
81) 王幼平. 1998. 試論石器原料與華北舊石器工業的影向. 迎接21世紀的中國考古學國際學術討論會論文集, 北京; 科學出版社.
82) 賈蘭坡等. 1972. 山西峙峪舊石器時代遺址發掘報告. 考古學報, 1; 39-58.
83) 〔1〕과 동일
84) 〔81〕과 동일
85) 〔45〕와 동일
86) Bordes F. 1978. Foreword, Early Palaeolithic in South and east Asiq, Hague; Mouton
87) Pope G. 1989. Bamboo and Human evolution. Natural History, 10(89); 49-56.
88) 〔25〕와 동일
89) Miller-Antonio, S., et al. 2000. Raw materals selection for rhinoceros tooth tools at Dadong Cave, southern China, Antiquity, 74; 372-379.

參考文獻

陳淳. 2003. 考古學的理論與 研究. 上海; 學林出版社

鄧濤等. 2002. 第8屆中國古脊椎動物學學術年會論文集. 北京; 海洋出版社

封開縣博物館等. 1991. 記念黃岩洞遺址發現三十周年論文集. 廣州;廣東旅游出版社

憑寶腥. 1990. 朝鮮舊石器文化研究. 北京; 文津出版社

高星登. 2002. 中國科學院古脊椎動物與古人類研究所20世紀舊石器時代考古學研究. 北京;文物出版社

廣東省博物館. 1988. 記念馬壩人化石發現三十周年文集. 北京; 文物出版社

廣西博物館. 2003. 百色舊石器. 北京; 文物出版社

貴州歷史文獻研究會. 1998. 貴州古人類與史前文化. 貴陽; 貴州民族出版社

河北省文物研究所. 1998, 河北省考古文集. 北京; 東方出版社

黑龍江省文物管理委員會等. 1987. 閻家崗-舊石器時代晩期古營地遺址. 北京; 文物出版社.

湖南省文物考古研究所. 1996. 長江中游史前文化暨第二屆亞洲文明學術討論會論文集. 長沙; 岳麓書社

黃春長. 1998. 環境變遷. 北京; 科學出版社

黃万波等. 1991. 巫山猿人遺址. 北京; 海洋出版社

賈蘭坡. 1978. 中國大陸的遠古居民. 天津; 天陣人民出版社

賈蘭坡. 1984. 賈蘭坡舊石器時代考古論文選. 北京; 文物出版社

賈蘭坡等 1962. 匼河-山西西南部舊石器時代初期文化遺址. 中國科學院古脊椎動物與古人類研究所甲種傳刊, ⑸, 北京; 科學出版社

賈蘭坡等. 1978. 西候度-山西更新世早期古文化遺址. 北京; 文物出版社

賈蘭坡等. 1984. 周口店發掘記. 天津; 天津科學技術出版社
李天元. 2001. 鄖縣人, 武漢; 湖北科學技術出版社
李文漪. 1998. 中國第四紀植被與環境. 北京; 科學出版社
李炎賢等. 1986. 觀音洞-貴州黔西舊石器時代初期文化遺址. 北京; 文物出版社
遼寧省博物館等. 1986. 廟后山; 遼寧本溪市舊石器文化遺址. 北京; 文物出版社
遼寧省文物考古研究所等. 1996. 東北亞舊石器文化. 韓國國立忠北大學先史文化研究所等劉東生等. 1990. 黃土. 第四紀. 全球變化(二). 北京; 科學出版社
劉東生等. 1992. 黃土. 第四紀. 全球變化(三). 北京; 科學出版社
呂遵諤. 2004. 中國考古學的世紀回顧; 舊石器時代考古卷. 北京; 科學出版社
南京市博物館, 北京大學考古學系湯山考古隊. 1996. 南京人化石地點; 1993-1994, 北京;文物出版社
寧夏文物考古研究所. 2003. 水洞溝-1980年發掘報告. 北京; 科學出版社
裴文中. 1958. 山西讓汾縣丁村舊石器時代遺址發掘報告. 北京; 科學出版社
裴文中等. 1957. 資陽人. 中國科學院古脊椎動物研究所甲種專刊, 第1号, 科學出版社
裴文中等. 1895. 中國猿人石器研究. 中國古生物志, 新丁種, (12), 北京; 科學出版社
山西省考古研究所. 1993. 山西舊石器時代考古文集. 太原; 山西經濟出版社
陝西省考古研究所等. 1996. 大荔-蒲城舊石器; 大荔人遺址及其附近舊石器地點群調查報告. 北京; 文物出版社
施雅風等. 2000. 青藏高原晚新生代隆升與環境變化. 廣州; 廣東科技出版社
史培軍. 1991. 地理環境演變研究的理論與實踐-오르도스 地區晩第四紀以來地理環境演變研究. 北京;科學出版社
孫建中等. 1991. 黃土高原第四紀. 北京; 科學出版社
童永生等. 1997. 演化實證-記念楊鍾健教授百年誕辰論文集. 北京; 海洋出版社

王幼平. 1997. 更新世環境與中國南方舊石器文化發展. 北京; 北京大學出版社
王幼平. 2000. 舊石器時代考古. 北京; 文物出版社
衛奇等. 1989. 泥河灣研究論文選. 北京; 文物出版社
文集編委會. 1998. "元謀人"發現三十周年紀年暨古人類國際學術硏討會文集. 昆明; 云南科技出版社
Williams M. J. 等著, 劉東生等編譯. 1997. 第四紀環境. 北京; 科學出版社
吳汝康. 1989. 古人類學. 北京; 文物出版社
吳汝康等. 1985. 北京猿人遺址綜合研究. 北京; 科學出版社
吳汝康等. 1989. 中國遠古人類. 北京; 科學出版社
吳汝康等. 1999. 中國古人類遺址. 上海; 上海科技教育出版社
吳汝康等. 2002. 南京直立人. 南京; 江蘇科學技術出版社
夏正楷. 1997. 第四紀環境學. 北京;北京大學出版社
徐欽琦等. 1999. 史前考古學新進展-慶祝賈蘭坡院士九十華誕國際學術討論會論文集. 北京;科學出版社
于炳文. 1998. 跋涉集. 北京; 北京圖書館出版社
張森水. 1987. 中國舊石器文化. 天津; 天津科學技術出版社
張森水. 2004. 步迹錄-張森水舊石器考古論文集. 北京. 科學出版社
張森水等. 1993. 金牛山(1978年發掘) 舊石器遺址綜合研究. 中國科學院古脊椎動物與古人類研究所集刊, (19), 北京; 科學出版社
張之恒等. 2003. 中國舊石器時代考古. 南京; 南京大學出版社
中國考古學會等. 1996. 汾河灣-丁村與晋文化考古學術討論會文集. 太原; 山西高教聯合出版社
中國科學院〈中國自然地理〉編輯委員會. 1984. 中國自然地理; 古地理. 北京;科學出版社
中國科學院古脊椎動物與古人類研究所. 1978. 古人類論文集. 北京;科學出版社
中國科學院古脊椎動物與古人類研究所. 1991. 參加第十三屆國際第四紀大會會

議論文集. 北京; 北京科學技術出版社
中國自然地理編寫組. 1985. 中國自然地理. 北京; 高等教育出版社
周國興等. 1984. 元謀人. 昆明; 云南人民出版社
周國興等. 1994. 中日古人類與史前文化淵源關係國際學術討論會論文集. 北京; 中國國際廣播出版社
Barham, L., Robson-Brown, k. 2001. Human Roots; Africa and Asia in the the Middle Pleistocene, England; WASP
Bar-Yosef, O., Goren-Inbar, N. 1993. The lithic assemblages of Ubeidiya; a Lower Palaeolithic site in the Jorden Valley. Jerusalem; The Hebrew University of Jersalem
Bordes, F. 1968. The old stone age, New York; McGraw-Hill Book Compqny
Chang, K.C. 1986. The archaeology of ancient China, 4th ed. New Haven; Yale University Press
Clark, G. 1969. World Prehistory; in New Perspective. Cambridge University Press
Clark, J.D. 1970. The Prehistory of Africa. New York; Praeger Publishers
Clark. J.D. 1982. The Cambridge History of AFRICA. Vol.1 From the Earliest Times to C. 500 BC. Cambridge; Cambridge University Press
Corrucini, R., Ciochon, R. 1994. Integrative paths to the Past; Palaeoanthropological advances in honor of F. Clark-Howell. Prentice Hall, Englewood Cliffs, NJ
Derevanko, A.P. et al. 1998. The paleolithic of Siberia ; New Discoveries and Interpretations, Chicago; University of Illinois Press
Fox, R.B. 1970. The Tabon caves, Monograph of the National Nuseum,

1, Manila.

Fumiko Ikaea-Smith. 1978. Early palaeolithic in south and east Asia, Hague; Mouton

Gamble, C. 1986. The palaeolithic Settlement of Europe. Cambridge University Press

Gamble, C. 1993. Timewalkers ; the prehistory of Global Colonization. Cambridge ; Harvard University

Gamble, C. 1999. The palaeoltithic Societies of Europe. Cambridge: Cambridge University Press

Issac, G, Li. 1977. Olorgesailie, Chicago; University of Chicago Press

Keates, S. 2000. Early and middle pleistocene Hominid Behaviour in Northern China. BAR international Series 863.

Klein, R, 1999. The human career; human biological and cultural origins, Second edition. Chicago; University of Chicago Press

Leakey, M.D. 1971. Olduvai Gorge; excavation in Beds 1 and 2, 1961-1963. Cambridge University Press

Roebroeks, W., Kolfschoten, T. 1995. The earliest occupation of Europe. Leiden; University of Leiden

Shen, C., Keates, S. 2003. Current research in Chinese pleistocene archaeology. BAR international series 1179

Soffer, O., 1987. The pleistocene old World; Regional perspectives, New York; Plenum

Stromger, C., Camble, C. 1993. In search of the Neanderthals. London; Thames and Hudson

Tieu , L. T. 1991. Palaeolithic Pebble industries in Europe, Budapest; Akadimiai Kiado

Wymer, J, J. 1982. The palaeolithic Age, New York; Martin's Press

Abstract

During the past eighty years, thousands of palaeolithic localities had been found in China. These provide more detailed information on the prehistory of human evolution in this region. The earliest palaeolithic remains found in the Nihewan Basin, north China, were ant least 1.5 myr old. Some found in hominid sites in central and south China were even earlier. Early palaeolithic industries in north China were flake-tool tradition and cmnsist of mainly scrapers, points and other light-duty tools made of flake blanks. The flake-tool technology continued to exist with no obvious change from the Lower to the Upper pleistocene in north and southwest China. However, several hundred localities with core-chopper industries had been found recently along river valleys of central and south China. these consisted of choppers, picks and spheroids, as well as other heavy-duty tools. The core-chopper industries continued to develop from the late Lower pleistocene to Upper pleistocene in east and west of Qinghai-Tibet, Plateau, even though distinctive palaeolithic traditions existed in the adaptation among the pleistocene hominids of these two sides including land-use, subsistence strategy and so on.

Comparative study of palaeolithic industries between China and the western part of the Old World indicates that connections between China and West existed probably earlier than 1 myr before present, proved by the appearance of the same simple lithic techniques and same components of lithic assemblages in these two regions. which can be defined as "mode 1 technology". However, bottlenecks in cultural and gene flow between the two partis of the Old World developed during the period from the late Lower pleistocene to the early Upper pleistocene, because the Mode 1 technology was replaced by the Cheulean industries, I. e., the Mode 2 technology soon in the West, While the core-chopper and flake-tool industries in the East lasted much longer. Such different technologicak development in these two regions continued.

Mousterian industries dominated most area of the West for the early Upper pleistocene, in the meantime, core-chopper and flake tool traditions were still well preserved in China. The so-called Chinese Middle Palaeolithic was a continuation of the previous core-chopper and flake-tool tradition; both were different from the Mousterian industries in the West. It seemed that there were two evolutionary paths after the earliest Mode 1 technology; the Acheulean and Mousterian dominated the West, and core-chopper and flake-tool tradition controlled the East. Cultural segregation between China and the West seemed only to be broken through in the upper pleistocene, testified by the emergence of blade and micro-blade industries in North China, which might indicate that new cultural exchanges happened between these two sides. Recent geological investigations suggest that after the much longer uplift during the late Lower Pleistocene and early Middle pleistocene, the Qinghai-Tibet plateau became a significant physical barrier and brought about climatic changes. It affected the surrounding areas greatly and created a huge dry desert in Central Asia, which might become a major factor interrupting human migration and cultural exchange between China and the West for a long time.

후 기(后記)

이 책은 정부 교육부 박사 장여기금에 제출되어 통과된 칙으로 책 명은 "중국원고인류와 문화원류의 연구"입니다. 본인은 교육부와 북경대학이 이러한 연구를 도와 준 것에 대하여 감사를 드리며, 동시에 특히 북경대학 진단고대문명연구중심(震檀古代文明硏究中心)의 이백겸(李伯謙) 선생님과 서천진(徐天進) 선생님의 적극적 도움으로 이 책이 학술총서의 중신서가 되도록 도와 주신데에 대한 재삼 감사를 드립니다. 또한 과학출판시 손리(孫莉) 여사에게 이 책이 출판되도록 끝까지 도움을 주신데 대한 감사를 드립니다.

이 책의 월료수집과 준비과정에 오랜 시간이 경과되었으며, 특히 미국하버드대한의 연경(燕京) 장학금, 영국학술원 왕관성(王寬城) 장학금, The Irene Sala care Archaeological Foundation의 도움, 및 국가 교육수의 우수교사 지원 연구비 등을 받아서 외국의 구석기시대 유적의 발굴참가, 방문 그리고 국외 학교, 박물관 등 방문으로 자료수집을 하였다.

이 책이 출판되도록 도와 주신 구석기 고고학계의 선생님과 친우들에게 감사를 드립니다. 본인이 구석기 고고학을 연구하는 과정과 연구과정에서 특별이 상기한 분들의 도움이 이 책에 인용된 자료와 도면 등도 오래동안 상기한 분들의 노력에 의해서 이루어졌습니다. 특히 감사를 드리는 것은 이 책에 실린 아름다운 사진을 제공하여 주신 선생님들입니다.

마지막으로 특히 감사를 드리고 싶은 것은 나의 처 하정(何征)은 나의 공부와 작업에 전력의 지원을 하여 주었습니다. 그녀는 본인이 야외에 나가서 발굴참여, 해외 공부 중에도 가정을 돌보고 아이들을 교육시켜 주었으며, 또한 고고학 도면 처리, 새로운 계산기를 이용 고고자료 등을 분석하여 주었습니다. 이 책이 출판된 지금, 그녀는 병원에 입원하였습니다. 이 책이 출판되도록 도와준 그녀의 건강이 하루 속히 회복되기를 기원합니다!

저자

2004년 12월

북경대학고고학과

중국 고인류 문화의 원류

저자 · 번역 | 王幼平 · 최무장
펴 낸 이 | 육락현
인　　쇄 | 동아인쇄

인쇄 | 2008. 7. 17.
발행 | 2008. 7. 21.

등록번호 제2-1125호
등록일자 1991. 2. 11

펴낸곳 | 백산자료원
㊠100-193 서울시 중구 을지로 3가 334-1
전화 (02)2268-8668 팩시밀리 (02)2267-7710
http://www.paeksan.com
E-mail : pss1966@kornet.net

값 22,000원
ISBN 978-89-6194-008-5 93910